新・金融商品取引法ハンドブック

桜井健夫＋上柳敏郎＋石戸谷豊——著

［第**4**版］

Financial Instruments
and Exchange Act
Handbook

日本評論社

第4版 はしがき

　本書初版は、2006年6月に成立した金融商品取引法とその関連法をいち早く解説するために、同年11月に出版した。その後、政省令の整備を踏まえた内容とするため、2008年2月に第2版とした。金融商品取引法は、施行後に頻繁に改正されたことと、デリバティブ取引と仕組商品についての解説を加える必要性があり、2011年7月に第3版を出版した。

　しかし、その後も金融取引の高度化・複雑化・多様化は進み、それとともに金融商品の勧誘・販売等をめぐる紛争も急増している。実務上、多様な金融商品に対応して、適合性原則や説明義務をどう考えるべきかが重要な争点となり、裁判例も集積している。そこで、これまでの内容を大幅に改訂し、実務上重要な論点を重点的に取り上げた内容として、本書第4版を出版することにした。

　具体的には、序において広い意味での金融取引に関する基本法令を概観した上、第1部では金融商品取引法、第2部では金融商品販売法について、利用者の観点から解説している。ここまでは、第3版の内容をアップデートしたものである。

　第3部は今回新設したもので、実務的に重要な問題について8つの章に分けて論述している。第1章で金融取引被害の救済の法理を概観した上、第2章では投資判断とは何かという問題を取り上げている。これは、適合性原則や説明義務などの法律論の基礎となる部分である。概説とともに、プロスペクト理論を踏まえた論点についても言及している。

　第3章は適合性原則であり、平成17年最判の判断枠組みを受けた裁判例における考慮要素と判断枠組みを分類・整理し、狭義の適合性論の歴史的意義や適合性判断と投資意向の意義などについて論じている。

　第4章では説明義務論の進展について監督指針やフィデューシャリー・デューティー（顧客本位原則）を含めて概観し、判例法理の現在を踏まえ、説明義務の本質とVaRの意義、リターン情報が並行的に提供されている実態を踏まえての説明義務のあるべき姿等を論じている。

第 5 章はフィデューシャリー・デューティー（顧客本位原則）の意義と民事責任との関係について、金融審議会（市場ワーキンググループ）の議論に参加した上柳が解説している。

第 6 章は、2020年 4 月に施行される改正民法のうち、金融取引に関連の深い論点や改正点のポイントを確認している。

第 7 章は、超高齢社会が進行する状況下で、高齢者が金融取引被害の紛争に巻き込まれる事案が多くなっていることから、高齢者と金融取引に焦点を当てたもので、高齢者事案の被害救済の実情、勝敗を分けているものは何か、あるいは勝訴判決の特徴などの観点から検討している。

第 8 章は、銀行の金融商品販売が多様化したことを背景に、銀行を被告とする事案も多くみられるようになっているので、裁判例を分類して銀行の責任についてまとめている。

第 4 部では、膨大な金融取引分野の裁判例から約200件を取り上げ、業者の責任の種類、商品の種類等の観点から分類・整理し、解説を加えている。第 3 版においても裁判例を掲げてはいたが、そこでは代表的な裁判例を紹介するにとどまっていた。今回は、主要な裁判例を網羅的に取り上げ、分類・整理している。そして、第 3 部までの解説部分においても、第 4 部で分類した判例番号（インデックス）を引用する方法をとっている。裁判例を概観する上でも、被害救済実務のためにも役立つ内容となっている。

以上のとおり、これまでどおり『新・金融商品取引法ハンドブック』というタイトルではあるが、金融商品取引法をはじめとする業法だけではなく、投資取引分野における重要な諸問題を豊富な裁判例とともに解説した内容となっている。

これまで同様、実務家や研究者の方々に幅広く活用されることを期待している。

本書第 4 版の刊行に際しては、日本評論社の室橋真利子さんに大変お世話になった。その適切な助言や励ましがなければ本書の出版はなかったと思われ、ここに深く謝意を表したい。

2018年 8 月

執筆者一同

iii

目次

序　金融商品に関する基本法令 ……………………………… 1

1　金融取引に関する法規制の全体像 ………………………… 1
(1) 全体図による解説　(2) 関連法

2　金融商品取引法（金商法）………………………………… 4
(1) 改正経過　(2) 金商法の概要

3　金融商品販売法 ……………………………………………… 7
(1) 金商法との比較　(2) 金販法の全体像　(3) 対象

4　不動産特定共同事業法 ……………………………………… 8
(1) 概要　(2) 2017年改正

5　銀行法 ………………………………………………………… 9
(1) 概要　(2) 特定預金の規制

6　保険業法 …………………………………………………… 11
(1) 概要　(2) 特定保険の規制

7　信託業法 …………………………………………………… 12
(1) 概要　(2) 特定信託の規制

8　商品先物取引法 …………………………………………… 13
(1) 概要　(2) 行為規制　(3) 不招請勧誘禁止規制

第 1 部　金融商品取引法

第 1 章　目的と対象範囲 ……………………………… 18

第 1 節　目的 ………………………………………………… 18
1　金商法の目的規定 ………………………………………… 18
2　中間目的と対象範囲 ……………………………………… 18
3　最終目的と対象範囲 ……………………………………… 19

第 2 節　対象範囲の基本的考え方と規定形式 ……………… 20
1　基本的考え方 ……………………………………………… 20
2　金商法とその一部を準用する複数の法律 ……………… 21
(1) 対象範囲の規定形式　(2) 対象範囲の概要

iv

第3節　金商法の対象 ……………………………………………… 24

1　金商法の対象①——有価証券 …………………………………… 24

(1) 金商法の規定　(2) 解説（従来の有価証券概念から拡大された部分を中心に）

2　金商法の対象②——デリバティブ取引 ……………………… 32

(1) デリバティブ取引とは　(2) 金商法のデリバティブ取引に関する規定の概要
(3) デリバティブ取引の原資産①——「金融商品」　(4) デリバティブ取引の原資産
②——「金融指標」　(5) デリバティブ取引の原資産②-2——「特定金融指標」
(6) デリバティブ取引の取引場所による分類　(7) 市場デリバティブ取引
(8) 店頭デリバティブ取引　(9) 外国市場デリバティブ取引　(10) 小括

第4節　金商法の対象の課題 ……………………………………… 52

1　対象の考え方 ……………………………………………………… 52

2　有価証券の周辺 …………………………………………………… 52

(1) 概要　(2) 預託取引　(3) 借入金の運用①——借入型ファンド　(4) 借入
金の運用②——「アパート・マンションローン」＋サブリース　(5) 預金
(6) 保険　(7) 二酸化炭素排出量　(8) 仮想通貨

3　デリバティブ取引の周辺 ………………………………………… 56

4　仕組商品の位置づけ——有価証券かデリバティブ取引か ……… 57

第2章　開示制度 ………………………………………………… 58

第1節　開示制度の意義と概要 …………………………………… 58

1　開示制度の意義 …………………………………………………… 58

2　金融商品の特性に応じた開示制度のあり方 ………………… 59

3　金商法における開示制度の概要 ……………………………… 60

(1) 条文の構成　(2) 開示制度の適用対象　(3) 開示方法

第2節　発行開示 …………………………………………………… 63

1　概要 ………………………………………………………………… 63

2　募集・売出し ……………………………………………………… 63

(1) 募集（2条3項）　(2) 売出し（2条4項）

3　間接開示 …………………………………………………………… 71

(1) 募集または売出しの届出　(2) 有価証券届出書の提出　(3) 届出の効力発生
日と訂正届出書の提出　(4) 届出書の監督　(5) 有価証券通知書

4　直接開示 …………………………………………………………… 75

(1) 目論見書の作成　(2) 目論見書の交付　(3) 転売制限等の告知義務

目次　v

第3節　継続開示 ……………………………………………………… 77
　1　概要 ………………………………………………………………… 77
　2　有価証券報告書 ……………………………………………………… 78
　　(1)　提出義務者　(2)　記載事項等　(3)　提出
　3　確認書（有価証券報告書とあわせて提出）………………………… 79
　4　内部統制報告書（有価証券報告書とあわせて提出）……………… 79
　5　四半期報告書 ………………………………………………………… 80
　6　半期報告書 …………………………………………………………… 80
　7　臨時報告書 …………………………………………………………… 80
第4節　開示義務違反 …………………………………………………… 81
　1　開示義務違反と刑事規制 …………………………………………… 81
　2　開示義務違反と課徴金 ……………………………………………… 82
　　(1)　概要　(2)　発行開示関係の課徴金納付命令　(3)　継続開示関係の課徴金納付
　　命令
　3　開示義務違反と民事責任（被害の事後救済）……………………… 85
　　(1)　概要　(2)　発行開示義務違反　(3)　継続開示義務違反　(4)　開示義務違反
　　の民事責任の位置づけ
　4　開示義務についての共同規制の評価 ……………………………… 99

第3章　業規制 …………………………………………………… 102

第1節　総論 ……………………………………………………………… 102
　1　業規制の考え方——登録させて監督 ……………………………… 102
　2　業の分類の概要 ……………………………………………………… 103
　　(1)　金融商品取引業　(2)　金融商品仲介業　(3)　登録金融機関業務　(4)　信用
　　格付業
　3　関係図 ………………………………………………………………… 105
第2節　業の定義 ………………………………………………………… 106
　1　金融商品取引業 ……………………………………………………… 106
　　(1)　具体的内容　(2)　分類1——第一種金融商品取引業　(3)　分類2——第二種
　　金融商品取引業　(4)　分類3——投資助言・代理業　(5)　分類4——投資運用業
　　(6)　有価証券等管理業務　(7)　分類1・2の登録要件の緩和——少額電子募集取扱
　　業務（クラウドファンディング）　(8)　分類2・4の登録制度の例外——適格機関
　　投資家等特例業務　(9)　分類4の登録要件の緩和 —— 適格投資家向け投資
　　運用業　(10)　規制対象外——株式・社債の自己募集

vi

　　2　登録金融機関業務 ··· 118

　　3　金融商品仲介業 ··· 120

　　4　信用格付業 ··· 120

第3節　業規制 ··· 121

　　1　参入規制 ··· 121

　　　(1)　登録制が原則　　(2)　登録制を原則とすることとなった経緯　　(3)　登録拒否
　　　事由（29条の4）

　　2　財産規制 ··· 125

　　　(1)　財産規制の法令　　(2)　第一種金融商品取引業　　(3)　第一種規制の例外——第
　　　一種少額電子募集取扱業務　　(4)　第二種金融商品取引業　　(5)　第二種規制の例外
　　　——第二種少額電子募集取扱業務　　(6)　投資運用業　　(7)　投資助言・代理業
　　　(8)　その他の業務の財産規制

　　3　主要株主規制 ··· 128

　　4　参入要件の整理 ··· 128

第4節　業務範囲（他業の制限など） ·· 129

　　1　概要 ··· 129

　　2　付随業務 ··· 130

　　3　届出業務 ··· 131

　　4　承認業務 ··· 132

第5節　外務員登録制度 ·· 133

　　1　登録義務 ··· 133

　　2　登録手続と登録拒否事由 ··· 134

　　3　外務員の権限と監督 ··· 135

第4章　行為規制 ··· 136

第1節　金融商品取引業一般に共通する行為規制 ·································· 136

　　1　誠実公正義務（36条1項） ·· 137

　　　(1)　趣旨・沿革　　(2)　適用　　(3)　活用法

　　2　標識掲示義務（36条の2） ·· 139

　　　(1)　趣旨・沿革　　(2)　適用　　(3)　活用法

　　3　名義貸しの禁止（36条の3） ·· 140

　　　(1)　趣旨・沿革　　(2)　適用　　(3)　活用法

　　4　社債の管理の禁止等（36条の4） ·· 141

　　　(1)　趣旨・沿革　　(2)　適用　　(3)　活用法

目次　vii

第 2 節　販売勧誘規制 ……………………………………………………… 141

1　広告等の規制（37条）…………………………………………………… 141
(1)　趣旨・沿革　　(2)　適用　　(3)　活用法

2　取引態様の事前明示義務（37条の 2 ）……………………………… 151
(1)　趣旨・沿革　　(2)　適用　　(3)　活用法

3　契約締結前の書面交付・説明義務（37条の 3 ）……………… 152
(1)　趣旨・沿革　　(2)　適用　　(3)　活用法　　(4)　みなし有価証券に関する書面の
届出義務

4　契約締結時の書面交付義務（37条の 4 ）…………………………… 163
(1)　趣旨・沿革　　(2)　適用　　(3)　活用法

5　保証金の受領に係る書面の交付（37条の 5 ）…………………… 165
(1)　趣旨・沿革　　(2)　適用　　(3)　活用法

6　書面による解除（37条の 6 ）………………………………………… 165
(1)　趣旨・沿革　　(2)　適用　　(3)　活用法

7　指定紛争解決機関との契約締結義務等（37条の 7 ）………… 166
(1)　趣旨・沿革　　(2)　適用　　(3)　活用法

8　虚偽の説明の禁止（38条 1 号）……………………………………… 167
(1)　趣旨・沿革　　(2)　適用　　(3)　活用法　　(4)　消費者契約法に規定する不当
勧誘　　(5)　157条 2 号

9　断定的判断提供等禁止（38条 2 号）………………………………… 169
(1)　趣旨・沿革　　(2)　適用　　(3)　活用法　　(4)　他法との関係　　(5)　157条 2 号
との関係

10　無登録格付（38条 3 号）……………………………………………… 172
(1)　趣旨・沿革　　(2)　適用　　(3)　活用法

11　不招請の勧誘禁止（38条 4 号）……………………………………… 172
(1)　趣旨・沿革　　(2)　適用　　(3)　活用法

12　勧誘受諾意思不確認禁止（38条 5 号）…………………………… 174
(1)　趣旨・沿革　　(2)　適用　　(3)　活用法

13　再勧誘禁止（38条 6 号）……………………………………………… 174
(1)　趣旨・沿革　　(2)　適用　　(3)　活用法

14　特定金融指標の算出基礎情報の提供（38条 7 号）…………… 175

15　高速取引行為者の禁止規定（38条 8 号）………………………… 175

16　府令指定行為（38条 9 号）…………………………………………… 176
(1)　趣旨・沿革　　(2)　適用　　(3)　活用法

viii

17 助言運用に伴う偽計・暴行・脅迫、損失補てん約束の禁止（38条の2） ·· 178

  (1) 趣旨・沿革　　(2) 適用　　(3) 活用法

18 損失補塡禁止（39条）·· 178

  (1) 趣旨・沿革　　(2) 適用　　(3) 活用法

19 適合性原則（40条1号）·· 179

  (1) 趣旨・沿革　　(2) 適用　　(3) 活用法

20 内閣府令で定める状況（40条2号）······················· 183

  (1) 趣旨・沿革　　(2) 適用　　(3) 活用法

21 最良執行方針等（40条の2）······································ 183

  (1) 趣旨・沿革　　(2) 適用　　(3) 活用法

22 分別管理が確保されていない場合の売買等の禁止（40条の3）······· 184

  (1) 趣旨・沿革　　(2) 適用　　(3) 活用法

23 金銭の流用が行われている場合の募集等の禁止（40条の3の2） ·· 185

24 特定投資家向け有価証券の売買等の制限と告知義務
（40条の4・40条の5）··· 185

25 商品市場デリバティブ取引におけるのみ行為の禁止（40条の6） ·· 185

26 店頭デリバティブ取引に関する電子情報処理組織の使用義務等
（40条の7）··· 185

第3節　投資助言、運用、管理各業務特則等················· 186

1 投資助言業務における顧客に対する義務（41条）················· 186

  (1) 趣旨・沿革　　(2) 適用　　(3) 活用法

2 投資助言業務における禁止行為（41条の2）················· 187

  (1) 趣旨・沿革　　(2) 適用　　(3) 活用法

3 投資助言業務における有価証券の売買等の禁止（41条の3）········· 187

  (1) 趣旨・沿革　　(2) 適用　　(3) 活用法

4 投資助言業務における金銭または有価証券の預託の受入れ等の禁止
（41条の4）··· 188

  (1) 趣旨・沿革　　(2) 適用　　(3) 活用法

5 投資助言業務における金銭または有価証券の貸付け等の禁止（41条の
5）··· 189

  (1) 趣旨・沿革　　(2) 適用　　(3) 活用法

| | 目次 | ix |

6 投資運用業に関する特則（42条～42条の8）‥‥‥‥‥‥‥‥‥‥‥‥ 189

7 有価証券等管理業務に関する特則（43条～43条の4）‥‥‥‥‥‥‥ 190

8 電子募集取扱業務に関する特則（43条の5）‥‥‥‥‥‥‥‥‥‥‥‥ 190

9 弊害防止措置等（44条～44条の4）‥‥‥‥‥‥‥‥‥‥‥‥‥‥‥‥ 190

第5章　関係主体‥‥‥‥‥‥‥‥‥‥‥‥‥‥‥‥‥‥‥‥‥‥‥‥ 192

1 市場を構成する主体‥‥‥‥‥‥‥‥‥‥‥‥‥‥‥‥‥‥‥‥‥‥‥ 192

(1) 市場とは　(2) 「経済学的意味の金融商品市場」の構成者

2 投資者‥‥‥‥‥‥‥‥‥‥‥‥‥‥‥‥‥‥‥‥‥‥‥‥‥‥‥‥‥‥ 194

(1) 投資者の分類の概要　(2) 特定投資家と一般投資家　(3) 適格機関投資家

(4) 適格投資家

3 金融商品取引所‥‥‥‥‥‥‥‥‥‥‥‥‥‥‥‥‥‥‥‥‥‥‥‥‥‥ 196

4 金融商品取引業協会（自主規制機関）‥‥‥‥‥‥‥‥‥‥‥‥‥‥‥ 198

5 投資者保護基金‥‥‥‥‥‥‥‥‥‥‥‥‥‥‥‥‥‥‥‥‥‥‥‥‥‥ 198

(1) 趣旨　(2) 投資者保護基金制度の内容　(3) 対象となる取引　(4) 対象と

なる損失

6 紛争解決機関（金融ADRなど）‥‥‥‥‥‥‥‥‥‥‥‥‥‥‥‥‥‥ 201

(1) ADR法など　(2) 金融ADR法　(3) 金融ADRの評価

7 金融庁‥‥‥‥‥‥‥‥‥‥‥‥‥‥‥‥‥‥‥‥‥‥‥‥‥‥‥‥‥‥‥ 204

(1) 権限と組織　(2) 準立法作用　(3) 行政規制　(4) 緊急差止命令

(5) 破産手続開始申立て　(6) 課徴金制度の運用　(7) 民事紛争との関わり

(8) 財務局

8 他の官庁（経済産業省、農林水産省、国土交通省）‥‥‥‥‥‥‥‥‥ 207

9 証券取引等監視委員会‥‥‥‥‥‥‥‥‥‥‥‥‥‥‥‥‥‥‥‥‥‥‥ 207

(1) 組織の概要　(2) 活動の概要　(3) 緊急差止命令

第6章　金融商品取引の規制‥‥‥‥‥‥‥‥‥‥‥‥ 210

第1節　概要‥‥‥‥‥‥‥‥‥‥‥‥‥‥‥‥‥‥‥‥‥‥‥‥‥‥‥ 210

第2節　インサイダー取引規制‥‥‥‥‥‥‥‥‥‥‥‥‥‥‥‥‥‥ 211

1 沿革と概要‥‥‥‥‥‥‥‥‥‥‥‥‥‥‥‥‥‥‥‥‥‥‥‥‥‥‥‥‥ 211

(1) 沿革　(2) 禁止する理由　(3) 概要

2 内部情報に関するインサイダー取引（166条）‥‥‥‥‥‥‥‥‥‥‥‥ 212

(1) 情報を得た者の責任　(2) 情報提供者の責任（167条の2）

3 外部情報に関するインサイダー取引（167条）‥‥‥‥‥‥‥‥‥‥‥‥ 215

4　違反に対する制裁 ……………………………………………………… 217

　　　(1)　刑事責任　　(2)　課徴金　　(3)　民事責任

　　5　インサイダー取引の予防 ……………………………………………… 219

　　　(1)　概要　　(2)　短期売買報告制度（163条）　　(3)　短期売買利益提供制度（164条）

　　　(4)　上場会社等の役員等の禁止行為（165条）

　　6　フェア・ディスクロージャー・ルール ……………………………… 220

　　　(1)　沿革　　(2)　ルールの概要

第3節　相場操縦 ………………………………………………………………… 221

　　1　制度の趣旨と概要 ……………………………………………………… 221

　　　(1)　趣旨　　(2)　概要

　　2　仮装取引、馴合取引（159条1項）…………………………………… 221

　　3　変動操作（現実取引による相場操縦）（159条2項1号）………… 222

　　4　表示による相場操縦（159条2項2号・3号）……………………… 223

　　5　安定操作（159条3項）………………………………………………… 224

　　6　違反に対する制裁等 …………………………………………………… 224

　　　(1)　刑事責任（197条等）　　(2)　課徴金（174条・174条の2・174条の3）

　　　(3)　民事責任（160条）

第4節　風説の流布、偽計、暴行・脅迫の禁止 …………………………… 226

　　1　沿革と概要 ……………………………………………………………… 226

　　　(1)　沿革　　(2)　概要

　　2　風説の流布 ……………………………………………………………… 226

　　3　偽計 ……………………………………………………………………… 227

　　4　暴行・脅迫 ……………………………………………………………… 228

　　5　違反に対する制裁等 …………………………………………………… 228

　　　(1)　刑事責任（197条）　　(2)　課徴金（173条）　　(3)　民事責任

第5節　包括的な詐欺禁止規定 ……………………………………………… 229

　　1　沿革と概要 ……………………………………………………………… 229

　　2　不正の手段・計画・技巧 ……………………………………………… 230

　　3　虚偽の表示、重要事実欠落表示による財産取得 ………………… 230

　　4　虚偽相場利用の禁止 …………………………………………………… 231

第6節　無登録業者による未公開株売付けの無効（171条の2）…… 231

　　1　沿革 ……………………………………………………………………… 231

　　2　概要 ……………………………………………………………………… 231

第2部　金融商品販売法

序 …………………………………………………………………………… 234

第1節　本法の制定と改正の経緯 ……………………………………… 234

1　本法の制定と問題点 ……………………………………………… 234

(1)　制定の経緯　　(2)　立法当初の本法の概要　　(3)　問題点

2　本法の2006年改正 ………………………………………………… 236

(1)　金融審議会での議論　　(2)　改正法の概要　　(3)　商品先物取引との関係

3　金商法と金販法の関係 …………………………………………… 238

(1)　別々の法律とした経緯　　(2)　両法律の関係調整　　(3)　業者ルールと民事
ルールの関係

第2節　逐条解説 …………………………………………………………… 240

1　目的（1条）………………………………………………………… 240

2　定義（2条）………………………………………………………… 240

(1)　金融商品（1項）　　(2)　金融商品の販売等（2項）　　(3)　金融商品販売業者等
（3項）　　(4)　顧客（4項）

3　説明義務（3条）…………………………………………………… 243

(1)　概説　　(2)　説明すべき重要事項（1項）　　(3)　説明の程度（2項）

(4)　元本欠損（3項）　　(5)　当初元本を上回る損失（4項）　　(6)　取引の仕組み
（5項）　　(7)　複数の金融販売業者等（6項）　　(8)　説明を不要とする場合（7項）

4　断定的判断の提供等の禁止（4条）…………………………… 248

(1)　概説　　(2)　消費者契約法との関係

5　損害賠償責任（5条）……………………………………………… 249

6　推定規定（6条）…………………………………………………… 249

7　民法の適用（7条）………………………………………………… 250

8　勧誘の適正の確保（8条）………………………………………… 250

9　勧誘方針（9条）…………………………………………………… 250

10　過料（10条）……………………………………………………… 251

第3節　金販法の論点 …………………………………………………… 251

1　はじめに …………………………………………………………… 251

2　改正前の取引の仕組み …………………………………………… 252

(1)　旧金販法の考え方　　(2)　大阪地判平22・10・28 不動産2

(3)　大阪高判平23・11・2 不動産2

3　2006年改正と取引の仕組み …………………………………… 254

(1)　はじめに　　(2)　改正法における取引の仕組み　　(3)　立法担当者の解説

（4）　不法行為の説明の対象との関係

4　デリバティブと「取引の仕組み」 …………………………………………… 257
（1）　はじめに　　（2）　東京高判平26・3・20 為デリ4 を素材として

5　仕組商品と「取引の仕組み」 …………………………………………………… 259
（1）　はじめに　　（2）　大阪高判平22・10・12 仕組債 D1
（3）　大阪高判平27・12・10 仕組債 B6

6　損害と因果関係の推定 …………………………………………………………… 261

7　信用リスクの説明 ………………………………………………………………… 262

8　説明の程度 ………………………………………………………………………… 263
（1）　改正前の裁判例　　（2）　改正後の裁判例　　（3）　司研報告

9　その他の論点 ……………………………………………………………………… 266

第3部　民事責任の論点

第1章　被害救済の法理論 ………………………… 268

1　被害救済の法理論に2つの道 ………………………………………………… 269

2　契約の拘束からの解放（不存在・不成立・無効・取消し・解除等）………… 270
（1）　契約の拘束からの解放とその形　　（2）　拘束からの解放の意義　　（3）　解放の
形と裁判例

3　損害賠償請求 ……………………………………………………………………… 273
（1）　不法行為に基づく損害賠償請求　　（2）　金販法等に基づく損害賠償請求
（3）　金商法の位置づけ

4　請求原因の観点からの整理 …………………………………………………… 276
（1）　民法上の説明義務、金販法の説明義務、消契法の不利益事実不告知の関係
（2）　断定的判断提供　　（3）　確実性誤解告知　　（4）　不実告知
（5）　選択の際に考慮すべき要素　　（6）　使い方

5　損害論 ……………………………………………………………………………… 281
（1）　損益相殺　　（2）　損益相殺と過失相殺の順序

第2章　投資判断と投機判断 ……………………… 283

序 ……………………………………………………………………………………… 283

第1節　投資とは何か …………………………………………………………… 284

1　投資の意義とスタイル ………………………………………………………… 284

2　投資理論 …………………………………………………………………………… 284

3　社会とのつながりを意識する投資 …………………………………… 285
　　4　社会とのつながりと投資情報 ………………………………………… 287
　　5　デリバティブ取引は投資ではない ………………………………… 287
第2節　投資判断とは何か ……………………………………………………… 289
　　1　投資判断の意味 ………………………………………………………… 289
　　2　投資判断の手順 ………………………………………………………… 290
　　(1)　概要　　(2)　資金状況等の把握　　(3)　投資目的の確認　　(4)　投資対象の理解
　　(5)　資金状況・投資目的等と投資対象の適合性の確認　　(6)　具体的投資決定
　　(7)　勧誘と投資判断
第3節　デリバティブ取引への資金投入の判断 …………………………… 293
　　1　リスクヘッジ、投機、裁定取引の判断 …………………………… 293
　　2　リスクヘッジ …………………………………………………………… 293
　　(1)　ヘッジ取引の意味　　(2)　先物取引によるヘッジ　　(3)　オプション取引による
　　ヘッジ　　(4)　スワップ取引によるヘッジ　　(5)　ヘッジ取引をするか否かの判断
　　(6)　ヘッジ取引をする場合の判断（ヘッジ判断）　　(7)　為替デリバィブ事件の位置
　　づけ
　　3　投機 ……………………………………………………………………… 300
　　(1)　投機とは　　(2)　投機判断
　　4　裁定取引 ………………………………………………………………… 305
　　5　デリバティブ商品への資金投入の意味 …………………………… 305
第4節　投資判断・投機判断の論点 ………………………………………… 306
　　1　投資意向の変化（限定合理性と投資意向）……………………… 306
　　(1)　損をした後に勧誘されて持つに至った意向は投資意向か　　(2)　プロスペクト理
　　論　　(3)　プロスペクト理論と事実上の一任状態　　(4)　現実の勧誘との関係
　　(5)　行動経済学と投資意向（投資目的）　　(6)　行動経済学と市場理論
　　2　投資戦略と適合性の確認 …………………………………………… 313
　　3　高齢者と投資判断 …………………………………………………… 314
　　4　AIと投資判断 ………………………………………………………… 315
　　(1)　投資の世界におけるAIの浸透　　(2)　AI投資の法的論点

第3章　適合性原則 ……………………………………………………… 317

第1節　概要 …………………………………………………………………… 317
　　1　意義 ……………………………………………………………………… 317

2　適合性原則の業者ルールと民事ルール……………………………… 319
　　　(1)　業者ルールが先行　　(2)　業者ルールと民事ルールとの架橋──平成17年最判
　　　(3)　平成17年最判を参考に業者ルールを一部調整　　(4)　業者ルールとしての適合性
　　　原則の深化──3類型　　(5)　業者ルール3類型の民事ルールへの影響
第2節　顧客適合性の考慮要素と判断枠組み……………………………… 329
　　1　平成17年最判……………………………………………………… 329
　　2　その後の裁判例…………………………………………………… 330
　　　(1)　判例分析1　　(2)　判例分析2　　(3)　判例分析3──2013年以降の裁判例
　　　(4)　まとめと検討
　　3　学説…………………………………………………………………… 339
　　　(1)　学説の状況　　(2)　平成17年最判と①の比較　　(3)「狭義の適合性原則」の語
　　4　投資意向に反する勧誘と不法行為…………………………… 345
　　　(1)　各学説の帰結　　(2)　司研報告の立場　　(3)　検討
　　5　実情の把握………………………………………………………… 352
　　　(1)　財産状況の把握　　(2)　知識、経験の把握　　(3)「等」の把握

第4章　説明義務 ……………………………………………… 353

序 ………………………………………………………………………………… 353
第1節　金融商品の動向と判例理論および法令の展開………………… 353
　　1　金融規制緩和と被害救済判例法理…………………………… 353
　　　(1)　規制緩和と新規金融商品による消費者被害　　(2)　信義則に基づく説明義務
　　　(3)　法令に先行した判例法理
　　2　金販法の制定と判例法理の展開……………………………… 354
　　　(1)　2000年金販法　　(2)　判例の展開
　　3　2006年金販法改正および金商法制定………………………… 356
　　　(1)　2006年改正金販法　　(2)　2006年金商法
　　4　監督指針や合理的根拠適合性等の金融行政の展開………… 357
　　　(1)　デリバティブや仕組債に関する監督指針　　(2)　合理的根拠適合性についての
　　　証券業協会自主規制
　　5　フィデューシャリー・デューティー論……………………… 358
第2節　説明義務と判例法理の現在……………………………………… 360
　　1　平成25年最判……………………………………………………… 360
　　2　平成28年最判……………………………………………………… 361

3　司研報告による分析 ………………………………………………… 361
　　　(1)　判断枠組み　　(2)　説明義務の対象　　(3)　説明の方法・程度　　(4)　積極的な
　　　誤導型の説明義務違反　　(5)　不適合商品勧誘の不法行為論

第3節　説明義務の本質と実務的対応、あるべき説明義務 ……… 363
　　1　説明義務の本質 ………………………………………………………… 363
　　　(1)　情報提供義務か配慮義務か　　(2)　公正・効率的市場（資金分配）と金融事業者
　　　の役割　　(3)　信義則と金販法
　　2　二分論の下での説明対象事項 ………………………………………… 364
　　　(1)　説明の対象と説明の方法・程度の二分論　　(2)　説明義務の対象　　(3)　並行的
　　　情報提供による説明義務対象の拡大（誤導型説明義務違反）　　(4)　説明対象事項の
　　　主張・立証
　　3　二分論の下での説明の方法・程度 …………………………………… 369
　　　(1)　司研報告の指摘　　(2)　リスクの質と量　　(3)　VaR の説明　　(4)　時価評価額
　　　(5)　金商法、自主規制、内部規則との関係
　　4　あるべき説明義務に向けて …………………………………………… 374

第5章　フィデューシャリー・デューティー（顧客本位原則）と民事責任 …………… 376

第1節　フィデューシャリー・デューティーとは ……………………… 376
　　1　英米法の動向 …………………………………………………………… 376
　　　(1)　概要　　(2)　エリサ法と判例
　　2　欧州の動向（MiFID、OECD 金融消費者保護に関するハイレベル原則）…… 381
　　　(1)　英国ケイ・レビュー　　(2)　欧州　　(3)　OECD
　　3　日本の動向 ……………………………………………………………… 383
第2節　日本版フィデューシャリー・デューティー（顧客本位原則） ………………………………………………… 384
　　1　顧客本位原則 …………………………………………………………… 384
　　2　プリンシプルベースアプローチ ……………………………………… 385
　　3　顧客本位原則1──方針の策定・公表等 …………………………… 386
　　4　顧客本位原則2──顧客の最善の利益 ……………………………… 387
　　5　顧客本位原則3──利益相反の適切な管理 ………………………… 389
　　6　顧客本位原則4──手数料等の明確化 ……………………………… 390
　　7　顧客本位原則5──情報の分かりやすい提供 ……………………… 391
　　8　顧客本位原則6──顧客にふさわしいサービス …………………… 392

9　顧客本位原則7──従業員に対する適切な動機づけ ················ 393
　　10　顧客本位原則の履行確保 ·· 394
第3節　フィデューシャリー・デューティーと民事責任 ············ 394
　　1　フィデューシャリー・デューティーと民事責任の水準 ·············· 394
　　　(1)　顧客本位原則と民事責任　(2)　フィデューシャリー・デューティーが求める
　　　適合性原則より高度な水準
　　2　最善利益確保義務（原則2） ·· 396
　　　(1)　最終受益者に対する義務　(2)　最善利益（ベスト・インタレスト）確保義務
　　3　利益相反禁止（原則3） ·· 397
　　4　手数料開示（原則4） ·· 397
　　5　説明義務（原則5） ·· 398
　　6　適合性原則の強化（原則6） ·· 398
　　7　フィデューシャリー・デューティーの実務への導入 ················ 398

第6章　改正民法と金融取引 ············ 400

序 ·· 400
第1節　見送られた主な論点 ·· 400
　　1　はじめに ·· 400
　　2　暴利行為 ·· 401
　　　(1)　意義　(2)　中間試案
　　3　付随義務・保護義務 ·· 402
　　　(1)　意義　(2)　中間試案と消極論
　　4　信義則・権利濫用の適用にあたっての考慮要素 ·················· 402
　　　(1)　意義　(2)　中間試案と消極論
　　5　情報提供義務・説明義務 ·· 403
　　　(1)　意義　(2)　中間試案と消極論　(3)　金融分野の場合
第2節　主な改正 ·· 405
　　1　意思能力 ·· 405
　　　(1)　改正民法　(2)　適合性原則との関係　(3)　実務上の留意点
　　2　公序良俗違反 ·· 410
　　　(1)　改正民法　(2)　意思能力との関係　(3)　投資取引と公序良俗違反
　　　(4)　実務上の留意点
　　3　錯誤 ·· 414
　　　(1)　改正民法　(2)　金融取引と錯誤　(3)　実務上の留意点

4　取消しの効果等 ………………………………………………………… 418

　　　(1)　取消しの効果　　(2)　原状回復の義務

　　5　消滅時効 …………………………………………………………………… 419

　　　(1)　改正民法　　(2)　実務上の留意点

　　6　過失相殺 …………………………………………………………………… 420

　　7　遅延損害金等 ……………………………………………………………… 421

　　8　定型約款 …………………………………………………………………… 422

　　　(1)　定型約款についての規定の新設　　(2)　定型約款の合意（548条の2）

　　　(3)　定型約款の内容の表示（548条の3）　　(4)　定型約款の変更（548条の4）

第7章　高齢者と金融取引 …………………………………… 427

序 ………………………………………………………………………………… 427

第1節　総論 …………………………………………………………………… 427

　1　はじめに …………………………………………………………………… 427

　2　超高齢社会の進展──その現状と問題 ……………………………… 428

　　(1)　超高齢化の進展・増加する高齢者　　(2)　増加する高齢者被害　　(3)　認知症
高齢者の増加

　3　高齢化と金融取引 ……………………………………………………… 429

　　(1)　フィナンシャル・ジェロントロジー　　(2)　金融庁「官民ラウンドテーブル」
作業部会報告書　　(3)　日本証券業協会のルール　　(4)　監督指針　　(5)　小括

第2節　高齢者の取引と民事的規律 ……………………………………… 434

　1　人の能力と取引 …………………………………………………………… 434

　　(1)　意思能力と行為能力　　(2)　成年後見制度　　(3)　改正民法と消費者契約法の
改正　　(4)　不法行為責任

　2　高齢者の取引と適合性原則についての主な学説 …………………… 440

　　(1)　はじめに　　(2)　川地①（2014年）　　(3)　王①（2015年）　　(4)　宮下①
（2016年）　　(5)　小括

　3　最近の裁判例から ……………………………………………………… 446

　4　実務上の留意点 …………………………………………………………… 454

第3節　高齢者の適合性原則に関連する諸問題 ……………………… 454

　1　代理人や近親者の関与 ………………………………………………… 454

　　(1)　はじめに　　(2)　法定代理人の場合　　(3)　取引代理人の場合　　(4)　事実上の
代理人の場合

xviii

2 適合性原則と説明義務 ·· 458

(1) はじめに　(2) 適合性原則違反だけを認定した裁判例　(3) 適合性原則違反
と説明義務違反を認定した裁判例　(4) 事実上の一任取引類型

3 適合性原則違反と過失相殺 ·· 465

4 金融取引と信頼性の確保の観点から ································· 466

(1) 勧誘規制の概観　(2) 顧客の主体性の尊重　(3) 公正な市場と投資行動

第8章　銀行の責任 ······································· 469

序 ··· 469

第1節　銀行の関与形態 ··· 470

1 銀行の行員による勧誘・取引類型 ···································· 470

(1) 登録金融機関業務　(2) 登録金融機関業務と行為規制　(3) 金融商品仲介業
務

2 投資信託の事案における銀行と委託会社の責任 ············· 473

(1) 損害賠償請求　(2) 不当利得返還請求の相手方

3 銀行による証券会社の紹介等 ·· 477

(1) 裁判例　(2) 小括

4 勧誘形態 ·· 480

(1) はじめに　(2) 訪問勧誘　(3) 店舗での勧誘

第2節　銀行の責任 ·· 482

1 裁判実務の現状と問題点 ·· 482

(1) はじめに　(2) 銀行員の供述の評価　(3) 苦情の現状と金融庁の考え方

(4) 小括

2 銀行の責任の考え方 ··· 489

(1) 顧客本位原則と民事上の責任　(2) 顧客本位原則と助言義務

判決一覧 ··· 491

第4部　金融商品取引に関する裁判例

序 ··· 500

第1節　組成責任 ·· 501

1 組成責任が問題となる場面 ··· 501

(1) 概要　(2) 詐欺的金融商品　(3) 新規公開株式・新規公開仮想通貨

(4) 仕組商品

2 組成責任の判断基準としての商品規制 ···························· 503

		目次 xix

3 裁判例 ……………………………………………………… 503

第2節 開示責任 ……………………………………………… 506

第3節 販売・勧誘責任 ……………………………………… 506

1 債券 ………………………………………………………… 506

  (1) 商品特性　　(2) 適合性原則違反　　(3) 説明義務違反　　(4) その他

2 投資信託 …………………………………………………… 515

  (1) 商品特性　　(2) 意思無能力等　　(3) 適合性原則違反　　(4) 説明義務違反

  (5) 過当取引　　(6) 無断売買　　(7) 解約、換金

3 株式 ………………………………………………………… 532

  (1) 商品特性　　(2) 無断売買　　(3) 過当取引　　(4) 適合性原則違反

  (5) 説明義務違反　　(6) 断定的判断提供　　(7) 公序良俗違反　　(8) その他

4 ワラント …………………………………………………… 555

  (1) 商品特性と裁判例の状況　　(2) 適合性原則違反　　(3) 説明義務違反

5 株価指数等オプション取引 ……………………………… 558

  (1) 商品特性　　(2) 適合性原則違反　　(3) 説明義務・助言義務違反

6 為替デリバティブ ………………………………………… 565

  (1) 商品特性　　(2) 為替デリバティブ事件　　(3) 適合性原則違反　　(4) 説明
義務違反・公序良俗違反

7 金利スワップ ……………………………………………… 578

  (1) 商品特性　　(2) 行政処分と規制　　(3) 説明義務違反　　(4) その他

  (5) 海外の状況

8 仕組商品（仕組債、仕組預金、仕組投信など）………… 582

  (1) 第1次仕組商品被害（1999〔平成11〕年～2000〔平成12〕年）　　(2) 第2次仕組
商品被害（2004〔平成16〕年～2008〔平成20〕年）　　(3) 第1次被害と第2次被害の
比較　　(4) 第2次被害事件における第1次被害事件判決の位置づけ　　(5) 制度
変更　　(6) その後の仕組商品

9 投資性保険──変額（生命）保険、変額年金保険、外貨建て保険
………………………………………………………………… 632

  (1) 変額保険事件　　(2) 銀行や証券会社が販売する投資性保険と業法改正

10 商品先物取引 ……………………………………………… 636

11 不動産投資商品 …………………………………………… 639

12 外国為替証拠金取引（FX取引）………………………… 642

13 匿名組合 …………………………………………………… 644

14 出資、投資契約（集団投資スキームなど）、詐欺 ……… 646

xx

| | 15 | 証券化商品 | 650 |

第4節　助言責任・広告責任 652

第5節　市場システム提供責任 654

第6節　運用責任 657
　　1　信託受託者の運用責任 657
　　2　投資信託会社の運用責任 657
　　3　年金運営者の運用責任 658
　　4　投資一任業者の運用責任 660
　　5　団体役員の運用・管理責任 660
　　6　その他の運用責任 661

第7節　監督責任 662
　　1　違法投資商法業者に対する監督責任（不作為） 662
　　2　抵当証券業者に対する監督責任（作為） 663

事項索引 665

判例索引 674

凡例

■法令──

- ・本文において、条数のみで法律名が省略されているものは、金融商品取引法の条文を指す。ただし、他の法令との関わりで紛らわしい箇所においては金商法の条文であることを明示している。
- ・例えば、次のように略記している。

施行令	金融商品取引法施行令
開示府令	企業内容等の開示に関する内閣府令
金商業等府令	金融商品取引業等に関する内閣府令
定義府令	金融商品取引法第二条に規定する定義に関する内閣府令
特定有価証券開示府令	
	特定有価証券の内容等の開示に関する内閣府令
取引規制府令	有価証券の取引等の規制に関する内閣府令
金融商品販売法（金販法）	
	金融商品の販売等に関する法律
金販法施行令	金融商品の販売等に関する法律施行令
銀施規	銀行法施行規則
兼営法	金融機関の信託業務の兼営等に関する法律
商先法	商品先物取引法
特商法	特定商取引法
特商法施行令	特定商取引法施行令
不特法	不動産特定共同事業法
保施規	保険業法施行規則
預託法	特定商品等の預託等取引契約に関する法律

■裁判例──

- ・「最判平17・7・14民集59巻6号1323頁」とあるのは、「平成17年7月14日最高裁判所第1小法廷判決、最高裁判所民事判例集平成17年度59巻6号1323頁（通し頁）」を指す（小法廷番号は省略している）。
- ・第4部に収録されている裁判例には、判例番号（インデックス）を付しているが、他の章において引用される際にも同様の判例番号を付けるようにしている（詳しくは、第4部の冒頭を参照されたい）。
- ・登載判例集は、次のように略記している。

民（刑）集	最高裁判所民事（刑事）判例集、大審院民事（刑事）判例集
判時	判例時報
判タ	判例タイムズ
商事	商事法務
金判	金融・商事判例
金法	金融法務事情
セレクト	証券取引被害判例セレクト
先物判例	先物取引裁判例集

xxii

■文献等──

黒沼	黒沼悦郎『金融商品取引法』有斐閣〔2016年〕
最判解民事○年度	最高裁判所判例解説民事篇○年度
司研報告	宮坂昌利＝有田浩規＝北岡裕章＝小川暁＝神作裕之『デリバティブ（金融派生商品）の仕組み及び関係訴訟の諸問題』司法研究報告書68輯1号（司法研修所、2017年）
ハル	ジョン・ハル『フィナンシャルエンジニアリング〔第9版〕』（きんざい、2016年）
百選	金融商品取引法百選（2013年）
報告書	金融審議会金融分科会第一部会報告「投資サービス法（仮称）に向けて」（2005年12月22日）
松尾	松尾直彦『金融商品取引法〔第5版〕』（商事法務、2018年）
山下＝神田	山下友信＝神田秀樹編『金融商品取引法概説〔第2版〕』（有斐閣、2017年）

◆執筆担当

桜井 健夫
　［第1部第1章～第3章・第5章・第6章、第3部第1章～第3章、第4部］
上柳 敏郎
　［第1部第4章、第3部第4章・第5章］
石戸谷 豊
　［第2部、第3部第6章～第8章］

序

金融商品に関する基本法令

　第1部に入る前に、金融商品取引に関する法規制の全体像を概観し、その
うちの、金融商品取引法、金融商品販売法、不動産特定共同事業法、銀行法、
保険業法、信託業法、商品先物取引法について、要点を整理した。全体の中
における位置づけや関連法との関係を確認するなど、必要に応じて立ち戻っ
て参考にしていただきたい。

1　金融取引に関する法規制の全体像

(1)　全体図による解説

（a）　金融取引は、金融商品取引と、与信取引（融資・クレジット）に分ける
ことができる（【図表1】①）。

　ここで用いる金融商品の語は、顧客が将来、資金を受け取る予定で業者に
資金を渡す取引（キャッシュフローの現在から将来への移転取引）を指す。金融商
品販売法（以下「金販法」という）2条規定の「金融商品の販売」とほぼ同じ
範囲となる[1]。大まかにいえば、金融商品取引法（以下「金商法」という）の
対象取引に加えて、預貯金、保険・共済も含まれる。

　融資やクレジットは資金の動きが逆であり、ここでいう金融商品には該当
しない。融資と投資の組合せ商品やスワップを組み込んだ融資について被害
が多発してきたことからすると融資についても顧客保護に向けた制度整備が

1）　金融商品概念　金商法にも金融商品の語が登場するが、別の意味で用いられている
ので注意が必要である。第1部第1章第3節2(3)参照。

【図表1】

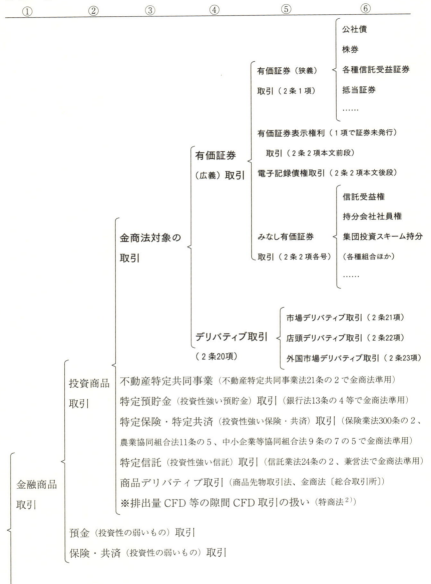

必要であるが、今後の課題である。

　(b)　金商法制定（証券取引法改正）の際は、金融商品取引を投資取引とそうでない取引に分けて前者について制度整備をするという選択をした。その結果、投資取引について金商法とそれを準用する形での関連法の改正が行われ、普通の預貯金、保険・共済は次の課題として残された（【図表1】②）。

　(c)　投資取引は、金商法とその一部を準用する関連法で規制する（【図表1】③）。

　金商法は有価証券とデリバティブ取引（商品デリバティブも含む。2014〔平成26〕年〜）を対象とし、不動産特定共同事業法で不動産特定共同事業につき金商法の一部を準用し、銀行法等で外貨預金や仕組み預金等の投資性の強い預貯金（特定預貯金）につき、保険業法等で変額保険や変額年金保険等の投資性の強い保険・共済（特定保険、特定共済）につき、信託業法で投資性の強い信託（特定信託）につき、それぞれ金商法の一部を準用した。

　商品デリバティブ取引は、デリバティブ取引の一種として金商法の対象に追加されたほか、商品先物取引法（2011〔平成23〕年1月〜）でも規制される。同法は金商法に類似した行為規制となっているほか、金販法の一部を準用している。対象には、国内商品先物取引に加え、海外商品先物取引、海外商品先物オプション取引、商品CFD（Contract for Difference〔差金決済取引〕）等も含まれる。

　(d)　金商法の対象は「有価証券」とデリバティブ取引である（【図表1】④）。

　(e)　「有価証券」は、公社債・株券・投資信託受益証券等の有価証券（狭義）、それと同じ権利で証券を発行しない有価証券表示権利、電子記録債権のうち政令で指定したもの、持分会社社員権や集団投資スキーム（組合契約その他）持分等の2条2項各号記載の「みなし有価証券」に分けられている（【図表1】⑤⑥）。これらはそれぞれ限定列挙であるが、「みなし有価証券」の中に包括規定である「集団投資スキーム」持分が入っている。

　デリバティブ取引は、市場デリバティブ取引、店頭デリバティブ取引、外国市場デリバティブ取引に分けられ、それぞれにおいて、証券デリバティブ取引、金融デリバティブ取引等従来のもの以外は明文で加えたものと施行令

---

2)　店頭取引にかかる役務の提供契約として、特商法の訪問販売や電話勧誘取引の対象となる。

で指定したものに限定される（商品も2014年～対象に追加）。このようにデリバティブ取引の定義は包括規定ではないので、金商法の規制対象から外れるデリバティブ取引が発生するが、これは、商品先物取引法に該当するものを除いて、賭博の違法性が阻却されない取引と位置づけられる。

(2) **関連法**

(多くは2006年同時改正〔2007年9月30日施行〕。その後の主な個別改正を記載)

・金融商品取引法

(証券取引法の改正法。金商法。2008年から2017年までほぼ毎年改正)

・金融商品の販売等に関する法律（＝金融商品販売法〔金販法〕)

・投資信託及び投資法人に関する法律（2013年6月改正、2014年9月3日施行)

・不動産特定共同事業法

(21条の2〔金商法準用〕。2017年5月改正、12月1日施行)

・保険法（2008年6月制定、2010年4月1日施行)

・保険業法

(300条の2〔特定保険につき金商法準用〕。2014年改正、2016年5月29日施行)

・銀行法（13条の4〔特定預金につき金商法準用〕。2016年改正、2017年改正)

・信託法（制定)

・信託業法（24条の2〔特定信託につき金商法準用〕)

・投資事業有限責任組合契約に関する法律（ファンド法)

・商品先物取引法（商品取引所法を2009年7月改正、2011年1月1日施行)

・商品投資に係る事業の規制に関する法律（商品ファンド法)

※2007年廃止：投資顧問業法、金融先物取引法、抵当証券業規制法、外国証券業者に関する法律

※2011年廃止：海外商品市場における先物取引の受託等に関する法律（海先法)

2　金融商品取引法（金法）

(1) **改正経過**[3]

・証券取引法制定：1948（昭和23）年4月13日制定。その後改正を重ねる。

・金商法制定（証券取引法の改正）：2006年6月14日公布。施行は、罰則の引き上げ2006年7月4日、開示部分12月13日、EDIネット義務化2007年4月1日、本体2007年9月30日。

序——金融商品に関する基本法令　5

・金商法等改正①：2008年6月13日公布、12月1日施行。プロ向け市場創設（参加者をプロ投資家〔特定投資家〕に限定した取引所市場を創設し、一般投資家への転売を制限したプロ向け銘柄について開示規制を免除して柔軟な情報提供の枠組みを構築）、ETF等の多様化（商品組込型投資信託を追加し、商品先物に投資する投資信託に係る規制の適用関係を整理）、排出権取引市場開設業務を金融商品取引所の兼業業務に追加、課徴金制度見直し、192条委任（違反行為の禁止・停止の裁判所に対する申立てに係る金融庁長官の権限を証券取引等監視委員会に委任）。

・金商法等改正②：2009年6月24日公布。主要部分2010年4月1日施行。金融商品取引所と商品取引所の相互乗入れ（同年7月1日施行）、信用格付業者に対する規制（信用格付け会社は登録できることとし、業務規程、監督規定を整備。無登録業者による格付を利用した勧誘の制限に係る規定）、金融ADR制度の整備（指定紛争解決機関との契約締結義務等）（同年10月1日施行）、有価証券店頭デリバティブ取引への証拠金規制の導入（2011年1月1日施行）。

・金商法等改正③：2010年5月19日公布。店頭デリバティブ取引の決済の安定性向上（清算関連の基盤整備は公布後1年以内、清算集中の義務づけ等は公布後2年半以内施行）、証券会社のグループ規制・監督の強化（公布後1年以内施行）、保険会社の連結財務規制（保険業法改正。公布後2年以内施行）、当局による破産手続開始申立ての範囲拡大（2010年5月19日施行）、192条違反の場合の両罰規定（2010年6月8日施行）。

・金商法等改正④：2011年5月25日公布。無登録業者の未公開株等広告勧誘禁止、罰則引上げ（3年→5年）、取引は原則無効（2011年11月24日施行）。適格機関投資家特例業務としての私募の届出書類に適格機関投資家の名称を記載させる（2012年4月1日施行）。セミプロ（適格投資家）相手の投資運用業の登録要件緩和と無登録自己募集を容認。

・金商法等改正⑤：2012年9月12日公布。インサイダー取引規制の見直し、課徴金制度の見直し（2013年9月6日施行）、総合取引所の実現に向けた制度整備（2014年3月11日施行）、店頭デリバティブ規制の整備（一部につき電子取引システムの利用を義務づける）（2015年9月1日施行）。

3）　国立国会図書館サイトの法令沿革一覧（金融商品取引法）（「法令沿革一覧＋金融商品取引法」などで検索）では、1948年の証券取引法制定〜2017年改正までの改正経過を一覧でき、そこから各改正の審議経過と議事録にリンクしている。

・金商法改正⑥：2013年6月19日公布、2014年4月1日施行。公募増資インサイダー事案等を踏まえたインサイダー取引規制の強化、金融機関の秩序ある破綻処理の枠組みの整備（証券会社・保険会社にも公的資金提供可）、銀行等の議決権保有規制（いわゆる5％ルール）の見直し、投資信託・投資法人法制の見直し、AIJ事案を踏まえた資産運用規制の見直しとして、投資一任業者等による運用報告書の虚偽記載等に対する罰則強化や、年金基金が特定投資家（プロ）になるための要件の限定（整備された体制について届け出た厚生年金基金のみがプロに移行できる）。

・金商法改正⑦：2014年5月30日公布、2015年5月29日施行。投資型クラウドファンディングの制度整備、新たな非上場株式の取引制度・投資グループを組成、金商業者の事業年度規制、新規上場に伴う負担の制限、上場企業の資金調達の円滑化、ファンド販売業者に対する規制の見直し、金融指標に係る規制の導入、電子化された株券等の没収手続の整備。

・金商法改正⑧：2015年6月3日公布、2016年3月1日施行。適格機関投資家等特例業務（プロ向けファンド）の届出者に対し、参入規制を整備（欠格事由の導入など）、行為規制を拡充（適合性原則、リスク等説明義務）、情報開示、エンフォースメント強化（業務改善・停止・廃止命令の対象とする）。

・金商法改正⑨：2017年5月24日公布、2018年4月1日施行。取引の高速化への対応、取引所グループの業務範囲の柔軟化、上場会社による公平な情報開示（フェア・ディスクロージャー・ルール）。

(2)　金商法の概要

　金商法は、「国民経済の健全な発展及び投資者の保護に資すること」（1条）を目的とする、投資取引の基本法である。有価証券取引とデリバティブ取引を対象とし、それ以外の投資取引である特定不動産共同事業等に行為規制の一部が準用される。投資者をプロとアマに分け、プロとの取引で規制緩和、アマとの取引で適切規制を目指している。

　内容は、総則、開示規制、業規制・行為規制、自主規制機関、安全ネット（保護基金）、取引所、有価証券取引規制、課徴金・罰則等で構成される。業法であるが、金融商品の販売勧誘に関する民事事件との関係でも重要な法律である。株式取引から悪徳投資詐欺まで関連する法律といえる。

3 金融商品販売法

(1) 金商法との比較

「金融商品取引法」（金商法）は証券取引法という大きな法律の改正法であるのに対し、「金融商品の販売等に関する法律」（＝金融商品販売法＝金販法）は、説明義務等に違反した場合の損害賠償責任を定める小さな民事法であって、両者はその位置づけも内容も異なる。ただし、適用対象取引の相当部分が重なっていること、究極の目的（金商法→公正な市場を通じて顧客保護を目指す。金販法→業者の損害賠償責任を通じて顧客保護を目指す）が共通していることから、将来的には金商法の対象取引を預金、保険まで広げて、金販法を取り込む形で1つの法律とすることが望ましい[4]。

(2) 金販法の全体像

金販法は、2001（平成13）年4月から施行され、2006年改正法は2007年9月30日から施行されている。法律の全体像は次のとおりである。

1条（目的）　顧客保護→国民経済の健全な発展

2条（定義）　金販法の対象：金商法の対象取引＋預金＋保険

3条（説明義務）

　　説明内容：元本欠損リスク、当初元本超損失リスクとその要因、仕組み
　　説明の方法・程度：適合的な、理解できる説明

4条（断定的判断提供等の禁止）　2006年改正法で新設

5条（損害賠償責任）　説明義務違反、断定的判断提供等と損害賠償責任を結び付ける

6条（因果関係・損害額の推定）　元本欠損額を因果関係ある損害と推定

7条（民法の適用）

8条・9条・10条（勧誘方針等）

(3) 対象

金販法の対象は「金融商品の販売」である。具体的には、金商法の対象である有価証券取引、デリバティブ取引のほか、預金取引、保険取引など幅広く対象とされる（2条）。商品先物取引等の商品デリバティブ取引は対象外とし、商品先物取引法で説明義務と損害賠償義務を定めて金販法6条等を準用

4）　いわゆる「日本版ビッグバン」は、これを目指して途中で止まっているのが現状である。報告書5頁、9頁参照。

している。販売の主体は業として金融商品の販売を行う者（金融商品販売業者）であり、金商法規定の金融商品取引業の登録を受けているか否かは関係ない。販売の相手方は顧客であり、個人や消費者に限られない。顧客が株式会社である場合も適用されることに注意が必要である。ただし、顧客のうち、特定顧客（金融商品販売業者、金商法規定の特定投資家〔プロ〕）に対しては、金販法の説明義務規定等の適用が排除される（金販法3条7項、金販法施行令10条）。

4 不動産特定共同事業法

(1) 概要

不動産特定共同事業とは、宅建業法対象の宅地・建物につき、①出資者の一部への業務委託契約方式、②匿名組合契約形式、③共有不動産賃貸借方式、④外国の法令に基づくこれらの方式、⑤政令で定める方式により、売買・交換・賃貸借などで運用して収益を出資者等に分配する業務およびその代理・媒介業務をいい、この業務を営む者について許可制を実施して、出資者等の事業参加者の利益の保護を図るものである。1987（昭和62）年から供給が始まった不動産小口化商品の取引が投資家被害をもたらしたため、投資家保護を目的として、1995（平成7）年に施行された。

不動産特定共同事業法においては、広告規制（同法18条）、不当勧誘禁止（同法20条）などの投資商品の販売・勧誘に関する一般的な規制に加え、不動産の特性を踏まえた許可要件（宅地建物取引業の免許）（同法3条・5条1項5号など）や建築確認前の事業を禁止する（同法19条）など、一部に商品特性に応じた規制が定められている。書面交付義務（同法24条・25条）、8日間のクーリング・オフ（同法26条）についても規定されている。さらに、同法21条の2で、金商法39条（3項ただし書および5項を除く）および40条を準用している。これにより、損失補てん禁止条項（39条。事故確認の部分を除く）、適合性原則違反勧誘の禁止（40条）が不動産特定共同事業に準用される。

(2) 2017年改正

不動産特定共同事業法は、小口資金による空き家・空き店舗等の再生を通じた地方創生の推進、観光等の成長分野における良質な不動産ストックの形成の促進を図る目的で、2017年5月26日に改正された（6月2日公布、12月1日施行）。概要は、次のとおり（経産省サイトから引用）。

「(1) 小規模不動産特定共同事業の創設　○空き家・空き店舗等の再生事

業に地域の不動産事業者等が幅広く参入できるようにするため、出資総額等が一定規模以下の『小規模不動産特定共同事業』を創設。　○事業者の資本金要件を緩和するとともに、5年の登録更新制とする等、投資家保護を確保

（2）　クラウドファンディングに対応した環境整備　○契約成立前の投資家への書面交付等について、インターネット上での手続に関する規定を整備。○インターネットを通じて資金を集める仕組みを取り扱う事業者について、必要な業務管理体制に関する規定を整備

（3）　良質な不動産ストックの形成を推進するための規制の見直し　○特例投資家（プロ投資家）向け事業における約款規制の廃止。　○機関投資家等スーパープロ投資家のみを事業参加者とする場合、許可を不要とし、届出のみにより事業を行うことのできる『適格特例投資家限定事業』の創設　○一部のリスクの小さな事業（修繕等）における特例事業（特別目的会社を活用した事業）の事業参加者の範囲を一般投資家まで拡大」

5　銀行法

（1）　概要

　銀行法は、銀行の業務の健全かつ適切な運営を目指す法律であり、総則、業務、子会社等、経理、監督、合併等の組織変更、外国銀行の特則、株主、銀行代理業、指定紛争解決機関、罰則等について規定している。銀行業務の中心は①預金受入れ、②貸付・手形割引、③為替取引の3つであり、これらの業務を中心とした銀行の業務に関しては、当初は健全性の観点からの規制しかなかったが、日本版ビッグバン（1998〔平成10〕年）以降の金融自由化に伴い、顧客保護に関するものが随時追加されてきた。預金者に対する情報提供等（同法12条の2）、指定紛争解決機関との契約締結義務等（同法12条の3）、銀行の業務に係る禁止行為（同法13条の3）等である。金商法制定の際には、金商法の準用規定が設けられた（同法13条の4）。

（2）　特定預金の規制

　銀行法13条の4では、金商法を特定預金契約の締結に準用している。特定預金とは、金利、通貨の価格、金商法2条14項に規定する金融商品市場におけるその他の指標に係る変動によりその元本について損失が生ずるおそれがある預金または定期積金として内閣府令で定めるものをいい、特定預金契約とは、特定預金等の受入れを内容とする契約をいう。具体的には、中途解約

10

の場合に元本欠損となる預金、外貨預金、オプションを組込んだ預金である（銀行法施行規則14条の11の４）。

　準用されるのは、特定投資家の規定（第３章第１節第５款。ただし、34条の２第６項〜８項〔特定投資家が特定投資家以外の顧客とみなされる場合〕、34条の３第５項・６項〔特定投資家以外の顧客である法人が特定投資家とみなされる場合〕を除く）、業務の通則（同章第２節第１款。ただし、35条〜36条の４・37条１項２号〔広告の規制のうち登録番号の表示〕、37条の２〔取引態様明示義務〕、37条の３第１項２号・６号・３項〔契約締結前の書面の交付〕、37条の５〔保証金の受領に関する書面の交付〕、37条の７〔指定紛争解決機関との契約締結義務〕、38条１号・２号・７号・８号・38条の２〔禁止行為〕、39条３項ただし書４項・６項・７項〔損失補てん等の禁止のうち事故確認〕、40条の２〔最良執行方針等〕、40条の３〔分別管理が確保されていない場合の売買等の禁止〕、40条の３の２〔金銭の流用が行われている場合の募集等の禁止〕、40条の４〔特定投資家向け有価証券の売買等の制限〕、40条の５〔特定投資家向け有価証券に関する告知義務〕、40条の６〔のみ行為の禁止〕、40条の７〔店頭デリバティブ取引に関する電子情報処理組織の使用義務等〕を除く）、雑則（45条・特定投資家の除外規定。ただし、３号および４号を除く）である。

　したがって、特定預金契約に準用される販売勧誘の際の主な行為規制は、広告等の規制（37条１項１号・３号・表示すべき事項の規制、２項・利益の見込み等につき不実表示・誤認表示を禁止）、契約締結前の書面交付（37条の３第１項１号・３号〜５号・７号〔書面交付義務と記載事項〕・２項〔電子交付〕）、契約締結時の書面交付（37条の４）、説明義務（38条９号、銀行法施行規則34条の53の17の２）、適合性原則（40条）である[5]。損失補てん禁止規制（39条１項・２項・３項柱書・５項）も準用されるが、事故確認の規定（39条３項ただし書・７項）は準用されていない。

　なお、銀行が投資信託販売や金融商品仲介を行うなど、登録金融機関業務（金商法33条の２）を行う場合は、金商法の行為規制が直接適用される。

5）　クーリング・オフ（37条の６）、不招請の勧誘禁止・不承諾勧誘禁止・再勧誘禁止（38条４号〜６号）も準用されるが、対象は政令で定めることとされ、政令は、特定預金を対象と定めていない。

6 保険業法

(1) 概要

保険業法は、保険会社等の業務の健全性と保険募集の公正を確保することにより、保険契約者等の保護を図る法律であり、総則、保険会社等、保険募集、指定紛争解決機関、罰則等で構成されている。保険会社等を監督する保険業法に、保険募集を規制する「保険募集の取締に関する法律」が1995年に統合されて、さらに何度もの改正を経て現在の保険業法となったものである。顧客の保護規定としては、情報の提供（同法294条）、顧客の意向の把握等（同法294条の2）、禁止行為（同法300条）などがある。金商法制定の際には、金商法の準用規定が設けられた（同法300条の2）。

(2) 特定保険の規制

保険業法300条の2で、金商法を特定保険契約の締結に準用している。特定保険契約とは、金利、通貨の価格、金商法2条14項に規定する金融商品市場における相場その他の指標に係る変動により損失が生ずるおそれ（当該保険契約が締結されることにより顧客の支払うこととなる保険料の合計額が、当該保険契約が締結されることにより当該顧客の取得することとなる保険金、返戻金その他の給付金の合計額を上回ることとなるおそれをいう）がある保険契約として内閣府令で定めるものをいう。具体的には、変額保険、変額年金保険、外貨建て保険は、運用状況や為替変動により解約払戻金、満期保険金や年金原資が大きく変動する可能性があり、損失が生ずるおそれがあるので、「投資性」が強い商品として規制対象とされている（保施規234条の2）。

金商法のうち、特定保険契約について準用されるのは、特定投資家の規定（第3章第1節第5款。ただし、34条の2第6項〜8項〔特定投資家が特定投資家以外の顧客とみなされる場合〕、34条の3第5項・6項〔特定投資家以外の顧客である法人が特定投資家とみなされる場合〕を除く）、業務の通則（同章第2節第1款。ただし、35条〜36条の4・37条1項2号〔広告の規制〕、37条の2〔取引態様明示義務〕、37条の3第1項2号・6号・3項〔契約締結前の書面の交付〕、37条の5〔保証金の受領に関する書面の交付〕、37条の6〔書面による解除〕、37条の7〔指定紛争解決機関との契約締結義務等〕、38条1号・2号・7号・8号・38条の2〔禁止行為〕、39条3項ただし書・4項・6項・7項〔損失補てん等の禁止（事故確認部分）〕、40条の2〔最良執行方針等〕、40条の3〔分別管理が確保されていない場合の売買等の禁止〕、40条の3の2〔金銭の流用が行われている場合の募集等の禁止〕、40条の4〔特定投資家向け有価証券の売買等の制限〕、

40条の5〔特定投資家向け有価証券に関する告知義務〕、40条の6〔のみ行為の禁止〕、40条の7〔店頭デリバティブ取引に関する電子情報処理組織の使用義務等〕を除く）、雑則（45条〔特定投資家の除外規定〕。ただし3号・4号を除く）である。

したがって、特定保険契約に準用される販売勧誘の際の主な行為規制は、広告等の規制（37条1項1号・3号〔表示すべき事項の規制〕、2項〔利益の見込み等につき不実表示・誤認表示を禁止〕）、契約締結前の書面交付（37条の3第1項1号・3～5号・7号〔書面交付義務と記載事項〕、2項〔電子交付〕）、契約締結時の書面交付（37条の4）、説明義務（38条9号、保険業法施行規則234条の27第1項3号。その代わり、保険業法294条〔情報の提供〕等が適用除外）、適合性原則（40条）である[6]。損失補塡禁止規制（39条1項・2項・3項本文・4項）も準用されるが、事故確認の規定が準用されていないのは銀行法と同様である。

共済については、農業協同組合法（同法11条の27）、中小企業等協同組合法（同法9条の7の5）、消費生活協同組合法（同法12条の3）に同様の準用規定がある。これらの共済において、現時点では、個人向け変額商品や外貨建て商品の取扱いはないが、今後、そのような商品が提供される場合には、保険と同様の規制の対象とされることとなる。

7　信託業法

(1)　概要

信託業法は、信託業を営む者等を規制して信託の引受け等の公正を確保することにより、信託の委託者および受益者の保護を図る法律である。総則、信託会社、外国信託業者、指図権者、信託契約代理店、指定紛争解決機関、罰則等で構成される。

金商法制定により信託受益権は有価証券とされたが、信託受益権の自己募集は、投資信託の場合を除き金融商品取引業ではないので（2条8項7号参照）、特定信託（投資性の強い信託）に限定して金商法の行為規制を準用している。

(2)　特定信託の規制

信託業法24条の2で、金商法を特定信託契約の引受けに準用している。特

---

6)　不招請の勧誘禁止・不承諾勧誘禁止・再勧誘禁止（38条4号～6号）も準用されるが、対象は政令で定めることとされ、政令は、特定保険を対象と定めていない。

定信託契約とは、金利、通貨の価格、金融商品市場における相場その他の指標に係る変動により信託の元本について損失が生ずるおそれがある信託契約として内閣府令で定めるものをいう。具体的には、元本欠損リスクの低いものや、物の管理処分を内容とする信託契約を除いて、幅広く特定信託契約に該当する定め方がされている（信託業法施行規則30条の2）。

　特定信託契約の引受けに準用される金商法の規定は、同法3章1節5款（特定投資家）、同章2節1款（通則）、同法45条（雑則）それぞれの一部である。信託業法にはすでに虚偽告知・断定定期判断提供・損失補てん等の禁止（信託業法24条1項）、適合性の原則（同条2項）、説明義務（同法25条）、契約締結時書面交付義務（同法26条）、忠実義務・善管注意義務等（同法28条）、禁止行為（同法29条）等が規定されているので、準用される部分は少ない。広告規制（37条。登録番号を除く）、事前書面交付義務（記載事項として商号・住所〔37条の3第1項1号〕、リスク〔同項5号〕）と電磁的方法による代替（37条の4・34条の2第4項）などが主なものである[7]。

8　商品先物取引法
(1)　概要
　商品デリバティブ取引は、デリバティブ取引の一種として金商法の対象に追加されたほか、商品先物取引法でも規制される。同法は、国内の商品取引所における先物取引を対象としてきた商品取引所法を改正したものであり、外国商品取引所における先物取引や店頭商品先物取引も対象に加え、かつ、店頭取引と当初支出額を超える損失が発生するおそれのある市場取引について不招請の勧誘を禁止することにして、名称も商品先物取引法と変えて、2011年1月1日から施行されている。これにより、海外商品先物オプション取引、ロコ・ロンドン貴金属取引、商品CFD取引など、消費者被害を多発させてきた取引も法規制下に入った。

　商品デリバティブの原資産は、農産物、林産物、畜産物、水産物、鉱物等である（同法2条1項）。商品デリバティブ取引のことをこの法律では商品先物取引と呼んでいる（以下「商品先物取引〔広義〕」と表記する）。これには、先物

---

7)　適用対象を政令で指定するクーリング・オフ規定（37条の6）や不招請の勧誘禁止規定（38条6号）も準用されるが、いずれも政令で信託の引受け行為を適用対象として指定していないので当面関係がない。

取引（狭義）、オプション取引、スワップ取引が含まれる（同条15項）。

これらの取引の委託を受け、またはその委託の媒介、取次ぎもしくは代理を行う行為を行う業務を商品先物取引業といい（同法2条22項）、行うには、主務大臣の許可が必要である（同法190条）。許可を受けた者を商品先物取引業者という（同法2条23項）。

商品先物取引業者の委託を受けて当該商品先物取引業者のために商品先物取引業（同法2条22項各号）の媒介のいずれかを業として行うことを商品仲介業といい（同条28項）、それを行うには主務大臣への登録が必要である（240条の2第1項）。これは6年ごとに更新が必要である（同条2項）。この登録を受けた者が商品先物取引仲介業者である（同法2条28項）。個人でも可能である（240条の3・240条の5・240条の7等）。商品先物取引仲介業者が顧客に与えた損害賠償責任について、所属の商品先物取引業者も原則として責任を負う（240条の26本文）。

(2) 行為規制

業者には、金商法に類似した行為規制を課している。すなわち、誠実・公正義務（同法213条）、広告等の規制（同法213条の2）、不当な勧誘等の禁止（214条）、損失補てん等の禁止（同法214条の3）、適合性原則（同法215条）、書面交付義務（同法217条）、説明義務とその違反の場合の損害賠償責任（同法218条）、取引態様の事前明示義務（同法219条）などである。損害の推定に関し金販法を準用している（同法220条の3）。

不当勧誘等としては、断定的判断等提供（同法214条1号）、虚偽告知（2号）、一任売買（3号）、フロントランニング（4号）（業者が注文を受けた場合に、相場の変動が予想されることを見越して、その注文を市場に出す前に自己売買で利益を上げること）、再勧誘（5号）、迷惑勧誘（6号）、勧誘受諾意思不確認勧誘（7号）、両建（8号）（同一限月、同一枚数）、不招請勧誘（省令で除外あり）（9号）、省令事項（10号）（施行規則103条で、向い玉、無断売買、異限月・異枚数の両建て等）などが禁止されている。

(3) 不招請勧誘禁止規制

このうち、不招請勧誘（法214条9号）とは、要請がないのに電話・訪問で勧誘することであり、施行令30条は、個人顧客について、店頭取引についてはすべての商品取引契約を、国内および海外の取引所取引については、商品取引契約のうち「損失の額が、取引証拠金等の額を上回ることとなるおそれ

があるもの」を適用対象とした。ここでの取引証拠金等とは、法217条１項
１号にいう取引証拠金等をいうとされており（施行令29条１項２号）、取引証拠
金、取次証拠金、清算取次証拠金その他の保証金であるから、従来の取引所
取引はすべて含まれると解される。なお、同法のオプション取引は、対象商
品を先物取引の売買約定（建玉）とするものであるから、権利行使をしたも
のは先物取引の買いまたは売りポジションを取得することになるので、コー
ル・オプションあるいはプット・オプションの買いであっても、損失の額が
取引証拠金等の額を上回ることとなるおそれがある取引に該当し、不招請の
勧誘は禁止される。

　この2011年施行の改正を受けて、業界では不招請の勧誘禁止の対象となら
ない損失限定取引を考案し、スマートCXと名づけた。追証はなく、損失が
ロスカット水準に達した段階で決済注文が自動発注されるもので、仮にロス
カット注文が成立しなくても最初に預託した委託者証拠金内の損失で確実に
注文が成立するようにして（ストップロス取引）、それ以上の損失が発生しな
いようにした取引である。この損失限定取引や貴金属現物取引については勧
誘が許容されるため、それらを入り口として先物取引の勧誘がなされること
で、違法勧誘の被害が発生している。

　2015年６月から、「市場活性化」を理由に不招請の勧誘等禁止について適
用除外が広げられた（施行規則102条の２）。①ハイリスク取引（他社取引も含
む）の経験者、②65歳未満で、年金等生活者でなく、年収800万円以上もし
くは金融資産2000万円以上を有するか弁護士・公認会計士等の資格を有する
者（ただし、熟慮期間〔14日間〕・投資上限額〔年収＋金融資産の３分の１〕設定などの
制限がある）に対する勧誘を許容することとしたものである。この適用除外
の拡大については、法214条９号の委任の趣旨を逸脱する違法なものである
との指摘や運用についての懸念が表明されている[8]。

8）　中川丈久「商品先物取引法における不招請の勧誘禁止の例外について──行政法の
　　見地から」現代消費者法26号（2015年）49頁～51頁、石戸谷豊「自壊する商品先物取引
　　行政」同号52頁～60頁、日本弁護士連合会「商品先物取引施行規則の一部改正をする省
　　令に関する意見書」（2015年２月20日）など。問題の背景と概要については、島幸明
　　「商品先物取引の不招請勧誘規制の見直し」Web版国民生活2015年４月号10頁も参照。

第 1 部

金融商品取引法

第1章

目的と対象範囲

第1節

目的

1　金商法の目的規定

1条は、①企業内容等の開示の制度を整備するとともに、金融商品取引業を行う者に関し必要な事項を定め、金融商品取引所の適切な運営を確保すること等により、②有価証券の発行および金融商品等の取引等を公正にし、有価証券の流通を円滑にするほか、資本市場の機能の十全な発揮による金融商品等の公正な価格形成等を図り、③もって国民経済の健全な発展および投資者の保護に資することを目的とする、と規定する。

①が手段、②が中間目的、③が最終目的である。③については、「国民経済の健全な発展」と「投資者の保護」のどちらを重視するかにより、投資者保護説、二元説、市場法説、新二元説、統合説などがある。理念の相違であり、実務的な差異にはつながらない。

2　中間目的と対象範囲

中間目的のうち、「資本市場の機能の十全な発揮による金融商品等の公正な価格形成」は、有価証券には妥当するが、デリバティブ取引には妥当しない。デリバティブ取引には資本市場機能、すなわち見込みのある企業や事業

に資金が流れるようにする機能はないからである[1]。そのため、例えば、商品を原資産とするデリバティブ取引を対象とする商品先物取引法の目的規定には資本市場機能に関する記載がない。

それにもかかわらず、金商法は、中間目的として資本市場機能の発揮を掲げた上、対象範囲としてデリバティブ取引をも掲げている。そこで、デリバティブ取引には、見込みのある企業や事業に資金が流れるようにする機能と異なる内容で資本市場に働きかける機能があるかを検討すると、デリバティブ取引は、リスク許容度の低い経済主体から高い経済主体へのリスク移転によって、社会全体として資本効率を向上させる機能があると考えられる[2]。資本効率の向上とは、取引当事者一方にとって何らかのリスクに備えた準備金の節約となるという意味である。つまり、デリバティブ取引の社会的意義は、リスクヘッジ手段の提供である。

デリバティブ取引のこのような機能が発揮されるためには、リスクヘッジコストが競争で決まるなど、市場の効率性があること、市場に対する信頼が維持されるような、市場の公正性が確保できることが必要である。

3 最終目的と対象範囲

最終目的と対象範囲の関係を考えるにあたっては、投資者保護が最終目的に掲げられていることが重要である。ここにいう投資者とは、金銭を市場に投資する者であり、そのような投資者を保護するという目的を達するためには、投資詐欺も含めて投資行為が漏れなく対象となる必要がある。

---

1) デリバティブ取引はゼロサムであり、資源の効率的配分という意味での資本市場機能を有しないことから、資本市場機能とは関係がないものと位置づけられている（黒沼18頁）。第3部第2章第1節5参照。

2) 二上季代司「金融デリバティブ市場の存在意義とその将来展望」日本取引所グループサイト（2007年5月21日）は、取引当事者一方にとって何らかのリスクに備えた準備金の節約（すなわち資本効率向上）に貢献するようなデリバティブ取引には社会的意義があるとし、準備金節約に貢献しない利用の仕方は、賭博行為になるとしている。なお、投機、賭博、保険とヘッジの違いについては同「オプション取引と4つのリスク対応類型（投機、賭博、ヘッジ、保険）」彦根論叢357号（2006年）131頁を参照。

20　第1部　金融商品取引法

第2節

対象範囲の基本的考え方と規定形式

1　基本的考え方

　金融商品取引法（以下「金商法」という）における対象範囲についての基本的な考え方は、その検討過程における金融審議会金融分科会第一部会「中間整理」（2005〔平成17〕年7月7日）と同報告「投資サービス法（仮称）に向けて」（2005年12月22日。以下「報告書」という）によって知ることができる。

　「中間整理」では、①金銭の出資、金銭等の償還の可能性を持つ、②資産や指標等に関連する、③より高いリターン（経済的効用）を期待してリスクをとる、の3要件を満たすものを投資商品と定義し、その範囲の決め方については、投資者保護の観点から適当と考えられる商品について、集団投資スキーム、およびこれに類似する個別の投資スキームを含めて、可能な限り大きな括りで列挙するとともに、金融環境の実情や変化を踏まえてきめ細かい適用除外や商品指定ができるようにすることが適当と考えられるとされている。

　報告書によれば、この「中間整理」の定義を前提として、③における「リスク」の意義については、当時の金融商品販売法（以下「金販法」という）で説明義務があるとされていた事項を参考に、金利、通貨の価格、有価証券市場における相場その他の指標に係る変動により元本欠損が生ずるおそれ（いわゆる市場リスク）と、金融商品販売者その他の者（例えば発行者）の業務または財産の状況の変化により元本欠損が生ずるおそれ（いわゆる信用リスク）のいずれかのリスクがあることを中心に整理し、③における「リターン」の意義については、経済的効用の向上（の可能性）と広範に捉えるが、利用者の投資商品への典型的な期待が「金銭的収益（プラスのキャッシュフロー）」であると考えられることなどを勘案し、「金銭的収益」への期待を中心として整理するとされている。

　この範囲に、具体的には預金、保険も含むこととするかで意見が分かれたが、立法を急ぐため、反対意見があった預金、保険を除く形で立法の方向が示された。そのため、金商法はまだ途中段階の法律であり、三段飛びにたとえて表現すると、金融システム改革法と金販法が1歩目に当たるホップ、金

商法は2歩目に当たるステップに位置づけられるものであって、3歩目に当たるジャンプ[3]がまだ残されているとの説明がされてきた。

2 金商法とその一部を準用する複数の法律

(1) 対象範囲の規定形式

このような基本的考え方に基づくものの、金商法は、対象をその基本的考え方どおりに拡大して投資商品をすべて規律する法律とするというわかりやすい方法を採らず、従来の縦割り法制を相当程度維持し、投資商品に関する複数の法律（銀行法、保険業法など）の同時改正で金商法の行為規制を準用するという形式を採った（以下、金商法とその一部を準用する複数の法律により構成される金融法制を「金商法体制」という）。性質上内容を統一できる事項がすべて同じとなったわけではないので、実際の改正が基本的考え方どおりとなっているわけではない[4]。また、中心となる証券取引法は、名称を金融商品取引法と変えて対象範囲と対象取引を従来よりも相当拡大したが、単純に包括規定で対象を定める方法を採らずに、限定列挙した項目の中に包括規定（2条2項5号）を挿入するというアクロバティックな方法を採ったために、解釈上の問題を残した[5]。

(2) 対象範囲の概要

金商法の対象範囲は、拡大された有価証券（広義の有価証券）（類似証券の追加と集団投資スキームの包括規定導入〔事業型組合も含む〕）と拡大されたデリバティブ取引（原資産を拡大）であり、他の投資取引（不動産特定共同事業、投資性の強い預貯金・保険共済・信託）にも行為規制が準用される。具体的には次のとおりである。

(a) 拡大された有価証券（金商法）

3）ジャンプ　預金と保険を対象外としたことについて「報告書」は次のとおり説明している。「金融商品全般を対象とする、より包括的な規制の枠組みの検討については、投資サービス法〔注：金融商品取引法〕の法制化とその実施状況、各種金融商品の性格、中長期的な金融制度のあり方なども踏まえ、当部会において引き続き精力的な検討を続けていくこととしたい。」（9頁）

4）横並びとなっていない部分　第4節参照。

5）限定列挙の中に包括規定　この形式では、限定列挙した各項目で明示的に除外されたものが包括規定に該当する場合がありうるので、それが対象となるのかについて疑義が生ずる。この点を具体的に指摘するものとして、黒沼悦郎「金融商品取引法の適用範囲と開示制度」金法1779号（2006年）8頁。

22　第1部　金融商品取引法

　証券については、証券取引法で従来から対象とされてきたものに加えて、抵当証券のように1記載の基本的考え方に当てはまるがこれまで別の法律で規制されていた金融商品を取り込むとともに、新たに制度化された信託受益証券（2条1項）や、信託受益権（同条2項）を法規制対象とするなど、有価証券やみなし有価証券の概念を拡大した。

　それから、集団投資スキームの包括規定をみなし有価証券の1つとして導入した。代表的な集団投資スキームである投資信託や投資法人は、投資信託受益証券や投資証券の形で従来から証券の1種とされていたが、組合契約に基づく権利については、従来は、投資事業有限責任組合契約に基づく権利と、民法上の組合契約や匿名組合契約であって投資事業有限責任組合契約に類するものとして政令で定めるものに基づく権利に限定して証券取引法の対象とされていた。

　金商法ではそれを大きく広げ（2条2項5号）、「投資事業有限責任組合契約に類するもの」という制約をはずし、事業型組合（出資者全員が出資対象事業に関与する場合等を除く）も対象に組み込むこととしたほか、さらに、法形式や契約形態を問わず、出資者が出資または拠出をした金銭を充てて行う事業から生ずる収益の配当または当該出資対象事業に係る財産の分配を受けることができる権利（出資者全員が出資対象事業に関与する場合等を除く[6]）（以下「集団投資スキーム持分」という）という抽象的定義に該当するものを「みなし有価証券」の1つとして有価証券概念に含め、広く対象に取り込んだ。

　これにより、いわゆるファンドと呼ばれる組合型のものやその他の他者から資金を支出させて運用する方式から発生する権利が広く金融商品として対象に入れられることとなった。商品ファンドもこの定義に該当し、含まれることとなった。

　なお、投資信託受益証券のように有価証券の一種として明示的に掲げられているものはそれによる。また、不動産に関する集団投資スキームである不動産特定共同事業については、この定義に該当するが明示して除外し、不動産特定共同事業法で金商法の一部を準用するという形を採った。宅建業法に

───────────

6）　ハウイ・テスト　　この考え方は、当該商品について拠出した資金に基づく事業などが他人によって行われているかどうかを規準とするものであり、米国1933年証券法の「投資契約」に関する連邦最高裁判決（SEC v. W. J. Howey Company、328 U. S. 293（1946））で示されたハウイ・テストの「他者の努力」要件に相当する。

よる規制の網も重ねてかけるためには、金商法に取り込むよりはこのような形の方が適切な規制ができると説明されている。保険契約や共済契約もこの定義に該当するが、明示的に除外されている（2条2項5号ハ）。その上で、保険業法で、投資性のある保険（特定保険）について、農業協同組合法や中小企業等協同組合法で、投資性のある共済（特定共済）について、金商法の規定の一部が準用されている。

(b) 拡大されたデリバティブ取引（金商法）

金商法では、多くのデリバティブ取引を対象とする（2条20項〜25項）。証券取引法の対象であった有価証券デリバティブ取引はそのまま対象とすることを維持した上、金融先物取引法の対象であった金融先物取引（通貨先物取引、金利先物オプション取引等）も対象に加え、さらに、それまで規制対象とされていなかった金利・通貨スワップ取引や、クレジット・デリバティブ取引（法人の信用状態を基礎とする）、天候デリバティブ取引（気象指標を基礎とする）等が追加された。そして、それら以外のものも政令で追加できることとした。

このように、様々なデリバティブ取引が金商法の対象となるが、原資産が商品であるデリバティブ取引は当初、対象外とした。そのため、商品デリバティブ取引の法規制の漏れが課題となってきたが、2009（平成21）年に商品取引所法を改正して商品デリバティブ取引全体を対象とする商品先物取引法とすることで一応の体制を作った。その上で、金商法でも2012（平成24）年改正で商品デリバティブ取引を対象に入れた。

(c) 他の投資取引（不動産特定共同事業、投資性の強い預金・保険・信託）に行為規制を準用（不特法、銀行法、保険業法、信託業法等による準用）

先述のとおり、不動産特定共同事業は集団投資スキームの定義に当てはまるものの金商法の対象からは明示して除外し、不動産特定共同事業法で、宅建業法による規制の網をかけるとともに金商法の一部を準用するという形を採った。具体的には、宅建業法の対象となる宅地建物を対象とした一定の不動産共同事業に関し、宅建業の免許を有することなどを条件に許可を得た者のみが行えることとし、行為規制としては、広告規制（不特法18条）、不当勧誘等の禁止（不特法20条・21条）などを規定するほか、金商法の行為規制の一部（損失補てん等の禁止〔39条〕、適合性原則等〔40条〕）を準用している（不特法21条の2）[7]。

預金や保険、信託は対象外とした上、そのうち、投資性の強い預金は特定

24 第1部 金融商品取引法

預金（外貨建て預金、デリバティブ預金等）、投資性の強い保険（外貨建て保険、変額保険、変額年金保険等）は特定保険、投資性の強い共済は特定共済、投資性の強い信託は特定信託（運用型信託がこれに該当する）として定義し、それぞれ、銀行法、保険業法、農業共同組合法等の組合法、信託業法で金商法を準用する形で行為規制の一部を及ぼしている。

第3節

金商法の対象

1　金商法の対象①──有価証券

(1)　金商法の規定

(a)　概要

金商法は、「有価証券」（広義）とデリバティブ取引を対象としている。このうち「有価証券」（広義）は、有価証券（狭義）（2条1項）とみなし有価証券（同条2項）の上位概念であり、みなし有価証券は、さらに、有価証券表示権利、特定電子記録債権、2項有価証券（2項各号記載の権利）に分けられる[8]。具体的には次のとおりである。

(b)　有価証券（2条1項）（狭義）

① 国債証券（1号）：いわゆる国債

② 地方債証券（2号）：都道府県債、市債など

③ 特殊債（3号）：特別の法律により法人が発行する債券。金融債[9]、政府保証債、政府保証のない特殊債がある。

④ 特定社債券（資産の流動化に関する法律）（4号）

7）　序4参照。

8）　有価証券の略語　2条3項では、同条1項に規定する有価証券（(b)）と、同条2項本文に規定する有価証券表示権利（(c)）、特定電子記録債権（(d)）を合わせて「第1項有価証券」と略し、同条2項各号に規定するみなし有価証券（(e)）を「第2項有価証券」と略している。(c)(d)(e)はすべてみなし有価証券ではあるが、一般に、(e)のみをいうことも多い。

9）　金融債　金融機関が発行する債券。長期信用銀行法、株式会社商工組合中央金庫法、農林中央金庫法、信用金庫法によるものがありうるが、いずれも一般向けの売出しは終了している。

⑤　社債券（5号）：いわゆる社債

⑥　出資証券（特別法で設立された法人発行のもの。7号・8号・11号に規定する
　　ものを除く）（6号）

⑦　優先出資証券、優先出資引受権
　　（協同組織金融機関の優先出資に関する法律）（7号）

⑧　優先出資証券、新優先出資引受権表示証券（資産の流動化に関する法律）
　　（8号）

⑨　株券または新株予約権証券（9号）

⑩　投資信託受益証券または外国投資信託の受益証券（投資信託・法人法）
　　（10号）

⑪　投資証券、新投資口予約権証券もしくは投資法人債券または外国投資
　　証券（投資信託・法人法）（11号）

⑫　貸付信託受益証券（12号）

⑬　特定目的信託の受益証券（資産の流動化に関する法律）（13号）

⑭　受益証券発行信託の受益証券（信託法）（14号）

⑮　約束手形（内閣府令で定めるもの）（15号）

⑯　抵当証券（抵当証券法）（16号）

⑰　外国または外国の者の発行する証券・証書で以上の性質を有するもの
　　（17号）

⑱　外国の者の発行する証券または証書で金融業者の貸付債権を信託する
　　信託の受益権を表示するもの（内閣府令で定めるもの）（18号）

⑲　有価証券、みなし有価証券のオプション取引に係る権利を表示する証
　　券、証書（19号）

⑳　以上の証券、証書の預託を受けた者が発行国以外で発行する預託証券、
　　預託証書（20号）

㉑　政令補充条項（流通性その他の事情を勘案し、公益または投資者の保護を確保
　　することが必要と認められるものとして政令で定める証券または証書）（21号）[10]

（c）　有価証券表示権利（2条2項柱書）

　2条1項に規定する有価証券に表示されるべき権利（有価証券が発行されて
いなくとも有価証券とみなす）

（d）　特定電子記録債権（2条2項柱書）

　電子記録債権法2条1項に規定する電子記録債権のうち、流通性その他の

26　第1部　金融商品取引法

事情を勘案し、社債券その他の金商法2条1項各号に掲げる有価証券とみなすことが必要と認められるものとして政令で定めるものをいう。現段階では政令指定されたものはない。

(e)　2項各号のみなし有価証券（2条2項各号）

①　信託の受益権（1号）[11]

②　外国の者に対する権利で前号の権利の性質を有するもの（2号）

③　合名会社・合資会社の社員権（政令で定めるもの）[12]、合同会社の社員権（3号）

④　外国法人の社員権で前号に掲げる権利の性質を有するもの（4号）

⑤　組合契約（民法667条1項）・匿名組合契約（商法535条）・投資事業有限責任組合契約（投資事業有限責任組合契約に関する法律3条1項）・有限責任事業組合契約（有限責任事業組合契約に関する法律3条1項）に基づく権利[13]、社団法人の社員権その他の権利のうち、出資者が出資対象事業から生ずる収益の配当または出資対象事業にかかる財産の分配を受ける権利

---

10)　政令追加の有価証券　施行令1条で、外国法人発行の譲渡預金証書、学校債が指定されている。報告書別紙2では、「『中間整理』において、学校債や医療機関債について、現行の証券取引法の枠組みのもとで政令指定を行うことについての検討を進めることが適当との指摘がなされているが、より多数の一般投資家に対して発行されている事例があるといった実態に鑑み、特に投資性が強い学校債について政令指定に向けた検討を進めることが適当と考えられる。医療機関債の取扱いについては、引き続き検討を行うことが適当と考えられる。」とされていたが、結局、医療機関債は入らなかった。

11)　信託の受益権　従来は銀行等の貸付債権信託の受益権のうち政令で定めるものに限定されていた。

12)　合名会社および合資会社の社員権　施行令1条の2で従来の規定が維持された。すなわち、その社員のすべてが株式会社または合同会社である合名会社の社員権、その無限責任社員のすべてが株式会社または合同会社である合資会社の社員権を有価証券とみなすというものである。

13)　有限責任事業組合（Limited Liable Partnership、LLP）　報告書別紙2では次のとおり説明されている。「有限責任事業組合（LLP）について投資商品の範囲から除くべきとの意見があるが、現行の証券取引法（証券取引法施行令1条の3の3）のもとでは、LLPの事業に常時従事していない組合員がいる場合などに限って規制対象としており、組合員全員による事業参加というLLPの制度趣旨に沿って組合が運営されている限りにおいては規制対象とならない。投資サービス法においても、LLPの制度趣旨に沿って組合が運営されている場合には規制対象としないことを前提に、一部の組合員が他の組合員から組合事業について広範な裁量を付与されているようなLLPなどについては当然に規制対象とされるよう、現行証券取引法の枠組みを基本的に維持することが適当と考えられる。」

第1章　目的と対象範囲　　27

（ただし、出資者全員が出資対象事業に関与する場合の権利、出資の額を超えて分
配を受けることがない契約に基づく権利、保険契約・共済契約・不動産特定共同
事業契約に基づく権利、政令指定権利[14]を除く）（5号）：いわゆる集団投資
スキーム持分

⑥　外国の法令に基づく権利で前号に掲げる権利に類するもの（6号）

⑦　政令補充条項[15]（同様の経済的性質を有する等の事情を勘案し、公益または投
　　資者の保護を確保することが必要かつ適当と認められるものとして政令で定める
　　権利）（7号）[16]

(2)　**解説**（従来の有価証券概念から拡大された部分を中心に）

(a)　受益証券発行信託の受益証券と抵当証券

　2条1項規定の有価証券（狭義）に追加されたのは、受益証券発行信託の
受益証券と抵当証券である。受益証券発行信託の受益証券（有価証券⑭）は、
改正信託法により信託受益権を証券化できることとなるので、それに対応す
る規定である。抵当証券（有価証券⑯）は、従来、抵当証券業規制法で規制し
ていたものを、同法を廃止してここに追加した。有価証券⑰、同⑱では「外
国法人」を「外国の者」とすることによって、発行主体を法人に限定しない

---

14)　その他の除外される権利　　法令に根拠がある公益法人への出資に係る権利、分収
　　林契約に基づく権利、組合契約によって成立する法律事務所等の権利、従業員持ち株会
　　への権利など一定の場合が除外されている（施行令1条の3の3）。詳細は後述。
15)　検討されたが指定されなかったもの　　有限責任中間法人の社員権につき報告書別
　　紙1には次のとおり記載されている。『『基金の返還に係る債権には、利息を付すること
　　ができない（中間法人法66条）』との規定により、基金拠出者への利益配当が認められ
　　ていないことから、金銭的収益としてのリターンを期待するものとして一律に投資商品
　　の範囲に含めることは適当でないが、清算時の残余財産の拠出者への分配は可能である
　　ことから、利用者保護上必要な場合が生ずれば政令指定で対応することが適当と考えら
　　れる。』この趣旨で、当面、政令指定しないこととされた。
　　　シンジケートローンおよびABL（アセットバック・ローン）も政令指定の検討対象
　　とされたが、報告書別紙2では次のとおり当面消極とされ、指定されなかった。「中間
　　整理では、投資商品の一類型として金銭消費貸借による貸付に係る債権を掲げているが、
　　その中のシンジケートローン及びABLについては、現状、資金の出し手の太宗が融資
　　を業とする金融機関であるとの実態や、条件や開示内容について個々に交渉を行う余地
　　があることなどから、法制的にも通常の相対の貸付けと切り分けて規定することが困難
　　であり、今回の法改正においては投資サービス法による規制対象とはしないが、今後と
　　も参加者の広がりや取引の実情などについて注視し、引き続き検討を行うべきものと考
　　えられる。」
16)　政令指定の2項有価証券　　在学生の親等以外の複数の者による同一条件での学校
　　法人に対する貸付債権が追加された（施行令1条の3の4）。

28 　第1部　金融商品取引法

ことを明らかにした。

(b)　有価証券表示権利

　2条1項に規定する有価証券（狭義）と同じ権利で、有価証券が発行されていないものを、有価証券とみなすこととしている。金商法制定前後に電子化が進み、2009（平成21）年1月までにほとんどの上場有価証券は電子化されており[17]、現在、金融商品取引所で取引されている有価証券は、有価証券（狭義）ではなく有価証券表示権利である。

(c)　特定電子記録債権

　2項柱書中段の特定電子記録債権は、2008（平成20）年12月1日の電子記録債権法の施行に伴い、社債類似の資金調達手段として利用される可能性を考えて、政令指定のものを有価証券とみなすことにしたものであり、現段階では政令指定がない。

(d)　信託受益権

　2項有価証券の①では、信託の受益権を一般的に有価証券とみなすこととした。従来は銀行等の貸付信託の受益権に限定されていたが、銀行等の貸付信託に限定する必要がないので、拡大された。2001（平成13）年から施行されている金販法では信託の受益権がすでに金融商品概念に含まれているので、特に目新しいことではない。

(e)　持分会社の社員権

　2項有価証券の③、④は、合名会社（社員のすべてが合同会社、株式会社である場合のみ。施行令1条の2第1号）もしくは合資会社（無限責任社員のすべてが株式会社、合同会社である場合のみ。同条2号）の社員権、合同会社の社員権を有価証券としている。最終的に有限責任の構造となる形態を対象とする趣旨である。

　ちなみに、報告書別紙2では次のとおり位置づけられていた。「合名会社及び合資会社は、社員自らが業務執行に参加することを念頭においた制度となっており、現実に、大多数の場合において相互に人的信頼関係のある少人数の者の共同企業に用いられているとの実態がある。このため、一部の社員あるいは役員などが他の社員から広範な裁量を付与されるような場合にはあ

---

17)　2003（平成15）年1月に国債、同年3月に短期社債、2006（平成18）年1月に一般債（社債・地方債など）、2007（平成19）年1月に投資信託、2008年1月にETF（上場投資信託）、2009年1月に上場会社の株式、優先出資証券、新株予約証券、投資証券、転換社債型新株予約権付社債券が電子化され、ペーパーレスとなっている。

第1章　目的と対象範囲　　29

たらず、合名会社及び合資会社の社員権を一律に投資商品とすることは、必ずしも適当でないと考えられる。」

（f）　集団投資スキーム持分

（ア）　概要

　2項有価証券の⑤は、集団投資スキーム持分を有価証券とみなすこととしたものである。

　集団投資スキーム持分を規定する2条2項5号は抽象的定義を含み、次のとおりとなっている（条文中の括弧内および適用例外は省略）。

2条2項5号　　民法第667条第1項に規定する組合契約、商法第535条に規定する匿名組合契約、投資事業有限責任組合契約に関する法律第3条第1項に規定する投資事業有限責任組合契約又は有限責任事業組合契約に関する法律第3条第1項に規定する有限責任事業組合契約に基づく権利、社団法人の社員権<u>その他の権利のうち、当該権利を有する者が出資又は拠出をした金銭（これに類するものとして政令で定めるものを含む。）を充てて行う事業から生ずる収益の配当又は当該出資対象事業に係る財産の分配を受けることができる権利であって</u>、次のいずれにも該当しないもの

　　（……イ、ロ、ハ、ニ略……）

　下線部分が集団投資スキームの抽象的定義の主要部分である。

　権利の種類は、歴史的に根拠となる組合契約が追加されてきたが、最後に「その他の権利」を入れたことで、結局どんな契約に基づく権利でもよいことになり、権利の種類に限定がない。

　出資または拠出とは、金銭[18]（2条2項5号）のほか、有価証券、手形、金銭の全部を充てて取得した物品であって内閣府令で定めるもの（施行令1条の3）であり、内閣府令では、金銭の全部を充てて取得した物品として、競争用馬が定められている（定義府令5条）。

　このような出資または拠出をした出資者が出資対象事業から生ずる収益の配当または出資対象事業にかかる財産の分配を受ける権利ならば、適用除外

---

18)　仮想通貨　　仮想通貨は金銭ではないので、ビットコインなどの流動性の高い仮想通貨を「出資」させる行為の扱いが問題となる。後述第4節2(8)参照。

30　第1部　金融商品取引法

に該当しない限り、法形式、契約形式を問わず有価証券とみなすこととした
ものである。規定形式が抽象的であって、横断的法制の第一歩となる規定と
いうことができる。

　これにより従来、法の隙間となっていた投資商品の一部が対象に加わるこ
とになる[19]ほか、多くの詐欺的投資商品もこの抽象的定義に該当して金商
法の対象となる。なお、配当、分配の語は用いられているものの、複数の投
資者から資金を集め合同運用するという要件がないので、個別投資契約も含
む趣旨である。

　(イ)　適用除外

　適用除外として2条2項5号には、出資者全員が出資対象事業に関与する
場合における出資者の権利（イ）、出資額を超えて配当・分配を受けること
がない契約における出資者の権利（ロ）、保険業を行う者が保険者となる保
険契約、農協・生協・水産協・中小企業等協同組合等との共済契約、不動産
特定共同事業契約に基づく権利（ハ）、政令指定権利（ニ）が定められている。

　イ　出資者全員が出資対象事業に関与する場合とは、業務執行の決定につ
　　いてすべての出資者の同意を要することとなっており、かつ、出資者の
　　すべてが出資対象事業に常時従事するか専門的な能力を発揮して従事す
　　るかのいずれかに該当する場合をいう（施行令1条の3の2）。

　ロ　出資の額を超えて配当・分配を受けることがない契約に基づく権利は、
　　投資対象として規制する必要がないことから対象外とした。

　ハ　保険契約・共済契約・不動産特定共同事業契約に基づく権利は、それ
　　ぞれの業法において適切な規制がされているので、対象外とした。

　ニ　公益または出資者保護のため支障がない権利として次のものが政令指
　　定されている（施行令1条の3の3）。

　　1号　保険業法2条1項各号に規定する保険業類似事業にかかる契約に
　　　　基づく権利

　　2号　法令に根拠がある公益法人への出資・拠出に係る権利

　　3号　分収林特別措置法に規定する分収林契約に基づく権利

　　4号　公認会計士、弁護士（外国法事務弁護士を含む）、司法書士、土地家

────────────

19)　ファンド　ラーメン・ファンド、ワイン・ファンド、アイドル・ファンド、音楽
　ファンド等の多くは組合形式を採っており、それらは組合契約に基づく権利に含まれる
　こととなる。

屋調査士、行政書士、税理士、不動産鑑定士、社会保険労務士、弁
理士のみを当事者としてその業務を行う組合契約等に基づく権利
5号　従業員持ち株会との契約に基づく権利
6号　関連会社の従業員持ち株会との契約に基づく権利など
(ウ)　集団投資スキームと預託法対象取引との関係

　特定商品等の預託等取引契約に関する法律（以下「預託法」という）は、豊
田商事事件（金地金預託詐欺商法）による被害発生を受け、特定の預託取引を
対象として預託者の損害防止と利益保護のため、1986（昭和61）年に制定さ
れた応急的な法律であり、条文は17条しかない。内容は、①顧客が資金を支
出して商品や利用権を取得し、②それを預託等して、預託等または買取りに
よる利益の受取りを約束する、という一連の契約のうち、②のみを対象とし、
書面交付義務、不実告知・不当行為等の禁止、書類閲覧等の規制をし、違反
には行政処分と刑事罰を規定するものである。指定商品制で対象が限定され
ているため対象外の類似取引で被害が発生してきた上、参入規制がなく監督
体制が具体化されていないため、対象取引においても安愚楽牧場事件、ジャ
パンライフ事件など大規模消費者被害が発生している。

　社会実態としては①②が同一業者か関連業者による一体の取引であるもの
がほとんどであり、そう捉えれば集団投資スキームの定義に当てはまること
から、現状でも、預託法対象の取引は①と併せて集団投資スキームとして金
商法の対象となると解釈することができる[20]。ただし、行政実務は、預託法
対象取引についてそのようには位置づけていない[21]。将来的には、この関係
を整理することが必要である。立法論としては、①②を一体で行う取引に問
題があること、預託法の対象とするより金商法の対象とした方が、登録制な
どを背景に適切な規制が期待できることから、金商法の集団投資スキームの
定義規定に、①と一体となった預託取引も含むことを明確にすることが望ま
しい。そうなれば、預託法は、①と②に関連がない場合や②のみの場合に適
用されることになり、そのような場合の規制が不要なら、役割を終えて廃止
ということも考えられる。

---

20)　黒沼悦郎「投資者保護のための法執行」商事1907号（2010年）45頁は結論として同
　　旨をいう。
21)　松尾直彦編著『金融商品取引法・関係政府令の解説』別冊商事法務318号（2008年）
　　65頁〔花水康〕。

32　第1部　金融商品取引法

（g）　政令指定

　2項有価証券⑦は、従来「金銭債権」とされていたところを、「権利」とすることによって、対象を広げたものである。また、従来は「流通の状況が前項の有価証券に準ずるものと認められ、かつ、同項の有価証券と同様の経済的実質を有すること」を政令指定の基準としていたが、金商法では前段の流通要件をはずし、単に「前項に規定する有価証券及び前各号に掲げる権利と同様の経済的実質を有すること」を政令指定の基準とするよう変更した。これにより、流通性の低いものもみなし有価証券として政令指定できる道を開いている。

　政令では、学校法人等に対する貸付債権で、次の①②③すべてに該当するものが指定されている（施行令1条の3の4）。

① 　利率、弁済期等が同一で債権者が複数いること
② 　在学生関係者以外の者が債権者に含まれるか、譲渡が禁止されていないこと
③ 　銀行等以外の者が債権者に含まれるか、銀行等以外の者に対する譲渡が禁止されていないこと

2　金商法の対象②——デリバティブ取引

（1）　デリバティブ取引とは

（a）　概要

　金商法のもう1つの対象がデリバティブ取引である。最初にデリバティブ取引の簡単な解説を行い、その後に金商法でデリバティブ取引がどのように位置づけられているかを解説する。

　デリバティブ（derivatives〔金融派生商品〕）とは、由来する（derive）という単語の派生語であり、元になる資産である「原資産」（underlying asset）から派生したものという意味である。デリバティブ取引は、先物取引、先渡し取引、オプション取引、スワップ取引、これらを組み合わせた取引など、「原資産」から派生した取引の総称である。

　歴史的には、オプション取引の原型が古代ギリシャ時代に行われたとされ[22]、取引所を使った先物取引は16世紀にオランダのアントワープで、17世紀、18世紀には大阪で行われている[23]。近代的な先物取引所は、米国のシカゴに19世紀に作られた穀物取引所に始まる[24]。さらに20世紀になって、近代

的なオプション取引、スワップ取引が行われるようになり、20世紀末には、「金融工学の成果」として複雑なデリバティブ取引が多数登場している。デリバティブ取引は、原資産の価格変動の影響を受けること、ゼロサム[25]であることが共通の特徴であり、①現物資産のリスクヘッジ、②市場間の歪みや人による評価の差を利用した裁定取引、③投機などを目的に利用される。

先物取引（futures trading）とは、原資産につき将来の一定時期に引渡しと支払をすることを前提に市場で売買（取引所取引）することであり、顧客は証拠金（margin）を、業者を介して取引所に預託し、差金決済を行うこともできる。先渡し取引（forward trading）とは、原資産につき将来の一定時期に引渡しと支払をすることを前提に相対で売買（店頭取引）することであり、一方が他方に証拠金を預託することがある。元来は現物の受渡しを伴うものを意味していたが、差金決済するものも含む意味で用いることが多い。オプション取引（option trading）とは、「原資産を将来の一定期日または期間内に予め決めた価格で買う権利」（コール・オプション）、「原資産を将来の一定期日または期間内に予め決めた価格で売る権利」（プット・オプション）の売買である。つまり、買う権利、売る権利の売買であり、その対価をプレミアムという。スワップ取引（swap trading）とは、将来、受け取ったり支払ったりするキャッシュフローを交換（swap）する取引である。

原資産により分類すると、証券デリバティブ取引、金融デリバティブ取引、商品デリバティブ取引、信用デリバティブ取引、天候デリバティブ取引、イベントデリバティブ取引などに分けられる。

取引形態・場所により、日本の取引所で行う市場デリバティブ取引、業者

22）　タレスのオリーブ圧搾機　　ギリシャ時代の哲学者タレスは、天候の観測結果から、オリーブの豊作とそれに伴う圧搾機の賃料の高騰を予測したため、圧搾機を定価で借りる権利を、予め僅かの権利料（プレミアム）を払ってほとんどの所有者から取得しておき、実際に豊作になった時に権利を行使して圧搾機を定価で借り上げ、需要者に高値で貸し付けて、差益を得たという。

23）　堂島の米相場　　江戸時代の大阪で米について「帳合い取引」という名の先物取引が行われていた。伊藤隆敏「18世紀、堂島の米先物相場市場の効率性について」一橋大学経済研究44巻4号（1993年）339頁～350頁およびその末尾掲載の参考文献参照。

24）　先物取引の歴史　　木原大輔『最新商品先物取引のしくみ』（日本実業出版社、2005年）参照。

25）　利得者と損失者の損益合計は0になる。そのため経済的意義はリスクヘッジに限定される。後述第3部第2章第1節5。

34　第1部　金融商品取引法

と顧客が1対1で行う店頭デリバティブ取引、外国の取引所で行う外国市場デリバティブ取引の3つに分類することもできる（2条20項、商先法2条15項）。

　(b)　先物取引

　先物取引（futures trading）は、将来の一定時期を決済時期として取引所において行う取引であり、反対売買による差金決済ができる取引である。約定代金の数分の1から数十分の1の取引証拠金を預けることで取引できる制度となっていることが多い。少ない資金で多額の取引ができるので、多くの利益を得られる可能性もあるが、価格の変動により生ずる損失は証拠金の範囲に限定されず、証拠金を失った上さらに債務を負う可能性もある極めてリスクが大きい取引である。

　原資産の種類により、商品先物取引、金融先物取引、証券先物取引などに分けることもできる。

　商品先物取引は、特定の動産またはその指数を原資産とするものである。具体的な原資産としては、金、白金、銀、パラジウム、原油、ガソリン、灯油、ゴム、アルミニウムなどの工業品、とうもろこし、大豆、小豆、コーヒー、粗糖などの農産物がある[26]。商品取引所は近年急速に集約化が進み、日本国内では東京商品取引所と大阪堂島商品取引所の2カ所となっている[27]。参加業者は商品先物取引業者（従来の商品取引員）であり、委託玉のほか、自己玉の取引も行うことができる。商品先物取引は、商品取引所で行うものは商品先物取引法の対象となり、監督官庁は、工業品関係は経済産業省、農産物関係は農林水産省である。金融商品取引所（総合取引所）で行うもの（現段階ではまだ行われていない）は金商法の対象となり、監督官庁は金融庁となる。

　金融先物取引は、通貨や金利を原資産とする先物取引である。具体的には、金利先物取引、取引所外国為替証拠金取引（取引所FX）などがあり、いずれの取引も、金融商品取引所である東京金融取引所に上場している。前者の取

───────────────

26)　「商品先物取引のしおり」　商品先物取引の基本的な仕組みとリスクをわかりやすく解説したものであり、日本商品先物取引協会サイトで全文を見ることができる。

27)　国内の商品取引所の変化　工業品の先物取引は東京工業品取引所などで行われ、農産物の先物取引は東京穀物取引所などで行われてきたが、東京穀物取引所も2013年2月8日で立会を終了して夏までに解散し、その取引は東京商品取引所（東京工業品取引所が同年2月12日に名称変更。農産物、砂糖を移管）と大阪堂島商品取引所（関西商品取引所が同年2月12日に名称変更。農産物中心。米を移管）に移管された。これに先立ち、中部大阪商品取引所は2011年1月末で解散している。

扱業者は銀行等、証券会社であり、後者の取扱業者は、FX専業会社、商品先物取引会社、証券会社などである。監督官庁は金融庁である。

　証券先物取引は、証券またはその指数を原資産とする先物取引であり、東京証券取引所と大阪証券取引所が2014（平成26）年3月に統合してからは、後者が名称変更した大阪取引所にデリバティブ取引を集中させ、以来、証券先物取引は金融商品取引所である大阪取引所で行われている。株価指数先物取引[28]、国債先物取引[29] などである。東京金融取引所では、取引所株価指数CFD取引を上場している[30]。取扱業者は証券会社などである。監督官庁は金融庁である。

　（c）　先渡し取引（店頭先物取引）

　先渡し取引（forward trading）とは、将来の一定時期を決済時期として1対1の相対（あいたい）で行う取引をいう。現物決済するものに限る使い方もあるが、ここでは、差金決済だけのものも含み、先物取引に類似するが取引所取引でないもの（＝店頭〔OTC[31]〕取引であるもの）の総称として用いる。

　店頭CFD（Contract for Difference〔差金決済取引〕）[32]、店頭外国為替証拠金取引（店頭FX取引）、為替先物予約取引[33] などは、一般には先物取引の一種として扱われることが多いが、相対の店頭取引であるから、先渡し取引に分類

---

28)　株価指数先物取引　　日本では、1985（昭和60）年9月から始まった。2010年11月時点では、東京証券取引所で、TOPIX（東証株価指数）先物取引、ミニTOPIX先物取引、TOPIX Core30先物取引、東証REIT指数先物取引、東証電気機器株価指数先物取引、東証銀行業株価指数先物取引が上場され、大阪証券取引所で、日経225先物取引、日経225mini、日経300先物取引、RNプライム指数先物取引が上場されていたが、2014年の両取引所の統合に伴い、同年3月24日、これらのデリバティブ取引はすべて大阪取引所（大阪証券取引所から名称変更）に統合された。

29)　国債先物取引　　東京証券取引所に、長期国債先物取引、中期国債先物取引、ミニ長期国債先物取引が上場されていたが、大阪証券取引所との組織統合に伴い、大阪取引所に移行した。

30)　証券CFD　　東京金融取引所は2010年11月22日から、「くりっく株365」（日経225証拠金取引やFTSE100証拠金取引、DAX® 証拠金取引、NYダウ証拠金取引などの海外主要株価指数証拠金取引）を上場している。

31)　OTC取引　　Over The Counterの略。店頭のカウンター越しに業者と顧客が向かい合って取引する形を表現したものであり、店頭取引と訳されている。

32)　店頭CFD　　証拠金を預け、その数倍、数十倍の取引を行ったことにして、業者と顧客で差金決済をする取引。外国為替証拠金取引も差金決済取引の1つであるが、一般に外国為替証拠金取引はFXと呼び、それ以外の差金決済取引をCFDと呼ぶ。証券CFD、商品CFDなどがあるが、理論的にはこれら以外のCFDも作れる。

36　第1部　金融商品取引法

することが可能である。

　(d)　オプション取引

　オプション取引（option trading）とは、「原資産を将来の一定期日または期間内に予め決めた価格で買う権利」（コール・オプション）、「売る権利」（プット・オプション）の売買である。つまり、買う権利を買ったり売ったり、売る権利を買ったり売ったりする取引であり、デリバティブ取引の中では複雑で理解が難しいものである[34]。買う権利、売る権利とも、それを売ると対価を得られるので、売った対価を金利の形にした仕組商品が大量に作られた。オプション取引の原資産は、金商法では金融商品、金融指標と呼ばれるもので、為替、株式、株価指数、商品先物取引などが原資産となる。

　プット・オプションとコール・オプションのいずれも、それぞれ買いと売りがある。したがって取引の種類は、①コール・オプションの買い、②コール・オプションの売り、③プット・オプションの買い、④プット・オプションの売りの4種類となる（【図表1】①～④参照）。

　オプション取得後は、指標の変動に応じ転売、権利行使、権利放棄のいずれかを選ぶ。

　コール・オプションを買った場合（①）は、価格が上昇して権利行使価格とプレミアム単価の合計額を上回った分が利益となる。プット・オプションを買った場合は、価格が下落して権利行使価格からプレミアム単価を差し引いた額よりさらに下落した分が利益となる（③）。いずれの場合も、権利行使をしても利益がない場合、権利を放棄することになる。したがって、オプションの買い手は、投資金額全額（＝プレミアム＝オプション料）を失うリスクがある。最悪の場合でもすでに支出した金額（プレミアム＝オプション料）分だけ損をするにとどまる。

　オプションの売り手は、証拠金を預け、買い手からプレミアム（オプション料）を取得し、権利行使されなければそのすべてが利益となるが、利益は

33）　為替先物予約　　銀行と顧客の間で、通貨の受渡日を将来の任意の特定日または任意の一定期間とする外国為替取引のこと。通貨の受渡日を将来の任意の特定日とする外国為替先物予約を「確定日渡し先物予約」、通貨の受渡しを将来の任意の一定期間とする外国為替先物予約を「期間渡し先物予約」という。円と米ドルなどの、外貨の為替変動によるリスクを回避するために使われることが多い。

34）　大阪取引所サイトに基本的な情報がある。

【図表1】

① コール・オプションを買った場合の損益線

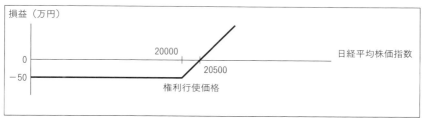

② コール・オプションを売った場合の損益線

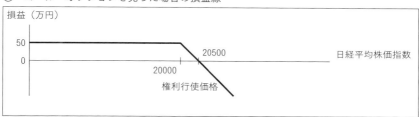

③ プット・オプションを買った場合の損益線

④ プット・オプションを売った場合の損益線

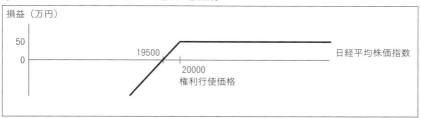

（20000円で売る権利を売る ⇒ 20000円で買う義務がある）

※日経平均株価指数オプション取引では、プレミアム500円で1単位の取引を行った場合、取引代金は500円×1単位×1000倍＝50万円となる。図では、実際の取引に合わせプレミアムを50万円とした。

それに限定される半面、権利行使された場合の損失は、証拠金を失うにとどまらない大きなものとなりうる。コール・オプションの売りでは、損失は無限大である（②）。原資産の価格にマイナスはないので、プット・オプションの売りの損失には一定の限度がある（④）。以上の点は、取引所取引でも店頭取引でも同様であるが、店頭取引ではこれらに加えて、顧客と業者の利害が対立するため顧客に不利な取引を勧誘されるリスクが常に存在する。

　(e)　スワップ取引

　スワップ取引（swap trading）とは、将来、受け取ったり支払ったりするキャッシュフローを交換（swap）する取引である[35]。交換であるため、取引所での取引ではなく、相手方との1対1の取引となる。

　金利スワップ取引は、同一通貨の金利を交換する取引である。例えば、銀行が短期変動金利の預金等で資金調達をして長期の固定金利で企業に貸し出す場合に、企業から受け取る固定金利より少ない率の長期固定金利と、預金者等に支払うに足る短期変動金利を、スワップ市場で交換する取引が典型である。銀行以外でも、変動金利で融資を受けている企業が、支払金利を固定化するために、あるいは金利上昇を予測して、変動金利（例えば、TIBOR[36]）と固定金利のスワップ取引をすることがしばしば行われる。

　通貨スワップ取引は、異種の通貨の元利金を交換する取引である。日本で行われる場合は、日本円と米ドル、日本円とユーロなど、日本円の元利金と他の通貨の元利金とを交換する取引がほとんどである。

　為替スワップ取引は、直物為替の買いと先物為替の売り、あるいはその逆を同時に行うことである。これによって、直物為替を先物為替に変えることができる。

　これらのスワップ取引はいずれも一見単純そうであり、また、リスクはそれほどなさそうにみえるが、価格算定、リスク分析に立ち入ると大変複雑で難しいものであり[37]、スワップ取引を多量・長期間まとめて行う契約は、大

---

35)　スワップ取引の文献　　杉本浩一＝福島良治＝若林公子『スワップ取引のすべて〔第5版〕』（金融財政事情研究会、2016年）。

36)　TIBOR（Tokyo Interbank Offered Rate〔タイボー〕）　　東京の銀行間取引金利。変動する。一般的に使われている全銀協 TIBOR は、2014年3月までは一般社団法人全国銀行協会、同年4月以降は一般社団法人全銀協 TIBOR 運営機関が算出・公表している。

変リスクの大きな取引となりうる。さらに、スワップ取引では、交換の対象にするもの次第で色々なことができるため、多種多様なスワップ取引が考案され、中には、世界経済を揺るがした CDS[38] や、リスクとリターンをそっくり全部交換してしまうトータル・リターン・スワップという取引もある。

(2) 金商法のデリバティブ取引に関する規定の概要

金商法は、有価証券とデリバティブ取引を対象とし、デリバティブ取引を、市場・店頭・外国市場デリバティブ取引の3種に分けている（2条20項）。

市場デリバティブ取引（同条21項）、店頭デリバティブ（同条22項）、外国市場デリバティブ取引（同条23項）それぞれにおいて、原資産の種類で3つに分けることができる。金融商品を原資産とするデリバティブ、金融指標を原資産とするデリバティブ、一定の事由を原資産とするデリバティブである。

①金融商品とは、有価証券、預金契約等に基づく権利で政令で定めるもの、通貨[39]、商先法上の商品のうち政令（施行令1条の17の2）で定めるもの（2012年改正で追加）、同一の種類のものが多数存在し価格の変動が激しい資産のうち政令で定めるもの（現在は定めなし）、これらの一部の標準物等（2条24項）をいい、これらを原資産とする先物取引・オプション取引・スワップ取引がある。

②金融指標とは、金融商品の価格・利率等、気象の観測の成果に係る数値、事業者の事業に重大な影響を与える指標・社会経済状況に関する統計数値のうち政令で定めるもの、これらに基づく数値（2条25項）・特定金融指標（内

---

37) 渡辺宏之「金利スワップ取引は単純か？——金利スワップ訴訟平成25年最高裁判決の再検討」早稲田法学90巻3号（2015年）79〜127頁。

38) CDS　クレジット・デフォルト・スワップ。定期的な一定金額の支払と引替えに、特定の企業（参照法人〔reference entity〕）に関して一定の信用事由として規定された事由（支払停止、破産手続申立てなど）の発生があったときに一定の方法による決済を行うことを約束するものである。信用リスクとリターンを第三者に移転させるものであり、保険に類似する。例えば、BはAにプレミアムを支払い、C社のデフォルト（債務不履行）があった場合はAがBに一定額を支払うことを約束するものである。BがC社の社債を有していたり、C社に債権を有していたりする場合には、そのリスクヘッジの役割を果たすが、そういうものがなければ、Bにとっては投機的取引となる。いずれの場合も、Aは保険会社のような立場に立つことになり、受け取ったプレミアムの何十倍、何百倍という金額についてリスクを負担する。

39) 外国為替証拠金取引（FX取引）　2005年7月から金先法の対象に加えられ、2007年9月30日からは他の金融デリバティブ取引と一緒に金商法の対象となった（2条22項1号）。

40 第1部 金融商品取引法

閣総理大臣が定める。2条40項）をいい、これらを原資産（参照指標）とする、先物取引・オプション取引・スワップ取引がある。

③一定の事由とは、法人の信用状態、これに類するもので政令で定めるもの、事業活動に重大な影響を与えるものとして政令で定めるもの（2条21項5号・22項6号）をいい、これらを原資産とするデリバティブ取引がある[40]。

さらに、金融商品、金融指標、一定の事由とも、それぞれ政令で追加できることとなっており（2条24項4号・25項3号・21項5号・22項6号）、施行令では、金融商品は追加されていないものの、金融指標には、気象庁その他の者が発表する地象、地動、地球磁気、地球電気及び水象の観測の成果に係る数値、統計法に規定する各種統計数値、行政機関や不動産関連団体が定期的に発表・提供する不動産の価格・不動産インデックスその他、これらに準ずるものとして内閣府令で定める数値が規定され（施行令1条の18）、一定の事由には、「法人でない者の信用状態に係る事由等」、「暴風、豪雨、豪雪、洪水、高潮、地震、津波、噴火その他の異常な自然現象」、「戦争、内乱、暴動、騒乱その他これらに準ずるものとして内閣府令で定める事由」が規定されている（施行令1条の13・1条の14）。このほか、内閣総理大臣が定める特定金融指標としてTIBOR（東京銀行間取引金利）[41]がある。

このように、デリバティブ取引は、従来と比較すると相当広げられたものの、あくまでも限定列挙であり、列挙されていない取引はデリバティブ取引と類似した外形があっても対象外である[42]。

---

40) 新種デリバティブと保険との違い　法人の信用状態を原資産とするクレジット・デリバティブと信用保険は似た場面で機能する。天候デリバティブと気象保険も似た場面で機能する。災害デリバティブと各種損害保険の関係も同様である。違いは損害の発生が要件となるか否かであるが微妙な問題もある。詳細は、山下友信『保険法[上]』（有斐閣、2018年）23頁〜31頁。

41) 特定金融指標の算出者とその監督に関する規制が156条の85〜156条の92に規定されている。TIBORの算出者として内閣総理大臣は一般社団法人全銀協TIBOR運営機関を指定している。

42) デリバティブ取引に包括的定義を設けなかった理由　①極端に抽象的になると規制の透明性・予見可能性の観点から問題、②賭博罪（刑法185条）の違法性を阻却する範囲なので明確性が求められるとの理由が挙げられている（小島宗一郎ほか「金融商品取引法の目的・定義規定」商事1772号〔2006年〕18頁）。この考え方によれば、適用対象でないデリバティブ取引が賭博罪の構成要件に該当する場合、違法性は阻却されないことになる。適用対象であるデリバティブでは常に違法性が阻却されるという前提には異論がある（黒沼52頁）。

(3) デリバティブ取引の原資産①──「金融商品」

(a) 金融商品概念の位置づけ

金商法では次のとおり金融商品概念を定義するが、金融商品の取引を業として行うことを金融商品取引業とするわけではなく[43]、この概念は、市場デリバティブ取引（2条21項）、店頭デリバティブ取引（同条22項）の概念を定義するのに用いられて、デリバティブ取引の内容を画している。つまり、金商法における金融商品概念は、同法の適用対象を直接画するものではなく、デリバティブ取引の範囲を画する技術的概念である。

(b) 金融商品概念の意義

金商法では、金融商品の語を、デリバティブ取引の原資産の一種として位置づけ、以下の①～⑥の上位概念とした（2条24項）。

① 有価証券（1号）

有価証券については、2条1項・2項で内容を詳細に規定している。

② 預金契約に基づく債権等（2号）

預金契約に基づく債権その他の権利または当該権利を表示する証券もしくは証書であって政令で定めるものを、金融商品とすることとした。施行令では、外為法6条規定の支払手段・証券・債権と定められた（施行令1条の17）。

③ 通貨（3号）

通貨を金融商品の1種と規定している。通貨を原資産とするデリバティブとして、通貨先物取引、通貨オプション取引等がある。

④ 商品（3号の2）（2012年金商法改正により2014年3月追加）

商先法2条1項に規定する商品のうち政令で定めるもの。政令では、金融庁長官が商品市場所管大臣と協議して指定することとされている（施行令1条の17の2）。2条14項で「この法律において『金融商品市場』とは、有価証券の売買又は市場デリバティブ取引を行う市場（商品関連市場デリバティブ取引のみを行うものを除く。）をいう。」とされていることから、総合取引所（有価証券の売買または商品以外の市場デリバティブ取引を行い、かつ、商品関連市場デリバティブ取引も行う市場）ができれば、それは「金融商品市場」に該当し、そこで、商品関連市場デリバティブ取引も行われることになる。

---

[43] 金融商品概念と金融商品取引業概念　金融商品取引業の定義規定に金融商品の語は一応登場するが（2条8項11号・14号・15号）、間接的である。詳細は、金融商品取引業の解説（第1部第3章）参照。

42　第1部　金融商品取引法

⑤　政令補充条項（抽象的原資産〔商品以外〕）（4号）

デリバティブの原資産となりうるものを抽象的に規定し、金融商品の内容を政令で補充できることとした。「前各号に掲げるもののほか、同一の種類のものが多数存在し、価格の変動が著しい資産であって、当該資産に係るデリバティブ取引（デリバティブ取引に類似する取引を含む。）について投資者の保護を確保することが必要と認められるものとして政令で定めるもの（商品先物取引法第2条第1項に規定する商品を除く。）」（4号）である。

すなわち、同一の種類のものが多数存在し価格の変動が著しい資産のうち、国内商品以外で、かつ政令で指定したものを追加できることとしたものである。しかし、施行令では特に追加されていない。排出権は今後の検討課題と考えられる。

⑥　取引所の標準物（5号）

「第1号若しくは第2号に掲げるもの又は前号に掲げるもののうち内閣府令で定めるものについて、金融商品取引所が、市場デリバティブ取引を円滑化するため、利率、償還期限その他の条件を標準化して設定した標準物」（5号）を金融商品の1種とした。

(4)　デリバティブ取引の原資産②——「金融指標」

金融商品概念と並んで、デリバティブ取引の内容を規定する概念として、金融指標概念がある。金融指標とは、次のものをいう（2条25項）。

①　金融商品の価格、金融商品（通貨を除く）の利率等（1号）

②　気象観測数値（2号）

気象庁その他の者が発表する気象の観測に係る数値。平均気温、天候等。

③　政令補充条項（抽象的指標〔国内商品指標以外〕）（3号）

デリバティブを構成しうる金融指標を抽象的に規定し、金融指標の内容を政令で補充できることとした。その変動に影響を及ぼすことが不可能もしくは著しく困難であって、事業者の事業活動に重大な影響を与える指標または社会経済の状況に関する統計の数値であること、これらの指標または数値に係るデリバティブ取引（デリバティブ取引に類似する取引を含む）について投資者の保護を確保することが必要であることを要件とする[44]。

政令では次のとおり規定している（施行令1条の18。2号は2009年施行の新統計

————————————————

44)　商品指数は、政令補充対象から除かれる。

法にあわせて改正された。4号は2010年の政令改正で追加され、2011年4月施行)。

@ 気象庁その他の者が発表する地象、地動、地球磁気、地球電気、水象の観測の成果に係る数値

ⓑ 統計法2条4項に規定する基幹統計の数値、同条7項に規定する一般統計調査の結果に係る数値ならびに同法24条1項および25条の規定による届出のあった統計調査の結果に係る数値その他これらに準ずるものとして内閣府令で定める数値

ⓒ 前号に掲げるものに相当する外国の統計の数値

ⓓ 行政機関や不動産関連業務を行う団体が定期的に発表・提供する不動産の価格・不動産インデックスその他、これらに準ずるものとして内閣府令で定める数値

④ ①～③に基づいて算出した数値(4号)

(5) デリバティブ取引の原資産②-2――「特定金融指標」

金融指標のうち、それに係るデリバティブ取引または有価証券の取引の態様に照らして、その信頼性が低下することにより日本の資本市場に重大な影響を及ぼすおそれがあるものとして内閣総理大臣が定めるものを特定金融指標という(2条40項)。

特定金融指標として指定されたのは、TIBOR(タイボー)(Tokyo Interbank Offered Rate〔東京銀行間金利〕)である。TIBORは、デリバティブの原資産であるとともに、有価証券の利率等にも関連する重要な指標である。2012年にロンドンで表面化したLIBOR(ライボー)(London Interbank Offered Rate〔ロンドン銀行間金利〕)不正操作疑惑を発端として、TIBORについても算出の公正さを確保することが求められ、2014年金商法改正で算出者を指定して規制することとしたものである。

特定金融指標算出者に全国銀行協会を指定し、規制を課して監督する(156条の85・156条の87・156条の89、特定金融指標算出者に関する内閣府令)。全国銀行協会にTIBORの算出基礎情報を提供する金融商品取引業者等(またはその役職員)についても、特定金融指標の算出に関し、自己または第三者の利益を図る目的をもって、正当な根拠を有しない算出基礎情報(特定金融指標の算出の基礎として特定金融指標算出者に対して提供される価格、指標、数値その他の情報)を提供する行為を禁止する(38条7号)。

44　　第1部　金融商品取引法

(6)　デリバティブ取引の取引場所による分類

　金商法は、デリバティブ取引を、取引の場所により、市場デリバティブ取引、店頭デリバティブ取引、外国市場デリバティブ取引の3種類に分類している（2条20項）。このそれぞれにおいて、先物取引、先渡し取引、オプション取引、スワップ取引、これらを組み合わせた取引（先物オプション取引、スワップション取引など）、その他の取引という取引類型に分けることができる。

　デリバティブ取引を派生の基礎で分類すると、上記のとおり定義された金融商品を原資産とするもの（例：東証国債先物取引）、上記のとおり定義された金融指標を原資産（参照指標）とするもの（例：金利スワップ取引）、一定の事由を原資産（支払事由）とするもの（例：クレジット・デリバティブ取引）に分類することができる。

　以下は、取引の場所による分類に従って説明する。

(7)　**市場デリバティブ取引**

(a)　概要

　市場デリバティブ取引とは、金融商品市場において、その市場を開設する者の定める基準および方法に従い行う次の各取引である（2条21項）。

① 　金融商品先物取引

② 　金融指標先物取引

③ 　金融商品等オプション取引

④ 　金利等スワップ取引

④の2　商品指標スワップ取引

⑤ 　クレジット・デリバティブ取引等

⑥ 　政令補充条項

(b)　種類ごとの説明

①　金融商品先物取引（1号）

　「売買の当事者が将来の一定の時期において金融商品及びその対価の授受を約する売買であって、当該売買の目的となっている金融商品の転売又は買戻しをしたときは差金の授受によって決済することができる取引」（1号）を、「金融商品市場において、金融商品市場を開設する者の定める基準及び方法に従い行う」（以下「市場で行う」という）ことである。金融商品に商品が追加されているので、商品先物取引もここに含まれる。

②　金融指標先物取引（2号）

「当事者があらかじめ金融指標として約定する数値（以下「約定数値」という。）と将来の一定の時期における現実の当該金融指標の数値（以下「現実数値」という。）の差に基づいて算出される金銭の授受を約する取引」（2号）を市場で行うことである。

③　金融商品等オプション取引（3号）

「当事者の一方の意思表示により当事者間において次に掲げる取引を成立させることができる権利を相手方が当事者の一方に付与し、当事者の一方がこれに対して対価を支払うことを約する取引」（3号）を市場で行うことである。「次に掲げる取引」とは、

イ　金融商品の売買（第1号に掲げる取引を除く）

ロ　前2号および次号から第6号までに掲げる取引（前号または4号の2に掲げる取引に準ずる取引で、金融商品取引所の定めるものを含む）

であり、これを3号本文に当てはめると、金融商品オプション取引（3号イ：金融商品の売買〔第1号に掲げる取引を除く〕のオプション取引）、金融商品先物オプション取引（3号ロ：1号の取引のオプション取引）、金融指標先物オプション取引（3号ロ：2号の取引のオプション取引）、金利等スワップション取引（3号ロ：4号の取引のオプション取引）、商品スワップション取引（3号ロ：4号の2の取引のオプション取引）、クレジット・オプション取引（3号ロ：5号イの取引のオプション取引）、その他のオプション取引（3号ロ：5号ロの取引のオプション取引）となる。

④　金利等スワップ取引（4号）

「当事者が元本として定めた金額について当事者の一方が相手方と取り決めた金融商品（第24項第3号〔＝通貨〕及び第3号の2〔＝商品〕に掲げるものを除く。）の利率等（利率その他これに準ずるものとして内閣府令で定めるものをいう。以下同じ。）又は金融指標（金融商品（これらの号に掲げるものを除く。）の利率等及びこれに基づいて算出した数値を除く。以下この号及び次項第5号において同じ。）の約定した期間における変化率に基づいて金銭を支払い、相手方が当事者の一方と取り決めた金融商品（第24項第3号及び第3号の2に掲げるものを除く。）の利率等又は金融指標の約定した期間における変化率に基づいて金銭を支払うことを相互に約する取引（これらの金銭の支払とあわせて当該元本として定めた金額に相当する金銭又は金融商品を授受することを約するものを含む。）」（4号）を市場で行うことである。

46　第1部　金融商品取引法

通貨（24項3号）が除かれているのは、通貨に利息というものは観念できないという整理による。利息は預金債権等から発生するものであり、通貨そのものからは発生しない。商品（同項3号の2）についても同様である。

④の2　商品指標スワップ取引（4号の2）

「当事者が数量を定めた金融商品（第24項第3号の2に掲げるもの〔＝商品〕に限る。以下この号において同じ。）について当事者の一方が相手方と取り決めた当該金融商品に係る金融指標の約定した期間における変化率に基づいて金銭を支払い、相手方が当事者の一方と取り決めた当該金融指標の約定した期間における変化率に基づいて金銭を支払うことを相互に約する取引」（4号の2）を市場で行うことである。

商品デリバティブの1つである商品指標スワップ取引を規定したものである。

⑤　クレジット・デリバティブ取引等（5号）

そのほかに、「当事者の一方が金銭を支払い、これに対して当事者があらかじめ定めた次に掲げるいずれかの事由が発生した場合において相手方が金銭を支払うことを約する取引（当該事由が発生した場合において、当事者の一方が金融商品、金融商品に係る権利又は金銭債権（金融商品であるもの及び金融商品に係る権利であるものを除く。）を移転することを約するものを含み、第2号から前号までに掲げるものを除く。）」（5号）を市場で行うことも市場デリバティブ取引として規定している。

「次に掲げる事由」とは、

イ　法人の信用状態に係る事由その他これに類似するものとして政令で定めるもの

ロ　当事者がその発生に影響を及ぼすことが不可能または著しく困難な事由であって、当該当事者その他の事業者の事業活動に重大な影響を与えるものとして政令で定めるもの（イに掲げるものを除く）

である。

イは、クレジット・デリバティブ取引である。法人の信用状態に係る事由その他これに類似するものとして政令で定めるもの[45]を基礎とするものであり、例えば、倒産等の事由が発生した場合において一定の金銭を支払う約束をした者が、その対価（リスク・プレミアム）を受け取る取引である。

ロは、災害デリバティブ取引である。異常な自然現象、戦争・内乱等、当

事者がその発生に影響を及ぼすことが不可能または著しく困難な事由であって、当該当事者その他の事業者の事業活動に重大な影響を与えるものとして政令で定めるもの[46]を参照指標とするものであり（5号ロ）、これらの事由が発生した場合において一定の金銭を支払う約束をした者が、その対価（リスク・プレミアム）を受け取る取引である。

⑥　政令補充条項（6号）

前各号に掲げる取引に類似する取引であって、政令で定めるもの（6号）も市場デリバティブ取引となるが、政令では特に定められていない。

(8)　店頭デリバティブ取引

(a)　概要

店頭デリバティブ取引とは、金融商品市場および外国金融商品市場によらずに1対1で行う次の各取引をいう（2条22項）。ただし、一部が除外されている[47]。商品取引も、金商法が対象とするのは市場デリバティブのみで、店頭デリバティブからは除外されている。

①　金融商品先渡し取引

②　金融指標先渡し取引

③　金融商品等店頭オプション取引

---

45)　クレジット・デリバティブの支払事由　　法人でないものの信用状態にかかる事由その他これに類似するものとして内閣府令で定める事由が追加され（施行令1条の13）、内閣府令では、債務者の経営再建または支援を図ることを目的として行われる金利の減免、利息の支払猶予、元本の返済猶予、債権放棄その他債務者に有利となる取決めとされている（定義府令20条）。

46)　異常な自然現象、戦争等の事由　　異常な自然現象として、暴風、豪雨、豪雪、洪水、高潮、地震、津波、噴火が例示され、その他異常な自然現象という包括文言もある（施行令1条の14第1号）。異常な人的事由として、戦争、革命、内乱、暴動、騒乱が例示され、さらにこれらに準ずる事由を内閣府令に委任している（同2号）。内閣府令では、外国政府、外国の地方公共団体その他これらに準ずるものにより実施される、①為替取引の制限または禁止、②私人の債務の支払猶予または免除について講ずる措置、③その他債務に関する債務不履行宣言を規定している（定義府令21条）。

47)　店頭デリバティブ取引からの除外　　「その内容等を勘案し、公益又は投資者の保護のため支障を生ずることがないと認められるもの」として政令で定めるものは、店頭デリバティブ取引の定義から除外される（2条22項）。政令では、①預貯金等に付随する通貨オプション取引、②保険契約、共済契約、債務保証契約、損害担保契約、③債務保証契約、④融資債務不履行補てん契約が除外されている（施行令1条の15）。仕組預金は、①に該当して店頭デリバティブ取引から除外されるが、特定預金として金商法の行為規制が準用される（銀行法13条の4、銀行法施行規則14条の11の4第3号）。

④　金融指標店頭オプション取引

⑤　金利等スワップ取引

⑥　クレジット店頭デリバティブ取引等

⑦　政令補充条項

(b)　種類ごとの説明

①　金融商品先渡し取引（1号）

「売買の当事者が将来の一定の時期において金融商品（第24項第3号の2〔＝商品〕及び第5号〔＝標準物〕に掲げるものを除く。第3号及び6号において同じ。）及びその対価の授受を約する売買であって、当該売買の目的となっている金融商品の売戻し又は買戻しその他政令で定める行為をしたときは差金の授受によって決済することができる取引」（1号）、すなわち、金融商品先渡し取引を、店頭デリバティブ取引の1種としている。相対型の外国為替証拠金取引はこれに該当する。商品先渡し取引と標準物先渡し取引は除外されている。

②　金融指標先渡し取引（2号）

「約定数値（第24項第3号の2〔＝商品〕又は第5号〔標準物〕に掲げる金融商品に係る金融指標の数値を除く。）と現実数値（これらの号に掲げる金融商品に係る金融指標の数値を除く。）の差に基づいて算出される金銭の授受を約する取引又はこれに類似する取引」（2号）を相対で行うことである。例えば、天候デリバティブ取引は、金融指標の1つである気象観測数値（2条25項2号）を参照指標とする先渡し取引と位置づけられる。

③　金融商品等店頭オプション取引（3号）

「当事者の一方の意思表示により当事者間において次に掲げる取引を成立させることができる権利を相手方が当事者の一方に付与し、当事者の一方がこれに対して対価を支払うことを約する取引又はこれに類似する取引」（3号）を相対で行うことである。

「次に掲げる取引」とは、

イ　金融商品の売買（1号に掲げる取引を除く）

ロ　前2号および5号から7号までに掲げる取引

であり、これを3号本文に当てはめると、金融商品店頭オプション取引（3号イ：金融商品の売買〔第1号に掲げる取引を除く〕のオプション取引）、金融商品先渡しオプション取引（3号ロ：1号の取引のオプション取引）、金融指標先渡しオプション取引（3号ロ：2号の取引のオプション取引）、金利等スワップション

取引（3号ロ：5号の取引のオプション取引）、クレジット店頭オプション取引（3号ロ：6号イの取引のオプション取引）、その他の店頭オプション取引（3号ロ：6号ロの取引のオプション取引）となる。

④　金融指標店頭オプション取引（4号）

「当事者の一方の意思表示により当事者間において当該意思表示を行う場合の金融指標（第24項第3号の2〔＝商品〕又は第5号〔＝標準物〕に掲げる金融商品に係るものを除く。）としてあらかじめ約定する数値と現に当該意思表示を行った時期における現実の当該金融指標の数値の差に基づいて算出される金銭を授受することとなる取引を成立させることができる権利を相手方が当事者の一方に付与し、当事者の一方がこれに対して対価を支払うことを約する取引又はこれに類似する取引」（4号）を相対で行うことである。

⑤　金利等スワップ取引（5号）

「当事者が元本として定めた金額について当事者の一方が相手方と取り決めた金融商品（第24項第3号〔＝通貨〕、第3号の2〔＝商品〕及び第5号〔＝標準物〕に掲げるものを除く。）の利率等若しくは金融指標の約定した期間における変化率に基づいて金銭を支払い、相手方が当事者の一方と取り決めた金融商品（これらの号に掲げるものを除く。）の利率等若しくは金融指標の約定した期間における変化率に基づいて金銭を支払うことを相互に約する取引（これらの金銭の支払いとあわせて当該元本として定めた金額に相当する金銭又は金融商品（同項第3号の2〔＝商品〕及び第5号〔＝標準物〕に掲げるものを除く。）を授受することを約するものを含む。）又はこれに類似する取引」（5号）を相対で行うことである。通貨と商品が除かれているのは、市場デリバティブのスワップのところに記載した理由と同じである。

⑥　クレジット店頭デリバティブ取引等（6号）

その他に、「当事者の一方が金銭を支払い、これに対して当事者があらかじめ定めた次に掲げるいずれかの事由が発生した場合において相手方が金銭を支払うことを約する取引（当該事由が発生した場合において、当事者の一方が金融商品、金融商品に係る権利又は金銭債権（金融商品であるもの及び金融商品に係る権利であるものを除く。）を移転することを約するものを含み、第2号から前号までに掲げるものを除く。）又はこれに類似する取引」（6号）も店頭デリバティブ取引として規定している。

「次に掲げるいずれかの事由」とは、

50　第1部　金融商品取引法

　　イ　法人の信用状態に係る事由その他これに類似するものとして政令で定
　　　めるもの
　　ロ　当事者がその発生に影響を及ぼすことが不可能または著しく困難な事
　　　由であって、当該当事者その他の事業者の事業活動に重大な影響を与え
　　　るものとして政令で定めるもの（イに掲げるものを除く）
　である。
　　イは、クレジット店頭デリバティブ取引である（6号イ）。法人の信用状態
に係る事由その他これに類似するものとして政令で定めるもの[48]を基礎と
するものであり、例えば倒産等の事由が発生した場合において一方が他方に
金銭を支払うことを約束して、その対価（リスク・プレミアム）を受け取る取
引である。
　　ロは、災害店頭デリバティブ取引である（6号ロ）。異常な自然現象、戦
争・内乱等、当事者がその発生に影響を及ぼすことが不可能または著しく困
難な事由であって、当該当事者その他の事業者の事業活動に重大な影響を与
えるものとして政令で定めるもの[49]を参照指標とするものであり、これら
の事由が発生した場合において一方が他方に金銭を支払うことを約束して、
その対価（リスク・プレミアム）を受け取る取引である。
　　⑦　政令補充条項（7号）
　「前各号に掲げるもののほか、これらと同様の経済的性質を有する取引で
あって、公益又は投資者の保護を確保することが必要と認められるものとし
て政令で定める取引」（7号）も、店頭デリバティブ取引となる。特に定めら
れていない。
　　(9)　**外国市場デリバティブ取引**
　外国市場デリバティブ取引とは、外国金融商品市場において行う取引であ
って、市場デリバティブ取引と類似の取引をいう（2条23項）。
　　(10)　**小括**
　以上を原資産の規定ぶりから整理すると【図表2】のとおりとなる（上段が
金商法、下段が政令等）。多種多様なものが含まれるが、限定列挙であることに
注意が必要である。

---

48)　注45）に同じ。
49)　注46）に同じ。

第1章　目的と対象範囲　　51

【図表2】
デリバティブ取引の原資産の規定

① 金融商品（有価証券、預金契約等に基づく権利で政令で定めるもの、通貨、商先法上の商品のうち政令で定めるもの、同一の種類のものが多数存在し価格の変動が激しい資産のうち政令で定めるもの、これらの一部の標準物〔国債標準物など〕）（法2条24項）を原資産とする先物・先渡し・オプション・先物オプション・スワップション・スワップ取引など

政令の定めなし

② 金融指標（金融商品の価格・利率等、気象の観測の成果に係る数値、事業者の事業に重大な影響を与える指標・社会経済状況に関する統計数値のうち政令で定めるもの、これらに基づく数値）（法2条25項）を参照指標とする先物・オプション・スワップ取引など

○ⓐ気象庁その他の者が発表する地象、地動、地球磁気、地球電気、水象の観測の成果に係る数値、ⓑ統計法2条4項規定の基幹統計の数値、同条7項規定の一般統計調査の結果に係る数値、同法24条1項・25条規定の届出のあった統計調査の結果に係る数値、ⓒこれに相当する外国の統計の数値、ⓓ行政機関や不動産関連業務を行う団体が定期的に発表・提供する不動産の価格・不動産インデックスその他、これらに準ずるものとして内閣府令で定める数値（施行令1条の18）
- 内閣府令では、①行政機関（地方公共団体を含む）が法令の規定に基づき、または一般の利用に供することを目的として定期的に発表し、または提供する不動産の賃料等（賃料、稼働率、空室率その他の不動産の価値または収益に関する数値をいう。以下この条において同じ）または2以上の不動産の賃料等の水準を総合的に表した数値、②不動産に関連する業務を行う団体が投資者の利用に供することを目的として定期的に発表し、または提供する不動産の賃料等または2以上の不動産の賃料等の水準を総合的に表した数値を定めている（定義府令21条の2）

②-2　特定金融指標（内閣総理大臣が定める）（法2条40項）を参照指標とする先物・オプション・スワップ取引など（特定金融指標算出者に対する規制は法156条の85・156条の87・156条の89）

「TIBOR」（東京銀行間取引利率）（特定金融指標算出者に関する内閣府令参照）

③ 一定の事由（法人の信用状態、これに類するもので政令で定めるもの、事業活動に重大な影響を与えるものとして政令で定めるもの）（法2条21項5号）を支払原因とするデリバティブ取引

○「法人でない者の信用状態に係る事由その他事業を行う者における当該事業の経営の根幹にかかわる事由として内閣府令で定めるもの」（施行令1条の13）
- 内閣府令では「債務者の経営再建又は支援を図ることを目的として行われる金利の減免、利息の支払猶予、元本の返済猶予、債権放棄その他の債務者に有利となる取決め」を定めている（定義府令20条）

○「暴風、豪雨、豪雪、洪水、高潮、地震、津波、噴火その他の異常な自然現象」、「戦争、革命、内乱、暴動、騒乱その他これに準ずるものとして内閣府令で定める事由」（施行令1条の14）。
- 内閣府令では、「外国政府、外国の地方公共団体その他これらに準ずる者により実施される」、①為替取引の制限または禁止、②私人の債務の支払猶予または免除について講ずる措置、③その債務に関する債務不履行宣言を規定している（定義府令21条）。

52　第1部　金融商品取引法

含まれていないもののうち、二酸化炭素排出量、仮想通貨などについて、それを原資産とするデリバティブ取引を追加すべきか議論がある。

第 4 節

金商法の対象の課題

1　対象の考え方

　金融取引を幅広く捉えて漏れのないものとするためには、基本法となる金商法で広く金融取引行為を対象として、それを行う者の参入規制を設け、業務を適切に行える体制を備えた業者のみが行えることとした上で、行為規制を課し、その順守を監督する制度とすることが望ましい。これにより、一方で、参入した業者の適切な業務遂行を確保し、他方で、投資詐欺等の悪意を持つ者を排除することができ、信頼できる市場が形成されて利用者の経済厚生も増大する。

　金商法は、対象である「有価証券」と「デリバティブ取引」の各概念を広げて漏れを少なくしようとしたが、このような2類型とするより、実態に即して、投資取引などの抽象概念でひとまとめにする方が、明確であるし漏れがないと考えられる。この場合、預金や保険も含めることを考えれば、「投資取引」でなく「金融商品取引」という語が候補として挙げられるが、ここまで広げるべきかについては議論のあるところである。

　なお、有価証券とデリバティブ取引という2本立てを維持するとしても、改善の余地がある。以下、この現行の2本立てを前提に改善の視点から検討する。

2　有価証券の周辺
(1)　概要

　金商法の対象となる有価証券には集団投資スキーム持分という抽象概念があるので、これで漏れをなくすことを考えると、解釈上問題となるものがいくつかある。預託取引、借入型ファンド、「アパート・マンションローン」＋サブリース、預金、保険、二酸化炭素排出権、仮想通貨について問題点を指摘する。

（2）　預託取引

　顧客が資金を支出して商品や利用権を取得し、それを預託等して、預託等または買取りによる利益の受取りを約束する、という一連の契約については、集団投資スキームの解説（第3節1(2)(f)(ウ)）で述べたとおり、資金を支出するところから捉えて、これらの取引が集団投資スキームに該当することを明確にすべきである。具体的には、2条2項5号中の「出資又は拠出をした金銭……を充てて行う事業」の後に「（当該金銭により取得した財産の預託等を受けて行う事業を含む。）」などという文を挿入することが考えられる。

　2017（平成29）年末から2018（平成30）年にかけて表面化したジャパンライフ事件は、顧客に磁気治療器を販売して借り受ける取引をマルチ構造で行い、6000名余から2000億円を集めたものであり、預託に焦点を当てて預託法、マルチ構造に焦点を当てて特商法の対象となるとして業務停止処分を繰り返し受けてきたが、これでは不十分だったため被害が拡大した。

（3）　借入金の運用①――借入型ファンド

　多数の者から、出資ではなく借入をして集めた資金を運用するファンドがありうる。借入であるから、ファンドは貸主に対して元本の返済と利息の支払を約束することになる。真に消費貸借であれば、預り金とは異なるので出資法には抵触しない。このようなファンドが、集団投資スキームに当たるかが問題となる。

　金商法は、社債を有価証券の1つとしてその取引を対象としている。社債の取得は有価証券の売買という形を採るが、社債取得者は、額面額と利息の支払を約束され、発行者の信用リスクを負う。借入型ファンドでも、貸付者は、元本の返済と利息の支払を約束され、ファンドの信用リスクを負う。両者はこのように経済的には同じであるので、社債が金商法の対象なら借入型ファンドの借入も金商法の対象とならないと、同じリスクで扱いを異にすることになり、適切ではない。2条2項5号の「出資又は拠出した金銭」のうち、拠出した金銭に該当すると解釈することができると思われる。

（4）　借入金の運用②――「アパート・マンションローン」＋サブリース

　不動産サブリース業者が、地主を勧誘して、ローンでアパートやマンションを建てさせ家賃を保証して長期間一括借り上げる契約（サブリース）を行っており、数年経過後に、業者が経済環境の変化を理由に家賃減額や契約解除などを主張して問題となる事例が多発している[50]。

54 第1部 金融商品取引法

業者と金融機関が協力して全体を勧誘すれば、両者は共同事業者であり集団投資スキームの定義に当てはまるとも考えられる[51]。この場合、出資または拠出した金銭が借入金であることが特徴で、金融機関はその段階から関わっており、通常の集団投資スキームとは異なる点を法的にどう位置づけるかの検討が必要である。

(5) 預金

なお、金商法は、預金を集団投資スキーム持分から除外していないので、預金は出資ではないからそもそも集団投資スキームの定義に当てはまらないという解釈を前提としていると思われる。預金と融資は、前者が消費寄託、後者は消費貸借と法形式は異なるが、受け取った金額（元本）の払戻し（返済）と利息の支払を約束する点で共通しており、預金者と融資者は、預金保険の限度では相違があるが、いずれも相手方の信用リスクを負う。したがって、預金についても、集団投資スキームの定義に当てはまると考えられる。それを前提に、銀行法等の規制で足りる部分については適用除外をするという形で整理すべきであろう。

(6) 保険

保険業者や法定の組合が行う保険は、集団投資スキームの定義に該当するものの法律の明文で除外している（2条2項5号ハ）。これは、保険業法等によりすでに規制されていることを理由とするものである。

さらに政令で、これら以外の保険契約に基づく権利も適用除外としている（施行令1条の3の3第1号）。具体的には、①他の法律に特別の規定のあるもの（保険業法2条1項1号）、②1つの会社・労働組合・学校・町内会等の構成員の保険（同項2号）、③少人数（1000名以下）の保険である（同項3号）。金商法でこれらを集団投資スキームから除外したのは、保険業法等の規制対象からはずした理由と同じ理由、すなわち、②は特定の者の間で行われることであって規制を必要としないという理由であり、③は営業として行われているものでないという社会実態から、規制の必要はないという理由によるものである。

したがって、保険業者でない業者が行う少人数の保険契約でそれが営業と

---

50) 「不動産サブリース問題の現状」国民生活25号（2014年）1頁～10頁。

51) 　上柳敏郎「アパート・マンションローン（サブリース）と家賃保証──減額リスクの説明義務化」金法2065号（2017年）4頁。

して行われるものであれば、少なくとも金商法の適用対象とすることも検討される必要がある。一部の有料老人ホームで、入居一時金として前払賃料に加えて「想定居住期間を超えて契約が継続する場合に備えて事業者が受領する額」（「保険料」と呼称する業者もいる。以下「不返還部分」という）を受領して途中退去時に返還しないことから多数の紛争が生じている[52]が、金商法の適用対象とすれば、このような紛争の発生を防ぐことに資する。

　なお、この入居一時金不返還条項は、「想定居住期間を超えて契約が継続する」場合には家賃が不要となることとセットとなるものであり、家賃相当額の年金を受け取る生存保険に類似するものの、①事業者と入居者の利害が対立すること（想定居住期間を超えて契約が継続すると事業者に不利）、②一定の事由（想定居住期間を超えて契約が継続すること）の不発生に向けて事業者が影響を与えることができること、③不返還部分は、想定居住期間を超えて契約が継続する場合に備えて蓄えられることはなく入居時に償却されてしまうこと（したがって利害対立は先鋭なものとなること）、④不返還部分の算出にあたって生存確率と退去確率のうち生存確率しか計算に入れていないので保険の定義である「一定の事由の発生の可能性に応じたものとして保険料」が計算されていないことなど、多くの問題がある。保険ではないとすると、現状でも金商法の適用対象となる集団投資スキームに該当するとも考えられる。

(7)　二酸化炭素排出量

　証券会社、投資運用業者、銀行、保険会社等は、届出業務や付随業務として二酸化炭素排出量取引（算定割当量取引）やそのデリバティブ取引を行える。この取引には参入規制がなく他の業者も行うことができるため、この取引にかこつけた詐欺被害が発生しており、対応が必要である。

---

52)　国民生活センターサイト　各種相談の件数や傾向＞有料老人ホーム　「高齢化の進展にともない、有料老人ホームや高齢者分譲マンションなどに関する相談が寄せられています。相談内容は保証金や解約時の返金に関するものが目立ちます。」〔2018年4月27日：更新〕

　　国民生活センター「有料老人ホームをめぐる消費者トラブルが増加――相談の傾向と消費者へのアドバイス」（2011年3月30日）「国民生活センターでは、2006（平成18）年3月に『有料老人ホームをめぐる消費者問題に関する調査研究』を実施し、調査結果や提言などを取りまとめた。しかし、全国の消費生活センターに寄せられる有料老人ホームに関する相談はそれ以降も増加傾向にある。」

　　相談内容としては、「契約・解約」に関するものが全体の約8割を占め、中でも退去時や解約時の返金や精算に関するものが目立っている。

56　第1部　金融商品取引法

(8)　仮想通貨

　仮想通貨は、2017年からは資金決済法で仮想通貨交換業の規制という形で法的に認知された。金商法との関係では、後述の仮想通貨デリバティブを金商法の対象とするかという問題のほか、ICO（新規仮想通貨公開）により運営する仕組みが集団投資スキームに該当するかという問題がある。

　ICO（Initial Coin Offering〔新規仮想通貨公開〕）とは、トークンと呼ばれる電磁的記録を発行し流動性の高い仮想通貨により払込みを得て、払い込まれた流動性の高い仮想通貨を、仮想通貨交換業者を経て円通貨等と交換することによって、資金調達をする手法である（基本形。他にバリエーションあり）。

　これは、仮想通貨交換業の部分で資金決済法の規制はかかるものの、流動性の高い仮想通貨により払込みをしてトークンを得ることによる権利は、流動性の高い仮想通貨が、集団投資スキーム持分の定義（「出資又は拠出をした金銭（これに類するものとして政令で定めるものを含む。）を充てて行う事業から生ずる収益の配当又は当該出資対象事業に係る財産の分配を受けることができる権利」）のうち「金銭（これに類するものとして政令で定めるものを含む。）」に該当しないため、集団投資スキーム持分とならない。トークンを得ることが配当や分配を受ける権利の取得であるかも疑問がある。外形は、集団投資スキーム持分販売のクラウドファンディングに類似しているが、現状では金商法の規制対象とならない。ICO詐欺による被害を拡大させないために、ICOの勧誘は禁止すべきであり、法改正等による対応が必要である[53]。

3　デリバティブ取引の周辺

　限定列挙方式なので漏れがある。二酸化炭素排出量デリバティブ取引は、前述のとおり銀行や証券会社等の副業として許容されているものの参入規制や行為規制はなく、他業者も行うことができる。仮想通貨デリバティブ取引は、いくつかの仮想通貨交換業者が行っているが、資金決済法にはデリバテ

---

53)　DAO事件等　米国のSECは、2017年7月25日、DAOトークンという電磁的記録は"Securities"（有価証券）であるとして、証券法の対象となることを発表した（SEC Issues Investigative Report Concluding DAO Tokens, a Digital Asset, Were Securities）（SECサイト）。米国のCMEでは2017年12月18日、ビットコイン先物取引が開始し、他方で、2018年1月10日、米国SECは、仮想通貨を対象としたETFの上場に懸念を表明し、申請した4業者に申請取り下げを求めた。

ィブ取引を想定した規制がない。これらの取引についてはいずれも、参入規制と勧誘禁止等の行為規制は最低限必要と思われる。

4 仕組商品の位置づけ——有価証券かデリバティブ取引か

金商法の対象は有価証券とデリバティブ取引であり、どちらであるかによって、例えば不招請の勧誘が禁止されるかなど、勧誘規制に異なる部分もある。そこで、有価証券とデリバティブ取引を組み合わせた取引は、有価証券とデリバティブ取引のいずれに分類されるかが問題となる。組み合わせた商品であるから双方の特質を持つが、複雑さはデリバティブ取引以上であり、リスクの質と程度はデリバティブ取引と同様であるから、デリバティブ取引の勧誘規制が適用されるべきである。施行令1条の15第1号は、通貨オプションを用いた仕組預金について、店頭デリバティブ取引から除外しているが、改められるべきである。

仕組商品に店頭デリバティブの規制が及ぼされれば、消費者に対する不招請の勧誘が禁止されることとなり、高齢の預金者にノックイン型投信を勧誘して売り付けるという歪んだ事態を防ぐ効果が期待できる。

第2章

開示制度

第1節

開示制度の意義と概要

1 開示制度の意義

　金融商品については、それに関する情報の開示が強制される制度となっている。その理由は、直接的には投資者に判断材料を標準的に提供するためであり、間接的には金融商品の発行による資金調達が円滑に行われ、資本市場が効率的に機能するようにするため[1]である[2]。

　金融商品は物のように見たり触ったり使ったりして品質を確かめることはできないので、当該金融商品にこれから投資をするか否かの判断や、逆に取得済みの当該金融商品について持ち続けるか否かの判断をするためには、発

---

1) 開示規制の限界　　情報が開示された方が資本市場は効率的になると考えられているが、開示情報を受け取る側の行動経済学的要因やインデックス運用の広がりなどに鑑みれば、限界もあるので、他の規制と組み合わせることが必要である。Stefan Hunt, Neil Stewart, Redis Zaliauskas "Occasional Paper No. 9: Two plus two makes five? Survey evidence that investors overvalue structured deposits" (2015)、湯原心一『証券市場における情報開示の理論』（弘文堂、2016年）279頁〜345頁参照。

2) 上場会社の開示　　上場会社の開示は、株主・社債権者やこれらになろうとする投資家のために必要であるほかに、社会的存在としての企業の内容を社会に示すという点でも意義がある。なお、開示については会社法にも規定がある（会社法201条など）。

行主体、組成主体、運用主体など当該金融商品について最も情報を持つ主体による、当該金融商品に関する情報の開示が必要であり、かつ、それを他と比較できる状況が必要である。

開示は、このように投資判断の材料とされるのであるから、内容が正確であること、必要な情報を含んでいること、時期が適切であることが不可欠となる。それらを担保するために様々な工夫がなされている。

当該金融商品を不特定または多数の者に取得させようとする時点で必要とされる開示を発行開示といい、その後、その金融商品が保有されあるいは流通する段階で必要とされる開示を継続開示という。開示の方法による分類として、自らアクセスすることによって誰でも内容を知ることができる方法による開示である間接開示（例えば、書類の縦覧やネット掲載）と、情報を個別に直接伝える開示である直接開示（例えば、郵便による通知や電子メール）がある。

2　金融商品の特性に応じた開示制度のあり方[3]

開示制度を考える場合、対象によって適切な開示規制の内容が異なってくることに留意する必要がある。

例えば、株式や社債のような、発行体自体の信用力にその価値を置く企業金融型証券と、投資ファンド持分やABSのような、発行体の保有する資産をその価値の裏づけとする資産金融型証券では、開示すべき内容の重点は異なってくると考えられる。前者では発行主体の活動や信用に関する情報が重要であり、後者ではその資産内容に関する情報の重要性が高い。

また、流動性の高い金融商品と流動性のほとんどない金融商品では必要な開示の頻度が異なると考えられる。前者では、例えば四半期開示など、頻繁かつ定期的な開示が有用であり、後者ではそれほどの頻度は必要ないかもしれない。

さらには、不特定または多数の取得者が予定される金融商品と特定少数の取得者が予定される金融商品では適切な開示の方法は異なると考えられる。前者では公衆の縦覧可能な方法（間接開示）が必要であり、後者では権利者に直接情報提供する方法（直接開示）で足りる場合もある。このような考え

3）　金融商品取引法における開示制度の基本となった考え方については、報告書23頁参照。

60　第1部　金融商品取引法

方から、金商法では、一方で、企業金融型証券についての開示制度では、四半期開示、確認書、内部統制報告書等を求めることとし、他方で、資産金融型証券を幅広く「特定有価証券」概念に含め、特有の開示制度の対象としている。なお、みなし有価証券について、原則として開示制度の適用を排除し、例外的に有価証券投資事業権利のみに開示制度の適用があることとした（3条3号）。原則として適用を排除することの是非、適用ある場合の人数要件などが問題となる[4]。

3　金商法における開示制度の概要

(1)　条文の構成

開示に関する制度は、改正が何度も行われて複雑となっている。各章は次のとおりである。

第2章　　　企業内容等の開示（2条の2〜27条）
第2章の2　公開買付けに関する開示（27条の2〜27条の22の4）
第2章の3　株券等の大量保有の状況に関する開示
　　　　　　（27条の23〜27条の30）
第2章の4　開示用電子情報処理組織による手続の特例等
　　　　　　（27条の30の2〜27条の30の11）
第2章の5　特定証券情報等の提供又は公表（27条の31〜27条の35）

第2章は、一般的な状況における投資判断のために必要な開示であり、開示制度の中心となる部分である。第2章の2、第2章の3は、特殊な場面・状況（公開買付け、株券等の大量保有）における開示であって特有の考慮が必要となる。第2章の4は開示手続に共通の電子開示に関する規定、第2章の5は2010（平成22）年改正で設けられたプロ（特定投資家）向け市場の開示規制である。

本書では、このうち第2章、第2章の4、第2章の5の解説を行い、第2章の2、第2章の3は省略する。

(2)　開示制度の適用対象

開示制度は広義の有価証券について適用されることとされているが、3条

4）　この点については本節3(2)、第2節2(1)Cなどを参照されたい。

により例外が設けられている。開示制度が適用されない有価証券は次のとおりである。

① 国債証券、地方債証券
② 特別法により法人が発行する有価証券
　　特別法設立法人発行の出資証券
　　貸付信託の受益証券
　　（ただし、一部につき政令で適用除外を解除する）
③ みなし有価証券のうち、次のものを除いたもの
　　イ 集団投資スキーム持分で出資対象が主として有価証券投資事業であると政令で定めるもの
　　ロ 他のみなし有価証券でイに類する権利として政令で定めるもの
　　ハ 政令補充条項
④ 政府が元本の償還および利息の支払について保証している社債券
⑤ 政令補充条項

　まず、国債等の信用リスクの問題が少ない有価証券が適用除外となっている。開示の必要がないか、開示の方法では意味が薄いことによる。これに加え、みなし有価証券の一種である集団投資スキーム持分も、主として有価証券に対する投資を行う事業であるものとして政令で定めるもの等を除き適用除外となっている。適用除外とする理由として、流動性の低いものには開示制度は不要であるという考え方が示されているが、流動性は低くとも、例えば、事業に出資する集団投資スキームについて新聞広告等の手段を用いて広く公募する場合、開示制度は必要と考えられるし、その後の継続開示も必要であるから、この線引きの妥当性は疑問である[5]。

（3） 開示方法

　間接開示の方法は公衆縦覧、すなわち、誰でも自由に閲覧できる状態とすることである。内閣総理大臣は、有価証券届出書、有価証券報告書等の書類を、受理した日から一定期間公衆に縦覧しなければならず、発行者はその書類の写しを本店および主要な支店に備え置いて、金融商品取引所や認可金融

---

5) みなし有価証券の開示制度　2005年に破綻して被害が表面化した平成電電事件は、新聞広告で1万9000人から490億円を集めたとされる事件であり、当時の証券取引法の適用対象外で、問題のある広告が放置された。広告を規制すれば一定の効果は考えられるが、このように広く資金を集める場合は開示制度が必要である。

62 　第1部　金融商品取引法

商品取引業協会はその書類の写しを事務所に備え置いて、やはり同期間公衆に縦覧しなければならない（25条）。有価証券届出書・有価証券報告書・内部統制報告書は5年、四半期報告書・半期報告書は3年、臨時報告書・自己株式買付状況報告書は1年等と、書類の種類ごとに縦覧期間が定められている（同条）。

　このように間接開示制度は紙ベースのものとして作られたが、その後電子化が進み、現在は主要なものは電子開示手続が義務づけられている[6]。電子開示手続は、開示書類の提出・受理・審査・縦覧等の一連の手続を電子処理で行うものである。その方法等は、第2章の4「開示用電子情報処理組織による手続の特例」（27条の30の2〜27条の30の8・27条の30の10）に規定されている。これに使用するコンピューターシステムを開示用電子情報処理組織（通称EDINET〔エディネット（Electronic Disclosure for Investor's Network)]）という（27条の30の2）。財務局は受信した情報を受理・審査し、財務局および金融商品取引所等に備え付けのモニター画面によって公衆の縦覧に供するとともに、インターネットにより公衆の縦覧に供している。

　これに対し直接開示は、印刷した目論見書の手渡しや郵送により行われる原則となっている。ただし、あらかじめ顧客が承諾している場合など内閣府令で定める場合は、電子開示の方法も認められている。この場合、目論見書等を交付しなければならない者は、目論見書の交付に代えて、当該目論見書に記載された事項を、電子情報処理組織を使用する方法等で提供することができ、これを目論見書の交付とみなす（27条の30の9）。

6）　2001年6月以降、電子化が段階的に実施され、2004年6月1日以降は、重要なものとして列挙された事項は電子開示手続を義務づけられている。それら以外は電子開示を義務づけられておらず紙ベースでもよいが、任意に電子開示の方法を選択して開示用電子情報処理組織を使用することは許されている（27条の30の3第2項）。これを任意的電子開示手続という。有価証券通知書、発行登録通知書、大量保有報告書、変更報告書等の開示がそれに該当する。

第 2 章 開示制度 63

第 2 節

発行開示

1 概 要

発行開示は、有価証券を発行等して取得させる際の開示である。この場合に常に開示が必要とされるのではなく、それが「募集」または「売出し」に該当する場合に開示が求められる。募集とは新たに発行される有価証券についての概念、売出しは発行済み有価証券をまとめて売り付ける場合の概念であり、不特定または多数の人に対して取得させる場合を類型化したものである。このような場合は販売圧力がかかり、情報に基づいた投資判断を確保するために情報開示の必要性が強いので、開示を義務づけている。他方、開示が必要な場合を募集、売出しに限定することで過度の規制とならない配慮をしている。

開示には間接開示と直接開示があり、間接開示では有価証券届出書、直接開示では目論見書が重要である。

開示義務がある「募集」に対応して、開示義務がない「私募」概念（「プロ私募」、「少人数私募」）がある（ただし、プロ私募のうち特定投資家私募では簡易なプロ向け市場の開示規制がある）。これは従来から規定されていたが、金商法2009（平成21）年改正により、開示義務がある「売出し」に対応して、開示義務がない「私売出し」概念（「プロ私売出し」、「少人数私売出し」）が創設され（ただし、特定投資家私売出しでは簡易なプロ向け市場の開示規制がある）、2010年4月から施行されている。その他、金融商品取引業者等が行う外国証券の一定の売出しについては、法定開示義務を免除する代わりに、「外国証券情報」の提供を求める制度が導入されている。

2 募集・売出し

(1) 募集（2条3項）

(a) はじめに

有価証券を新たに発行する際の取得勧誘には、「有価証券の募集」と「有価証券の私募」がある。

64 第1部 金融商品取引法

「取得勧誘」とは、有価証券を取得するように勧誘することを広く含む概念であり、口頭の説明はもちろん、文書の配布や郵送、新聞、雑誌、立看板、テレビ、ラジオ、インターネット等の方法をすべて含んでいる（企業内容等開示ガイドライン4-1）。

「有価証券の募集」、「有価証券の私募」の定義（2条3項）は、有価証券の種類によって異なる。そこで、1項有価証券（狭義の有価証券、有価証券表示権利、特定電子記録債権）と2項各号記載のみなし有価証券に分けて述べていく。

(b) 1項有価証券の募集・私募

(ア) 1項有価証券の取得勧誘が募集となる場合

新たに発行される1項有価証券（狭義の有価証券、有価証券表示権利、特定電子記録債権）の取得勧誘で、募集とされるのは次の場合である。

① 多数の者を相手方として行う場合として政令で定める場合（→(イ)）

② 多数の者を相手方として行うものでなくても、プロ私募にも少人数私募にも該当しない場合（→(ウ)）

1項有価証券の代表例として、株式についてみてみる。株式発行による増資の方法には、公募増資、第三者割当増資（株式を株主以外の特定の第三者に有償で割り当てる増資）、株主割当増資（株式を株主に有償で割り当てる増資）、ライツ・オファリング（株主に新株予約権を無償で割り当てて行う株主割当増資〔会社法277条〕）などがある。公募増資は募集に該当する。第三者割当増資、株主割当増資、ライツ・オファリングも上場会社の場合は募集に該当するが、どの時期に開示が必要かという問題がある[7]。

(イ) 多数の者を相手方とする場合（2条3項1号）

多数の者を相手方とする場合とは、50名以上に対して取得勧誘を行う場合である（施行令1条の5）。ただし、次の点に注意する必要がある。

① 取得勧誘の相手方に適格機関投資家が含まれる場合、その有価証券がその適格機関投資家から適格機関投資家以外の者に譲渡されるおそれが少ないものとして政令（施行令1条の4）で定める場合には、その適格機関投資家は50人の計算に算入しない（2条3項1号）。

② 多数の者に対する取得勧誘であっても、勧誘の相手方が特定投資家の

---

7) ライツ・オファリングと募集につき黒沼67頁、第三者割当増資と募集につき同78頁参照。

みである場合は、有価証券の募集とならない（2条3項1号括弧書。2008
〔平成20〕年改正により追加）。

㋒　多数の者に対する取得勧誘に該当しない場合

多数の者に対する取得勧誘にならなくても、次のプロ私募にも少人数私募
にも該当しなければ、有価証券の募集となり、発行開示規制が適用される。

（ⅰ）　プロ私募

プロ私募には、適格機関投資家私募と特定投資家私募の2種類がある。

①　適格機関投資家私募

適格機関投資家のみを相手方とする場合で、当該有価証券がその適格機関
投資家から適格機関投資家以外の者に譲渡されるおそれが少ないものとして
政令（施行令1条の4）で定める場合（2条3項2号イ）を適格機関投資家私募
という。

適格機関投資家とは、有価証券に対する投資に係る専門的知識および経験
を有する者として内閣府令で定める者である（2条3項1号括弧書）。定義府令
10条1項には適格機関投資家に該当する者が列挙されており（具体例は第5章
2⑶参照）、相当範囲が広い。個人においても24号の要件を満たせば届出によ
り適格機関投資家となりうるし、18号で投資事業有限責任組合も含まれてい
る。

その適格機関投資家から適格機関投資家以外の者に譲渡されるおそれが少
ないものとして、政令は、株券、新株予約権証券、投資証券については、非
開示証券であること、譲渡契約に適格機関投資家以外に譲渡しない条項があ
ることなどとしている（施行令1条の4第1号）。新株予約権証券、新株予約権、
新優先出資引受権については、新株が非開示証券であること、有価証券に適
格機関投資家以外に譲渡しない旨が記載されていること、交付書面にもその
旨が記載されていることなどとしている（同条2号、定義府令11条1項1号・2
号）。社債券などその他の証券については、転売制限が当該有価証券に記載
され交付されること、交付書面に譲渡制限が記載されていることなどである
（施行令1条の4第3号、定義府令11条2項）

適格機関投資家私募に該当する有価証券の取得勧誘には、発行開示規制が
適用されず、開示費用が不要となるため、発行者の資金調達コストが節約で
きる。

66　第1部　金融商品取引法

② 特定投資家私募

　特定投資家のみを相手方とする場合で、金融商品取引業者等が顧客からの委託によりまたは自己のために当該取得勧誘を行い、かつ、当該有価証券がその特定投資家から特定投資家以外の者に譲渡されるおそれが少ないものとして政令（施行令1条の5の2）で定める場合（2条3項2号ロ）を特定投資家私募という。2008年6月6日改正（同年12月施行）によりプロ向け市場を創設したことに伴う改正である。

　特定投資家とは、適格機関投資家、国、日本銀行、投資者保護基金その他の内閣府令で定める法人であり（2条31項）、定義府令23条で、上場会社、資本金5億円以上の株式会社等が定められている（第5章2(1)に掲げられている【図表2】を参照）。

　特定投資家私募が主体を金融商品取引業者に限定しているのは、取得勧誘する相手方が特定投資家であることを判断できる主体であることが必要であるからであり、「顧客からの委託により」とは、発行者の委託を受けることであって、発行者にプロ市場で取引されることの同意を得る意味がある。

　特定投資家私募に該当する有価証券の取得勧誘や売付け勧誘には、原則的な開示規制は適用されないが、それより簡易なプロ向け市場の規制が新たに設けられている（27条の31〜27条の35）。それによれば、発行者は、特定証券情報（当該有価証券および発行者に関して投資者に明らかにされるべき基本的な情報として内閣府令で定める情報）を相手方に提供または公表してからでないと、特定投資家に取得勧誘をしてはならない（27条の31第1項）。

(ii)　少人数私募

　50名未満の一般の投資家に対して取得勧誘が行われる場合（2条3項2号ハ）を、少人数私募という。

　ただし、短期間に少人数私募を繰り返すことで募集規制の脱法を行うことを防止するため、当該発行の6カ月前までに同一種類の有価証券を発行している場合、その取得勧誘の相手方の人数が合計50名以上となる場合には少人数私募とはならない（同号ハ括弧書、施行令1条の6）。

　この場合、さらに同一種類かどうかが問題となる。同一種類かどうかについては、定義府令10条の2で、有価証券の種類ごとに明らかにされている。しかし、わずかに発行条件を変えれば同一種類とならないということでは、この規制も容易に潜脱されることになりかねない。そこで、金融庁は、この

点に関連して2010年5月に企業内容等開示ガイドラインを改正して、「機械的・画一的に適用するのでなく、法令の趣旨を踏まえ、投資者が投資判断を行うに当たり必要な情報が、投資者に理解しやすく、誤解を生じさせない形で適切に開示されることを確保する」との基本的な考え方を掲げ[8]、同月から実施されている。

　また、流通性の高い有価証券の場合には、少人数私募を利用して募集の脱法を図ることが想定されるので、流通性の低い有価証券に限定されている（施行令1条の7第2号）。株式については、すでに発行されている当該株式と同一の種類の株式が、上場、店頭登録、公募、株主数500名以上など24条1項各号のいずれにも該当しないこと（同号イ）、すなわち、未公開株であることが要件となる。

　少人数私募に該当する有価証券の取得勧誘には、原則的な開示規制は適用されない。

（c）　みなし有価証券の募集

　新たに発行される2条2項各号記載のみなし有価証券の取得勧誘が募集となるのは、そのうち、その取得勧誘に応じることにより相当程度多数の者が当該取得勧誘に係る有価証券を所有することとなる場合として政令で定める場合（同条3項3号）である。

　相当程度多数とは500名以上である（施行令1条の7の2）。みなし有価証券については、プロ私募や少人数私募という概念はない。

　500名以上という基準については、投資に関する集団被害事件では、被害者数が数十名から数百名のものが多いので、500名以上ではこれらの多くが開示制度からすっぽり抜け落ちることとなるし、500名以上の者が当該取得勧誘に係る有価証券を所有することとなる場合という規定ぶりからは、何百万人に対して勧誘しようと、限定499名募集と銘打てば募集概念には当てはまらないこととなりそうであり、問題がある。

（2）　売出し（2条4項）

（a）　はじめに

　既発行の有価証券の売付けの申込みまたは買付けの申込みの勧誘（以下「売付けの勧誘等」という）には、「有価証券の売出し」と「有価証券の私売出

8）　http://www.fsa.go.jp/news/21/sonota/20100409-3.html

し」がある。勧誘の意義は募集のところの記載と同様である（企業内容等開示ガイドライン4-1）。

「有価証券の売出し」の定義（2条4項）は有価証券の種類によって異なる。そこで、1項有価証券（狭義の有価証券、有価証券表示権利、特定電子記録債権）と2条2項各号記載のみなし有価証券に分けて述べていく。

(b)　1項有価証券の売出し・私売出し

(ｱ)　1項有価証券の売付け勧誘等が売出しとなる場合

既発行の1項有価証券（狭義の有価証券、有価証券表示権利、特定電子記録債権）の売付け勧誘等では、売出しとされるのは次の場合である。

① 多数の者を相手方として行う場合として政令で定める場合（→(ｲ)）

② 多数の者を相手方として行うものでなくても、プロ私売出しにも少人数私売出しにも該当しない場合（→(ｳ)）

(ｲ)　多数の者を相手方として行う場合

多数を相手方として行う場合とは、50名以上に対して売付け勧誘等を行う場合である（施行令1条の8）。この場合は売出しに該当し、売出しの開示規制が適用される。ただし、次の点に注意する必要がある。

① 売付け勧誘等の相手方に適格機関投資家が混在している場合、当該有価証券がその適格機関投資家から適格機関投資家でない者に譲渡されるおそれが少ない場合には、その適格機関投資家は50名の計算に算入しない（2条4項1号）。

② 多数の者に対する売付け勧誘等であっても、勧誘の相手方が特定投資家のみである場合には、有価証券の売出しとならない（同号括弧書）。

従来、「均一の条件」であることも要件であったが、2009（平成21）年改正で削除された。その改正の趣旨は、①開示規制を免れるために49名ごとに条件をわずかに違えて販売するような脱法行為を防ぐこと、②マーケットメイクに発行開示規制が及ばないことを明確にすること（政令で明示して除外）にある。

(ｳ)　多数の者に対する売付け勧誘等に該当しない場合

多数の者に対する売付け勧誘等にならなくても、次のプロ私売出しにも少人数私売出しにも該当しなければ、有価証券の売出しとなり、売出しの開示規制が適用される。

第 2 章　開示制度　　69

（i）　プロ私売出し

プロ私売出しには、次の 2 種類がある。

①　適格機関投資家私売出し

　　適格機関投資家のみを相手方とする場合で、当該有価証券がその適格機関投資家から適格機関投資家以外の者に譲渡されるおそれが少ないものとして政令（施行令 1 条の 4）で定める場合（2 条 4 項 2 号イ）

②　特定投資家私売出し

　　特定投資家（国、日銀、適格機関投資家を除く）のみを相手方とする場合で、金融商品取引業者等が顧客からの委託によりまたは自己のために当該取得勧誘を行い、かつ、当該有価証券がその特定投資家から特定投資家以外の者に譲渡されるおそれが少ないものとして政令（施行令 1 条の 5 の 2）で定める場合（2 条 4 項 2 号ロ）

適格機関投資家、特定投資家、転売制限、プロ向け市場規制については、募集のところで記載したとおりである。

（ii）　少人数私売出し

50名未満の一般の投資家に対して売付け勧誘等が行われる場合（2 条 4 項 2 号ハ）を、少人数私売出しという。

　この場合、短期間に少人数私売出しを繰り返すことで売出し規制の脱法を行うことを防止するため、当該有価証券の売付け勧誘等が行われる 1 カ月前[9]までに同一種類の有価証券を発行していて、その売付け勧誘等の相手方の人数が合計50名以上となる場合には少人数私売出しとはならない（2 条 4 項 2 号ハ括弧書、施行令 1 条の 8 の 3）。

　さらに同一種類かどうかが問題となる。同一かどうかについては、定義府令10条の 2 で、有価証券の種類ごとに明らかにされている。しかし、わずかに発行条件を変えれば同一種類とならないということでは、この規制も容易に潜脱されることになりかねない。そこで、金融庁は、この点に関連して2010年 5 月に企業内容等開示ガイドラインを改正して、「機械的・画一的に適用するのでなく、法令の趣旨を踏まえ、投資者が投資判断を行うに当たり必要な情報が、投資者に理解しやすく、誤解を生じさせない形で適切に開示

9）　募集の場合より期間を短くしたのは、購入キャンセル分の売出しを程なく行う必要がある等の実務を踏まえたものである。金融審議会金融分科会第一部会「ディスクロージャーワーキング・グループ報告——開示諸制度の見直しについて」10頁、11頁。

70 第1部 金融商品取引法

されることを確保する」との基本的な考え方を掲げ[10]、同月から実施されている。

　また、流通性の高い有価証券の場合には、少人数私売出しを利用して売出し規制の脱法を図ることが想定されるので、流通性の低い有価証券に限定されている（施行令1条の8の4第3号）。株式については、すでに発行されている当該株式と同一の種類の株式が、上場、店頭登録、公募、株主数500名以上など24条1項各号のいずれにも該当しないこと（同号イ）、すなわち、未公開株であることが要件となる。

　(エ)　その他の除外

　売出しには、募集と異なり、次のとおりさらにいくつかの除外がある。これらは50名以上に対して行われても売出しに該当せず、売出しの場合の発行開示は不要である。

①　取得勧誘類似行為は、売出しでなく募集に分類される（2条4項柱書、定義府令9条）。例えば自己株式の分売（会社法199条1項）は、既発証券ではあるが発行者が取得させるものであり、手取り金の使途も開示させるべきであるから、売出しではなく、取得勧誘類似行為として募集に分類される（定義府令9条1号）。

②　2条4項柱書の内閣府令で定めるものは除外される。上場有価証券の市場外取引に関する認可協会と会員金融商品取引業者間の通知（67条の18・67条の19）が除外される（定義府令13条の2）。

③　2条4項柱書の政令で定めるものは売出しに該当しない。取引所金融商品市場における有価証券の売買、PTSによる上場有価証券の売買、業者間取引、有価証券発行会社・役員・主要株主・主要株主役員・子会社・子会社の役員・金融商品取引業者以外の者が所有する譲渡制限のない有価証券の売買などである（施行令1条の7の3）。

　(c)　みなし有価証券の売出し

　2条2項各号記載のみなし有価証券の売付け勧誘が売出しとなるのは、そのうち、その売付け勧誘に応じることにより相当程度多数の者が当該売付け勧誘に係る有価証券を所有することとなる場合として政令で定める場合である（同条4項3号）。

---

10)　http://www.fsa.go.jp/news/21/sonota/20100409-3.html

相当程度多数とは500名以上である（施行令1条の7の2）。みなし有価証券については、プロ私売出しや少人数私売出しという概念はない。

500名以上という基準については、投資に関する集団被害事件では、被害者数が数十名から数百名のものが多いので、500名以上ではこれらの多くが開示制度からすっぽり抜け落ちることとなるし、500名以上の者が当該取得勧誘に係る有価証券を所有することとなる場合という規定振りからは、何百万人に対して勧誘しようと、限定499名売出しと銘打てば売出し概念には当てはまらないこととなりそうであり、問題があることは、募集の場合と同様である。

3　間接開示
(1)　募集または売出しの届出
(a)　届出制度の概要

一定の例外を除いて、有価証券の募集または売出しは、発行者が当該有価証券の募集または売出しに関し内閣総理大臣に届出をしているものでなければすることができない（4条）。

募集とは「取得の申込みの勧誘」であり（2条3項）、売出しとは「売付けの申込み」または「買付けの申込みの勧誘」であるから（同条4項）、4条の規定によれば、届出をする前は勧誘等をしてはならず、届出受理直後から勧誘等をしてよいことになる。そして、それ以降、届出の効力が生ずる15日後まで（8条）、勧誘等を受けた投資者は有価証券届出書を縦覧するなどして得られる情報に基づき投資判断を検討する時間があり、届出受理後15日経過すると、関係者は投資者に当該有価証券を取得させ、または売り付けることができる（15条1項）。この場合、あらかじめまたは同時に目論見書を交付しなければならない（同条2項）。つまり、届出受理後は勧誘等が許され、それから15日経過した届出効力発生後はそれによる契約が許される。

募集の場合は、募集の主体と届出の主体がいずれも発行者であるのに対し、売出しの場合は、売出しの主体は売出人、届出の主体は発行者であり異なる。発行者により届出がなされないと売出しできないので、売出しをするには、売出人が発行者に届出をさせることができる関係が必要であることになる。創業者や役員などが売出人となることが想定される。なお、自己株式の分売は、取得勧誘類似行為として募集に分類される（2条4項・3項、定義府令9条

1号）。

　届出が受理されていないのに募集または売出しを行うと、犯罪となる（197条の2〔5年以下の懲役もしくは500万円以下の罰金またはこの併科〕）。

　(b)　例外——届出をしなくてよい場合

　届出規制の例外は次のとおりである（4条1項各号）。

① 　相手方がすでに情報を取得し、または容易に取得できる場合として政令で定める場合

② 　組織再編成発行手続または組織再編成交付手続の場合

③ 　その有価証券について開示が行われている場合の売出し

④ 　外国で発行された有価証券の売出しで、国内で売買価格情報を容易に取得できるもの

⑤ 　発行価額または売出し価額の総額が1億円未満で、内閣府令で定めるもの

(2)　有価証券届出書の提出

　(a)　提出義務

　この届出をしようとする発行者は、有価証券届出書を内閣総理大臣に提出しなければならない（5条1項）。上場株式のような金融商品取引所上場有価証券の場合は、その提出後に遅滞なく届出書の写しを当該金融商品取引所に提出しなければならない（6条1号）。流通状況がこれに準ずるものとして政令で定める有価証券の場合は、届出書の写しを認可金融商品取引業協会に提出しなければならない（同条2号）。

　(b)　記載事項

　届出書の記載事項は次のとおりである（5条1項）。

① 　当該募集または売出しに関する事項（1号）

② 　当該会社の商号、属する企業集団、当該会社の経理の状況その他事業の内容に関する重要な事項（2号）

③ 　政令補充条項（公益または投資者の保護のため必要かつ適当なものとして内閣府令で定める事項）（同号）

　(c)　簡易な届出書の許容

　少額募集等（5億円未満等の要件を満たすもの）の届出書を提出しようとする発行者は、一定の要件を満たす場合は(b)②に代えて記載内容を簡略なものとすることができる（5条2項）。その後の継続開示においても記載内容の簡略

化が許容されている（24条2項）。

少額募集等でない場合、継続開示の手段である有価証券報告書でも同様の記載内容が求められているため、何度も募集・売出しをする発行者にとっては記載内容が重複することになる。そこで、組込方式、参照方式が認められている。

組込方式とは、内閣府令で定める期間（1年。開示府令9条の3）継続開示をしている者が有価証券届出書を提出する場合、届出書に、継続開示書類（直近の有価証券報告書と添付書類、その後に提出される四半期報告書または半期報告書、これらの訂正報告書）の写しを綴じ込み、かつ、その有価証券報告書提出後に生じた一定の事実を記載することにより、(b)②③の記載に代えることができるとする方式である（5条3項）。

参照方式とは、内閣府令で定める期間（1年。開示府令9条の4）継続開示をしている者でかつその者の企業情報等が公衆にすでに提供されている等一定の要件を満たす者が届出をする場合、届出書に継続開示書類（直近の有価証券報告書と添付書類、その後に提出される四半期報告書または半期報告書、臨時報告書、これらの訂正報告書）を参照すべき旨を記載したときは、(b)②③の記載をしたものとみなす方式である（5条4項）。

(d) 発行登録制度

このように、募集または売出しをする場合は有価証券届出書を提出して行うのが原則であるが、参照方式で届け出ることが許容される発行者には、さらに簡便な、発行登録制度というものが用意されている（23条の3〜23条の12）。有価証券届出をする代わりに発行登録書を提出することによって、発行予定期間中、発行登録追補書類を提出するだけで有価証券の募集または売出しをすることができることにした。企業情報がすでに開示されている発行者が、市場金利に連動して金利が決まる有価証券（社債など）を機動的に発行できるようにしたものである。

発行登録は、発行者が、発行予定期間、有価証券の種類、発行予定額または発行残高等を記載した発行登録書を内閣総理大臣に提出して行う（23条の3第1項）。届出書が受理された日から15日後に発行登録の効力を生ずる（23条の5第1項）。

あらかじめ有価証券の募集・売出しを登録しておき発行登録の効力が生じていれば、募集・売出しの直前に発行条件等を記載した発行登録追補書類

(23条の8）を提出して募集・売出しを行うことができる。基本的な情報はすでに開示されていて新たな情報は追補書類のみであるので、提出の時から取得させ、売り付けることができる（同条1項）。

(e) 投資信託等の届出書の記載事項

投資信託、投資ファンド持分やABSのような、発行体の保有する資産をその価値の裏づけとする資産金融型証券を「特定有価証券」（その投資者の投資判断に重要な影響を及ぼす情報がその発行者が行う資産の運用その他これに類似する事業に関する情報である有価証券として政令で定めるもの）と定義し（5条1項）、届出書記載事項が別に定められている。特定有価証券とは、具体的には、流動化法規定の特定社債券・優先出資証券・受益証券、投信法規定の受益証券・投資証券、信託法規定の受益証券発行信託の受益証券、抵当証券、外国金融機関貸付債権信託受益権、以上を受託有価証券とする有価証券信託受益証券、有価証券投資事業権利などである（施行令2条の13）。このような特定有価証券では、当該会社の商号、属する企業集団、経理の状況その他事業に代えて、「当該会社が行う資産の運用その他これに類似する事業に係る資産の経理の状況その他資産」に関する情報を記載することとされている（5条5項）。

(3) 届出の効力発生日と訂正届出書の提出

届出は内閣総理大臣が届出書を受理した日から15日を経過した日にその効力を生ずる（8条）。それまでに、届出書に記載すべき重要事項の変更等があった場合は、届出者は訂正届出書を内閣総理大臣に提出しなければならない。

(4) 届出書の監督

内閣総理大臣は、公益または投資者保護のため必要かつ適切であると認めるときは、有価証券届出書の届出者等に対して資料提出等を命ずることができる（26条）。

(5) 有価証券通知書

開示が行われている有価証券の売出しをする場合で売出価額の総額が1億円以上の場合（(1)(b)③）、発行価額または売出価額の総額が1千万円超1億円未満の有価証券の募集または売出しを行う場合（(1)(b)⑤、開示府令4条5項）は、届出は不要であるが、当該募集等が届出書に係る規定の適用を受けないことを記載した目論見書を添付して（開示府令4条2項1号ハ）、有価証券通知書を内閣総理大臣に提出しなければならない（4条6項）。

4　直接開示

(1)　目論見書の作成

(a)　原則

　目論見書とは、有価証券の募集・売出しのために発行者の事業その他の事項に関する説明を記載する文書であって、取得させようとする相手方に交付する文書である（2条10項）。直接開示は、この目論見書を作成・交付する形で行う。

　募集・売出しに際して有価証券届出書を提出しなければならない発行者は、目論見書を作成しなければならない（13条1項）。記載事項は次のとおりである（同条2項）。

　ア　有価証券届出書記載事項のうち、投資者の投資判断に極めて重要な影
　　　響を及ぼすものとして内閣府令で定めるもの

　イ　それ以外の事項であって内閣府令で定めるもの

　具体的には、証券情報（当該募集または売出しに関する事項）と企業情報（当該会社の商号、属する企業集団、当該会社の経理の状況その他事業の内容に関する重要な事項）、その他の事項であり（開示府令12条・13条）、有価証券届出書の記載事項とほぼ同内容となる。

　何人も、有価証券の募集または売出しのために、虚偽の記載があり、または記載すべき内容の記載が欠けている目論見書を使用してはならず（13条4項）、また、目論見書以外の資料を使用する場合には、虚偽の表示または誤解を生じさせる表示をしてはならない（同条5項）。目論見書に虚偽の記載をすると民事、刑事の責任が生ずるほか課徴金の対象ともなる（後述）。

(b)　投資信託の目論見書の特例

　投資信託の募集の際、従来は受益証券説明書が交付されてきたが、1998（平成10）年改正で投資信託にも有価証券の開示ルールを適用することにしたため、交付すべき書類が目論見書になった。

　その後、目論見書の情報量が多いことから、継続的に募集する追加型の投資信託などでは開示コストが高くなり過ぎることが指摘され、2004（平成16）年改正により、届出書の記載事項を、①一律に交付する交付目論見書に記載する事項、②請求があった場合に直ちに交付する請求目論見書に記載する事項、③目論見書には記載しない事項の3つに分け、投資者には、①のみを記載した交付目論見書を交付し、請求があった場合に②を記載した請求目

論見書を交付するという、2段階の体制とした（15条3項、施行令3条の2、2条1項10号・11号、13条2項2号）。

このように2段階体制としても、交付目論見書の記載事項はまだ多過ぎるということで、2009（平成21）年改正で簡素化を進め、記載事項は基本情報（ファンドの名称、委託会社等の情報、ファンドの目的・特色、投資リスク、運用実績、手続・手数料等）、追加的情報に限定された。当局からは「おおむね10ページを超えない程度」とする方向性が示された。

さらに2013（平成25）年改正（2014〔平成26〕年12月1日施行）では、リスク等についてのわかりやすい表示（過去の基準価格の変動を他の代表的な投資信託と比較するための図表等を用いた投資リスクに関する説明）、販売手数料・信託報酬等に関するより充実した説明（販売手数料、信託報酬等の対価として提供する役務に関する説明）を記載することにした（特定有価証券開示府令25号様式・25号の2様式等）。

これらの改正により、投資信託の交付目論見書は、一般投資家にとって相当実用的なものとなった。

(c) 目論見書作成義務が免除される場合

2011（平成23）年改正により、新株予約権無償割当てにより行う新株予約権の募集（ライツ・オファリング）の場合、①当該新株予約権証券が金融商品取引所に上場されており、またはその発行後、遅滞なく上場されることが予定されていて、②当該新株予約権証券に関して募集または売出しの届出を行った旨その他内閣府令で定める事項を、その届出後、遅滞なく日刊新聞紙に掲載すれば、目論見書を作成しなくてもよいし（13条1項ただし書）、交付義務も免除されることとした（15条2項3号）。

(2) **目論見書の交付**

(a) 原則

発行者、有価証券の売出しをする者、引受人、金融商品取引業者、登録金融機関または金融商品仲介業者は、その募集または売出しにつき届出を必要とされる有価証券については、その届出が効力を生じているのでなければ募集または売出しにより取得させ、または売り付けてはならない（15条1項）。募集または売出しにより取得させ、または売り付ける場合には、13条2項1号の内容を記載した目論見書を、あらかじめまたは同時に交付しなければならない（15条2項）。訂正届出書が提出された場合には訂正目論見書を、あらかじめまたは同時に交付しなければならない（同条4項）。

目論見書の交付は紙ベースが基本であるが、顧客が同意した場合等に電子交付とすることができる（27条の30の9）。具体的には、①提供者が顧客にメール添付で送信して顧客が保存、②提供者のサイトから顧客がダウンロード、③提供者のサイトの自分専用ファイルに顧客がアクセスして閲覧、④提供者のサイトの一般的ファイルに顧客がアクセスして閲覧、⑤磁気ディスク、CD-ROM等に記録して交付などの方法がある（開示府令23条の2第2項）。実務的には、顧客が目論見書を閲覧したことを確認してから購入に進むようにサイトを構築して、④の方式が普及している[11]。

(b) 例外

例外的に目論見書を交付しなくてもよい場合は、①適格機関投資家に取得させ、または売り付ける場合、②当該有価証券と同一の銘柄を所有する者あるいは、同居者がすでに当該目論見書の交付を受け、または確実に受けると見込まれる者が、その目論見書の交付を受けないことについて同意した場合である（15条2項）。

(3) 転売制限等の告知義務

適格機関投資家向け勧誘を行う者は、届出義務を免除されて発行されたものであること、当該有価証券の転売制限の内容等を告知する義務がある（23条の13第1項）。少人数向け勧誘を行う者は、届出義務を免除されて発行されたものであること、当該有価証券の転売制限の内容等を告知する義務がある（同条4項）。

第3節

継続開示

1 概要

発行開示制度が募集・売出しの場合に限定して適用されるのに対し、継続開示制度は、次項に記載するとおり、募集・売出しをした後（後記③）の場合以外にも適用される。

---

11) このように直接開示が電子化すると間接開示と手段が類似し、顧客からすると金融商品取引業者サイトで見るかEDINETで見るかの違いしかなくなるので、2種類の開示制度を設ける意味を再検討することが望ましい。

78　第1部　金融商品取引法

　既発行の有価証券についても、発行者情報や証券情報は必要である。流通する有価証券の場合には売却や新たな取得を検討するのに必要であるし、流動性の低いものであっても解約を検討したり運用を監視したりするのに必要である。そこで、一定の有価証券の発行者には継続開示を義務づけ、その方法として所定の事項を記載した有価証券報告書等を提出すべきこととしている。

2　有価証券報告書

(1)　提出義務者

　有価証券報告書を提出しなければならないのは、次の4つのいずれかに該当する有価証券の発行者である会社である（24条1項）。

①　金融商品取引所に上場されている有価証券

②　流通状況が①に準ずるものとして政令で定める有価証券

③　①②以外で、募集・売出しのための開示制度の適用を受けた有価証券

④　最近5事業年度のいずれかの末日における当該会社の発行する有価証券の株主名簿上の所有者数が1000名以上[12]（施行令3条の6第4項）である会社

ただし、③④では一定の場合にこの開示義務を免除している。それは、③では、最近5事業年度の末日で有価証券の所有者数が300名にいずれも満たない場合で内閣総理大臣の承認を受けたとき[13]、④では、発行会社の資本金の額が当該事業年度において5億円未満であるときと当該事業年度の末日における当該有価証券の所有者数が300名に満たないとき、③④では、その他内閣総理大臣の承認を受けたときである。

(2)　記載事項等

　上記に該当する有価証券の発行者である会社は、事業年度ごとに、次の事項を記載した有価証券報告書を、事業年度経過後3カ月以内に内閣総理大臣

---

12)　金商法2008年改正に伴う施行令改正で、同年12月、外形基準を500名から1000名に変更した。

13)　免除要件の拡大　　金商法の前は、過去に募集・売出しをした発行者は、その後所有者が減少して証券所有者が25名未満にならないと開示義務を免除されないこととされていたが、金商法では、これを300名未満とした（24条1項ただし書、施行令3条の6第1項・4条の10第2項）

に提出しなければならない（24条1項）。
- ・商号
- ・属する企業集団
- ・経理の状況
- ・府令補充条項（その他事業の内容に関する重要な事項その他の公益または投資者保護のため必要かつ適当なものとして内閣府令で定める事項）

　ただし、投資信託や投資ファンドなどの特定有価証券については、発行者である会社（内閣府令で定める者を除く）は、内閣府令で定める期間ごとに、24条5項に規定する記載事項を記載した有価証券報告書を、特定期間経過後3カ月以内に内閣総理大臣に提出しなければならない（24条5項〔・1項〕）。資産の内容を重視した記載事項が特別に定められている点は、有価証券届出書の場合と同様である。

（3）　提出

　内閣総理大臣に対して提出するほか、金融商品取引所（政令で定める有価証券は政令で定める認可金融商品取引業協会）に写しを提出しなければならない（24条7項・6条）。

3　確認書（有価証券報告書とあわせて提出）

　上場会社等は、有価証券報告書の記載内容が金融商品取引法令に基づき適正であることを確認した旨を記載した確認書（以下「確認書」という）を、有価証券報告書とあわせて内閣総理大臣に提出しなければならない（24条の4の2）。これは、当時、東京証券取引所等で行われていた自主規制としての確認書の制度を法律で義務づけたものである。

4　内部統制報告書（有価証券報告書とあわせて提出）

　これに加え、上場会社等は、属する企業集団および当該会社に係る財務計算に関する書類その他の情報の適正性を確保するために必要な体制について評価した報告書（以下「内部統制報告書」という）を、有価証券報告書とあわせて内閣総理大臣に提出しなければならない（24条の4の4）。内部統制報告書には、その者と特別の利害関係のない公認会計士または監査法人の監査証明を受けなければならない（193条の2第2項[14]）。

80 第1部 金融商品取引法

5 四半期報告書

　上場会社等は、事業年度の期間を3カ月ごとに区分した期間ごとに、属する企業集団の事業年度開始からの経理の状況等を記載した四半期報告書を、期間経過後45日以内に内閣総理大臣に提出しなければならない（24条の4の7、施行令4条の2の10第3項）。第1四半期は3カ月分、第2四半期は6カ月分、第3四半期は9カ月分の経理等の状況を開示することになる。半期報告書は不要である（24条の5第1項）。

　四半期開示の制度[15]は、2004年4月以降、各取引所においてタイムリーディスクロージャーの一環として実施されてきたが、これを法定化して、内容の統一、充実を図ったものである。

6 半期報告書

　上場していない継続開示会社で事業年度が6カ月を超える場合は、6カ月経過後3カ月以内に半期報告書を内閣総理大臣に提出しなければならない（24条の5第1項）。

7 臨時報告書

　継続開示会社は、外国で募集または売出しをする場合その他公益または投資者保護のため必要かつ適当なものとして内閣府令（開示府令19条）で定める場合には、臨時報告書を内閣総理大臣に提出しなければならない（24条の5第4項）。

---

14) 日本版SOX法　「確認書」と「内部統制報告書」を有価証券報告書とあわせて提出しなければならないとした改正を、俗に日本版SOX法ということがある。米国のサーベンス・オックスリー法の日本版という評価から付けられた呼び名である。

15) 四半期開示制度の長所・短所　四半期開示制度は、情報量の増加というプラス面があるが、短期の損益を見た目先の投資判断の増加というマイナス面も指摘されている。ちなみに、2004年末採択の「上場企業の情報開示に関するEU指令」では、四半期開示制度は採用されなかった。大崎貞和「上場企業の情報開示に関するEU指令の採択」野村資本市場クォータリー2005年冬号。その後の状況については、淵田康之「短期主義問題と資本市場」野村資本市場クォータリー2012年秋号参照。

第2章 開示制度 81

第4節

開示義務違反

1 開示義務違反と刑事規制

　開示義務違反は、多数の投資者に多額の損害を与える可能性があるものが含まれるため、それに対する最高刑は金商法違反の犯罪としては最も重く、上限が10年の懲役[16]となっている。

　重要な事項につき虚偽記載のある開示書類（有価証券届出書、有価証券報告書、目論見書等）の提出者は、10年以下の懲役もしくは1000万円以下の罰金、またはこの併科となる（197条）。提出者とは通常、代表取締役個人であり[17]、作成に関わった者（他の役職員や監査法人の公認会計士など）はその共犯となることがある[18]。

　虚偽記載以外の開示義務違反は、内容により段階的に刑罰を対応させている。例えば、有価証券届出書や有価証券報告書等の写しの金融商品取引所等への提出にあたり、重要な事項について虚偽記載があり、かつ、写しの基となった書類と異なる内容の記載をした書類をその写しとして提出する行為などは、5年以下の懲役もしくは500万円以下の罰金、またはこの併科とされている（197条の2）。また、提出義務ある書類の不提出については、1年以下の懲役もしくは100万円以下の罰金、またはこれらの併科とされている（200条）。

　開示義務違反に関する刑事裁判例[19]をみると、発行開示では、新興市場が登場して以降、新規上場に伴う株式募集に関し、虚偽を記載した有価証券届出書を提出したとして問題となった例が続いた。プロデュース事件[20]、続

---

16)　金商法としたときの改正で、5年から一気に2倍の10年に引き上げられた。

17)　両罰規定　　開示義務違反で個人が処罰される場合、発行者たる法人には罰金刑が用意されている（207条）。

18)　公認会計士が開示義務違反の共犯として処罰された事例として、キャッツ事件（刑事）（東京地判平18・3・24 2006WLJPCA03240011〔半期報告書虚偽記載〕）、カネボウ事件（刑事）（東京地判平18・8・9「証券取引等監視委員会の活動状況」登載〔有価証券報告書虚偽記載〕）、ライブドア事件（刑事）（東京地判平19・3・23 2007WLJPCA03230005〔有価証券報告書虚偽記載〕）がある。

82　第1部　金融商品取引法

いて、エフオーアイ事件[21] である。継続開示では、虚偽を記載した有価証券報告書等を提出したとして刑事事件となったものは多数ある。そのうち2005（平成17）年以降の有罪判決としては、キャッツ、森本組、メディア・リンクス、西武鉄道[22]、カネボウ[23]、ライブドア[24]、サンビシ、アクセス、オリンパス[25]、インデックス、太陽商会、石山 Gateway Holdings、グローバルアジアホールディングスなどに関するものがある。虚偽の記載のある有価証券報告書を提出し、それを綴じ込むかそれを参照すべき旨を記載した有価証券届出書を提出した事件として、アイ・エックス・アイ、オー・エイチ・ティー、ニイウスコー[26]、富士バイオメディックスの各事件がある。

2　開示義務違反と課徴金

(1)　概要

　虚偽記載のある発行開示書類を提出した発行者等に対する課徴金制度が

---

19)　これらの刑事判決には公表されていないものも多い。証券取引等監視委員会報告の年次報告書「証券取引等監視委員会の活動状況」には、同委員会告発に係る事件がすべて掲載されており、対応する刑事判決の年月日と結論があわせて掲載されている。

20)　プロデュース事件（刑事）（さいたま地裁判平21・8・5裁判所ウェブサイト）ジャスダック証券取引所に上場していた工作機械メーカー・プロデュースの粉飾決算事件に絡み、虚偽記載のある有価証券届出書および有価証券報告書を提出した。証券取引法違反・金融商品取引法違反等で、同社元代表取締役社長に対し懲役3年（実刑）および罰金1000万円、管理部門を統括していた元専務取締役に対し懲役2年6月（執行猶予4年）の有罪判決。

21)　エフオーアイ事件（刑事）（さいたま地判平成24・2・29「証券取引等監視委員会の活動状況_登載）　　相模原市の半導体製造装置メーカー・エフオーアイが、売掛金を粉飾した決算数値により2009年11月東証マザーズに上場し（有価証券届出書虚偽記載）、程なく発覚して2010年5月12日証券取引等監視委員会により強制調査、5月21日に東京地裁に破産手続開始申立て、5月31日に破産手続開始決定となった事件。負債総額は約93億円。この粉飾決算が虚偽記載有価証券届出書提出罪として刑事事件となり、役員2名につき懲役3年の実刑。

22)　西武鉄道事件（刑事）（東京地判平17・10・27 2005WLJPCA10270001）　　西武鉄道は、コクドの所有する西武鉄道株式につき、発行済み株式総数に対する所有割合を少なく記載するなどし、重要な事項につき虚偽の記載のある有価証券報告書を提出した。役員は懲役2年6月（執行猶予）、西武鉄道は罰金2億円。

23)　カネボウ事件（刑事）（東京地判平18・3・27「証券取引等監視委員会の活動状況」登載）　　カネボウは大量の不良在庫を抱え業績が悪化していた子会社を連結決算の対象から外すなどの方法により、虚偽の記載をした有価証券報告書を提出した。社長は懲役2年（執行猶予3年）、役員は懲役1年6月（執行猶予3年）。公認会計士については、(注19) 参照。

2004年に設けられた。刑罰より軽い処分を可能にして、開示制度の実効性を実質的に確保しようという考えに基づく。2005年改正では継続開示書類を提出した発行者にも広げられ、2008年改正では対象が拡大され金額も引き上げられた[27]。開示義務違反を理由として毎年数件ないし十数件の課徴金納付命令が出されている。直近7年の状況は【図表1】のとおりである[28]。

　課徴金の額は違反により得た利益を吐き出させるという考え方で算出するのが基本であるが、開示義務違反の場合は、違反者に実際に経済的利得が生じたかとは関係なく、抽象的に想定しうる経済的利得相当額を基準として、具体的な算定方法に従って定型的に算出される。

　課徴金の手続は、①証券取引等監視委員会による調査→②同勧告→③金融庁長官による審判手続開始決定→④審判手続→⑤審判官による決定案の作成・提出→⑥金融庁長官による処分の決定→⑦課徴金の納付等である。

　課徴金納付命令と刑事罰の併科は、課徴金が刑罰ではないことから、憲法39条に規定する二重処罰の禁止には抵触しないとされている。ただし、開示義務違反の課徴金では罰金刑との間で調整がされる。罰金の確定判決後に課徴金を課すときはその分を差し引くし（185条の7第16項）、課徴金納付命令が出された後に罰金刑が科される場合は、その額だけ課徴金は減額され（185条

---

24)　ライブドア事件（刑事）　①代表者（東京地判平19・3・16判時2002号31頁〔東京高判平20・7・25判時2030号127頁、最決平23・4・25LEX/DB25471531〕）、②他の役員（東京地判平19・3・22 2007WLJPCA03220008）、③監査法人代表社員（東京地判平19・3・23 2007WLJPCA03230005）にそれぞれ懲役刑が言い渡された。両罰規定でライブドア（会社）にも罰金2億8000万円が言い渡された（東京地判平19・3・23「証券取引等監視委員会の活動状況」登載）。

25)　オリンパス事件（刑事）（東京地判平25・7・3 2013WLJPCA07036004）　2011年に発覚したオリンパスの損失隠し事件。2013年7月には元役員3名が虚偽記載有価証券報告書提出罪で有罪（確定）。両罰規定によりオリンパスも罰金7億円。

26)　ニイウスコー事件（刑事）（①横浜地判平23・9・15、②横浜地判平23・9・20〔いずれも「証券取引等監視委員会の活動状況」登載〕）　ニイウスコーは、架空売上を計上するなど虚偽の記載のある連結損益計算書等を掲載した有価証券報告書を提出し、その後の株式募集を行うにあたり虚偽の有価証券報告書を参照すべき旨を記載した有価証券届出書を提出した。①副会長は懲役2年6月（執行猶予4年）、罰金300万円、②会長は懲役3年、罰金800万円。

27)　重要な事項の不記載も課徴金対象に追加（172条の4第1項）、継続開示の課徴金額を600万円と有価証券の市場価額の総額の10万分の6のいずれか大きい方に増額（同項）など

28)　金融庁サイト等。

84　第1部　金融商品取引法

【図表1】 開示義務違反（虚偽記載等）による課徴金納付命令の件数
（年度は4月〜翌年3月）（オリンパス〔2012年度〕、東芝〔2015年度〕、新日本
有限監査法人（同）。金融庁サイト情報から筆者作成）

年度　　計	発行開示	継続開示		
	有価証券届出書等	有価証券報告書等	四半期報告書	その他
2010年度17件	3件（目論見書）	13件	0件	1件（半期報告書）
2011年度10件	1件	8件	1件	0件
2012年度7件	1件（組込方式）	5件	1件	0件
2013年度9件	0件	9件	0件	0件
2014年度8件	0件	7件	0件	1件（変更報告書）
2015年度4件	0件	3件	0件	1件（虚偽証明）
2016年度7件	0件	5件	2件	0件
2017年度2件	0件	1件	1件	0件

※有価証券届出書等：目論見書のみの場合も含む
※有価証券報告書等：有価証券報告書に加えて、四半期報告書や訂正報告書、半期報告書に虚偽
　　　　　　　　　　記載があった場合を含む。多くは四半期報告書とセット。
※四半期報告書：四半期報告書の訂正報告書も含む。

の8第6項・7項）、罰金刑の額が課徴金を上回るときは課徴金納付命令は取
り消される（同条8項）。実際の運用では、証券取引等監視委員会が、悪質な
ものは刑事告発し、そうでないものは金融庁に課徴金を勧告するという形で
振り分けているので、調整が必要となるのは例外的場合である[29]。

(2)　発行開示関係の課徴金納付命令

　重要な事項につき虚偽の記載がある発行開示書類（有価証券届出書、訂正届出
書等、発行登録書、訂正発行登録書等）を提出した発行者が、当該発行開示書類
に基づく募集または売出しにより有価証券を取得させ、または売り付けたと

---

29)　調整された例　　オリンパス事件では、2012年7月11日課徴金納付命令1億9181万
　　9994円が出された後、2013年7月3日に刑事判決で同社に罰金7億円が科されたため、
　　同年9月5日に、185条の8第8項に基づき、課徴金のうち期間が重複する部分1億
　　7195万円が取り消された（金融庁サイト）。

きは、内閣総理大臣（委任を受けた金融庁長官）は発行者および関与役員に対して課徴金納付を命じなければならない（172条1項・2項）。目論見書についても準用されている（同条4項）。

（3）　継続開示関係の課徴金納付命令

発行者が、重要な事項について虚偽の記載がある有価証券報告書等、四半期・半期・臨時報告書等を提出したときは、内閣総理大臣は、発行者に対し、課徴金の納付を命じなければならない（172条の2）。

3　開示義務違反と民事責任（被害の事後救済）

（1）　概要

開示義務違反で損害賠償責任を負う主体と、開示文書の関係は【**図表2**】のとおりである。

（2）　発行開示義務違反

（a）　概要

発行開示義務違反の関係では、次のとおり賠償責任が規定されている。

・目論見書交付義務等違反者の賠償責任（16条）

・虚偽記載のある目論見書等を使用した者の賠償責任（17条）

・虚偽記載のある届出書の届出者等の賠償責任・責任額・時効

　（18条〜20条）

・虚偽記載のある届出書の提出会社の役員等の賠償責任（21条・22条）

・虚偽記載等のある書類の提出者の賠償責任・時効（21条の2・21条の3）

（b）　目論見書交付義務違反

届出の効力が生じていないのに有価証券を取得させたり、目論見書を交付しないで有価証券を取得させた発行者、売出人、引受人、金融商品取引業者等は、これを取得した者に対し当該違反行為によって生じた損害を賠償する責に任ずる（16条）。損害賠償の請求原因の1つに目論見書交付義務違反を掲げた事件は多数あるが、その理由で損害賠償を命じた確定判決は見当たらない。他の理由で損害賠償を命じるか、因果関係があるとはいえないとして請求を棄却している[30]。

（c）　虚偽記載目論見書等を使用した者の賠償責任（17条）

募集または売出しについて、重要な事項について虚偽の記載があり、もしくは記載すべき重要な事項もしくは誤解を生じさせないために必要な事実の

86　第1部　金融商品取引法

【図表2】

発生原因 ＼ 責任主体	発行者	発行会社役員	売出人（所有者）	公認会計士・監査法人	元引受証券会社・銀行
目論見書交付義務等違反	16条	16条	16条	―	16条
目論見書虚偽記載	作成⇒18条2項	21条3項・1項1号	21条3項・1項2号	―	使用⇒17条
有価証券届出書虚偽記載	18条1項：発行市場損害（無過失責任）21条の2：流通市場損害	21条1項1号：発行市場損害22条：流通市場損害	21条1項2号：発行市場損害	21条1項3号：発行市場損害22条：流通市場損害	21条1項4号：発行市場損害
発行登録書等虚偽記載	23条の12第5項・18条：発行市場損害21条の2：流通市場損害	23条の12第5項・21条1項1号：発行市場損害23条の12第5項・22条：流通市場損害	―	23条の12第5項・21条1項3号：発行市場損害23条の12第5項・22条：流通市場損害	―
有価証券報告書虚偽記載	21条の2：流通市場損害	24条の4・22条：流通市場損害	―	24条の4・22条：流通市場損害	―
内部統制報告書虚偽記載	21条の2：流通市場損害	24条の4の6・22条：流通市場損害	―	24条の4の6・22条：流通市場損害	―
四半期報告書等虚偽記載	21条の2：流通市場損害	24条の4の7第4項・22条：流通市場損害	―	24条の4の7第4項・22条：流通市場損害	―
半期報告書・臨時報告書虚偽記載	21条の2：流通市場損害	24条の5第5項・22条：流通市場損害	―	24条の5第5項・22条：流通市場損害	―

※発行市場損害：募集もしくは売出しにより取得した者の損害
　流通市場損害：募集もしくは売出しによらないで取得した者の損害

記載が欠けている目論見書または重要な事項について虚偽の表示もしくは誤解を生ずるような表示があり、もしくは誤解を生じさせないために必要な事実の表示が欠けている資料を使用して有価証券を取得させた者は、取得者の損害を賠償する責任がある（17条）。責任主体は、発行者、売出人、引受人、金融商品取引業者等に限らない（最判平20・2・15民集62巻2号377頁、判時2042号120頁[31]）。2004年改正法施行前の使用につき、損害賠償を命じた高裁判決[32]も出ている。

　(d)　虚偽記載等ある有価証券届出書の届出責任

　18条は、虚偽記載等のある届出書の届出者等の発行市場における賠償責任を規定する。重要な事項について虚偽の記載があり、または記載すべき重要な事項もしくは誤解を生じさせないために必要な事項の記載が欠けているときは、届出者（発行者）は募集・売出しに応じて取得した者に対し、損害賠償責任がある（同条1項）。無過失責任である。

　19条1項は、賠償責任額について、支払った額から①損害賠償請求時の市場価額または②それまでに処分した場合は処分価額を差し引いた額とする、と賠償責任額を定めている。ただし、届出者（発行者）が、この損害の全部または一部が他の事情により生じた損害であることを証明した場合は、その限度で責任を免れる（同条2項）。減額の抗弁と位置づけられる規定である。

　21条は、虚偽記載のある届出書の提出会社役員等の、発行市場での取得者

---

30)　ペレグリン債（裁判官）事件（債権3）（東京高判平12・10・26判時1734号18頁）目論見書交付義務違反の事実を前提に、交付していれば購入しなかったという因果関係がないとして請求を棄却した。評釈として、神作裕之・百選8頁。

31)　《私募債》アジャンドール事件　2004年改正で「募集・売り出しにより」が加わる前の証取法17条に関する判決。同条に定める損害賠償責任の責任主体は、虚偽記載のある目論見書等を使用して有価証券を取得させたといえる者であれば足り、「発行者、有価証券の募集若しくは売出しをする者、引受人若しくは証券会社等又はこれと同視できる者」に限られないとし、当該証券の取得につきあっせん・勧誘を行い発行者とともに当該証券の内容について説明をした者について、上記「　」内の主体でないから責任主体とならないとした原判決を破棄して、法17条ただし書の免責事由の存否についてさらに審理を尽くさせるために原審に差し戻した。2004年改正により私募には17条の適用はなくなったが、主体を形式的に限定しない本判決は公募の場合にその限度で先例となる。前田雅弘・百選10頁およびそこに掲げる文献参照。

32)　《私募債・不動産投資商品》髙木証券事件（大阪高判平24・3・14セレクト42巻383頁）　一連の訴訟の1つ。目論見書にレバレッジの記載がなかったことを、虚偽記載と評価し、17条を損害賠償の根拠の1つとした。

88　第1部　金融商品取引法

に対する賠償責任を規定し、22条は、虚偽記載のある届出書の提出会社役員等の、流通市場での取得者・処分者に対する賠償責任を規定している。

21条の発行市場での取得者に対する賠償責任を負う主体である提出会社役員等とは、①当該有価証券届出書を提出した会社のその提出の時における役員（取締役、会計参与、監査役、執行役またはこれらに準ずる者）または発起人（提出が会社成立前にされたとき）（1項1号）、②売出しに係る有価証券の所有者（同項2号）、③監査証明において、虚偽でありまたは欠けているものを虚偽でなくまたは欠けていないと証明した公認会計士または監査法人（同項3号）、④発行者または売出者と元引受契約を締結した金融商品取引業者または登録金融機関（同項4号）である。善意かつ相当な注意を用いたにかかわらず知ることができなかったこと（①②④）、故意または過失がなかったこと（③）を立証すれば免責される（同条2項）。

これに対し、22条の流通市場での取得者・処分者[33]に対する賠償責任を負う主体である提出会社役員等は、①③に限定される。

21条の2は、虚偽記載のある書類の提出者の、流通市場での取得者・処分者に対する責任に関する規定である。有価証券届出書、有価証券報告書、その他の書類に共通する規定であり、有価証券報告書のところで解説する。

(e)　有価証券届出書虚偽記載の民事責任に関する裁判例

有価証券届出書虚偽記載の民事責任に関する裁判例として、エフオーアイ事件がある。

・エフオーアイ事件

【事案】相模原市の半導体製造装置メーカー・エフオーアイが、2009年11月売掛金を粉飾した決算数値（100億円以上水増）を含む有価証券届出書を提出して東証マザーズに上場し、程なく発覚して2010年5月12日証券取引等監視委員会により強制調査、5月21日に東京地裁に破産手続を申請、5月31日に破産手続開始決定となった事件（負債総額は約93億円）である。

【第一審判旨】（さいたま地判平28・12・20セレクト52巻1頁〔控訴〕）判決は、複数の元役員に対し、請求損害（①発行市場損害3106万8350円、②流通市場損害1億4404万0583円。合計1億7510万8945円）の全額について虚偽記載有価証券届出書提出等（21条1項1号・2項1号・22条1項）と不法行為に基づく損害賠償

---

33)　「処分者」は、2013年改正で追加された。

を命じ、主幹事証券会社（元引受金融商品取引業者）に対し、「上場に係る引受審査について相当な注意を用いてこれを行ったということはできない」として、虚偽記載有価証券届出書提出、虚偽記載目論見書交付に基づく①発行市場損害の賠償（21条1項4号・2項3号・17条）を命じた。有価証券届出書の財務諸表に監査証明をした監査法人（または公認会計士）の責任（21条1項3号・2項2号・22条1項）については、和解したため判決はない。上場させた東京証券取引所等に対する不法行為責任（民法709条）に基づく請求は棄却した。

(3) 継続開示義務違反

(a) 概要

継続開示義務違反の関係では、次のとおり賠償責任が規定されている。

・虚偽記載等のある書類の提出者の賠償責任・時効（21条の2・21条の3）

・虚偽記載のある有価証券報告書の提出会社の役員等の賠償責任
　（24条の4）

(b) 虚偽記載等のある書類の提出者の賠償責任

21条の2は、2004年の証券取引法改正で追加された規定が金商法でも維持されているものであり、発行開示、継続開示に共通した規定であるが、募集または売出しによらないで取得した者、処分した者に対する責任、すなわち流通市場における損害賠償責任であるので、便宜上ここで解説する。

1項は損害賠償責任を規定する。有価証券届出書、有価証券報告書等のうちに、重要な事項について虚偽の記載があり、または記載すべき重要な事項もしくは誤解を生じさせないために必要な事実の記載が欠けているときは、その書類の提出者は、提出者等が発行者である有価証券をその公衆縦覧中に募集または売出しによらないで取得した者に対し、損害賠償責任を負う。賠償額は、記載が虚偽であり、または欠けていることにより生じた損害であり、かつ、「取得時支払い額—請求時市場価格または既処分価格」（19条1項）を上限とする。

この責任は無過失責任であったが、2014年5月の改正（2015年5月29日施行）で、2項（「……賠償の責めに任ずべき者は、当該書類の虚偽記載等について故意又は過失がなかったことを証明したときは……賠償の責めに任じない」）を追加して、過失責任とした。

損害額の算定方法は、3項に規定されている。虚偽記載の事実が公表され

たときは、当該有価証券を公表日前1年内に取得し公表日に所有する者は、公表日前1カ月間の平均市場価額（または処分推定価額）の平均額から公表日後1カ月間の平均市場価額を差し引いた額を、当該書類の虚偽記載等により生じた損害額とすることができる。因果関係の反証が許されるので（5項）、この「損害の額とすることができる」という表現は、損害額の推定規定と解されている[34]。したがって、これより損害額が多いことを証明すれば、上記のとおり19条1項の限度額まで賠償請求も可能である。

この推定規定に対する反証活動が行われ、虚偽記載等以外の事情により損害の一部が生じたことが証明された場合は、その額について賠償額が減額され（5項）、虚偽記載以外の事情により値下がりしたことが認められるが損害の性質上その額を証明するのが著しく困難であるときは、裁判所は相当な額を認定できるとされている（6項）。

「虚偽記載等の事実の公表」とは、書類提出者または提出者の業務もしくは財産に関し法令に基づく権限を有する者により、記載すべき重要な事項または誤解を生じさせないために必要な重要な事実について、所定の公衆縦覧その他の手段により、多数の者の知りうる状態に置く措置がとられたことをいう（3項）。検察官が報道機関に有価証券報告書への虚偽記載の疑いがあることを告げた時点が公表日に当たるとした判例がある（後掲最判平24・3・13）。

(c) 虚偽記載のある有価証券報告書の提出会社の役員等の賠償責任

24条の4は、虚偽記載のある有価証券報告書の提出会社役員等の賠償責任を規定している。提出会社役員等とは、①当該有価証券報告書を提出した会社のその提出のときにおける役員（取締役、会計参与、監査役、執行役またはこれらに準ずる者）、②監査証明において、虚偽でありまたは欠けているものを虚偽でなくまたは欠けていないと証明した公認会計士または監査法人である。

(d) 継続開示に関する裁判例

継続開示義務違反の民事裁判例のうち、損害額の指定規定（21条の2）を設けた2004年改正の前あるいは同施行前の事件は多くない。発行会社の従業員が発行会社の責任を追及した山一証券事件[35]では従業員に対する開示が問題となり、西武鉄道事件では不法行為を請求原因とした多数の訴訟が提起

---

34) 損害額規定　これに対し発行市場で取得した者に対する虚偽記載書類の届出者の賠償額を規定した19条は、「賠償の責めに任ずべき額は、……を控除した額とする」と規定しており、推定ではなく、損害額を定めた規定である。

され、日本システム技術事件[36]では会社法350条の責任が問題とされ、アソシエントテクノロジー事件[37]では役員の不法行為および（改正前）商法266条の３の責任が追及された。請求棄却も多く、損害の立証も苦労がみられる。

　推定規定施行後の事件として、ライブドア、ニイウスコー[38]、アーバンコーポレイション、シニアコミュニケーション、IHI[39]、オリンパス、リソー教育[40]の各事件がある。

　これらのうち、推定規定がない時期の事件である西武鉄道事件、推定規定ができた後の事件であるライブドア事件、アーバンコーポレイション事件につき、請求を認容した最高裁判決が出されているので、これらの事件を紹介する。西武鉄道事件の判決は、推定規定（21条の２）施行後の事件を考える際には、その推定損害額を超える損害を請求する場合に参考になることになる。

---

35)　山一証券事件（東京地判平13・12・20金判1147号34頁〔請求棄却〕）　　従業員持株融資制度、自社株融資制度に基づき自社株を購入した従業員が、会社が倒産して自社株が無価値となり損害を被ったのは、破産会社の不法行為が原因であるとして、破産管財人を被告として破産債権確定請求をしたが、請求棄却となった。請求原因は不法行為であるが、開示義務違反の主張が含まれている。

36)　日本システム技術事件（最判平21・7・9判時2055号147頁〔請求棄却〕）。

37)　アソシエントテクノロジー事件（大分地判平20・3・3金判1290号53頁）　　東証マザーズに上場していた同社が、2004年10月、同社に粉飾決算の疑惑があることを公表し、それを契機として同社の株価が下落したことについて、株主が、粉飾決算に基づき虚偽の業績を公表した上で、原告らに株式を取得させ、その取得価額あるいは上記疑惑公表前の株式の取引価額と、最終売却価額との差額分の損害を被らせたとして、役員に対し、不法行為、改正前商法266条の３第１項・２項に基づく賠償を命じた。

38)　ニイウスコー事件　①（東京地判平22・6・25判タ1349号225頁）民事再生手続が開始されたニイウスコーの株主が、同社が有価証券報告書等に虚偽記載を行ったことにより損害を被ったということを理由とする損害賠償請求権を再生債権として届け出たところ、同再生債権額を586万6020円とする旨の査定決定がなされたことから、ニイウスコーが同再生債権額が０円であると主張し、株主が同再生債権額が１億5519万8921円であると主張して異議を申し立てた事案。虚偽記載により株主が被った損害は金商法21条の２第２項の推定規定の適用により計算した額559万3200円を損害額と推定し、再生債権額を変更した。

　②（東京高判平23・4・13金判1374号30頁）本件では、虚偽記載がされなければ、ニイウスコーの株式を一般の個人投資家である株主が買い続けたとは考え難いから、株主は当該虚偽記載がなければ本件株式を購入しなかったと推認でき、これにより本件株式購入価額相当額の損害を被ったといえるとして、原判決を変更し、原審よりも大幅に増額査定し、１億5378万8127円と査定した。

92 第1部 金融商品取引法

・西武鉄道事件

【事案】2004年に発覚した西武鉄道の有価証券報告書虚偽記載事件は、西武
鉄道がコクド所有の西武鉄道株式数を過少に記載した有価証券報告書および
び半期報告書を関東財務局当に継続的に提出した事件であり、真実の株主
数では上場基準を満たさないため同年12月に上場廃止となった。この虚偽
記載により損害を受けたとする株主が、不法行為による損害賠償を求めた
訴訟が多数提起され（公表されている地裁判決は9件、高裁判決は5件）[41]、最
高裁は平成23年9月13日、そのうち4件につき、ほぼ同内容の判決を出し
た（その後、差し戻された高裁の判決につき再び上告があり、これらは平成27年7月
23日に上告棄却で確定）。最高裁判決の判旨は次のとおりである。

【判旨】（最判平23・9・13民集65巻6号2511頁、判時2134号35頁[42]〔原審：東京高判平
21・2・26判時2046号40頁（個人株主集団事件）〕）

1. 有価証券報告書等に虚偽記載のある上場株式を取引所市場において

---

39) IHI事件 同社は、平成19年9月28日に、平成18年度（第190期）半期報告書およ
び有価証券報告書において虚偽記載（粉飾決算）をした旨を公表し、金融庁による約16
億円の課徴金納付命令に応じた。粉飾決算後に市場でIHI株式を取得した株主が損害を
被ったとして訴訟提起した。
　　①（東京地判平26・11・27セレクト49巻1頁）IHIは一転して虚偽記載を否認し争っ
たが排斥され、他方で、虚偽記載と因果関係ある損害は半分以下と認定した。
　　②（東京高判平29・2・23〔2017WLJPCA02236011〕）原審とほぼ同趣旨の判断。
40) リソー教育事件（東京地判平29・3・28セレクト53巻1頁）　リソー教育は5年半
にわたり有価証券報告書等の虚偽記載を行っていた。累計の影響額（虚偽記載額）は売
上高・経常利益とも約83億円（連結）、当期純利益ベースでは58億円（連結）。2013（平
成25）年12月16日大引け後に、「不適切な会計処理の疑義に関する調査のための第三者
委員会の設置のお知らせ」発表。同日の終値は667円。2014（平成26）年2月10日、「第
三者委員会の調査報告書受領に関するお知らせ」を発表（公表日）。12月16日の第三者
委員会設置のお知らせがなされたことで、虚偽記載の存在を合理的に疑わせる事実が市
場に公表されたとし、一般投資者においては、不適切な会計処理がなされた蓋然性が高
いと考えるのが合理的として、12月16日以前に被告株式を購入した原告は667円と売却
金額との差額を「損害」とし認容（1300万円余。請求額の5〜8割）、その後に購入し
た原告は虚偽記載と損害との間に相当因果関係がないとして棄却。
41) 西武鉄道事件　　下級審の状況は次のとおりであった。
　　①西武鉄道個人株主等ケース(1)（東京地判平19・8・28判タ1278号221頁〔棄却（確
定）〕）　裁判所は、個人株主が西武鉄道や元コクド会長などに約1717万円の賠償を求め
た訴訟で、株価が回復して損害がないとして、請求を棄却した。原告は2004年10月、西
武鉄道株を1株当たり1114円〜1149円で計2万株購入。しかし、その直後、西武鉄道が
有価証券報告書の虚偽記載を行っていた事件が発覚し、株価は翌11月に1株当たり268
円まで下落した。原告は「結果的に高値で株を購入させられた」と主張。一方、西武鉄

取得した投資者が、当該虚偽記載がなければこれを取得しなかったとみる
べき場合、上記投資者に生じた当該虚偽記載と相当因果関係のある損害の
額は、上記投資者が、当該虚偽記載の公表後、上記株式を取引所市場にお

道は同年12月に上場廃止となった後、西武ホールディングス（SHD）の事業会社となっ
た。原告を含む西武鉄道株の株主には１株につきSHD株１株が割り当てられた。判決
は、訴訟の終結直前にSHD株の価格が1175円だったことなどから、「事件が公表される
直前の株価を上回っており損害は認められない」とした。

②全日空事件（東京地判平19・９・26判時2001号119頁〔認容。控訴後和解〕）

③西武鉄道個人株主等ケース(2)（東京地判平19・10・１判タ1263号331頁〔棄却（確
定）〕）

④西武鉄道個人株主等ケース(3)（東京地判平20・２・21判時2008号128頁〔棄却（確
定）〕）

⑤西武鉄道個人株主等集団ケース

　ⓐ（東京地判平20・４・24判時2003号10頁）個人株主114名が原告となった別の件
では、すでに売却した株主（処分原告）については、不法行為を理由に、虚偽記載の
公表日の終値と売却価額との差額について、西武鉄道や代表者個人に対し損害賠償を
命じ、株主である原告（保有原告）については、損害がないとして請求を棄却した。
前者では、虚偽記載公表の日を遅延損害金の起算点として認容している。元代表者ら
に対しては、旧証取法24条の４・24条の５第５項・22条１項に基づく責任も選択的に
請求していたが、処分原告について、不法行為責任を認めたため、一部の元代表者に
対しては判断不要として判断せず、残りの元代表者に対しては、不法行為に基づく責
任と同範囲で旧証取法に基づく責任が認められるとした。

　ⓑ（東京高判平21・２・26判時2046号40頁）この控訴審では、株価が1081円に回復
するまでに同社株式を処分した処分一審原告らにおいては、民訴法248条を適用して、
１株につき160円の限度で算定した損害を認めることができる等として、原判決を変
更した。

　ⓒ（最判平23・９・13民集65巻６号2511頁、判時2134号35頁）

⑥西武鉄道信託銀行４社ケース

　ⓐ（東京地判平20・４・24判時2003号147頁）「株式の取得価額と当該取得時点で有
価証券報告書等の虚偽記載がなければ形成されていたはずの想定価格との差額を推認
する一資料として、当該虚偽記載に係る真実公表の前後における株価の変動が参考に
なることが一般的にあり得るとしても、原告ら主張のように、本件公表後の西武鉄道
株式の市場価格や上場廃止後の売買価格の中でも極めて一過性が強く客観的な価値を
示しているとはいい難いことが明らかな上場廃止決定日の終値（１株268円）を取り
上げて、当該価格までの下落率を取得価額に乗じた額が、原告ら等の西武鉄道株式の
取得価額と有価証券報告書等の虚偽記載がなかったと仮定した場合における取得時点
での想定価格（原告らがいう上場株式としての信用が剥落した価格）との差額相当額
であるとすることは、合理性を欠く」ので、「（高値摑みの損害）を被ったとの原告ら
の主張は、これを認めるに足りる証拠は存在しない」として、請求を棄却した。

　ⓑ（東京高判平21・３・31金判1316号３頁）損害額の算定において民訴法248条を
適用し、西武鉄道株式につき、本件減価事由が発現したことにより生じた株価の下落

いて処分したときはその取得価額と処分価額との差額を、上記株式を保有し続けているときはその取得価額と事実審の口頭弁論終結時の上記株式の市場価額（上場が廃止された場合にはその非上場株式としての評価額）との差額をそれぞれ基礎とし、経済情勢、市場動向、当該会社の業績等当該虚偽記載に起因しない市場価額の下落分を上記差額から控除して、これを算定すべきである。

　　2．有価証券報告書等の虚偽記載が公表された後のろうばい売りによる下落は、有価証券報告書等に虚偽記載判明で通常生ずる事態であって、当該虚偽記載と相当因果関係のない損害とはいえない。

　この判決に対しては、本件では虚偽記載がなければ上場を維持できず顧客は株式を取得できなかったのであるから、取得自体損害の賠償を認める要件を検討すべきであったとの指摘がある[43]。なお、取得自体が損害であれば、取得額から処分額を差し引いた額が損害額であり、「虚偽記載に起因しない市場価格の下落分」というものは関係ないはずであって、判旨は説得力に欠

のうち、その発現による株価の価値の毀損による損害の額は、株式の評価額や買取額等をも参酌すれば、本件減価事由がいまだ内包されていた時点の価格の15％を下回らない高度の蓋然性が認められるとして、損害額として同割合相当額を認定し、原判決を変更して控訴人らの請求を一部認容した。
　　ⓒ（最判平23・9・13資料商事332号121頁）
　⑦　西武鉄道機関投資家等16社ケース　　企業年金連合会、国家公務員共済組合、信託銀行など機関投資家等16社が原告となった事件。
　　ⓐ（東京地判平21・3・31判時2042号127頁）
　　ⓑ（東京高判平22・4・22判時2105号124頁）
　　ⓒ（最判平23・9・13判時2134号35頁2事件）
　⑧　西武鉄道学校共済ケース　　日本私立学校振興・共済事業団が原告となった事件。
　　ⓐ（東京地判平21・1・30判時2035号145頁）
　　ⓑ（東京高判平22・3・24判時2087号134頁）
　　ⓒ（最判平23・9・13資料商事332号127頁）
　⑨　西武鉄道ゆうちょ銀行等機関投資家6社ケース
　　ⓐ（東京地判平21・1・30金判1316号34頁）
　　ⓑ（東京高判平23・2・23〔新聞報道〕）一審認容額19億2000万円を5億6000万円に減額。「虚偽記載の株価に対する影響は、経済情勢の変動や西武鉄道の企業業績など多数の要因の一部にとどまる」として因果関係ある損害額は、虚偽記載公表直前の終値1081円の15％として算出した。
　　ⓒ（最判平24・1・31〔新聞報道〕）株取得自体が損害となるとして差戻し。
42）　評釈として、黒沼悦郎・百選12頁およびそこに掲げる文献。
43）　黒沼悦郎「判批」金判1396号2頁。

ける[44]。

　本件発覚後に推定規定（21条の2）が施行された。施行後の事件では、その推定損害額を上回る損害を主張する場合に、本判決の考え方が参考になることになる。

・ライブドア事件

【事案】ライブドアは、2004年12月、3億円の経常赤字であったのに、連結子会社が投資事業組合を経由して行った親会社の株式売却益を売上げに含めるなどして経常利益50億円と記載した虚偽の損益計算書を作成し、それを基礎とした開示を行った。東京地検は、2006年1月16日、強制捜査に着手し、1月18日に司法記者クラブの記者らに対し、有価証券報告書虚偽記載の容疑があることを知らせた。

　訴訟となったケースのうち、発行市場で第三者割当増資により株式を取得した原告によるフジテレビケース[45]は、18条1項の前身である証取法18条1項の賠償責任の事件であり、同法19条に基づく賠償責任額が争点となって、和解により終了した。

　流通市場で株式を取得した原告による事件は複数把握されている（①機関投資家ケース[46]、②個人株主等ケース(1)[47]、③同(2)[48]、④同(3)[49]）。いずれ

---

44)　同旨、伊藤靖史「西武鉄道事件」大証金融商品取引法研究会報告2012年3月23日。

45)　フジテレビケース　　フジ・メディア・ホールディングス（旧フジテレビジョン。以下「フジ」という）は、2005年にライブドアの第三者割当増資に応じ、当時の発行済み株式の約12.7％を計約440億円で取得したが、翌2006年1月にライブドア株は大暴落し、同年3月に株式を売却。売却金額は約95億円にとどまり、フジは、2008年8月に有価証券届出書虚偽記載の責任（証取法18条・19条）に基づき、取得金額との差額約345億円の賠償請求訴訟を提起した。2009年1月22日、ライブドアがフジに約310億円の賠償金を支払うことで和解した（フジ「和解による紛争解決のお知らせ」、ライブドア「和解による訴訟解決のお知らせ」〔いずれも当時の当事者のサイト〕）。

46)　機関投資家ケース

　　①（東京地判平20・6・13判時2013号27頁）ライブドアによる粉飾決算事件で、株価が下落し損害を受けたとして、年金積立金管理運用独立行政法人などから資金運用を委託された中央三井アセット信託銀行5行と日本生命が、ライブドアホールディングスに計約108億8000万円の損害賠償を求めた訴訟で、ライブドア側に計約95億4000万円の賠償を命じた。証取法21条の2の、有価証券報告書に虚偽記載があったことを公表した日の前後各1カ月間の平均株価を求め、その差額を損害とするという推定規定を適用し、「東京地検の検察官が報道機関に有価証券報告書への虚偽記載の疑いがあることを告げた時点が公表日に当たる」と判断した。その上で、東京地検特捜部がライブドア本社への強制捜査を行った2日後の2006年1月18日には虚偽記載の事実が「公表」されたと認

96　第1部　金融商品取引法

もライブドアによる有価証券報告書虚偽記載で、株価が下落し損害を受け
たとして損害賠償を請求した事件で、21条の2の前身である証取法21条の
2に規定する損害額の推定規定の解釈が重要な争点の1つとなり、有価証
券報告書虚偽記載の損害賠償を命ずる複数の判決が出された。そのうち①
につき最高裁判決がある。推定規定を適用した最初の最高裁判決である。

【判旨】（最判平24・3・13民集66巻5号1957頁、判時2146号33頁[50]〔機関投資家ケー

定した。
　②（東京高判平21・12・16金判1332号7頁）約95億4000万円を認容した一審判決を一
部変更し、約98億9000万円の支払を命じた。証取法21条の2の「推定規定」では、虚偽
記載の公表日を起点に前後1カ月の平均株価の差585円を基礎に9割を損害額としてい
る。
　虚偽記載発覚後に生じたマスコミ報道、役員の逮捕等は、粉飾決算を企図した虚偽記
載の発覚によって通常起こりうる事態であり、「虚偽記載等によって生ずべき当該有価
証券の値下がり以外の事情により」生じた値下がりとはいえないとし、「以外の事情に
より」生じた値下がりもあるがそれについては21条の2第5項（現在の6項）により、
推定損害額585円から1割を減額するのが相当とした。
　③（最判平24・3・13民集66巻5号1957頁、判時2146号33頁）
47）　個人株主等ケース(1)
　①（東京地判平21・5・21判時2047号36頁、1318号14頁）ライブドアによる粉飾決算
事件（有価証券報告書虚偽記載）で、株価が下落し損害を受けたとして、損害賠償請求
をした個人株主等集団訴訟の判決である。公表前後1カ月平均を比較した下落額585円
のうち因果関係のある損害は200円（約34％）とした（ライブドアマーケティングの株
価下落分については約20％）。
　②（東京高判平23・11・30判時2152号1161頁）控訴人228名の被控訴人ライブドア
（現LDH）など計26名に対する損害賠償請求控訴事件において、一審判決を大幅に上回
る請求認容判決を言い渡した。この控訴審判決は、一審と同様に1名を除く被控訴人ら
の損害賠償責任を肯定した上で、その賠償責任の範囲について、LD株については株価
下落分の95％に当たる550円、LDM株については株価下落分の70％に当たる4088円を賠
償すべきと判断した。特に、経営者に対しては、LD株の下落分である579円、LDM株
の下落分である5840円全額について賠償責任を肯定した。
　一部は上告したが、機関投資家等ケース最高裁判決（平24・3・13）を受けて認諾が
なされるなどして、その水準で2012年7月までにすべてが終了した。
48）　個人株主等ケース(2)（東京地判平21・6・18判時2049号77頁）別の個人株主と関連
会社が原告となった訴訟。因果関係ある損害は200円とした。控訴はあるようであるが
控訴審判決の有無は不明。
49）　個人株主等ケース(3)（東京地判平21・7・9判タ1338号156頁）別の個人株主グルー
プの集団訴訟。因果関係ある損害は200円とした。
50）　解説・評釈として、武藤貴明・最判解民事平成24年度345頁、松岡啓祐・百選14頁、
白井正和「ライブドア事件最高裁判決の検討㊤㊥㊦」商事1970号4頁、1971号14頁、
1972号15頁など多数。

ス〕）

　原判決の判断を基本的に踏襲した。主な判旨は次のとおり。

　1．検察官は、金融商品取引法21条の2第3項〔注：現行法では4項〕にいう「当該提出者の業務若しくは財産に関し法令に基づく権限を有する者」に当たり、検察官が司法記者クラブの記者らを通じて開示したことが公表に該当する。

　2．一般の不法行為と同様に、「金融商品取引法21条の2第5項〔注：現行法では6項〕にいう『虚偽記載等によって生ずべき当該有価証券の値下り』とは、取得時差額相当分の値下がりに限られず、有価証券報告書等の虚偽記載等と相当因果関係のある値下がりのすべてをいう」「推定損害額の1割を賠償の責めに任じない損害の額とした原審の判断」は是認できる。

　3．投資者が有価証券報告書等に虚偽記載のある有価証券を複数回にわたってそれぞれ異なる価額で取得し複数回にわたってそれぞれ異なる価額で処分した場合に個別の特定・主張立証がなされない場合は、裁判所が総額比較法により請求可能額を算定できる。

　4．金融商品取引法21条の2に基づく損害賠償債務は、損害の発生と同時に、かつ、何らの催告を要することなく、遅滞に陥る。

・アーバンコーポレイション事件

【事案】アーバンコーポレイション（以下「アーバン」という）は、2008年6月に、BNPパリバを割当先として新株予約権付社債（発行総額300億円）を発行し、臨時報告書を提出したが、臨時報告書には、新株予約権の発行決議の事実のみを記載し、BNPパリバとの間のスワップ契約締結の事実を記載しなかった。スワップ契約の内容は、アーバンは調達した資金を一旦BNPパリバに払い込み、スワップ契約の条件に従ってBNPパリバがアーバンに支払をするものであった。アーバンは、同年8月13日に臨時報告書の「新株予約権付社債の手取金の使途」欄を、「短期借入金を始めとする債務の返済に使用する予定です」の前に「割当先との間で締結するスワップ契約に基づく割当先への支払いに一旦充当し」を挿入する形で訂正する訂正報告書を提出するとともに、同日、東京地方裁判所に対し、民事再生法に基づく再生手続開始の申立てをした。同裁判所は、8月18日、再生手続開始決定をし、アーバン株式は9月14日に上場廃止となった。

98　第1部　金融商品取引法

　訴訟では、転換社債発行の際の臨時報告書の虚偽記載公表後または同時に民事再生手続開始申立てがなされ、それに上場廃止という事実が続いた場合に、その時期の値下がりが、21条の2第4項（現行法では5項）規定の虚偽記載以外の事情による値下がりといえるか、そうでなくとも、同条5項（現行法では6項）の裁判所による相当な減額認定の対象となるかが争点となった。高裁判決は分かれていたが[51]、最高裁は次のとおり減額を肯定した。

【判旨】（最判平24・12・21判時2177号51頁[52]〔破棄差戻し→差戻審で和解〕）

　「金商法21条の2第4項及び5項〔注：現行法では5項・6項〕にいう『虚偽記載等によって生ずべき当該有価証券の値下り』とは、当該虚偽記載等と相当因果関係のある値下がりをいうものと解するのが相当である（……）」

　「本件公表日後1箇月間に生じたY株の値下がりは、本件虚偽記載等の事実と本件再生申立ての事実があいまって生じたものであり、かつ、本件再生申立てによる値下がりが本件虚偽記載等と相当因果関係のある値下がりということはできないから、本件再生申立てによる値下がりについては、本件虚偽記載等と相当因果関係のある値下がり以外の事情により生じたものとして、金商法21条の2第4項又は5項〔注：同前〕の規定によって減額すべきものである」

　「また、本件公表日前1箇月間のY株の値動きについてみると、記録によれば、Y株は、本件臨時報告書の提出よりも1箇月以上前の平成20年5月14日にその市場価格が716円（終値）となった以降、本件公表日に至るまで、ほぼ一貫して値下がりを続けていたことがうかがわれ」ここにも値下がりの原因が別にあり、この分についても金商法21条の2第4項又は5項〔注：同前〕の規定によって減額すべきものである」

51）　①東京高判平22・11・24判時2103号24頁、②東京高判平24・3・29セレクト42巻101頁（①②は減額否定）、③東京高判平22・12・24判例集未登載（③は減額肯定）など。
52）　評釈として、大杉謙一・百選16頁およびそこに掲げる参考文献。批判的な評釈として和田宗久・判時2235号151頁。

(4) 開示義務違反の民事責任の位置づけ

募集の際の開示義務に違反した発行者の民事責任は、違法な開示を行って資金を集めた発行者から騙された株主が損害分を取り戻すという関係にあり、落ち着きがよい。

それに対し、継続開示義務違反をした発行者の民事責任は、長期保有株主から短期保有株主への資金の移転にすぎないとして制度に対する疑問が呈されることがある[53]。確かにそのような面がないわけではないが、継続開示情報の正確性を担保する制度の1つとしてその必要性が肯定されているものである。積み重ねられてきた裁判例をみると「資金の移転」の関係は多様であり、例えば西武鉄道事件などでは、継続開示義務違反をした発行者の民事責任は、株主数の過少申告に関わった親会社（大株主）の負担で短期株主に償う関係とみることもできる。それから、ニイウスコー事件やアーバンコーポレイション事件など、継続開示義務違反公表後すぐに発行者が破たんする場合は、破綻により株式の価値はなくなるので、短期株主が損害賠償請求権者という債権者となるだけであって、長期保有株主が会社の価値の形で保持していた資金が移転するわけではない。

4 開示義務についての共同規制の評価

このように、開示義務については、刑事罰による刑事規制、課徴金による行政規制、民事責任を追及することによる民事規制という共同規制の形により、開示される情報の正確性を担保する体制が作られている。

刑事規制は、プロデュース事件、エフオーアイ事件、ライブドア事件、オリンパス事件などをはじめとする相当数の事件で関係者が処罰されるという形で行われ、後2者のように会社が存続している場合は両罰規定により会社に罰金刑が科されている。

開示義務違反の課徴金が課された例は、年間数件から十数件ある（【図表1】）。前述のとおり、罰金と課徴金が重複すれば調整されるし、証券取引等監視委員会が、悪質なものは告発（→刑事訴追）、そうでないものは勧告（→課徴金）という形で振り分けるため課徴金が課されるケースの多くは刑事訴追さ

---

53) このテーマの議論として、岩原紳作ほか「金融商品取引法セミナー（第11回）民事責任(1)」ジュリ1397号（2010年）91頁〜94頁、湯原・前掲（注1）378頁〜383頁。

100 第1部 金融商品取引法

れていないので、発行者に対する制裁では、刑事制裁と課徴金制裁で補い合っていると評価できる。

民事規制についてみると、刑事訴追された事件の一部および課徴金のみを課された事件の一部について、開示義務違反による損害の賠償請求訴訟が提起されており、その限度で事件の重なりがみられる。これに対し、刑事訴追されず課徴金も課されない場合には、民事責任追及訴訟は見当たらない。これは、立証材料が少なく、見通しが立てにくいことによる[54]。

開示義務違反による損害の賠償を請求する訴訟は、損害額の推定規定が施行される2005年以前の事件では、西武鉄道事件に関するものが多数あるほかは少なく、いずれも、不法行為が主な請求原因となっている。これに対し、推定規定施行後の開示義務違反に関する民事訴訟は、金商法の推定規定を活用することで損害の立証が容易になったため、相当数の事件で提起されており増加傾向ではある[55]。それでも、刑事制裁や課徴金制裁がなされた事件以外の虚偽記載等の事件を発見し責任を追及することでこれらの周辺を補うことはできていない上、刑事制裁や課徴金制裁がなされた事件のほんの一部に限られているので、民事規制として十分とはいえない。ただし、事件が重なる限度で追加制裁的意味がある上、発行者以外の関係者の責任も追及できる点で虚偽記載等を抑止する効果があるといえる。さらに、被害者の救済による市場の信頼確保には大きな意義を見出すことができる。

民事規制をさらに効果的に行うためには、2016年10月から施行されている消費者集団裁判手続特例法[56]の活用が考えられる。原告が特定適格消費者団体に限定されること（2018年8月時点で3団体しかない）、金商法の民事責任規定は使えないこと（共通義務確認訴訟の対象は、事業者が消費者に対して負う消費者契約に関する債務不履行、不法行為に基づく損害賠償請求〔民法の規定によるものに限る〕等に限定される〔同法3条1項〕）、発行市場での取得に限られること[57]（流通

---

54) 虚偽記載を理由に課徴金が課されたにもかかわらず、開示の民事責任を追及されると虚偽記載を否認して争った事例すらある（注39のIHI事件）。

55) 具体的訴訟については、後藤元「流通市場の投資家による発行会社に対する証券訴訟の実態」『企業法の進路』（有斐閣、2017年）862頁〜863頁の注15に58件掲げられている。その評価に関する議論については、同表題の金融商品取引法研究会研究記録60号（2017年2月1日開催）参照。

56) 正式名称は「消費者の財産的被害の集団的な回復のための民事の裁判手続の特例に関する法律」。

市場での取得は事業者と消費者の契約とはいえない）などの制約の下では、対象事件が相当限られることにはなる。

---

57) 同法 3 条 1 項の「事業者」を消費者契約の相手方である事業者に限定されないと解釈できれば、流通市場での取得についても対象とすることができることになる。

第3章

業規制

第1節

総論

1 業規制の考え方——登録させて監督

金融商品取引法では、原則として登録を受ければ、金融商品取引にかかわる業務を行うことができることとしている。

憲法22条により保障される職業選択の自由は「公共の福祉に反しない限り」という制約があり、公共の福祉に反しないことを確保するために、業種によっては法律で参入ハードルが設けられている。ハードルとしては、低い順から届出、登録、許可（認可、免許）がある。証券業は、歴史的には次のとおり変遷した。

無制限 → 登録（昭和23〔1948〕年証券取引法）→ 免許（昭和40〔1965〕年改正）→ 登録（平成10〔1998〕年改正）

この後、2007（平成19）年施行の金商法では、それまでの証券業よりは幅広い業務について登録制を原則とした。免許よりハードルを低くして新規参入を容易にし、他方で一定の要件を設けて登録させることで、ふさわしくない主体の参入を防ぐとともに要件を満たした業者に行為規制を課してその遵守状況を監督することとしたものである。

金商法は、金融商品取引にかかわる業務（金融商品取引業）を行う者を「金

融商品取引業者」と「金融商品仲介業者」に分け、それぞれ異なる要件を設けて登録すれば行えることとした。これとは別に、旧証券取引法の銀証分離原則（銀行は証券業を行えないこととする原則）を金商法でも維持し（33条1項）、金融商品取引業のうち有価証券関連業について、銀行等の金融機関は原則として行えないが、登録すれば例外的に行えることとした（登録金融機関業務）。その後、2008（平成20）年改正（2010〔平成22〕年10月施行）で金商法の対象業務に「信用格付業」が追加された。これだけは、表現の自由に配慮して登録は義務とせず、登録することができるという形にした。

2　業の分類の概要
(1)　金融商品取引業

「金融商品取引業」とは、2条8項1号～17号に掲げる行為およびそれらに類する行為として政令で定める行為（同項18号）を業として行うことをいう[1]。2条8項1号～17号に掲げる行為は、金融商品の売買、媒介・取次ぎ・代理、引受け、募集、売出し、運用、助言、保管等、広範に及ぶ。これを短くまとめれば、「投資商品に関する『販売・勧誘』、『資産運用・助言』及び『資産管理』を対象」（報告書）と表現することができる。

　証券業の名称を「金融商品取引業」に改めるとともに、デリバティブ取引、集団投資スキーム持分等の自己募集を業として行うこと、投資助言・代理業、投資運用業および有価証券等管理業務を新たに業の対象とした。

　金融商品取引業は、従来の証券業と対比すると、証券概念の拡張に伴う対象の広がりがあり（抵当証券業、信託受益権販売代理業、自己募集[2]も含む集団投資スキーム運営業務、有価証券に関連しないデリバティブ取引）、投資顧問業法に規定されていた行為を取り込んだこと（投資助言・代理業）、有価証券等の管理も

---

1)　金融商品取引業と金融商品取引業者　　金融商品取引業を行う業者を金融商品取引業者とするとわかりやすいが、金商法は、そのような定義をせず、「第29条の規定により内閣総理大臣の登録を受けた者」を「金融商品取引業者」と定義した（2条9項）。したがって、無登録で金融商品取引業を行っている者は金融商品取引業者ではないことになる。これに対し、金融商品販売法における「金融商品販売業者等」の語は、「金融商品の販売等〔注：販売またはその代理・媒介〕を業として行う者」（金販法2条3項）と定義され、無登録業者も含まれることに注意が必要である。
　　なお、金融商品取引業者と登録金融機関は、行う行為がかなり共通しているので並んで登場する場面が多く、金商法では、両者を「金融商品取引業者等」と略称している（34条）。

104　第1部　金融商品取引法

含めたことなどによる行為態様の広がりがある。また、証券業で要件とされ
ていた「営利性」を要件としておらず[3]、そこでも広くなっている。

　その上で、金融商品取引業について登録制を原則として、それを第一種金
融商品取引業、第二種金融商品取引業、投資助言・代理業、投資運用業の4
つに切り分け、この区分ごとに登録拒否事由を設定した。この登録拒否事由
の中で資産要件等に差異を設けている。

　第一種金融商品取引業とは、有価証券（狭義）・有価証券表示権利・特定電
子記録債権の売買等、商品関連市場デリバティブ取引の媒介・取次・代理等、
店頭デリバティブ取引等、有価証券の元引受け、PTS（私設取引システム）業
務（認可が必要）、有価証券等管理業務をいう（2条8項・28条1項）。従来の証
券業はほぼこれに含まれる。なお、2014（平成26）年改正（2015〔平成27〕年5
月施行）により、投資型クラウドファンディング促進のため、発行総額1億
円未満、1人当たり50万円以下の株式等を電子募集する業務は、第一種少額
電子募集取扱業務（29条の4の2第10項）として規制を緩和している。

　第二種金融商品取引業とは、集団投資スキーム持分等の自己募集、みなし
有価証券の売買等、有価証券（狭義）に関しない市場デリバティブ取引をい
う（2条8項・28条2項）。なお、2014年改正により、投資型クラウドファンデ
ィング促進のため、発行総額1億円未満、1人当たり50万円以下の集団投資
スキーム持分等を電子募集する業務は、第二種少額電子募集取扱業務（29条
の4の3第4項）として規制を緩和している。

　投資助言・代理業とは、有価証券の価値等または金融商品の価値等の分析
に基づく投資判断に関し、助言を行うことを約し、相手方がそれに対し報酬

2）　自己募集　　報告書は自己募集につき次のとおり整理している。「証券取引法では発
　　行者自身による販売・勧誘行為（自己募集）が業規制の対象とされていない。他方、商
　　品ファンド法や不動産特定共同事業法において自己募集を業規制の対象としている例が
　　あること、最近の問題事案においては集団投資スキーム（ファンド）の自己募集の形式
　　が採られていたことなどを踏まえれば、少なくとも組合などによるファンドの持分につ
　　いては、商品組成と販売が一体化して行われることが多いことなども勘案し、自己募集
　　を規制対象とすることが適当と考えられる。その際、例えば、特定投資家（プロ）向け
　　又は投資家数が一定程度以下のファンドの自己募集については、より簡素な規制とする
　　など、健全な活動を行っているファンドを通じた金融イノベーションを阻害しないよう、
　　十分な配慮が必要である。」
3）　証券業の定義との対比　　旧証券取引法は、証券業を、「……次に掲げる行為のいず
　　れかを行う営業をいう」（2条8項）と定義して、営利性を要件としていた。

を支払うことを約する契約を締結し、当該契約に基づき助言を業として行うこと、またはそのような契約等の締結の代理もしくは媒介を業として行うことをいう（2条8項・28条3項）。

投資運用業とは、①投資法人資産の運用業務、②投資一任契約にかかる業務、③投資信託資産の運用業務（従来の投資信託委託業）、④集団投資スキーム資産の有価証券等による自己運用業務をいう（2条8項・28条4項）。

(2) 金融商品仲介業

「金融商品仲介業」とは、「金融商品取引業者」または「登録金融機関」から委託を受けて、有価証券の売買の媒介等、2条11項に規定された行為を行う業務をいう（2条11項）。従来、証券仲介業とされていたものを、対象の拡大にあわせて一般化したものである。この業務も金融商品取引業の一種ではあるが、金融商品取引業の登録よりも要件が緩やかな金融商品仲介業の登録を受ければよいことになっている。

(3) 登録金融機関業務

銀行等の金融機関は、内閣総理大臣の登録を受ければ一定の金融商品取引業を行えることとした（33条2項・33条の2。登録金融機関業務）。具体的には、株式取引等の書面取次ぎ行為、国債等の売買等、有価証券の私募の扱い、投資信託販売、金融商品仲介業、投資助言・代理業、有価証券等管理業務等である。

(4) 信用格付業

信用格付業とは、信用格付け（金融商品または法人の信用状態に関する評価の結果について、記号または数字を用いて表示した等級）を付与し、かつ提供しまたは閲覧に供する行為を業として行うことをいう（2条35項）。登録することができる（66条の27）。

3 関係図

以上の業区分の全体を図示すると、【図表1】のとおりとなる。

【図表1】

	主体	分類・業務範囲	登録等の根拠
金融商品取引業を行う者	金融商品取引業者	第一種金融商品取引業 （28条1項・35条）	登録（29条・29条の4の2第10項）・認可（30条3項）
		第二種金融商品取引業 （28条2項・35条の2）	登録（29条・29条4の3第4項）
		投資助言・代理業 （28条3項・35条の2）	登録（29条）
		投資運用業 （28条4項・35条）	登録（29条）
	金融商品仲介業者	金融商品仲介業 （2条11項）	登録（66条）
	登録金融機関	登録金融機関業務 （33条）	登録（33条の2）
信用格付業を行う者	信用格付業者	信用格付業 （2条35項）	登録できる（66条の27）

第2節

業の定義

1　金融商品取引業

(1)　具体的内容

「金融商品取引業」とは次に掲げる行為のいずれかを業として行うことをいう（2条8項）。ただし、国や地方公共団体等が行う場合や、有価証券関係以外の店頭デリバティブ取引を一定の専門家相手に行う場合、一定の要件に該当する商品ファンドの運用が除かれる（施行令1条の8の6）。反復継続して行えば足り、前述のとおり営利性は要件となっていない。

① 　有価証券の売買・市場デリバティブ取引・外国市場デリバティブ取引（1号）

② 　①の媒介・取次ぎ・代理（2号）

③ 　①の委託の媒介・取次ぎ・代理（3号）

④ 　店頭デリバティブ取引、その媒介・取次ぎ・代理（4号）

第3章　業規制　　107

⑤　有価証券等清算取次ぎ（5号）

⑥　有価証券の引受け（6号）

⑦　有価証券の募集・私募

（いずれも投資信託受益証券、集団投資スキーム持分等に限定）[4]（7号）

⑧　有価証券の売出し・特定投資家向け売付け勧誘等（8号）

⑨　有価証券の募集・売出しの取扱い、私募・特定投資家向け売付け勧誘等の取扱い（9号）

⑩　有価証券多角的取引業務（電子情報処理組織を使用して同時に多数の者を一方の当事者または各当事者として一定の売買価格の決定方法により有価証券の売買等を行うもの）（10号）

⑪　助言（投資顧問契約に基づく）（11号）

⑫　資産運用（資産運用委託契約・投資一任契約に基づく）（12号）

⑬　投資顧問契約または投資一任契約の締結の代理・媒介（13号）

⑭　資産運用（投資信託等）（14号）

⑮　資産運用（流通性の低い有価証券や見なし有価証券に関する）（15号）

⑯　金銭・有価証券等の預託を受けること（①～⑩の行為に関し）（16号）

⑰　社債等の振替（17号）

⑱　政令補充条項（18号）

政令では、投資信託受益証券等の募集・私募（に限定）を行った者による転売を目的としないそれらの買取り（施行令1条の12）を定めている。

これら18項目の金融商品取引業を、第一種金融商品取引業、第二種金融商品取引業、助言・代理業、投資運用業の4種類に括って区分している。ただし、同じ業務が対象によって異なる業種に分類されることがあるので（例えば、①は対象によって第一種金融商品取引業と第二種金融商品取引業に分かれる）、この18項目が4種類のどれかにすべて1対1で対応するものではない。また、②のみを行う場合は金融商品仲介業として別の区分を設けている。

(2)　分類1——第一種金融商品取引業

金融商品取引業のうち、次に掲げる行為のいずれかを業として行うことを「第一種金融商品取引業」という（28条1項）。

---

4)　株式の自己募集・自己私募は対象外　　これらは金融商品取引業には入れず、自由にできることとしている。⑩参照。

108 第1部 金融商品取引法

Ⅰ 有価証券（2条2項各号のみなし有価証券は除く）についての2条8項1号～3号・5号・8号・9号に掲げる行為（28条1項1号）

つまり、有価証券（狭義）、有価証券表示権利、特定電子記録債権について、

① 有価証券の売買・市場デリバティブ取引・外国市場デリバティブ取引（2条8項1号）

② ①の媒介・取次ぎ・代理（同項2号）

③ ①の委託の媒介・取次ぎ・代理（同項3号）

⑤ 有価証券等清算取次ぎ（同項5号）

⑧ 有価証券の売出し・特定投資家向け売付け勧誘等（同項8号）

⑨ 有価証券の募集・売出しの取扱い、私募・特定投資家向け売付け勧誘等の取扱い（同項9号）

――を行うことである。

Ⅰ-2 商品関連市場デリバティブ取引について2条8項2号・3号・5号の取引（28条1項1号の2）

つまり、商品市場デリバティブ取引について、

② 媒介、取次ぎ、代理（2条8項2号）

③ 委託の媒介・取次ぎ・代理（同項3号）

⑤ 清算取次ぎ（同項5号）

――を行うことである。

Ⅱ 店頭デリバティブ取引等（28条1項2号）

④ 店頭デリバティブ取引、その媒介・取次ぎ・代理（2条8項4号）

⑤ ④の有価証券等清算取次ぎ（同項5号）

Ⅲ 元引受け[5]等（28条1項3号）

元引受けおよびそれ以外の引受けを行うことである。

⑥ 有価証券の引受け（2条8項6号）

Ⅳ 有価証券多角的取引業務（28条1項4号）

5） 元引受け 2条8項6号に規定する有価証券の引受けのうち、①当該有価証券を取得させることを目的として当該有価証券の全部または一部を発行者または所有者から取得すること、または、②当該有価証券の全部または一部につき他にこれを取得するものがない場合にその残部を発行者または所有者から取得することを内容とする契約をすること等をいう（28条7項）。

有価証券多角的取引業務とは電子情報処理組織を使用して、同時に多数の者を一方の当事者または各当事者として一定の売買価格の決定方法により有価証券の売買等を行うものである（2条8項10号）。いわゆるPTS（Proprietary Trading System〔私設取引システム〕）のことであり、東証などの市場時間外（夜間など）にも取引できるシステムが多い。

Ⅴ　有価証券等管理業務（28条1項5号・5項）

⑯　金銭・有価証券等の預託を受けること（①～の行為に関し）
　　（2条8項16号）

⑰　社債等の振替（同項17号）

このように、第一種金融商品取引業は、従来の証券業、金融先物取引業、商品先物取引業にほぼ対応する内容となっている。

ちなみに、既存の証券会社は、その行う業務に対応する区分で29条の登録をしたものとみなされ（平成18年6月14日附則18条。ただし施行後3カ月以内に29条の2所定の手続が必要）、施行後も「証券会社」の商号を用いることができるし（同附則25条）、それを名乗らずに「金融商品取引業者」と名乗ることもできる（附則26条）。

(3)　分類2──第二種金融商品取引業

金融商品取引業のうち、次に掲げる行為のいずれかを業として行うことを「第二種金融商品取引業」という（28条2項）。

Ⅰ　2条8項7号に掲げる行為（28条2項1号）

2条8項7号には次の行為が掲げられている。

　有価証券（次に掲げるものに限る）の募集又は私募

　　イ　委託者指図型投資信託（通常の投資信託のこと）の受益証券
　　ロ　外国投資信託の受益証券
　　ハ　抵当証券
　　ニ　外国証券等で抵当証券に類似するもの
　　ホ　イ～ニに関する有価証券表示権利
　　ヘ　集団投資スキーム持分
　　ト　政令補充条項

Ⅱ　2条2項各号のみなし有価証券についての同条8項1号～3号・5号・8号・9号に掲げる行為（28条2項2号）

つまり、みなし有価証券について、

110 第1部 金融商品取引法

① 有価証券の売買・市場デリバティブ取引・外国市場デリバティブ取引（2条8項1号）

② ①の媒介・取次ぎ・代理（同項2号）

③ ①の委託の媒介・取次ぎ・代理（同項3号）

⑤ 有価証券等清算取次ぎ（同項5号）

⑧ 有価証券の売出し・特定投資家向け売付け勧誘等（同項8号）

⑨ 有価証券の募集・売出しの取扱い、私募・特定投資家向け売付け勧誘等の取扱い（同項9号）

──を行うことである。

Ⅲ　有価証券以外についての市場デリバティブ取引等（28条2項3号）

有価証券以外についての市場デリバティブ取引等が対象に入れられたことに対応する規定である。ただし、有価証券以外についてでも、商品関連市場デリバティブ取引関連業務は第一種金融商品取引業であり（28条1項1号の2）ここからは除かれる（同条2項3号括弧書き）。

① 有価証券以外についての市場デリバティブ取引・外国市場デリバティブ取引（2条8項1号）

② ①の媒介・取次ぎ・代理（同項2号）

③ ①の委託の媒介・取次ぎ・代理（同項3号）

⑤ 有価証券等清算取次ぎ（同項5号）

Ⅳ　政令補充条項（28条2項4号）

2条8項18号に基づき政令で定められる行為（2条8項7号イ・ロの有価証券〔委託者指図型投資信託受益証券等〕の転売を目的としない買取り〔施行令1条の12〕）

以上のとおり、第二種金融商品取引業は、投資信託受益証券・抵当証券・集団投資スキーム持分の自己募集、みなし有価証券の売買等、有価証券以外についての市場デリバティブ取引（商品関連市場デリバティブ取引を除く）に関する業務が内容となっている。流動性の低いものを取り扱う業務として整理できる。

自己募集について説明を付加すると、集団投資スキーム持分の自己募集は、金融商品取引業を規定した2条8項のうち、「7号ヘ」に規定されている。従来、商品ファンドや不動産特定共同事業などでは、それぞれに関する法律で、事業主体が自ら販売・勧誘すること（自己募集）自体も規制対象であっ

たが、証券取引法では発行者自身による販売・勧誘行為（自己募集）は業規制の対象とされていなかった。近年の問題事案においては集団投資スキーム（ファンド）持分の自己募集の形式が採られていたことなどを踏まえれば、少なくとも組合などによるファンドの持分については、商品組成と販売が一体化して行われることが多いことなども勘案し、自己募集を規制対象とすることが適当と考えられたため、金商法にした際に、証券（2条2項各号記載のみなし有価証券）のうち集団投資スキーム持分について自己募集を第二種金融商品取引業の一種として規制対象とすることとした（28条2項1号・2条8項7号ヘ）。

⑷　**分類3——投資助言・代理業**

金融商品取引業のうち、次に掲げる行為のいずれかを業として行うことを投資助言・代理業といい（28条3項）、このうちⅠを投資助言業務という（同条6項）。

Ⅰ　助言（投資助言業務）（2条8項11号）

⑪　投資顧問契約に基づく助言

Ⅱ　契約締結の代理・媒介（同項13号）

⑬　投資顧問契約または投資一任契約の締結の代理・媒介

⑸　**分類4——投資運用業**[6]

金融商品取引業のうち、次に掲げる行為のいずれかを業として行うことを投資運用業という（28条4項）。

Ⅰ　投資運用①（2条8項12号）

6）　資産運用　　報告書では、投資運用でなく資産運用の語を用いていたが、内容は同じである。

　「⑶資産運用

　投資サービス業の中の『資産運用』には、現行法における投資信託委託業、投資法人資産運用業や投資一任業務などが該当することになる。さらに、集団投資スキーム（ファンド）について投資対象に有価証券が含まれるにも係わらず、認可投資顧問業者の関与なく運用を行っているものが見受けられるところ、法令の規定の実効性を担保する観点から、商品ファンド（組合型）について農林水産大臣又は経済産業大臣の許可業者である商品投資顧問業者などによる運用が義務付けられている例も考慮し、集団投資スキーム（ファンド）の運用（投資商品への投資）についても、「資産運用業」の対象とすることが適当と考えられる。

　また、自己募集と同様、私募不動産ファンドなど、プロ向けファンドの実態も踏まえつつ、プロ向け又は投資家数が一定程度以下のファンドについては、資産運用についてもより簡素な規制とするなど、十分な配慮が必要である。」

⑫　金融商品の価値等の分析に基づく判断に基づいて有価証券またはデリバティブ取引にかかる権利に対する投資として、以下の運用を行うこと

イ　投資法人と締結する資産運用委託契約に基づく資産運用（リートの運用がこれに該当する）

ロ　投資一任契約に基づく資産運用

Ⅱ　投資運用②（2条8項14号）

⑭　金融商品の価値等の分析に基づく判断に基づいて有価証券またはデリバティブ取引に係る権利に対する投資として、投資信託受益証券等を有する者から拠出を受けた金銭その他の財産の運用を行うこと

投資信託の運用がこれに該当する。これを行う投資信託委託会社は、受益証券を直接販売することもでき、独立系の投資信託委託会社などはそれも行っている。

Ⅲ　投資運用③（2条8項15号）

⑮　投資判断に基づいて主として有価証券またはデリバティブ取引にかかる権利の投資として以下の運用をすること

イ　受益証券発行信託の信託財産の運用（2条1項14号・17号）

ロ　信託受益権がみなし有価証券となる場合の信託財産の運用（同条2項1号・2号）

ハ　集団投資スキームの財産の運用（同項5号・6号）

以上のとおり、投資運用業は、リート運用会社、投資一任契約運用者、投資信託委託会社、信託受託者、集団投資スキーム運営業者の行う運用業務が該当する。

投資運用業は、有価証券またはデリバティブ取引にかかる権利に対する投資で運用する場合に限定され、事業活動で運用する場合は該当しない。したがって、事業型集団投資スキームの運営者による運用は、投資運用業とはならないことになる。

投資運用業に該当する行為の多くは従来認可制であったところ（投資信託委託業、投資法人資産運用業など、投資一任業務）、これらについては規制を緩和して登録制とするものである。他方、従来規制のなかった2条2項各号記載のみなし有価証券（集団投資スキーム持分など）の投資運用については、新たに登録制の下に置いて監督することとした。ただし、適格機関投資家等向けフ

ァンドが自己運用を行う場合は、自己募集の場合と同様、届出で足りること
となっている（63条2項）。また、信託会社の自己運用は信託業法で対処して
いるので適用除外となる（65条の5第5項）。

(6)　有価証券等管理業務

　有価証券等管理業務とは、第一種金融商品取引業にかかる業務のうち、顧
客から金銭または有価証券等の預託を受けること（2条8項16号）、社債や株
式等の振替を行うこと（同項17号）をいう（28条5項）。

　　⑯　金銭・有価証券等の預託を受けること（①～の行為に関し）（16号）

　　⑰　社債・株式等の振替（17号）

　これらは、従来から証券会社や銀行等が行ってきた業務であり、金融商品
取引業の一部とされたことから、銀行等も従来どおりこれらの業務を、登録
すればできることが明記されたものである（28条5項・33条の2柱書）。

(7)　分類1・2の登録要件の緩和
**　　　──少額電子募集取扱業務（クラウドファンディング）**

(a)　第一種少額電子募集取扱業務（29条の4の2第10項）

　第一種金融商品取引業の代表的な行為である株式等の募集であっても、発
行総額1億円未満、1人当たり50万円以下の株式等を電子募集する業務は、
投資型クラウドファンディング[7]促進のための2014年改正（2015年5月施行）
により、第一種少額電子募集取扱業務として、登録要件等が緩和されている。

　電子募集取扱業務とは、電子情報処理組織を使用する方法その他の情報通
信の技術を利用する方法（サイト掲載、電子メールなど[8]。金商業等府令6条の2）
により有価証券の募集・私募・売出し等の取扱い（2条8項9号）を業として
行うことをいう（29条の2第1項6号）。

　第一種少額電子募集取扱業務とは、発行総額1億円未満、1人当たり50万
円以下の未公開株・未公開新株予約権証券の募集または私募の取扱業務と、
それに関して顧客から金銭の預託を受ける行為をいう（29条の4の2第10項）。

---

7)　投資型クラウドファンディング　　新規・成長企業等と投資者をインターネット上
　で結び付け、多数の者から少額ずつ資金を集める仕組み。
8)　電子申込型　　電子募集取扱業務は、電子申込型電子募集取扱業務とそうでない電
　子募集取扱業務に分けられる。電子申込型電子募集取扱業務とは、電子募集のうち申込
　みがウェブ上の操作や電子メールなど、電子機器を通じて行われるものをいう（金商業
　等府令70条の2第3項）。電子申込型でない電素募集取扱業務とは、サイト等を見て電
　話やファックスで申し込む方式をいうことになる。

114 第1部 金融商品取引法

規制緩和の内容は、最低資本金・純資産額を5000万円から1000万円に下げたこと（施行令15条の7第1項6号）、兼業規制・自己資本比率規制・責任準備金規制を課さないこととしたこと（29条の4の2第3項～7項）、標識掲示義務を課さないこととしたこと（同条5項。ただし、ネットに商号等を表示しなければならない。同条8項）などである。さらに、日本証券業協会は自主規制規則を施行にあわせて緩和し、非上場株式の勧誘を、第一種少額電子募集取扱業務に限って解禁した（店頭有価証券規則3条。なお、株式投資型クラウドファンディング業務に関する規則〔2015年5月〕も参照）。

(b) 第二種少額電子募集取扱業務（29条の4の3第4項）

第二種金融商品取引業の代表的な行為である集団投資スキーム持分の募集であっても、発行総額1億円未満、1人当たり50万円以下の集団投資スキーム等を電子募集する業務は、投資型クラウドファンディング[9]促進のための2014年改正（2015年5月施行）により、第二種少額電子募集取扱業務として、登録要件等が緩和されている。

第二種少額電子募集取扱業務とは、発行総額1億円未満、1人当たり50万円以下の集団投資スキーム持分の募集または私募の取扱業務をいう（29条の4の3第4項）。第一種と異なり、それに関して顧客から金銭の預託を受けることはできない。規制緩和の内容は、最低資本金を1000万円から500万円に下げたこと（施行令15条の7第1項8号）、標識掲示義務を課さないこと（29条の4の3第2項。ただし、ネットに商号等を表示しなければならない。同条3項）などである。

(8) 分類2・4の登録制度の例外——適格機関投資家等特例業務

(a) 概要

適格機関投資家等特例業務は、金融商品取引業の定義に該当しても例外的に登録は不要であり、届出で足りる。

適格機関投資家とは、有価証券に対する投資に係る専門的知識および経験を有するものとして内閣府令で定める者である（2条3項1号）。定義府令10条は順次追加され、2018（平成30）年7月現在は1号～27号までとなっている。主なものは、有価証券関連業に該当する第一種金融商品取引業や投資運用業を行う金融商品取引業者（1号）、投資法人（2号）、銀行等の金融機関

---

9) 前掲（注7）参照。

（4号・7号～9号・13号～15号）、保険会社（5号）、年金運用組織（12号・19号）、投資事業有限責任組合（18号）、運用型信託会社で届け出た者（21号）、有価証券残高10億円以上の法人で届け出た者（23号）、有価証券残高10億円以上・取引経験1年以上の個人で届け出た者（24号イ）、有価証券残高が10億円以上の組合、匿名組合、有限責任事業組合等の業務執行組合員で同意を得て届け出た者（同号ロ）、一定規模以上の特定目的会社で届け出た者（23号の2）、外国の法例に準拠して外国において有価証券関連業、投資運用業、保険業、信託業を行う者のうち資本金が一定額以上あって届け出た者（25号）、外国の政府、政府機関、地方公共団体、中央銀行、国際機関で届け出た者（26号）などである。

　適格機関投資家等特例業務とは、①適格機関投資家と49名以下のそれ以外の者（以下「適格機関投資家等」という）を相手方として行う集団投資スキーム持分の私募、②集団投資スキーム持分の対価として適格機関投資家等から出資・拠出された金銭の運用を行う投資運用業の2つである（63条1項、施行令17条の12）。

　このような業務については、健全な活動を行っているファンドを通じた金融イノベーションを阻害しないよう配慮する趣旨で、より簡素な規制である届出で足りることとした（63条2項）。行為規制は最小限のものに限定してスタートしたが、後述のとおり改正されている。

　つまり、出資者に適格機関投資家が含まれている少人数のファンドの運営（出資者を集めるところから運用まで）全体を、届出だけでできるようにしたものであり、このような適格機関投資家等特例業務を行うこととして届け出た業者（以下「特例業務届出者」という）は、金融商品取引業の登録をすることなく、ファンド持分などを取得させることやその後の運用ができる。

　(b)　2015年改正──被害の発生を受けて

　このように規制を緩和し、かつ、政令で49名について何ら限定しないでスタートしたことから、限定しないことが規制緩和の理由と整合しないことを本書の旧版でも指摘してきた[10]。そして、当初から懸念されたとおり[11]、一

---

10)　本書第2版（2006年11月）159頁注12。
11)　日本弁護士連合会「『金融商品取引法制に関する政令案・内閣府令案』に関する意見募集に対する意見」（2007年5月11日）では、49名を関係者等に限定すべきであると指摘されている。

116　第1部　金融商品取引法

般投資家や高齢者が特例業務届出者による詐欺的な勧誘で被害を受ける事態となった[12]。そのため、2012（平成24）年に届出事項等の追加をしたが[13]、効果が弱くその後も被害が続いたため[14]、2015年5月27日に金商法が改正され（公布6月3日）、2016（平成28）年3月1日に関係政令、内閣府令とともに施行された。

　(c)　49名の要件

　この改正により、それまで限定がなかった49名について、届出者と密接に関係する者（ファンド運用者やその親会社・子会社等の役職員）または投資判断能力を有する者（上場会社、資本金または純資産額5000万円以上の法人、上場会社等の子会社・関連会社、投資性金融資産を1億円以上有する個人投資家）に限定されることとなった（施行令17条の12第1項・2項、金商業等府令233条の2）。

　(d)　行為規制

　当初は、特例業務届出者には、金融商品取引業者の行為規制は原則として適用されず、罰則を伴う規制である虚偽告知の禁止（38条1号）、損失補填の

---

12)　適格機関投資家等特例業務を利用した投資詐欺　　適格機関投資家等特例業務の制度は、健全な活動を行っているファンドを前提とすれば合理的な面はあるが、投資詐欺業者もこの方法で資金を集めることができることに目を付け多数の被害を発生させ、被害を受けたとの相談が消費生活センター等に多数寄せられてきた（国民生活センター2011年2月24日「複雑・巧妙化するファンドへの出資契約トラブル――プロ向け〔届出業務〕のファンドが劇場型勧誘によって消費者に販売されるケースも」、同2013年12月19日「投資経験の乏しい者に『プロ向けファンド』を販売する業者にご注意！――高齢者を中心にトラブルが増加、劇場型勧誘も見られる」参照）。
13)　2012年4月1日施行の改正金商業等府令で、届出事項の拡充（適格機関投資家の名称〔238条〕）、添付書類の追加（届出者の本人確認資料〔登記簿謄本等〕を届出書に添付〔236条〕）がされた。
14)　金融審議会「投資運用等に関するワーキンググループ報告――投資家の保護及び成長資金の円滑な供給を確保するためのプロ向けファンドをめぐる制度の在り方」（2015年1月27日）に、悪質な届出業者の実態が整理されている。以下は抜粋。①設立が比較的容易な投資事業有限責任組合を出資者として、少額の出資を行わせたうえでその他の出資は個人から集める。②届出は提出されているが、実際は適格機関投資家からほとんど出資を受けていない、詐欺的な勧誘が行われるなど、業者の人的・財産的基礎に問題がうかがわれる。③出資金が契約とは異なる投資、ファンドとは無関係の会社経費、私費、他の顧客への配当・償還等に流用される。④運用内容について十分な情報提供が行われず、ガバナンスが確保されていない。顧客の出資状況を把握するための資料を保管せず、運用委託先の運用状況も把握していないほか、会計の適性が担保されていない。⑤投資経験の乏しい一般投資家や高齢者が被害にあっており、その被害回復は極めて困難であることが多い。

禁止（39条）の規制が例外的に準用されることとされていたが（改正前63条4項）、上記のとおり投資詐欺の手段として広く用いられたことから改正され、適合性原則や説明義務をはじめとする金融商品取引業者の行為規制は原則として適用されることとなった（63条11項）。

　(e)　透明性確保措置

　特例業務届出者は、業務に関する帳簿類を作成保存しなければならず（63条の4第1項）、事業年度ごとに事業報告書を作成し内閣総理大臣に提出しなければならない（同条2項）。改正では透明性の確保を意識し、特例業務届出者は、事業報告書のうち投資者保護のために必要と認められる内閣府令で定めた事項を記載した説明書類を作成し、営業所等に備え置いて公衆縦覧に供し、またはネット上に公表しなければならないこととした（同条3項）。

　(f)　監督上の処分

　実態把握のために、内閣総理大臣は特例業務届出者に対して、報告や資料の提出を求めることができ、一定の場合は立入り・質問・検査もできる（63条の6）。従来は問題があっても警告書を発することしかできなかったが、改正により、特例業務届出者に対する業務改善命令（63条の5第1項）、業務停止命令（同条2項）、業務廃止命令（同条3項）を出すことができるようになった。業務廃止命令については、登録が不要であるため登録取消処分ができない代わりに、業務廃止を命ずることができることとしたものである。この実効性は罰則によって担保される（197条の2第10号の9等）。

(9)　分類4の登録要件の緩和——適格投資家向け投資運用業

　2011（平成23）年改正（2012年4月1日施行）では、顧客を適格投資家に限定した一定規模以下（運用財産200億円以下。29条の5第1項2号、施行令15条の10の5）の投資運用業（適格投資家向け投資運用業）につき登録要件を緩和し、かつ、運用するファンド持分の販売勧誘につき登録を不要とする特例を設けた（29条の5）。これは、通常の投資運用業と、適格機関投資家等特例業務としての運用業の中間に位置づけられるものである。

　適格投資家とは、特定投資家[15]その他の知識、経験、財産の状況に照らして特定投資家に準ずるものとして内閣府令で定める者（改正後の適格機関投資家等の範囲とほぼ重なる。金商業等府令16条の6、施行令17条の12第1項3号〜5号・

---

15)　特定投資家　　第5章 **2**(2)参照。

118　第1部　金融商品取引法

8号・9号・12号・14号・15号）、または、金融商品取引業者と密接な関係を有する者（その役員、使用人、親会社等およびこれらに準ずるものとして内閣府令に定める者〔施行令15条の10の7〕）をいう（29条の5第3項）。

緩和された登録要件では、取締役会が設置されていない会社でもよく、また、最低資本金・純資産は5000万円から1000万円まで緩和される（29条の5第1項、施行令15条の7第1項7号・15条の9第1項）。

(10)　規制対象外──株式・社債の自己募集

(1)(3)に記したとおり、金商法は、集団投資スキーム持分の自己募集を業規制の対象としたのに対し、従来から証券業とはしていなかった株式や社債の自己募集（発行会社による販売・勧誘行為）は金融商品取引業には該当しないこととし（2条8項7号）、業規制の対象としていない。起業家による自社株等の購入者を募る行為を規制すると経済の活性化を阻害する、という考え方に基づく。

もちろん、自社株、自社社債の取得勧誘でも、募集、売出しの定義に当てはまれば開示規制が及ぶのは当然のことである。問題なのは、49名以下の一般投資者に対する自社株、自社社債の取得勧誘行為など、業規制も開示規制も及ばない形を狙って詐欺的な行為を行う者が増えていることである[16]。このような者に対しては、そのままでは、金商法による処罰（無登録営業、開示規制違反）や差止めなどの抑止はできない。

そこで当局は、募集、売出し概念も含めて、「法令等の解釈・適用にあたっては、法令の趣旨を踏まえた実質的な解釈・適用がなされることに留意する。」として開示規制の及ぶ範囲を実質的に解釈する方向で対応するとしたが（2010年5月実施・企業内容等開示ガイドライン）[17]、他の方策の検討も必要である[18]。

2　登録金融機関業務

銀行等の金融機関は、弊害防止のため原則として証券業を禁止されていた（旧証取法65条）。金商法でもその趣旨は貫くものの、対象が広げられて、従来、

---

16)　未公開株等の自己募集　　特に2008年以降、自己募集の形を採った未公開株詐欺、社債詐欺が蔓延して社会問題となったため、2010年には金融庁、消費者庁、警察庁、証券業協会などが対策の検討結果を発表しているが、抜本的な手は打たれていない。

17)　募集・売出し概念の実質的な解釈　　第2章第3節2参照。

金融機関が行っていた金融デリバティブ取引等も対象となったため、それら制限する必要のない行為と従来禁止していた行為を区別するために、従来の証券業に該当する行為を有価証券関連業と定義して（28条8項）、有価証券関連業と投資運用業を原則禁止することとした（33条1項本文）。ただし、有価証券関連業については、投資の目的を持って、または信託契約に基づいて信託をする者の計算において有価証券の売買もしくは有価証券関連デリバティブ取引を行うことはできる（同項ただし書）。

その上でさらに、金融機関は、内閣総理大臣の登録を受ければ一定の有価証券関連業を例外的に行えることとしている（33条2項・33条の2）。具体的には、一定の有価証券（株式など）の書面取次ぎ行為（33条2項柱書）、国債・地方債・政府保証債等の売買等（同項1号）、コマーシャルペーパー・譲渡性預金証書等の売買等（同項1号）、投資信託販売[19]（同項2号）、外国債の取引（同項3号）、有価証券の私募の取扱い（同項1号・2号・3号ロ・4号イ）、金融商品仲介業[20]（同項4号ロ）、有価証券店頭デリバティブ取引（同項5号）、有価証券等清算取次ぎ（同項6号）である。

金融機関は、このほか、内閣総理大臣の登録を受ければ、投資助言・代理

---

18)　未公開株自己募集と特商法　社債や株式の取引のうち、「金融商品取引業者等が行う金商法対象取引」に該当しない取引、例えば未公開株の自己募集や無登録業者による株式販売は、特定権利（特商法2条4項2号・3号。2017年12月1日施行）であり、訪問販売や電話勧誘販売に該当すれば、クーリングオフ等の特定商取引法上の保護が受けられる。なお、未公開株の募集の取扱い（他社株募集）、私募の取扱い（他社株私募）、販売（他社株販売）を行うには登録義務があり、これらを無登録で行うとその取引は原則として無効となる（金商法171条の2）。

19)　銀行が投資信託を販売することの問題点　銀行は、顧客の預金の動きを見て投資信託を勧誘することができ、顧客はその勧誘から逃れるのが難しい。その上、銀行から勧誘された顧客は、預金類似商品であると誤認してリスク商品であることの認識が不十分なまま承諾してしまうおそれがある。

20)　銀行が金融商品仲介業を行うことの問題点　銀行が系列の証券会社を持っている場合、その証券会社との取引を仲介する形で、銀行が預金者に直接、株式や仕組債の勧誘を行うことがある。この場合、銀行は顧客の預金の動きを見て株式や仕組債を勧誘することができ、顧客はその勧誘から逃れるのが難しく、銀行に対する安心感から勧誘を承諾するということがみられた。

　また、銀行が、金融商品仲介業を行わない場合でも、預金者を店内の系列証券会社コーナーに案内したり、系列証券会社の従業員とともに預金者宅を訪問したりすると、同様の問題がある。さらにこの場合は、組織の名称が類似していることが多く、顧客が取引相手を誤解し、あるいは担当者の所属を誤解することがしばしばみられる。

120　　第1部　金融商品取引法

業、有価証券等管理業務（33条の2柱書）、有価証券デリバティブ取引以外の
デリバティブ取引[21]（同条3号）なども行うことができる。
　これらをあわせて、登録金融機関業務という。

3　金融商品仲介業

　金融商品仲介業とは、第一種金融商品取引業を行う業者・投資運用業を行
う業者・登録金融機関から委託を受けて次の行為を行うことをいう（2条11
項）。

　・有価証券の売買の媒介
　・市場における有価証券売買の委託の媒介
　・市場におけるデリバティブ取引の委託の媒介
　・有価証券の募集または売出しの取扱い、私募の取扱い
　・投資顧問契約または投資一任契約の締結の媒介

　金融商品仲介業は、29条の登録ではなく、66条に基づき内閣総理大臣の登
録を受ければ、行うことができる。66条の2〜66条の26で、その業務や経理、
監督等について規定している。

　これに対し銀行等の金融機関は、前記のとおり、66条ではなく33条の2の
登録を受けることによって金融商品仲介業を行うことができる（33条の2第2
号・33条2項4号ロ・2条11項）。

4　信用格付業

　2001（平成13）年の米国の企業会計不正事件以降、格付会社に対する規制
が国際的課題となっていたが、2008年の世界金融危機ではその一因として格
付会社の関与が指摘され[22]、以来、格付会社に対する規制が世界中で急速に
現実化し、金商法でもその方向の改正がされたものである。

　信用格付とは金融商品または法人の信用状態に関する評価の結果について、

21）　従来、銀行等の金融機関は、金利や通貨のデリバティブ取引を金融先物取引法上の
　　登録を受けて行ってきたが、同法が金商法に吸収されたため、この規定が必要となった
　　ものである。
22）　信用格付会社規制への流れ　　証券監督者国際機構IOSCO「ストラクチャードファ
　　イナンス市場における信用格付機関の役割に関する報告書」2008年5月参照。この後の
　　「金融・世界経済に関する首脳会合」（G20）（2008年11月、2009年4月）では格付会社を
　　登録制として規制監督の対象とする旨合意した。

第3章　業規制　　121

記号または数字を用いて表示した等級をいい、金商法は信用格付業を、信用格付を付与し、かつ、提供しまたは閲覧に供する行為を業として行うことと定義し（2条35項）、信用格付業を行う法人は登録することができることとした[23]（66条の27）。この登録を受けた者を信用格付業者といい（2条36項）、金融庁の規制監督に服する。

第3節

業規制

1　参入規制

(1)　登録制が原則

　金融商品取引業は内閣総理大臣の登録を受けた者でなければ、行うことができない（29条）。無登録営業は犯罪である（198条1号。懲役3年以下もしくは罰金300万円以下、または併科）。

　内閣総理大臣は、適法な申請がなされたら、登録拒否事由があることにより登録を拒否する場合を除き、金融商品取引業者登録簿に登録しなければならない（29条の3）。登録申請書には、行おうとする業務の種別も記載させることとし（29条の2第1項5号）、法で共通の登録拒否事由と業務の種別に対応した登録拒否事由を詳細に規定して、登録制度で業務内容に応じた要件を確保するよう配慮している（29条の4）[24]。

(2)　登録制を原則とすることとなった経緯

　金融商品取引業者の本来業務の拡大および金融イノベーションの促進の観点から、旧法において認可制とされていた業務のうち、投資信託委託業、投

---

23)　信用格付業につき登録義務としなかった理由　　金融商品取引業など、他の業は登録を義務づけられ、無登録で業を行うことは犯罪となる（198条など）。これに対し、信用格付業については、登録できる、と規定して登録を義務づけなかった。この理由として、記号や数字を用いたランク付けにより、信用リスク評価の結果を提供するサービスは、格付会社に限らず広く一般に行われており、こうしたサービスを行う事業者に対して一律に参入規制を課すことは適当でないと考えられたとの説明がある（池田唯一ほか『逐条解説2009年金融商品取引法改正』〔商事法務〕248頁）。投資者に大きな影響を及ぼしうる立場にある格付会社のみを規制対象とする趣旨（金融審議会金融分科会第一部会報告〔2008年12月17日〕）ということであれば、表現の自由に対する配慮ともいえる。

122　第1部　金融商品取引法

資法人資産運用業など、投資一任業務、店頭デリバティブ取引および元引受け業務については、登録制とされた。これに対し、PTS業務は、取引所類似の機能を有していることから、認可制を維持して参入のハードルを高く維持した。

　投資一任業務や店頭デリバティブ取引については、前者については権限濫用防止の観点から、後者については賭博の構成要件を満たすこととの関係で、ハードルを高くして認可制を維持することも考えられたが、採用されなかった。

　登録、認可のいずれであれ、適切な業者に限定することができるかを参入要件の実質に基づいて評価することが重要である。その観点からは、次の①〜③の一般的拒否事由に加えて、④〜⑥（最低資本金要件、純資産額要件、自己資本規制比率要件等）を検討する必要がある。

（3）　**登録拒否事由**（29条の4）

　内閣総理大臣は、以下の各事由に該当するとき、または登録申請書等に虚偽記載や記載欠落があるときは、登録を拒否しなければならない。

①　一般的拒否事由（1号）

　イ　登録等を取り消されまたは廃止を命じられて、5年を経過しない者
　　（同号イ）

---

24)　登録制の例外　このように金融商品取引業を行う場合は原則として登録で足りるが例外が2つある。

　1つは、有価証券多角的取引業務（金融商品取引業のうち、電子情報処理組織を使用して同時に多数の者を一方の当事者または各当事者として一定の売買価格の決定方法により有価証券の売買等を行うこと〔2条8項10号〕。いわゆるPTS業務）であり、これを行うには、内閣総理大臣の認可が必要である（30条1項）。この認可があるとその旨を当該金融商品取引業者の登録に付記する（同条2項）。

　2つ目の例外は外国証券業者である。外国証券業者は、その地位ないし資格のみでは、国内にある者を相手として有価証券関連業を行うことは、有価証券関連業を行う者を相手方とする場合その他一定の場合を除いて禁止されるが（58条の2。もちろん、外国証券業者を含めた外国法人は、所定の登録をすれば有価証券関連業その他の金融商品取引業を行うことはできる〔29条の2参照〕）、金融商品取引業の登録を受けなくとも、内閣総理大臣の許可を得て、引受業務や取引所取引業務を行うことができる（59条・60条）。また、外国において投資助言業務を行う者は、金融商品取引業の登録を受けなくとも、一定の金融商品取引業者に対する投資助言業務を行うことができる（61条1項）。外国の法令に準拠して設立された法人で外国において投資運用業を行う者は、金融商品取引業の登録を受けなくとも、一定の金融商品取引業者を相手方として投資運用業を行うことができる（同条2項・3項）。

ロ　取消手続、廃止手続の聴聞通知後に、廃止、承継、譲渡の届出をし、届出の日から5年を経過しない者（同号ロ）

ハ　一定の金融犯罪の罰金刑執行後または執行を受けなくなって5年を経過しない者（同号ハ）

ニ　他に行う事業が公益に反すると認められる者（同号ニ）

ホ　金融商品取引業を適確に遂行するに足る人的構成を有しない者（同号ホ）[25]

ヘ　金融商品取引業を適確に遂行するための必要な体制が整備されていると認められない者（同号ヘ）

② 　主体が法人である場合の一般的拒否事由（2号）

役員または一定の使用人が次に該当する場合

イ　制限行為能力者（成年被後見人、被保佐人）（同号イ）

ロ　破産者（同号ロ）

ハ　禁固以上の刑執行後、または執行を受けなくなって5年を経過しない者（同号ハ）

ニ　役員として勤務した法人が登録等を取り消され5年を経過しない者（同号ニ）

ホ　登録等を取り消されまたは廃止を命じられて5年を経過しない者（同号ホ）

ヘ　取消等手続・廃止手続の聴聞通知後に、廃止、合併、解散、分割譲渡、全部譲渡の届出をした会社の役員であった者で届出の日から5年を経過しないもの（同号ヘ）

ト　個人で、取消手続、廃止手続の聴聞通知後に、廃止、承継、譲渡の届出をし、届出の日から5年を経過しない者（同号ト）

チ　解任・解職を命ぜられた役員で処分の日から5年を経過しない者（同号チ）

リ　一定の金融犯罪・暴力団犯罪の罰金刑執行後、または執行を受けなくなって5年を経過しない者（同号リ）

③ 　主体が個人である場合の一般的拒否事由（3号）

25）　表現の自由への配慮から、投資助言・代理業では人的構成は要件となっていなかったが、不祥事が続いたことから、2011年改正により他と同様に拒否事由とした。

124 第1部 金融商品取引法

　本人または政令で定める使用人が次に該当する場合

　イ　制限行為能力者（成年被後見人、被保佐人）

　ロ　破産者

　ハ　禁固以上の刑執行後、または執行を受けなくなって5年を経過しない者

　ニ　登録等を取り消され5年を経過しない者

　ホ　登録等を取り消されまたは廃止を命じられて5年を経過しない者

　ヘ　取消等手続・廃止手続の聴聞通知後に、廃止、合併、解散、分割譲渡、全部譲渡の届出をした者で届出の日から5年を経過しないもの

　ト　個人で取消手続、廃止手続の聴聞通知後に、廃止、承継、譲渡の届出をし、届出の日から5年を経過しない者

　チ　解任を命ぜられ5年を経過しない者

　リ　一定の金融犯罪・暴力団犯罪の罰金刑執行後、または執行を受けなくなって5年を経過しない者

④　第一種金融商品取引業、第二種金融商品取引業、投資運用業（個人を除く）の拒否事由（4号）

　イ　資本金の額または出資金の額が政令指定額に満たない者（同号イ）

　ロ　国内に営業所または事務所を有しない者（同号ロ）

　ハ　外国法人で国内における代表者を定めていない者（同号ハ）

　ニ　協会に加入しない者で、協会の定款その他の規則に準ずる内容の社内規則作成していないものまたは当該社内規則を遵守するための体制を整備していないもの（同号ニ）

⑤　第一種金融商品取引業、投資運用業の拒否事由（5号）

　イ　株式会社（取締役会および監査役、監査等委員会または指名委員会等を置くものに限る）または外国の同種法人でない者（同号イ）

　ロ　純財産額が政令指定額に満たない者（同号ロ）

　ハ　許容兼業（35条1項・2項）以外で損失危険管理困難な事業を行う者（同号ハ）

　ニ　個人である主要株主に次に該当する者がある法人（同号ニ）

　　1　成年被後見人もしくは被保佐人であって、法定代理人が②イ～リのいずれかに該当するもの

　　2　②ロ～リのいずれかに該当する者

ホ　法人である主要株主に次に該当する者がある法人（同号ホ）

　　1　①イまたはロに該当する者

　　2　①ハに規定する一定の金融犯罪の罰金刑執行後または執行を受けなくなって5年を経過しない者

　　3　法人を代表する役員のうちに②イ～リのいずれかに該当する者のあるもの

ヘ　主要株主に準ずる者が金融商品取引業の健全かつ適切な運営に支障を及ぼすおそれがない者であることについて、外国の当局による確認が行われていない外国法人

⑥　第一種金融商品取引業の拒否事由（6号）

イ　自己資本規制比率120パーセント未満（同号イ）

ロ　他の金融商品取引業者と同一または誤認されるおそれのある商号を用いる者（同号ロ）

　行おうとする業務の種別との関係で以上の拒否事由のいずれかに該当しないかをチェックし、いずれかに該当すると登録を拒否することになる。

2　財産規制

(1)　財産規制の法令

　登録拒否事由の中に財産規制が盛り込まれている（29条の4・30条の4・31条の2、施行令15条の7・15条の9・15条の11・15条の12）。そのほかに、第一種金融商品取引業にのみ適用される規定として、登録後も変動に注意して維持しなければならない財産規制も設けられている（46条の6〔自己資本規制〕・46条の5〔金融商品取引責任準備金規制〕）。

(2)　第一種金融商品取引業

　第一種金融商品取引業については、最低資本金が5000万円以上（29条の4第1項4号イ、施行令15条の7第1項3号）、純財産額も5000万円以上（29条の4第1項5号ロ、施行令15条の9・15条の7第1項3号）、自己資本比率は120％以上（29条の4第1項6号）、責任準備金は取引量に応じた一定の方式による計算額となっている（46条の5第1項）[26]。

---

26)　以上は、従来の証券会社・外国証券会社および金融先物取引業者と同じレベルである。

126　第1部　金融商品取引法

　最低資本金規制とは、文字どおり、当該会社の資本金が5000万円以上あることであり、業務を行うのに十分な規模があることを判断する形式的指標と位置づけられる。

　純財産額規制とは、資産の合計金額から負債の合計金額を控除して算出した額が5000万円以上あることであり、実際に業務を行うのに十分な財産があることを求めるものである。

　自己資本規制とは、自己資本規制比率（46条の6第1項）

$$\frac{\text{「資本金＋準備金等」}-\text{「固定資産等の合計額」（分子）}}{\text{「保有有価証券の価格変動等により発生しうる危険に対応する額（金商業府令178条）」（分母）}}$$

――が120％以上あることを求めるものである（継続要件でもある。同条2項）。

　責任準備金規制とは、取引量に応じ、金商業等府令175条で定めるところにより、金融商品取引責任準備金を積み立てなければならないという規制である。金融商品取引責任準備金は、損害賠償に充てる場合等のための準備金であり、その他の使途に使用してはならない（46条の5第2項）。

(3)　第一種規制の例外――第一種少額電子募集取扱業務

　第一種少額電子募集取扱業務とは、電子募集取扱業務のうち、発行総額1億円未満、1人当たり50万円以下の未公開株・未公開新株予約権証券の募集または私募の取扱業務と、それに関して顧客から金銭の預託を受ける行為をいう（29条の4の2第10項）。

　最低資本金・純資産額は1000万円に下げられており（施行令15条の7第1項6号）、兼業規制・自己資本比率規制・責任準備金規制はない（29条の4の2第3項～7項）。

　標識掲示義務を課さないが（29条の4の2第5項。ただし、ネットに商号等を表示しなければならない。同条8項）、他方で、ネットを通じた適切な情報提供、ベンチャー企業の事業内容のチェック等が義務づけられている（29条の4〔登録の拒否〕、35条の3および金商業等府令70条の2第2項〔業務管理体制の整備〕。8日以上のクーリングオフ期間を設ける制度〔金商業等府令70条の2第2項6号〕など、一部は電子申込型に限定される）。

　日本証券業協会は自主規制規則を施行にあわせて緩和し、非上場株式の勧誘を、第一種少額電子募集取扱業務に限って解禁した（店頭有価証券規則3条。株式投資型クラウドファンディング業務に関する規則〔2015年5月〕も参照）。

⑷　第二種金融商品取引業

第二種金融商品取引業については、主体は株式会社でも個人でもよく、株式会社の場合は最低資本金規制（1000万円）（29条の４第１項４号イ、施行令15条の７第１項５号）、個人の場合は営業保証金規制（個人の場合）（1000万円）（31条の２、施行令15条の12第１号）を設けた。第一種のような、純財産額規制、責任準備金規制はない。

⑸　第二種規制の例外──第二種少額電子募集取扱業務

第二種少額電子募集取扱業務とは、電子募集取扱業務のうち、発行総額１億円未満、１人当たり50万円以下の集団投資スキーム持分の募集または私募の取扱業務をいう（29条の４の３第４項）。第一種と異なり、それに関して顧客から金銭の預託を受けることはできない。最低資本金または営業保証金は500万円である（施行令15条の７第１項８号・15条の12第３号）。

標識掲示義務がない（29条の４の３第２項。ただし、ネットに商号等を表示しなければならない。同条３項）が、他方で、ネットを通じた適切な情報提供が義務付けられている（29条の４〔登録の拒否〕、35条の３および金商業等府令70条の２第２項〔業務管理体制の整備〕）。８日以上のクーリングオフ期間を設ける制度も作られている（金商業等府令70条の２第２項６号）。

⑹　投資運用業

投資運用業については、資金、資産を預かることから、第一種に近い財産規制が必要と考えられ、最低資本金規制は5000万円以上（29条の４第１項４号イ、施行令15条の７第１項第４号）、純財産額規制も5000万円以上（29条の４第１項５号ロ、施行令15条の９・15条の７第１項第３号）となっている。

⑺　投資助言・代理業

投資助言・代理業のみを行う場合、情報の提供が中心であり、資金や資産は預からないことから、個人でもよく、営業保証金規制（500万円）を設けた（施行令15条の12第２号）。

⑻　その他の業務の財産規制

金融商品仲介業については、財産規制を設けない。

これまで最低資本金の加重要件が設けられていた元引受け業務（30億円または５億円）およびPTS業務（３億円）については、業務の性格を勘案し、引き続き同一の加重要件が維持された（元引受け業務につき施行令15条の７、PTS業務につき施行令15条の11）。

128　第1部　金融商品取引法

　有価証券店頭デリバティブ取引については、これまで10億円であった加重
要件を、従来の金融先物取引業の最低資本金（5000万円）にそろえる趣旨で、
第一種金融商品取引業の一般的基準である5000万円に引き下げた。
　これらは登録拒否事由となっていることから、参入規制の一部を構成して
いるが、参入後も継続的に満たさなければならない要件であり、これが欠け
ると業務停止命令や登録取消命令の原因となる（52条1項2号・3号）。

3　主要株主規制

　第一種金融商品取引業または投資運用業については、内閣総理大臣は、主
要株主（100分の20以上の議決権を有する株主。29条の4第2項）に一定の問題があ
る場合は登録拒否しなければならない（29条の4第1項5号ニ～ヘ）。
　主要株主となった者は、対象議決権保有割合、保有目的等を記載した対象
議決権保有届出書を、遅滞なく内閣総理大臣に提出しなければならない（32
条）。旧法では証券会社、金融先物取引業者、投資信託委託業者、投資法人
資産運用業者および認可投資顧問業者について同様の届出制による主要株主
規制が設けられていた。市場の仲介者としての機能、また預託の受入れを通
じて顧客に代わって資産運用を行うことにより国民の資産形成に直接関与す
る機能を有していることから、主要株主まで目配りする必要がある。
　内閣総理大臣は、主要株主が登録拒否事由に該当する場合には、当該主要
株主に対し3カ月以内の期間を定めて当該金融商品取引業者の主要株主でな
くなるための措置等をとることを命ずることができる（32条の2）。
　これらの規定は、金融商品取引業者を子会社とする持ち株会社の株主また
は出資者について準用される（32条の4）。

4　参入要件の整理

　整理すると【図表2】のとおりとなる。

第3章　業規制　　129

【図表2】

	株式会社であること	最低資本金	営業保証金	純財産額	自己資本規制比率 責任準備金	主要株主 規制
第一種金融 商品取引業	要	5000万円	—	5000万円	120% 要	あり
第一種少額 電子募集 取扱業務	要（取締役会不要）	1000万円	—	1000万円	不要 不要	あり
第二種金融 商品取引業	不要	1000万円 （法人の場合）	1000万円 （個人の場合）	不要	不要 不要	なし
第二種少額 電子募集 取扱業務	不要	500万円 （法人の場合）	500万円 （個人の場合）	不要	不要 不要	なし
助言・ 代理業	不要	不要	500万円	不要	不要 不要	なし
投資運用業	要	5000万円	—	5000万円	不要 不要	あり
金融商品 仲介業	不要	不要	不要	不要	不要 不要	なし
信用格付業	要	不要	—	不要	不要 不要	なし

第4節

業務範囲（他業の制限など）

1　概要

　金融商品取引業のうち、第一種金融商品取引業または投資運用業の場合は、過大なリスクを他業で抱え込まないように、あるいは、顧客に過大なリスクを負わせるなど顧客の保護に欠けることとならないように、他業が制限されている（第一種少額電子募集取扱業者は除く）。

　第一種金融商品取引業または投資運用業を行う業者は、当該業のほかに、当然に行える付随業務（35条1項）、内閣総理大臣に届出義務のある届出業務

130　第1部　金融商品取引法

（同条2項）、内閣総理大臣の承認を得て行う承認業務（同条4項）の3種類を行うことができる。第一種金融商品取引業を行う者についてのこの枠組みは、旧法における証券業と同様の枠組みであるが、その範囲は拡大されている。例えば、M＆Aの相談・仲介（同条1項11号）などが付随業務に加わっている。

　投資運用業を行う者については、従来は認可投資顧問業者および投資信託委託業者に対する規制において他業を行う場合に内閣総理大臣の承認を要することとしており、付随業務や届出業務の制度がなかったが、業務の自由度を高める観点から、第一種金融商品取引業と同様、付随業務・届出業務・承認業務制度の枠組みをとることとした。

　これらの業務を行う場合、これらの業務に関する法律の適用を受けるのは当然のことである（35条7項）。例えば、貸金業を行う場合は貸金業の規制に関する法律の適用がある。

　これらに対し、第二種金融商品取引業または投資助言代理業のみを行う者については、他業を行うことについて制限を設けていない（35条の2第1項）。なお、他業を行う場合、他業の種類に応じてその業特有の規制を受けるのは当然のことである（同条2項）。

2　付随業務

　第一種金融商品取引業または投資運用業を行う者の付随業務は次のとおりである（35条1項）。

(1)　有価証券の貸借またはその媒介もしくは代理（1号）

(2)　信用取引に付随する金銭の貸付け（2号）

(3)　顧客から保護預りをしている有価証券を担保とする金銭の貸付け（3号、金商業等府令65条）（国債、地方債、政府保証債、社債、株式、投信受益証券、投資証券、投資法人債券、外国証券・証書で以上に類するもの、を担保とする500万円を超えない貸付。一定の要件を満たした公社債投信を担保とする500万円を超えない貸付）

(4)　有価証券に関する顧客の代理（4号）

(5)　投資信託委託業者の有価証券に係る収益金、償還金または解約金の支払に係る業務の代理（5号）

(6)　投資法人の有価証券に係る金銭の分配、払戻金もしくは残余財産の分

配または利息もしくは償還金の支払に係る業務の代理（6号）

(7)　累積投資契約の締結（7号、金商業等府令66条）

(8)　有価証券に関連する情報の提供または助言
（投資顧問業に該当するものを除く）（8号）

(9)　他の証券会社、外国証券会社または登録金融機関の業務の代理（9号）

(10)　投資法人の資産の保管（10号）

(11)　M＆A等の相談・仲介（11号）

(12)　他の事業者の経営に関する相談に応じる業務（12号）

(13)　通貨その他デリバティブ取引に関連する資産として政令で定めるものの売買またはその媒介、取次ぎもしくは代理に係る業務（13号）

(14)　譲渡性預金その他金銭債権の売買またはその媒介、取次ぎもしくは代理に係る業務（14号）

(15)　運用財産の運用業務（宅地・建物、商品、商品投資等取引に係る権利を除く）（15号、施行令15条の25）

3　届出業務

第一種金融商品取引業または投資運用業を行う者の届出業務は次のとおりであり（35条2項）これらの業務を行うこととなったときは、遅滞なく内閣総理大臣に届け出なければならない（同条3項）。

(1)　商品市場における取引等に係る業務（1号）

(2)　商品指標の変動等を利用して行う取引として内閣府令で定めるものに係る業務（商品CFD取引、商品オプション取引）（2号、金商業等府令67条）

(3)　貸金業その他金銭の貸付または金銭の貸借の媒介に係る業務（3号）

(4)　宅地建物取引業または宅地建物の賃貸に係る業務（4号）

(5)　不動産特定共同事業（5号）

(5)-2商品投資等による運用業務（5号の2）

(6)　運用業務（有価証券等以外の資産）（6号）

(7)　府令補充条項（7号、金商業等府令68条）

　①　金地金の売買またはその媒介、取次、代理

　②　組合契約の締結またはその媒介、取次、代理

　③　匿名組合契約の締結またはその媒介、取次、代理

　④　貸出参加契約の締結またはその媒介、取次、代理

132　第1部　金融商品取引法

⑤　保険募集に係る業務

⑥　自己所有不動産の賃貸に係る業務

⑦　物品賃貸業

⑧　プログラム作成販売業務、計算受託業務

⑨　確定拠出年金運営管理業

⑩　確定拠出年金法の規定による委託を受けて行う一定の事務

⑪　信託契約代理業

⑫　遺言執行契約・遺産整理契約締結の媒介

⑬　金融機関代理業

⑭　不動産管理業務

⑮　不動産投資に関する助言業務

⑯　算定割当量（排出量）の取得・譲渡契約の締結または媒介、取次、代理業務

⑰　算定割当量（排出量）CFD、算定割当量（排出量）オプション

⑱　投資法人や特定目的会社から委託を受けて機関の運営に関する事務を行う業務

⑲　有価証券またはデリバティブ取引に係る権利以外の資産に投資として、他人のため金銭その他の財産の運用を行う業務

⑳　債務保証・引受契約の締結または媒介、取次、代理業務

㉑　顧客に他の事業者のあっせんまたは紹介を行う業務

㉒　広告・宣伝業

㉓　資金移動業

㉔　(1)～(6)、①～㉓に付帯する業務

4　承認業務

　第一種金融商品取引業または投資運用業を行う者は、これらの業務のほか、内閣総理大臣の承認した業務を行うことができる（35条4項）。

第3章　業規制　133

第5節

外務員登録制度

1　登録義務

　金融商品取引業者等は、勧誘員、販売員、外交員その他名称を問わず、その役員または使用人のうち、その金融商品取引業者等のために証券の販売等一定の行為を行う者の氏名、生年月日等を外務員登録原簿に登録を受けなければならない（64条1項）。

　従来は、証券取引法（証券会社）および金融先物取引法（金融先物取引業者）において、責任の明確化および不適格者の排除を目的として外務員制度が定められており、証券会社および金融先物取引業者以外の業者には外務員登録制度が定められていなかった。金商法では、対象範囲を拡大した結果、これまで外務員登録制度が設けられていない業者について、新たに外務員制度を導入することとなっているので、その点は大きな変化である。外務員登録制度の目的を考慮する一方、登録事務の実施を担う機関をどこにするか、外務員登録に伴う業者の負担といった点にも配慮した結果、みなし有価証券に関する業務を行う場合は外務員登録の対象から外し、以下のような範囲で外務員登録を求めることとなった。

　登録を受けなければならないのは次の行為を行う者である（64条1項）。

一　有価証券（みなし有価証券を除く）に係る次に掲げる行為（1号）

　　イ①　売買・市場デリバティブ取引・外国市場デリバティブ取引、これらの媒介・取次ぎ・代理、これらの委託の媒介・取次ぎ・代理（2条8項1号～3号）、

　　　②　有価証券等清算取次ぎ（同項5号）

　　　③　売出しまたは特定投資家向け売付け勧誘等（同項8号）

　　　④　募集もしくは売出しの取扱いまたは私募もしくは特定投資家向け売付け勧誘等の取扱い（同項9号）

　　ロ　イ①（有価証券等清算取次を除く）の申込みの勧誘、市場デリバティブ取引または外国市場デリバティブ取引の委託の勧誘

二　次の取引（2号）

134　第1部　金融商品取引法

　　イ　店頭デリバティブ取引または媒介・取次ぎ・代理、有価証券の引受
　　　け、有価証券多角的取引業務
　　ロ　店頭デリバティブ取引等の申込みの勧誘
　三　政令補充条項（3号、施行令17条の14）
　　イ　市場デリバティブ取引もしくは外国市場デリバティブ取引またはそ
　　　の媒介、取次ぎもしくは代理
　　ロ　市場デリバティブ取引または外国市場デリバティブ取引の委託の媒
　　　介、取次ぎまたは代理
　　ハ　市場デリバティブ取引もしくは外国市場デリバティブ取引またはそ
　　　の媒介、取次ぎもしくは代理の申込みの勧誘
　　ニ　市場デリバティブ取引または外国市場デリバティブ取引の委託の勧
　　　誘
　金融商品取引業者等は、登録を受けた者以外に外務員の職務（1項の行為）
を行わせてはならない（同条2項）。

2　登録手続と登録拒否事由

　外務員の登録を受けようとする金融商品取引業者等は、所定事項を記載し
た登録申請書を履歴書添付で内閣総理大臣に提出しなければならない（64条
3項・4項）。内閣総理大臣は、登録申請があると、それが登録拒否事由に該
当して拒否する場合を除き、直ちに、登録原簿に登録しなければならない
（同条5項）。
　登録申請があっても、次の事由に該当する場合は登録を拒否しなければな
らない（64条の2）。
　一　29条の4第1項2号イ～リ（主体が法人である場合の一般的拒否事由）に掲
　　げる者
　　役員または一定の使用人が次に該当する場合
　　イ　制限行為能力者（成年被後見人、被保佐人）（2号イ）
　　ロ　破産者（同号ロ）
　　ハ　禁固以上の刑執行後、または執行を受けなくなって5年を経過しな
　　　い者（同号ハ）
　　ニ　役員として勤務した法人が登録等を取り消され5年を経過しない者
　　　（同号ニ）

ホ　登録等を取り消されまたは廃止を命じられて5年を経過しない者（同号ホ）

ヘ　取消等手続・廃止手続の聴聞通知後に、廃止、合併、解散、分割譲渡、全部譲渡の届出をした会社の役員であった者で届出の日から5年を経過しないもの（同号ヘ）

ト　個人で、取消手続、廃止手続の聴聞通知後に、廃止、承継、譲渡の届出をし、届出の日から5年を経過しない者（同号ト）

チ　解任・解職を命ぜられた役員で処分の日から5年を経過しない者（同号チ）

リ　一定の金融犯罪・暴力団犯罪の罰金刑執行後、または執行を受けなくなって5年を経過しない者（同号リ）

二　外務員の登録取消しの日から5年を経過しない者

三　他の金融商品取引業者または金融商品仲介業者の外務員として登録されている者

四　金融商品仲介業者として登録されている者

　内閣総理大臣は、登録に関する事務を、認可金融商品取引業協会等に委任できる（64条の7第1項）。協会に属しない金融商品取引業者等の外務員に関する登録事務は、特定の協会を指定して行わせることができる（同条2項）。

3　外務員の権限と監督

　外務員は、64条1項各号に掲げる行為について、一切の裁判外の行為を行う権限を有するものとみなす（64条の3第1項）。例えば、外務員が会社として金利を約束して金銭借入れをしても、それは外務員の権限外であり、場合によって不法行為、使用者責任の問題となる。なお相手方が悪意であった場合は、1項は適用されない（同条2項）[27]。

　内閣総理大臣は、登録をしている外務員に対して、登録取消し、職務停止等の監督上の処分をすることができる（64条の5）。

---

27)　重過失も含まれるかについては判例・学説が分かれている。松尾健一・百選90頁～91頁参照。

第4章

行為規制

第1節

金融商品取引業一般に共通する行為規制

　金商法が金融商品取引業者の行為規制として規定するのは、諸義務の原点といえる誠実公正義務（36条）、誠実義務を具体化するものとして中核的な義務である適合性原則（40条）と説明義務（37条の3、金商業等府令117条等）、適合性原則を制度的に保障しようとする不招請勧誘の禁止（38条4号）、さらに、虚偽告知禁止（同条1号）等である。これらの消費者（投資者）保護規定のうちかなりの部分が、特定投資家には適用されない。

　これらの規制内容は、金商法等の法律だけでなく、関係する政令や内閣府令（凡例参照）をみる必要がある。むしろ、政令・府令に具体的な重要規定がある場合が多い。また、金融庁の検査マニュアル[1]、監督指針[2]や処分例[3]は、詳細なものになっており、被害者救済に活用できる。さらに、日

---

1)　例えば、「預金等受入金融機関に係る検査マニュアル」（金融庁ホームページに掲載）には、顧客保護等管理態勢の確認検査用チェックリストがあり、顧客説明管理規程および顧客説明マニュアルの整備・周知等を求めている。
2)　「金融商品取引業者等向けの総合的な監督指針」等（金融庁ホームページに掲載）。
3)　金融庁ホームページに「行政処分事例集」として、2002年4月以来の行政処分の一覧が掲載され随時更新されている。神田秀樹ほか『金商法実務ケースブック(2)行政編』（商事法務、2008年）は、行政処分例を項目ごとに整理している。

本証券業協会の規則[4]や全国銀行協会のガイドライン[5]も、有益である。

他方、裁判所は、適合性原則や説明義務について、民法1条2項の信義則や民法709条の不法行為等の解釈適用により、判例法理を展開しており、消費者保護の観点からは、これらを総合的に考察する必要がある[6]。

1　誠実公正義務（36条1項）

(1)　趣旨・沿革

金融商品取引業者の顧客に対する基本的な義務である誠実公正義務を規定したものである。1990年のIOSCOの行為規範原則第一「誠実、公正」の「業者は、その業務にあたっては、顧客の最大の利益および市場の健全性を図るべく、誠実かつ公正に行動しなければならない。」との規定を受けて制定された（2001〔平成13〕年2月5日）。

(2)　適用

適用範囲に政令指定等による制限はない。また、特定投資家にも適用される。罰則はない。金融仲介業者について66条の7、信用格付業者について66条の32がある。本条の関連法への準用はないが、類似規定として、商先法213条等がある。

(3)　活用法

個別の行為規制に対する一般規定としての位置づけが与えられている（証券取引審議会不公正取引特説部会報告「証券監督者国際機構（IOSCO）の行為規制の我が国への適用について」〔1991（平成3）年2月5日〕）（黒沼525頁）。

このように一般的かつ基本的な義務規定であり、業者の義務を検討するときに、原点となるべきものである。

裁判所は、説明義務ないし情報提供義務を認定する場合に、民法の信義則を根拠とするのが通例であるが、その際に同趣旨の規定としてこの義務規定を引用することがある。つまり、説明義務も、誠実公正義務の具体的発現と

4）「協会員の投資勧誘、顧客管理に関する規則」等（日本証券業協会ホームページ自主規制規則欄に掲載）。

5）「デリバティブを内包する預金に関するガイドライン」等（全国銀行協会ホームページに掲載）。

6）主な裁判例について、本書第4部参照。また、全国証券問題研究会ホームページ「証券判例データベース（投資家勝訴）」欄では、適合性原則違反や説明義務違反などの違法類型ごとに検索できる。

138　第1部　金融商品取引法

して位置づけられるのである。

　東京高判平8・11・27 ワラント3 は、証券会社の説明義務を判示した基本裁判例であるが、説明義務を認定するにあたって、旧証券取引法33条（当時49条の2）を引用した。すなわち、「証券会社は、証券取引法に基づいて、監督行政庁より免許を受け証券業を営む者であって、証券取引に関する専門家として、証券発行会社の業績や財務状況等に関する多くの情報と、証券取引に関する豊富な経験や、当該証券取引に係る商品に関する高度で専門的な知識を有する者であり、それゆえ、一般の投資家も、証券会社を信頼し、その提供する情報、勧奨等に基づいて証券市場に参入し、証券取引を行っているのであるから、証券会社及びその使用人は、投資家に対し証券取引を勧誘するに当たっては、当該証券取引による利益やリスクに関する的確な情報を提供し、投資家がこれについての正しい理解を形成した上、その自主的な判断に基づいて当該の証券取引を行うか否かを決することができるように配慮すべきものといわなければならない。そして、証券取引法49条の2が、『証券会社……及び使用人は、顧客に対して誠実かつ公正に、その業務を遂行しなければならない。』と規定し……ているのも、右と同旨の趣旨に出たものということができる。」というのである。

　黒沼は、「個々の行為規制の違反がない場合になにを基準に誠実義務の違反を認定するかは、難しい問題」としつつも「本条は個別の行為規制の違反によって違法性を根拠づけることができない場合に、顧客に対する損害賠償責任の根拠となると解すべきである。」と指摘する[7]。

　金融庁は、2007（平成19）年6月11日付けの株式会社三菱東京UFJ銀行に対する業務改善命令において、投資信託の販売に際して発注失念や誤発注等、同行の過失に基づいて事務処理ミスを発生させ顧客に損失を生じさせたにもかかわらず、取引の追認を求めたり、別の顧客には損失補塡をしたり不適切かつ公平性に欠ける対応をしたことについて、「顧客に対する誠実公正義務の趣旨に反する取扱い」と指摘した[8]。

　また、本条は、フィデューシャリー・デューティーあるいは受託者責任の一環であると位置づけることができる。金融商品取引業者は、直接の契約の

7）　黒沼526頁。
8）　神田ほか・前掲（注3）25頁。

相手方にとどまらず、インベストメントチェーン上の顧客に対し、契約形式にかかわらず、受託者の地位にあり、誠実・公正義務を負う。

松尾弁護士は、「金商法における金融商品取引業者等の行為規制の基礎となる概念として、「受託者責任（fiduciary duty）がある。……受託者責任にかかる中心義務として……すべての金融商品取引業者等に適用される基本的な義務として誠実公正義務（法36条１項）……実務的には、具体的な行為規制を解釈する際の指針（プリンシパル）または具体的な行為規制を補完する機能を有する……後者の裁判例として、投資信託の乗換売買および株式取引の過当取引」があると解説する[9]。

2 標識掲示義務（36条の２）

(1) 趣旨・沿革

営業所や事務所ごとに金融商品取引業者であることの標識を掲げさせることにより、顧客に本法の規制対象の業者であることを示して一定の信頼を与えるとともに、業者に自覚を促す機能を持つものである。

(2) 適用

適用範囲に政令指定等による制限はない（様式については、金商業等府令71条）。また、特定投資家にも、適用される。なお、罰則として30万円以下の罰金（205条の２の３第３号・４号・207条１項６号）が課される。本条の関連法への準用はない。

(3) 活用法

金融商品取引業が広く認められる、つまり参入規制が緩和されたことに伴い、顧客に対し、業者であることを示すとともに、業者自身がこの法律の義務を負うことを自覚するための規定といえる。

行政処分例として、標識を公衆の見やすいところに掲げていなかった金融先物業者に対する処分例がある[10]。本条の義務は、ある意味では形式的なものであるが、この処分例は、顧客保護に欠ける業者について、内部管理態勢の不備とあわせて、規制当局が処分に及んだものである。

本条は、単に標識掲示義務にとどまらず、米国証券取引法の看板理論のい

---

9) 松尾412頁、419頁で横浜地判平21・３・25セレクト35巻１頁を引用。
10) DIP株式会社、証券取引等監視委員会2007年６月21日、関東財務局2007年６月28日。神田ほか・前掲（注３）27頁。

140　第1部　金融商品取引法

う「看板」を具体化したものと解し、この標識を掲げる以上顧客の信頼を裏
切ってはならないとの法理が今後展開されるべきであると考える。

　米国証券取引法の看板理論は、不公正取引や不当勧誘の禁止や合理的根拠
の法理を内包している。すなわち、「ブローカー・ディーラーがブローカ
ー・ディーラーという看板を掲げて営業を行う以上、顧客を公正に扱うこと、
および顧客に対する表示や勧誘に十分な根拠があることを黙示的に表示して
いるとみなして、不公正取引や不当勧誘をその表示違反と捉えるものである。
この理論を確立したといわれる Charles Hughes 事件判決（Charles Hughes &
Co. v. SEC, 139 F. 2d 434 (2d Cir. 1943)）では、市場とかけ離れた価格（過剰なマー
クアップ）での取引へ顧客を勧誘すること自体がブローカー・ディーラーに
よる詐欺であるとされた。また、Hanly 事件判決（Hanly v. SEC、415 F. 2d 589
(2d Cir. 1969)）は、証券会社の従業員が顧客に非上場株を勧誘するときには、
発行者を信頼せず独自に調査を行い勧誘について十分な根拠を有していなけ
ればならないと判示した」[11]。

　米国法理は、表示責任ないし標識への信頼を基礎とするものではあるが、
日本においても、本法が標識掲示を求める趣旨から、同様の法理が展開され
るべきと考えるのである。

3　名義貸しの禁止（36条の3）

(1)　趣旨・沿革

　金融商品取引業者に対し、その名義を他人に貸すことを禁止し、監督権限
が及ばない活動がないようにし、金融商品取引業に対する信頼を維持しよう
とする。

(2)　適用

　適用範囲に政令指定等による制限はなく、特定投資家にも、適用される。
なお、罰則として、3年以下の懲役もしくは300万円以下の罰金、またはそ
の併科（198条2号・法人について、207条1項2号・3号）がある。本条の関連法
への準用はない。

(3)　活用法

　名義貸しの疑いがある場合は、直ちに金融庁、財務局に連絡し、監督権限

---

11)　黒沼悦郎『アメリカ証券取引法〔第2版〕』〔弘文堂、2004年〕214頁。

の発動を求めるべきである。

　行政処分例として、クレディ・スイス・ファースト・ボストン・セキュリティーズ・ジャパン・リミテッド（証券）に対する、クレディ・スイス・ファイナンシャル・プロダクツ銀行東京支店が組成した仕組債等の販売の際の名義貸し行為についての業務停止命令がある（2003〔平成15〕年7月29日金融監督庁長官談話）[12]。

4　社債の管理の禁止等（36条の4）

(1)　趣旨・沿革

　社債の引受や販売等を行う地位と社債管理者の地位とは利益相反の危険性があるので、兼任を禁止したものである。

　会社法703条は、社債管理者は、銀行または信託会社、これらに準ずるものとして法務省令で定めるものでなければならない旨規定し、これを受けて会社法施行規則170条は、商工組合中央金庫等を掲げている。

(2)　適用

　有価証券関連業（28条8項に定義がある）を行う者に限定され、特定投資家にも、適用される。罰則はない。本条の関連法への準用はない。

(3)　活用法

　社債管理者の義務と責任を全うさせるために、引用されるべき条文である。

第2節

販売勧誘規制

1　広告等の規制（37条）

(1)　趣旨・沿革

　広告は、広く消費者が金融商品の存在と内容を最初に知る契機となるものであり、消費者の意思決定に大きな影響を与えるものであるので、当該金融商品の全体像を過不足なく示すものとなるようにし、また、利益の見込みやリスク、取引の仕組みについて不実表示や誤認がないようにして、消費者を

---

12)　神田ほか・前掲（注3）28頁。

保護するとともに、市場の公正な価格形成機能を維持しようとするものである。

　日本証券業協会の自主規制規則として「広告等の表示及び景品類の提供に関する規則」がある。

(2)　適用

(a)　政省令指定による適用範囲

　本条柱書の広告類似行為が府令指定事項、本条1項3号の「顧客の判断に影響を及ぼすこととなる重要なものとして政令で定めるもの」が政令指定事項、同条2項の「金融商品取引行為を行うことによる利益の見込みその他内閣府令で定める事項」が府令指定事項である。

(ア)　広告類似行為

（金商業等府令72条、類似：銀施規14条の11の17、保施規234条の15）

　府令は広告類似行為として、郵便、信書便等や、ファクシミリ通信、電子メール、ビラ、パンフレット「その他の方法（次に掲げるものを除く。）により多数の者に対して同様の内容で行う情報の提供とする」と規定する（金商業等府令72条）。

　広告類似行為という概念の採用は、広告媒体が多様化していることや、インターネットの利用が広がってきたことに伴い、広告と勧誘とが境界領域で接近しあるいは重なり合ってきたことを反映したものといえる。

　勧誘の段階で提供される書面も、本条（広告規制）の対象となることがありうる。このことを反映して、府令案では、「住居を訪問してビラ・パンフレット等を配布する方法」について、勧誘そのものであり他の条文の勧誘規制で足りるとして広告類似行為からは除外する旨明記する案となっていたが、同方法であっても広告類似行為に該当する場合がありうることを明確にするため府令では同方法を除外しないこととされた[13]。

　相手が特定されている情報提供であっても、同様の内容で多数の顧客になされるのであれば、本条の対象となる[14]。つまり、金融商品取引業の内容についての宣伝効果を持つものであれば、広告に該当し、同時に、特定の発行者または特定の金融商品に言及するものであれば、勧誘にも当たる[15]。

---

13)　松尾直彦ほか「金融商品取引法制の政令・内閣府令等の公表と主な変更点」金法1810号（2007年〔以下「金法1810号」という〕）70頁。除外事項について後掲(エ)参照。

14)　近藤光男＝吉原和志＝黒沼悦郎『金融商品取引法入門』（商事法務、2009年）235頁。

（イ）　広告等の表示事項（施行令16条、類似：銀施令4条の5、保施令44条の5）

37条1項は、広告等の表示事項として、次の事項を規定する。

・業者の商号、名称または氏名
・金融商品取引業者等である旨および登録番号

施行令16条は、法37条1項3号の「顧客の判断に影響を及ぼす重要事項」の具体的内容として、次の事項を規定する。

・手数料等（1号。詳細は金商業等府令74条）
・委託証拠金等の額または計算方法（2号）
・デリバティブ取引等の額が保証金額を上回る可能性がある旨および保証金額対する比率（3号）
・損失や元本超過損のおそれがある旨とその理由（4号・5号）
・店頭デリバティブ取引の売付け価格と買付け価格の差（スプレッド）がある旨（6号）

金商業等府令76条は、施行令16条1項7号を受けて、次の事項を規定する。

・重要な事項について顧客の不利益となる事実
・金融商品取引業協会に加入している旨およびその名称

　金融商品取引業者の登録番号は、登録業者しか保有せず、金融商品取引業者等登録簿に記載されて公衆の縦覧に供される（29条の2・29条の3）ので、無登録業者は広告をしにくくなる効果が期待される[16]。

　施行令16条1項1号の「手数料等」の定義は、金商業等府令74条1項にある。すなわち、手数料、報酬、費用その他いかなる名称によるかを問わず、金融商品取引契約に関して顧客が支払うべき対価（有価証券の価格又は保証金等の額を除く）である。スプレッド中、実質的に手数料に相当する部分については手数料としての表示が必要になる[17]。

　また、金商業等府令74条2項から4項は、顧客が購入する投資信託がさらに別の投資信託に出資するものである場合等の出資対象投資信託の信託報酬等も、本条の手数料等対価に含まれる旨定めた。つまり、ファンド・オブ・ファンズ形態の投資信託等について、①顧客の直接の投資対象であるファン

---

15)　川口恭弘「金融商品取引法における行為規制」金法1779号〔2006年〕25頁。
16)　黒沼悦郎「金融商品取引業の業規制」金融商品取引法研究会研究記録29号（財団法人日本証券経済研究所、2009年）18頁。
17)　黒沼527頁。

144　第1部　金融商品取引法

ドの手数料等の表示、②当該ファンドの投資対象ファンドの手数料の表示、および③前掲①②の合計額の表示が必要[18]であることが明示されたのである。これらは、消費者が商品を選択する場合には当然必要な情報であるが、表示義務が明定されたことは画期的なことであった。

　本条1項関係（広告等における表示義務）の行政処分例として、32回にわたり新聞広告をするにあたり、元本超過損があることや、保証料率等を表示しなかった金融先物業者に対する業務改善命令（2006〔平成18〕年5月26日福岡財務局、株式会社エクセルトレード)[19]や、5万8000通発送したダイレクトメール等で金融先物取引の広告をするに際し、旧金先法68条所定事項を表示しなかったことについての業務改善命令（2007〔平成19〕年2月19日関東財務局、リテラ・クレア証券株式会社)[20]がある。

　また、本条2項関係（著しく事実に相違する表示等の禁止）の行政処分例として、投資顧問契約の契約締結前書面を郵送するに際し、助言を行ったことのない値上がり率の高い多数の銘柄について助言を行ったことがあるように株価上昇状況を記載した、助言実績に著しく相違する表示のある「推奨銘柄一覧表」を同封したことについての業務停止命令や（1カ月。2006年4月26日関東財務局、コモドアインベストメント株式会社)[21]、投資顧問契約の契約締結前書面を2146名以上に郵送するに際し、「仕手筋の舞台裏情報伝説のテレフォンが再来!!」と題し、「当社だからできる玉移動、私募CB、第三者割当銘柄等の業界裏情報」「極秘情報銘柄」と同社が実際には入手していない情報が存在するかのような著しく事実に反する表示で、かつ、助言内容について著しく誤認させるような表示のある案内書を同封したことについての業務停止命令（1カ月。2006年4月26日関東財務局、イー・キャピタル株式会社)[22]、投資顧問業者が、ホームページに助言実績のない銘柄を掲載するなど、投資顧問契約に基づく実績について著しく事実に相違する表示をし、1098名に対し送った同一のメールに助言実績がまったくない助言実績の表示を行ったことについて

---

18)　松尾直彦＝澤飯敦＝酒井敦史「金融商品取引法の行為規制(上)」商事1814号（2007年〔以下「商事1814号」という〕）23頁。
19)　神田ほか・前掲（注3）28頁。
20)　神田ほか・前掲（注3）30頁。
21)　神田ほか・前掲（注3）31頁。
22)　神田ほか・前掲（注3）32頁。

の業務停止命令（1カ月。2007年6月1日関東財務局、ファイナンシャル・リーダー株式会社）[23] がある。

　また、施行令16条1項4号の損失のおそれの「理由」は極めて重要である。損失のおそれについて、広告において単に損失のおそれがある旨のみ表示するのでは足りず、「その理由」を表示しなければならない。すなわち、同号は、「顧客が行う金融商品取引行為（……）について金利、通貨の価格、金融商品市場における相場その他の指標に係る変動を直接の原因として損失が生ずることとなるおそれがある場合にあっては、次に掲げる事項　イ　当該指標　ロ　当該指標に係る変動により損失が生ずるおそれがある旨及びその理由」と規定する。

　問題は、同号の「理由」として、どの程度の記載が求められるかである。政令が理由まで求めた趣旨は、消費者が真に自主的な判断をし、市場の価格形成機能が維持されるには、損失が生ずることだけでは足りず、その理由を消費者が理解する必要があることにある。この趣旨からみると、同号規定の「理由」として十分かどうかは、消費者が当該商品のリスクを誤解することなく十分に理解できるかどうかという観点から判断されるべきである。広告は、ともすれば当該商品のメリットのみを強調したものになりがちなので、リスクを軽視しないように「理由」の記載まで求めたのである。この観点からみると、現在実際になされている広告においては、この「理由」の記載として不十分なものが多いというべきである。

　他方、金商業等府令82条は、事前交付書面の内容として、「当該指標に係る変動により損失が生ずるおそれがある理由」を掲げ、加えて、同117条1項1号は、同「理由」等「について顧客の知識、経験、財産の状況及び金融商品取引契約を締結する目的に照らして当該顧客に理解されるために必要な方法及び程度による説明」を求めている。この契約前交付書面に関する2つの規定から明らかなように、書面の記載だけでは顧客の十分な理解は期待できず、当該顧客の属性や投資意向に適合した「説明」があって初めて十分な理解が実現可能となる。また、一般論として、広告は、その媒体の性質からみて、契約前交付書面よりも簡潔な記載であることが多いと思われる。

　人は往々にして、メリット（リターン）を過大評価し、リスクを過小評価

---

23)　神田ほか・前掲（注3）33頁。

146 第1部 金融商品取引法

する[24]。

したがって、広告における「理由」は、少なくともどんな要素（指標）が
どのように変動したときに損失が発生しうるかを明確に表示し、かつ、その
余の広告上の表示、とりわけ当該金融商品のメリット（リターン）の表示と
のバランス上、消費者が損失の存在とその程度について忘却ないし軽視する
ことがないような表示であることが求められる。

広告例の中には、リターン表示については平易な用語を用いながら、リス
ク表示については生硬な記載のものがあり、本条の趣旨にはあわない。リス
ク表示について、法令の用語や言い回しをそのまま使用したものも多いが、
リターン表示とのバランス上読む気をなくさせるような記載では意味がない。

なお、「損失」の意味について、後掲37条の3の解説を参照されたい。

金商業等府令76条の「重要な事項について顧客の不利益となる事実」につ
いて、立案担当者は、重要な指摘をしている。すなわち、「利用者の視点か
らみて対象商品・取引のメリットとデメリットについてバランスの取れた事
項の表示がなされることが重要であるとの趣旨から、個別に列挙されている
事項以外にそれらに準ずる重要事項で顧客の不利益となる事実がある場合に、
その表示を義務づける概括的な規定である」[25]との指摘である。また、例え
ば元本確保型の投資信託について、リスクが限定される反面として、リター
ンも限定的である旨の表示が必要となる可能性があるとの指摘もある[26]。

　(ｳ)　広告等の表示方法

　　　（金商業等府令73条。類似：銀施規14条の11の18第2項、保施規234条の16）

広告において、リスク情報（施行令16条1項4号・5号）の事項の表示は、明
瞭かつ正確でなければならず、当該広告におけるそれ以外の情報に関する表
示「のうち最も大きなものと著しく異ならない大きさで表示」しなければな
らない。

事前交付書面の記載方法については、具体的に活字の大きさ（12ポイント以
上や8ポイント以上〔金商業等府令79条〕）まで規定されている。これに対し、広
告の場合は、媒体の大きさが屋外広告からごく小さなものまで幅広いものが
想定されるため、具体的なポイント数を規定するのではなく、リスク情報以

────────────

24)　本書第3部第2章第4節参照。
25)　商事1814号23頁。
26)　商事1814号23頁。

外の表示との相対的な大きさを規定した。

このリスク表示をその他のリターン表示等と異ならない大きさで表示せよとの府令の定め方からも、金商法が広告に対しリスクとリターンのバランスについて誤解を招くようなものでないことを求めていることがわかる。

金商業等府令73条を反映して、例えば新聞広告において、商品名や連絡先等いわば中立的な情報を広告紙面上方と下方に配置し、中段に、左側にはリターン情報、右側にはリスク情報を、それぞれ同じ面積をとって記載する例等が現れている。同じ面積をとれば可というわけではないが、1つの工夫であると評価したい。また、リターン情報とリスク情報に同面積をとったものの中でも、その配置や色分けによって、読みやすさや読み手へ与える印象はかなり違うものがあり、本条の趣旨に沿って、業者の工夫と規制当局および消費者の監視が必要である。

この点について、立案担当者の解説は、「当該表示方法の規制は、利用者保護を図る観点から、利用者の視点から広告等の全体をみた場合に対象商品・取引のメリットとリスクについてバランスの取れた表示がなされることが重要であるとの趣旨によるものである。当該バランスは広告等においてリスク情報が記載される場所等によっても左右されるものであることから、たとえば、『最も大きな文字・数字』の何割以上といった一律の形式的基準により判断されるべきものではなく、利用者の視点から実質的に判断されるべきものと考えられる。」と指摘している[27]。

また、本条の趣旨からも、インターネットのホームページによる広告においては、リターン情報を掲載した画面にはリスク情報もバランス良く記載するべきである。この点について、立案担当者の解説は、「必ずしも最初に画面においてすべての情報が必要となるものではなく、クリックを通じて情報が重層的に表示される方法も禁止されるものではないが、広告としての一体性が損なわれない範囲で表示が行われる必要があると考えられる。」と指摘する[28]。問題は、一体性が損なわれない範囲がどの範囲を指すかであるが、原則として同一画面と考えるべきである。

27）　商事1814号24頁。
28）　商事1814号22頁。

148　第1部　金融商品取引法

　㈓　広告等に該当しないもの

　　　（金商業等府令72条各号、類似：銀施規14条の11の17各号、保施規234条の15各号）

　広告等類似行為の範囲から除外されるものとして、①目論見書や運用報告書等、法令に基づき作成される書類（金商業等府令72条1号）、②アナリストレポート（同条2号）、③景品等（ノベルティグッズ）（同条3号）が府令によって指定された。ただし、いずれも一定の要件を満たすものだけが適用除外となる。

　アナリストレポートについて、広告等類似行為の範囲から除外されるのは、「個別の企業の分析及び評価に関する資料であって、金融商品取引契約の締結の勧誘に使用しないものを配布する方法」に限定される。つまり、単にアナリストレポートのどこかの部分に「本書は金融商品取引契約の締結の勧誘に使用されるものではありません」等と記載されていたとしても、実際に勧誘に使用された場合は、本条以外の勧誘規制の問題になりうるとともに、本条（広告規制）違反に該当することになる。

　景品その他の物品（ノベルティグッズ）についても除外されるものは、表示事項に要件が課されている（同条3号）。損失が生ずるおそれがある旨（施行令16条2項1号の事項）のそれ以外の事項の文字の最も大きなものと著しく異ならない大きさでの表示や契約締結前書面等の内容を十分に読むべき旨の表示等を明瞭かつ正確にすること等が要件となっている。

　貯金箱や文房具等のノベルティグッズについて、一律に禁止するのは非現実的であるという判断で適用除外とされたものであるが、ノベルティ・グッズには、そのキャラクターのイメージで金融商品のリスクを忘却されるようなものや、未成年者等への影響が大きいものもあり、適用除外は好ましくない。

　㈔　テレビ・ラジオ広告の例外

　テレビ・ラジオでのコマーシャル等の放送媒体による広告については、表示事項が軽減された。すなわち、「金利、通貨の価格、金融商品市場における相場その他の指標に係る変動を直接の原因として損失が生ずることとなるおそれがある場合にあっては、当該おそれがある旨（当該損失の額が保証金等の額を上回ることとなるおそれがある場合にあっては、当該おそれがある旨を含む。）」（施行令16条2項1号）および契約締結前交付書面等の「書面の内容を十分に読むべき旨」（同項2号、金商業等府令77条2項・72条3項ニ）を表示事項としている。

　この義務軽減の趣旨について立案者の説明は、これらの媒体では、紙媒体

の広告において表示すべき事項のすべてを視聴者等にわかりやすく表示することが困難であること等によるとのことである[29]。有線ラジオ・テレビ放送、インターネットにおけるテレビ放送等と同内容のものの動画や屋外広告も同軽減措置の対象となる。

　短時間のコマーシャルや屋外広告等において、リスク情報についても顧客の十分な理解を得るに足りるすべての事項を記載することは困難とすれば、本来、そのような広告はすべきでないと解すべきであり、施行令16条2項の合法性は疑わしい。とりわけ、インターネットや双方向放送における動画ないしテレビ放送については、技術上も軽減措置をとる必要は低い。消費者への影響力が大きいことを考えると、むしろ規制の必要性は高いというべきである。

　仮に施行令16条2項を是認するとしても、放送内容がリスクとリターンのバランスについて誤解を招くような方法の場合は、37条違反となるというべきである。少なくとも、テレビコマーシャル放送やインターネット動画において、施行令16条2項が求める2つの事項以外の事項が音声および画面で表示される場合は、同項が求める2つの事項も同等の印象を視聴者に残すような音声および画面で表示される必要がある。例えば、従来往々にしてみられた消費者金融業者のテレビコマーシャルで借り過ぎに注意しましょうという旨をコマーシャルの末尾の一瞬に表示するような方法では、37条違反となるというべきである。

　(b)　特定投資家への適用

　特定投資家は、本条の保護を受けない（45条1号）。

　(c)　罰則

　6カ月以下の懲役もしくは50万円以下の罰金、またはその併科（205条10号・11号・207条1項6号）である。

　(d)　関連法への準用

　1項2号を除き、銀行法13条の4、保険業法300条の2等に準用されており、一部を除き、商先法213条の2に類似規定がある（ただし、商先法施行規則103条8号あり）。

---

29)　金法1810号70頁、商事1814号24頁。

150　　第1部　金融商品取引法

(3)　活用法

(a)　広告と勧誘

　広告と勧誘とは、境界領域では接近してきており、英国金融サービス市場法（2000年）は、プロモーション（promotion）との概念を用いて、従来の広告と勧誘の両方を包括的に規制した。

　ネット証券のホームページ上の掲載等インターネット上の情報提供や情報交換は、伝統的な勧誘とは異なるが、実際上顧客を取引に誘導する機能を持つものであり、顧客を誤導してはならないことはもちろん、過不足ない情報提供でなければならない。

　また、雑誌記事やインターネット・ブログ記事等の中にも、実際には、特定または一定範囲の金融商品取引を勧誘ないし誘導する機能を持つものもある。新聞社や出版社の企画制作の形式をとっていても、実質的に金融商品取引業者等が提供している場合は、本条の規制対象となる[30]。

　「広告等を顧客に見せながら金融商品の内容を説明する場合で、実質的にみて顧客に対してその取引を勧誘するような場合には、勧誘に関する行為規制の適用を受ける可能性があることに注意が必要であろう。」との指摘、「『広告等』も、その使用方法によっては、その使用が勧誘に該当する可能性がある。広告等の使用が勧誘に該当する場合には、広告等に関する規制と勧誘に関する規制の両方を遵守する必要がある。」との指摘、「単独の顧客に対し、1対1で説明を行う場合は、その説明が『勧誘』に該当したとしても、『広告等』に該当することはないといえる。ただし、この場合でも注意しなければならないのは、その際に用いる説明用資料を、他の顧客にも同様に配布する可能性がある場合には、多数の者に対して同様の内容で行う情報提供になり、『広告等』としての要件を充足する必要があるという点である。」との指摘[31]は、いずれも正当な指摘である。

(b)　消費者保護と市場機能保護

　本条の文言は、「著しく事実に相違する表示」とか「著しく人を誤認させるような表示」と著しくという副詞が添えられているが、少々の不実や誤認は不問に付するという趣旨に解してはならない。勧誘の際の説明義務の趣旨

---

30)　商事1814号21頁。
31)　長島・大野・常松法律事務所『アドバンス金融商品取引法』（商事法務、2009年〔以下「アドバンス金商法」という〕）661頁、662頁。

と同様に、消費者の自主的な判断が歪められないこと、市場に呈示される情報に偏りがないことが、本条の趣旨ないし保護法益と考えるべきである。

広告や勧誘は、表現の自由や営業の自由が及ぶのではあるが、そこには消費者や資本市場の保護の観点からの内在的な制約が働くのである。

(c) 消費者団体訴訟

消費者被害を防止するために、広告段階で是正が必要である。消費者団体が、問題広告についての情報を集約し、業者への働きかけ、金融庁・財務局、証券取引等監視委員会への情報提供や申立てとともに、消費者団体訴訟制度を活用する必要がある。

2 取引態様の事前明示義務（37条の2）

(1) 趣旨・沿革

業者が市場との間を仲介するだけで売主など取引の相手方は別にいるのか、それとも、業者が売主など取引の相手方なのかは、売買価格（値決め）や手数料を検討する前提として重要であり、消費者保護の観点から明示される必要がある。

また、市場取引なのか相対取引なのかは、価格決定メカニズムがまったく異なるのであり、「資本市場の機能の十全な発揮による金融商品等の公正な価格形成」（1条）を図るためにも、明示される必要がある。

(2) 適用

適用範囲に政令指定等による制限はない。また、特定投資家は、本条の保護を受けない（45条2号）。なお、罰則はない。本条の関連法への準用はない。

(3) 活用法

業者が顧客の相手方となって売買や取引をする場合は、価格は業者と顧客の交渉で決定される。つまり、業者が得をすれば顧客の損となり、業者と顧客の利益はゼロ・サムの関係となる。例えば、1990年代初頭に被害が多発したワラントにおいては、実際は相対取引であるのに、顧客は市場から取次を受けて購入していると誤解していた例が多かった。

これに対し、業者が顧客の注文を市場等に取り次ぐ場合は、商品価格は取引市場で決定される。そして、業者は手数料収入を得る立場となる。

したがって、消費者側としては、取引態様を事前に明示されることで、価格決定の構造や手数料の仕組みについて説明を求めることができる。

152　第1部　金融商品取引法

　また、取引態様さえ明示されなかったようなことは、民法上の説明義務違反を強く推認させる間接事実というべきである。

3　契約締結前の書面交付・説明義務（37条の3）

(1)　趣旨・沿革

(a)　趣旨

　業者に金融商品および金融商品取引に関する重要事項を記載した書面の交付とそれら事項を顧客に理解できるように説明する義務を課し、消費者が金融商品の仕組みやリスクについて正しい理解を形成した上で投資判断ができるようにして、消費者を保護するとともに、資本市場の公正な価格形成機能の実現を図るものである。

　この趣旨からみると、形式的な書面交付や形式的な説明だけでは足りず、本条1項各号が規定する事項が顧客に理解されることが肝要であり、業者は各事項について当該顧客に理解できるように説明する義務がある。金商業等府令117条1項1号はこのことを明示したもので、金商法体系全体の中でも最も重要な規定の1つである。

　立案担当者は、本条について、「業者の利用者に対する金融商品・取引に関する重要事項の情報提供義務である説明義務を規定するもの」と解説している[32]。「証券取引法は、これを事前の書面交付義務として規定していたため、金融商品取引法においても法律上は事前の書面交付義務として規定されている（37条の3。契約締結前交付書面と呼ぶ）。しかし、法定事項を記載した書面を交付さえすればよいというものではない。そこで、禁止行為に関する内閣府令（38条6号参照）において、広義の適合性原則を取り入れる形で、説明義務の実質化がはかられている。」[33]と解説されている。

　金商業等府令80条3項の要件に該当すれば上場有価証券等書面の交付は不要であるが、金商業等府令117条1項1号の「書面の交付に関し」とは書面交付がみなされる場合を含むと解釈し、新規取引に際して金商法上の説明義務は免除されないと解するべきである[34]。

---

32)　商事1814号25頁。
33)　山下＝神田404頁。
34)　黒沼544頁。

第4章　行為規制　153

(b)　沿革

　契約締結前書面交付義務は、その一部が、旧投資顧問業法14条・33条、旧金融先物取引法70条、旧商品ファンド法18条、旧証券取引法40条（非上場もの、デリバティブ等）に規定されていた。

　裁判所は、民法の信義則（民1条2項）を根拠に説明義務を展開してきた[35]。

　また、日本証券業協会の投資勧誘規則（公正慣習規則9号）6条の3第1項は、新株予約権証券取引、先物取引、カバードワラント取引、預託証券取引について、説明書の交付を求めた上、その内容について「十分説明するものとする」と規定していた。

(2)　**適用**

(a)　政令指定による適用範囲

(ア)　商品類型ごとの記載事項（金商業等府令83条～96条）

　契約締結前交付書面の記載事項について、金商業等府令は、金融商品全般に共通する事項を指定するとともに、商品類型ごとに追加して記載すべき事項を指定した。

　追加的記載事項があるのは、有価証券の売買（金商業等府令83条）、信託受益権（同84条）、不動産信託受益権（同85条）、抵当証券（同86条）、出資対象事業持分（同87条）、外国出資対象事業持分（同88条）、信託受益権出資組合契約等（同89条）、不動産信託受益権出資組合契約等（同90条）、商品ファンド関連取引（同91条）、競走用馬投資関連取引（同92条）、事業型出資対象事業持分等（92条の2）、デリバティブ取引（同93条）、店頭デリバティブ取引（同94条）、投資顧問契約（同95条）、投資一任契約（同96条）である。

(イ)　契約締結前交付書面の共通記載事項

　　　　（金商業等府令82条。類似：銀施規14条の11の27、保施規234条の24等）

　契約締結前交付書面の共通記載事項について、本条1項は、次の事項を規定した。

・商号、名称または氏名および住所（1号）

・金融商品取引業者である旨および登録番号（2号）

・契約概要（3号）

---

35)　例えば、東京高判平8・11・27判時1587号72頁 ワラント3 （上告棄却〔最判平10・6・11セレクト8巻325頁〕）。

154　第1部　金融商品取引法

　・手数料等対価（4号）
　・損失が生ずるおそれがある旨（5号）
　・元本超過損が生ずるおそれがある旨（6号）
　加えて、金商業等府令82条は、次の事項を規定した。
　・契約締結前交付書面の内容を十分に読むべき旨（1号）
　・委託証拠金の額および計算方法（2号）
　・損失・元本超過損の原因となる指標等およびその理由（3号〜6号）
　・租税の概要（7号）
　・契約終了事由（8号）
　・クーリングオフ適用の有無・内容（9号・10号）
　・業者・業務の概要（11号・12号）
　・業者への連絡方法（13号）
　・金融商品取引業協会名および認定投資者保護団体名（14号）
　・金融 ADR 名称等（15号）
　(ウ)　手数料等（本条1項4号、金商業等府令81条）
　契約締結前交付書面の記載すべき手数料等は、名称の如何を問わず顧客が業者に支払うべき対価全般を指すものであり、相当広い範囲を含むものである。手数料等の説明義務は、消費者側の長年の主張が金商法で実現したものといえ、画期的である。
　「手数料等」の定義は、金商業等府令74条1項にある。すなわち、「手数料、報酬、費用その他いかなる名称によるかを問わず、金融商品取引契約に関して顧客が支払うべき対価」である。
　同81条1項は、この手数料等を契約締結前交付書面記載事項と規定した。すなわち、「法第37条の3第1項第4号に規定する内閣府令で定めるものは、手数料、報酬、費用その他いかなる名称によるかを問わず、金融商品取引契約に関して顧客が支払うべき手数料等の種類ごとの金額若しくはその上限額又はこれらの計算方法（当該金融商品取引契約に係る有価証券の価格、令第16条第1項第3号に規定するデリバティブ取引等の額若しくは運用財産に対する割合又は金融商品取引行為を行うことにより生じた利益に対する割合を含む。以下この項において同じ。）及び当該金額の合計額若しくはその上限額又はこれらの計算方法とする。ただし、これらの記載をすることができない場合にあっては、その旨及びその理由とする。」との規定である。

第4章　行為規制　155

　また、同81条2項は、同74条2項から4項までを準用し、顧客が購入する投資信託がさらに別の投資信託に出資するものである場合（ファンド・オブ・ファンズ）の出資対象投資信託（投資対象ファンド）の信託報酬等も、本条の手数料等対価に含まれる旨定めた。

　㈍　損失が生ずるおそれとその理由

　　（本条1項5号、金商業等府令82条3号等）

　契約締結前交付書面の記載事項として、金商業等府令82条は、次のとおり、市場リスクおよび信用リスクについて損失・元本超過損が生ずるおそれがある旨およびその理由を規定している。実務上極めて重要な規定である。

　「三　顧客が行う金融商品取引行為について金利、通貨の価格、金融商品市場における相場その他の指標に係る変動を直接の原因として損失が生ずることとなるおそれがある場合にあっては、次に掲げる事項

　イ　当該指標

　ロ　当該指標に係る変動により損失が生ずるおそれがある理由

　四　（中略）

　ロ　イに掲げるものに係る変動により元本超過損が生ずるおそれがある理由

　五　（中略）

　ロ　当該者の業務又は財産の状況の変化により損失が生ずるおそれがある旨及びその理由」

　つまり、契約締結前交付書面において、単に損失のおそれがある旨のみ表示するのでは足りず、「その理由」を表示しなければならない。あわせて、金商業等府令117条1項1号は、同「理由」等「について顧客の知識、経験、財産の状況及び金融商品取引契約を締結する目的に照らして当該顧客に理解されるために必要な方法及び程度による説明」を求めている。府令がこのように定めた趣旨は、消費者が真に自主的な判断をし、それら消費者多数の参加により市場の価格形成機能が発揮されるには、損失が生ずることだけでは足りず、消費者がその理由を理解する必要があることにある。この趣旨からみると、同号規定の「理由」として十分かどうかは、消費者が当該商品のリスクを誤解しないこと、そして金商業等府令117条1項1号の「説明」により「理由」を十分に理解できるかどうかという観点から判断されるべきである。

156　第1部　金融商品取引法

　また、本条1項5号等は、「損失」との語を使用している。この意味について、「元本損失」とか「元本欠損」と表現されることがあるが、元本に限定すべきではない。つまり、本条等、金融商品取引法の「損失」は、金融商品販売法の「元本欠損」より広く、元本を切るかどうかだけでなく、損失全般を示す概念と解するべきである。そして、本条1項6号は、その損失が一定額（元本）を上回るおそれがあるときはその旨を重ねて記載し説明すべきであることを、規定している。金販法3条は、「元本欠損が生ずるおそれがある旨」等と「元本欠損」との語を使用し、同条3項はその限定的な定義をし、同法においては、顧客の意思表明があれば説明は不要となる。金販法は、「顧客の保護」（同法1条）を目的とし、効果について民法の一般原則を修正して、民事訴訟における因果関係や損害額の推定（同法6条）を規定する。つまり、民事上の推定効を付与するために、説明対象を狭めたのである。これに対し、金融商品取引法は、「損失」との語を使用し、金販法のような限定した定義を加えていない。顧客の意思表明があったとしても説明不要とはならない。金商法は、「投資者の保護」のみならず「資本市場の機能の十全な発揮による金融商品等の公正な価格形成」を目的とするもので（1条）、業者ルールであるとともに民事ルールでもあるが、効果について民法の一般原則を修正していない。したがって、金商法の説明義務は、説明対象を狭めていないのである。

　(オ)　契約締結前交付書面の記載方法
　　　　（金商業等府令79条。類似：銀施規14条の11の23、保施規234条の21等）

　契約締結前交付書面の記載方法について、金商業等府令は、次の①ないし③のように規定した。

　①　書面冒頭記載（金商業等府令79条3項）

　書面の最初に、当該契約締結前交付書面の内容を十分に読むべき旨、および37条1項各号の事項のうち「顧客の判断に影響を及ぼすこととなる特に重要なもの」を、12ポイント以上の大きさで平易に記載しなければならない。

　政令立案担当者の想定は、「当該金融商品取引契約の概要」や手数料等に関する事項（37条の3第1項3号・4号）のうち特に重要な事項や損失・元本超過損が生ずるおそれがある旨等を簡潔かつ平易に記載することである[36]。

────────────

36)　商事1814号26頁。

第4章　行為規制　　157

この「平易に」という要件の実現について、業者の工夫が必要であり、消費者団体等の監視検討が重要である。リスク表示等について、法令の言い回しをそのまま使用した方が無難との判断があるかもしれないが、本条が平易という言葉を用いたのは、一般顧客の頭にリスクの存在とその大きさ等がすっと入るようにと期したものである。

②　枠内記載（金商業等府令79条2項）

次いで、枠の中に12ポイント以上の大きさで明瞭かつ正確に、手数料等の概要、損失・元本超過損が生ずるおそれがある旨、その指標等およびその理由、店頭金融先物取引のカバー取引の相手方の商号等および分別管理の方法および預託先、クーリングオフ適用の有無を記載しなければならない。

③　その他の記載（金商業等府令79条1項）

その他の事項については、8ポイント以上の大きさで明瞭かつ正確に記載しなければならない。

㊇　契約締結前書面交付・説明を要しない場合

（金商業等府令80条。類似：銀施規14条の11の25、保施規234条の22等）

契約締結前交付書面の交付を要しない場合について、金商業等府令80条は、次の①ないし⑦を規定した。

①　上場有価証券等書面が過去1年以内に交付されている場合

（金商業等府令80条1項1号）

国内外の取引所に上場されている有価証券（カバードワラント等を除く）の売買等（デリバティブ取引、信用取引、発行日取引を除く）については、過去1年以内に上場証券について本条1項1号ないし5号の事項および信託受益権等の種類、信託期間、信託財産の管理・処分・交付方法（金商業等府令84条1号）、信託財産管理・処分権者および権限内容（同条2号）、譲渡手続（同条4号）、損失の危険（同条9号）、信託財産の管理・処分状況報告（同条12号）等を記載した書面（上場有価証券等書面）を交付していれば足りる。

上場商品について、簡略化を図った規定である。上場商品は、一定程度の社会的周知性があること、取引所の上場審査を経ていることや公衆縦覧型開示が行われていること等が考慮されたものである[37]。

しかし、一概に上場商品といっても、新規性の高いものやリスクの高いも

---

37)　商事1814号27頁。

のがありうるだけでなく、上場基準も周知性もまちまちであり、ましてや仕組みやリスクは商品ごとに異なるのであり、一律包括的書面で足りるとすることには疑問がある[38]。また、上場商品全般について一種類の書面で間に合わせようとすると、商品ごとのリスク等が理解しにくくなってしまう。本条の趣旨に立ち返って、実際に消費者が当該上場商品の仕組みやリスク等を理解できるような状況になっているかどうかの観点から、実務が監視されるべきである。

立案担当者は、「既存の上場商品と異なる商品性を有する有価証券が新たに上場されるような場合には、当該商品性（契約の概要やリスク情報等）についても的確に記載された上場有価証券等書面が交付されている必要があると考えられる」と解説した[39]。ポイントは、「商品性（契約の概要やリスク情報等）」であるが、元来商品性は個々の商品ごとに異なるという認識を原点に、運用がなされるべきである。

② 「同種の内容」の金融商品取引契約について過去1年以内に契約締結前書面が交付されている場合（金商業等府令80条1項2号）

「同種の内容」について、簡略化を図った規定である。同種の概念が広がり過ぎると、消費者に不測の損害が発生する危険がある。これも、本条の趣旨に立ち返って、実際に消費者が当該上場商品の仕組みやリスク等を理解できるような状況になっているかどうかの観点から、実務が監視されるべきである。

立案担当者は、「『同種の内容』といえるかは、個別事例ごとに顧客の観点から社会通念に照らして実質的に判断されるべきものであるが、当該判断にあたっては、当該規定の上記の趣旨に鑑み、特に当該契約に関して契約締結前交付書面を通じて顧客に提供されるべきリスク情報（金商法37条の3第1項5号・6号、金商業等府令82条3号－6号）等が同様であるかが重要な要素となると考えられる。」と解説した[40]。ポイントは、リスク情報が同様か否かであるが、リスクは個々の商品ごとに異なるという認識を原点に、運用がなされるべきである。

---

38) 黒沼・前掲（注16）19頁も同旨。
39) 商事1814号27頁。
40) 商事1814号28頁。

③　目論見書が交付されている場合（金商業等府令80条１項３号）

目論見書に契約締結前交付書面に記載されるべき事項のすべてが記載されている場合に限られる。

なお、目論見書自体に全部が記載されていなくとも、記載されていない事項（クーリング・オフ適用の有無等）を記載した補完書面が一体として交付されればよいとされる。

④　契約変更書面が交付されている場合（同項４号）

⑤　買い付けた有価証券の売り付け等（同項５号）

⑥　上場有価証券等売買等における１年以内の取引（同条３項）

上場有価証券等売買等について、最初の取引の際に上場有価証券等書面が交付された上で、過去１年以内に取引があった場合は、書面交付不要とされた。

すなわち、技術的な言い回しで一般にはわかりにくい規定であるが、金商業等府令80条３項は、「上場有価証券等書面を交付した日（この項の規定により上場有価証券等書面を交付したものとみなされた日を含む。）から１年以内に上場有価証券等売買等に係る金融商品取引契約の締結を行った場合には、当該締結の日において上場有価証券等書面を交付したものとみなして、第１項第１号の規定を適用する。」と規定した。

⑦　「同種の内容」の１年以内の取引（同条４項）

「同種の内容」の契約について、最初の取引の際に契約締結前交付書面が交付された上で、過去１年以内に取引があった場合は、書面交付不要とされた。

すなわち、金商業等府令80条４項は、「契約締結前交付書面を交付した日（この項の規定により契約締結前交付書面を交付したものとみなされた日を含む。）から１年以内に当該契約締結前交付書面に係る金融商品取引契約と同種の内容の金融商品取引契約（店頭デリバティブ取引契約を除く。）の締結を行った場合には、当該締結の日において契約締結前交付書面を交付したものとみなして、第１項第２号の規定を適用する。」と規定した。

㈪　事前交付書面説明義務（金商業等府令117条１項１号。類似：銀施規14条の11の30の２、保施規234条の27第１項３号等）

金商業等府令117条１項１号は、契約締結前交付書面の交付に関し、あらかじめ、本条１項３号ないし７号の事項（契約の概要、手数料等対価、損失のお

160　第1部　金融商品取引法

それ、元本超過損のおそれ、府令事項）について、「顧客の知識、経験、財産の状況及び金融商品取引契約を締結する目的に照らして当該顧客に理解されるために必要な方法及び程度による説明をすることなく、金融商品取引契約を締結する行為」を禁止した。つまり、説明義務を明定したのである。立案担当者は、「実質的説明義務」と呼んだ[41]。

　これら事項が当該消費者に理解されて初めて、本法の目的である消費者の保護や資本市場の価格形成機能の発揮が実現されうる。民法の信義則を根拠に展開してきた判例理論からは、当然の事柄というべきであるが、金商法全体の中で最も重要な規定の1つである。

　金商業等府令117条1項1号は、次のとおりである。

　「法第38条第9号に規定する内閣府令で定める行為〔禁止行為〕は、次に掲げる行為とする。

　一　次に掲げる書面の交付に関し、あらかじめ、顧客（……）に対して、法第37条の3第1項第3号から第7号までに掲げる事項（……）について顧客の知識、経験、財産の状況及び金融商品取引契約を締結する目的に照らして当該顧客に理解されるために必要な方法及び程度による説明をすることなく、金融商品取引契約を締結する行為

　イ　契約締結前交付書面

　ロ　上場有価証券等書面

　ハ　第80条第1項第3号に掲げる場合にあっては、同号に規定する目論見書（……）

　ニ　契約変更書面」

　立案担当者の解説[42]は、「説明の『方法及び程度』については、当該法令上特段の定めはなく、説明の態様等に関する形式的・手続的な側面よりも、当該顧客の属性に照らして当該顧客が書面の内容を的確に理解するかという実質面が重視される」と、重要な指摘をしている。

　同解説は、「業者が、当該顧客が真に理解していることを正確に把握することは困難と考えられるが、たとえば、業者が当該顧客の理解度を何らかの方法で確認するなど、実務上の工夫を行うことは有用である」と指摘する。

---

41)　松尾直彦＝澤飯敦＝堀弘＝酒井敦史＝太田昌男「金融商品取引法の行為規制(下)」商事1815号（2007年〔以下「商事1815号」という〕5頁。

42)　商事1815号5頁。

この説明義務は、当該顧客の理解を目的とし理解できるような方法および程度が求められるのだから、端的に、実質的に業者には顧客理解調査義務があるというべきである。

非対面取引（ATM やインターネット等）での顧客理解確認について、立案担当者の解説[43] は、金融商品取引業者等監督指針例示の顧客にインターネット画面上のボタンをクリックさせる方法を引用しているが、画面上の説明を読まないでクリックする例が多いのであり、同解説も指摘するように「当該規定に適合して顧客への説明義務が尽くされていると認められるかどうかは、個別事例ごとに実態に即して実質的に判断されるべきもの」である。

非対面取引では、顧客の表情や態度から、顧客が本当に理解しているか否かを判別できない、あるいは困難であり、また非対面取引の中でも電話取引であれば看取される顧客の理解度に応じて説明の仕方を変えることも不可能ではないが、ATM 取引やインターネット取引では説明の対応を変えること自体が難しく、したがって上記監督指針で示唆された方法では、まだ対面取引と同等の説明の履行とは言い難い[44]。

立案担当者は、この金商業等府令117条 1 項 1 号は、同80条で適用除外される場合には適用されないと解しているが[45]、免除されないと評するべきである。また、民法上の説明義務もある。

金商業等府令80条 3 項の要件に合致すれば契約締結前交付書面の交付は不要であるとしても、同117条 1 項 1 号の「書面の交付に関し」とは、書面交付がみなされる場合も含むと解釈して金商法上の説明義務は免除されないと解するべきである[46]。同号は、「顧客の知識、経験、財産の状況及び契約締結の目的に照らして当該顧客に理解されるために必要な方法及び程度によらなければならない」と定めているが、1 年以上取引を継続する場合に、顧客の財産が減少したり、契約締結の目的が変化することはありうるからである[47]。

---

43)　商事1815号 6 頁。
44)　黒沼・前掲（注16）21頁。
45)　商事1815号 6 頁注 2 。
46)　黒沼・前掲（注16）20頁。黒沼544頁。
47)　黒沼・前掲（注16）19頁。

162　第1部　金融商品取引法

　(b)　特定投資家への適用

　特定投資家は、本条の保護を受けない（45条2号、金商業等府令117条1項1号括弧書）。ただし、民法上の説明義務はある。

　(c)　罰則

　6カ月以下の懲役もしくは50万円以下の罰金、またはその併科（205条12号・13号・207条1項6号）であり、刑事罰の対象である。

　(d)　関連法への準用

　本条1項2号・6号・3項を除き、銀行法13条の4（ただし、12条の2第1項、施行規則13条の3第1項4号あり）、保険業法300条の2（ただし、297条・298条あり）に準用されている。一部を除き（ただし、217条1項・218条1項あり）、商品先物取引法217条に類似規定がある。

　(3)　**活用法**

　本条の書面交付・説明義務は、消費者保護上極めて重要なものであり、業者の遵守態勢および遵守状況は、規制当局および消費者によって厳重に監視される必要がある。交付書面の内容について、消費者団体による検討が期待される。

　日本証券業協会は、金商法施行にあわせて、契約締結前交付書面のひな形を公表した。契約締結前交付書面は、説明義務と相まって顧客に理解をさせるものであるので、書面の記載だけで判断できない面があるが、十分なものとはいえず、消費者側としても改善を要請・提言していく必要がある。例えば、冒頭部分の記載も平易なものとはいいにくい。リスク表示等について、法令の言い回しを使用した方が無難との判断があるのかもしれないが、一般顧客が容易に理解できる表現が求められる。

　(4)　**みなし有価証券に関する書面の届出義務**

　本条3項は、一定の金融商品取引契約について、勧誘を行う場合には、事前に内閣総理大臣（金融庁）に対しこの書面を届け出なければならない旨規定している。本条3項の届出義務があるのは、2条2項のみなし有価証券のうち「同項各号に掲げる権利に係る」ものである。

　3条3号によれば、2条2項のみなし有価証券のうち「同項各号に掲げる権利」には、有価証券届出書や目論見書等の開示規定が適用されない。他方、2条2項のみなし有価証券のうちその他のもの、つまり、2条2項柱書にあるもの（同2条2項は「有価証券表示権利」ともいう）（および2条2項各号にあるみな

【図表１】金商法と金販法の関係

	金販法	金商法
対象商品	金融商品全般	金販法より狭い
一般預金・保険への適用の有無	○	×
特定預金・特定保険への適用	○	○（準用）
説明事項	元本欠損・元本超過損等	「損失」。金販法より多項。
取引の仕組み	「取引の仕組みのうちの重要な部分」	契約の概要、損失が生ずるおそれがある「理由」
民事訴訟における因果関係・損害額の推定	○	×
民事訴訟での活用	○	○
行政処分の根拠	△	○
顧客意思表明による説明不要	○	×

し有価証券のうち主として有価証券に投資するもの〔３条３号イ〕）には開示制度が適用される。そこで、少なくともこの書面を届出させるものである。

　本条３項に関し、みなし有価証券に関する不測の大量被害を予防するために、消費者側としては、実際の届出書面を閲覧・監視をすることが課題となる。

4　契約締結時の書面交付義務（37条の４）

(1)　趣旨・沿革

　契約締結時に、顧客がその契約（取引）がなされたことおよびその内容を正しく把握できるように、業者に書面交付を義務づけるものである。

(2)　適用

(a)　政令指定による適用範囲

(ア)　記載事項（金商業等府令99条～107条）

　契約締結時交付書面の共通記載事項について、金商業等府令99条は、次の事項を規定している。いずれも、どんな契約を締結したのかを確認するための情報である。手数料等について、広告や契約締結前交付書面では具体的な金額が記載できず算定方法等による場合があるが、契約締結時交付書面では具体的な金額を明示することができ、顧客にとって重要な情報となる。

　・業者の商号、名称、氏名

164   第1部　金融商品取引法

　・業者の営業所・事務所の名称
　・契約の成立・解約・払戻しの概要
　・契約の成立・解約・払戻しの年月日
　・契約の成立・解約・払戻しの手数料等に関する事項
　・顧客の氏名・名称
　・顧客が当該金融商品取引業者等に連絡する方法

　金商業等府令100条〜107条は、金融商品・取引類型ごとの追加的記載事項を規定している。追加的記載事項があるのは、有価証券の取引またはデリバティブ取引（100条）、有価証券の取引または有価証券関連デリバティブ取引（101条）、デリバティブ取引（102条）、抵当証券（103条）、商品ファンド関連取引（104条）、競走用馬投資関連取引（105条）、投資顧問契約（106条）、投資一任契約（107条）である。

　(イ)　契約締結時以外の交付書面（金商業等府令98条）

　金商業等府令98条は、契約締結時以外に書面交付が義務づけられる場合について、次を規定した。

　・投資信託・外国投資信託の解約
　・投資法人の投資口の払戻し
　・取引残高報告書
　・商品ファンド運用状況報告書

　取引残高報告書について、金商業等府令98条1項3号イは顧客が契約成立や有価証券・金銭の受渡しの都度の交付を請求した場合を、同ロは3カ月以下ごとの交付を、規定している。同108条6項は、通帳に記載する方法を認める。

　(b)　特定投資家への適用

　特定投資家は、本条の保護を受けない（45条2号）。

　(c)　罰則

　6カ月以下の懲役もしくは50万円以下の罰金、またはその併科（205条12号）である。

　(d)　関連法への準用

　銀行法13条の4、保険業法300条の2で準用される。

(3)　活用法

　本条の義務は、事後の書面交付義務にすぎず、いかなる意味でも説明義務

を代替するものではない。したがって、個別顧客に対し十分な説明がなされたか否かは、別途十分に吟味される必要がある。また、契約締結時書面の交付があったからといって、例えば無断売買が追認されるものと解されるべきではない。

5　保証金の受領に係る書面の交付（37条の5）

(1)　趣旨・沿革

保証金受領に関する紛争を防止するために、領収書（預かり証）の交付を義務づけるものである。

(2)　適用

書面の交付が必要となる保証金の種類については、金商業等府令113条に、書面の記載事項や8ポイント以上の文字を用いるべきことについては、同114条に、規定がある。また、特定投資家は、本条の保護を受けない（45条2号）。なお、罰則としては、6カ月以下の懲役もしくは50万円以下の罰金、またはその併科（205条12号）がある。類似規定として、商先法220条の2がある。

(3)　活用法

本項の義務は、保証金受領書の交付義務にすぎず、いかなる意味でも金融商品や取引についての説明義務を代替するものではない。したがって、個別顧客に対し十分な説明がなされたか否かは、別途十分に吟味される必要がある。保証書受領書交付があったからといって、例えば、リスクの理解があったとか無断売買の追認があったとか解されるべきではない。

6　書面による解除（37条の6）

(1)　趣旨・沿革

いわゆるクーリング・オフで、消費者に熟慮期間を付与するものである。旧投資顧問業法17条（投資顧問契約について、10日のクーリング・オフ。投資一任契約については認められていない）に規定されていた。

(2)　適用

適用対象として、施行令16条の3は、投資顧問契約のみを規定した。旧商品ファンド法19条で対象とされていた商品ファンドについては、適用対象からはずされた。また、特定投資家は、本条の保護を受けない（45条2号）。罰

則はない。本条は、銀行法13条の4で準用されており、類似規定として保険業法309条がある。

(3) 活用法

消費者保護のために、重要な規定である。したがって、投資顧問のみならず、適用範囲の拡大が求められる。中間報告は、「一般的な規定を設けることが適当とも考えられる」とした上で、「その具体的な適用範囲に関しては、価格変動リスクを有する商品のようにクーリング・オフの適用が馴染まない商品もあることに配慮して慎重に検討を行うべきとの意見があった」と記載するが、価格変動リスクを有する商品の方がクーリング・オフの必要性が高い。契約締結についての熟慮期間を付与するという観点から、政令指定の拡大を求めていく必要がある。

政令指定について、立案担当者は、「今後、執拗な勧誘や利用者の被害の実態等に照らし、利用者保護に支障を来すことのないよう、クーリング・オフの対象として追加すべき金融商品・取引の類型が把握された場合には、迅速かつ機動的に政令指定を行い、適切に対応する必要があると考えられる」と指摘している[48]。

7 指定紛争解決機関との契約締結義務等（37条の7）

(1) 趣旨・沿革

2009（平成21）年改正法により、ADR制度が導入されたことに伴って設けられた規定である。

(2) 適用

本条1項1号ロ所定の2つの措置について、金商業等府令115条の2が定めている。3項所定の期間を金融庁が定める。また、特定投資家にも、適用される。罰則はない。本条の類似規定として、銀行法52条の62以下、保険業法308条の2以下がある。

(3) 活用法

簡易迅速な紛争解決手続を目指す制度として導入されたが、消費者保護の実をあげる実効性ある制度となるよう、活用とともに、監視と制度改善が必要である。

---

48) 商事1814号31頁。

第4章　行為規制　　167

8　虚偽の説明の禁止（38条1号）

(1)　趣旨・沿革

虚偽告知を禁止した規定である。

(2)　適用

適用範囲に政令指定等による制限はない。また、特定投資家にも適用される。適合性原則（40条）や事前書面交付・説明義務（37条の3）は、特定投資家には適用されないが、虚偽告知禁止などの不作為義務は、特定投資家にも適用される。罰則としては、1年以下の懲役もしくは300万円以下の罰金、またはその併科（198条の6第2号・207条1項4号）がある。類似規定が、銀行法13条の3第1項1号、保険業法300条1項1号、商先法214条2号にある。

(3)　活用法

虚偽告知は、38条1号に違反し、同違反は法令違反として51条・52条等に規定する監督上の処分の対象となる。また、重要事項について虚偽の表示があるか誤解を生じさせないために必要な重要な事項の表示が欠けている文書等を利用して金銭等を取得したということで同時に157条2号に違反することもある。さらには、金販法3条に規定する説明義務違反にも該当することがありえて、その場合は同法5条に基づき損害賠償という民事効果と結び付く。いずれも民事上の違法性を有するので、不法行為または債務不履行となり、民法709条あるいは415条により損害賠償義務がある。また、不実告知や不利益事実不告知は、消費者契約法による取消しの対象となる。

(4)　消費者契約法に規定する不当勧誘

消費者契約法4条1項・2項・3項は、不当勧誘を受けて契約をした消費者に取消権を認めている。同条1項・2項は誤認類型、3項は困惑類型を規定したものであるである。

金商法の不当勧誘の規定に類似するのはこのうちの誤認類型である。誤認類型は、①不実告知、②不利益事実不告知、③断定的判断提供の3つであり、概要は次のとおりである。

①　「不実告知」は、勧誘の際に「重要事項について事実と異なることを告げ」られた場合、誤認、因果関係の要件を満たしたときは、消費者は意思表示を取り消すことができるという規定である（消契4条1項1号）。重要事項とは、物品、権利、役務その他の当該消費者契約の目的となるものの「質、用途その他の内容」や「対価その他の取引条件」であって、消費者の当該消

費者契約を締結するか否かについての判断に通常影響を及ぼすべきものをいう（同条5項）。事実と異なることについての故意や過失は要件ではない。

② 「不利益事実不告知」は、勧誘の際に「ある重要事項又は当該重要事項に関連する事項について当該消費者の利益となる旨を告げ、かつ、当該重要事項について当該消費者の不利益となる事実（当該告知により当該事実が存在しないと消費者が通常考えるべきものに限る。）を故意に告げなかった」場合、誤認、因果関係の要件を満たしたときは、消費者は意思表示を取り消すことができるという規定である（同条2項）。重要事項の意義は前掲①のとおりである。

③ 「断定的判断の提供」は、勧誘の際に「将来におけるその価額、将来において当該消費者が受け取るべき金額その他の将来における変動が不確実な事項につき断定的判断を提供」された場合、誤認、因果関係の要件を満たしたときは、消費者は意思表示を取り消すことができるという規定である（同条1項2号）。

金融商品取引の不当勧誘の事案で顧客が消費者の場合は、消費者契約法のこれら規定が適用される。不法行為や債務不履行による損害賠償事件では過失相殺がしばしばなされてきたが、取消しとなると全額の返還が可能となり消費者の保護は厚くなるので、このことは重要である。特に断定的判断の提供は、金商法と要件がほぼ同じである。

(5)　157条2号

157条2号は、主体を限定せず、「有価証券の売買その他の取引又はデリバティブ取引等について、重要な事項について虚偽の表示があ……る文書その他の表示を使用して金銭その他の財産を取得すること」を禁止している。

ここでは、虚偽の表示の対象は重要な事項に限定されており、かつ、それを記載した文書その他の表示を利用して金銭を取得することが要件である。重要な事項とは、有価証券やデリバティブ取引そのものに関するもの（例：転換社債の転換条件）、有価証券の発行者に関するもの（例：会社の営業状況）、発行者の属する業界に関するもの（例：商品の需給状況）、有価証券の取引に関するもの（例：市場価格）、市場全体に関するもの（例：信用取引の状況）、金融市場に関するもの（例：公定歩合）、政治・社会の全般に関するもの（例：特定国での内乱）等、広範にわたる。

金融商品取引業者等またはその役員もしくは使用人がこの禁止規定に違反

すると、法令違反として上記同様の監督上の処分対象となるほか、刑事罰の対象にもなる（197条1項5号。10年以下の懲役もしくは1000万円以下の罰金、またはこの併科）。

9　断定的判断提供等禁止（38条2号）

（1）　趣旨・沿革

断定的判断の提供や確実性誤解告知を禁止して、消費者の判断を歪ませないようにし、消費者が不測の損害を被らないように保護するとともに、市場の価格形成機能を公正に保つようにするものである。

（2）　適用

内容は府令で定められる。電子媒体での交付が可能である。また、特定投資家にも適用される（45条2号）。罰則はない。商先法214条1号に類似規定がある。

（3）　活用法

「不確実な事項」としては、旧証券取引法では、有価証券の「価格」（旧証券取引法42条1項1号）、オプション取引における「対価」（同項2号）、指数先物取引における「指数」「数値」（同項3号）、スワップ取引における「金利」（同項4号）などが明示されていた。金商法では、これらに限定されない。文字どおり「不確実な事項」であれば足りる。例えば、儲かるか儲からないかは不確実であるから、儲かる、と断定すれば、不確実な事項についての断定的判断の提供となる。

旧証券取引法では、価格等についての断定的判断の提供を禁止していたので、価格等と別の事実についての断定的判断は、その内容により、不実表示・誤解表示の問題あるいは利益提供約束、利回り保証・損失負担約束などの問題として扱われた。

「断定的判断を提供し」とは、確実であると伝えることをいう。この断定的判断は、「必ず」「きっと」「確実に」「絶対」「間違いない」等の修飾語を伴うことは要件ではない。それから、その不確実な事項についての断定的な結果がいずれかの者の売買取引によってもたらされることの言及も要件ではない。

「確実であると誤解させるおそれのあることを告げ」るとは、確実であることが明示されなくとも、様々な状況から、通常は確実であると誤解するよ

170 第1部 金融商品取引法

うなことを告げることをいう。断定的判断の提供よりは間接的に確実性を伝える表現を広く指す。

不確実な事項についての断定的判断や確実であると誤解させるおそれのあることを告げて勧誘することを禁止するのは、金融商品取引のプロである金融商品取引業者が、取引に関する不確実な事項につき断定的判断を提供したり確実と誤解させる言動で勧誘したりすると、顧客はそれを理由づける相当な根拠があるものとしてそれを信頼して損害を被る危険があるからである。そのため、本条は、消費者の判断を歪ませないようにし、消費者が不測の損害を被らないように保護するとともに、市場の価格形成機能を公正に保つようにするのである。

(4) 他法との関係

断定的判断の提供を伴う勧誘は、①38条2号で禁止され、その違反は法令違反として51条・52条等に規定する監督上の処分の対象となるとともに、②消費者契約法4条1項2号により契約の取消し原因とされ、③金販法4条・5条では損害賠償という民事効果と結び付いている。また、④民事上の違法性を有するので不法行為または債務不履行となり、金融商品販売業者等は民法709条あるいは415条により損害賠償義務を負うことになる[49]。

確実性誤解告知を伴う勧誘は、①38条2号で禁止され、その違反は法令違反として51条・52条等に規定する監督上の処分の対象となるとともに、②金販法4条の「確実であると誤認させるおそれのあることを告げる行為」と実質的に同内容であり、同法5条では損害賠償という民事効果と結び付いている。また、③民事上の違法性を有するので不法行為または債務不履行となり、金融商品販売業者等は民法709条あるいは415条により損害賠償義務を負うことになる。なお、④消費者契約法4条2項に規定する不利益事実不告知の要件を満たす場合がありうると考えられ、その場合は取消原因にもなる。

金販法4条では「確実であると誤認させるおそれのあることを告げる行為」を禁止し、損害賠償義務と結び付けている。つまり、金商法では「誤解」、金販法では「誤認」であり、1文字違うだけである。同時改正で1文字だけ異なるようにした趣旨は不明であるが、意味に異なるところはないと解してよいと思われる。

---

49) 東京高判平9・5・22 株式30、百選38頁（17事件）。

38条は投資家保護のためにその保護に欠ける行為を類型化したものである。すなわち、投資家との関係において社会的相当性を逸脱するため許容されえない行為の類型であるから、これに違反した勧誘は直ちに民事上、違法となる。旧法下では判例学説が分かれており、社会的相当性逸脱の有無をさらに判断すべきであるとする見解もあったが、金販法で断定的判断の提供・確実性誤解告知と損害賠償義務が結び付けられたので、この論点は解消した。したがって、債務不履行ないし不法行為であるとして損害賠償請求をできる。

⑸　157条2号との関係

　他方、157条2号は、虚偽の表示がある文書等を用いて金銭等を取得することを禁止するほか、並列的に、主体を限定せず、「有価証券の売買その他の取引又はデリバティブ取引等について、……誤解を生じさせないために必要な重要な事実の表示が欠けている文書その他の表示を使用して金銭その他の財産を取得すること」も禁止している。

　誤解をもたらす表示とは、表示された事実そのものは正確であっても顧客が合理的な投資判断をするのに必要な事実が欠けているためにその表示された事実のみからでは顧客に誤解をもたらす表示である。このような関係にあれば欠けていた表示は重要な事実の表示であるということになる。例えば、株式の売付けにあたって、その発行会社の直近の事業年度の営業成績を表示するのみで、現事業年度前半の前事業年度同期とは比較にならない劣悪な営業成績を表示しない場合がこれに当たる。

　金融商品取引業者等が相当な調査をすれば「誤解をもたらす表示」であることを知りえたにもかかわらず、調査を怠ったためにそのことに気づかず、結果的に事実と相違する表示または誤解をもたらす表示をした場合、金融商品取引業者等は証券取引に関するプロであるから、この表示により投資勧誘することは前掲の禁止規定に触れると考えるべきである。例えば、証券会社が証券市場の噂等で知った内容を「噂であるが云々」という形で表示して投資勧誘をした場合に、その内容が虚偽でありかつ相当の調査をすればそのことが判明する場合は、違法な勧誘である。具体的には、証券取引所の上場会社は証券取引所の適時開示の要請（タイムリーディスクロージャー）によって有価証券の投資判断に影響を及ぼす重要な事態が生じたときは、その事態を迅速に公表することが要求されているので、有価証券の発行会社の新製品開発、業務提携、受注の確保等に関する噂の真偽は証券取引所を通して発行会社に

照会すれば容易に確認できるところ、有価証券の発行会社のこれらの点に関する虚偽の噂を表示して投資勧誘をした場合には、証券会社に故意または過失があったことになる。

説明義務違反が問題とされた多くの判例では、同時に誤解を招く勧誘の事実が認定されることもよくある。これらも判決理由としては説明義務違反となっており、誤解を招く勧誘自体を理由とするものは少ない。誤解を招く勧誘も広い意味での説明義務違反という捉え方をされているものもある。

10 無登録格付（38条3号）

(1) 趣旨・沿革

2009年改正法により、格付業者の登録制度が導入されたのに伴い、無登録業者の格付の利用について、金融商品取引業者等に対して説明義務が課されたものである。無登録業者の格付は、規制の枠組みの下での格付の過程を経ておらず、格付の方法や前提等に関する情報開示義務が課されていないため、格付方法や前提等が明示されないままに投資者に提供され保護に欠けるおそれがあるからである。

(2) 適用

除外について府令で定められる。無登録格付に係る金融商品取引業者等の説明事項として、(a)無登録である旨、(b)登録の意義、(c)無登録業者の名称・代表者・所在地、(d)格付付与の方針・方法の概要、(e)格付の前提・意義・限界が規定されている（金商業等府令116条の3）。

特定投資家にも適用される（45条1号）。罰則はない。

本条は、銀行法13条の4、保険業法300条の2で準用される。

(3) 活用法

米国のサブプライムローン問題やリーマンショックを受けて導入された規制である。格付業者が登録をしているからといって、必ずしもその格付を信頼できるわけではないが、一定の歯止めとなりうる。

11 不招請の勧誘禁止（38条4号）

(1) 趣旨・沿革

当面は政令で指定される一部の金融商品について、消費者側から希望があった場合を除いて、業者からの電話や訪問による勧誘を禁止し、消費者の投

資判断を歪ませたり、不測の損害を与えたりしないようにして、消費者を保護するとともに、市場の公正な価格形成機能を損なわないようにするものである。

「理論的な位置づけとしては、適合性原則の遵守がおよそ期待できないと認められる場合について、（顧客の同意を得ない）電話・訪問による勧誘を全面禁止する（不招請勧誘の禁止）か、1回目だけは認める（勧誘受諾意思確認および再勧誘の禁止）かするものである。」[50]　と解説されるが、私生活の平穏の観点もあり、また、公正な価格形成の観点からも適合性原則の遵守がおよそ期待できない場合に限定するのは狭きに失すると考える。

(2)　適用

消費者からの勧誘の要請は、訪問または電話をかける前に行われる必要があると解すべきである[51]。また、38条5号にいう勧誘を受ける意思の確認も、同条4号の勧誘に当たると解すべきである[52]。

不招請勧誘の禁止の適用対象について、施行令16条の4第1項がある。

禁止の対象は政令で決められ、政令では従来、店頭金融先渡し取引、店頭金融オプション取引のみが指定されていた（現在の施行令16条の4第1項1号）。これらは、顧客が個人であるか法人であるかを問わない。具体的には、店頭外国為替証拠金取引（FX）などの金融商品先渡し取引の一部（イ）、店頭為替先物取引などの金融指標先渡し取引の一部（ロ）、店頭通貨オプション取引などの店頭金融オプション取引（ハ）である。通貨や金利を原資産とするものは含まれていなかった。

2011年4月にはデリバティブ被害の多発を受けて個人顧客についてこの範囲が拡大され、個人を相手とする店頭デリバティブ取引全般について、不招請の勧誘が禁止されることとなった（施行令16条の4第1項2号）。例えば、個人を相手とする店頭エクイティ・オプション取引、通貨スワップ取引、金利スワップ取引、店頭証券CFD取引なども、不招請の勧誘が禁止される。

金商業等府令117条1項8号は、法38条4号に規定する金融商品取引契約の締結を勧誘する目的があることを顧客（特定投資家を除く）にあらかじめ明示しないで当該顧客を集めて当該金融商品取引契約の締結を勧誘する行為を

---

50)　山下＝神田406頁。
51)　黒沼532頁。
52)　黒沼534頁。

174 第1部 金融商品取引法

禁止している。本条の潜脱を防ぐためである。

例えば、不招請勧誘の禁止の対象外の商品を訪問または電話により勧誘していたところ、店頭外国為替証拠金取引に話が及ぶという場合も、不招請勧誘の禁止は解除されないと解するべきである。

特定投資家は、本条の保護を受けない（45条1号）。罰則はない。

本条は、銀行法13条の4、保険業法300条の2で準用される。ただし、特定預金や特定保険について政令指定がされているものはない。商品先物取引法には214条9号（2011〔平成23〕年1月1日施行）がある。

(3) 活用法

府令指定の拡大を求める必要がある。被害が表面化した後での政令指定は、投資者保護が被害の後追いになるおそれがある（黒沼532頁）。

12 勧誘受諾意思不確認禁止（38条5号）

(1) 趣旨・沿革

当面は政令で指定される一部の金融商品について、業者が勧誘を開始する際に消費者がその勧誘を受けるかどうかを確認させることにより、消費者の投資判断を歪ませたり、不測の損害を与えたりしないようにして、消費者を保護するとともに、市場の公正な価格形成機能を損なわないようにするものである。

(2) 適用

適用対象について、施行令16条の4第2項は、取引所および店頭の金融先物取引を指定した。また、特定投資家は、本条の保護を受けない（45条1号）。罰則はない。

本条は、銀行法13条の4、保険業法300条の2で準用される。ただし、特定預金や特定保険について政令指定がされているものはない。類似規定として、商品先物取引法214条7号がある。

(3) 活用法

府令指定の拡大を求める必要がある。

13 再勧誘禁止（38条6号）

(1) 趣旨・沿革

当面は政令で指定される一部の金融商品について、消費者が勧誘を断った

場合に業者が再度勧誘をしてはならないとすることにより、消費者の投資判断を歪ませたり、不測の損害を与えたりしないようにして、消費者を保護するとともに、市場の公正な価格形成機能を損なわないようにするものである。

(2) 適用

適用対象について、施行令16条の4第2項は、取引所および店頭の金融先物取引を指定した。

金商業等府令117条1項9号は、法38条6号に規定する金融商品取引契約の締結につき、顧客（特定投資家を除く）があらかじめ当該金融商品取引契約の締結をしない旨（当該金融商品取引契約の締結の勧誘を受けることを希望しない旨の意思を含む）を表示したにもかかわらず、当該金融商品取引契約の締結を勧誘する行為を禁止している。本条の潜脱を防ぐためである。

特定投資家は、本条の保護を受けない（45条1号）。罰則はない。

本条は、銀行法13条の4、保険業法300条の2で準用される。ただし、政令指定がされない懸念がある。類似規定として、商先法214条5号がある。

(3) **活用法**

府令指定の拡大を求める必要がある。

14 特定金融指標の算出基礎情報の提供（38条7号）

自己または第三者の利益を図る目的を持って、特定金融指標算出者（156条の85第1項）に対し、特定金融指標の算出に関し、正当な根拠を有しない算出基礎情報（特定金融指標の算出の基礎として特定金融指標算出者に対して提供される価格、指標、数値その他の情報）を提供する行為を禁止する。

TIBORなどの金融指標をめぐる不正を防止するために、2014年に追加規定された。

15 高速取引行為者の禁止規定（38条8号）

高速取引行為者（金融商品取引業者等および取引所取引許可業者）以外の者が行う高速取引行為に係る有価証券の売買または市場デリバティブ取引の委託を受ける行為その他これに準ずるものとして内閣府令（金商業等府令116条の4）で定める行為を禁止する。

アルゴリズム高速取引に対応するために、2017年に追加規定された。

176　第1部　金融商品取引法

16　府令指定行為（38条9号）

(1)　趣旨・沿革

禁止行為として、府令によって指定できるようにしたものである。

(2)　適用

金商業等府令117条1項1号ないし40号は、次のような行為を禁止している。

- 契約締結前交付書面に関し説明をしないで契約を締結する行為（1号。37条の3の解説、特に(2)(キ)を参照されたい）
- 虚偽表示、重要事項について誤解を生ぜしめるべき表示をする行為（2号）
- 特別の利益の提供等（3号）
- 契約締結・解約の際の偽計・暴行・脅迫行為（4号）
- 債務の履行拒否・遅延（5号）
- 虚偽の相場の利用等不正の手段による顧客財産の取得（6号）
- 迷惑時間勧誘（7号）

立案担当者は、貸金業法令の午後9時から午前8時までの間との規定（貸金業法21条1項1号、貸金業施行規則19条1項）が参考になり、また、正当な理由なく休日に顧客の居宅に電話または訪問して勧誘することが該当しうる旨指摘している[53]。

- 不招請勧誘禁止契約について勧誘目的を秘して顧客を集めて勧誘する行為（8号）
- 勧誘受諾意思確認の際の訪問電話等（8号の2）
- 再勧誘禁止契約について顧客が契約締結しない旨の意思を表したにもかかわらず勧誘する行為（9号）
- フロント・ランニング（顧客から注文を受けた業者が、顧客の注文の際に自己の注文を出す行為）（10号）
- 無断売買（11号）
- 地位利用（12号）
- インサイダー取引への関与（13号）
- 発行者法人関係情報の提供・売買等（14号）

---

53)　商事1815号8頁。松尾433頁。

第 4 章　行為規制　　177

- ・発行者法人関係情報の公表前の勧誘（14号の 2 ）
- ・発行者法人関係情報の提供・募集の際の需要調査（15号）
- ・法人関係情報に基づく自己売買の禁止（16号）
- ・過当勧誘（17号）
- ・大量推奨販売（18号）
- ・作為的相場形成目的の委託（19号）
- ・作為的相場形成目的の受託（20号）
- ・一定の一任取引（21号）
- ・安定操作期間の一定行為（22号・23号）
- ・信用取引におけるのみ行為（24号）
- ・有価証券の空売りその他の行為（24号の 2 ～24号の 5 ）
- ・外国投資信託英文報告書の不説明等（25号）
- ・店頭デリバティブ取引におけるのみ行為等（26号）
- ・過当投機の規制として、個人顧客を相手方とする外国為替証拠金取引（「通貨関連デリバティブ」）について、金融商品取引業者等に対する証拠金の倍率規制（27号～30号・ 3 項～22項・29項～32項）、2011年 8 月 1 日以降はレバレッジ25倍以下（想定元本の 4 ％以上の証拠金預託）[54]
- ・親法人・子法人からの貸付けと金融商品取引業務との抱き合わせ行為（31号）
- ・抵当証券等の裏書以外の取引（32号）
- ・新株予約権の引受の場合（33号）
- ・投資運用業を行う金商業者等から投資一任契約の締結の媒介の委託を受けている場合（34号）
- ・商品関連市場デリバティブ取引におけるのみ行為等（35号～38号）
- ・法人顧客を相手方とする外国為替証拠金取引の証拠金倍率規制（39号・40号・23項～30項）

　特定投資家は、本条の保護を受けない（45条 1 号）。罰則はない。本条の関連法への準用はない。

（3）　活用法

　金商業等府令117条 1 項各号とも、重要な規定であり、行政介入の要請や

54）　松尾433頁。

178   第1部　金融商品取引法

不法行為の要素としての主張に活用できる。

17　助言運用に伴う偽計・暴行・脅迫、損失補てん約束の禁止（38条の2）
(1)　趣旨・沿革

投資助言・代理業または投資運用業に関し、投資顧問契約、投資一任契約、投資信託委託契約の契約締結や解約の際の偽計、暴行、脅迫を禁止し、また損失補てん約束を禁止するものである。

(2)　適用

助言や運用に適用され、政令指定等による制限はない。また、特定投資家への適用もある。罰則としては、3年以下の懲役もしくは300万円以下の罰金、またはその併科（198条の3）がある。

(3)　活用法

投資助言・代理や投資運用については、今後一般的な消費者が利用する機会が増えることが予想される。また、良質なサービスが供給されるようであれば、それは消費者にとって望ましいことでもある。しかし、他方、投資顧問契約や投資一任契約、投資信託委託契約は、消費者が業者に対し一定の投資判断を任せる性質を持つものであり、業者が任されたことをよいことに裁量を濫用・逸脱したり、また業者が専門性や能力がないのに消費者に誤った信頼を抱かせるといった危険性を孕むものである。

したがって、本条の各条項、特に偽計の解釈は、消費者保護および市場の構成確保の見地から、広く解されるべきものである。

18　損失補填禁止（39条）
(1)　趣旨・沿革

損失補填について、事前約束（39条1項1号）、損失後の約束（同項2号）、補填（同項3号）、顧客側からの要請（同条2項）を禁止するものである。

そして、事故確認制度がある（同条3項・7項）。内閣府令で定める事故における損失の補填について、監督当局（内閣総理大臣）の確認を受けさせるものである。

(2)　適用
(a)　政令指定による適用範囲

事故の定義について、金商業等府令118条が規定する。

事故確認が不要な場合について、金商業等府令119条１項１号ないし10号が規定する。すなわち、確定判決（同項１号）、裁判上の和解（同項２号）、民事調停および17条決定（同項３号）、認定投資者保護団体のあっせんによる和解（同項４号）、弁護士会仲裁センターの和解および仲裁判断（同項５号）、消費者センターのあっせんによる和解（同項６号）、有価証券売買等取引を対象紛争としているADR法の認証紛争解決事業者の手続による和解（同項７号）、弁護士の顧客代理による1000万円以下の和解（同項８号）、司法書士の顧客代理による140万円以下の和解（同号）、金融商品取引業協会内部委員会の調査・確認がある一定の場合（同項９号）、10万円以下の和解（同項10号）、注文誤執行（同項11号）である。

　(b)　特定投資家への適用はある。罰則としては、３年以下の懲役もしくは300万円以下の罰金、またはその併科（198条の３）がある。

　本条は、銀行法13条の４、保険業法300条の２で準用されており、類似規定として、商先法214条の３がある。

　(3)　**活用法**

　不公正な損失補填行為は、市場の価格形成機能を歪めるもので許されるものではない。1990年代初頭から消費者の証券会社に対する損害賠償請求訴訟が多発したのも、その一因は、４大証券会社が一部優良（大法人）顧客への損失補填行為をしていたことが明るみに出て、不公平感が高まったことにある。

　他方、証券事故確認行為は、業者側がこれを口実に訴訟外の和解に応じないこと等の弊害もあり、この運用および制度については、見直しが必要である。

　弁護士の顧客代理による和解について、府令案の段階では和解金額140万円以下との限定が付され、パブリックコメントを経て1000万円以下との規定となった[55]が、上限額を規定する合理性はないと考える。

19　適合性原則（40条１号）

(1)　趣旨・沿革

業者に対し適合性原則の遵守を求めるものである。当該金融商品の特性、

---

55)　金法1810号76頁。

180　第1部　金融商品取引法

仕組みやリスクと、消費者の資力、能力や意思とを照らし合わせた場合に、消費者に不測の損害が生じやすいようなときや、消費者の正しい投資判断ひいては価格形成が期待できないようなときには、業者の勧誘自体を禁止するものである。これによって、消費者保護と市場の価格形成機能を確保しようとするのである。顧客の客観的属性だけでなく、契約締結の目的（投資意向）が要素となっていることは重要である。その意味で、取引耐性のない顧客の排除という側面を強調することは、顧客の投資目的と不適合な勧誘の禁止を軽視することにつながり妥当でない[56]。

「ふさわしくない顧客にふさわしくない商品の勧誘をしてはならないとするルール」を狭義の適合性原則といい、「これに対して、顧客ごとに当該商品について当該商品にふさわしい説明をしなければ当該商品を勧誘してはならないという意味で適合性原則という概念が使用されることもあり、これを広義の適合性原則と呼ぶことがある」[57]。また、適合性原則の下での2段階の対応として、「①顧客の属性に照らして、一定の商品・取引について、そもそも当該顧客に販売・勧誘を行ってよいかを判断し（法40条1号。「狭義の適合性原則」）、②販売・勧誘を行ってよいと判断される場合でも、当該顧客の属性に照らして当該顧客に理解されるために必要な方法及び程度による説明をする（法38条7号、金商業等府令117条1項1号。「広義の適合性原則」）ことである」[58]と解説される。これら適合性原則の内容についての論議については、本書第3部第3章を参照されたい。

(2)　適用

適用範囲に政令指定等による制限はない。

特定投資家は、本条の保護を受けない（45条1号）が、民法上の適合性原則の適用がある。適合性原則違反が民事責任を発生させることを明言した最判平17・7・14 株オプ2 は、数十億円の投資をしていた株式会社が原告であった事案である。本来、適合性原則は、業者と顧客の間の情報格差を埋めようとするものではなく、金商法上も、特定投資家に適用除外されるべきものではない。

また、特定投資家への移行を承諾するか否かは金融商品取引業者の任意で

---

56)　黒沼529頁。
57)　山下＝神田404頁。
58)　松尾395頁。

あるが、承諾するにあたっては、相手が個人であれ法人であれ、適合性の原則が適用される[59]。

さらに、「登録金融機関が金融商品仲介行為を行う場合や、金融商品仲介業者が顧客に対する『勧誘』行為を行う場合には、特定投資家を含むすべての顧客に対して適合性原則の適用があるものと考えられる。」[60]

罰則はない。類似規定として、銀行法12条の２第２項、同施行規則13条の７、保険業法100条の２、同施行規則53条の７、商品先物取引法215条がある。

(3) 活用法

本条は、直接には行政介入の根拠規定であるが、あわせて、民事責任の根拠ともなる。前述の最判平17・７・14のいう「著しく」について、最高裁の担当調査官は、「なお、私見であるが、本判決がいう『適合性の原則から著しく逸脱』の『著しく』の要件は、単なる取締法規の違反と不法行為上の違法との二元的理解を踏まえたレトリックという意味合いが強いものと思われ、実質的なハードルの高さを必ずしも意味しないものと解される。」と解説している[61]。この点について、伝統的には「一般には、金融商品取引法違反がそれだけで直ちに司法上の効果を有するわけではなく、私法上、たとえば不法行為の要件を満たしたような場合には、業者は顧客に対して損害賠償責任を負うと解されている。」[62] とされてきたが、前記調査官解説の趣旨からも、取締法規違反と不法行為法上の違法の間に差異はないというべきである。

この最高裁判決は、リスクのある商品について、禁圧まではしないが、具体的な商品特性と顧客の意向や属性とを総合的に判断せよとして、商品開発と消費者保護との両立を図ったものである。同判決は、オプションの売り取引は極めてリスクの高い取引ではあるが、証券取引所に上場され、監督当局の承認を受け、基礎商品の価格が一般日刊紙に掲載されており、消費者保護のための一定の制度的保障と情報環境が整備されているとし、一律に取引市場から排除するのではなく、「当然に一般投資家の適合性を否定すべきものであるとはいえない。」と指摘したのである。

---

59) パブリックコメント196頁。
60) アドバンス金商法667頁（金法1817号〔2007年〕22頁〔松尾直彦発言〕を引用）。
61) 宮坂昌利「判解」曹時60巻１号212頁、232頁。
62) 山下友信「証券会社の投資勧誘」龍田節＝神崎克郎編『証券取引法体系』〔商事法務研究会、1986年〕。

182 第1部 金融商品取引法

この最高裁判決を踏まえると、適合性原則は、商品調査義務（ノウ・ヨア・プロダクト）と顧客調査義務（ノウ・ヨア・カスタマー）、推奨に関する合理的根拠の存在の3つに分析できると考える。つまり、同判決は、具体的な商品特性と顧客の意向や属性との相関関係で総合的に考慮するというのであるから、商品特性と顧客の意向や属性を調べることは前提となっている。行為規範としても、同原則を遵守するには、これらを調査しなければ、総合的判断の前提を欠くことになる。多くの裁判例は、裁判で判明した顧客属性および投資意向を基礎に適合性を判断しているといえる。また、業者が知ることができたであろう顧客の属性に照らして判断すべきであるとの指摘[63]も、実質的に顧客調査義務を前提としたものといえる。

特に商品調査については、顧客に比して業者側がその能力をより備えている。金融革新下の新規商品については、なおさらである。また、業者側でさえよくわからない商品であったり、販売勧誘しにくかったりする商品であるなら、仕入れなければよいわけで、こうして一般消費者や市場に適合しない商品は事実上排除されることになる。商品性については、日本証券業協会の投資勧誘規則改正（2010年9月13日）において「合理的根拠適合性」の概念が規定されるなど、実務の法理は発展してきている[64]。

顧客調査について、「実務上は、顧客ごとに属性を把握するための書類（顧客カード）を作成し、顧客の知識、経験、財産の状況、投資目的、リスク管理能力などの顧客の属性を把握してからでなければ、金融商品の勧誘を行ってはならないと内部規定において定めるのが通常である」[65]が、金融庁の監督指針や日本証券業協会の規則、全国銀行協会のガイドライン等も含め、形式だけにとどまらず実質的に履行されることが必要である。

また、適合性原則違反による不法行為が成立する場合には、説明義務違反の有無にかかわらず賠償責任が肯定されるべきで、業者の説明をたやすく信じた顧客の過失が認められるとしても、過失相殺の対象にならないと解すべきである[66]。

---

63) 黒沼530頁。
64) 合理的根拠適合性等について、本書第3部第3章（特に第1節2(4)）参照。
65) アドバンス金商法660頁（日証協「協会員の投資勧誘、顧客管理等に関する規則」5条1項参照）。
66) 黒沼530頁〜531頁。

第4章　行為規制　　183

20　内閣府令で定める状況（40条2号）

(1)　趣旨・沿革

適合性義務違反以外についても、内閣府令で定める状況になってはいけない旨明示し、その違反がある場合には、行政介入（業務改善命令、業務停止等）ができる。

(2)　適用

内閣府令で定める状況は、金商業等府令123条1号ないし30号が規定する。

金商業等府令123条13号は、一任勘定取引をする場合で十分な社内管理体制をあらかじめ整備をしていない状況を規定した。つまり、投資運用業を行わない金融商品取引業者であっても、投資一任契約に当たらない一任勘定取引を社内管理体制整備の下にできることになる[67]。また、投資運用業を行う金融商品取引業者は、投資一任契約（2条8項12号ロ）を締結することができる。

事実上の一任状態の取引は、投資運用業の登録をしなければ許されない行為を行うに等しいというべきであり、忠実義務違反（手数料取得目的など）や善管注意義務違反（過大なリスク負担など）を伴い民事上違法となることが多いと思われる。

金商業等府令123条4号が、引受審査の適切かつ十分な実施について定めるなど、同条には、市場を歪める取引についての規定がある[68]。

特定投資家へも適用される。罰則はない。また、本条は関連法での準用はない。

(3)　活用法

金商業等府令123条各号とも、重要な規定であり、行政介入の要請や不法行為の要素としての主張に活用できる。

21　最良執行方針等（40条の2）

(1)　趣旨・沿革

最良執行義務とは、業者が顧客の注文による取引を成立させる場合に、顧客に最も有利な条件で成立させなければならないというものである。このこ

---

67)　黒沼165頁。
68)　商事1815号8頁参照。

184 第1部 金融商品取引法

とを確保するために、業者に最良執行方針の制定と、公表、履行、方針等を記載した書面交付を義務づけるものである。1998 (平成10) 年改正において取引所集中義務が撤廃されたのと見返りに導入された。

(2) 適用

適用除外取引について、施行令16条の6第1項が規定する。最良執行方針の内容について、同条2項が規定する。本条4項の書面交付義務の対象となる取引は、施行令16条の6第3項が規定する。

公表や書面の記載事項等については、金商業等府令124条が規定する。

本条4項 (書面交付義務) については特定投資家への適用がない (45条2号) が、その他 (方針の公表等) は適用がある。罰則はない。また、関連法への本条の準用はない。

(3) 活用法

最良執行方針について、各社に公表させることによりコンプライアンスを確保しようとするものであるので、消費者団体等は、その比較監視等を行う必要がある。最良執行方針が実際に履行されたかどうかを事後的に消費者において検証する作業は、往々にして困難であるので、業者の記録開示や取引所等の消費者に対する情報開示や、監督行政の消費者に対する情報提供の制度・運用が整備されることが必須である。

22 分別管理が確保されていない場合の売買等の禁止 (40条の3)

(1) 趣旨・沿革

一定の集団投資スキームについて、出資金等の分別管理が確保されているものでなければ売買、募集等をしてはならないとするものである。これにより、実質的には、当該集団投資スキームについて、出資金等の分別管理を義務づけることとなる。

(2) 適用

関連有価証券の範囲等は、施行令16条の7・1条の3各号が規定する。分別管理確保の基準については、金商業等府令125条が規定する。特定投資家への適用があり、本条の関連法への準用はない。

(3) 活用法

集団投資スキームは、消費者・出資者がその資金等の運用を任せる性格を持つもので、その運用にあたっては出資者の利益が第1に置かれなければな

第 4 章　行為規制　　185

らないだけでなく、業者倒産の場合を典型にして、分別管理は必須である。

　しかし、業者が実際に分別管理をしているかどうかの検証を消費者側がすることは容易ではないので、業者自体の内部管理体制の確保と情報開示はもちろん、自主規制機関や監督行政による監視と消費者への情報提供の制度・運用の確立が必須である。

23　金銭の流用が行われている場合の募集等の禁止（40条の3の2）

　金融商品取引業者等は、有価証券等の募集（2条8項7号〜9号）の行為を、出資・拠出された金銭が当該金銭を充てて行われる事業に充てられていないことを知りながら、それは募集をしてはならないとの規定である。

24　特定投資家向け有価証券の売買等の制限と告知義務（40条の4・40条の5）

　40条の4は、金融商品取引業者等は、特定投資家向け有価証券について、一般投資家を相手方とし、または一般投資家のために、売買等（2条8項1号〜4号・10号の行為）を行ってはならないとの規定である。例外があり（40条の4ただし書、金商業等府令125条の3）、罰則がある。

　40条の5は、特定投資家向け有価証券に関し、開示が行われている場合に該当しない場合にその旨を告知するべきこと、特定投資家から特定投資家向け有価証券取引契約の申込みを初めて受けた場合に取引の特質等や適合性原則を満たさず当該者の保護に欠けることとなるおそれがある旨を告知すべきこと等を定めた規定である（金商業等府令125条の5・125条の6参照）。

25　商品市場デリバティブ取引におけるのみ行為の禁止（40条の6）

　金融商品取引業者等は、商品関連市場デリバティブ取引等の委託を受けたときに、のみ行為（その委託に係る商品関連市場デリバティブ取引等をしないで、自己がその相手方となって取引を成立させること）をしてはならないとの規定である。

26　店頭デリバティブ取引に関する電子情報処理組織の使用義務等（40条の7）

　金融商品取引業者等が、特定店頭デリバティブ取引（金商業等府令125条の7）を行う場合には、一定の電子情報処理組織を使用して行わなければならないとの規定である。

186　第1部　金融商品取引法

第3節

投資助言、運用、管理各業務特則等

1　投資助言業務における顧客に対する義務（41条）

(1)　趣旨・沿革

投資助言業務を行う金融商品取引業者等に、受託者責任として、忠実義務と善管注意義務を課すものである。助言業者は顧客の忠実な受託者（フィデューシャリー）であり、利益相反的なことをしてはならないことと、顧客のためにベストを尽くすべきことを確保するための包括的規定である。

金商法は、投資一任業以外の投資顧問業（投資助言業）と、投資顧問と顧客との仲介業務をあわせて、「投資助言・代理業」とし、41条以下に行為規制を規定している。「投資助言・代理業」の定義は、28条3項・2条8項11号（助言、投資顧問契約）・13号（代理）にある。投資一任業は、投資信託委託業などとあわせて、投資運用業とされ、42条以下に行為規制がある。

(2)　適用

適用範囲に政令指定による制限はない。また、特定投資家への適用はある。本条の関連法への準用はない。

(3)　活用法

本条は、単なる訓示規定ではなく、本条違反は法令違反となり行政処分の対象となると解するべきである[69]。また、本条は顧客保護規定であり、本条違反は顧客に対する債務不履行や不法行為として損害賠償責任を発生されるものと解するべきである。

投資助言を業とする者が、顧客に助言する一方で、自らまたは他の顧客のために利益相反的な投資や助言をしたりするおそれがある。相場操縦的なこともありうる。明確な利益相反行為等は、41条の2で明示的に禁止されているが、同条所定の禁止事項に準ずるような問題行為あるいは同条各号にわたる違反の疑いがあるような行為（あわせて1本的な行為）は、本条違反と解す

---

[69]　岸田雅雄監修『注釈金融商品取引法(2)』（金融財政事情研究会、2009年）428頁〔永田光博〕。

第4章　行為規制　　187

るべきである。

2　投資助言業務における禁止行為（41条の2）

(1)　趣旨・沿革

投資助言をする金融商品取引業者等の受託者が陥りがちな忠実義務違反行為を取り上げて禁止したものである。本条1号ないし3号は、顧客相互間ないし顧客と業者間の利益相反行為を禁止し、4号は、利益相反となる危険性を孕む取引として顧客との取引に関する情報の利用による自己売買を禁止し、5号は、損失補てんを禁止したものである。6号は、内閣府令への委任条項である。

(2)　適用

6号について、金商業等府令126条が、不当に取引高を増加させ、または作為的に値づけをすることとなる取引を行うことを内容とした助言等を禁止している。特定投資家への適用があり、罰則はない。本条の関連法への準用はない。

(3)　活用法

投資助言を業とする者が、顧客に助言する一方で、実際には自らまたは他の顧客の利益を優先するという問題事例が往々にしてある。業者にとっては、そのような自己売買をしたり大口顧客を優先したりする誘惑にかられることがあるということであろう。一般消費者・顧客にとって、このような利益相反行為等の発見や立証は極めて難しい。したがって、業者の取引手口や取引状況について、監督当局のモニターとともに、民事訴訟での証拠収集・保全の工夫が求められる。

3　投資助言業務における有価証券の売買等の禁止（41条の3）

(1)　趣旨・沿革

投資助言業者に、顧客相手または同顧客のための有価証券の売買等を禁止するものである。投資助言（投資顧問）業者が、一任売買をして、あるいは一任売買をしたと称して、顧客からの預かり金を費消したり追加証拠金を求めたりする問題事例を防止するための規定である。

(2)　適用

例外規定として、その他政令で定める場合について、施行令16条の8が規

188　第1部　金融商品取引法

定している。1 年以下の懲役もしくは100万円以下の罰金、またはその併科（201条4 号）である。法人については、罰金が 1 億円以下（207条1 項5 号）とされる。関連法への準用はない。

（3）　活用法

投資助言を業とする者が、顧客に助言すると称して、顧客の計算で無断売買をしたり、一任売買であると称したりして、預かり金を費消したり追加証拠金を求めたりする悪質な商法が多発した。監督当局のモニターとともに、民事訴訟での証拠収集・保全の工夫が求められる。

4　投資助言業務における金銭または有価証券の預託の受入れ等の禁止
（41条の4）

（1）　趣旨・沿革

投資助言業者に、顧客からの金銭等の受入れを禁止するものである。投資助言（投資顧問）業者が、顧客から預かり金を受けて、それを様々な口実で費消したり追加証拠金を求めたりする問題事例を防止するための規定である。

（2）　適用

例外規定として、政令で定める場合について施行令16条の 9 、政令で定める者について施行令16条の10がある。

特定投資家には適用されない（45条3 号）。ただし、「預託を受けた金銭及び有価証券を自己の固有財産及び他の顧客の財産と分別して管理するための体制（管理場所を区別することその他の方法により当該金銭及び有価証券を自己の固有財産及び他の顧客の財産と明確に区分し、かつ、当該金銭及び有価証券の預託を行った顧客を判別できる状態で管理するための体制をいう。）が整備されていない場合」は適用がある（同条ただし書、金商業等府令156条3 号）

1 年以下の懲役もしくは100万円以下の罰金、またはその併科（201条4 号）、法人について 1 億円以下の罰金（207条1 項5 号）とされる。関連法への準用はない。

（3）　活用法

投資助言を業とする者が、顧客から預かり金や売買代金を交付させて、費消してしまう悪質な商法が多発した。業者の適格性について、監督当局のモニターとともに、民事訴訟での証拠収集・保全の工夫が求められる。

5　投資助言業務における金銭または有価証券の貸付け等の禁止
（41条の5）
（1）　趣旨・沿革

　投資助言業者に、顧客からの金銭の貸付け等を禁止するものである。投資助言（投資顧問）業者が、顧客に金銭を貸し付けると言って、様々な口実で負担を重くしていく問題事例を防止するための規定である。

（2）　適用

　例外規定として、政令で定める場合について施行令16条の11が規定している。同条4号の内閣府令で定める場合について、府令はない。

　特定投資家には適用されない（45条3号）。

　1年以下の懲役もしくは100万円以下の罰金、またはその併科（201条4号）である。法人については、罰金が1億円以下である（207条1項5号）。

（3）　活用法

　投資助言を業とする者が、顧客から預かり金や売買代金を貸し付けた上で、様々な口実で損害が生じたとして、返済負担を大きくしていく悪質な商法が多発した。業者の適格性について、監督当局のモニターが期待されるとともに、民事訴訟での証拠収集・保全の工夫が求められる。

6　投資運用業に関する特則（42条〜42条の8）

　投資運用業（28条4項）とは、投資信託制度や投資法人制度で投資者（権利者）が拠出した資金を運用する行為や、投資一任契約に基づいて顧客の資産を有価証券などへの投資として運用する行為である。

　金融商品取引業者等は、権利者のために忠実に投資運用業を行わねばならず、また、権利者に対し、善良な管理者の注意をもって投資運用業を行わなければならない（42条）。

　禁止行為（42条の2）として、自己取引を内容とする運用（同条1号）、運用財産相互間取引を内容とした運用（同条2号）、取引に基づく価格変動を利用して自己等の利益を図る運用（スキャルピング〔同条3号〕）、通常と異なる条件かつ権利者の利益を害する条件での取引を内容とした運用（同条4号）、運用として行う取引情報を利用して自己の計算において行う取引（同条5号）、運用として行った取引による権利者の損失の補塡（同条6号）、その他内閣府令で定める行為（同条7号、金商業等府令130条）が規定されている。

190　第1部　金融商品取引法

　また、運用権限の委託（42条の3）、分別管理（42条の4）、金銭または有価証券の預託の受入れ等の禁止（42条の5）、金銭または有価証券の貸付け等の禁止（42条の6）、運用報告書の交付（42条の7）、信託業法の適用除外（42条の8）について規定がある。

7　有価証券等管理業務に関する特則（43条〜43条の4）

　有価証券管理業務（28条5項）に関して、善管注意義務（43条）や、分別管理（43条の2・43条の2の2・43条の3）、顧客の有価証券を担保にする行為等の制限（43条の4）について規定がある。

8　電子募集取扱業務に関する特則（43条の5）

　金融商品取引業者が、電子募集取扱業務を行う場合に、37条の3第1項の書面に記載する事項のうち一定のものを閲覧できる状態に置かなければならないとの規定である。詳細は、金商業等府令146条の2が定める。

9　弊害防止措置等（44条〜44条の4）

　金融商品取引業者等が、2以上の業務の種別（業務の種別については、29条の2第1項5号に規定がある）を行う場合の禁止行為（44条）として、取引情報を利用した取引勧誘（同条1号）や、他の業務のために投資助言業務・投資運用業で不必要な取引を行うこと（同条2号）、その他内閣府令で定める行為（同条3号、金商業等府令147条）について規定がある。

　また、その他業務に係る禁止行為（44条の2）として、信用取引以外の信用付与を条件とする売買受託等（同条1項1号・2項1号）、他業の利益のために投資助言業務・投資運用業で不必要な取引を行うこと（同条1項2号・2項2号）、その他内閣府令で定める行為（同条1項3号、金商業等府令149条、44条の2第2項3号、金商業等府令150条）について規定がある。

　さらに、親法人等または子法人等が関与する行為の制限（44条の3）として、通常の取引と異なる条件等の取引（同条1項1号・2項1号）、契約締結を条件に親法人等・子法人等が顧客に信用供与していることを知りながらの当該顧客との契約締結（同条1項2号・2項2号）、親法人等・子法人等の利益のために投資助言業務・投資運用業で不必要な取引を行うこと（同条1項3号・2項3号）、その他内閣府令で定める行為（同条1項4号、金商業等府令153条1項、

44条の 3 第 2 項 4 号、金商業等府令154条 1 項）について規定がある。

　有価証券の引受人となった金融商品取引業者等は、当該有価証券を売却する場合に引受人となってから 6 カ月を経過するまでは、その買主に対し買入代金について信用供与をしてはならない（44条の 4 ）。

第5章

関係主体

1 市場を構成する主体

(1) 市場とは

市場の語は、経済学的には、財貨やサービスの需要・供給の関係の全般をいい、場所を意味する使い方としては、広義では取引所と店頭（業者の店内）の両方、狭義では取引所を指す。金商法では、いずれの意味の使われ方もみられる。

1条（目的）では、「資本市場の機能の十全な発揮による金融商品等の公正な価格形成等を図り、」として、市場の語を経済学的な意味で用い、2条では、「『金融商品市場』とは、有価証券の売買又は市場デリバティブ取引を行う市場（商品関連市場デリバティブ取引のみを行うものを除く。）をいう」（同条14項）、「『取引所金融商品市場』とは、金融商品取引所の開設する金融商品市場をいう」（同条17項）と、場所の意味のうち狭義で用いている。

(2) 「経済学的意味の金融商品市場」の構成者

経済学的意味での金融商品市場は、①業者（インベストメント・チェーンの総体。組成者〔開発者〕、販売者、資産管理者、運用者、助言者）、②投資者、③場の提供者、④規制監督者により構成される。

①業者には、証券会社・投資信託委託会社・投資助言会社などの金融商品取引業者、証券業務を行う銀行等、金融商品仲介業者、信用格付け会社、振替決済機構などがある。②投資者には、一般投資家、特定投資家、適格投資家、適格機関投資家という概念がある。投資者は、自身の金融資産の増加を目指して資金を出す。その上で、議決権行使等による投資先の監視、コント

【図表１】市場を構成する主体（株式、証券デリバティブの場合）

数値は2018（平成30）年７月８日時点の最新公表データ

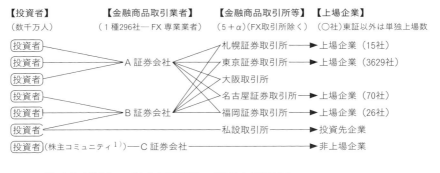

ロールも行う。この場合の基準としてスチュワードシップコード[2]がある。
③場の提供者には、場所の意味で用いられる市場が該当する。金融商品取引

---

1) 株主コミュニティ銘柄制度　日本証券業協会が2015年５月に創設した、非上場株式の流通取引・資金調達の制度。証券会社が非上場株式の銘柄ごとに株主コミュニティを組成し、これに自己申告により参加する投資家に対してのみ投資勧誘を認める仕組みである。想定される参加者は、その会社の役員、従業員、その親族、株主、継続的な取引先といった会社関係者、新規成長企業等への資金供給により成長を支援する意向のある投資家、地域に根差した企業の財・サービスの提供を受けている（または受けようとする）ことから株主優待を期待する者などの非上場株式の取引意向のある者等である。
2) 「『責任ある機関投資家』の諸原則《日本版スチュワードシップコード》」　機関投資家は、投資先企業やその事業環境等に関する深い理解に基づく建設的な「目的を持った対話」（エンゲージメント）などを通じて、当該企業の企業価値の向上や持続的成長を促すことにより、「顧客・受益者」（最終受益者を含む。以下同じ。）の中長期的な投資リターンの拡大を図る責任があるとして、機関投資家が、顧客と投資先企業の双方を視野に入れ、「責任ある機関投資家」としての責任を果たすのに有用な諸原則をいう。
　金融庁が主導して2014年２月に定められた。「プリンシプルベース・アプローチ」（原則を規定し関係者にはその趣旨・精神を確認して活動することを求めるもの）、「コンプライ・オア・エクスプレイン」（従うか、従わない場合はその理由の説明を求めるもの）を特徴とする。制定後、形式的な対応にとどまっていることが懸念され、2017年５月に改訂された。2018年７月３日現在、信託銀行等６、投信・投資顧問会社等163、年金基金等31、生保・損保22、その他７の合計229社が受入れを表明している。

194　第1部　金融商品取引法

所と私設取引所がある。金融商品取引所には、有価証券を専門に取り扱う取引所〔例：東京証券取引所等〕、デリバティブ取引を専門に扱う取引所（大阪取引所、東京金融取引所）がある。④規制監督者としては、金融庁、証券取引等監視委員会、自主規制機関（日本証券業協会等）がある。自主規制機関が主体となって紛争解決機関を設けている。

　業者（①）についてはすでに第3章で解説したので、それ以外を順次解説する。

2　投資者

(1)　投資者の分類の概要

　市場を構成する最も重要な主体は、資金の出し手である投資者である。投資者は、個人である場合もあれば、株式会社等の法人であることもある。このような投資者には、販売勧誘規制の観点からの分類（特定投資家と一般投資家）、開示規制の観点からの分類（適格機関投資家）、投資運用業への参入促進の観点からの分類（適格投資家）がある。

(2)　特定投資家と一般投資家

　販売勧誘規制の観点から、その専門性、知識、投資経験や資金量などにより、投資者は、特定投資家（投資のプロ）[3]と一般投資家（投資のアマ）に分けられる。特定投資家に対しては、一般投資家に対して適用される販売勧誘規制のうち一部しか適用されず（45条）、例えば書面交付義務や適合性原則などの規定は適用されない[4]。

　各分類の具体的内容は【図表2】のとおりである（A、Bの表示は本書による便宜的な区分）。

　特定投資家に移行可能な一般投資家（【図表2】の一般投資家B）が特定投資家へ移行すると、金商法の販売勧誘規制のうち一部しか適用されなくなる（つまり、保護が薄くなる）ので、この移行手続は慎重になされる必要がある。そこで、金商法は、契約の種類（金商業等府令53条）ごとの申出、承諾書面

---

3)　金商法の特定投資家と金販法3条7項1号・9条1項の特定顧客の範囲は同じである（金販法施行令10条1項）。

4)　このほか、2008年改正で特定投資家私募が設けられ（2条3項2号ロ）、開示の場面でも特定投資家がプロ扱いされることとなり（第1部第2章を参照）、次項の適格機関投資家概念との役割分担が入り混じってきている。

【図表2】

特定投資家A	適格機関投資家、国、日本銀行（2条31項1号〜3号）
特定投資家B （金融商品取引業者に対し契約の種類毎に、一般投資家として扱うよう申出可〔34条の2第1項〕）	特別法で設立された法人、投資者保護基金、預金保険機構、農水産業協同組合貯金保険機構、保険契約者保護機構、特定目的会社、上場会社、資本金5億円以上の会社、金融商品取引業者、適格機関投資家等特例業務届出者、外国法人（2条31項4号、定義府令23条）
一般投資家B （特定投資家に移行可能な一般投資家〔34条の4第1項〕）	法人（34条の3第1項）、ファンド関係者（金商業等府令61条）、富裕層個人（金融資産3億円以上＋取引経験1年以上）（同府令62条）
一般投資家A	富裕層でない個人

（個人顧客について34条の4第2項、法人顧客について34条の3第2項。金商業等府令55条）、個人顧客について金商業者の要件充足確認義務（34条の4第2項）を定め、期間を1年ごととして（34条の4第6項・34条の3第2項柱書）、顧客の意向や状況の変化による不測の損害を防ごうとしている。いつでも一般投資家に戻れる（34条の4第4項・34条の3第9項）。

　一般投資家に移行可能な特定投資家（【図表2】の特定投資家B）は契約の種類（金商業等府令53条）ごとに一般投資家への移行申出をすることができる。この場合、金商業者は、一定の事項を記載した書面を交付して（34条の2第3項）、原則としてその申出を承諾しなければならない（同条2項）。いつでも特定投資家に戻れる（同条10項）。

(3)　適格機関投資家

　開示規制を緩和する観点からプロとして特別扱いするのが適格機関投資家である。有価証券に対する投資に係る専門的知識および経験を有する者として内閣府令で定める20数類型がそれに該当する（2条3項1号、定義府令10条1項1号〜27号）。例えば、有価証券関連業または投資運用業を行う金融商品取引業者（証券会社、投信会社等）、投資法人、銀行等の金融機関、保険会社、投資事業有限責任組合、純資産100億円以上で金融庁長官に届出を行った厚生年金基金や企業年金基金、運用型信託会社のうち金融庁長官に届出を行った者、10億円以上の有価証券を保有する法人または口座開設後1年以上経過し10億円以上の有価証券を保有する個人で金融庁長官に届出を行った者などである（第3章第2節1(8)参照）。

196 第1部 金融商品取引法

適格機関投資家のみを相手とする有価証券の取得勧誘は、その取得者から適格機関投資家以外の者に譲渡されるおそれが少ない場合は、募集に該当しないこととし（プロ私募。2条3項2号イ）、募集の開示規制が適用されない。

また、集団投資スキーム持分への投資者に適格機関投資家が含まれていてそれ以外が49名以下の場合、その取得勧誘や投資運用は、適格機関投資家等特例業務としての私募、適格機関投資家等特例業務としての投資運用として、金融商品取引業の登録がない者も、届出をすれば行うことができることとしている（63条1項・2項）。投資者として入っている適格機関投資家による監視監督が期待できるという理由である。

(4) 適格投資家

投資運用業への参入を促進する観点から、2011年改正で、通常の投資運用業と適格機関投資家等特例業務としての投資運用業の中間に、適格投資家向け投資運用業（プロ向け投資運用業）の制度が設けられている（29条の5第1項）。適格投資家とは、特定投資家とほぼ同じ範囲の概念であり、特定投資家に、投資運用業者と密接な関連を有する者を追加し（同条3項）、申出によって特定投資家に移行した一般投資家を除外したものである（34条の2第5項・8項の括弧書・34条の3第4項・6項括弧書参照）。

適格投資家向け投資運用業に該当するためには運用財産の総額は200億円を上限とする（29条の5第1項2号、施行令15条の10の5）。適格投資家向け投資運用業では、登録要件が通常の投資運用業よりも緩和されており（29条の5第1項）、取締役会設置会社でなくともよく、最低資本金・純資産要件が5000万円から1000万円に緩和されている。

3 金融商品取引所

従来の証券取引所と金融先物取引所を含む横断的な組織概念として、金融商品取引所という概念が設けられている。この開設には免許が必要である（80条）。組織形態としては、会員制法人と株式会社の2形態がある。取引所という文字を用いればよいので（86条1項）、金融商品取引所という名称、従来の名称、その他の名称のいずれでもよい。東京証券取引所など従来の名称を用いているところもあれば、大阪取引所（元は大阪証券取引所）、東京金融取引所（元は金融先物取引所）など名称を変更したところもある[5]。

有価証券が金融商品取引所での取引対象となることを、上場という。金

融商品取引所のうち証券取引所は、市場を、通常の市場（東京証券取引所と名古屋証券取引所はさらに1部、2部と分けている）、新興市場（東京証券取引所のマザーズとJASDAQ、名古屋証券取引所のセントレックス、札幌証券取引所のアンビシャス、福岡証券取引所のQ‐ボード）、プロ向け市場（東京証券取引所のTOKYO PRO Market）[6]に区分して上場させている。

　各取引所での取引は、会員（会員制法人運用の取引所の場合）または取引参加者（株式会社運用の取引所の場合）しか行えない（111条）。会員や取引参加者（以下、両者を「会員等」という）となるのは証券会社であり、一般の投資者が取引をするには、その証券会社に委託する必要がある。この委託は、取引所が定める受託契約準則によらなければならない（133条1項）。受託契約準則には、受託の条件、受渡しその他の決済方法、信用取引に関する事項などが定められている（同条2項）。委託を受ける取引では、証券会社は取次を行う問屋（商法551条）の立場になる。

　金融商品取引所は、会員等に対し、取引参加契約に基づき、取引注文が実現されるような市場システムを提供する義務を負う。また、適切に売買停止権限を行使する義務も負い、決済の可否に問題が生じかねない状況を認識しつつ、これを行使しないことは、市場参加者との関係で違法な行為となる。

　金融商品取引所が会員等との間で紛争となる要因としては、誤発注、誤表示、ロスカットなどが考えられる。取引参加契約には、通常の過失は免責とする規定があるものがあり、この解釈をめぐって争いとなった事件として、ジェイコム株誤発注事件がある[7]。

　金融商品取引所は自主規制業務を行わなければならず（84条）、自主規制法

5）　合併　　東京証券取引所と大阪証券取引所は、2013年1月1日合併して、日本取引所グループ（JPX）となった。2013年7月には現物市場を東京証券取引所に集中させ、2014年3月にはデリバティブ取引を大阪取引所（大阪証券取引所が名称変更）に集中させた。

6）　TOKYO PRO Market　　2008年改正でプロ向け市場制度が創設され（117条の2）、これに基づき、2009年6月に東京証券取引所グループとロンドン証券取引所の共同出資によりTOKYO AIMが開設され、日本やアジアの成長企業に資金調達の場を提供すること、国内外のプロ投資家に投資機会を提供すること等を目的とし、ロンドンAIMにおけるNomad制度を参考として「J-Adviser制度」を採用するなどしてきた。2012年7月からは東京証券取引所が単独で市場運営を行うこととしTOKYO PRO Market（株式）、TOKYO PRO-BOND Market（社債）となっている。

7）　東京高判平25・7・24 市場1。

198 第1部 金融商品取引法

人への委託（85条・102条の2以下）、自主規制委員会の設置（105条の4以下）に関する規定が整備されている。また、その公的性格から、金融商品取引所が株式会社形態の場合、主要株主に対する規制がある（103条の2・106条の3）。

4 金融商品取引業協会（自主規制機関）

このように金融商品取引所が自主規制業務を行うことに加えて、金融商品取引業者の自主規制機関として金融商品取引業協会が設けられており、そこでも自主規制業務を行っている。金融商品取引業協会としては、従来の経緯から、認可金融商品取引業協会（67条〜77条の7。例：日本証券業協会）、認定金融商品取引業協会（78条〜79条の6。例：金融先物取引業協会、投資信託協会、投資顧問業協会[8]）の2種類が設けられている。

金融商品取引業協会は、会員の自主規制、会員と顧客との紛争処理・あっせん等を行う。協会に加入せず第一種金融商品取引業や投資運用業を行う者については、内閣総理大臣が自主規制機関等の定款・規則を考慮し、直接監督する（29条の4第1項4号ニ参照）。

金融商品取引業協会は、それぞれ自主規制規則を作り、会員に適用している。例えば日本証券業協会は、従来の公正慣習規則とほぼ同じ内容の規則を「自主規制規則」と名称変更して維持しているほか、統一慣習規則、紛争処理規則を維持している。自主規制規則のうち、「協会員の投資勧誘・顧客管理等に関する規則」（投資勧誘規則と略称される）が投資被害救済の観点からは重要である。

金融商品取引業協会は、金融商品取引業者と顧客との紛争を解決する仕組み（ADR）を持つことが求められ、後述するように、日本証券業協会、金融先物取引業協会、投資信託協会、投資顧問業協会が共同して紛争解決機関として証券・金融送品あっせん相談センター（FINMAC）を設けている。

5 投資者保護基金
(1) 趣旨
金融商品取引の安全ネットとして、投資者保護基金制度がある。社債の発

8）　このほか、商品ファンドの自主規制機関として日本商品投資販売業協会が2008年6月に設立されたが、2011年2月28日に解散した。

行会社が破綻した場合にその保有者が元本や社債金利の支払を期日に受けられなくなるのは、信用リスクの実現でありやむをえないことであるし、ある会社が破綻してその株式が無価値になるのも、株式の性質上当然のことであり、投資者はこれらの場合はその損失を受け止めなければならないが、顧客から資金や証券を預かっている証券会社が破綻したために顧客にそれらを返還できなくなることは、投資者にとっては受け入れ難いリスクであり、このようなことが放置されれば、証券取引に対する信頼を失うことになる。

そこで、一方で、顧客資産のこのような毀損を防ぐために前述のとおり分別管理を義務づけている（43条の2）。他方、破綻する場合ほど分別管理が不十分となるおそれが出てくるのでその場合に備えて、証券会社が破綻した場合の安全ネットとして、預託金や預託証券が返還されないことによる損失を一定限度まで補償する、投資者保護基金制度が設けられている（79条の20～79条の80）[9]。

(2) 投資者保護基金制度の内容

有価証券関連業を行う金融商品取引業者は、認可法人である投資者保護基金に加入しなければならない[10]（79条の27）。現在、認可法人として日本投資

---

[9] 他の金融商品取引の安全ネット　①保険の安全ネット　保険会社が破綻した場合の安全ネットとして、保険契約者保護機構の制度が保険業法に規定されている（保険業259条以下）。破綻保険会社に係る保険契約の移転等における資金援助、承継保険会社の経営管理、保険契約の引受け、補償対象保険金の支払に係る資金援助および保険金請求権等の買取りを行う等により、保険契約者等の保護を図り、もって保険業に対する信頼性を維持することを目的とする制度である。生命保険と損害保険に分かれて存在する。

生命保険では、生命保険契約者保護機構が、損害保険では、損害保険契約者保護機構がそれぞれ保険業法に基づいて1998年12月に設立されている。前者には国内で事業を行うすべての生命保険会社が加入し、後者には、国内において損害保険業を営む損害保険会社がすべて加入している。「少額短期保険業者」は保険契約者保護機構の会員ではなく、また、その契約者等は補償の対象外である。

②　預金の安全ネット　預金の場合は、預金保険法に基づき、預金保険機構が設立されている。預金保険機構は、銀行等の金融機関から保険料を徴収して、破綻した場合の顧客の預金を一定限度額まで保障する、預金保険制度を運用する組織である。一般の預金で1,000万円を上限とする。

③　国内商品先物取引の安全ネット　商品先物取引では、委託者保護会員制法人による委託者保護基金制度が運用されている（商先法269条以下）。商品先物取引会社が破綻した場合などで、委託者の預かり資産等が弁済困難になったときに、それを一定額まで保障する制度である。

[10] ただし、第一種金融商品取引業を行わない金融商品取引業者はこの義務がないので、その業者が加入しない場合は安全ネットがないことになる（施行令18条の7の2）。

200　第1部　金融商品取引法

者保護基金が設立されている。

　投資者保護基金は、金融商品取引業者と有価証券関連取引をした一般顧客の預託した顧客資産が、業者の破綻のため円滑に返還されない場合に、代わって返還する業務を行う（79条の27、施行令18条の7の2。79条の20・79条の56）。具体的には、会員である金融商品取引業者が破綻した場合に、①一般顧客資産にかかる債務の支払（顧客1人当たりの限度額1000万円）、②一般顧客資産の返還にかかる債務の迅速な履行に必要な資金の貸付、③一般顧客の債権の保全に必要な裁判上または裁判外の行為等を行う（79条の49）。

(3)　対象となる取引

　対象は、金融商品取引業者との有価証券関連取引に関するものに限定されているから、具体的には、証券会社と株式や投資信託、公社債等の取引をした場合についてのみ、この安全ネットの対象となる。つまり、金商法全体では対象となる取引は旧証券取引法よりも広げられたが、金商法に規定する安全ネットの対象は広げられていない。例えば集団投資スキーム持分の運営業者やFX業者が破綻してもこの安全ネットの対象外であり、何の補償もない。

最判平18・7・13民集60巻6号2336頁、判時1966号154頁　**債券9** [11)]

[架空社債・南証券・安全ネット]

【事案】 2000（平成12）年3月に破綻した南証券[12)]に関し、架空の社債につき投資者保護基金の安全ネットが働くかが争点となった。

【判旨】 最高裁は、南証券の顧客が南証券に（架空の）社債代金として預けた預託金の返還請求権は基金の補償対象となる（ただし仮装につき悪意重過失の場合は、証券業に係る取引に該当しない）との判断を示した。

　差戻し後の札幌高判平19・5・18裁判所ウェブサイトは、仮装につき悪意重過失はなかったとして、投資者保護基金に補償を命じた。これを受けて2007（平成19）年6月、基金は原告へ補償金（約2億円）を支払い、他の顧客分もあわせて35億円を補償した。

---

11)　第4部の通し番号。森下哲朗・百選152頁。
12)　南証券事件　刑事裁判では、主犯は東京地判平16・9・28未登載で懲役11年。

第5章　関係主体　　201

⑷　対象となる損失

補償の対象は、預託金・預託証券の返還請求権である。損害賠償請求権は対象とならない。そこで問題となるのが、取引が無断売買で無視できる場合、公序良俗違反等で無効である場合、消契法4条により取り消された場合の扱いである。これらの場合、顧客には不当利得返還請求権または預託金返還請求権があることになり、これらは補償対象となる可能性がある。

6　紛争解決機関（金融ADRなど）

⑴　ADR法など

紛争解決手段には、交渉、訴訟のほか第3の道としてADR（Alternative Dispute Resolution〔裁判外紛争解決〕）がある

ADRの一般法である「裁判外紛争解決手続の利用の促進に関する法律」（2007年施行。以下「ADR法」という）は、同法に基づき法務省に認証されたADR機関（以下「認証ADR」という）に3つの効果、すなわち、時効中断（2020年4月以降は完成猶予。以下同じ）効（ADR法25条。手続終了通知を受けた日から1カ月以内の訴え提起が条件）、訴訟手続の中止（ADR法26条。認証ADRにより解決する旨の合意を条件として4カ月以内の期間）、調停前置の例外（ADR法27条。職権で事件を調停に付することは可）という効果を付与する。2018（平成30）年7月31日現在、認証ADRは仲裁センターなどを擁する弁護士会の一部（京都、横浜、愛知県、福岡県、和歌山）、公益社団法人民間総合調停センター[13]、多くの司法書士会、土地家屋調査士会、行政書士会、社会保険労務士会、PLセンターなどのほか、国際商事仲裁センター、弁理士会、日本消費生活アドバイザー・コンサルタント協会など計151団体が認証を得て活動している[14]。

ADR機能を有する公的機関もある。国民生活センターは内部に紛争解決

---

13)　公益社団法人民間総合調停センター　　認証ADRであった大阪弁護士会は2009年10月30日で受付を終了し、同会館内に諸団体と共同で設立したこの調停センターに引き継いだ。

14)　http://www.moj.go.jp/KANBOU/ADR/　　年間申立件数は、ばらつきが大きい。多いところでは愛知県弁護士会で年間200件余、前注の調停センターで年間150件前後あるが、多くは1桁である（2014年4月〜2017年3月の年間平均）。このサイトの「認証紛争解決事業者アピールポイント一覧　平成30年4月1日現在」に、認証ADRごとに1頁ずつ、その基本情報、取扱範囲、手数料、実施方法、解決事例、取扱件数（過去3年分）等が紹介されている。

202　第1部　金融商品取引法

委員会を設けて消費者被害の救済を行い（国民生活センター法11条）、金融商品に関する被害も扱っている。地方自治体も、消費生活センターや被害救済委員会において、消費者被害の救済を行い、金融商品被害も扱っている。

(2)　金融 ADR 法

これに加えて、金融商品の分野では、2009（平成21）年6月の金商法・銀行法・保険業法等16本の業法改正で、金融 ADR 制度が一応整備された（以下、この各法の関連改正部分をまとめて「金融 ADR 法」という）[15]。同法に基づき指定された ADR 機関（以下「金融 ADR」という）に、認証 ADR と同様、時効中断（完成猶予）効等を付したほか、特別調停案制度という独特の制度を組み入れた。指定紛争解決機関は8団体ある[16]。金融 ADR 法は、金融分野の ADR を整備するためのものであり、2010（平成22）年4月に施行され、同年10月1日から本格的に動き出している。

金商法に基づき設立された金融 ADR には、日本証券業協会、金融先物取引業協会、投資信託協会、投資顧問業協会が協力して設立した証券・金融商品あっせん相談センター（FINMAC）がある。これまで相当数の解決をしてきており、紛争解決機関として一定の役割を果たしている。そのほか、銀行は全国銀行協会、生命保険会社は生命保険協会、損害保険会社は日本損害保険協会、保険オンブズマンなどが金融 ADR 法に基づく ADR を設けている。

金融 ADR 法によれば、一定の要件を満たした紛争解決機関を主務大臣が業態ごとに1つないし複数指定し、苦情処理・紛争解決の手続規定を整備して監督することとし、金融機関には、顧客から指定紛争解決機関に申し立てられたら、その手続に乗って説明や資料提出をすること、和解案を尊重することを内容とする契約を、1つの指定紛争解決機関と締結することを義務づけている（156条の38以下、銀行52条の62以下、保険業308条の2以下など）。金融 ADR では、和解案のうち最終段階では特別調停案を出すことができ、その場合は原則として業者を拘束する。指定紛争解決機関には、時効中断（完成

---

15)　商品先物取引は別　この改正では商品先物取引は足並みを揃えていない。2009年7月に商品取引所法が改正され商品先物取引法となったが、商品先物取引協会のあっせん調停手続については、対象を「商品市場における取引等の受託」から「商品デリバティブ取引等」に広げた程度である。

16)　本文に掲げるもののほか、信託協会、日本少額短期保険協会、日本貸金業協会が指定紛争解決機関となっている。

猶予）効など、認証 ADR に与えた効果と同様の効果を与えている[17]。

(3)　金融 ADR の評価

概括的にいえば、日本証券業協会のあっせん機関レベルの紛争解決機関が金融分野のほとんどの業態で設けられたということであり、一歩前進である。

ただし、縦割りの問題は解決していない。銀行関係と保険会社関係では異なる指定紛争解決機関となるので、銀行窓口での変額年金保険契約の紛争はどちらに申し立てたらよいのかわかりにくいのは従来同様であるし、ある顧客が銀行で預金・投資信託・変額年金保険の取引をして全体が紛争となる場合、事件を３つに分けて別々の指定紛争解決機関に持ち込むのと、全部、全国銀行協会に申し立てるのとで、どちらがよいのか不明である。

また、紛争解決能力には限界がある。そもそも和解案や特別調停案[18] 提示にまで至るケースはごく一部である上、業者側に一定の拘束力のある特別調停案でも、業者は債務不存在確認訴訟を提起すれば従わない選択ができることとされているため（156条の44第６項２号など。従来の日本証券業協会の運用と同じ）、解決に至らないケースが相当程度出ることは防げない。

それから、解決水準が訴訟による解決を下回りがちな構造であるという問題がある。この仕組みでは、訴訟見通しよりも業者に不利な和解案や特別調停案は、業者が呑まない可能性が高いため提示されにくい。それに対して消費者側は、原告としての訴訟コストと期間、労力の負担を考え、訴訟による解決よりも低い水準でも妥協する傾向がある。また、尋問を実施しないので、書類を形式的に重視すると、それらを整えた業者の方に有利なものとなりがちである。

---

17)　金融 ADR 法の解説　　立法担当者による内容の解説は商事1876号（2009年）42頁、『逐条解説　2009年金融商品取引法改正』（商事法務、2009年）、同じく立法経過の解説は NBL913号（2009年）42頁。参考文献として、大森泰人ほか『詳説　金融 ADR 制度（第２版）』（商事法務、2011年）、山本和彦＝井上聡編著『金融 ADR の法理と実務』（金融財政事情研究会、2012年）。

18)　特別調停案（156条の44第２項５号など）　　金融 ADR 法で新たに登場した用語で、和解案よりも進んだ段階で提示する最終解決案。消費者は拘束されないが、業者を原則として拘束する。ただし、本文記載の場合など、例外が法定されている（同条６項）。

204 第1部 金融商品取引法

7 金融庁

(1) 権限と組織

金商法では、内閣総理大臣に、業者を参入させて監視監督する広範な権限を与えている（例えば、開示書類の届出〔4条・5条・7条〜11条・24条等〕、業者の登録・免許・許可・承認〔2条・29条・30条等〕、業者等の監視監督〔50条〜57条〕、裁判所への禁止等命令申立て〔192条〕など）。そして、内閣総理大臣は、これらの権限を金融庁長官に委任している（194条の7第1項）[19]。

これを受けて金融庁は、内閣府の外局として、金商法を所管する。金融庁は、わが国の金融の機能の安定を確保し、預金者、保険契約者、有価証券の投資者その他これらに準ずる者の保護を図るとともに、金融の円滑を図ることを任務とし（金融庁設置法3条1項）、金商法のほかに銀行法、保険業法等も所管するので、その組織も、従来は銀行局、保険局、証券局等の縦割りであったが、その後、総務企画局、監督局、検査局と横断的な3局体制を経て、2018年7月には、総合政策局（新設）、企画市場局（総務企画局を廃止）、監督局（検査局を廃止して統合）の3局体制となっている。

(2) 準立法作用

金融庁は、金商法で委任された事項につき省令（金融庁の場合は内閣府令となる）を制定・改廃する。定義府令、開示府令、金商業等府令などが制定され、しばしば改正が行われている。さらに金融庁は、法令の適用にあたってのガイドラノン（企業内容等開示ガイドライン、金融商品取引等ガイドラインなど）を定めており、金融庁による法令の解釈を示すものとなっている。実際の監督を行うにあたっての監督指針（金融商品取引業者向け、主要行等向け、中小地域金融機関向け、保険会社向け等）、制度や法律に関するQ&A（インサイダー取引規制に関するQ&A、コンテンツ事業に関するQ&Aなど多数）も公表しており、これらも、同様の役割を果たしている。

(3) 行政規制

金融庁は、金融商品取引業者や、登録金融機関、金融商品仲介業者、信用格付業者、証券金融会社、投資法人等の監督を行う。金商法に規定されている行為規制の遵守状況を監視し、それに違反すると、業務改善命令、業務停

---

19) 例外的に内閣総理大臣に留保されている権限は、金融商品取引業協会や投資者保護基金の設立の認可と取消し、金融商品取引所持ち株会社の認可と取消し等18項目ある（施行令37条の3）。

止命令、登録取消し等の処分を行う（51条・52条等）。

金融庁はまた、金融商品取引所、金融商品取引業協会等をも監督する。ここでも、業務改善命令（153条・79条の6第1項）、業務停止、免許取消し（152条・79条の6第2項）の各処分ができるほか、規則の変更命令（153条・73条）などの直接的な介入もできる。

金融庁（長官）は、開示規制違反や不公正取引については、後述のとおり課徴金を課すことができる。

(4) 緊急差止命令

無登録業者も含め、金商法違反を早い段階で差し止め、被害の拡大を防ぐ手段として、緊急差止命令の制度がある（192条）。申立主体は内閣総理大臣から金融庁長官に委任され（194条の7第1項）、2008年改正でそこからさらに証券取引等監視委員会に委任されている（194条の7第4項）。証券取引等監視委員会に委任してから使われ出した制度であるので、同委員会の項で解説する。

(5) 破産手続開始申立て

従来、内閣総理大臣（金融庁長官）は証券会社に対してのみ破産手続開始の申立てができた（金融機関等の更生手続の特例等に関する法律490条1項・2条4項）が、2010（平成22）年改正で、破産申立権の対象が金融商品取引業者全般に拡大された（2条4項に「第9条第1号……及び第490条第1項を除く」と括弧書を追加し、490条1項の金融商品取引業者に「金融商品取引法第2条第9項に規定する金融商品取引業者をいう」と括弧書を追加し、登録を受けた金融商品取引業者すべてを含むことを明らかにした）。

ファンドの販売業者や運用業者が出資金を流用する等の悪質な事案が生じ、行政処分を下される事態が起こっている。しかし、単に行政処分しただけでは、このような悪質な業者は資金をさらに隠匿・消費することもありうる。そこで、これらに対しても当局に破産申立権を与えることとしたものである。

(6) 課徴金制度の運用[20]

金商法は、刑事罰と行政規制の中間に位置する業者規制手段として、課徴金の制度を設けている。課徴金制度の対象は、少しずつ広げられ、現在は、開示書類の虚偽記載・不提出、公開買付規制違反、公開買付け・大量保有に関する書類の虚偽記載・不提出、風説の流布・偽計（158条）、相場操縦（159条2項）、インサイダー取引（166条・167条）である。課徴金の額は、違反者が

206 第1部 金融商品取引法

違反行為により実際に得た経済的利得相当額を想定した算定式から、違反者が得ることができる利得相当額を想定した算定方式に改正され、抑止効果を高めている[21]。無過失でも違反となるので、課徴金が課されうることになる。課徴金納付命令の要件は各違反ごとに定められている（172条〜175条の2）。内閣総理大臣（金融庁）には、課徴金の調査のための処分権限がある（177条）

　課徴金が適用される規定の違反があると認めるときは、内閣総理大臣（金融庁長官）は審判手続開始決定をしなければならない（178条）。実務の流れは、証券取引等監視委員会が調査をして課徴金納付命令の勧告をしたときに、これを受けて審判手続開始決定をすることになる。審判手続開始決定書には、違反事実および納付すべき課徴金の額が記載され、対象者（被審人）に送付される（179条）。被審人は、答弁書を提出する（183条）。被審人が、違反事実と課徴金の額を争わない答弁書を提出したときは、審判期日は開かれず、課徴金納付命令が出される。

　審判では、内閣総理大臣（金融庁長官）が指定した3名（簡易な事案は1名）の審判官が違反事実の有無と課徴金の額について審判を行う。審判官は、審判の結果、決定案を作成し金融庁長官に提出する（185条の6）。内閣総理大臣（金融庁長官）は、決定案に従った決定を行う。課徴金納付命令を受けた者は、その命令に不服があれば、処分の取消しの訴えを提起できる（行訴8条）。

(7)　民事紛争との関わり

　金融庁は、個別の民事紛争には関与しない。

　金融庁は、金融サービス利用者相談室を開いて、金融行政・金融サービスに関する一般的な質問・相談・意見を電話等で受け付け、電話相談者には、金融 ADR などの他機関の紹介や論点の整理などの助言を行うが、金融庁が自らあっせん・仲介・調停を行うことはしない。受けた相談情報は企画立案や監督に生かしている。典型的な相談事例とアドバイスは金融庁サイトで見

---

20)　ここでは触れない重要論点である、課徴金制度と民事責任・刑事罰との関係につき三井秀範編著『課徴金制度と民事賠償責任』（金融財政事情研究会、2005年）、同じく、課徴金を投資被害者に分配する制度についての立法論については、森田章「証券取引法上の民事責任としての課徴金制度のあり方」商事1736号（2005年）18頁、黒沼悦郎「投資者保護のための法執行」商事1907号（2010年）45頁参照。

21)　東京地判平26・2・14判時2244号6頁は、経済的利得を得る可能性は課徴金の要件ではないとした。これには批判がある。黒沼悦郎・判評680号26頁（判時2265号256頁）参照。

ることができる。

(8) 財務局

財務省の地方支分部局である財務局は、地方における民間金融機関等の検査・監督および有価証券届出書の審査事務等については、金融庁長官から委任を受けて、その指揮監督の下に行うこととされている（金融庁設置法平成17年5月2日附則36条3項）。財務局はまた、金融庁に置かれた証券取引等監視委員会が行う金商法等に基づく事務の一部を、証券取引等監視委員会の委任を受けて、その指揮監督の下に行うこととされている。

8 他の官庁（経済産業省、農林水産省、国土交通省）

金商法の行為規制が準用される取引のうち、特定預貯金、特定保険・特定共済、特定信託の取引については、他の預貯金、共済、信託と同様、監視監督は内閣総理大臣の権限であり、それが金融庁長官に委任されている（銀行59条、保険業313条、信託業87条）。

これに対し、不動産特定共同事業については、内閣総理大臣と国土交通大臣が監視監督に当たることとされ（不特法73条1項1号）、ここでも内閣総理大臣はその職務を金融庁長官に委任しているので（同条3項）、結局、金融庁長官と国土交通大臣が共同して監視監督にあたることになる。

商品先物取引では、商品の種類により、貴金属やエネルギー商品を原資産とするものは経済産業大臣、大豆やとうもろこしなどの農産物を原資産とするものは農林水産大臣が、それぞれ監視監督にあたる（商先法354条1項）。

このように、金融商品の種類によって監視監督体制は縦割りとなっている。

9 証券取引等監視委員会

(1) 組織の概要

証券取引等監視委員会は、1991（平成3）年の証券不祥事を受けて1992（平成4）年に設立された組織であり、現在は金融庁内の委員会に位置づけられている（金融庁設置法6条1項）。活動対象は、金商法、投資信託・投資法人法、株券等保管振替法、資産流動化法、社債等振替法および犯罪収益移転防止法の規定によりその権限に属させられた事項である（金融庁設置法8条）。証券取引等監視委員会は、独立してその職権を行う委員長および委員2人をもって組織される（同法9条・10条）。

208　第1部　金融商品取引法

(2)　活動の概要

　金融庁長官は、金商法等により内閣総理大臣から委任された権限のうち、監視に必要な一定の権限を、証券取引等監視委員会に委任している（194条の7第2項等）[22]。後述のとおり、2008（平成20）年12月からは、金商法違反行為について裁判所への停止命令申立権限（192条）も証券取引等監視委員会へ委任されている（194条の7第4項）。その調査のために文書提出等を命ずる権限も規定されている（187条）。証券取引等監視委員会には、これらとは別に、課徴金事件の調査のため、報告聴取、立ち入り検査権限も与えられている（26条・177条）。

　証券取引等監視委員会は、上記規定に基づき、検査、報告もしくは資料の提出の命令、質問もしくは意見の徴取または犯則事件の調査（以下「証券取引検査等」という）を行った場合において、必要があると認めるときは、その結果に基づき、金融商品取引の公正を確保するため、または投資者の保護その他の公益を確保するため行うべき行政処分その他の措置について内閣総理大臣および金融庁長官に勧告することができ（金融庁設置法20条1項）、証券取引検査等の結果に基づき、必要があると認めるときは、金融商品取引の公正を確保するため、または投資者の保護その他の公益を確保するために必要と認められる施策について内閣総理大臣、金融庁長官または財務大臣に建議することができる（同法21条）。

　証券取引等監視委員会は、毎年、その事務の処理状況を公表しなければならないこととされ（金融庁設置法22条）、近年は毎年7月ないし8月に「証券取引等監視委員会の活動状況」としてネットで公表している[23]。

(3)　緊急差止命令

　無登録業者も含め、金融商品取引法違反を早い段階で差し止め、被害の拡大を防ぐ手段として、緊急差止命令の制度がある（192条）。

　裁判所は、内閣総理大臣または内閣総理大臣および財務大臣の申立てにより、①緊急の必要があり、かつ、公益および投資者保護のため必要かつ適当

---

22)　2008年金商法改正　この改正により、裁判所への禁止等命令申立て（192条）についても証券取引等監視委員会に委任されることとなった。

23)　このほか、2017年1月には、設立後25年経過したとして、「証券取引等監視委員会中期活動方針（第9期）——四半世紀の活動を踏まえた新たなステージへ」をネット上に公表している。

であるときは、金商法またはこの法律に基づく命令に違反する行為を行い、または行おうとする者に対し、その行為の禁止または停止を命ずることができ（192条1項1号）、②集団投資スキーム運営者の業務執行が著しく適正を欠き、かつ、現に投資者の利益が著しく害されており、または害されることが明白である場合において、投資者の損害の拡大を防止する緊急の必要があるときも同様である（同条1項2号）[24]。

　申立主体は金融庁長官に委任され（194条の7第1項）、2008年改正でそこからさらに証券取引等監視委員会に委任されている（194条の7第4項）。この制度が創られた1948（昭和23）年以降ずっと使われてこなかったが、証券取引等監視委員会が申立権限を委任されたのちの2010年11月以降、実際に活用されるようになり、毎年、数件の申立てがなされている[25]。これまで、無登録業者による未公開株の勧誘、発行者による無届募集、無登録業者による集団投資スキーム持分の募集・私募・運用、適格機関投資家等特例業務届出者の行為規制違反などについて申し立てられている。

　この差止命令に違反すると、違反者は3年以下の懲役もしくは300万円以下の罰金またはその併科（198条8号）、違反者の属する法人は3億円以下の罰金（207条1項3号。2010年新設）となる。

　無登録業者対策をさらに充実させるためには、金融庁・証券取引等監視委員会への無登録業者に対する直接的な検査・監督の権限付与、無登録業者等への検査の実効性を確保する法整備（登録業者の検査妨害等に対しては1年以下の懲役等の刑事罰〔198条の6第11号〕により担保されていることとの対比）、無登録業者の刑事罰（5年以下の懲役もしくは500万円以下の罰金またはその併科〔197条の2第10号の4。2011年改正法〕）の引き上げ（貸金業の無登録業者の刑事罰は、2006年改正で10年以下の懲役もしくは3000万円以下の罰金またはその併科〔貸金業法47条〕となっていることとの対比）などがなされるべきである。

---

24)　集団投資スキームの差止め（2号）は2010（平成22）年改正で追加された。違反がなくとも差止めができるとした点については、詐欺禁止規定（157条）違反を理由に差し止めるべきであるという批判がある（黒沼737頁）。2018年3月までに2号による差止め例はない。

25)　http://www.fsa.go.jp/sesc/actions/moushitate_jyoukyou.pdf

第6章

金融商品取引の規制

第1節

概要

　金融商品取引法は、不公正取引を禁止するなど、金融商品取引の規制をしている（157条〜171条の2）。具体的には、不正の手段・計画・技巧の禁止（157条1号）、虚偽の表示・誤解表示による財産取得禁止（同条2号）、風説の流布、偽計、暴行・脅迫の禁止（158条）、相場操縦行為等の禁止・賠償責任等（159条・160条・162条の2）、業者の自己計算取引等の制限（161条）、信用取引等における金銭の預託（161条の2）、空売りおよび逆指値注文の禁止（162条）、インサイダー取引規制（163条〜167条の2）、無免許市場における取引の禁止（167条の3）、虚偽相場の公示の禁止（168条）、対価を受けて行う新聞等への意見表示の制限（169条）、有利買付け・一定の配当等の表示の禁止（170条）、一定の配当等の表示の禁止（171条）、無登録業者による未公開有価証券の売付け等の効果（171条の2）である。

　これらの多くは、違反すると犯罪となる（157条〜159条につき197条。166条・167条につき197条の2。167条の3・168条・170条・171条につき200条など）。金商法では、前身の証券取引法より刑罰が重くなっている。

　このうち、風説の流布により相場を変動させた者、相場操縦をした者、インサイダー取引をした者について課徴金が課せられる（173条〜175条の2）。

第6章　金融商品取引の規制　211

さらに、相場操縦行為については、それにより損害を被った投資者に対する特別の損害賠償責任が規定されている（160条）。

　ここでは、このうちインサイダー取引規制、相場操縦行為等の禁止、風説の流布、偽計、暴行脅迫の禁止、包括的な詐欺禁止規定、無登録業者による未公開有価証券の売付け等の効果について、解説する。

第2節

インサイダー取引規制

1　沿革と概要

(1)　沿革

　インサイダー取引は、長い間、規制されてこなかった。ある情報を得た者がその情報に基づいて取引をして利益を得ることは、創意工夫の一部として商取引では一般的に許容されてきたことであり、証券取引の世界では、発行会社役員の報酬の一形態として位置づける説明もみられた。それが禁止されるようになったのは、世界的にも最近のことであり、米国における1960年代の判例に始まる。以来、米国では、インサイダー取引は不正取引を規制する証券取引所法10条(b)、SEC 規則10b5の対象として扱われ、2000年にはそれを補完するものとして SEC 規則（レギュレーション FD〔Fair Disclosure〕）が制定されている。EU では、インサイダー取引は1990年代の EU 指令[1]に基づいた国内立法で幅広く禁止された後、2014年6月12日の EU 規則[2]によって、2016年7月3日以降、直接規制されるようになった。

　日本では、インサイダー取引は、EU より早く、1988（昭和63）年証券取引法改正で禁止されたが、適用対象が狭かったため、その後、数度の法改正で広げてきた。1992（平成4）年改正で店頭有価証券の取引でも禁止することとし、2014（平成26）年改正で投資法人の投資証券でも禁止するとともに[3]、それまでは情報受領者側のみが処罰対象とされてきたところ、情報伝達者も規制対象として違反者を処罰することとした。2016（平成28）年には、日本

---

1)　市場行為阻害指令（Market Abuse Directive〔MAD〕）。
2)　市場行為阻害規則（Market Abuse Regulation〔MAR〕）。
3)　これにより REIT 関係者がインサイダー取引規制の対象に入った。

212 第1部 金融商品取引法

でもフェア・ディスクロージャー・ルールを設けることにつき金融審議会の検討結果が取りまとめられ[4]、2017（平成29）年にそれに沿った法改正がなされて[5]、2018（平成30）年4月から施行されている[6]。

(2) 禁止する理由

インサイダー取引を禁止する理由は、それを許すと一般投資家が不公正と感じるからである。金融商品取引市場が市場機能を果たすためには一般投資家の参加が不可欠であり、一般投資家は不公正と感じると取引に参加しないので、「一般投資家が不公正と感じること」を禁止することで、その参加を確保することとするものである。

(3) 概要

インサイダー取引には、内部情報（発行者を情報源とする情報）に関するものと外部情報（発行者の外部に情報源がある情報）に関するものとがあり、いずれも、その情報を取得した関係者はその公表前に売買をすることが禁止される。内部情報と外部情報では、情報内容と関係者が異なってくる。前者は166条、後者は167条で規制されている。

2　内部情報に関するインサイダー取引（166条）

(1) 情報を得た者の責任

重要事実を知った、会社関係者およびその者から情報を受領した者が、重要事実が公表される前に、関係証券の売買を行うことは禁止される（166条）。

4）　金融審議会市場ワーキング・グループ「フェア・ディスクロージャー・ルール・タスクフォース報告──投資家への公平・適時な情報開示の確保のために」（2016年12月7日〔http://www.fsa.go.jp/singi/singi_kinyu/soukai/siryou/20170303/03.pdf〕）

5）　http://www.fsa.go.jp/common/diet/

6）　「平成29年金融商品取引法改正に係る政令・内閣府令案等の公表について」（2017年10月24日〔http://www.fsa.go.jp/news/29/syouken/20171024.html〕）
「金融商品取引法第27条の36の規定に関する留意事項（フェア・ディスクロージャー・ルールガイドライン）」（2017年10月24日〔http://www.fsa.go.jp/news/29/syouken/20171024_13.pdf〕）

第6章 金融商品取引の規制　213

i　重要事実（166条2項）

　対象となる重要事実とは、投資判断にとって重要な事実であり、次のとおり具体化されている。

①決定事実	上場会社の業務執行決定機関の決定[7]した事実。株式募集、減資、準備金減少、株式無償割当て、株式分割、株式交換、株式移転、合併、会社分割、事業譲渡・譲受、解散、新製品・新技術の企業化等（「軽微基準」に該当するものは除外。取引規制府令49条）（166条2項1号）
②発生事実	災害に起因する損害、業務遂行の過程で生じた損害、主要株主の異動、特定有価証券・特定有価証券のオプションの上場廃止の原因となる事実、政令で定める事実（「軽微基準」に該当するものは除外。取引規制府令50条）（2号）
③決算変動	売上高・経常利益・純利益・配当のいずれかにつき、直近の予測値・実測値と新たに算出された予測値・実測値が大きく異なっていること（「重要基準」を満たすような一定の変動に限る。取引規制府令51条）（3号）
④包括条項	上場会社の運営、業務または財産に関する重要な事実であって、投資家の投資判断に著しい影響を及ぼすもの（4号）[8]
⑤子会社の重要事実	子会社の①～④の事実（5号～8号）
【以下は2014年改正で追加された投資証券に関する規制（リート関係者の規制）】		

---

7)　日本織物加工株事件（最判平11・6・10刑集53巻5号415頁、判時1679号1頁、川口恭弘・百選120頁〔58事件〕）　業務執行機関とは、実質的に会社の意思決定と同視されるような意思決定を行うことができる機関で足りるとした。ワンマン社長の会社では、社長の意思決定が業務執行機関の決定と評価されることがあることになる。

8)　①決定事実、②発生事実、③決算変動と④包括条項の関係　①②③以外で投資判断に影響を及ぼす事実が④であるが、①②で軽微基準に該当し、あるいは③で重要基準に該当しないという場合に、④を満たすことがあるかという問題がある。日本商事事件（最判平11・2・16刑集53巻2号1頁、判時1671号45頁、松井秀征・百選124頁〔60事件〕）は、製薬会社が開発した新薬で死亡例を含む重篤な副作用が明らかとなった事案で、副作用例の発生は、発生事実（②）の面があるが、新薬の販売に支障を生じ、信用を低下させるという面があり、②の損害の発生として包摂・評価される面と別の重要な面を有している事実であるとして、④に該当するとした。

⑥上場投資法人の重要事実	上場投資法人（リート等）に関する決定事実（資産運用委託契約の締結・解約、投資口募集・分割、金銭の分配、合併、解散等）（9号）、発生事実（10号）、決算変動（11号）
⑦上場投資法人の資産運用会社の重要事実	上場投資法人（リート等）の資産運用会社に関する決定事実（12号）、発生事実（行政処分、特定関係法人・主要株主の異動、政令事項）（13号）、包括条項（14号）

ii　会社関係者（166条1項）

　会社関係者とは、次表のとおり一定の地位にあるものをいい、その者が一定の関係から重要事実を知った場合のみが問題とされる。会社関係者でなくなった後1年間は規制対象であり同様の責任を負う。

【一定の地位】	【一定の関係】	
①　上場会社等[9]の役員・従業員等	その職務に関し	知った
②　3％以上の株主等[10]	帳簿閲覧権等の行使に関し	
③　法令に基く権限を有する者[11]	権限の行使に関し	
④　契約先	契約の締結・交渉・履行に関し	
⑤　②④の役員・従業員	その職務に関し	

iii　情報受領者（166条3項）

　情報受領者とは、第1次受領者（＝会社関係者から情報の伝達を受けた者）をいう。第2次受領者（＝第1次受領者から情報の伝達を受けた者）は「情報受領者」にならない。他人間の会話が聞こえてきて知った場合（レストランの隣の席等）は、「伝達を受けた」ことにならず、「情報受領者」にならない。第1次受領者に限定したのは、犯罪の構成要件であるため、範囲を明確化する必要性からである。

iv　公表措置（166条4項）

　①有価証券届出書・有価証券報告書の公衆縦覧、②2つ以上の報道機関が

9）　上場会社が投資法人である場合は、その資産運用会社の役員、従業員、その資産運用会社のスポンサー企業の役員、従業員も含む（1項1号・5項）。
10）　会社法433条1項により、帳簿閲覧権を有する。投資法人の場合は投資主（2号の2）。
11）　例えば、公務員が立ち入り調査をして知った場合などである。

公表して12時間以上経過したとき、③上場会社から取引所に通知され、取引所のサイトに公開されたときのうち、最も早いものがなされた時点で公表があったと評価される（施行令30条、取引規制府令56条）。通常は③が早い。

上場会社等は、金融商品取引所の上場規則でタイムリー・ディスクロージャー[12]（適時開示）義務を負っており、投資判断にとって重要な事実が生じれば「直ちに」開示される。例えば、多額の損害賠償請求訴訟で裁判上の和解が成立したという事実があれば、和解成立の日の内にTDnet[13]で公表されるのが通常である。

ⅴ　証券売買等（166条1項柱書）

株式、転換社債、社債[14]、投資証券（163条「特定有価証券」、施行令27条の2〜27条の4）の売買、株式オプション取引をいう。

(2)　情報提供者の責任（167条の2）

増資インサイダー事件（引受証券会社から上場会社の公募増資に関する未公表情報を入手した機関投資家等が、違法なインサイダー取引を行った事件。未公表情報を提供した証券会社の行為が何ら問題とされないのはおかしいと批判があった）をきっかけとして、2013（平成25）年に金商法を改正し[15]、インサイダー情報を提供することも禁止し、違反者に制裁を課すこととした。

具体的には、内部者等がインサイダー情報の公表前に、他人に利益を得させ、または損失を回避させる目的を持って、当該情報を伝達したり、売買推奨をしたりする行為を禁止する（167条の2）。情報伝達や売買推奨を受けた者がインサイダー取引を行った場合に限り、責任が発生する。

3　外部情報に関するインサイダー取引（167条）

外部情報で規制されるのは、「公開買付けに関する情報」（以下「公開買付け

---

12)　タイムリー・ディスクロージャー　　投資判断にとって重要な事実が上場会社に生じた場合に、その事実を直ちに公衆縦覧の方法により開示する義務であり、具体的には取引所に連絡すると取引所のサイトに表示される（東証・有価証券上場規定402条）。

13)　TDnet（Timely Disclosure networkの略。ティー・ディー・ネット）　　東京証券取引所の適時開示情報伝達システム。

14)　普通社債の売買が問題となるのは、重要事実が破産手続開始申立て、手形不渡り等の信用リスクに関するものである場合のみ（166条6項、取引規制府令58条）。

15)　2013年金商法改正では、ほかに、投資運用業者・信託銀行の責任、課徴金の基準を「自ら得た利益」から「ファンドが得た利益」に変更するなどの改正が行われた。

216　第1部　金融商品取引法

等事実」という）である。公開買付けとは、ある株式会社の株式等の買付けを、「買付け期間・買取り株数・価格」を公告し、不特定多数の株主から株式市場外で行う制度である。日本においては TOB（take-over bid）ということが多い。上場会社等の有価証券報告書の提出を義務づけられている株式会社等の株式等を発行者以外の者が市場で一定数以上の買付け等をする場合は、原則として公開買付けの方法によることが必要である（27条の2）[16]。

　公開買付け等事実を知った者が、事実公表前に関係証券の売買を行うことは禁止される（167条）。

i 公開買付け等事実を知った { ii 公開買付等関係者 / iii 情報取得者 } が iv 事実公表前に v 関係証券の売買を行うこと

　i　公開買付け等事実（167条2項）

　公開買付け等事実とは、公開買付者等が、公開買付け等を行うことについての決定をしたこと[17]、または、公開買付者等が当該決定（公表がされたものに限る）に係る公開買付け等を行わないことを決定したことをいう（軽微基準に該当するものを除く）（167条2項）。

16）　ライブドアと村上ファンドの公開買付け　　市場内で全体の3分の1以上の議決権となる株式を取得しても問題とならない、との解釈に基づき、ライブドアが東京証券取引所の取引開始前の時間外取引でニッポン放送株式の29.5％を取得して、グループとして発行済み株式のうち35％を保有するに至った件（2005〔平成17〕年2月）や、村上ファンドが市場内・市場外を併用して阪神電気鉄道株式38％を取得した件（2005年10月）などの反省から、2005年の証券取引法改正により、市場内取引でも、ToSTNet など証券取引所の立会外取引（時間外取引）によって、買付け後の株券等所有割合が3分の1を超えるものについては、同じく公開買付けによらなければならないこととされた。

17）　ニッポン放送事件　　2004（平成16）年9月、ライブドア社長が村上ファンド代表からの勧誘により同年11月にニッポン放送株式の3分の1以上を取得する方針を決定したことが、村上ファンド代表に伝えられ、同代表は、2005年1月までにニッポン放送株式を193万株買増しし、同年2月に売却して利益を得た。これが外部情報のインサイダー取引に該当するとして起訴され、東京地判平19・7・19刑集65巻4号452頁、東京高判平21・2・3判タ1299号99頁はいずれも有罪とし、最決平23・6・6刑集65巻4号385頁、判時2121号34頁は、「公開買い付け等を行うことについての決定」といえるためには、その公開買付けの具体的な実現可能性までは必要がないとして、上告を棄却した。

ⅱ　公開買付等関係者（167条1項）

　公開買付等関係者とは、次表のとおり一定の地位にあるものをいい、その者が一定の関係から公開買付け等事実を知った場合のみが問題とされる。公開買付け等関係者でなくなった後6カ月間も規制対象であり同様の責任を負う。

【一定の地位】	【一定の関係】	
①　公開買付者等の役員・従業員等	その職務に関し	知った
②　3％以上の株主等	帳簿閲覧権等の行使に関し	
③　法令に基く権限を有する者	権限の行使に関し	
④　契約先	契約の締結・交渉・履行に関し	
⑤　当該公開買付け等に係る上場等株券等の発行者	当該公開買付者等からの伝達により知ったとき	
⑥　②④⑤の役員・従業員	その職務に関し	

ⅲ　情報受領者（167条3項）

　情報受領者とは、第1次受領者（＝会社関係者から情報の伝達を受けた者）をいう。第2次受領者（＝第1次受領者から情報の伝達を受けた者）は「情報受領者」にならない。

ⅳ　公表措置（167条4項）

　公表がされたとは、①公開買付開始公告、公開買付届出書、公開買付撤回届出書に記載され、公衆の縦覧に供されたとき、②2つ以上の報道機関が公表して12時間以上経過したとき、③自社公開買付けの実施決定又は中止決定が上場会社から取引所に通知され、取引所のサイトに公開されたとき、④上場会社である公開買付会社から取引所に通知され、取引所のサイトに公開されたとき、⑤上場会社でない公開買付会社が上場会社である自身の親会社または対象会社に要請して、当該親会社・対象会社が公開買付等事実を取引所に通知し、取引上のサイトに公開されたときのうち、最も早いものがなされた時点で公表があったと評価される（施行令30条、取引規制府令56条）。

4　違反に対する制裁

　インサイダー取引の禁止規定に違反すると、刑事、行政上の制裁が発生する。民事責任については規定がない。

218　第1部　金融商品取引法

(1)　刑事責任

内部情報または外部情報を得て公表前に売買をした者は、5年以下の懲役または／および500万円以下の罰金（197条の2第13号）、没収・追徴（198条の2）に処せられる。法人の財産または業務に関して行われたときは法人に5億円以下の罰金（207条1項2号）が科される。

内部情報を提供した者は、情報伝達や売買推奨を受けた者がインサイダー取引を行った場合に限り、上記と同様の刑（197条の2第14号・15号）となる。

(2)　課徴金

内部情報または外部情報を得て公表前に売買をした者は、利得相当額または回避額相当額（175条1項・2項）の課徴金を課される。罰金刑との重複がありうるが、現実には、刑事事件とならない場合に効果を発揮する。

内部情報を提供した者は、情報受領者が得た利得相当額の50％の課徴金を賦課される（175条の2第1項3号・2項3号）。

金融庁による課徴金は、会計年度別統計が開始した2009（平成21）年から2018年までの9年間では平均で年間40数件課されており、そのうちインサイダー取引に関するもの（内部者取引、伝達推奨）は、半分以上を占めている。

(3)　民事責任

民事責任に関する特別の規定はない。インサイダー取引によって損害を受けた者は、民法の不法行為に基づき損害賠償を請求することになる。不法行為責任の考え方としては、開示義務違反説と取引断念義務違反説がある。インサイダー情報を得た者は、それを開示するか取引を断念するか、いずれかをしなければならない。前者の違反と捉えると、開示されていれば取得しなかったという関係があれば損害との因果関係も肯定できるが、インサイダー情報を得た者の多くは開示する立場にないので、この説は採りにくい。後者の違反と捉えると、インサイダー情報を得た者が取引をしたこと自体を非難できるが、この取引と市場で取得した投資者の損害との因果関係は肯定されにくい[18]。

これまで、インサイダー取引をした者に対する損害賠償請求を認容した判決には接していない。インサイダー取引によって損害を受けたと主張する株

---

18)　米国では1988年の証券取引所法改正で、インサイダー取引と同時期に対向する取引をした者に対して、インサイダー取引をした者は損害賠償責任を負うという規定を新設した。黒沼悦郎『アメリカ証券取引法〔第2版〕』（弘文堂、2004年）171頁。

主が、インサイダー取引を行った者に損害賠償を請求した事案で、訴訟上の和解が成立した事件がある（日本商事ソリブジン事件〔大阪地判平9・12・12未登載〔和解〕[19]）。

5　インサイダー取引の予防

(1)　概要

インサイダー取引に関連するが異なる制度として、短期売買利益提供制度、売付け禁止制度があり、これらの制度の実効性を確保するための制度として、短期売買報告制度がある。これら全体では、一定範囲で、インサイダー取引を予防する効果があるといえる。

(2)　短期売買報告制度（163条）

上場会社の役員、10％以上の議決権を有する主要株主は、自己の計算で株式等の売買をした場合は、翌月15日までに売買報告書を内閣総理大臣に提出しなければならない（163条1項）。証券会社に委託して売買した場合は、証券会社を経由して報告書を提出する（同条2項）。不提出、虚偽記載には罰則がある（205条19号）。

(3)　短期売買利益提供制度（164条）

上場会社の役員、主要株主は、自社株等を6カ月以内に売買して得た利益を会社に提供しなければならない（164条）。

上場会社等の役員または主要株主がその職務または地位により取得した秘密を不当に利用することを防止するため、その者が当該上場会社等の株式等について、自己の計算においてそれに係る買付け等をした後6カ月以内に売付け等をし、または売付け等をした後6カ月以内に買付け等をして利益を得た場合においては、当該上場会社等は、その利益を上場会社等に提供すべきことを請求することができる（同条1項）。上場会社が請求しない場合は、株主が、上場会社に代位して請求できる（同条2項）。

インサイダー取引が禁止される前からあった制度であり、インサイダー情報に基づく取引であることは要件ではない。

---

19)　公刊物ではないがインサイダー取引事件弁護団編著『日本商事　インサイダー取引と被害の救済——民事責任追及の記録』（太平洋法律事務所、1998年）がある。

(4) 上場会社等の役員等の禁止行為 (165条)

さらに、上場会社等の役員または主要株主は、①一定額を超える自社株等の売付け、②一定数量を超える自社株等の売付けは、それ自体を禁止される。

6 フェア・ディスクロージャー・ルール

(1) 沿革

上場会社のIR部門が証券会社のアナリストに情報提供をしたところ、当該証券会社がそこに含まれる未公表情報を顧客に提供して株式の売買を勧誘した事例がみられた。そこで、早耳情報に基づく短期売買ではなく、公平に開示された情報に基づく中長期的な視点に立った投資を促すことを目指して、開示規制とインサイダー規制の両方に関係するルールとして、2017年金商法改正でフェア・ディスクロージャー・ルール (Fair Disclosure Rule) が制定された (2018年4月1日施行)。

このルールは、上場会社が、公表されていない重要な情報を金融商品取引業者、投資家等に伝達する場合、インターネット等を利用した当該情報の公表を求めることとするものである (27条の36～27条の38)。

(2) ルールの概要

上場会社等またはその役員等が、その業務に関して、証券アナリスト等の取引関係者に未公表の重要情報の伝達を行う場合には、原則として、その伝達と同時に、その重要情報を公表しなければならず (27条の36第1項)、伝達を行った時に伝達した情報が重要情報であることを知らなかった場合または伝達と同時に公表することが困難な場合には、伝達が行われたことを知った後、速やかに、公表しなければならない (同条2項)。

重要情報の公表は、インターネットの利用その他の方法により行う (同条4項)。自社サイトでもよい。なお、情報受領者が上場会社等に対して守秘義務および投資判断に利用しない義務を負う場合、当該情報の公表は不要である (同条1項ただし書)。

これは公表を促す制度であり、違反に対する直接の制裁はない。公表しない場合は、行政的に指示・命令をすることができ (27条の38)、それに従わない場合は罰則がある (205条)。

第6章　金融商品取引の規制　　221

第3節

相場操縦

1　制度の趣旨と概要

(1)　趣旨

本来市場原理に基づいて価格が形成されるべき相場について、特定の意図を持って変動あるいは安定させようとする人為的行為を禁止することによって、公正な価格形成を守ろうとするものである。

(2)　概要

金商法は、相場操縦行為（広義）を禁止し（159条1項〔仮装取引、馴合取引〕・2項〔変動操作、表示による相場操縦〕・3項〔安定操作〕）、違反した場合の罰則（159条につき197条）、課徴金（174条・174条の2・174条の3）、損害賠償責任（160条）を規定する。

2　仮装取引、馴合取引（159条1項）

仮装取引とは、取引の状況に関し繁盛と誤解させる目的で、1人で行う次の仮装行為である。仮装取引をすること、その委託等または受託等をすることが禁止される。

①　権利移転を目的としない有価証券の仮装の売買・先物取引・先渡し取引（1号）

②　金銭の授受を目的としない仮装の指数先物・スワップ・クレジットデリバティブ取引（2号）

③　オプションの付与または取得を目的としない仮装の市場オプション取引または店頭オプション取引（3号）[20]

馴合取引とは、取引の状況に関し繁盛と誤解させる目的で、複数で行う次の馴合行為である。馴合取引をすること、その委託等または受託等をすることが禁止される。

①　自己のする金融商品の売付けまたは買付けと同時期に、それと同価格において、他人が当該金融商品の反対取引（買付けまたは売付け）をすることをあらかじめその者と通謀の上、当該売付けまたは買付けをするこ

222　第1部　金融商品取引法

と（4号・5号）、

② 指数先物・指数先渡しの取引の申込みと同時期に、当該取引の約定数値と同一の約定数値において、他人が当該取引の相手方となることをあらかじめその者と通謀の上、当該取引の申込みをすること（6号）

③ 市場オプション取引または店頭オプション取引の申込みと同時期に、当該取引の対価の額と同一の対価の額において、他人が当該取引の相手方となることをあらかじめその者と通謀の上、当該取引の申込みをすること（7号）

④ 市場スワップ取引・クレジットデリバティブ取引または店頭スワップ取引・クレジットデリバティブ取引の申込みと同時期に、当該取引の条件と同一の条件において、他人が当該取引の相手方となることをあらかじめその者と通謀の上、当該取引の申込みをすること（8号）

3　変動操作（現実取引による相場操縦）（159条2項1号）

変動操作（現実取引による相場操縦）とは、誘引目的を持って、一連の取引、その委託・受託・申込みをすることである。

何人も、有価証券売買等を誘引する目的を持って、有価証券売買等が繁盛であると誤解させ、または上場金融商品等もしくは店頭売買有価証券の相場を変動させるべき一連の有価証券売買等またはその申込み、委託等もしくは受託等をすることをしてはならない。

実際に市場で買い上げ、売り浴びせ等をする方法が変動操作の典型である。変動操作と正当な売買との区別は、誘引目的という主観的要件の有無でなされる[21]。

見せかけの注文を行う見せ玉は、顧客が行う場合は「委託等」に該当し、変動操作となる。これは、売買が盛んなように見せかけるため、注文を出し

---

20) 大阪証券取引所事件（最決平19・7・12刑集61巻5号456頁、判時1981号161頁、佐伯仁志・百選110頁）　大阪証券取引所（当時）の副理事長が、同取引所に上場されている株券オプション取引の出来高を多く見せかけるため、コールとプットを同時に買う自己両建て取引を行ったことが、仮装取引、馴合取引に該当するかが争点となった事件。判決は、①コールとプットを同時に同額で取得する取引は仮装取引に該当する、②「繁盛と誤解させる目的」は、価格操作目的がなくとも出来高を操作する目的があれば肯定される、として、原審（大阪高判平18・10・6判時1959号167頁）の有罪判決を維持した。

て約定成立前に取り消す行為であり、「板」をネットで見ることができるようになったため、ネット取引では容易にできるようになった[22]。

　証券会社による見せ玉行為も横行したため、2006年には法改正で「申込み」を追加し、証券会社の自己売買の形による見せ玉も変動操作となることとした[23]。

4　表示による相場操縦（159条2項2号・3号）

　表示による相場操縦とは、①誘引目的を持って、相場が変動するとの風説を流布すること、または②誘引目的を持って、不実表示をすることである。

　何人も、有価証券売買等を誘引する目的を持って、次の行為をしてはならない。

　　①　上場金融商品等または店頭売買有価証券の相場が自己または他人の操

---

21)　誘引目的が争われた事例　藤田観光事件（後出）では、誘因目的について、人為的に相場を操作する目的であるとした。これについては他人の取引を利用して自己の取引だけでは作り出せないような相場の変動を生じさせる目的と解すべきとの批判がある（黒沼478頁）。

22)　ネット取引見せ玉事件（真柄建設他2銘柄）（釧路地判平17・12・9商事1755号53頁、監視委員会報告書平成17年15頁）　会社員Aは、東証一部銘柄である真柄建設㈱の株式につき、2003（平成15）年7月下旬、㈱ヤマタネの株式、岩崎通信㈱の株式につき、同年8月中旬、各株式の買い気配値および株価の高値形成を図り、各株式の売買を誘引する目的を持って、北海道釧路市の自宅において、インターネット取引の方法によって、自己名義で多数の証券会社を介し、約定させる意思がないにもかかわらず、最良買い気配値を1円ないし4円下回る買い注文を多数かつ大量に出し、厚い買い板を形成することにより、高値の買付けを誘引し、株価を上昇させるなどして、各株式の売買が繁盛であると誤解させ、かつ各株式の相場を変動させる一連の売買の委託をしたとして、監視委員会が相場操縦の罪で告発し、釧路地方裁判所は、懲役1年6カ月・執行猶予3年・罰金100万円の有罪判決を言い渡した。被告はこの行為で値を上げた銘柄を売りぬけ、320万円ほどの利益を得ていたという。ネットによる株式取引で不正に株価を吊り上げたとして日本で初めて摘発された事件。

23)　「何人も……次の行為をしてはならない」の後に、改正前は「1……一連の上場有価証券売買等又はその委託等若しくは受託等をすること」とあったが、2006年7月4日施行の改正では「1……一連の上場有価証券売買等又はその申込み、委託等若しくは受託等をすること」として、証券会社の自己売買の形による見せ玉も含まれるようになった。顧客が行った場合は、従来は刑事罰だけだったが、課徴金の対象にもなった。2007年9月30日施行の改正では「1……一連の有価証券売買等又はその申込み、委託等若しくは受託等をすること」とし、上場有価証券に限らないことにした。
　　2018年7月には、三菱UFJモルガン・スタンレー証券のディーラーが国債先物について見せ玉を行ったとして、同社に2億1837万円の課徴金納付命令が出された。

224　第1部　金融商品取引法

作によって変動するべき旨を流布すること（2号）

②　有価証券売買等を行うにつき、重要な事項について虚偽であり、または誤解を生じさせるべき表示を故意にすること（3号）

5　安定操作（159条3項）

安定操作とは、価格のくぎ付け・固定・安定目的で、一連の取引、その委託・受託・申込みをすることである。

何人も、政令で定めるところに違反して、上場金融商品等または店頭売買有価証券の相場をくぎ付けし、固定し、または安定させる目的を持って、一連の有価証券売買等またはその申込み、委託等もしくは受託等をしてはならない（3項）。

政令では、安定操作が許容される例外として、募集・売出しを容易にするために市場において一連の有価証券売買を行う場合を規定している（施行令20条1項）。有価証券の市場価格が募集・売出しの価格を下回ると、募集・売出しは、それに応ずる人が現れず失敗してしまうからである。発行者は、元引受証券会社に安定操作を委託し（同条2項・3項）、安定操作することは有価証券届出書および目論見書に記載する（施行令21条）。

6　違反に対する制裁等

相場操縦等の禁止規定に違反すると、刑事罰、課徴金の制裁があり、民事責任も発生する。

（1）　刑事責任（197条等）

相場操縦等の禁止規定に違反した者は、10年以下の懲役または／および1000万円以下の罰金（197条1項5号）、没収・追徴（198条の2）に処せられる[24]。財産上の利益を得る目的で、相場操縦等の禁止規定に違反し、有価証券等の相場を変動させ、またはくぎ付けし、固定し、もしくは安定させ、その相場により、当該有価証券の売買等を行った者は、10年以下の懲役および3000万円以下の罰金に処せられる（197条2項）。法人の財産または業務に関して行われたときは法人に7億円以下の罰金（207条1項1号）が科される。

24）　商品関連市場デリバティブ取引にのみ係るものは、5年以下の懲役または／および5000万円以下の罰金に処せられる（197条の2第13号）。

相場操縦等の刑事事件判決として、①日本鍛工事件（東京地判昭56・12・27判時1048号164頁）、②三菱地所事件（東京地判昭56・4・27判時1020号129頁）、③協同飼料事件（最決平6・7・20刑集48巻5号201頁、判時1507号51頁）、④藤田観光事件（東京地判平5・5・19判タ817号221頁）、⑤日本ユニシス事件（東京地判平6・10・3判タ875号285頁）、⑥志村化工事件（東京地判平15・7・30商事1672号43頁）、⑦キャッツ事件（東京地判平17・3・11判時1895号154頁）などがある。

(2) 課徴金（174条・174条の2・174条の3）

相場操縦等をした者のうち、①仮装取引・馴合取引をした者に対する課徴金納付命令（174条1項）、②変動操作をした者に対する課徴金納付命令（174条の2）、③安定操作取引等の禁止に違反した者に対する課徴金納付命令（174条の3）が規定されている。表示による相場操縦については課徴金の対象とされていない。

①は、違反行為終了時のポジションを違反行為後1カ月間の最有利値で反対売買した場合に得られる利益の額、②は、違反行為中の売買により得た利益と、違反行為終了時のポジションを違反行為後1カ月間の最有利値で反対売買した場合に得られる利益の合計額、③は、違反行為中に反対売買により得た利益と、違反行為中の平均価格と違反行為後1カ月の平均価格の差額に違反行為開始時のポジションを乗じた額の合計額である。

罰金刑との重複がありうるが、現実には、罪状の重いものは刑事責任、そうでないものは課徴金という振分けが意識されている。

金融庁では、会計年度別統計が開始した2009年から2018年までの9年間で平均年間40数件の課徴金が課されており、そのうち相場操縦等に関するものは毎年数件から十数件含まれている。

(3) 民事責任（160条）

違反者は、相場操縦等によって形成された価格で取引した人の損害を賠償する責任がある。この賠償請求権は、請求権者が違反行為を知った時から1年または当該行為時から3年で時効消滅する。

この規定を不法行為の特則であるとした裁判例[25]があるが、時効期間が不法行為より短いことからすると、不法行為による損害賠償請求を排除する趣旨ではないと考えるべきである。

---

25)　大阪高判平6・2・18判時1524号51頁。

第4節 風説の流布、偽計、暴行・脅迫の禁止

1 沿革と概要

(1) 沿革

相場操縦を防止するため、および、詐欺的行為を一般的に禁止するための規定である。戦前からの規定であり、戦後の証券取引法で取り入れられた相場操縦（現159条）や一般的詐欺禁止規定（現157条）と要件が重複するところがある。

(2) 概要

何人も、有価証券の募集、売出しもしくは売買その他の取引もしくはデリバティブ取引等のため、または有価証券等の相場の変動を図る目的を持って、風説を流布し、偽計を用い、または暴行もしくは脅迫をしてはならない（158条）。違反した場合の罰則（197条）、課徴金（173条）を規定する。損害賠償責任の規定はない。

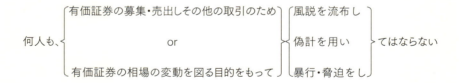

2 風説の流布

風説の流布とは、虚偽または不確かな情報（合理的根拠のない情報）を不特定多数に流すことである。投資者を惑わし価格形成を歪める影響があるので、禁止される。

将来実現するかもしれないことをすでに実現したと公表することは虚偽である（テーエスデー事件[26]）。公開買付けを行う意思がないのに公開買付けを行う旨の意思を表明することも虚偽の事実であり風説に該当する（東天紅事

---

26) テーエスデー事件（東京地判平8・3・22判時1566号143頁）。

件[27]）。なお、風説とは、合理的な根拠のない事実であり、それが真実であっても風説に該当しうる。ただし、個別の銘柄を推奨するだけの場合は事実が含まれておらず、風説とはいえない。

流布とは不特定または多数の者に伝達することである。記者会見のように、特定の者に伝達することではあってもその者から不特定多数の者に伝達する可能性があることを認識していれば、流布に該当する（テーエスデー事件）。記者会見の予告を記者クラブの幹事社にファックスすること（東天紅事件）、ネットの掲示板へ書き込むことも流布に当たる。ネット上で集めた特定の集団に対し電子メールを送信することも流布に当たる（ドリームテクノロジー事件[28]）。開示書類に虚偽の事実を記載して提出・公表した場合、開示義務違反であるとともに、風説の流布にも該当することがある（ライブドア事件[29]）。

3 偽計

偽計とは、他人に誤解を生じさせる詐欺的または不公正な策略・手段を用いることである。取引相手に対する詐欺的行為、組織再編に関する偽計、架空増資などが偽計の例とされる。架空増資では、増資がなされた旨および同じ増資により資本増強が行われている旨の開示が偽計に当たる（ペイントハウス事件）[30]。

27）　東天紅事件（東京地判平14・11・8判時1828号142頁）。
28）　ドリームテクノロジー事件（広島簡平15・3・28略式命令）　Ａは、Ｂ社に関する嘘の情報を流して相場を変動させ、それを利用して株の売買で利益を上げようと思い、ネット上で募集した投資クラブ会員に対し「Ｂ社には会社の存立を左右するような悪材料があるから明日の寄付きで売り注文を出してください」という内容虚偽の電子メールを送信し、その後悪材料が偽りであったとして買戻しを指示する電子メールを送信した。
29）　ライブドア事件（東京地判平19・3・16判時2002号31頁）　四半期報告書に業績について虚偽の事実を記載して公表したことが風説の流布に当たるとしたケース。同時に偽計にも該当するとした。
30）　ペイントハウス事件（東京地判平22・2・18判タ1330号275頁）　増資に伴う新株引受に際しての払込金の大半を何の対価もなく直ちに流出させることが払込み以前から予定されており、現に流出させたにもかかわらず、証券取引所が提供する開示情報システムにおいて、増資がなされた旨および同増資により資本増強が行われている旨開示したことが、虚偽の事実を公表させたものとして偽計に当たるとした。偽計については、太田浩「アーバンコーポレーション・BNPパリバ間の『CB・スワップ組合せ取引』に関する検討」商事1865号（2009年）75頁も参照。

228　第1部　金融商品取引法

4　暴行・脅迫

暴行とは、有形力の行使であり、脅迫とは、言動で畏怖させることである。株価を下げようと思って当該会社の運営する店舗に放火する行為は、158条で禁止する暴行・脅迫に該当する（ドン・キホーテ放火事件[31]）。

5　違反に対する制裁等

(1)　刑事責任（197条）

風説の流布、偽計、暴行・脅迫の禁止規定に違反した者は、10年以下の懲役または／および1000万円以下の罰金（197条1項5号）、没収・追徴（198条の2）に処せられる[32]。財産上の利益を得る目的で、これらの禁止規定に違反し、有価証券等の相場を変動させ、またはくぎ付けし、固定し、もしくは安定させ、その相場により、当該有価証券の売買等を行った者は、10年以下の懲役および3000万円以下の罰金に処せられる（197条2項）。法人の財産または業務に関して行われたときは法人に7億円以下の罰金（207条1項1号）が科される。

(2)　課徴金（173条）

風説の流布、偽計、暴行・脅迫の禁止規定に違反し、それにより有価証券等の価格に影響を与えた者は、課徴金の納付を命じられる。

①　違反行為期間で売りが多い場合は、超える額から期間後の1カ月間の最低額との差額

②　違反行為期間で買いが多い場合は、超える額から期間後の1カ月間の最高額との差額

③　違反行為の開始時から違反行為の終了後1月を経過するまでの間に違反者が自己または関係者の発行する有価証券を発行勧誘等により取得さ

---

31)　ドン・キホーテ放火事件（横浜地判平21・11・24日経新聞2009年11月25日）　Aはあらかじめドン・キホーテ株を信用取引で売却し（空売り）、株価を下落させた上で安値で買い戻して利益を得ようと計画し、2008年5月と7月、横浜市の2店舗内の商品などにライターで火を付けた（従業員が消火）ほか、新聞社や同社本社に放火を予告する文書を送った。判決は、ドン・キホーテの株価を下落させ、「空売り」で利益を得る目的で、店舗に火を付けたと認定し、金商法の相場変動目的暴行・脅迫の罪は「相場変動の恐れが生じれば、対象は限定されない」として、同罪と現住建造物等放火未遂の罪で懲役6年とした。

32)　商品関連市場デリバティブ取引にのみ係るものは、5年以下の懲役または／および5000万円以下の罰金に処せられる（197条の2第13項）。

セ、または組織再編成により交付した場合は、その間の最高額からその直前の価格を控除した額
④ 違反者が、自己以外の者の計算において、違反行為の開始時から違反行為の終了後1月を経過するまでの間に売付け等または買付け等をした場合は、有価証券の売付け等または有価証券の買付け等をした者の区分に応じ、イまたはロに定める額
　イ　運用対象財産の運用として当該有価証券の売付け等または有価証券の買付け等を行った者は、有価証券の売付け等または有価証券の買付け等をした日の属する月（2以上の月にわたって行われたものである場合は最後の月）における運用対象財産のうち運用の対価の額に相当する額の3倍の額
　ロ　イに掲げる者以外の者は、売付け等または買付け等に係る手数料、報酬その他の対価の額

(3) 民事責任

　風説の流布、偽計、暴行・脅迫の禁止規定の違反について、民事責任の規定はない。風説の流布等の結果、相場操縦に該当すれば、相場操縦禁止規定（159条）にも違反し、その場合の賠償責任（160条）が発生する。

第5節　包括的な詐欺禁止規定

1　沿革と概要

　沿革的には、米国の証券取引所法10条b項、SEC規則10b-5に倣ったものである[33]。
　何人も、有価証券の売買その他の取引またはデリバティブ取引等について、

①「不正の手段、計画、又は技巧」、②「重要な事項について虚偽の表示があり、又は誤解を生じさせないために必要な重要な事実の表示が欠けている文書その他の表示を使用して金銭その他の財産を取得」、③取引誘引目的を持って「虚偽の相場を利用」してはならない。

　有価証券の売買その他の取引とは、有価証券の売買、募集、売出し、公開買付け、減資取得、承継取得、交換等、有価証券の移転を広く指す。これらの違反は犯罪である（197条）。157条は禁止行為の範囲が広いので、包括的な詐欺禁止規定と位置づけられている。

2　不正の手段・計画・技巧

　何人も、有価証券の売買その他の取引またはデリバティブ取引等について、不正の手段、計画、技巧をしてはならない（157条1号）。

　不正の手段、計画、技巧とは、社会通念上不正と認められる行為を意味し、欺罔行為や錯誤等の詐欺的な要素は要件ではない。これまで、若干の刑事裁判例があるものの、あまり使われてこなかった。

3　虚偽の表示、重要事実欠落表示による財産取得

　何人も、重要な事項について虚偽の表示があり、または誤解を生じさせないために必要な重要な事実の表示が欠けている文書その他の表示を使用して金銭その他の財産を取得してはならない（157条2号）。

　虚偽の表示または重要事実欠落表示＋財産取得という要件であり、前段は158条の偽計と相当重なるが、158条の偽計では目的があることが要件であるが、こちらはそのような要件はない代わりに財産取得という結果が要件となっている点に相違がある。これまで裁判例は見当たらない。

---

33)　SEC 規則10b-5　米国の SEC（証券取引委員会）が証券取引所法に基づき制定した規則10b5は、詐欺を行うための策略、計略または技巧を広く禁止したものである。これまで、ディスクロージャー違反、インサイダー取引、相場操縦、不当な投資勧誘、適合性原則違反等に広く適用されてきた。この規則違反は、刑事罰の対象となるし、SEC による差止と利益吐出し訴訟、民事制裁金の対象にもなる。さらに、判例上、被害者による損害賠償請求権の請求原因にもなるとされている。黒沼494頁参照。

4　虚偽相場利用の禁止

　何人も、有価証券の売買その他の取引またはデリバティブ取引等を誘引する目的を持って、虚偽の相場を利用してはならない（157条3号）。

　虚偽相場を利用した取引を行えば、金融商品取引所の無免許開設（80条1項）にも該当する。159条2項3号の「表示による相場操縦」と類似しているが、自己が有価証券売買等を行うときに限られない点が異なる。

> ### 第6節
>
> # 無登録業者による未公開株売付けの無効（171条の2）

1　沿革

　一般消費者が、電話や訪問で無登録業者から価値のない未公開株や未公開社債を勧誘されて売り付けられ、支出額相当額の損害を被る被害が続出したため、被害回復を少しでも容易にするため、2011（平成23）年金商法改正で、無登録業者による未公開有価証券の売付けを原則として無効とすることとしたものである。

2　概要

　無登録業者が、上場されていない株券、社債券、新株予約証券等につき売付けまたはその媒介、代理、募集または売出しの取扱い等を行った場合には、対象契約は、無効とする（171条の2）。これは顧客保護のための規定であるから、業者からは無効の主張はできない。錯誤と異なり、顧客に重過失があっても無効主張できる。

　ただし、当該無登録業者または当該対象契約に係る当該未公開有価証券の売主もしくは発行者（当該対象契約の当事者に限る）が、当該売付け等が当該顧客の知識、経験、財産の状況および当該対象契約を締結する目的に照らして顧客の保護に欠けるものでないことまたは当該売付け等が不当な利得行為に該当しないことを証明したときは、この限りでない（同条1項ただし書）。

　これは、法律で無効とする根拠が、未公開株等の投資勧誘が適合性原則違反や公序良俗違反（暴利行為類型）に該当する点にあるので、例外的にこれらのいずれにも該当しない場合は無効とならないこととし、その立証責任を業

者側に負わせたものである。

　実際の被害回復の場面では、未公開株詐欺を行うような業者は資力に不安があることから、業者に加えてその役員や勧誘行為をした個人も被告に加えて訴訟を提起するのが通常であり、請求原因の中心は共同不法行為となって、この規定だけでは解決できない。それでも、この規定により取引自体が無効であることを前提にできるので、不法行為の立証が容易になるといえる。

第 2 部

金融商品販売法

234 第2部 金融商品販売法

序

　金融商品販売法（2001〔平成13〕年4月施行。以下「金販法」という）は、2006（平成18）年に改正されたものの、実務的にはあまり活用されることがなく推移してきた。その間、不法行為法上の説明義務については、仕組債やデリバティブなどの複雑な金融取引の勧誘が多くなる中で、何をどの程度説明すべきかについて活発な議論が行われ、裁判例も多数に及んでいる。

　しかし、最近、金販法上の説明義務について示唆的な高裁判決も現れ、学説でも議論されている。そこで、不法行為法上の説明義務との関係を念頭に置きつつ、金販法の説明義務について検討することが必要と考える。

　以下、その前提として、第1節において本法の制定と改正の経緯を概観し、第2節で逐条的に概要をみた上で、第3節で金販法上の論点を検討することにする。

第1節

本法の制定と改正の経緯

1　本法の制定と問題点

(1)　制定の経緯

　金販法（2000〔平成12〕年5月成立、2001年4月施行）は、金融商品取引法（2006年6月成立、2007〔平成19〕年9月施行。以下「金商法」という）よりも先に制定されている[1]。しかし、これは利用者保護を先にしたということでは、もちろんない。いわゆる日本版ビッグバンが叫ばれてからすでに20年以上経過しているので、簡単に経緯を振り返ることにする。

　日本版ビッグバンは、1996（平成8）年11月11日の（当時）橋本首相の指示に基づく。この指示を受けて、金融審議会で金融規制の包括的緩和策が検討

---

1)　立法担当者による解説書として、岡田則之＝高橋康文編『逐条解説　金融商品販売法』（金融財政事情研究会、2001年）。大前恵一郎＝滝波泰『一問一答　金融商品販売法』（商事法務研究会、2001年）。

され、1998（平成10）年12月には金融システム改革法が施行されるなど、矢継ぎ早に実行に移された。

ビッグバンは、英国で1986（昭和61）年10月に実施された金融改革を指す。その際、金融分野を包括的に再規制し、公正な取引と投資家保護を図るために金融サービス法を制定した。急激かつ大幅な金融規制の緩和は、消費者の混乱を招きやすいことが背景にある[2]。

日本においても、金融改革には「日本版金融サービス法」が必要であるとの認識が示されてきた[3]。しかし、1999（平成11）年7月の金融審議会第一部会「中間整理（第一次）」を受けた同年12月の金融審議会第一部会「中間整理（第二次）」は、販売業者の説明義務の明確化と業者が勧誘方針を定めて公表するというだけの、不十分な内容であった。

「中間整理（第二次）」を受けて立法されたのが、本法である。金融分野に横断的な共通ルールを明確化するということであったが、商品先物取引の分野が除外されるなど適用対象は限定的であり、不完全な横断化であった。その上、説明義務の一定範囲について損害賠償義務を明確化し、その他の論点についてはコンプライアンスに委ねただけという乏しい内容であった。

(2) 立法当初の本法の概要

本法の概要は、以下のとおりである。まず、金融商品販売業者等は、顧客に対して、金融商品の販売が行われるまでの間に説明義務を負うとの規定を置いた（当初の金販3条1項）。

しかし、その説明対象事項は、元本欠損が生じるおそれとその要因（同3条1項1号・2号）、権利行使期間の制限または解約期間の制限（同項4号）という、極めて限定的な内容にとどまった。しかも、その説明の程度については規定がなく、立法者は「その商品を購入することが予想される一般的な顧客にとってその金融商品のリスクを理解できる程度」と解していた[4]。

説明義務違反は、金融商品販売業等の無過失責任であり、かつ（使用者責任ではなく）直接責任としての損害賠償責任を負うこととなる（同4条）。

損害額については、元本欠損額を損害の額と推定するとし、説明義務違反

2） 石戸谷豊＝桜井健夫＝上柳敏郎『ビッグバン時代の消費者問題と対策』（東洋経済新報社、1998年）。
3） 金融審議会答申「21世紀を支える金融の新しい枠組みについて」（2000年6月）3頁。
4） 岡田＝高橋・前掲（注1）97頁。

と損害との因果関係も推定される（同4条）。

　以上については、民法709条・715条の特則であるとされている。

　これに対して、適合性原則を含め、説明義務以外の勧誘の適正化について
は、業者が勧誘方針を定めて公表するとするにとどまった（同8条）。

(3)　問題点

　本法制定当時、説明義務はすでに判例法理が形成されていた。しかも、説
明の範囲は本法よりも判例法理の方が広かった上に、説明の程度も判例法理
の方が高度であった。裁判例には、当該顧客が理解できる程度の説明が必要
と明確に判示しているものが少なくなかった。

　そうすると、実務的には、わざわざ判例法理よりもレベルの低い本法を持
ち出す意味はなく、判例上の説明義務を論じれば足りる状態であった。した
がって、立法当初から、本法は利用されないのではないかという疑問があり、
実際にも、ほとんど利用されなかったのである。

2　本法の2006年改正

(1)　金融審議会での議論

　金融審議会第一部会は、2004（平成16）年9月から投資サービス法につい
ての審議を本格化した。金融サービス法は、投資のほかに保険や預金等を含
み、金融分野を包括的に対象としている。投資サービス法の構想は、金融分
野のうちまずは投資分野について縦割りの多数の業法を包括化しようという
ものである。

　金融審議会第一部会は、2005（平成17）年7月には「中間整理」を、同年
12月22日には「投資サービス法（仮称）に向けて」（以下「報告書」という）を
とりまとめた。この報告書は、金商法の骨格となっている。その中で、金販
法についても言及している。そこでは、「裁判実務においてあまり利用され
ていないとの指摘がある」として、勧誘や説明が不適切との理由で民法上の
不法行為責任が認められている裁判例が少なくないのにもかかわらず、「あ
まり利用例がないのは、損害額の推定が発動される要件が狭いことが主な理
由と考えられる。」として、見直しを求めている。具体的には、説明の対象
に取引の仕組みを入れることや元本を超える損失のおそれについても検討を
進めると指摘された。この報告書の考え方に基づいて、本法の2006年改正法
案が立案された[5]。

(2) 改正法の概要

詳細については逐条解説するので、ここでは主要な点を挙げておく。まず、説明の対象範囲の拡大である。具体的には、取引の仕組みの重要な部分、当初元本を上回る損失が生じるおそれ等を説明事項に追加した（金販3条1項1号〜6号）。

次に、説明の方法・程度については、適合性原則の考え方を取り込んだものとして、顧客の知識、経験、財産の状況および契約締結の目的に照らして、当該顧客に理解されるために必要な方法および程度によるものでなければならないとした（同条2項）。

さらに、断定的判断の提供等に関する裁判例が多くみられることから、新たに断定的判断の提供等を禁止する規定を設け、その違反に対しては損害賠償責任を課すこととした（4条・5条）。

その他、適用対象商品の拡大、説明義務を除外される特定顧客に金商法の特定投資家を含める等の改正が行われた。

(3) 商品先物取引との関係

当時、商品取引分野については、消費者被害が多発していた。しかし、この分野は監督官庁が経済産業省と農林水産省であるため、金融庁所管の本法の適用対象外とされていた。

投資サービス法は、投資分野を包括化する構想である。そこで、商品先物取引分野を含めるかについては、金融審議会で大きな論点となった。理念的には、金商法は行政上の取締法規であるから、監督権限等について省庁間の調整が必要になる。これに対して、金販法は民事ルールであるから、少なくともそれについては横断化することは可能なはずであった。

しかし、結局、金販法の2006年改正でも、海外商品先物取引の分野について適用対象としたにとどまり、商品取引所法の商品先物取引等は適用対象とならなかった。そして、規制の横並びの観点から、商品取引所法において金販法を準用するという回りくどい措置が採られた。この方式は、商品先物取引法にも引き継がれている（説明義務については、商先法218条・217条。金販法の準用については、商先法220条の3）。

5）　立法担当者による改正法の解説書として、池田和世＝松尾直彦監修『逐条解説　新金融商品販売法』（金融財政事情研究会、2008年）。

3 金商法と金販法の関係

(1) 別々の法律とした経緯

金融審議会では、本法を金商法に取り込んだ上で廃止する方向と、本法を残して改正する方向とが検討された。金商法を投資サービスに関する包括的な基本法とする考え方からすれば、これに取り込む形が望ましいことはいうまでもない。前記報告書でも、「その内容の見直しを行いつつ、投資サービス法に統合することが望ましい。」と指摘されていた[6]。

しかし、金商法が行政上の取締法規（いわゆる業法・業者ルール）の性格を維持しているのに対して、金販法は民事ルールを定めた民法の特別法とされる。そこで、金商法は、登録制を採った上で登録業者を規制・監督するという構造となっている。これに対して金販法は、登録の有無を問わずに適用され、民事効について規定する構造であり、適用対象の金融商品には預金や保険を広く含み、金商法よりも範囲が広い。

こうした両方の基本的な性格の違いや適用対象の違いから、本法を金商法にいわば吸収することは技術的に困難な面があり、本法は2006年改正においても存続することとなった。

(2) 両法律の関係調整

両法を統合しない場合には、それぞれの関係が問題となる。報告書は、金販法上の説明義務は、民事上の義務であることから、当該違反を直接の理由として各業法上の監督上の処分を行うことができるわけではないとして、金商法においても説明義務を行為規制の1つとして位置づけ、業者が違反した場合に直接に監督上の処分を発動できることとすることが適当であるとした[7]。業法上のルールに民事効を付すとか、それを参考に民事ルールを検討するということは珍しくないが、この場合は逆に民事ルールを業法上のルールに取り込んだ例である。

このような考え方に基づいて、金商法の禁止行為として金商業等府令で定める事項に、契約締結前の交付書面の内容を「説明しないこと」を盛り込んだ。すなわち、まず法37条の3は契約締結前の書面の交付義務を定めており、その記載事項の内容として、契約の概要（同条1項3号）、金利・通貨の価

---

6) 報告書5頁。
7) 報告書14〜15頁。

格・金融市場における相場その他の指標に係る変動により損失が生ずることとなるおそれがある時はその旨（同項5号）、損失の額が当初元本を上回るおそれがあるときはその旨（同項6号）、その他内閣府令で定める事項（同項7号）が盛り込まれている。しかし、これ自体は書面交付義務の問題である。そこでさらに、金融商品取引業者等の禁止行為の内容を内閣府令で定めることとしている法38条7号（現在は38条9号）に基づいて、金商業等府令117条1項1号は、契約締結前交付書面等の書面交付に際し、リスク情報等について「顧客の知識、経験、財産の状況及び契約締結の目的に照らして当該顧客に理解されるために必要な方法及び程度によって説明をしないこと」を規定したのである。この場合、説明義務の対象となる事項について、「法第37条の3第1項第3号から第7号までに掲げる事項」として、法37条の3第1項7号の「内閣府令で定める事項」も含まれている。したがって、この場合の説明義務の対象は、金販法よりも広い部分がある。

(3) 業者ルールと民事ルールの関係

上記のとおり、業者ルールと民事ルールの統合という方向を目指していた[8]。競争法や消費者法という経済法令の分野においては、業法は取引法と密接な関連があるとする経済的公序論が有力となっている[9]。消費者法の分野においては、法整備においても解釈においても、業者ルールと民事ルールを統合していく方向を目指すべきである[10]。

---

8) 山下＝神田（初版、2010年）12頁は、「金融商品取引法の適用対象とされる金融商品に関する限りでは、金販法を独立の適用対象としておく必要性があるかどうかも問題があるところである。」としていたが、同書第2版では金商法について「いまだ預金や保険について一元的な規制を加える法律とはなっていないので、金販法も金融商品取引法とは別の法律としての位置付けを維持している。」としている。

9) 大村敦志「取引と公序——法令違反効力論の再検討(上)(下)」ジュリ1023号82頁、1025号66頁（1993年）。長尾治助「消費者取引と公序良俗則(上)(中)(下)」NBL457号6頁、459号32頁、460号34頁（1990年）。制度間競合の論の視点から、山本敬三「取引関係における公法的規制と私法の役割(1)(2)」ジュリ1087号123頁、1088号98頁（1996年）。

10) 石戸谷豊「消費者取引における民事ルールと業者ルールの交錯」NBL827号（2006年）18頁。

240　第2部　金融商品販売法

第2節

逐条解説

1　目的（1条）

　本条は、本法の目的を定めている（2006年改正の際、本条も微修正されている[11]）。

　本条は、本法の目的について、「顧客の保護を図り、もって国民経済の健全な発展に資することを目的とする。」としている。つまり、直接的な目的は顧客保護であり、そのことが国民経済の健全な発展に資する、という関係になる。

　金融規制の緩和によりイノベーションの促進が図られたとしても、金融取引あるいは金融業者に対する利用者の信頼感が伴わなければ、金融取引は促進されることはない。こうした点については、筆者らが本書の旧版の「金融商品取引法ハンドブック」（2002年9月）で指摘して以来、強調してきたところである。

　しかし、説明義務についても、2006年改正で説明の範囲が拡大し、説明の程度について規定が新設されたとはいえ、依然として判例法理の方が高度である部分が残されている[12]（後掲256頁。363頁も参照）。

2　定義（2条）

(1)　金融商品（1項）

(a)　金融商品の捉え方

　本法2条1項は、適用される金融商品について定めている。金融商品の範囲を定める場合、包括的な定義を置いてそれに該当するものをすべて金融商品とする方式と、包括的な定義を置かずに適用対象を列挙する方式がありうる。

---

11)　断定的判断の提供等の規定が加わった関係で、「説明をすべき事項」を「説明をすべき事項等」と、「説明をしなかったこと」を「説明をしなかったこと等」などと修正した。

12)　黒沼539頁。

同項は、1号から10号までに適用対象を限定列挙し、11号でほかに政令指定できるとした。この方式の長所は、適用対象が明確となるという点が挙げられる。その反面、新しい金融商品などのように、適用対象から外れる金融商品が出てくると、その都度政令で追加指定する必要がある。

このような意味からすると包括規定とすることが望ましいが、2006年改正で適用対象が広がったとはいえ、限定列挙主義そのものは変更されていない。

(b) 金融商品の販売の概要

金商法は、有価証券概念を拡大したほか、適用対象のデリバティブを整備している。そこで、同法の規定にあわせ、本法の適用対象の規定も改正された。

なお、本法が適用される金融商品は、一般の預金や保険も広く含むので、金商法の適用される金融商品よりも範囲は広い。

本法2条1項に列挙されている「金融商品の販売」とされる行為の概要をまとめると、次のとおりである。

1号	預貯金類の契約
2号	無尽（金銭無尽は1号に含まれ、物品無尽が本号）の契約
3号	政令で定める金銭信託契約→金販法施行令2条
4号	保険契約、保険・共済の契約で政令で定めるもの→金販法施行令3条
5号	有価証券（信託受益権を除く）を取得させる行為
6号イ	信託受益権
6号ロ	譲渡性預金
7号	不動産特定共同事業契約の締結
8号	市場デリバティブ取引、外国市場デリバティブ取引、それらの取引の取次ぎ
9号	店頭デリバティブ取引、その取次ぎ
10号	その他、政令で定めるデリバティブ取引、その取次ぎ→金販法施行令4条
11号	その他政令で定める行為→金販法施行令5条

(c) 本法の適用されない金融商品

商品先物取引・商品先物オプション取引・商品指数先物取引など、商品先物取引関係は、すべて適用対象外である。これらに対しては、商先法が適用され、同法によって説明義務が課されている。なお、規制の横断化の観点から金販法の規定が準用されている（商先法220条の3）。

242 第2部 金融商品販売法

本法の販売・勧誘ルールは、利用者が資金の出し手になる場合のルールであり、利用者が資金の受け手になる場合である融資それ自体に関する契約は、その対象には含まれていない。

さらに、ゴルフの会員権などのように、投資や投機の対象となっても、本来の性質としては商品・サービスそのものの利用が予定されている取引は適用対象とされていない。また、宝くじや馬券などのように、くじや賭け事として社会的に認知され制度化されている取引は、そもそもここでの金融商品として想定していない。

(2)　金融商品の販売等（2項）

ここでの金融商品の販売等には、金融商品の販売またはその代理もしくは媒介を含むとしている。

この場合の「販売」とは、2条1項に定められた行為のことで、日常用語としての「販売」よりは広い概念である。媒介とは、両当事者の間に立って契約成立に尽力することである。

融資業者であっても、実質的に金融商品の販売等（契約の締結、その代理、媒介等）を業として行っていると認められる場合には、その販売行為が業法上許されるかどうかにかかわらず、本法の義務を負う。

(3)　金融商品販売業者等（3項）

ここでの金融商品販売業者等とは、金融商品の販売等（2項）を業として行うものをいう。

「業として」とは、同種の行為を反復継続してまたは反復継続する意思を持って行われるものをいい、現実に反復継続して行われている必要はない。また、業法上の登録等が必要とされる場合においても、現実に登録されているかどうかを問わない[13]。

(4)　顧客（4項）

ここでの顧客とは、金融商品の販売の相手方である。本法での顧客には、金融商品の販売の相手方をすべて含んでいる。そこで、法人の目的の中に有価証券等の投資や運用が掲げられているような場合でも、顧客であることに変わりはない。つまり、消費者契約法は事業者と消費者との契約が適用対象であるが、この場合は消費者には限られない。これは、金融取引の特質から、

---

13)　池田＝松尾・前掲（注5）108頁。

「事業者と消費者」ではなく、「専門家と非専門家」の間の情報格差等に着目しているからである。

　しかし、後述のように、金販法施行令で定める者に対しては、説明義務は不要となる（金販法 3 条 7 項 1 号）。金商法で特定投資家の類型が設けられ、勧誘等の規制を適用除外することとなった。これとの関係で、金商法においても説明を不要とするものとして特定投資家が定められた。

3　説明義務（3条）

(1)　概説

　金融商品販売業者等が、顧客に対して重要事項の説明をしなければならないとする規定である。重要事項については、次に詳述する。

　「業として」との意味は前述したとおりで、無登録業者であっても本法の説明義務を負う。

　「金融商品の販売が行われるまでの間に」とは、金融商品の販売に先立つ投資判断に際してという趣旨である。したがって、例えば、勧誘して断られてから長期間経過してから再度勧誘するような場合においては、「金融商品の販売が行われるまでの間に」説明したことがあるという理由で、説明しなくていいということにはならない。

(2)　説明すべき重要事項（1項）

(a)　重要事項

　1 項は、重要事項についての規定であり、2006年改正で次の内容となった。

(ア)　市場リスクその 1 （1 号）

　1 号は、市場リスク（価格変動リスク）に関するもので、元本欠損が生じるおそれがあるものについて規定している。重要事項の内容は、次の 3 点である。

① 　元本欠損が生ずるおそれがある旨（同号イ）

② 　その直接の原因となる変動の指標（同号ロ）

③ 　金融商品の取引の仕組みの重要な部分（同号ハ）

(イ)　市場リスクその 2 （2 号）

　2 号は、市場リスク（価格変動リスク）に関するもので、損失が当初元本を上回るおそれがあるものについての規定で、その重要事項の内容は次の 3 点である。

244 第2部 金融商品販売法

① 当初元本を上回る損失が生ずるおそれがある旨（同号イ）

② その直接の原因となる変動の指標（同号ロ）

③ 金融商品の取引の仕組みの重要な部分（同号ハ）

(ウ) 信用リスクその1（3号）

3号は、信用リスクに関するもので、元本欠損が生じるおそれがあるものについて規定している。信用リスクとは、例えば社債の場合には、その発行企業のデフォルトリスクである。重要事項の内容は、次の3点である。

① 元本欠損が生ずるおそれがある旨（同号イ）

② その原因となる信用リスクの対象となる者（同号ロ）

③ 金融商品の取引の仕組みの重要な部分（同号ハ）

(エ) 信用リスクその2（4号）

4号は、信用リスクに関するもののうち、当初元本を上回る損失が生じるおそれがあるものについて規定している。重要事項の内容は、次の3点である。

① 当初元本を上回る損失が生ずるおそれがある旨（同号イ）

② その原因となる信用リスクの対象となる者（同号ロ）

③ 金融商品の取引の仕組みの重要な部分（同号ハ）

(オ) その他のリスクその1（5号）

5号は、その他政令で定める事由を直接の原因として元本欠損が生じるおそれがあるものについて、規定している（この部分の政令はない）。重要事項の内容は、次の3点である。

① 元本欠損が生ずるおそれがある旨（同号イ）

② その原因となる事由（同号ロ）

③ 金融商品の取引の仕組みの重要な部分（同号ハ）

(カ) その他のリスクその2（6号）

6号は、その他政令で定める事由を直接の原因として当初元本を上回る損失が生じるおそれがあるものについて、規定している（この部分の政令はない）。重要事項の内容は、次の3点である。

① 当初元本を上回る損失が生ずるおそれがある旨（同号イ）

② その原因となる事由（同号ロ）

③ 金融商品の取引の仕組みの重要な部分（同号ハ）

(キ) 権利行使期限等（7号）

7号は、権利行使期限と解除のできる期間の制限に関する規定である。ワラントやオプションの期限、投資信託のクローズド期間などがこれに当たる。

(b)　取引の仕組みと改正の経緯

以上のように、2006年改正は、取引の仕組みを重要事項とした。遡ると、金販法の立法に際してまとめられた、金融審議会第一部会「中間整理（第二次）」（1999年12月）は、取引の仕組みについて次のように述べていた。「説明を義務付けるべき事項は、顧客のリスク判断にとって重要な事項とすべきである。この場合のリスクとは、将来『不利益な状態』が生じる可能性をいうものと考えられ、重要事項の説明内容としては、商品の基本的な性格、仕組みにリスクが内在するときには、そのリスクをもたらす主要な要因に則して説明することが適当である」。

また、この「中間整理（第二次）」に際してのワーキンググループの報告では、さらに詳細に、次のように指摘していた。

「説明を義務付けるべき事項については、顧客のリスク判断にとって重要な事項を説明することとすべきである。リスクとは、基本的には金融商品の将来価値が変動することであり、違反に対して損害賠償責任が伴う説明義務との関係においては、特に契約締結後に『不利益な状態』が生じる可能性をいうものと考えられる。重要事項の説明内容としては、商品の基本的な性格、仕組みの中でリスクが内在するときには、そのリスクの要因に則して説明することが適当である。具体的には、商品の性格、仕組みの中で、契約締結後において、金融商品の売却による損失の発生等、『顧客に不利益な状態』が生じる可能性をもたらす『主要な要因』が存在する場合には、その旨と当該要因を、商品の性格、仕組みに沿いつつ説明することが必要である。

（注）『顧客に不利益な状態』については、基本的に、以下のようなものとして検討していくべきである。①収益が変動すること②出捐額の一部又は全部が毀損すること③出捐額を超える損失が発生すること（追加的な支出の負担）」

このような経緯からすると、2006年改正は、「中間整理（第二次）」のワーキンググループ報告に則した内容ということができよう。

(3)　**説明の程度（2項）**

2項は、2006年改正で新設された、説明の程度に関する規定である。金販法の立法に際しては、「一般的大多数が理解できる程度」と説明されていた。

246　第2部　金融商品販売法

これを「当該顧客に理解されるために必要な方法及び程度」と変更したものである。

　これは、判例法理の説明義務の程度に近い。しかし、リスクが高い金融商品などでは、理解したかどうかを確認する義務があるとする裁判例もある。したがって、当該顧客が説明を具体的に理解したのかどうかを確認する運用が重要である。

　説明の程度は、説明の範囲とともに説明義務の重要論点であり、第3節で取り上げる。

(4)　元本欠損（3項）

　3項は、「元本欠損が生ずるおそれ」の定義である。ここでの「元本欠損が生ずるおそれ」とは、要するに、顧客が支払う金額の合計額が顧客の取得する金額の合計額を上回ることとなるおそれがあるということである。

　つまり、ここでの元本とは、利息に対する元本という意味でないのはもちろん、証券の額面などでもなく、顧客の出損額のことである。

(5)　当初元本を上回る損失（4項）

　4項は、「当初元本を上回る損失が生ずるおそれ」の定義である。3項の元本は、顧客の支払うこととなる金銭の合計額が、取得することとなる金銭の合計額を上回ることとなる点に、着目した定義となっている。

　しかし、これに対して4項にいう当初元本を上回る損失という場合の当初元本とは、そうした観念ではない。デリバティブ取引の場合の「当初元本」を「顧客が支払うべき委託証拠金その他の保証金の額」として、それを上回る損失かどうかという観点で考えられている。そこで、3項とは別の観念で定義規定を置いた。

(6)　取引の仕組み（5項）

　5項は、「金融商品の販売に係る取引の仕組み」の定義である。この定義をどう解すべきかについては第3節でまとめて検討することとして、ここでは定義自体をみておく。定義は、販売される金融商品ごとに書き分けられており、次のような内容となっている。

(a)　1号

　次の金融商品の販売の場合は、契約の内容である。

| 2条1項1号 | 預金、貯金、定期積金、相互掛金など |

2条1項2号	物品無尽
2条1項3号	金銭信託（その範囲については前述）
2条1項4号	保険契約、保険・共済の契約で政令で定めるもの
2条1項7号	不動産特定共同事業契約

(b) 2号

2条1項5号（有価証券を取得させる行為）の場合は、有価証券に表示される権利・有価証券とみなされる権利の内容、顧客が負うこととなる義務の内容である。

(c) 3号

2条1項6号イ（信託受益権を取得させる行為）の場合は、その規定に定められた権利の内容、顧客が負うこととなる義務の内容である。

(d) 4号

2条1項6号ロ（譲渡性預金債権を取得させる行為）の場合は、その債権の内容・顧客が負担することとなる債務の内容である。

(e) 5号

次の金融取引については、規定される取引の仕組みである。

2条1項8号	市場デリバティブ、外国市場デリバティブ、それらの取次ぎ
2条1項9号	店頭デリバティブ、その取次ぎ
2条1項10号	その他のデリバティブ

(f) 6号

2条1項11号は、政令で追加指定できるようにした規定であるから、この場合は政令指定する際に仕組みについても政令で定めることとしている。まだ、この点についての政令はない。

(7) **複数の金融販売業者等**（6項）

6項は、複数の金融商品販売業者等が関与する場合についての規定である。説明義務の主体は、金融商品販売業者等である。しかし、金融商品の販売等には、金融商品の販売またはその代理もしくは媒介を含んでいる。そのため、金融商品によっては、複数の金融商品販売業者等が関与することも多いと思われる。そのような場合、それぞれの金融販売業者等が、重複して説明する必要はないとしたものである。

248　第2部　金融商品販売法

(8)　説明を不要とする場合（7項）

　7項は、説明を不要とする場合の規定である。

　説明の相手方は顧客であるが、いわゆるプロとして政令で定める者である場合（特定顧客。1号）、顧客が説明を要しない旨の意思の表明をした場合（2号）には、説明は不要とされている。

　この特定顧客について、改正前の金販法施行令8条は、金融商品販売業者等としていたので極めて限定的であった。しかし、金融商品取引法に特定投資家の類型が設けられ、勧誘等の規制を適用除外することとなった。これとの関係で、金商法においても特定投資家については説明を不要としており、広範囲となったので注意すべきである（金販法施行令10条1項・2項）。

　また、説明が不要であるとの意思表示は、顧客が過去の投資経験等から金融商品のリスクを十分理解した上で自主的な判断によってなされることが必要である。また、投資一任契約の締結に際しても説明義務が尽くされるべきは当然で、投資一任契約それ自体が説明不要の意思表示となるものではない[14]。

4　断定的判断の提供等の禁止（4条）

(1)　概説

　本条は、2006年改正で新設された規定である。禁止されるのは、「当該金融商品の販売に係る事項」についての、「不確実な事項について断定的判断を提供」すること、または「確実であると誤認させるおそれのあることを告げる行為」（「断定的判断の提供等」）である。

　断定的判断の提供の対象となるのは、不確実な事項全般であるので、利益が生ずることについての断定的判断の提供に限定されているものではない。また、確実であると誤認させるおそれのあることを告げる行為の場合も同様であり、利益が生じることが確実であると誤認させることに限定されているわけではない。

　本条違反の行為によって顧客に損害が生じた場合は、本法5条によって金融商品販売業者等が損害賠償責任を負う。

---

14)　これらの点につき、岡田＝高橋・前掲（注1）113頁。

⑵　消費者契約法との関係

消費者契約法4条1項は、事業者が「物品、権利、役務その他の当該消費者契約の目的となるものに関し、将来におけるその価額、将来において当該消費者が受け取るべき金額その他の将来における変動が不確実な事項につき断定的判断を提供すること」によって「当該提供された断定的判断の提供の内容が確実であるとの誤認」をし（同項2号）、それによって当該消費者契約の申込みまたはその承諾の意思表示をしたときは、これを取り消すことができるとしている。

同じく断定的判断の提供ではあるが、金販法4条・5条の場合とは要件も効果も異なっている。相互に排斥する関係にもないので、いずれを選択することも可能である。

5　損害賠償責任（5条）

本条は損害賠償責任に関する規定で、説明義務違反のほか、断定的判断の提供等の違反が加えられている。

本条は、説明義務違反の効果として損害賠償義務が生じることを明確にしている。立証責任については、因果関係と損害に関しては6条に推定規定が置かれている。これに対して、説明がなかったことは顧客に立証責任がある。

また、本条の責任は、業者の直接責任である。すなわち、民法の損害賠償責任は、説明義務を履行しなかった担当者の使用者責任を業者が負う。しかし、インターネット取引等、実際に販売に従事する者が特定されない取引にも対応していくべきことを考え、直接責任とされた。

本条は、民法715条の特則であり、業者は被用者の選任・監督に過失がなかったこと等の反証を行って損害賠償責任を免れることはできない。

6　推定規定（6条）

本条1項は、損害額と因果関係に関する推定規定であり、元本欠損額が損害額と推定される[15]。推定であるから、顧客はこれと異なる損害額を立証して請求することもできるし、逆に金融業者の方でも、損害がこれとは異なるとか因果関係がないとかの立証をしていくこともできる。

---

15)　池田＝松尾・前掲（注5）172頁。

250　第2部　金融商品販売法

　本条2項は、元本欠損額の定義である。顧客が支払う額（支払った額と支払うべき額の合計）から、顧客が取得する額（取得した額と取得すべき額の合計）を控除した額を、元本欠損額としている。

　顧客が支払う額については、括弧書きで、顧客の譲り渡したまたは譲渡すべき金銭相当物がある場合には、その市場価格・処分推定価格を加えた額としている。また、顧客が取得する額については、同じく括弧書きで、当該顧客の定めで顧客以外の者が取得する金額、金銭以外であればその市場価格・処分推定価額を加えた額としている。

7　民法の適用（7条）

　民法の適用に関する当然の規定であり、時効や過失相殺が適用となる。また、説明義務について判例法理に基づいて損害賠償請求をすることもでき、断定的判断の提供についても不法行為に基づく損害賠償請求をすることもできる。つまり、民法709条・715条を根拠とする損害賠償請求を行うこともできる。

8　勧誘の適正の確保（8条）

　本条は、金融商品販売業者等に、勧誘の適正の確保に努めなければならないという努力義務を課した規定である。

　「中間整理（第二次）」が、コンプライアンスの重要性を指摘したことを受けて規定された。しかし、こういった方式は、本法が業法でないために業法上の制裁はもともと想定されていない上、民事ルールでありながら違反の効果もないというもので、中途半端なものである。実効性に欠けており、8条以下の規定は見直すべきである。

9　勧誘方針（9条）

　本条1項は、勧誘方針の策定を義務づけている。勧誘方針は、金融商品販売業者等が勧誘に際して遵守すべき基準となる考え方とされる。具体的に盛り込むべき事項に関しては、2項に規定されている。

　本条2項1号においては、適合性原則に関する事項が定められている。適合性原則については、金商法40条1号に契約を締結する目的が加えられた際、これにあわせて本法も修正を行った。

勧誘方針に含むべき事項として2号は、勧誘の方法および時間帯に関し勧誘の対象となる者に配慮すべき事項を挙げている。これは、いわゆる不適切勧誘や不招請勧誘の禁止の問題に対応した規定である。執拗な勧誘、迷惑となるような時間帯の勧誘をはじめとする不適切勧誘の禁止や、電話・訪問勧誘をしないという不招請勧誘の禁止ルールなどを自主的に検討して、社の方針を定めることになる。

その他勧誘の適正の確保に関する事項（2項3号）には、消費者契約法や民法、各業法などが当然含まれる。各業法は、依然として縦割りの状態にあり共通ルールとなっていないから、これらを総合して定める必要がある。

勧誘方針の公表は、顧客に対して業者選別の材料を提供し、市場原理を通じた勧誘の適正の確保を目指すものとされた。しかし、運用の姿はほとんど横並びで競争原理が働く余地はほとんどない。そればかりでなく、かつて社会問題化した業者ですら、それらしい勧誘方針を定めてネット上で公表するなど、かえって不当広告に使われ誤解を招く事態が生じた。本法のあり方も見直すべきである。

10　過料（10条）

9条違反に対する制裁規定であり、50万円以下の過料が定められているが、発動された例はない。

第3節

金販法の論点

1　はじめに

金販法の説明義務を争点として判断している裁判例は、まだ多くはない。そもそも、不法行為法上の説明義務だけを訴訟物としている例が少なくないと指摘されている[16]。

ここでは、金販法の主な裁判例を参照しつつ、取引の仕組み、因果関係の推定、説明の程度などの論点についてみていく。なお、金販法以外の裁判例

---

16)　司研報告125頁。

252　第2部　金融商品販売法

についても、金販法の論点を考える上で参考になるものについては、参照している[17]。

2　改正前の取引の仕組み

(1)　旧金販法の考え方

2006年改正前の金販法は、直接的には取引の仕組みやリスクの程度を説明すべき重要事項としていなかった。

しかし、この理由について、立法担当者により「金融商品の仕組みとは顧客が支払った金銭が何らかのリスクにさらされ収益が変動するメカニズムそのものである。本法律では、単に収益が変動し元本割れが生じるおそれがある旨を告げるだけではなく、その要因（事由）を合わせて説明することを義務付けており、その説明のためには、リスクがどのようなメカニズム（仕組み）により収益変動に至るかについて、必然的に説明することになり、結果的に、金融商品の仕組みがリスクと不可分の事項として説明されるものと解されること」が挙げられていた。ただ、金融商品は預貯金からデリバティブまで多種多様である。そのため、金融商品の仕組みの説明を一律に課すと、後に僅かな説明の欠如があったとして損害賠償責任が生じかねず、酷と思われるケースが発生しうると考えられ、画一的に金融商品の仕組みを説明すべき事項とすることは見送られたのである[18]。

このような経緯であり、元本割れが生じるおそれとその要因の説明の中で、金融商品の仕組みがリスクと不可分の事項として説明されると解されていたのであって、単純に取引の仕組みの説明が不要と考えられていたわけではない。

(2)　大阪地判平22・10・28　不動産2

説明すべき事項として、取引の仕組みに関する判断を示した事案である。本件は、髙木証券の不動産投資ファンド「レジデンシャル-ONE」の勧誘・販売に関する事案である。本判決は、勧誘の際、レバレッジリスクを説明しなかった点で説明義務違反があるとし、民法709条・715条1項、旧金販法4条（現5条）に基づく損害賠償責任を認容した。

---

17)　後掲大阪高判平22・10・12、東京高判平23・10・19。
18)　岡田＝髙橋・前掲（注1）94頁。

本判決は、本件ファンドは借入金によって出資金額の４〜５倍もの投資を
した上で、借入金の返済が出資金の償還に優先されることから、不動産価格
が３年間で僅か20％下落するだけで出資元本が全額毀損してしまうという重
大なリスクが生ずるものであるとし、「投資判断にあたっての最も重要な事
項（『どれくらいのリスクがある商品か』という出資元本の毀損にかかわる投資判断の基
本的事項）に含まれるというべきである」としている。そして、レバレッジ
リスクについて、「不動産が値下がりしたときはリスクが極端に増幅される
こと、具体的な程度として、『投資対象の不動産が１割値下がりすると、出
資金は約半分になること』、あるいは『不動産が２割値下がりすると、出資
金はほとんど０円になる可能性があること』を説明するとともに、その理由
として、本件ファンドの仕組みについて、『銀行借り入れによるレバレッジ
がかかるため、リターンが大きくなる反面、リスクも増幅されるというこ
と』を十分に説明すべき義務があったというべきである」と判示している。

　このように、本判決は、「どれくらいのリスクがある商品か」という「出
資元本の毀損にかかわる投資判断の基本的事項」は、「投資判断にあたって
の最も重要な事項に含まれる」として、金販法上も説明すべき義務があると
している。

（3）　大阪高判平23・11・2　不動産2

　本判決は違法性判断については原判決を支持し、金販法（改正後）５条の
規定が「不法行為とは別個の請求権を定めたものとしても、その要件事実は
不法行為と異なるところはなく、損害の算定、過失相殺の適用も同様である
と解されるから、同請求についても、上記限度で理由があり、その余は理由
がないこととなる。」と判示している。

　念のため2006年改正前の法３条１項１号を確認しておくと、「当該金融商
品の販売について金利、通貨の価格、有価証券市場における相場その他の指
標に係る変動を直接の原因として元本欠損が生ずるおそれがあるときは、そ
の旨及び当該指標」という規定であった。既述のように、立法者は、「元本
割れが生じるおそれの要因（事由）」の説明のためには、「リスクがどのよう
なメカニズム（仕組み）により収益変動に至るかについて、必然的に説明す
ることになる」[19]としていた。その説明が本質的に重要なものである場合に
は、「その説明を求めることが酷である」という範疇にはないわけであり、
説明の欠如が損害賠償責任を生じると考えることができる。また、そもそも、

254　第2部　金融商品販売法

ここでの「相場変動の指標」は、本件のようなレバレッジリスクも含む概念であると解することもできよう。

　ただし、この「レジデンシャル－ONE」の勧誘事案については集団訴訟を含め、多数の訴えが提起され、その後損害賠償請求を認容する裁判例が続くが、いずれも不法行為に基づく損害賠償請求を認容しており、金販法違反を根拠としたものはない。

3　2006年改正と取引の仕組み

(1)　はじめに

　金販法は、不法行為法の特別法であり、したがって民事ルールであるというのが共通認識となっている。しかし、本法は、業法的な発想ないし手法となっている。金販法施行令で定める部分を次のように広範囲に残したのはその例であり、民事ルールにしては異例である[20]。

①　適用すべき「金融商品の販売」を限定列挙し、政令で追加指定できることとした（旧2条1項13号〔現2条1項11号〕）

②　適用される金融商品の範囲についても、その詳細については政令に委ねている。すなわち2条1項3号の金銭信託契約、同4号の保険契約に類するもの、旧9号（現7号）の不動産特定共同事業契約、旧12号（現10号）のデリバティブ取引について、それぞれ政令でその適用範囲を定めることとしている。

③　説明すべき重要事項についても、政令で定める部分を残した（旧3条1項3号〔現3条1項5号・6号〕）。

④　元本欠損が生ずるおそれの定義についても、政令で定める部分がある（旧3条2項〔現3条3項・4項〕）。

⑤　説明が不要となる特定顧客についても政令で定められる（旧3条4項1号〔現3条7項1号〕）。

業法は、行政上の取締法規という性格上、形式的な明確性あるいは画一性

---

19)　清水忠之「無担保社債の販売における金融商品販売法所定の説明義務」ジュリ1312号（2006年）160頁も、元本欠損を来すおそれを顧客に認識させるためには、その商品の仕組みなども説明しなければならないとする。

20)　桜井健夫＝上柳敏郎＝石戸谷豊『金融商品取引法ハンドブック』（日本評論社、2002年）297頁。

が要請されることは否定できない。そのため、「取引の仕組み」という概念の外延を確定することは困難であるという考え方が強かった。

2006年改正においては、このような業法的な制約を乗り越えて、「取引の仕組み」の「重要な部分」という実質的な判断を要する定義を採用したのである。したがって、業法的な色彩が強いとはいえ民事ルールであることを踏まえ、この定義の解釈は実質的な観点から行う必要がある。

(2) 改正法における取引の仕組み

金販法にいう「取引の仕組み」の定義は、当該規定に規定する、「契約の内容」（金販3条5項1号）・権利、義務の内容（同項2号・3号）・債権、債務の内容（同項4号）・「取引の仕組み」（同項5号）などとなっている。

この定義は、これ自体としては抽象的であり、当該規定全般が含まれる内容ともいえる。しかし、重要事項としての「取引の仕組み」は、この定義自体というよりも、むしろ他の重要事項との関係で規定されている。

すなわち、この「取引の仕組み」と説明すべき他の重要事項は、市場リスクを例にとると、「指標に係る変動を直接の原因として」元本欠損（または当初元本を上回る損失）が生ずるおそれがあるとき、元本欠損が生ずるおそれ（または当初元本を上回る損失が生ずるおそれ）がある旨、当該指標、そしてその「指標に係る変動を直接の原因として元本欠損が生ずるおそれを生じさせる〔または当初元本を上回る損失が生ずるおそれを生じさせる〕当該金融商品の販売に係る取引の仕組みのうちの重要な部分」という関係にある。

ここでは、「指標に係る変動」「元本欠損が生ずるおそれ〔または当初元本を上回る損失を生ずるおそれ〕」「それを生じさせる取引の仕組みの重要部分」という関係における当該規定に規定する「契約の内容」、権利、義務の内容、債権、債務の内容とされている。これは、当該金融商品の取引の仕組みのうち、リスクの構造すなわち、リスクがどのようなメカニズムであり、指標の変動がどの程度になるとどのような収益変動になるのかという構造について、法的な表現で定義づけようとしたものにほかならない。

(3) 立法担当者の解説

この点について、立法担当者も次のように解説している。

「金融商品販売法では、金融商品販売業者等の専門性（顧客との関係における情報優位性）および顧客がこれを信用して取引せざるをえない状況にあること等にかんがみて、金融商品販売業者等に対して顧客への説明義務を課して

いる。このような金融商品販売法の趣旨からすれば、説明義務の対象事項については、顧客が金融商品を購入するかどうかの判断をするにあたって重要な事項であるというべきであり、『金融商品の販売に係る取引の仕組みのうち重要な部分』についても、このように実質的に判断されるべきものである。」[21]

このような考え方は、説明義務に関する判例法理において取引の仕組みを説明対象としていることと、実質的に同じ立場にあるということができる。実際、立法担当者も、上記解説で、次のように述べている。

「従前の裁判実務でも、『取引の仕組み』については実質的に判断されていたと考えられる。今回の金融商品販売法改正による『金融商品の販売に係る取引の仕組みの重要な部分』についても、かかる従前の裁判実務に近い形での解釈・運用が可能であると考えられる。」

以上を踏まえ、さらに具体的に検討する。

(4) 不法行為の説明の対象との関係

本法の説明義務については、不法行為の説明義務とどう違うのかが問題になる。この点について、司研報告は、次のように指摘している[22]。

第1に、本法3条1項には、市場リスク・信用リスク以外のリスク（例えば流動性リスク）が掲げられていないので、ピンポイントで流動性リスクの説明義務を取り上げたいような場合には、一般不法行為を主張するしかない。第2に、同項1号〜4号各ハにいう「取引の仕組み」とは、デリバティブ商品（金販2条1項8号・9号）については、文字どおりの意味を指すが（同法3条5項5号）、例えば仕組債の場合、デリバティブが組み込まれているとはいえ金融商品としての基本的な位置づけは「有価証券」（同法2条1項5号）になることから、説明の対象たる「取引の仕組み」は権利義務の内容に尽きることになる（同法3条5項2号）。このために具体的にどのような差異を生ずるかは微妙であるが、少なくとも、原告の立場での主張が制約されることは否定できないと思われる（ここで、黒沼の、金販法の規定の不備であるとの見解を脚注で引用している。なお、黒沼説については、後述する）。

上記の第1の点に異論はないと思われるので、以下、第2の点についてや

---

21)　池田＝松尾・前掲（注5）143頁。
22)　司研報告124頁。

や具体的に、デリバティブ、仕組債、仕組商品の順にみていく。

4 デリバティブと「取引の仕組み」

(1) はじめに

前述のとおり、デリバティブの場合の「取引の仕組み」の定義は、「規定する取引の仕組み」とされている。このように、文理上からは具体的な内容は明確とならないので、実質的に判断する必要がある。

(2) 東京高判平26・3・20 [為デリ4] を素材として

この点を考察するに際して重要な裁判例として、東京高判平26・3・20がある。なお、本判決は、当事者双方の上告棄却、上告受理申立て不受理で確定している。本判決と本判決に対する論評は、説明すべき「取引の仕組み」を考える上で大いに参考になる。

本件の事案は、事業会社が金融機関から通貨スワップ取引を勧められて約定したが（ただし、その実質は、大規模かつ複雑なオプション取引の性格を有する[23]）、取引開始後1カ月余りから時価評価額のマイナスが大きくなり、顧客が数次にわたり追加担保の差入れを余儀なくされ、リーマンショック後には時価評価額のマイナスが膨脹して追加担保を差し入れることができなくなり、やむをえず合意解約したところ解約清算金23億5000万円を支払うこととなったという経緯である。

一審判決（東京地判平24・9・11）は、7割の過失相殺を行い説明義務違反として損害賠償請求を認容した。その理由は、担保差入れ額の算出基準となる時価評価額が実勢為替レートの変動、ボラティリティ、日米の金利差の影響により変動するものである旨の説明はされていたが、それらの要素がどのような要因で変動し、それらの変動が時価評価額に具体的にどのような影響をもたらすか等について具体的な説明がなされていなかったという点にある。

本判決は、過失割合を6割に変更した上、次のように判示して損害賠償請求を認容している。

「本件取引にとって、時価評価額は、取引期間中に、一審原告に担保提供という新たな支払いを義務づける基準額となるとともに、解約の清算金の基

---

23) 渡辺宏之「通貨デリバティブ取引に関する時価評価に係る説明義務を認めた事例」金判1448号（2014年）2頁。

準額ともなるところ、その変化の程度が相当程度大きくなり得るものであるから、一審被告らは、一審原告に対し、一審原告が不測の損害を被ることがないように、信義則上、時価評価額について、本件取引に組み込まれた取引の仕組みのうちの重要な部分として、その理解力に応じた説明をする義務を負っていたと解するのが相当である。」

この判示は、契約時という一時点の時価評価についての判示ではなく、時価評価の要因とその変動による変化の程度という関係において指摘している。このことは、次の判示からも明らかである。

「本件取引に関して一審被告らが行った説明は不十分なものであって、時価評価額の変動要因と要因の変動の時価評価額への影響の程度や、交換レートの反比例方式が時価評価額を大きく変動させることを具体的に説明すべき義務を全うしていなかったというべきである。」

黒沼教授は、確かに、前述の司研報告が指摘するとおり、「取引の仕組みが複雑な金融商品の説明義務」として、信義則上の説明義務よりも金販法の説明義務が狭い部分があることを指摘している[24]。しかし、本判決については、次のように解説している[25]。

「判決は、信義則上の説明義務と金販法上の説明義務を区別して論じていませんが、判旨からは、金販法3条の説明義務については、担保差し入れ義務が『金融商品の販売に係る取引の仕組み』に該当し、時価評価額の変化の程度が相当大きなものであることから、デリバティブの時価評価額が金販法3条1項1号ハ、2号ハにいう『金融商品の販売に係る取引の仕組みのうち重要な部分』に該当すると判断したものと思われます。その上で金販法上の説明義務の対象が信義則上の説明義務の対象になると判断したものと思います。このような認定判断は慎重かつ穏当なものであり、賛成できます。」

本判決については、実務家からも金販法上の説明義務の対象であることを示唆するものであるとの指摘がなされている[26]。そして、説明のあり方として、本件取引においては、時価評価額の変動要素として為替レートの変動、金利差の変化、ボラティリティがあると説明した上で、そのうち1つの変動

---

24)　黒沼539頁。
25)　黒沼悦郎「デリバティブの投資勧誘」先物・証券取引被害研究45号（2015年）18頁。
26)　津田顕一郎「私募債の勧誘と金融商品販売法に基づく説明義務」金判1511号（2017年）115頁注(3)。

要素だけを動かした場合の時価評価額の変動幅を表にして説明することが考えられる（時価変動要素ごとに別々の表を用意することになる）との考え方が示されている[27]。

時価評価と説明義務の範囲については、諸説を踏まえて本判決の「具体的な算定方法や数字はともかく、どの程度のものになるかを説明することは十分に可能と思われる」との考え方を支持する実務家の考え方も示されている[28]。

本判決について「当該店頭デリバティブ取引や仕組債取引において、『損益変動の重要な指標となる実質的な『参照指標』が何であり』」、「『当該参照指標がいくら動けば、損益（時価評価）がいくら変動するか』については、まさに当該『取引の基本的な仕組み』であり、また『中途解約清算金』や『想定最大損失』算定の基礎となるものである」。本判決の判示は「デリバティブ取引を中心とする金融商品の販売・勧誘時における説明の根幹部分を成すものとして、『基本的な説明義務の対象』と位置付けられるものである。」[29]と指摘されている。これは不法行為上の説明義務との関係で述べたものであるが、金販法の説明すべき重要事項としての取引の仕組みとしても妥当すると考えられる。

5　仕組商品と「取引の仕組み」

(1)　はじめに

仕組債や仕組投信は、本法 2 条 1 項 5 号の有価証券に該当する。そこで、取引の仕組みとは、有価証券に表示される権利および義務の内容ということになる（3 条 5 項 2 号）。そこでさらに、権利および義務の内容とは何をいうのかが問題となる。この場合の権利とは、投資者がどういう場合にどういうリターンを得られるのかという問題と解される。これは、上述の、仕組債取引も店頭デリバティブ取引も同様に、「損益変動の重要な指標となる実質的

---

27) 津田顕一郎「通貨デリバティブ取引に関する時価評価に係る説明義務を認めた事例（第 3 回）」消費者法ニュース109号（2016年）164頁。

28) 若松亮「通貨スワップ取引に関する時価評価に係る説明義務を認めた事例」金判1511号（2017年）80頁。

29) 渡辺宏之「金融商品取引における合意の前提条件の説明のあり方」金判1511号（2017年）28頁。

な『参照指標』が何であり」、「当該参照指標がいくら動けば、損益（時価評価）がいくら変動するか」が当該商品の「取引の基本的な仕組み」であるとする見解と同旨である。

(2) 大阪高判平22・10・12 [仕組債 D1]

仕組債（FXターン債）の取引について錯誤無効とした判決に、大阪高判平成22・10・12がある。本判決は、「一審原告は、本件仕組債を購入する際、本件仕組債の権利内容について錯誤に陥り、そのリスクについて理解しないままであったと認めるのが相当である」と判示しており、この問題を考える上でも参考になる。

本判決は、本件仕組債の商品特性を詳しく認定している。その上で、本件仕組債について、「通常の社債と異なり、市場での売却が著しく困難であるため、購入者は、償還期限までの為替相場及び金利相場の変動状況、さらに、発行会社や保証会社の存続可能性を見越して、本件仕組債に組み込まれた償還条件や利子の条件が有利であるか否かの判断を要することになる。それでも、償還期限がそれほど長期でない場合には、損失の限度が元本額に限定されることとも相まって、その判断は、通常の投資判断とさほど違いはないといえるが、本件仕組債は、償還期限が30年後とあまりに遠い将来であり、しかも、その購入代金が5000万円と高額であるため、上記の判断を相応にすることは、個人の一般投資家にとって、著しく困難であるというほかない」と判示し、上記のとおり「本件仕組債の権利内容について錯誤に陥り、そのリスクについて理解しないままであった」としているのである。

本判決は、錯誤無効を認めた判決であって、本法に関するものではないが、仕組債における権利の内容とは、仕組債のリスク・リターンの構造であるということを明確にしている。その意味で、本判決は、本法の取引の仕組みの解釈にも重要な意味を持つものである。

(3) 大阪高判平27・12・10 [仕組債 B6]

仕組債（EB）について、金販法上の責任を認めた裁判例として、大阪高判平27・12・10がある。原審の大阪地判平27・4・23判時2300号110頁、セレクト50巻1頁は、請求棄却であった。本判決は原判決を取り消し、過失相殺なしで損害賠償請求を認容した。

すなわち本判決は、担当者が「株式償還となった場合に、どういう計算で何株が償還され、X1の損失がどの程度の金額になりそうなのかという点に

ついて、何ら具体的な説明をしていない。すなわち A は、契約締結前交付書面の交付をせず、かつ、株式償還による元本欠損のおそれや元本欠損が生じる取引の仕組みの重要部分を説明していない。」と判示し、「仕組債投資のご提案」「商品説明書他社株転換条項付社債」などを提示しながら EB について説明をした点については、「これらのパンフレットを用いてリスクについてどのような説明をしたのかは明らかではないし、これらパンフレットも交付はしていないのであるから、このような記載のあるパンフレットを用いて一般的な商品説明をしただけで、本件 EB 債についての上記説明義務を尽くしたとはいえない。」として、本法 5 条による責任を認定している。

原判決と本判決では、事実認定が大きく違っている。そこで、書面交付の有無の事実認定の違いが着目されている[30]。その点もあるが、本判決の「株式償還による元本欠損のおそれや元本欠損が生じる取引の仕組みの重要部分」の考え方は、重要な先例といえる。また、説明の程度についても、同様である（説明の程度については後述）。

ノックイン投信などの仕組投信の場合も、金販法上は 2 条 1 項 5 号の有価証券であり、仕組債と同じ分類になる。したがって、その場合の権利・義務も、仕組債の場合と同様に考えることになる。もともとノックイン投信の多くは、仕組債に投資する投資信託であるから、そのリスクを説明する場合には仕組債のリスクの説明をすることが不可欠といえる。なお、仕組商品等の場合に、解約期間の制限があるものは本法 3 条 1 項 7 号の説明の対象となる。これに対して、解約する場合に多額の違約金等を負担しなければならない場合は、取引の仕組みにおける権利・義務の内容として説明すべき事項となると考えることができる。

6　損害と因果関係の推定

酒販年金事件（後掲650頁参照）のうち、全国小売酒販組合中央会（以下「中央会」という）がクレディ・スイス等に損害賠償請求した事案について、東京地判平22・11・30 証券化 1 がある。

本判決は、旧金販法 5 条（現 6 条）について、損害額を推定した規定で因

---

30)　井上聡「V証券・信託・保険　概観」金法2049号（2016年）60頁。浅井弘章「EB 債と説明義務違反」銀行法務21 797号（2016年）64頁。

262　第2部　金融商品販売法

果関係を推定したものではないとしているようである。ただ、直接的な判示は、旧金販法4条（現5条）についてであり、相当因果関係が同条の定める損害賠償責任の要件として不要とされたものとも、推定されるものとも解することができないとしており、旧5条（現6条）については言及していない。

　しかし、旧5条・現6条は、因果関係と損害額を推定した規定であることは立法当初から明確にされている[31]。この考え方は、学説においても支持されている[32]。したがって、本判決の考え方には批判があり、むしろ因果関係がないことの立証が成功したものと考えられている[33]。

　本判決は、中央会の担当者が、説明しようとするのを遮ってその説明を求めようとしなかった等の事実を認定しているが、これは旧3条4項2号（現3条7項2号）の説明を不要とする意思表示があったかどうかという観点から検討すべき問題と思われる。この場合においても、説明を不要とする意思表示に該当するかどうかの判断は、金融商品のリスクを十分理解した上でなされているかが問題となる（前掲248頁）。

7　信用リスクの説明

　酒販年金事件の上記判決は、本件投資を勧誘した仲介者に対する関係では旧金販法3条1項・4条、民法709条に基づく損害賠償責任を認めている。

　そのうち、旧金販法3条1項2号の説明義務違反については、「元本欠損のおそれのみでなく、一定の者の信用リスクが金融商品に影響を及ぼす場合にはその旨について説明をするべき義務を負っているところ、被告甲野が、一定の者（インバロ社）の信用リスクが問題となる旨説明していないのは上記のとおりであるから、説明義務を尽くしたとの被告甲野の主張は採用できない」と判示している。

---

31)　岡田＝高橋・前掲（注1）124頁、大前＝滝波・前掲（注1）140頁。池田＝松尾・前掲（注5）172頁。大前恵一郎『平成18年改正　Q&A金融商品販売法』（商事法務、2007年）123頁も同旨。

32)　潮見佳男編著『消費者契約法・金融商品販売法と金融取引』（経済法令研究会、2001年）130頁。山田誠一「金融商品の販売等に関する法律の成立」金法1590号（2000年）12頁。小林秀之編著『詳解　金融商品販売法の解説——販売・勧誘ルールと実務的対応』（新日本法規、2001年）133頁。

33)　池田秀雄「外国籍仕組債の購入を取り次いだ金融機関の顧客に対する説明義務」銀行法務21　741号（2012年）40頁。

その説明をしていないとの判示部分は、「管理会社の業務又は財産状況の変化によって元本欠損が生ずるおそれがあるにもかかわらず、その原因を生じさせる取引の仕組みの重要な部分（旧金販法3条1項2号）についての説明を行わなかったものといわざるを得ず、旧金販法3条1項に定める説明義務に反したものと認められる」という内容である。すなわち、改正前の金販法においても、取引の仕組みの重要な部分は説明すべき内容となると判断されていると考えられる。

本判決から、ABS（アセット・バック・セキュリティー）の勧誘に際しても、その裏付資産の内実は、「取引の仕組みのうちの重要な部分」として説明義務の対象になると指摘されている[34]。

8　説明の程度
(1)　改正前の裁判例

説明の程度については、2006年改正で3条2項に盛り込まれた。この点の関連判決としては、改正前の事案として、次の2つが挙げられる。

①　東京地判平15・4・9　債券5

②　東京地判平16・2・23判タ1156号256頁

①は専業主婦にマイカルの社債を勧誘・販売した事案であり、説明義務違反を認めたもの、②は航空機等のリースビジネスも展開している法人が、勧誘を受けて航空機リース取引に係る匿名組合契約を締結した事案（旧金販法2条1項8号の特定債権等に係る事業の規制に関する法律〔特債法〕2条6項2号の特定債権等組合契約に該当する）であり、説明義務違反が否定されたものである。

①判決は、次の事実を認定している。

ⓐ　金販法施行に先立って、全顧客に一律に説明文書を送付し、以後説明を要しない場合には「重要事項の説明に関するご意向カード」にその旨記載して返送することとされていた。原告はその返送をしなかった。

ⓑ　上記カードの返送がない顧客については、重要事項の説明がなされる方針が採られ、原告にも担当者から電話で説明文書を読み上げる形で商品類型ごとに説明された。

ⓒ　その後別件の転換社債の勧誘が行われた際に、社債については倒産等

---

34)　津田・前掲（注26）114頁。

264 第2部 金融商品販売法

がない限りは満期まで持っていれば元本が償還され、その間利息も受け取れることが説明された。この時は買付けは行われなかった。

ⓓ 本件社債の勧誘に際しては、償還期限まで保有していれば利息も付き、元本も返ってくる、銀行の定期預金と同様の元本保証の商品であると説明された。

このような経緯において、本判決はⓐないしⓒでは説明とは認め難いとし、ⓓでは説明がないとして、重要事項の説明としては不十分であるとしている。本判決は、旧法においてもこうした程度では不十分であることを示したものであり、学説の支持を受けている[35]。

これに対して②判決においては、契約前に交付された基本条件書に投資リスクが記載されており、その中に債務不履行または倒産リスクがあることが記載されているとして説明義務は履行されていると判断している。

一般論としては、書面を交付すれば説明義務を履行したということにはならない。しかし、本件契約が航空機リースで巨額の投資になることから、相当規模以上の法人向けの取引であること、本件当事者間においては本件契約以前に本件取引と同様の仕組みの取引が10件行われていたことなどから、本件事案の下においては、結論は支持してよいとの学説がある[36]。

(2) 改正後の裁判例

改正後の事案についての高裁判決として、前掲の大阪高判平27・12・10 仕組債 B6 が挙げられる。

本判決は、説明すべき重要事項の問題でもあるが、説明の程度についても参考となる。本判決は、上記のとおり、「仕組債投資のご提案」「商品説明書他社株転換条項付社債」などを提示しながら EB について説明をしたとしつつ、「このような記載のあるパンフレットを用いて一般的な商品説明をしただけで、本件 EB 債についての上記説明義務を尽くしたとはいえない。」としており、「X1のように初めて EB 債を購入する顧客が、本件説明書なしに、券面額を転換価格で除した数値が償還株数となるとか、転換価格と償還時株価の差額に償還株数を乗じた金額が償還時の損失になると想像することは困難である。」と判示している。

---

35) 清水・前掲（注19）160頁。

36) 飯田秀総「金融商品販売法の説明義務違反が否定された事例」ジュリ1342号（2007年）187頁。

そして、「X1は、現在及び将来の生活資金である預金の目減りを出来る限り少なくしたいとの切実な願望を持っていたのであるから、本件EB債のリスク等についてきちんとした説明をうけておれば、大きな損失を被るおそれのある本件EB債を購入することはなかったと認められる。」と判示している。

(3)　司研報告

　説明の程度については、司研報告も取り上げており、次のように述べていることが参考となる[37]。

　「観念的なリスクを定性的・抽象的に説明しただけでは足りず、リスクを生じさせる指標（株価、為替等）が予想に反する方向に動いた場合の損失の谷の深さについて、具体的な数値によるシミュレーションが示されていることが望ましく、そのような形で、リスクの質と量を具体的にイメージできる説明になっている必要があると解される。」

　「取引の基本的な仕組みについても、キャッシュフローが生じる事由を無味乾燥な文章で形式的に説明するだけではなく、損益図（ペイオフ・ダイアグラム）を示すなどして、視覚的に分かりやすい説明を行うことが望ましい」（脚注として、「このような点に着目して説明義務違反を認めたものとして、東京高判平成23・10・19金融法務事情1942号114頁がある」としている）。

　この東京高判平23・10・19 仕組債 C5 は、東証マザーズ指数連動債の事案である。本判決は説明の程度について、説明資料は「確かに満期償還額の変動リスクや価格変動リスクその他のリスクの説明はあるものの、その記載は概して具体性を欠いた単調・平板なものであり、本件取引から実際に生じうる具体的なリスクを意識・注意喚起させる上で不十分なものと評さざるを得ない」とし、担当者の説明もシナリオ分析の表を示すなど具体性のあるもので説明資料の不足を一定限度補っているとはいえ、口頭説明にとどまるもので、「上記説明内容を図表化するなどリスクの具体的内容をわかりやすく整理した資料を用意することに大きな労力・困難を伴うことも考えられない」などとして説明義務違反としているものである。

　説明の程度に関しては、不法行為法上の説明義務の場合と金販法上の説明義務の場合とで違いがあるとは考えられず、参考になる判決である。

---

37)　司研報告122頁。

266　第2部　金融商品販売法

9　その他の論点

上記酒販年金事件判決においては、クレディ・スイスの行為が金販法の「金融商品の販売等」に該当するかどうかも争点となった。判決は、同社が原告の計算で同社の関連会社の名義でチャンセリー債を購入しており、「実質的には原告がツンドラ社からチャンセリー債を購入する売買契約を締結するのと同様の効果を生じさせるために、原告から委託を受けて、チャンセリー債の購入を取り次ぎ、形式的には、原告に有価証券を取得させる行為の媒介を行ったものと認められる」として、旧金販法3条1項の説明義務を負うとしている。

本法2条2項は、「金融商品の販売等」の定義で、「金融商品の販売又はその代理若しくは媒介（顧客のために行われるものを含む。）をいう。」と規定している。媒介業者は、金融商品販売業者と顧客との取引成立を媒介するという事実行為を行うだけであるが、顧客と直接接する立場にあって、金融商品販売業者に相当する専門性を持っているのが通常であることから、顧客に対する説明義務を負うこととされている[38]。上記判決は、この点に関しての先例である。

---

38)　池田＝松尾・前掲（注5）102頁。

第 3 部

民事責任の論点

第 1 章

被害救済の法理論

　第 3 部では、金融商品取引被害救済のための法理論を、現代的なテーマを踏まえて実務的に深めることを目指した。

　本章（第 1 章）「被害救済の法理論」は、被害救済の法理論の全体像を示したものである。ここでは、被害救済には契約の拘束からの解放の道と損害賠償請求の道があることを指摘し、後者の中心となる不法行為について、行為の違法性の認定は総合判断であることを確認した上、請求原因の観点から違法類型等を整理した。

　第 2 章「投資判断と投機判断」では、行為の違法性認定の前提となる投資判断等について検討する。行為の違法性の指標の 1 つである適合性原則においては投資判断の基礎となる投資意向との適合性が問題となることがあり、同じく説明義務は投資判断に必要な前提条件を整える義務と位置づけられ、同じく断定的判断提供・確実性誤解告知は投資判断を歪める点が問題とされるという形で、いずれも投資判断に関係する。そこで、まず証券取引における投資判断とは何かを検討し、続いて、デリバティブ取引におけるヘッジ判断、投機判断とは何かを検討する。

　第 3 章「適合性原則」、第 4 章「説明義務」では、第 2 章の検討を踏まえて、これらを被害救済にどう使うかという実務的視点で、裁判例を意識しつつ検討した。第 5 章以下は、現代的な論点を検討したものであり、第 5 章「フィデューシャリー（顧客本位原則）と民事責任」、第 6 章「改正民法と金融取引」、第 7 章「高齢者と金融取引」、第 8 章「銀行の責任」を取り上げた。

1 被害救済の法理論に 2 つの道

投資被害救済の法理論には、①「契約の拘束からの解放型」（不当利得型）と、②「損害賠償請求型」がある。

①は、契約のない状態とすることで、支出済みの金銭について支出の法的根拠がないことに着目して返還を請求するという道であり、不当利得返還請求権や預託金返還請求権となる。②は、契約の拘束力があることを前提に、あるいは契約の拘束力を無視して、契約をしたことまたは資金を支出させたことに関して違法な行為があったことに着目して、資金を支出したことによる損害の賠償を請求するものであり、不法行為による損害賠償請求権となる[1]。どちらの道も、最終的には金銭による損害の回復を目指す点では共通している。論理的には①②の順で考えるが、①は狭い道である。

ケースによって、この 2 つの道のうち片方がよりよく当てはまる場合もあれば、どちらも当てはまる場合もある。

相手が銀行、証券会社、保険会社などの普通の業者の場合は、まず①の道を検討し、進めるところがあればそこを進むとともに予備的・追加的に②の道も検討することとし、①の道に見込みがない場合は、②の道に集中する。裁判で①②の両方の道を主張する場合は、①は主位的請求、②は予備的請求という関係になる。

相手が詐欺的業者の場合は、支払能力の問題や関係者を放置することが相当でないことなどから、業者である会社だけでなくその役員や勧誘した従業員も請求対象とすることが適切なので、業者に対しては①の道もあるが、全体としては②の道のうち共同不法行為による損害賠償請求が中心となる。

なお、詐欺的業者による被害の救済の場合には、以上のような権利義務に関する局面の法理論のほか、資産を持つ加害者・関係者の捜索・特定のための法技術、資産の確保（預金口座凍結、預金仮差押など）や判決の強制執行に関する工夫（差し押さえる預貯金の特定の程度、執行文数通付与のタイミングなど）も重要である。

---

1) 説明義務違反は債務不履行にはならない（最判平23・4・22民集65巻 3 号1405頁、判時2116号53頁〔注31・注38参照〕）。

【図表1】

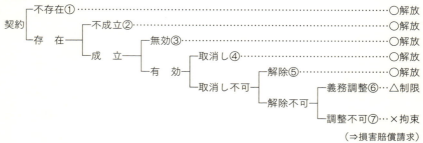

(⇒損害賠償請求)

2 契約の拘束からの解放（不存在・不成立・無効・取消し・解除等）

(1) 契約の拘束からの解放とその形

契約には拘束力があり、守らない場合は強制執行制度により国家が強制的に履行や損害賠償を実現することができることとなっている。このことは契約の種類・善悪を問わないので不当な契約にも当てはまることとなり、不当な契約による被害の救済という観点からは、契約の拘束からの解放が重要なテーマになる。その方法として、契約不存在、契約不成立、無効、取消し、解除（またはクーリング・オフ）等がある。契約の拘束から解放できない場合は、信義則や損害賠償請求（不法行為、債務不履行等）を検討することとなる。

以上を図示すると【図表1】のとおりである（⑦では、契約の拘束から解放されないが、損害賠償請求により被害回復が目指される）。

① 契約の外形がない場合は、契約不存在。
② 意思表示の不合致の場合は、契約不成立となる（民521条以下）。
③ 公序良俗違反（民90条）、強行法規違反（民91条・90条）、錯誤（民95条）[2]、虚偽表示（民94条）、不当条項（消契8条～10条）、意思能力なし[3]、無登録業者無効（金商171条の2）
④ 詐欺・強迫取消し（民96条）、未成年者取消し（民5条）、不当勧誘取消し（消契4条、特商9条の3）
⑤ 債務不履行解除（民541条～543条）、中途解約権（特商40条の2・49条など）、クーリング・オフ（特商9条、金商37条の6、保険業309条など）

---

2) 改正民法では錯誤は無効原因ではなく取消原因となる。
3) 改正民法では3条の2に明文の規定が設けられた。

⑥　信義則（民1条2項）による請求権の否定・減縮、義務調整、解釈による調整

⑦　損害賠償請求（民415条・709条、金販5条、金商16条〜18条・21条・21条の2・22条・160条など）

(2)　拘束からの解放の意義

不当な契約をしたことにより被害を被っているのであるから、その被害救済では、不当な契約の拘束力を否定する方法を採ることが合理的であるし、理論的でもある。民法や特別法が契約の拘束からの解放の手段を準備しているし、拘束力を信義則によって制限することについては裁判例も蓄積されているので、被害救済のためには、まずはこれらをいかに使うかが検討されるべきである。

契約の拘束からの解放による被害救済は、損害賠償請求による被害救済と比較すると、過失相殺の可否、時効期間等で有利な面が多いほか、被害額が未定ないし不明の場合など、損害賠償請求では解決できないケースでも使えるという特徴がある。なお、不当利得の清算については、現存利益、利息の率と始期、損害賠償の加算などについて、理論的問題もある。

(3)　解放の形と裁判例

(a)　不存在

無断売買のような意思表示がまったくない場合は、契約の外形すらなく、不存在といえる（株式について、証券会社の担当者が顧客口座を利用して無断で有価証券の売買をし、その結果生じた手数料・売買差損などに相当する金額を顧客口座から引き落とす会計処理がされても、顧客はその取引がないものとして計算した額の預託金等の返還を求めることができるとした最判平4・2・28 株式1 ）。この場合は、その売買はないものとして無視し、口座設定契約に基づく預託金（または預託証券）返還請求をすることができる。

(b)　不成立

契約に関する意思内容が曖昧な場合、申込みの意思と承諾の意思の内容が一致したといえず、契約が不成立と判断されることがある。この場合は、支出した金銭が不当利得となるので返還を求めることができる。原野商法やロコ・ロンドン貴金属取引商法で検討される。

(c)　無効

契約成立の場合でも、効果を否定できる場合はそれを前提にして不当利得

272　第3部　民事責任の論点

の返還を請求する[4]。公序良俗違反（民90条）、強行法規違反（民91条）、錯誤（民95条）などの場合である。高齢者名義口座での無断売買が絡む事件では意思能力なし（民法の原則。改正民3条の2）ということもある。なお、2011（平成23）年11月24日からは、無登録業者の未公開証券販売は原則として無効となっている（171条の2）。

　具体的には、証券取引（成年後見人選任直前の取引につき意思能力がなく無効であるとした東京地判平15・7・17投信1）、仕組債について錯誤無効とした大阪地判平22・3・30仕組債D1）、海外商品先物取引（公序良俗違反で無効とした東京地判平4・11・10判時1479号32頁）、変額保険と融資（変額保険契約と銀行融資契約の双方とも錯誤無効とした①大阪高判平15・3・26変保1）、②東京高判平16・2・25変保2[5]）、③東京高判平17・3・31変保3）、簡易保険（錯誤無効とした岡山地判平18・11・30セレクト29巻325頁）について判決がある。

　これらは、不法行為に基づく損害賠償請求では十分な被害救済が困難なケースでも、契約の拘束から解放することによって被害救済をしている。

（d）　取消し

　消費者契約法による取消し（消契4条）が重要である。具体的には、国内商品先物取引[6]（断定的判断提供を理由に消契法4条による取消しを認めた名古屋地判平17・1・26判時1939号85頁、仙台高判平21・12・10先物判例58号141頁）、投資顧問契約（奈良地判平22・3・26助言2）につき判例がある。

　このほか、未成年者取消権、特商法規定の取消権も、その適用がある場合は検討されるべきである。理論的には詐欺・強迫による取消し（民96条）もあるが、主観面の立証が困難なためほとんど使われてこなかった。

（e）　解除

　債務不履行解除（民541条〜543条）、中途解約権（特商40条の2・49条など）、ク

4）　無効と不当利得　　ノックイン型投資信託などでは、誰が不当利得者なのかが問題となる。販売した銀行なのか、資金を受け取って運用する投信会社なのか、証券を保管する信託銀行なのかという問題である。

5）　東京高判平16・2・25金判1197号45頁　　生保は上告取下げ、銀行は最決平16・9・3上告棄却・不受理で確定。判決文では明示的に取り扱われていないが、不当利得の処理が独特であり、今後の研究課題を提供している。

6）　将来の金価格と重要事項　　相場暴落の可能性を示す事実という不利益事実の不告知を理由に消契法4条の取消しを認めた札幌高判平20・1・25判時2017号85頁は、最判平22・3・30先物3で重要事項に該当しないとして破棄された。

ーリング・オフ（規制外投資取引の仲介〔特商 9 条〕、投資顧問契約〔37条の 6 〕、保険契約〔保険業309条〕の場合）などによっても契約の拘束から解放される。

（f）　信義則による請求権の否定・制限

　信義則を根拠に履行請求を制限する判決は、消費者信用の分野では多数ある（ゴルフ会員権ローンの返還請求を半額に制限した東京地判平 3 ・ 4 ・17判時1406号38頁、過剰与信を前提として貸金請求を減額した釧路簡判平 6 ・ 3 ・16判タ842号89頁、消費者取引判例百選81事件など）。金融商品取引分野では、損害を被った顧客が原告となるのが普通であるため、少ない。ただし、商品先物取引で、証拠金を超える損害が発生したとして業者が顧客に帳尻差損金を請求したケースでは、信義則を理由に業者の請求を棄却したり減額したりした判決が相当数ある（信義則を理由に業者の請求を半分に制限した東京地判平 5 ・ 3 ・17判時1489号122頁、消費者取引判例百選35頁など）。

3　損害賠償請求

(1)　不法行為に基づく損害賠償請求

（a）　概要

　契約の効果を否定できない場合は、民法の不法行為に基づく損害賠償請求の可否を検討する。証券取引等の投資取引に関する紛争では、契約の拘束からの解放を基礎づける事実の立証は容易ではなく、ほとんどは、不法行為に基づく損害賠償請求の形を採る。

　不法行為では、適合性原則違反、説明義務違反、不当勧誘（断定的判断提供、確実性誤解告知、不実告知等）がその内容の典型例である。どれか 1 つがあれば違法となり、中でも説明義務違反を理由とするものが最も多い。それぞれの違法要素の判断は考慮要素の総合判断であり、また、これらの複数の要素が単独では違法とならない程度に重なることもよくあり、その場合は違法要素の総合判断となる。

（b）　考慮要素等の総合判断

　適合性原則の判断にあたっては、商品特性との相関関係において、投資経験、知識、財産の状況、投資意向等の考慮要素を総合判断するものであり（平成17年最判）、金融資産が多いから適合性があるとか、理解力が高いから適合性があるという一面的な判断をするものではない。

　同様に、説明義務違反も総合判断であり[7]、商品特性とリスクの説明を形

274　第3部　民事責任の論点

式的にすれば足りるというものではない。一応の説明、形式的な説明がなされても、それについて実感を持った理解ができておらず、自己決定できる状況にないとすれば、説明義務違反と判断されることになる[8]。

(c)　違法要素の総合判断

投資勧誘が不法行為となるのは、その勧誘行為に違法性があるからである。上記の適合性原則違反、説明義務違反、不当勧誘などは、それぞれが多面的な行為の一面を評価するものであり、その多面的な1個の行為が違法となるかは、各面の評価をあわせた総合判断によりなされる。

そして、①意向と実情に反して過大な危険を伴う取引を積極的に勧誘するなど、適合性原則から著しく逸脱した勧誘、②取引の基本的な仕組みやリスク等、投資判断に必要な事項を理解できるように説明しない勧誘、③断定的判断を伴う勧誘などでは、それぞれその一面の評価だけで、多面的な行為全体が違法と評価される。これに対し、適合性原則違反とまではいえないが適合性に問題があり、取引の基本的な仕組みとリスクは説明してある程度の理解は得られたが実感を持って理解させたとまではいえず、断定的判断は提供していないが楽観的な見通しを告げた、というような場合は、多面的な行為を総合的に判断して、違法となることがありうる。

このような総合判断により違法となるか否かの分かれ目は、その勧誘行為の結果、顧客が当該金融商品取引による利益やリスクについての正しい理解を形成した上で、その自主的な判断に基づいてその金融商品取引を行うか否かを決することができるかであるといえる。リスク負担取引において守られるべきなのは、個人の観点からも市場の観点からも、理解した上での自主的な決定であるからである。

そのことを宣言したのが、東京高判平8・11・27 ワラント3 である。同判決は、「証券会社及びその使用人は、投資家に対し証券取引の勧誘をするに当たっては、投資家の職業、年齢、証券取引に関する知識、経験、資力等に照らして、当該証券取引による利益やリスクに関する的確な情報の提供や説明を行い、投資家がこれについての正しい理解を形成した上で、その自主

---

7)　田端聡「(3)総合判断の必要性」三木俊博編著『事例で学ぶ金融商品取引被害の救済実務』（民事法研究会、2016年）22頁〜24頁。

8)　説明義務違反は不法行為となり、債務不履行とはならない（最判平23・4・22 出資1 ）。

的な判断に基づいて当該の証券取引を行うか否かを決することができるように配慮すべき信義則上の義務（以下、単に説明義務という。）を負うものというべきであり、証券会社及びその使用人が、右義務に違反して取引勧誘を行ったために投資家が損害を被ったときは、不法行為を構成し、損害賠償責任をまぬかれない」としている。

この判決は、証券取引事案で説明義務を定義づけた、高裁レベルでの初期の判決であり、その後、同種の判示が重ねられて（東京高判平9・7・10判タ984号201頁、商法〔総則・商行為〕判例百選〔第5版〕179頁など）、判例上定着した。説明義務とは表現しているが、内容は、「正しい理解」「自主的な判断」による決定ができるよう配慮する義務、換言すると、自己決定権を確保するよう配慮する義務であるといえる。そして、自己決定権を確保できないような勧誘が、違法な勧誘とされるのである。

(2)　金販法等に基づく損害賠償請求

金販法では重要事項の説明義務を規定し（同法3条）、それに違反すると損害賠償義務を負うこととした（同法5条）。重要事項とは元本欠損のおそれとその要因・仕組み等、当初元本超過損のおそれとその要因・仕組み等および期間制限である。これは、消費者契約法の重要事項（契約の目的となるものの質、用途、その他の内容および対価その他の取引条件）よりも限定的である。ただし、勧誘は要件ではなく、利益となる旨を告げることも不要であるし、説明しないことの責任は無過失責任であり、故意や過失は不要である。金販法ではまた、断定的判断提供等を禁止し（同法4条）、それに違反すると損害賠償義務を負うこととしている（同法5条）。これらの損害賠償請求権は、不法行為に基づく損害賠償請求権と並存する。

商品先物取引には金販法の適用がないが、商品先物取引法で、説明義務違反や断定的判断提供等を理由とする損害賠償規定が設けられ（商先218条4項）、金販法の適用があるのと同じ状況が作られている。

(3)　金商法の位置づけ

金商法の行為規制（適合性原則〔40条1号〕、不当勧誘禁止〔38条1号・2号・157条〕、説明義務〔38条9号、金商業等府令117条1号〕）違反は、不法行為責任の判定指標とはなるが、それ自体に民事効果はない。不招請の勧誘等の禁止（38条4号）違反[9]も同様と考えられる。

なお、金商法により民事責任（損害賠償責任）が発生することもある。開示

規制違反（16条・17条・18条・21条・21条の2等。第1部第2章参照）、相場操縦（160条。第1部第6章参照）である。これらによる損害賠償請求権は、不法行為に基づく損害賠償請求権と並存する。

4　請求原因の観点からの整理

(1)　民法上の説明義務、金販法の説明義務、消契法の不利益事実不告知の関係

　説明義務違反があると、①消契法4条2項規定の不利益事実不告知に該当して取り消しうる行為となる場合があり、同時に②民法の不法行為となり損害賠償義務を負い、③金販法3条規定の説明義務に違反して同法5条により損害賠償責任を負うこともある。

　消契法4条2項では、勧誘に際し、重要事項または当該重要事項に関連する事項について当該消費者の利益となる旨を告げ、かつ、当該重要事項について当該消費者の不利益事実を故意に告げない場合、誤認と因果関係の存在を条件に意思表示を取り消すことができるとしている。①「勧誘をするに際し」、②「利益となる旨を告げ」ること、③「不利益となる事実」を「故意に告げなかったこと」が要件であり、③が説明義務違反と重なる。

　消契法4条2項の不利益事実不告知と金販法3条の説明義務違反では双方に該当する場合があるが、片方にしか該当しない場合もある。これに対し、これらのほとんどは、民法の信義則に基づく説明義務違反となって不法行為となるといえる。これらの関係を大まかに図示すると、【図表2】のとおりである。

　このように、民法の説明義務の中に包摂されてしまうものの、消契法4条2項は効果が取消しであり過失相殺を受けにくいこと、金商法3条・5条による場合は、同法6条により、損害額と因果関係が推定されることなど、それぞれにメリットもある。

9）　不招請の勧誘禁止違反に対する行政処分　　金融庁は、2006年12月27日、日本ファースト証券に対し、金融先物取引法の不招請の勧誘禁止規定に違反して16名に対しFX取引を勧誘したことなど、複数の法令違反行為を理由に、1カ月の業務停止命令と業務改善命令を出した。2007年6月27日には、エース交易に対し、同じく不招請の勧誘禁止規定に違反して125名に対しFX取引を勧誘したことなど、複数の法令違反行為を理由に同様の処分をした。2007年10月23日には、フェニックス証券に対し、同じく不招請の勧誘禁止規定に違反してFX取引を勧誘したことを理由に業務改善命令を出した。金融庁サイト参照。金商法施行後も不招請の勧誘が禁止されることは同様である。

【図表2】

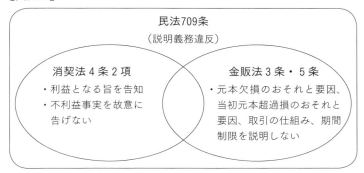

(2) 断定的判断提供

　消契法4条1項2号の断定的判断提供と金販法4条の断定的判断提供は要件がほとんど重なるので、1つの行為が一方の要件を満たせば、他方の要件も満たすことが多い。断定的判断提供はまた、不当勧誘として不法行為にもなる。したがって、断定的判断提供を伴う勧誘をした場合は、消契法に基づく取消権、不法行為に基づく損害賠償請求権、金販法に基づく損害賠償請求権の3つが同時に発生することがある[10]。

(3) 確実性誤解告知

　消契法4条1項2号は断定的判断提供のみの規定であるのに対し、金販法4条は、断定的判断提供と並んで、確実性誤解告知の場合も損害賠償請求できることとした。なお、金商法でも確実性誤認告知を禁止しており（38条）、判例上、確実性誤解（誤認）告知は不当勧誘の一種と位置づけられ、断定的判断があった場合と同様、不法行為になるとしているので、損害賠償請求権が発生する。2つの根拠から損害賠償請求権が同時に発生することがあるのである。

(4) 不実告知

　消契法4条1項1号で、不実告知の場合は取り消すことができることとした。なお、金商法では虚偽告知を禁止しており（38条1号）、違反は犯罪となる。判例上、不実告知は不当勧誘の一種と位置づけられ、不法行為となると

---

10) 消契法上の断定的判断提供では「確実であるとの誤認」が取消要件として明示されており、これを因果関係以上のものと捉えると、ほかより狭いものとなる。

している。

(5) 選択の際に考慮すべき要素

当然のことながら、当該事案に最も適切に当てはまる請求原因はどれかという視点でまずは検討することになるが、その結果、以上のような、3つないし2つの請求原因が同時に成り立つ場合がある。そこで、請求原因選択の際に考慮すべき要素について次に検討する。過失相殺、時効、遅延損害金、立証の容易さなどである。

(a) 過失相殺

まず、過失相殺のされやすさの違いがある。消契法4条に基づく取消しの結果発生する不当利得返還請求権ないし寄託物返還請求権では支出額全額を回復できるが[11]、不法行為に基づく損害賠償請求権や、金販法3条の説明義務違反、同法4条の断定的判断提供等禁止違反により発生する同法5条の損害賠償請求権では、過失相殺により減額されることがある[12]。しかし、不法行為や金販法5条に基づく損害賠償請求では、過失相殺は極めて限定されるとの見解をとれば、額の相違は小さくなる。

特に、金販法に規定する損害賠償責任が無過失責任であることに争いはなく、損害額の推定もあることから、顧客の過失を理由に損害賠償額が減額される過失相殺概念の働く余地は少ないと考えるべきであろう。

加害者に無過失責任を認める場合は被害者の過失の比重を少なくすると考えられるので、それが考慮される程度は一般に低くなるといわれている（加藤一郎『不法行為（法律学全集）』〔有斐閣、1957年〕248頁、藪重夫「過失相殺」『総合判例研究叢書(12)』〔有斐閣、1959年〕180頁）。また、「特に加害者の過失がある場合は、被害者の過失は斟酌されがたい」（『注釈民法(19)債権(10)』〔有斐閣、1965年〕357頁〔植林弘〕）といわれており、金販法制定以前には加害者が無過失責任を負う場合に過失相殺した判例もなかった。例えば、大判大7・5・29民録24輯935頁は、仮支持の送電線を放置した電気会社に民法717条の責任を認め、送電線に触れた被害者の過失を認定しながら斟酌していない。したがって、金

---

11) 不当利得の判例を整理・分析した文献　滝澤孝臣『不当利得法の実務』（新日本法規、2001年）。

12) 過失相殺に関する文献　窪田充見『過失相殺の法理』（有斐閣、1994年）、今川嘉文「投資被害と過失相殺理由の問題点」神戸学院法学37巻2号（2007年）55頁以下、内橋一郎ほか『先物取引と過失相殺』（民事法研究会、2007年）。

商法の適用にあたっても、特に、業者側に過失がある場合は、過失相殺をすることは理論的におかしいと考える[13]（反対——東京地判平15・4・9 債券5）。

　（b）　時効

　次に、時効期間の違いである。消契法4条の取消権は、契約の時から5年、追認できるときから1年（2017年6月3日以前の契約は半年）で時効消滅する。不法行為による損害賠償請求権の消滅時効は、行為の時から20年、損害および加害者を知ったとき[14]から3年である[15]。

　債務不履行では損害確定時から10年と考えるべきであるが（商事債権で5年と解する見解もあるが、不法行為ともなるような債務不履行に基づく損害賠償請求権の場合、商取引の迅速性の確保という商事時効の立法趣旨との関係は弱く、短縮する合理性が

13）　過失相殺をしない判決　　大阪高判平27・12・10 仕組債B6 は、EB を勧誘した事件で、金販法3条・5条に基づき損害全額の賠償を命じた（過失相殺なし）。

14）　不法行為の3年の時効の起算点　　最判平23・4・22 出資1 は、前出の説明義務は債務不履行とはならないとした判決と同日に、別の信用組合出資勧誘事件について、「被上告人は、本件処分がされた平成12年12月頃には、上告人が本件処分を受けてその経営が破綻したことを知ったというのであるから、その頃、上告人の勧誘に応じて本件出資をした結果、損害を被ったという事実を認識したといえる。さらに、①被上告人が平成12年3月に本件出資をしてから本件処分までの期間は9か月に満たなかったことや、②本件処分当日に発表された金融再生委員会委員長の談話や平成13年3月12日に発表された上告人の金融整理管財人の報告書において、平成11年に行われた監督官庁の検査の結果、上告人は、既に債務超過と見込まれ、自己資本充実策の報告を求められていたにもかかわらず、その後も適切な改善策を示すことなく、不良債権の整理回収とはならない表面的な先送りを続けていたなどの事情が明らかにされていたことに加え、③平成13年6月頃以降、被上告人と同様の立場にある出資者らにより、本件各先行訴訟が逐次提起され、同年中には集団訴訟も提起されたというのであるから、上告人が実質的な債務超過の状態にありながら、経営破綻の現実的な危険があることを説明しないまま上記の勧誘をしたことが違法であると判断するに足りる事実についても、被上告人は、遅くとも同年末には認識したものとみるのが相当である。上記時点においては、被上告人が上記の勧誘が行われた当時の上告人の代表理事らの具体的認識に関する証拠となる資料を現実には得ていなかったとしても、上記の判断は何ら左右されない。そうすると、本件の主位的請求に係る不法行為による損害賠償請求権の消滅時効は、遅くとも平成13年末から進行するというべきであり、本件訴訟提起時〔注：平成19年〕には、上記損害賠償請求権について3年の消滅時効期間が経過していたことが明らかである。」として不法行為による損害賠償を命じた原判決を破棄して、予備的請求（錯誤等）を審理せよと差し戻した。

15）　改正民法でも、不法行為による損害賠償請求権の時効期間は従来どおり、知った時から3年、行為の時から20年である（人の生命身体に関する損害賠償請求権は知った時から5年に変更）。

ない。10年とした判例として大阪高判平12・5・11セレクト16巻224頁がある[16]）、最判平23・4・22を受けて、債務不履行責任は使える場面が限られてきている。

　民法改正で債権の時効期間が短縮されたが、学資保険や養老保険、終身保険などでは、20年以上前の勧誘が問題となることがあり（契約の22年後に保険給付される学資保険もある）、不法行為に基づく損害賠償請求権については、取引類型によってはむしろ伸長する必要がある。

　金商法に基づく損害賠償請求権は、特別の消滅時効期間が定められており、注意が必要である。開示規制違反のうち、例えば、虚偽記載届出者の賠償責任（18条）は、知った時または相当な注意を持って知ることができるときから3年または行為の時から7年（20条）、虚偽記載書類の提出者の賠償責任（21条の2）は知った時または相当な注意を持って知ることができるときから2年または行為の時から5年（21条の3）で時効消滅する。相場操縦（160条）の損害賠償責任は、違反行為を知った時から1年、行為の時から3年で時効消滅する（同条2項）。これらの賠償責任の中には、不法行為の特則であると説明されるものもあるが、時効期間については不法行為の方が請求者に有利であるので、不法行為に基づく損害賠償請求も併存すると考えるべきである。

(c)　遅延損害金等の起算日・利率

　消契法4条により取り消された場合、悪意の受益者に対する不当利得返還請求となるので、交付したときからの利息を請求できる。利率は民事法定利率5％（改正民法施行後は3％）[17]を請求するのが通常であろう。不法行為等に基づく損害賠償請求では、遅延損害金の起算日につき、判例は支出時説と損害確定時説に分かれている。損害金の率は民事法定利率5％（改正民法施行後は3％）を請求するのが通常であろう。

(d)　立証の容易さ

　最後に、立証の容易さに関する違いである。一般に、金販法に基づく損害賠償請求は、損害額と因果関係の推定規定があるので、不法行為に基づく損害賠償請求よりも立証上有利であるとされるが、事実関係や証拠の残り方など、ケース次第の面もあり、それほど変わりない場合が多い。

---

16)　改正民法では、債権の消滅時効期間を5年としており、商事債権と同一となっている。

17)　改正民法では、民事法定利率は年3％となっており、その後も3年ごとに調整されることになる（改正民404条）。

第1章　被害救済の法理論　　281

　ただし、断定的判断提供等を理由とする損害賠償請求では、不法行為を請求原因とした裁判で因果関係を否定する判決がしばしばみられるので、金販法に基づく請求の方が、因果関係が推定される分だけ、請求者の負担が軽くなるはずである。

（6）　使い方

　消費者は、消契法による取消し後の不当利得返還請求と民法による損害賠償請求、金販法による損害賠償請求のうち、複数の要件を満たす場合は、複数を同時に選択的に主張することが可能であるし、事案により可能な方または有利な方を主張してもよい。主たる請求原因と予備的請求原因とすることも考えられる。

　事業者は、これらのいずれの要件も満たさないようにする必要があるのは当然であり、より前向きに、積極的な情報開示、正確なリスク告知を行い、それらに対する顧客の理解を確認する姿勢が求められている。

　5　損害論

（1）　損益相殺

　金融商品取引に関する損害賠償請求訴訟では、配当等の受取金額は差し引いて請求する。請求段階で損益相殺をしてしまうのである。通常の業者相手ではこれでよいが、投資詐欺業者の場合は特別の扱いがなされる。

　最判平20・6・24 債券10 は、投資詐欺商法に関し、「配当金」と損害との損益相殺を否定した。「配当金」は詐欺の発覚を防ぐ手段であり、不法原因給付に該当するという理由である。やみ金事件の「融資金」と同様、犯罪の道と位置づけたものといえる。つまり、詐欺事案における配当金名目の金員交付は、詐欺発覚防止の手段であって不法原因給付となり、返還を求めることのできないものであるから、被害者はそれを差し引くことなく支出額全額の損害賠償を請求できることになる。

　なお、この判決の立場が、投資詐欺業者が破産した場合にも同様の扱いとなるとは限らない。破産管財人と投資詐欺業者は人格を異にし、破産管財人は総債権者の利益のために職務を執行するものであるから、損害賠償債権の関係でも損益相殺できると考えられる（東京地判平18・5・23判時1937号102頁〔八葉物流の管財人から高額利得者に対する返還請求について判断したもの〕参照）。

282　第3部　民事責任の論点

(2)　損益相殺と過失相殺の順序

　一般には、損益相殺をした後の金額が損害と判断され、それに対して過失相殺が検討されてきた。ところが、裁判例の中には、この順番を逆にしたものも散見された。過失相殺をした後に損益相殺をすると認容額が少なくなるので、実務的にも大きな影響がある。

　損益相殺というものをどう評価するかがポイントであり、理論的な検討は残されているものの、実務的には、損益相殺をした後の金額が損害と判断され、それに対して過失相殺がなされる扱いが定着したといってよい[18]。

---

18)　損益相殺と過失相殺の順序　　大阪地判平23・4・28判タ1367号192頁は過失相殺を行った後に損益相殺を行うという損害額算定方法を明示的に否定し、大阪高判平24・3・14もこの判断を維持している。

第 2 章

投資判断と投機判断

序

　金融商品取引の勧誘が不法行為となる場合の例として、適合性原則違反、説明義務違反、断定的判断提供等がある。このうち、適合性原則は、投資判断の基礎となる投資意向との適合性が問題となることがあり、説明義務は、投資判断に必要な前提条件を整える義務と位置づけられ、断定的判断提供・確実性誤解告知は、投資判断を歪める点が問題とされるという形で、いずれも投資判断に関係する。

　そこでこの章では、第1節で、まず投資とは何かを考え、デリバティブ取引は投資とは区別されることを明らかにした上、それを踏まえて、第2節で、投資判断とは何かを検討する。第3節では、投資とは区別されたデリバティブ取引について、ヘッジ取引、投機取引、裁定取引に分け、そのうちのヘッジ判断、投機判断について検討する。第4節では、投資判断の基礎となる投資意向の捉え方についての論点を検討する。

284　第3部　民事責任の論点

第1節

投資とは何か

1　投資の意義とスタイル

　投資とは、一定の目的を持って資金を支出し、それによる活動を通じて目的を達成しようとする行為である。メーカーが多額の資金を投入して新規の工場を建設する場合は設備投資と呼ばれ、個人がまとまった授業料を払って外国語教室に通う場合は自分に対する投資などといい、それぞれ目的は明確である。資金を支出して金融商品を取得する場合も投資であり、この場合の目的は、支出した資金を増やすことである。

　資金を増やすことを目指す場合、ゼロサム（利得者の利益総額〔＋〕と損失者の損失総額〔－〕を合計するとゼロになる）ないしマイナスサム[1]となる賭博ではなく、金融商品に投資することになる。金融商品への投資は資金の流れる先が社会とつながっていて、社会に影響を与えるとともに、トータルでの増減がある。そのため、金融商品に対する投資については、社会との関係をどう位置づけるかにより、様々な考え方がある。

2　投資理論

　金融商品への投資は資金を増加させるためにするので、いかに増加させるかという視点で様々な投資理論が創られてきた[2]。多くの投資理論は、社会とのつながり自体には焦点を当てず、投資対象の価値が上がるか下がるかを考えるのに関係する限度で社会とのつながりをも考慮するものである。分散投資では、少なくとも投入資金が流れる地域や業種などの分散を考える限度で社会とのつながりが関係する。ファンダメンタルズ分析では企業の財務状

1）　公営賭博では一定の目的から分配に回されない分が大きく、それを賭博による利得計算からはずすと、公営賭博は常にマイナスサムである（競馬はマイナス約25％〔競馬法8条等〕、宝くじはマイナス50％より大きなマイナス〔当せん金付証票法5条1項〕）。
2）　投資理論については、ツヴィ・ボディー＝アレックス・ケイン＝アラン・J・マーカス『インベストメント（第8版）〔上〕〔下〕』（マグロウヒルエデュケーション、2010年。以下『インベストメント』という）などを参照。

況や業績状況のデータをもとに分析する際に、その企業を含めた社会とのつながりも関係してくる。

これに対し、テクニカル分析や裁定取引では社会とのつながりは考慮されない。

3　社会とのつながりを意識する投資

社会とのつながり自体に焦点を当てる投資も増えている。主として環境問題・社会貢献などに積極的に取り組む企業に投資を行う SRI ファンドなどに投資する社会的責任投資（Socially Responsible Investment〔SRI〕[3] ともいう）[4]、環境（エネルギー使用量や二酸化炭素〔CO_2〕排出量削減など環境面への配慮など）、社会（人材多様化、ワークライフバランスへの取組み、女性活用など）、企業統治（資本効率への意識の高さや情報開示の充実など）の3要素で企業を分析し、その観点から優れた経営をしている企業に投資をする ESG（Environment, Social, Governance）投資[5]、教育や福祉などの社会的な課題に直接投資するソーシャルインパクト投資[6]、社会的責任などの枠よりも広い観点から過程にこだわり、投資の背景を理解しようとし、目指すべき社会を意識することによって、様々な局面で広がりと深みを持った判断を指向する消費者市民社会（consumer citizenship）的投資などがある。

3）　CSR と SR　　企業の社会的責任は CSR（Corporate Social Responsibility）と呼ばれるが、国際標準化機構（ISO）における CSR に関する国際規格化（ISO26000）の過程では、責任主体は会社に限らないということで Corporate がはずされ、SR（Social Responsibility）と呼ばれている。重視されるのは、①環境、②人権、③労働慣行、④組織のガバナンス、⑤公正な商習慣、⑥コミュニティ参画／社会開発、⑦消費者課題である。

4）　SRI　　通常の財務分析等に加え、コンプライアンス、環境・人権への配慮、地域社会貢献などの取組みにおいて、社会的責任を果たしていると判断される先に投融資を行う方法をいう。社会的な貢献に注力する企業を選別して投資対象とするポジティブ・アプローチ（日本。2015〔平成27〕年6月現在では、SRI ファンド2423億円、SRI 債券6297億円で合計8720億円。NPO 法人社会的責任投資フォーラム〔JSIF〕〔http://www.jsif.jp.net/〕作成の統計）と、軍事兵器、たばこ、酒、ギャンブルなど、倫理や社会的公正、環境への配慮等に関し、何らかの形で抵触する商品やサービスを提供する企業を、投融資対象から除外するネガティブアプローチ（欧米）がある。

　　SRI はこのような投資の対象選びにとどまらず、投資後の株主権行使においても社会的責任に軸足を置いた行動をとることも含む。投資を通じて社会に関わろうという位置づけである。スチュワードシップコードはこの際の指針である。

286　第3部　民事責任の論点

　最近では、これらのうち ESG 投資が最も意識されるようになっており、SRI 投資やソーシャルインパクト投資をその一部に位置づける説明もみられる。世界の2016年における ESG 投資残高は22兆8900億米ドル（約2500兆円）と推定され、世界の運用資金の3割に達するという[7]。

　これらの投資では、投資判断の前段で社会とのつながりが意識されている。社会とのつながりを意識する投資については、そのことが同時に継続的な利益、安定的な利益をもたらすという評価がされており、受託者責任を果たすことになるとされている[8]。そのため、例えば ESG 銘柄に対する投資は、他者の資金を運用する機関投資家が率先して基準を設けて進めている[9]。

---

5)　ESG 投資と国連 GC／PRI／SDGs／GRESB　　ESG 投資の考え方の基盤には、国連 GC（グローバル・コンパクト）がある。アナン事務総長の提唱に基づき2000〔平成12〕年に発足した国連 GC は、企業と国連機関、労働団体、市民社会、政府が共に人権、労働基準、環境、腐敗防止の分野における普遍的原則を促進するための取組みである。2015年7月時点では世界約160カ国で1万3000を超える団体（そのうち企業が約8300）が署名し、活動を展開している。企業市民を目指す世界最大の自主的組織となっている。江橋崇編著『グローバル・コンパクトの新展開』（法政大学出版局、2008年）参照。
　その後、2014（平成26）年7月に、国連グローバル・コンパクト LEAD（サステナビリティに関する先進的な取組みを実践している企業ら約50社により構成されるプラットフォーム）と PRI（Principles for Responsible Investment。2006〔平成18〕年に国連のアナン事務総長が金融業界に対する責任ある投資行動を求めて提唱したイニシアティブ）が、「コーポレート・サステナビリティの実現に向けて投資家の短期志向がもたらす影響を制御するための戦略」を発表し、グローバルなビジネス慣行をサステナビリティ重視の方向へと向けている。
　2015年9月には、国連に加盟する193カ国すべてが合意して、SDGs（Sustainable Development Goals、国連の持続可能な開発目標）を採択した。これを支えるのが、ESG 投資である。
　不動産投資の世界で ESG 投資の指標となるのが GRESB（Global Real Estate Benchmark〔グレスビー〕）評価である。GRESB は、欧州の主要年金基金のグループを中心に2009（平成21）年に創設された組織であり、そこが実施する GRESB リアルエステイト評価は、個々の不動産ではなく不動産会社や REIT ごとのサステナビリティへの取組みを評価するものであり、不動産投資分野における ESG 銘柄の指標といえる。
6)　英国で社会福祉事業を効率的かつ効果的に実施するために政府が推進してきたといわれる。
7)　Global Sustainable Investment Alliance（GSIA）"2016 Global Sustainable Investment Review" 2017/3.　解説として、日興リサーチレビュー「GSIA『2016 Global Sustainable Investment Review』を発表──世界の責任投資市場に関するレポート（2016年版）」（2017年）、ESG 投資の背景については水口剛『ESG 投資』（日経出版、2017年）参照。

第2章 投資判断と投機判断 **287**

4 社会とのつながりと投資情報

このように、投資の選択肢として社会とのつながりを意識する投資があるし、多くの投資理論で投資対象を含めた社会とのつながりも考慮対象となりうるので、当該金融商品は社会とどのようなつながりがあるのかがわかることが最低限必要である。

したがって、それが投資商品として提供される以上、あわせて社会とのつながりが明示されるべきことになる。株式では会社名が明らかにされ、何をする会社であるかなど、会社情報が有価証券届出書、有価証券報告書などで開示され、発行会社に変化があれば適時開示制度やフェア・ディスクロージャー・ルールで開示されることで、投資判断を可能にしているといえる。これに対しデリバティブ取引は位置づけが異なるので、次に項を改めて説明する。

5 デリバティブ取引は投資ではない

デリバティブ取引は、ゼロサム（参加者全員の損益を合算するとゼロになる）であり、例えば株式のように、投入した資金が新商品の生産に使われてその価値が増す（プラスサム）というようなことはないので、優良な資金活用先に効率的に資金を配分するという意味での資本市場機能を持たない。そのため、デリバティブ取引に加えて有価証券取引をも対象とする金商法では、目的規定に「資本市場の機能の十全な発揮」と明確に記載があるのに対し、デリバティブ取引のみを対象とする商品先物取引法では、資本市場機能について目的規定に記載がない[10]。価格形成の公正性については、いずれの法律の目的規定においても掲げられている。これは、デリバティブ取引には資本市場機

8） PRI など「21世紀の受託社責任」（2015年7月）（https://www.unpri.org/download_report/6093）は、ESG を投資プロセスに入れることは受託者責任の障害ではなく、むしろ、そのような長期的に企業価値向上を牽引する要素を考慮しないことは、受託者責任に反すると結論づけた。これを検討したものとして、大和総研政策調査部・伊藤正晴「受託者責任を満たすには ESG 要因の考慮が必須か—— ESG 投資と21世紀の受託者責任」『大和総研調査季報2017年秋季号（通巻28号）』（2017年）14頁～29頁。

9） 東京証券取引所は、17業種から選定した ESG 銘柄17を公表している（http://www.jpx.co.jp/files/tse/news/31/b7gje6000002ojbk-att/esg.pdf）。年金積立金管理運用独立行政法人（GPIF）は、2017（平成29）年、ESG 指数を複数選定し、一部をこれに準拠して運用すると発表した（http://www.jpx.co.jp/files/tse/news/31/b7gje6000002ojbk-att/esg.pdf）。

288　第3部　民事責任の論点

能がないこと、それでも価格の公正性は確保されるべきであることが意識されているといえる。

　デリバティブ取引には資本市場機能がなく、閉じた世界でのゼロサムの取引であることからすると、それへの資金の投入は投資とはいえない[11]。一般に、デリバティブ取引は、リスクヘッジ、投機[12]、裁定取引のいずれかの手

---

10)　1条は、①企業内容等の開示の制度を整備するとともに、金融商品取引業を行う者に関し必要な事項を定め、金融商品取引所の適切な運営を確保すること等により、②有価証券の発行および金融商品等の取引等を公正にし、有価証券の流通を円滑にするほか、資本市場の機能の十全な発揮による金融商品等の公正な価格形成等を図り、③もって国民経済の健全な発展および投資者の保護に資することを目的とする、と規定する。上記①②③の関係については諸説あるが、表現どおりの整理をすると、①が同法の内容であり、②は中間目的、③は同法の最終目的となる。

　これに対し、商品デリバティブの基本法である商先法1条は、①商品取引所の組織、商品市場における取引の管理等について定め、その健全な運営を確保するとともに、商品先物取引業を行う者の業務の適正な運営を確保すること等により、②商品の価格の形成および売買その他の取引ならびに商品市場における取引等の受託等を公正にするとともに、商品の生産および流通を円滑にし、③もって国民経済の健全な発展および商品市場における取引等の受託等における委託者等の保護に資することを目的とすると規定する。①が同法の内容であり、②は中間目的、③は同法の最終目的であって、②に資本市場機能に関する記述がない。

11)　ケイ・レビューで英国の金融行政やさらには日本の金融行政にまで影響を与えたジョン・ケイは、その著書（John Kay "Other People's Money：The Real Business of Finance" 2015.9）において、投資の役割はスチュワードシップ、つまり、企業が適切なコーポレートガバナンス、有効な後継者育成計画、そして事業を展開している市場や経済にぴったりの戦略を整えられるよう見守ることであるとし、過去30年から40年でデリバティブ取引などのゼロサム取引で金融機関間の取引が増加して金融業界が経済の中で支配的役割を果たすようになったことを金融化（Financialization）と呼んで、多くの金融機関にとって売上のほとんどが本来の金融仲介機能によるものではなくこれらの取引によるものとなっていったことを批判的に指摘し、実体経済のニーズに適う金融サービスの復権を主張している。邦訳は、ジョン・ケイ『金融に未来はあるか』（ダイヤモンド社、2017年）。

12)　投資、投機、賭博　投資（investment）とは、増加することを期待してリスクを負担する支出をし、増加または減少したリターンを得ることである。株式、投資信託、社債などの証券購入がその典型例である。投機（speculation）とは、投資のうちリスクの高い部分をいうこともあるが、一般には、投資とは別の概念であり、倍率取引やデリバティブ取引などで、何倍もの大きなリターンを目指して大きなリスクを負担する行為を指す。賭博（gamble）とは、偶然の事象によって財物のやり取りをすることをいい、社会の経済原則を乱し、人の射幸心を助長して勤労意欲をそぎ、経済社会の健全な発展を妨げることから原則として禁止され、違反は犯罪となる（刑185条）。デリバティブ取引の一部はこの構成要件を満たすことがあるが、金商法や商先法で許容されたものは原則として違法性を阻却される。

段と位置づけられている[13]。

デリバティブ取引の中心的な存在意義は、このうちのリスクヘッジ取引が持つヘッジ機能にある[14]。リスク許容度の低い経済主体から高い経済主体へリスクを移転することで、リスク許容度の低い経済主体がリスクに備えた準備金を節約でき、社会全体として資本効率を向上させることに意義があるという評価になる。

そして、投機資金が入らないとリスクヘッジもできないという関係から、リスクヘッジの相手方としての投機資金が入ることに意味がある。投機はまた、価格発見機能も有しているとされる。裁定取引はこれらの市場の効率性と流動性を向上させる点に意味がある。このようなデリバティブ取引では、取引の継続性、信頼性を確保するために、価格の公正性が重要となってくる。

このように、デリバティブ取引をするか否かの判断は、リスクヘッジ判断、投機判断、裁定取引判断のいずれかであり、投資判断ではないということになる。

第2節

投資判断とは何か

1　投資判断の意味

投資判断とは、特定の対象について以上に述べてきたような投資をするか否か、あるいは投資を止めるか否かの判断であり、前提として、その判断をするのに必要な能力、情報などがあることが条件となる。投資判断は自分で

---

13)　ハル17頁では、デリバティブ取引の参加者は、ヘッジャー（ヘッジをする者）、スペキュレイター（投機者）、アービトラージャー（裁定取引者）の3種類に分けられるとしている。新日本有限責任監査法人公認会計士伊藤毅、同友行貴久「わかりやすい解説シリーズ『金融商品』第5回：デリバティブとヘッジ会計」（2013年7月）（https://www.shinnihon.or.jp/corporate-accounting/commentary/financial-instruments/2013-07-23.html）は、デリバティブは、取引目的によって、①リスクヘッジ、②投機、③裁定取引の3種類に分類されるとする。証券デリバティブ取引を専門に扱う大阪取引所サイトでは、「デリバティブ取引の意義と役割」として、リスクヘッジ、市場の流動性補完（裁定取引）、価格発見機能を掲げている。

14)　『インベストメント』前掲（注2）21頁、二上季代司「金融デリバティブ市場の存在意義とその将来展望」（大阪証券取引所サイト、2007年5月21日）。

290 第3部 民事責任の論点

するのが基本である。例外的に他者に投資判断を任せる場合は、その任せる
判断の前提として、任せる判断をするのに必要な能力、情報などが条件とな
る。投資判断をして資金を投入した場合は、その投資の結果は投資者に帰属
することになる。

2 投資判断の手順

(1) 概要

投資判断の手順は、①自己の資金状況等の把握、②投資目的（資金を増やす
ためにどの程度の手間やコストをかけるのか、どの程度のリスクを許容するのかなど）の
確認、③投資対象の理解（社会とどのようにつながっているのか。商品構造・取引の
仕組み、リターンの見込み、リスクの質と程度、リスク管理の必要性と方法など）、④資
金状況・投資目的と投資対象との適合性の確認、⑤具体的投資決定（その対
象に投資するか否か、投資する場合は量とタイミングの決定、投資金を回収する場合はそ
の量とタイミングの決定）である。

以下、この手順に沿って検討する。

(2) 資金状況等の把握

投資に充てる資金は、証券等の金融資産の売却金やそれ以外の資産の売却
金である場合も含め、直前には、現金、預金、MRF等の流動性の高い形を
経る。一般に、これらの形での自身の保有金額や今後の支出予定等は常時把
握できているか容易に把握できるはずである。

(3) 投資目的の確認

金融商品へ投資する目的は、資金を増やすことであり[15]、多様性はない[16]。
他方、投資にどの程度の手間やコストをかけるのか、社会とのつながりをど
う位置づけるのか、どの程度の増加を目指しどの程度の危険を許容するのか
（主観的「リスク許容度」[17]）には個人差があり、多様である。このうち、主観
的「リスク許容度」は、資産状況の変化や時期の経過により変化する可能性

---

15) リスクヘッジ目的の取引は、デリバティブ取引である点、資金を増やすことを目指
　　すわけではない点で、投資とは区別される。ただし、この取引でも、リスクヘッジ行為
　　により覚悟するリスクの程度を把握する必要がある点は同様である。
16) 金利、配当、値上がり益など着目点は異なっても、トータルでの資金の増加を目指
　　す点で共通する。会社に対する支配権を行使するなどの特殊な場合ですら、支配権行使
　　後の価値の増加を目指す点で同じことになる。

はあるものの、多分にその主体の性格によるものであり、大きくは変化しないのが普通である。少額では主観的「リスク許容度」が高くリスクの大きい取引を行う人も、高額の投資では主観的「リスク許容度」は低く、リスクの小さい投資をするということは普通にみられる。そして、自分のことであるので、主観的「リスク許容度」は、把握できているはずである。

適合性原則の場面では、金商法では「契約を締結する目的」と表現し、最判平17・7・14は、（投資）意向という言葉を用いている。同判決では、意向と実情に「反して」過大な危険を伴う取引を勧誘することを問題とするのであるから、（投資）意向とは、投資により負担する覚悟のある危険の程度に関する意向（主観的「リスク許容度」）を意味することになる。さもないと、それに「反して過大な危険」という判断ができないからである。

(4) 投資対象の理解

投資するか否かを判断するには、投資対象の商品特性を理解することが必要である。投資対象となる金融商品は、業者側が言葉で作ったものであることから、その商品特性を投資者が理解するためには業者による商品特性に関する情報提供が必要である。

一般に商品特性とは、商品の内容、機能、その他の特徴をいう。例えば自動車の商品特性を考えると、商品の内容は、エンジンやモーターで動く車輪が付いた金属・プラスチック・ガラス等で囲まれた箱状の物であり、商品の機能は、人や物を乗せて目的地へ移動できることである。

これを金融商品で考えると、商品の内容は、資金受入条件・運用方法体制・分配条件、コストなどから成る言葉で作られた仕組みであり、商品の機能は、投入資金の価値の増減であるといえる。社会とのつながりは、このうちの運用方法体制の中に含まれる。

具体的には、株式、公社債、投資信託などの大分類、一部上場株式、新興市場株式、国債、社債、公社債投資信託、株式投資信託などの小分類、さら

---

17) 主観的「リスク許容度」と投資意向　　一般的な用語から考えると、投資意向とは、どのような投資をしたいかという意思であり、投資が投入額の増加を目指すものであることから、その中核は、どの程度のリスク、リターンの投資をしたいかということであるといえる。リターンには主観的限界はないのに対し、リスクについては主観的限界（主観的「リスク許容度」）があるので、投資意向のうちリスクに焦点を当てて考えるのが適切である。

には具体的銘柄を把握した上で、各分類の仕組みと価値の増減に関する特徴、当該銘柄の個別情報を把握することになる。

　大分類では、株式は、配当があれば受け取ることができる・それ自体の価格が上下し市場で売ることができる、公社債は、金利を受け取ることができる・満期に元本が償還される約束となっている、投資信託は、配当があれば受け取ることができる・それ自体の価格が上下し市場で売ることができる・運用期間があるものは満期にその時点の資産が償還されるというものである。

　小分類では、例えば新興市場株式は一部上場株式と比較すると、配当が安定しない、それ自体の価格の上下が激しい傾向にある（ボラティリティが大きい）、信用リスクが大きいなどの一般的特徴がある。

　具体的銘柄の個別情報としては、開示制度に基づく発行者情報と証券情報などのほか、ESG に関連する情報や適時開示情報、報道情報などがある。

　金融商品の機能、すなわち、投入資金の価値の増減は、利益見込みに関する情報、損失のおそれに関する情報（価格変動の大きさや確率など）により把握する。例えば、金利２％、満期５年の普通社債では、金利は年利であること、満期金は元本額であることを理解した上で、発行会社の情報や社債格付けその他の情報により、それらの支払の確実性の程度を把握する。

(5)　**資金状況・投資目的等と投資対象の適合性の確認**

　一方で、資金状況から①客観的「リスク許容度」（どのくらい減ると困るか）、投資目的から②主観的「リスク許容度」（どのくらいの損をする覚悟があるか）をそれぞれ把握して、他方で、投資対象の商品特性を把握して、リスク許容度の範囲内の投資であるかを確認するという作業が行われる。継続的な主体では、①より②の方が小さいはずである。

(6)　**具体的投資決定**

　(2)から(5)が投資判断の前段部分であり、これを経てようやく、具体的投資決定に移る。ここからは、将来の価格変動に対する「読み」をもとに、このタイミングで投資するか、投資するとしてどれだけ投資するか、あるいは売却して投資資金を回収するかなどを決定することになる。この「読み」は、プロでもわからない世界での判断であり、具体的銘柄の個別情報が同じで、社会や市場に関する情報も同一ならば、プロがアマより「読み」が当たるとは限らない。

(7) 勧誘と投資判断

　勧誘の違法性を基礎づける事情のうち、適合性原則は主として(2)〜(5)に関わり、説明義務は主として(4)、断定的判断提供禁止は主として(6)に関わると一応いえるが、勧誘の違法性は総合判断であり、勧誘の多くは、具体的投資決定に働きかけていることから(6)も関係してくる。

第3節

デリバティブ取引への資金投入の判断

1　リスクヘッジ、投機、裁定取引の判断

　以上が、株式や投資信託、公社債等の一般的な金融商品への投資判断の手順である。これに対しデリバティブ取引は、既述のとおりゼロサム取引であり、そこへの資金投入は投資ではなく、リスクヘッジ、投機、裁定取引のいずれかの手段として行われる。

2　リスクヘッジ

(1)　ヘッジ取引の意味

　ヘッジ取引とは、リスク（不確実性）のうちの不都合な方向の部分に対し発生・量を低減することを目指す取引であり、その手法は多様ではあるが、法的には、企業会計基準と同様、「ヘッジ対象の資産又は負債に係る相場変動を相殺するか、ヘッジ対象の資産又は負債に係るキャッシュ・フローを固定してその変動を回避することにより、ヘッジ対象である資産又は負債の価格変動、金利変動及び為替変動といった相場変動等による損失の可能性を減殺することを目的として、デリバティブ取引をヘッジ手段として用いる取引をいう」（企業会計基準10号「金融商品に関する会計基準」〔以下「会計基準」という〕96項）と定義することが適切である。デリバティブ取引によるこのようなリスクヘッジは、先物取引、オプション取引、スワップ取引などの形でなされる。

　これらのデリバティブ取引がヘッジ取引であるかは、それ自体からは明らかにならない。客観的なヘッジ対象リスクが存在し（ヘッジの対象となる資産または負債があるか、あるいは契約は未締結であるが実行される可能性が極めて高い取引や

294　第3部　民事責任の論点

契約済みで未履行の取引の結果、ヘッジ対象となる資産または負債があることとなる予定
であるなど）、かつ、ヘッジ意思に基づいて、それらのリスクについてヘッジ
効果のある形で組み合わせられた場合に、ヘッジ取引となる（会計基準29項・
30項は、ヘッジ取引にヘッジ会計が適用される要件としてほぼ同趣旨をさらに細かく定め
ているが、ヘッジ効果があること、管理されていることを実質的に確保する趣旨による限
定であり、基本的にはここでいうヘッジ取引の範囲と同じと考えられる）。

(2) 先物取引によるヘッジ

　先物取引で価格変動リスクをヘッジすることができる。例えば、複数の株
を保有しているが先行き株式相場が下落すると予想する場合、先物を売り、
実際に、株式相場が下落した場合、価格変動で発生したポートフォリオの損
失は、先物の売りポジションから得られる利益で補うことができる。逆に、
将来に株式を取得することを計画しているが先行き株式相場が上昇すると予
想する場合、先物を買い、実際に、株式相場が上昇した場合、先物を反対売
買して得た利益を株式取得の購入資金に加えることができ、株式相場の上昇
により計画していた株式が購入できなくなるという機会損失をカバーできる。

　先物取引では、現物資産の価格変動リスクのヘッジとして行っても、その
ポジション自体のリスクにより現物の利益を減殺することになる点に注意が
必要である。フルヘッジすると、現物価格の変動による損失を防げる反面、
利益もなくなる上、取引コスト（先物取引の手数料等）が差し引かれるので、
投資として現物資産を持つ意味がなくなる。

　先物取引によるヘッジの場合に許容しなければならない損失は、先物取引
の取引コストに先物取引による損失額そのものを加えたものであり、膨大な
額となることもある。

(3) オプション取引によるヘッジ

　オプション取引でも価格変動リスクをヘッジできる。先行き株式相場が下
落することによる保有する株式ポートフォリオの損失を回避する場合、プッ
トオプション（売る権利）を買い、実際に、株式相場が下落した場合、価格
変動で発生したポートフォリオの損失は、プットオプションから得られる利
益で埋めることができる。将来に株式取得を計画しているが先行き株式相場
が上昇することが予想される場合、コールオプション（買う権利）を買い、
実際に、株式相場が上昇した場合、コールオプションから得た利益を株式取
得の購入資金に加えることができ、株式相場の上昇により計画していた株式

が購入できなくなるという機会損失をカバーできる。

オプション取引では、現物資産の価格変動リスクのヘッジとしてプットやコールを買う場合、その対価（プレミアム）がヘッジコスト（保険でいえば保険料に該当）となるので、取引コスト（手数料等）のほか、プレミアムの全損リスクを許容して行うことになる。オプションの売りは、リスクを引き受ける側（保険でいえば保険会社側）に立つことになり、ヘッジにはならない。

(4) スワップ取引によるヘッジ

スワップ取引は、交換によりリスクの種類を変換する取引であり、例えば変動金利の借入がある場合に、変動金利の支払を、その借入と同額・同期間の元本の固定金利の支払と交換すれば、相手に固定金利を支払い、相手から変動金利を受け取ることとなり、金利変動リスクをヘッジできる。この際、金利スワップが金利変換の対象となる借入とヘッジ会計の要件を満たしており、かつ、その想定元本、利息の受払条件（利子率、利息の受払日等）および契約期間がその借入とほぼ同一である場合には、企業会計上、金利スワップを時価評価せず、その金銭の受払の純額等をその借入の利息に加減して処理することができる（金利スワップの特例処理）[18]。

スワップ取引では、価格変動リスクのヘッジとして行うと、当然のことながら価格変動による利益を得られなくなる点に注意が必要である。

スワップ取引は、等価のものを交換するものであれば取引コストは小さなものしか発生しないが、銀行等の金融機関が顧客企業に提案するスワップ取引は、銀行の利益がスプレッドの形で乗っており、顧客にとってはその隠れたコストがヘッジコストの一部となるので、それだけのコストをかけてヘッジするのかという検討も必要となる。この場合、スプレッド＝隠れたコストを判断材料とするためには金額で把握することが必要であり、スワップ契約の時価評価が有用である。

スワップ取引によるヘッジで覚悟しなければならない最大損失額は、取引コスト、スプレッドに、価格変動による損失そのものを加算したものであり、膨大となることがある。

(5) ヘッジ取引をするか否かの判断

価格が変動する資産を業務で扱っていても、ヘッジはした方がいいわけで

---

18) 伊藤＝友行・前掲（注13）2013年7月23日参照。

296   第3部　民事責任の論点

はない。ヘッジをした方がいいかどうかは、業種やリスクの内容や時期によって様々となる。比喩的にいえば、海上の船が波に乗って上下しながらも静穏に航行している場合に、この上下動を固定して上下変動リスクをなくすと、水没したり空中に浮いたりして危険である。これと同様に、例えば変動する原料価格の波に製品市場全体が乗っているような業種では、ヘッジする必要はなく、ヘッジが危険な行為となることもある[19]。

　価格が変動する資産を業務で扱うなどでヘッジ対象リスクがあり、それをヘッジすることのメリットがあると考える場合でも、長期のヘッジ取引は、それ自体のリスクが大き過ぎるので避けるべきである。実際に行われている例をみると、例えば、為替リスクのヘッジでは、ヘッジ期間はほとんどが数カ月であり、1年を超える期間で行う事業者は数％しかいない[20]。5年、10年という長期間のヘッジを行うことはリスクが大き過ぎて考えにくいが、過去に、長期の為替ヘッジを行って経営を傾かせた日本航空の例がある[21]。

　投資はリスクを負担する行為なので、フルヘッジをしたらヘッジコストで利益が全部相殺され投資でなくなる。また、リスクAを負担する投資をするために、リスクAとリスクBを抱える金融商品のリスクBのみをヘッジするということは考えられるが、その場合は、リスクAのみを抱える金融商品との対比を経た上で、投資決定を行うべきことになる。一般に、金融商品は単純な方がよいとされているからである[22]。

(6)　ヘッジ取引をする場合の判断（ヘッジ判断）

　ヘッジ対象リスクが存在し、かつ、ヘッジ意思に基づいて、それらのリス

---

19)　ハル83頁〜84頁。

20)　平成20年度年次経済財政報告（経済産業省）によれば、輸出関連企業のうち為替予約（リスクヘッジ）をしている企業は約半分であり、ヘッジ期間はほとんどの企業で数カ月であって、1年を超える期間のヘッジをしている企業は数％しかない（同報告115頁）。

21)　日本航空は、1986（昭和61）年に11年間に及ぶ為替予約を行い、巨額の損失を出して、2010年破綻の遠因の1つとなったといわれている。呉淑儀サリー「日本航空の経営破綻と日本の航空ビジネスの課題」亜細亜大学ホスピタリティ・マネジメント2巻1号（2011年）23頁（28頁）、大鹿靖明『堕ちた翼ドキュメントJAL倒産』（朝日新聞出版、2010年）。

22)　キャロル・サージャント「単純な金融商品に関する最終報告」"Sergeant Review of Simple Financial Products : Final report"（2013年3月）参照。なお、MiFIDII実施指令では、適合性判断にあたって、単純な金融商品との比較を販売手順に組み入れるべきとしている。

クについてヘッジ効果のある形でデリバティブ取引を組み合わせられた場合に、ヘッジ取引となる。この場合、タイミング、金額、期間がリスクの大きさを左右することになるので、その判断が重要となる。ヘッジ目的のデリバティブ取引であっても、それ自体はリスク取引であるので、どれだけのコストをかけ、かつリスクを負担してヘッジをするのかを判断する必要がある。つまり、ヘッジ取引においては、ヘッジ効果のある取引であることは定義から当然の前提として、その上で、投資取引と同様、コストの認識と主観的「リスク許容度」が問題とされるべきことになる。

(7) 為替デリバティブ事件の位置づけ

為替デリバティブ事件とは、2004（平成16）年から2008（平成20）年にかけて、銀行などが、取引先の中小企業に為替デリバティブセット（多数の為替デリバティブ取引を束ねた複雑な取引）を勧誘して契約した事件であり、この契約が原因でその数年後に多くの中小企業が倒産するなどして社会問題となったものである[23]。ヘッジ取引であるとして勧誘されたことから、この事件とヘッジ判断との関係を整理する。

為替デリバティブセットは、外形的には、将来の数年から十数年にわたる数十本から数百本のスワップ取引やオプション取引の束をまとめて契約するものであり、プットオプションの売りの損益図またはそれに近い損益図（への字の屈折点を中心に右端を水平より少し上まで回転させて右線を短くした形や、屈折点が切れて左線が下にずれているものなど）になるものが多く[24]、顧客の状況と為替変動の状況によっては資産等の相場変動による損失を相殺する部分があっても全体としては単なるリスク取引であり、会計基準でいうヘッジ取引とは程

---

23) 帝国データバンク「特別企画：為替変動時の倒産動向調査」（2016年9月8日）（https://www.tdb.co.jp/report/watching/press/pdf/p160901.pdf）によれば、円高関連倒産は、同社が統計を取り始めた2008年1月から2016年までの8年間で622社、2012年7月と10月に単月で最多の17社あり、円高関連倒産の原因は、「デリバティブ損失」がトップで181社であったという。

　為替デリバティブ事件の紛争解決の概要は第4部第3節6参照。

24) 齋藤毅「為替デリバティブのヘッジ効果とその代償」経営論集168号（2013年）17頁～34頁、「同その2」同170号（2014年）33頁～43頁。なお、枇々木規雄「銀行が輸入企業向けに販売した為替デリバティブ取引の評価」（慶應義塾大学理工学部サイト〔枇々木研究室 F-40〕、2012年6月9日）は、「対象とした為替デリバティブ取引（通貨オプション取引）にリスクヘッジ能力がほとんどないと結論づけることはできる。」（19頁）としている。

298　第3部　民事責任の論点

遠い取引である。

　為替についてヘッジ対象リスクがある企業は、ヘッジをしようと思えば上記のとおり為替予約をするか通貨オプションを買うため、為替デリバティブセットの勧誘対象とならない。為替デリバティブ事件における典型的な例は、銀行が、ヘッジ対象リスクのない企業あるいはヘッジ対象リスクはあるがヘッジ意思ないしヘッジの必要のない企業に対し、ヘッジ取引であると言って、利益となる確率の高い有利な取引を装い、あるいは、融資を受けて弱い立場にあるため顧客が断りにくいことを利用して、為替デリバティブセットを勧誘したものである。その結果、2010（平成22）年9月末現在で「為替デリバティブ契約」を保有する企業数は、約1万9000社あったという[25]。

　ヘッジ対象リスクのないところも含め、ヘッジ取引であるとして勧誘したのは、通貨先物取引や通貨オプション取引などの為替デリバティブ取引については不招請の勧誘が原則として禁止されており（旧金先法76条4号、施行規則23条6項）、例外として、継続的取引関係にある顧客に対してその受託契約等を勧誘する行為のほか、外国貿易その他の外国為替取引に関する業務を行う法人に対する勧誘であって、当該法人が保有する資産および負債に係る為替変動による損失の可能性を減殺するためにその受託契約等の締結を勧誘する行為（＝ヘッジ取引の勧誘）が認められていた（旧金先法施行規則23条6項。2007〔平成19〕年9月30日以降、同趣旨が少し範囲を変えて38条、金商業等府令116条1項に引き継がれており、後者は「店頭金融先物取引に係る金融商品取引契約の締結を勧誘する行

---

25)　金融庁報告「中小企業向け為替デリバティブ取引状況（米ドル／円）に関する調査の結果について（速報値）」（2011年3月11日）「金融庁では、平成16年度以降に販売された中小企業向け為替デリバティブ取引契約（米ドル／円）に関して、銀行（121行）に対し、平成22年9月30日時点における状況の聞取り調査を行いました。今般、その結果（速報値）を取りまとめましたので公表します。／1．平成16年度以降の全販売契約数、及び22年9月末現在の残存契約数　販売契約数をみると、平成16～19年度までは毎年度約12,000件前後で推移し、合計では約6万強の契約が販売されていた。いわゆるリーマンショックが発生した20年度以降、販売契約数は大幅に減少している。その結果、16年度以降の販売契約総数のうち、16～19年度に販売されたものが全体の約8割に上っている。／→年度別の残存契約数（22年9月30日現在）をみると、16年度以降の残存契約合計約4万契約のうち、16～19年度に販売されたものが約8割となっている。ただし、16～17年度に販売された契約は概ね半減している一方で、18～19年度に販売された契約は約7～8割が残存しているため、残存契約ベースでみると、18～19年度に販売されたものの比率が高くなっている（約5割）。／→22年9月末現在で契約を保有する企業数は、約1万9千社である。」

為」となっている）からである。

　会計基準にいうヘッジ取引でないことは、勧誘する側はもちろん承知していたし、勧誘された顧客側も承知していた場合が多いと思われる。なお、スワップ取引は不招請の勧誘禁止の対象外であったため、中には、オプション取引を条件付きスワップ取引の外形に加工して、損益図がオプション売りと同じになるようにした為替デリバティブセットも組成され勧誘された。

　では、ヘッジ対象リスクのない中小企業やヘッジの必要のない中小企業に、ヘッジ取引であるとして単なるリスク取引である為替デリバティブ取引を勧誘して、どうして勧誘が成功するのか。それは、①融資先等、断りにくい立場でかつ銀行等を信用している顧客を勧誘している上、②100本とか200本のデリバティブ取引の束のうち、当初の数本ないし数十本は、イン・ザ・マネーのオプション買いなど、確実に利益が出そうに思える取引で構成されているため、適切なリスク認識が形成されず、③スワップ取引やゼロコストオプションなど、取引時の支出を不要として、リスク取引としての判断がされにくい外形を取ったからである。②③は、商品自体が、リスクの程度について「誤解を生じさせかねない」ものであること、あるいは「リスクを過小評価するように工夫された」ものであることを意味する[26]。

　つまり、為替デリバティブ事件における為替デリバティブセットの取引は、

---

26)　司研報告では、「不適合商品勧誘の不法行為」として、「顧客のニーズに適合しない金融商品であるにもかかわらず、この点につき誤解を生じさせかねない勧誘を積極的に行うなど、顧客に適合した金融商品の勧誘を要請する適合性原則から著しく逸脱した勧誘をしてこれを販売したときは、不適合商品勧誘の不法行為を構成する」（140頁）とする考えを提唱し、具体的にはヘッジニーズに対する適合性を取り上げている。これによれば、原告側が、投資目的がもっぱらヘッジにあることと、当該ヘッジニーズと勧誘された商品との不適合性を主張・立証せよとしているので、①ヘッジ対象リスクとヘッジ意思のある顧客にヘッジ効果のないリスク取引を勧誘した場合、②ヘッジ対象リスクのある顧客にオーバーヘッジ（？）となる取引を勧誘した場合、③ヘッジ対象リスクがないか、あってもヘッジ意思のない顧客にヘッジ取引(？)やリスク取引を勧誘した場合のうち、①を想定している。実際の為替デリバティブ事件では、③が多く、金融ADRではこれらをそれなりに解決してきたが、この提言ではそれらには対応できないことになる。
　司研報告は、判断枠組みとして、「顧客のニーズに適合しない金融商品であるにもかかわらず、この点につき誤解を生じさせかねない勧誘を積極的に行うなど」としている。この枠組みを是とするとしても、為替デリバティブセットという商品自体が「誤解を生じさせかねない」構造であるので、誤解を生じさせかねない勧誘という要件は不要であるか、常に満たしていることになるという評価もありうる。

300　第3部　民事責任の論点

ヘッジ対象リスクの存在、ヘッジ意思、ヘッジ効果のある形でのデリバティブ取引の組み合わせという、ヘッジ取引の要件を満たしておらず、ヘッジ取引ではない。そのため、どれだけのコストをかけ、かつリスクを負担してヘッジをするのかというヘッジ判断の前提がなく、ヘッジ判断はなされていない。為替デリバティブ事件における顧客は、次に述べる投機判断をする必要がある取引をしていたのである。

3　投機
(1)　投機とは

デリバティブ取引は、ゼロサムであるため投資ではない。利益を上げるためにデリバティブ取引を行う行為は、短期間での大きなリターンを目指して大きなリスクを負担する行為であり、投機に分類される。具体的には、先物の売買やオプションの売りでは、証拠金の何倍もの取引をすることで大きなリターンを目指す。オプションの買いでは、支出額を全額失うリスクを負担しながら支出額の何倍もの大きな利益を狙う。利益を上げるためのスワップ取引では、資金の出入りなしでリスクを負担し、大きな利益を狙う。

このような投機行為は、社会的には、ヘッジ取引の相手方となる点に意味があるので、リスクヘッジ需要に対応するだけの参加者、取引量があれば足り、幅広く一般の主体の参加を推奨するようなものではない。特に、他人の資金を運用する主体や組織の資金を運用する主体は、資金を大きく減らすことは避けなければならないので、大きなリスクを負担する行為である投機は避けるべきこととなる。

ちなみに、日本を代表する証券デリバティブ取引所である大阪取引所では、委託取引の7割が海外の主体、2割が個人となっており、日本の事業法人は少ない[27]。為替デリバティブ取引の一種であるFX取引では、ほとんどが店頭取引であり[28]、個人が中心となっていると考えられる。リスク許容度が高く、理解力があってリスク管理態勢を持つ一部の個人が主体的に参加するのであれば、継続的にリスクヘッジの受け皿としての投機資金が確保されることになる。

---

27)　大阪取引所サイト「投資部門別取引状況」参照。
28)　金融先物取引業協会サイト「金融先物取引の出来高状況　平成29年度第2四半期概況」によれば、FX取引の出来高では店頭取引が99％を超える。

(2) 投機判断

(a) 投機判断の手順

利益を上げるためにデリバティブ取引を行う場合は、投機判断をすることになる。投機判断の手順は、投資判断の手順と類似する。①自己の資金状況等の把握、②投機目的（資金を増やすためにどの程度の手間やコストをかけるのか、どの程度のリスクを許容するのかなど）の確認、③投機対象の理解（商品構造・取引の仕組み、リターンの見込み、リスクの質と程度、リスク管理の必要性と方法など）、④資金状況・投機目的と投資対象の適合性の確認、⑤具体的投機決定（その対象に資金を投入するか否か、投入する場合は量とタイミングの決定、投入金を回収する場合はその量とタイミングの決定）である。

(b) 資金状況等の把握

投機に充てる資金は、証券等の金融資産の売却金やそれ以外の資産の売却金である場合も含め、直前には、現金、預金、MRF 等の流動性の高い形を経る。一般に、これらの形での自身の保有金額や今後の支出予定等は常時把握できているか容易に把握できるはずである。

(c) 投機目的の確認

投機目的で行うデリバティブ取引でも、どれだけの手間やコストをかけて行うのか、どれだけのリスクを覚悟して行うのかという把握が前提となる。投機目的で行うデリバティブ取引では、株式や公社債などへの投資とは異なり、取引後のリスク管理には専門的知識と態勢が必要であるから、投機にどれだけの手間やコストをかけるのかを把握するためには、取引後のリスク管理の手間やコストも含めて考える必要がある。

(d) 投機対象の理解

投機対象の理解では、取引の仕組みとリスクの質、程度の理解と、当該投機対象に対応した取引後のリスク管理方法等の理解が重要である。これらを欠くと、金融商品取引としてのデリバティブ取引とはならず、賭博的なものにならざるをえないからである[29]。

このうち、リスクの程度は、一般に、想定最大損失額（バリュー・アット・リスク〔Value at Risk〕。以下「VaR〔バー〕」という）で表わされる[30]。VaR は、ある期間 T における資産価値の損失リスクを推定した値であり、統計上の信頼水準 X ％において推定される最大損失額 Y のことである。例えば、ある資産について、期間 T ＝100日間における信頼水準 X ＝99％の VaR が3

302　第3部　民事責任の論点

億円であるというと、これは、今後100日間における評価損は、99％の確率で最大3億円に収まるが100％−99％＝1％の確率で3億円以上の損失となることがあるという意味である。

　VaR が3億円となる取引に投機資金を投入する場合は、主観的「リスク許容度」が少なくとも3億円あることが前提となる。そして、それを上回る損失が発生する場合もあることから、取引をする場合の主観的「リスク許容度」はそれでは足りないことになる。VaR は、過去の観測データに基づき、統計的手法により計測される「推定値」にすぎず、観測期間に捉えきれなかったストレス事象の発生リスクに備えることができない。VaR 計測モデルでは、これまでにない局面変化が起きると将来の予想損失を過少評価する可能性がある。局面変化が起きなくても、信頼水準を超過するテール事象[31]が発生する可能性がある。このような限界を理解した上で、VaR をリスク

---

29)　デリバティブ取引金融商品観とデリバティブ取引賭博観　　デリバティブ取引についても金融商品としての判断がなされる環境が確保されるべきであり、そのためにはリスクとリターンに関する定量的な情報も説明されるべきであるとし、この見方を、デリバティブ取引金融商品観と表現して、そうでない見方をデリバティブ取引賭博観と呼んで議論がされている（黒沼悦郎「デリバティブ取引の投資勧誘規制【日本】」日本取引所グループ金融商品取引法研究会〔2013年12月27日〕〔http://www.jpx.co.jp/general-information/research-study/research-group-on-fiea.html〕）。
　　仕組債に関していえば、販売資料記載の条件を示せば説明事項としては足りるという判決は、仕組債の取引を賭博のようなものと観る「デリバティブ賭博観」に立つものであって賛成できず、仕組債の取引を金融商品取引と観る「デリバティブ金融商品観」に立ち、仕組債についても金融商品としての通常の投資判断がなされる環境が確保されるためには、リスクとリターンに関する定量的な情報、具体的にはノックイン確率や償還元本の期待値が説明されるべきであるし、時価評価（またはコスト）も説明されるべきであるとする。
　　東京地判平24・11・12 仕組債 C13 は、「オプション取引によって契約時に直ちにしかも確定的に引き受けなければならない将来にわたる重大なリスクを適正に評価する基礎となる事実であるボラティリティ（株価変動率）、ノックイン確率ないし確率的に予想される元本毀損の程度などについて、顧客が理解するに足る具体的で分かりやすい説明をすべき信義則上の義務がある」として、同様の指摘をしている。これに対し、販売資料記載の条件を示せば説明事項としては足りるという裁判例は、顧客が商品構造やデリバティブ取引を理解しないで取引することを前提としており、デリバティブ取引賭博観に立つものといえる。詳細は、桜井健夫「市場から見た仕組商品訴訟」東経大現代法学26号（2014年）135頁〜205頁、特に157頁以下参照。

30)　日本銀行金融機構局金融高度化センター「市場リスクの把握と管理」（2013年7月）21頁〜40頁。https://www.boj.or.jp/announcements/release_2013/data/rel130802a2.pdf 参照。

第2章 投資判断と投機判断　　303

管理に利用することが重要となる。

　金融庁は、その監督指針[32]において、デリバティブ取引業者の説明責任に関連して、最悪のシナリオ（過去のストレス時のデータ等合理的な前提を踏まえたもの。以下同じ）を想定した想定最大損失額について、前提と異なる状況になればさらに損失が拡大する可能性があることも含め、顧客が理解できるように説明することを求めている[33]。そして、想定最大損失額としては、①統計的手法を用いて算出すること〔筆者注：VaR など〕のほかに、②過去のストレス時も含めた一定期間内における最悪値を用いることが考えられるとしている[34]。これらの監督指針は、投機取引におけるリスクの程度の把握について、金融庁が本書と同様の理解に立つことを示すものということができる。

　このほかにも、デリバティブ取引や仕組商品のリスクの程度との関係で、多くの論者や組織によりリスク管理の重要性が指摘されてきており[35]、以上

31）　テール事象　　稀にしか発生しないが、一旦発生するとその影響が極めて大きい事象。閾値を超える部分の期待値を期待ショートフォールという。

32）　「金融商品取引業者等向けの総合的な監督指針　Ⅳ-3-3-2勧誘・説明態勢　⑹通貨オプション取引・金利スワップ取引等を行う店頭デリバティブ取引業者の説明責任に係る留意事項」、「主要行等向けの総合的な監督指針　Ⅲ-3-3-1与信取引等〔貸付契約並びにこれに伴う担保・保証契約及びデリバティブ取引〕に関する顧客への説明態勢　3-3-3-1-2おもな着眼点　⑵契約時点等における説明　①イ a」

33）　「金融商品取引業者等向けの総合的な監督指針　Ⅳ-3-3-2勧誘・説明態勢⑹
　「当該店頭デリバティブ取引の商品内容やリスクについて、例えば、以下のような点を含め、具体的に分かりやすい形で解説した書面を交付する等の方法により、適切かつ十分な説明をしているか。
　イ．当該店頭デリバティブ取引の対象となる金融指標等の水準等（必要に応じてボラティリティの水準を含む。以下同じ。）に関する最悪のシナリオ（過去のストレス時のデータ等合理的な前提を踏まえたもの。以下同じ。）を想定した想定最大損失額について、前提と異なる状況になればさらに損失が拡大する可能性があることも含め、顧客が理解できるように説明しているか。
　ロ．当該店頭デリバティブ取引において、顧客が許容できる損失額及び当該損失額が顧客の経営又は財務状況に重大な影響を及ぼさないかを確認し、上記の最悪シナリオに至らない場合でも許容額を超える損失を被る可能性がある場合は、金融指標等の状況がどのようになれば、そのような場合になるのかについて顧客が理解できるように説明しているか。
　ハ．説明のために止むを得ず実際の店頭デリバティブ取引と異なる例示等を使用する場合は、当該例示等は実際の取引と異なることを説明しているか。」（主要行等向けの総合的な監督指針も同趣旨を規定する）

34）　金融庁「店頭デリバティブ取引の商品内容やリスクの説明」「Ⅳ-3-3-2⑸①イ。想定最大損失額」に対するパブリックコメント回答。

に記したことは、デリバティブ取引や仕組商品のリスクの程度についての共通の理解といってよい。

(e) 資金状況・投機目的と投機対象の適合性の確認

　投機判断の際は、手間やコスト（取引後のリスク管理の手間やコストも含む）の覚悟、負担を許容するリスクの程度と、当該取引の実際の手間やコスト、負担するリスクの程度が、適合するかを判断する必要がある。このうち、リスク許容度については、資金状況から①客観的「リスク許容度」（どのくらい減ると困るか）、投機目的から②主観的「リスク許容度」（どのくらいの損をする覚悟があるか）をそれぞれ把握して、他方で、投機対象の商品特性を把握して、リスク許容度の範囲内の投機であるかを確認するという作業が行われる。①より②の方が小さくないと破綻するので、通常は②の方が小さいはずである。

　一般に、事業会社や公益法人、行政法人は、投機のリスクを許容しないので、この適合性をクリアしない。資金力がありかつリスクを管理できる投機専門業者（ヘッジファンドなど）、金融機関などは、この適合性をクリアすることがある。個人のうち、リスク性向が高く、理解力・リスク管理力がある者が、①客観的「リスク許容度」より低い②主観的「リスク許容度」の範囲内で行う場合にもこの適合性をクリアすることがあるが、自らこの適合性判断をするためには、取引後のリスク管理の手間やコストも含めた当該取引の手間やコスト、負担するリスクの程度を把握していることが前提となる。少なくとも、勧誘されて行う場合はこれらを期待できないことが多いので、デリバティブ取引は勧誘が制限されている[36]。

---

35)　古くは、BISユーロ委員会「金融仲介機関によるマーケットリスクおよび信用リスクのパブリックディスクロージャーに関する討議用ペーパー」（1994年秋）、翁百合「デリバティブ取引とリスク管理についての一考察――『リスクの時価評価』の先にあるもの」（1995年03月25日）（https://www.jri.co.jp/page.jsp?id=16645）、日本銀行信用機構局「金融機関のリスク情報に関するディスクロージャーについて」（1996年11月29日）（https://www.boj.or.jp/research/brp/ron_1996/ron9611a.htm/）など。
　　日本銀行金融機構局金融高度化センター「Ⅰ　金融危機後のリスクマネジメント」（2013年6月）は、総合的なリスクの把握・管理として、VaR等の単一指標に過度に依存せず、ストレステスト、幅広いシナリオ分析、定性的な情報を活用して、包括的なリスク管理を行うべきことが指摘されている。デリバティブ取引のリスク管理について法的視点から検討したものとして、村本武志「投資取引におけるリスク管理と適合性試論」現代法学（2013年12月）75頁～132頁がある。
36)　第1部第4章第2節11。

（f）　具体的投機決定

(b)から(e)が投機判断の前段部分であり、これを経てようやく、具体的投機決定に移る。ここからは、将来の価格変動に対する「読み」をもとに、このタイミングで資金を投入するか、投入するとしてどれだけ投入するか、あるいは売却して投入資金を回収するかなどを決定することになる。この「読み」は、プロでもわからない世界での判断であり、価格変動に関する情報が同一ならば、プロがアマより「読み」が当たるとは限らない。

（g）　勧誘と投機判断

デリバティブ取引では、そもそも勧誘すること自体が違法となる場合が多い。店頭金融デリバティブ取引（店頭外国為替証拠金取引〔店頭金融先物取引〕、店頭金融オプション取引）およびこれらの取引の媒介、取次ぎ、代理（施行令16条の４第１項１号）、個人である顧客を相手方として行う店頭デリバティブ取引全般およびこれらの媒介、取次ぎ、代理（施行令16条の４第１項２号）、商品先物取引（商先214条９号）では、不招請の勧誘が禁止されており、勧誘すること自体が違法である。

例外的に勧誘が許容される場合であっても、具体的な勧誘が違法となる場合がある。勧誘の違法性を基礎づける事情のうち、適合性原則は主として(b)〜(e)に関わり、説明義務は主として(d)、断定的判断提供禁止は主として(f)に関わると一応いえるが、勧誘の違法性は総合判断であり、勧誘の多くは、具体的投機決定に働きかけていることから(f)も関係することになる。

4　裁定取引

裁定取引とは、同一の価値を持つ商品の一時的な価格差（歪み）が生じた際に、割高な方を売り、割安な方を買い、その後、両者の価格差が縮小した時点でそれぞれの反対売買を行うことで比較的低リスクで薄い利益を得る取引である。割安、割高について瞬時の判断が必要なこと、薄い利益を頻度や量を重ねることで多くしようとすること、市場に張り付く取引となることなどから、機関投資家などのプロが行う。裁定取引では裁定判断をすることになるが、本書ではこれ以上触れない。

5　デリバティブ商品への資金投入の意味

デリバティブセット（多数のデリバティブ取引の組合せ商品）や仕組商品（デリ

306　第3部　民事責任の論点

バティブ取引を社債、投資信託、預金等に組込んだ商品）などのデリバティブ商品への資金投入は、どのような意味があるか。

　まず、デリバティブセットの取引は、為替デリバティブ事件で問題とされたものも含め、投機としてのデリバティブ取引そのものであるので、投機について以上に述べたことがそのまま当てはまる。

　仕組商品（仕組債、仕組預金、ノックイン投資信託など）は、社債や預金等にデリバティブ取引が組み込まれたもので、顧客は利益を上げる目的で取引する。これらは社債や預金等の外形は持つもののそのリスクはデリバティブ取引のリスクが中心となるので、これらの取引についても、投機について以上に述べたことが、そのまま当てはまる。金融庁は、これらについて、「店頭デリバティブ取引に類する複雑な仕組債や投資信託」と表現して、2010年に、適合性の原則等を具体化する自主規制ルールの策定や、説明の徹底を図るため最悪シナリオを想定した損失の説明を適切に行う等の自主規制ルールの策定を求めたが[37]、これも、仕組商品への資金投入が投機であることを前提とした政策と考えられる。

第4節

投資判断・投機判断の論点

1　投資意向の変化（限定合理性と投資意向）

(1)　損をした後に勧誘されて持つに至った意向は投資意向か

　投資判断の過程で、当該取引が投資意向に適合しているかを判断する部分がある。この場合の投資意向の捉え方が1つの論点となる。当初、一定の投資意向を持っていても、投資成績の変化や業者からの働きかけの影響を受けてそれが変化することがある。後者、すなわち、働きかけにより変化した後の状況をそのまま投資意向と評価してよいかを検討したい。これは、適合性原則の考慮要素の1つである投資意向の捉え方に関係する。

　その前提として、プロスペクト理論などの行動経済学[38]的視点を確認す

---

37)　金融庁「デリバティブ取引に対する不招請勧誘規制等のあり方について」（2010年9月13日）。

る。

(2) プロスペクト理論

行動経済学の基礎となったのは、ダニエル・カーネマン[39]とエイモス・トバスキーによる「プロスペクト理論」[40]である。この理論は、人々が宝く

---

38) 伝統的な経済学は、合理的な人間行動を前提として様々な経済現象を整合的に説明しようとするものであるが、人々の不確実な状況での選択や損失回避行動、金融商品に対する選好やなどで、合理的人間像からは説明が困難な実証結果が多く観察された。そこで、合理性の仮定を見直し、人間の判断、行動が必ずしも合理的ではない部分があることに着目して研究する分野として、行動経済学が生成発展してきた。

　行動経済学の成果として、普段は合理的に行動することができる人々でも、場面、立ち位置等により、不合理な行動、選択を行う傾向があること（限定合理性）の発見およびそれらの傾向の要因を類型化したことが挙げられる。例えば、利益の過大評価、リスクの過小評価、参照点依存性、感応低減性、損失回避性、時間割引などである。人の選択の傾向については、認知心理学や社会心理学、脳神経経済学の分野でも研究されてきており、それぞれの研究成果は互いに影響し合っている。

39) プロスペクト理論を評価され、カーネマンは2002（平成14）年にノーベル経済学賞を受賞した。

40) プロスペクト理論　重みづけ関数、価値関数は、プロスペクト理論の一部。Daniel Kahneman and Amos Tversky（1979）"Prospect Theory: An Analysis of Decision under Risk", Econometrica, XLVII（1979）, 263-291（http://www.princeton.edu/~kahneman/docs/Publications/prospect_theory.pdf）.

　参考文献として、ダニエル・カーネマン『ファスト＆スロー上下』（早川書房、2012年）、中谷内一也「悪質商法におけるコミュニケーションと消費者行動」『消費行動の社会心理学』（北大路書房、2000年）108頁～117頁、多田洋介『行動経済学入門』（日本経済新聞社、2003年）、真壁昭夫『行動経済学入門』（ダイヤモンド社、2010年）、筒井義郎＝山根承子『図解雑学　行動経済学』（ナツメ社、2012年）など。2017年にノーベル経済学賞を受賞したリチャード・セイラーの『行動経済学の逆襲』（早川書房、2016年）も参照。行動経済学的視点で法的検討を試みたものとして村本武志「消費者取引における心理学的な影響力行使の違法性——不当威圧法理、非良心性ないし状況の濫用法理の観点から」姫路ロージャーナル1＝2巻合併号（2008年）193頁、同「限定合理性下での適合性原則・説明義務と錯誤の役割と要件——複雑性金融商品取引における判決例を素材として」新世代法政策学研究(13)（2011年）245頁～324頁、山本顕治「投資行動の消費者心理と勧誘行為の違法性評価」『新世代法政策研究(5)』（2010年）201頁～231頁（傾向を市場理論と結びつけようとしている）、川濱昇「行動経済学の規範的意義」亀本洋他編『現代法の変容』（有斐閣、2013年）405頁～442頁、桜井健夫「消費者被害救済の実務における行動経済学的知見の活用」現代消費者法33号（2016年）61頁～70頁がある。司法研修所『現代型民事紛争に関する実証的研究——現代型契約紛争(1)消費者紛争』（法曹会、2011年）に裁判官向けのプロスペクト理論の解説がある。行政機関の報告書としてOFT "Psychology of buying and selling in the home, Annex F of the doorstep selling report"（2004）, OFT "The psychology of consumer detriment A conceptual review January"（2006）がある。仕組商品と限定合理性の関係を論じたも

308　第3部　民事責任の論点

【設例】あなたなら、それぞれどちらを選びますか？

Q1　A）いまここで80万円を差し上げます。講義が終わったらそのままお帰りください。

　　B）いまここで100万円差し上げます。ただしこの部屋を出るときにくじを引いてください。15％の確率、つまり100人のうち15人は全額返してもらいます。

Q2　A）80万円を支払わなければなりません。

　　B）100万円を支払わなければなりませんが15％の確率で支払いが免除されます。

期待値　Q1　A）80万×1＝80万、　　B）100万×0.85＝85万

　　　　Q2　A）−80万×1＝−80万、　B）−100万×0.85＝−85万

実験　挙手で確認（「必ずどちらかを選択してください。」）

じゃ株式投資など、結果が確実でない、リスクある商品を購入する際に、そのリスクに対してどんな見込みを持ち、どんな行動をとるかについて説明するモデルであり、重みづけ関数、価値関数などがある。統計的手法により実証されたものであり、様々な現象を適切に説明できる理論として高く評価されている。プロスペクト理論の中核をなす重みづけ関数（【図表1】）と価値関数（【図表2】）について紹介する。

　Q1ではほとんどの人が、A）（＝プラスの期待値の少ない方〔損な方〕）を選び、Q2ではほとんどの人が、B）（＝マイナスの期待値が大きい方〔損な方〕）を選ぶことが統計的に実証されている。つまり、これらの局面では、いずれも損な方を選ぶという一見不合理な選択をする人の方が圧倒的に多いのである[41]。

　低い確率の利益に対しては、確率を過大評価する傾向がある。例えば、当選確率が極めて低い宝くじに過大な期待をする。逆に、高い確率の利益に対しては確率を過小評価する傾向がある。例えば、「大変高い確率で合格」と言われても安心できない。これを重みづけの線で表すと、【図表1】のとおり、低い確率では対角線（破線）の左側、高い確率では破線の右側にくる。

　のとして、Thorsten Hens, Marc Oliver Rieger "Why do Investors Buy Structured Products?" (2011), Academic Participants Nick Chater, Warwick, Steffen Huck "Consumer Decision-Making in Retail Investment Services: A Behavioural Economics Perspective Final Report November 2010" (2010)（これらは、インターネット上で参照可能な論文である）。

41)　筆者もこれまで、数十人から数百人の集まりで、数十回、この選択をしてもらった。平均すると、Q1では9割以上がA）を選択し、Q2では8割程度がB）を選択するという結果となっている。

【図表1】重みづけ関数

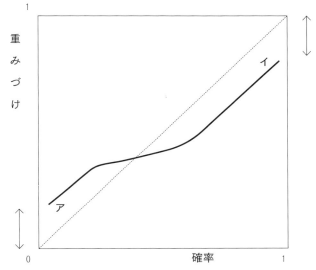

【図表1】の右上は、「高い確率」の利益に対する評価（過小評価）（イ）と、確定的利益の評価（1）の差が大きいことを示す。利益の確定は、高い確率とは比較にならない魅力があることになる。Q1のようなプラス場面では、期待値の差が少ないと有利な方より確定している方を選択する傾向につながる。つまり、プラス場面ではリスクを負担したがらない。

【図表1】の左下は、「低い確率」に対する評価（過大評価）（ア）と、確定的に0の評価（0）の差が大きいことを示す。損失の確定には大きな抵抗があり、損失を確定したがらない傾向がある（損失回避性）。Q2のようなマイナス場面では、期待値の差が少ない場合は、有利な方よりも確定していない方を選択する傾向につながる。つまり、マイナス場面ではリスクを負担する方向の行動を選択しやすい。

　これらの傾向に焦点を当てた勧誘文言がある。プラス局面ではリスクを負担したがらない傾向があり、大きく儲かる可能性のある取引よりも、利益は少しでも確実に利益の出る取引を望む人が多いので、「断定的判断提供」（必ず利益が出ます）、「元本保証」等の文言を伴う勧誘がリスク認識を歪める大きな効果があることを示す。このようにプラス局面ではリスクを負担したがらない人も、マイナス局面では損を確定することを避ける選択肢を示されれば

【図表2】価値関数

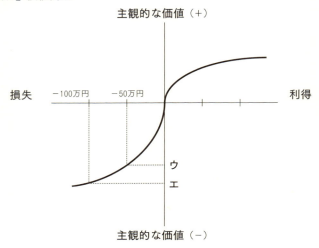

容易にリスクを負担してしまう。具体的には、「損を取り戻しましょう」「この金額を追加しないとこれまでの分を守れません」という文言で、一度損をした人が同じ取引にさらに資金をつぎ込んで損失を拡大させることがしばしばみられる。迷路のネズミは電気ショックを与えるとその道は選ばなくなるが、リスクの実現によりマイナス局面に立ち至った人は、逆に同種のリスクにさらに立ち向かってしまうのである（サンク・コスト効果）[42]。

最初の50万円の損失発生では大きな心の痛みを感じる（0とウは離れてい

---

42) サンク・コスト効果（sunk cost effect）　一度、資金や労力、時間などを投資した対象に対し、その後も投資を続けようとする強い傾向をいう。投資効果が得られていないときに、より追加投資をしやすくなるという傾向は、損をしたらそれに懲りてもう資金を出さなくなるはず、という「常識」に反するし、「効果の法則」からも逸脱する。このサンク・コスト効果は、プロスペクト理論によれば説明できる。
　すなわち、重みづけ関数で示されているように、マイナス場面ではリスクを負担する傾向がある。「一度、資金や労力、時間などを投資して投資効果が得られていないとき」は、マイナス場面に該当するので、このような場合は、損の確定を避けるために、リスクを負担する傾向にある。また、価値関数では、追加投資による損失の痛みは初期投資のそれより小さいことが示されている。「一度、資金や労力、時間などを投資して投資効果が得られていないとき」は、初期投資の失敗によりすでにマイナスの痛みを経験しており、追加投資による損失の痛みは小さいため、リスク負担の抵抗は小さくなる。以上のことから、「一度、資金や労力、時間などを投資して投資効果が得られていないとき」は、その後も追加投資を続けようとする強い傾向があることが説明できる。

る）が、次に50万円の損失（損失合計100万円）が発生しても小さな違いでしか
なくなり、心の痛みも小さい（感応度逓減性。【図表2】ウとエは近い）。同額の
利益と損失を比較すると、利益の喜び（【図表2】右上の曲線）より損失の痛み
（【図表2】左下の曲線）の方が大きい（損失回避性。【図表2】交点から見て、右上の
曲線は緩やかに上がる。左下の曲線は大きく下がる）。絶対値よりも変化や差異に反
応しやすい（参照点依存性）。

(3) プロスペクト理論と事実上の一任状態

　このように、プロスペクト理論を理解すれば、勧誘されて資金を次から次
へと投入してしまう行動や損失発覚後も取引を任せたままにしてしまう行動
も、人間の通常の心理的傾向を突かれているものであることがわかる。例え
ば、事実上の一任状態で取引が繰り返され損失を抱えた状況に置かれた場合
に、損失を取り返す、と言われるとその後も事実上の一任状態を維持してし
まうのは、不思議でも不自然でもないし、それまでの取引内容を一任の範囲
として容認した行為でもないのである[43]。

(4) 現実の勧誘との関係

(a) 事業者の経験知

　以上に紹介したような判断の癖や傾向は、業者が堅実な消費者に過大なリ
スクを負担させるのに利用される。それは、証券取引における登録業者、商

---

43)　心理学の立場からも、心理的傾向が論じられている。フット・イン・ザ・ドア技法
　（foot in the door technique）とは、最初に小さな要請を受け入れてしまうと、後から大
　きな、普通であれば拒否するような要請にも応じてしまう傾向（実験により証明）を利
　用した勧誘技法を言う。たとえば、訪問販売業者に一旦足をドアから中に入れること
　（フット・イン・ザ・ドア）を許諾すると、その次には家の中に入れてしまい、さらに
　は普段なら承諾しないようなもっと立ち入った要求も受け入れてしまう傾向がある。こ
　れを投資勧誘の世界に置き換えると、最初にある額の資金を投入してしまうと、損をし
　ていなくとも、その後にその何倍もの額で通常なら投入するはずのない金額を投入して
　しまう傾向があるということである。
　　心理的リアクタンスとは、制限をされると制限のない状態に移ろうとする傾向をいう。
　店じまいセールで店舗の入り口を狭くすると、そこから広い店内に入りたくなるとか、
　限定20個と言われると、申し込んでしまえば限定に制約されなくなるので申し込みたく
　なるなどが例である。
　　ヒューリスティックス（heuristics）とは、問題解決の際、簡略化された過程を経て
　結論を得る方法である。この方法では結論に至るまでの時間を短縮できるので、日常生
　活における判断や意思決定において、頻繁に用いられる。状況や条件によって判断結果
　に一定の偏り（認知バイアス）が生じることが多い。

312　第3部　民事責任の論点

品先物取引における許可業者による勧誘から、投資詐欺やサクラサイトの勧誘まで、幅広い場面で登場する。これらの業者は、プロスペクト理論等による帰結と同様のことを経験的に知っていて、その蓄積が内部で引き継がれているのである。それは商品設計や販売資料、勧誘行為に反映されてきた。

(b)　勧誘文言

判断の癖や傾向を利用した勧誘文言としては次のようなものがある。

a	「必ず利益がでます」（断定的判断提供）	重みづけ関数
b	「元本保証です」	重み付け関数
c	「滅多に手に入らないものが出ました」	希少性の原理
d	「人数限定です。早くしないと枠がいっぱいになります」	心理的リアクタンス
e	「他の人も買っていますよ」	社会的比較論、ヒューリスティクス
f	「損を取り戻しましょう」	価値関数・重みづけ関数
g	「この金額を追加しないとこれまでの分を守れません」	価値関数・重みづけ関数

(5)　行動経済学と投資意向（投資目的）

最初に掲げた、当初、一定の投資意向を持っていても、投資成績の変化や業者からの働きかけの影響を受けてそれが変化した場合、変化した後の状況をそのまま投資意向と評価してよいかという論点については、行動経済学的知見を踏まえれば、必ずしも肯定できないといえる。それは、リスク選好の程度はある程度操作できることが明らかになっているからである。

例えば、まず勧めた取引で損をさせて、損を取り戻しましょうと言ってさらにリスクの高い取引を勧誘されて承諾することはしばしばみられることである。この場合、損をした後に「投資意向」がリスクの高い取引を許容する方向に変化したようにみられるが、そうではない。これは、勧誘された取引で損をした状態が引き起こす変化であり、勧誘した者がその変化後の状態を「投資意向」と捉えることは不当である。このような場合は、一連の勧誘を全体として捉え、当初の意向が投資意向であり、それとその後の一連の取引との適合性をみるべきことになる。

(6)　行動経済学と市場理論

行動経済学は、投資をする者の心理に一定の傾向があることを明らかにする。ただしこれはあくまでも傾向にすぎず、すべての人がそのようになるわけではない。それでも、一定の傾向があることには市場との関係では大きな

意味がある。

すなわち、市場には資金の効率的分配をする機能があることが重要であり、この機能を十分発揮させるためには、良いものは高く、悪いものは安く評価される市場（健全な市場）であることが必要である。そのためには、参加者ができるだけ合理的な判断をすることが望ましい。ところが、合理性が限定された状態を利用する商品を何ら制約なく販売できると、この市場機能が発揮されず、健全な発展が阻害される。したがって、このような商品については一定の規制の必要性が根拠づけられる[44]。合理性が限定された状態を利用する販売資料の利用や勧誘行為についても、同様のことがいえる。

2 投資戦略と適合性の確認

投資対象を絞り込む基準や投資量、資金の作り方、投資タイミング等について一定の方針（戦略）がある場合、個別の投資判断の前に、そのような投資戦略を採用するかどうかの判断が先行する。同一の銘柄を毎月一定額購入することで取得単価の平均値を下げるドルコスト平均法、借入金を使って投入資金の３倍余の投資ができる信用取引、買値から一定額を超えて上がったら、あるいは下がったら処分する、など、様々な投資戦略がありうる。

投資戦略は、内容によってはその合理性ないし合理的根拠適合性が問題となることがある。不合理な投資戦略を勧誘すると、当該投資戦略採用後の個々の投資勧誘ではなく当初の投資戦略の勧誘が適合性原則や説明義務に違反して違法となることがありうる。破綻必至の投資戦略、大きな損をして終わる確率が高い投資戦略などで考えられる。

例えば、投資信託を担保にして借りられるだけ借りた資金で投資信託を買い、買った投資信託を担保にまた借りられるだけ資金を借りてさらに投資信託を買い、ということを繰り返すと、常時、担保で借りることができる限度まで投資していることになり（利乗せ満玉）、一旦大きな下落があると、追加して資金を入れない限り借入額全額の返済を迫られ、取引は終了する。つまり、損をして終わる確率が高い投資戦略であり、不合理である。

このような不合理な投資戦略が行われている場合、個々の取引を勧誘されている顧客にそのような投資戦略となっていることの認識があるのか、当該

44）　川濱・前掲（注40）405頁～442頁。

投資戦略の構造とリスクを理解しているかを確認する必要がある。

投資戦略と顧客適合性との関係では、顧客の意向と実情に当該投資方針が適合しているか、という形で判断される。顧客が当該戦略を理解しないと、自ら適合性を判断することができないので、投資戦略の的確な理解が必要となる。

3　高齢者と投資判断

高齢者の場合は、投資意向は保守的なものであることが多い。問題となるのはその先の、投資判断をする能力があるかである。これまで整理したとおり、投資判断とは、投資対象となる金融商品の構造やリスクなどの商品特性を理解して、それが自己の実情（知識、経験、財産状況など）と投資意向に適合するとの判断をした上で、その時の社会経済の状況や個別金融商品の情報から、今、その金融商品に投資するか否か、どの程度の額の投資をするか、あるいは投資を引き上げるか否かなどを判断することであり、食料品の買物などの日常生活上の判断と比較すると、取り扱う情報量と判断すべき事項が多く格段に難しい。したがって、日常生活上の判断能力がある高齢者が、投資判断についても能力があるとは限らない[45]。

それでも、一方で70歳以上の高齢者が個人金融資産の約3分の1を保有し[46]、他方で人生100年時代[47]といわれて政府がそれに乗って検討を開始する動きがあり[48]、高齢者が投資勧誘にさらされる状況は今後さらに強まると考えられるので、高齢者の投資判断能力についての正確な把握が重要となる。また、個別の投資判断能力とは別に、一任する判断の能力をどう捉えるかも

---

45)　高齢者の判断能力については、清家篤『金融ジェロントロジー』（東洋経済新報社、2017年）のうち「意思決定とは何か」（61頁）、「理解・認識・論理的思考・選択の表明」「金銭管理に関する意思決定能力」（62頁）。「財産管理能力」（65頁）など、三輪まどか「高齢者の意思能力の有無・程度の判定基準──遺言能力、任意後見契約締結能力をめぐる裁判例を素材として」横浜法学22巻3号（2014年）参照。高齢者と金融取引については、本書第7章で整理している。

46)　日銀統計を基にした大和総研「2017年の家計金融資産動向の回顧」（2018年2月8日）5頁

47)　リンダ・グラットン＝アンドリュー・スコット『LIFESHIFT（ライフ・シフト）──100年時代の人生戦略』（東洋経済新報社、2016年）

48)　人生100年時代構想会議（https://www.kantei.go.jp/jp/singi/jinsei100nen/index.html）。

重要な論点となってくる。

4 AIと投資判断
(1) 投資の世界におけるAIの浸透

機関投資家は、注文到達時間を短くするためにコロケーション（取引所内に機関投資家が発注システムを置くこと）をして、AIによるHFT（High frequency trading〔高頻度取引〕。ミリ秒単位の極めて短い間隔でコンピューターによる自動的な証券売買発注を頻繁に行うこと）を行っている。裁定取引に生身の人の出る幕はないようである。最近では証券市場の全取引の半分は人が介在せずに行われているといわれている[49]。

AIが低コストで相当なレベルのことができるようになったことから、一般顧客にもAI関連の投資サービスが提供されるようになっており、①AIによる投資助言サービス（ロボアドバイザー契約など）、②AIによる投資一任運用サービス、③AIが運用する投資信託などが登場している。

AIによる投資助言サービスでは、チャットボット（AIを搭載したコンピューターによる画面上のテキスト入力を介した会話型の情報提供）[50]、スマートスピーカー（AIに様々な情報を音声提供させる仕組み）[51]の中で投資助言も含むものがある。

投資一任運用サービス（ファンドラップはその例）では業者が投資判断をし、投資者は個々の投資については判断しない。この投資判断をAIで行う場合、AIに投資判断を一任するかどうかの判断が、顧客の投資判断になる。その判断のためには、AIがどのような投資判断をするのかを理解することが必要となる。AIの投資判断といっても、①当初に設定された一定の基準で判断していくアルゴリズム投資と、②AI自体が投資を重ねるに従って手法を

---

[49]　大崎貞和「金融のIT化が行きつく先」（角田美穂子＝工藤俊亮編著『ロボットと生きる社会——法はAIとどう付き合う？』〔弘文堂、2018年〕295頁～348頁）。なお、望月衛「ロボット投信のインパクトを考える」（同355頁～411頁）も参照。

[50]　大和証券、SMBC日興証券、マネックス証券などが行っている。大和証券は、直近のイベントや材料から売買が増えそうな銘柄を回答したり、個別銘柄の質問に対し企業概要、株価推移等を回答している。

[51]　代表的なスマートスピーカーであるAmazon Echoには、野村證券、三菱UFJモルガン・スタンレー証券、カブドットコム証券などがskillと呼ばれる情報提供をしている。

316 第3部 民事責任の論点

変えていくディープラーニング投資では、相当異なるものになる。前者では
そのような一定の判断基準を理解した上で一任するかどうかを決めるのに対
し、後者では、何をもとに決めるのかが難しい上に、何か問題があった場合
の事後的な検証も難しい。大きな損失が出た原因が、プログラムのバグなの
か読みがはずれただけなのかの判別もできるとは限らなくなる。AIが運用
する投資信託でも同様のことがいえる。そこで、投資運用の分野でもXAI
(Explainable Artificial Intelligence〔説明可能な人工知能〕)が求められるといえる。

(2) AI投資の法的論点[52]

　人が投資判断した場合とAIが投資判断した場合とでは、法的な理屈が異
なることとなる。人なら、運用責任は、債務不履行あるいは、誠実義務違
反・善管注意義務・忠実義務違反等の不法行為という形で問題となり、販売
勧誘責任は、適合性原則違反、説明義務違反等の不法行為という形で問題と
なる。これに対しAIでは、運用責任は、AIでの運用システムを提供した
業者のシステム提供責任、販売勧誘責任は、AIでの販売勧誘システムを提
供した業者のシステム提供責任となりそうである[53]。将来、AIに法人格を
与えれば別であるが、現行法体系の中では、AI自身が権利義務の主体とは
ならないので、それを提供した業者が責任を負う主体とならざるをえない。

　問題は、投資判断した人の債務不履行責任や不法行為責任の中身と、投資
判断したAIを提供した業者のシステム提供責任の中身が同じなのかである。
これについては、具体的ケースでの検討が積み重ねられることになるであろ
うが、基本的には同じ線引きが行われるべきものと考えられる。

---

52) ほかに、AIによるアルゴリズム取引で機械が有価証券取引を行う場合、① AIによ
るアルゴリズムが相場操縦を行った場合、金商法上の相場操縦規制の適用はどうなるか
(主観的要件を満たすか)、② AIによるアルゴリズム取引を可能にするコンピュータ・
プログラムを提供する業者は、金融商品取引業者となるか(登録が必要か)という論点
がある。丹羽大輔「AIによるアルゴリズムトレードの法的問題点」ビジネス法務
(2016年)参照。

53) 預金の過誤払い事件判決(最判平15・4・8民集57巻4号337頁、判時1822号57頁)、
みずほ証券誤発注事件判決(東京高判平25・7・24 市場1)を題材に、窓口とATM、
人と取引所システムの違いが責任の線引きを変えることになるのかに焦点を当てた検討
がなされている。角田＝工藤編著・前掲(注49)330頁。

第 3 章

適合性原則

第 1 節

概要

1　意義

　適合性原則[1]とは、金融商品取引について、顧客の意向と実情に合わない勧誘をしてはならないという原則である[2]。これに関し、金融商品取引法には、金融商品取引業者等は、業務の運営の状況が「顧客の知識、経験、財産の状況及び金融商品取引契約を締結する目的に照らして不適当と認められる勧誘を行って投資者の保護に欠けることとなっており、又は欠けることとなるおそれがあること」(40条1号)に該当することのないように業務を行わなければならないと定められ、自主規制規則にも定めがある。

　最判平17・7・14 株オプ2 [3](以下「平成17年最判」という)は、業者ルールとしての適合性原則を確認した上、「証券会社の担当者が顧客の意向と実情に反して、明らかに過大な危険を伴う取引を積極的に勧誘するなど、適合性の原則から著しく逸脱した証券取引の勧誘をしてこれを行わせたときは、当該行為は不法行為法上も違法となる」と判示して、業者ルールとしての適合性原則の違反が不法行為となることがあることを明示し、適合性原則違反を民事ルールの中に位置づけた[4]。

　このように、適合性原則は業者ルールであるとともに、民事ルールとして

318　第3部　民事責任の論点

その違反が不法行為となって損害賠償請求権を基礎づける。

───────────

1）　文献　　適合性原則に関する研究は多い。王冷然『適合性原則と法秩序』（信山社、2010年）、角田美穂子『適合性原則と私法理論の交錯』（商事法務、2014年）、山本豊「契約準備・交渉過程に関わる法理（その2）──適合性原則、助言義務」法教336号（2008年）99頁～104頁および脚注に紹介されている論文、潮見佳男『不法行為法Ⅰ〔第2版〕』（信山社、2009年）161頁～172頁（以下「潮見①」という。以下同じ）、同「適合性の原則に対する違反を理由とする損害賠償──最高裁平成17年7月14日判決以降の下級審裁判例の動向」『民事判例Ⅴ2012年前期』（日本評論社、2012年）6頁～27頁（以下「潮見②」という）、川地宏行「投資取引における適合性原則と損害賠償責任（2・完）」法論84巻1号（2011年）30頁～43頁、同「金融サービスにおける適合性原則」津谷裕貴追悼『消費者取引と法』（民事法研究会、2011年）178頁～206頁、同「店頭デリバティブと仕組債における説明義務と適合性原則(1)(2)」法論87巻1号（2014年）49頁～98頁、2＝3合併号（2014年）123頁～177頁、宮下修一「適合性原則違反と民事責任(1)(2)」国民生活研究52巻1号（2012年）1頁～19頁、2号（2012年）34頁～55頁、村本武志「仕組商品販売と適合性原則──米国FINRA規則改正を契機として(1)」東経大現代法学22号（2012年）119頁～174頁（村本①）、同「限定合理性の下での適合性原則・説明義務と錯誤の役割と要件」『新世代法政策研究』北海道大学グローバルCOEプログラム13巻（2011年）245頁～324頁（村本②）、同「投資取引におけるリスク管理と適合性試論」東経大現代法学25号（2013年）75頁～134頁（村本③）、上杉めぐみ「投資取引における情報提供義務の私法的構成──適合性原則及び不招請勧誘を中心に」明治学院ロー9号（2009年）137頁～144頁、河上正二「思想としての適合性原則とそのコロラリー」現代消費者法28号（2015年）4頁～14頁、およびこれを含む現代消費者法28号「特集／適合性原則と消費者法」所収の論文、本章の脚注に掲げる論文など。

　　裁判官（元も含む）によるものとして、堀部亮一「証券取引における適合性原則について」判タ1232号（2007年）34頁～45頁、東京地方裁判所プラクティス委員会第三小委員会「金融商品に係る投資被害の回復に関する訴訟をめぐる諸問題」判タ1400号（2014年）5頁～65頁（以下「東京地裁プラクティス委員会（2014）」という）のうち7頁～25頁、加藤新太郎「適合性原則」『金融取引の適合性原則・説明義務を巡る判例の分析と展開』金判増刊1511号（2017年）8頁～13頁、司研報告97頁～109頁などがある。

　　このほか、ネットで見ることができるものとして、①適合性原則に関する、1998年の「新しい金融の流れに関する懇談会」から2007年施行の金商法制定に至るまでの議論の推移および学説の状況を整理した木下正俊「金融商品の販売・勧誘ルールとしての説明義務と適合性原則について」広島大学法科大学院論集5号（2009年）1頁～35頁、②平成17年最高裁判決の論評を中心に適合性原則を検討した川地宏行「デリバティブ取引における説明義務と損害賠償責任(3)」専法98号（2006年）1頁～42頁、③適合性原則に関する研究会における報告と議論をまとめた川口恭弘「適合性の原則」日本証券経済研究所金融商品取引法研究会研究記録54号（2016年）1頁～69頁を掲げる。

2）　金融商品取引以外への適用　　適合性原則が一般の消費者取引にも適用されるかについて研究されているが、本稿では触れない。

3）　民集59巻6号1323頁、判時1909号30頁。

2 適合性原則の業者ルールと民事ルール

(1) 業者ルールが先行

適合性原則は米国において証券取引の分野で確立されたものであり[5]、それが日本を含めた世界各国に広まった。日本における適合性原則の定着過程を追うと、業者ルールが先行して、途中から民事ルールが絡み合って互いに影響を与えてきたことがわかる。まず、業者ルールの定着開始部分をみる。

通達レベルでは、1974（昭和49）年、大蔵省証券局長通達「投資者本位の営業姿勢の徹底について」（昭和49・12・2蔵証第2211号）において、「投資者に対する投資勧誘に際しては、投資者の意向、投資経験および資力等に最も適合した投資が行われるよう十分配慮すること」と適合性原則の遵守を求めた。

自主規制規則では、日本証券業協会公正慣習規則の1つである「協会員の投資勧誘、顧客管理等に関する規則」（1975〔昭和50〕年制定。以下「投資勧誘規則」という）で、1987（昭和62）年3月10日から、一定のリスクの大きい取引について「投資者の意向と実情に適合した取引を行うため」取引開始基準を設定することが求められていた（当時の投資勧誘規則5条1項）。

国際的には、1990年11月に、証券監督者国際機構（IOSCO）のサンチアゴ総会で、7つの原則からなる行為規範が採択された。その第4原則は、「顧客に関する情報　　業者は、サービスの提供にあたっては、顧客の資産状況、投資経験および投資目的を把握するように努めなければならない」というもので、適合性原則を顧客把握の観点から規定したものであった。この行為規範採択を受けて大蔵省は、証券取引審議会不公正取引特別部会で、国際的調和の観点を踏まえつつ検討し、適合性原則を法令化することを含む見直しの基本的な方向を取りまとめた上、1991（平成3）年3月には、日本証券業協会に対し、同行為規範原則に沿って自主規制規則の見直しをするよう要請し

4）　その上で、日経平均株価オプションの売り取引は、各種の証券取引の中でも極めてリスクの高い取引類型で、その取引適合性の程度も相当に高度なものが要求されるとしながら、当然に一般投資家の適合性を否定すべきものであるとはいえないとして、具体的適用においては適合性原則違反がないとし他の争点について審理すべきということで原審に差し戻した（助言義務を審理すべしとする補足意見がある）。

5）　黒沼悦郎『アメリカ証券取引法（第2版）』（弘文堂、2004年）216頁、川口恭弘「第2章　アメリカの投資者保護制度」『金融サービスと投資者保護法』（中央経済社、2001年）93頁～96頁、アンドリュー・M・パーデック『証券取引勧誘の法規制』（商事法務、2001年）42頁～50頁、王・前掲125頁～137頁。

た[6]。

このような経過で、1992（平成4）年改正証券取引法では、適合性原則を定める規定が法律レベルで設けられた。すなわち、証券取引法54条1項1号・2号および健全性省令8条5号は、業務停止命令等の行政処分の前提要件としてではあるが、証券会社が、顧客の知識、経験および財産の状況に照らして不適当と認められる勧誘を行って投資者の保護に欠けることとならないように業務を営まなければならないとの趣旨を規定し、適合性の原則を定めた（これにより上記通達は廃止）。

日本証券業協会は、大蔵省からの上記要請を受けて情報提供に関する部分を中心に自主規制規則を改正したものの、適合性原則についてはすぐには触れず、1996（平成8）年4月1日に、「協会員は、顧客の投資経験、投資目的、資力等を十分に把握し、顧客の意向と実情に適合した投資勧誘を行うよう努めなければならない。」（当時の投資勧誘規則2条2項、現在の同規則3条2項）として、適合性原則を独立した形で規定した。

1998（平成10）年改正証券取引法では、43条1号で、それまで行政処分の前提要件の形で規定されていた適合性原則を、業者の行為規制の形に整理した。

(2) 業者ルールと民事ルールとの架橋——平成17年最判

適合性原則が通達と自主規制に根拠を持つ原則から法律と自主規制に根拠を持つ原則に格上げされた後の1994（平成6）年頃から、下級審で、これらの業者ルールを足掛かりに、適合性原則違反は不法行為となるとして損害賠償を命じる判決が出されるようになった[7]。

そのような下級審判決の積み重ねの後に出された平成17年最判は、「これら〔注：(1)の業者ルール〕は、直接には、公法上の業務規制、行政指導又は自主規制機関の定める自主規制という位置付けのものではあるが、証券会社の担当者が、顧客の意向と実情に反して、明らかに過大な危険を伴う取引を積極的に勧誘するなど、適合性の原則から著しく逸脱した証券取引の勧誘をし

6）「証券監督者国際機構（IOSCO）における行為規範原則の我が国への適用について」（平3・3・1蔵証356大蔵省証券局長から日本証券業協会会長宛）。

7）　桜井健夫＝石戸谷豊＝上柳敏郎『金融商品取引法ハンドブック』（日本評論社、2002年）216頁〜248頁で、適合性原則違反を認定した1994年〜2000年の33件の判決について整理・検討している。

てこれを行わせたときは、当該行為は不法行為法上も違法となると解するのが相当である。」（判示①）と一般論を掲げて、業者ルールである適合性原則と民事ルールの橋渡しをした。

平成17年最判は、業者ルールとしての適合性原則の考慮要素を、法律（知識、経験および財産の状況）、通達（意向、投資経験および資力等）、自主規制（投資経験、投資目的、資力等を十分に把握し、顧客の意向と実情に適合した投資勧誘）の規定内容を踏まえて、「意向と実情」とまとめている。この当時、適合性原則の考慮要素として、法律には「意向」は含まれていなかったにもかかわらず、旧通達と自主規制に「意向」が掲げられていることや適合性原則に関する国際的理解（米国の規定やIOSCOの行為規範）との整合性から、考慮要素に「意向」も含むのが業者ルールであると把握したものと考えられる。

その上で、同判決は民事ルールとしての適合性原則の判断枠組みを次のとおり示した。「証券会社の担当者によるオプションの売り取引の勧誘が適合性の原則から著しく逸脱していることを理由とする不法行為の成否に関し、顧客の適合性を判断するに当たっては、単にオプションの売り取引という取引類型における一般的抽象的なリスクのみを考慮するのではなく、当該オプションの基礎商品が何か、当該オプションは上場商品とされているかどうかなどの具体的な商品特性を踏まえて、これとの相関関係において、顧客の投資経験、証券取引の知識、投資意向、財産状態等の諸要素を総合的に考慮する必要があるというべきである。」（判示②）

ここでは、民事ルールとしての適合性原則の考慮要素として、「投資経験、証券取引の知識、投資意向、財産状態等」を挙げる。

平成17年最判は、業者ルールとしての適合性原則から著しく逸脱した証券取引の勧誘を問題とするものであり、業者ルールとしての適合性原則の考慮要素と民事ルールとしてのそれが異なるものとはしていないので、判示①の「意向」とは「投資意向」、同じく「実情」とは「投資経験、知識、財産状態等」であるということになる。

つまり、平成17年最判が前提とする業者ルールとしての適合性原則の考慮要素は「投資意向、投資経験、知識、財産状態等」であり、当時の証券取引法における適合性原則の考慮要素は「知識、経験及び財産の状況」（証取43条1号）であって、両者に相違が生じることとなった。相違点は、①投資意向も含むのか、②列挙要素は限定的かの2点である。

322　第3部　民事責任の論点

(3)　平成17年最判を参考に業者ルールを一部調整

　平成17年最判当時、証券取引法から金融商品取引法への改正が検討されており、同判決はこれに影響を与えた。報告書は、適合性原則のあり方については以下のように整理している。

　「適合性原則は、本来、事前説明義務と並んで、利用者保護のための販売・勧誘に関するルールの柱となるべき原則であり、投資サービス法においては、投資商品について、体制整備にとどまらず、現行の証券取引法などと同様の規範として位置付けることが適当と考えられる。また、適合性原則における考慮要素として、判例や米英の例を参考に、現行の証券取引法の『知識、経験、財産』に加え、『投資の目的』又は『投資の意向』も考慮要素として追加することについて検討することが適当と考えられる。」[8]

　この報告では、かつて金融審議会第一部会「中間整理（第一次）」（1999〔平成11〕年7月6日。以下「中間整理（1次）」という）で議論された狭義・広義の適合性原則という概念[9] はもう用いられておらず、端的に、適合性原則は、利用者保護のための販売・勧誘ルールの柱となる原則であり行為規範として位置づけることが適当であるとし、考慮要素として投資意向を追加することについて検討するのが適当としている。

　このような経過を経て、2006（平成18）年6月7日成立した改正法（金商法）では、適合性原則における考慮要素として投資目的（金融商品取引契約を締結する目的）を追加した。しかし「等」は入れず、考慮素を例示的な形にしなかったため、平成17年最判が前提とする業者ルールとしての適合性原則の考慮要素と、現実の業者ルールの一部を構成する金商法における適合性原則の考慮要素ではその点の相違が残った。

　なお、自主規制ルールにおける適合性原則の考慮要素は従来どおり「投資

---

8)　理解力については賛否両論あったとしている（「さらに、『顧客の理解力』も考慮要素に追加すべきとの意見があるが、これについては、業者が顧客の理解力を正確に把握することは困難であり、実務上支障が生じるおそれがあるとの意見があった。」）。なお、裁判例では理解力が考慮要素となるのは当然のこととされていることにつき、第2節2(3)(b)①参照。

9)　中間整理（1次）では、狭義の適合性原則とは、「ある特定の利用者に対してはどんなに説明を尽くしても一定の商品の販売・勧誘を行ってはならない、という意味」、広義の適合性原則とは、「業者が利用者の知識・経験、財産力、投資目的に適合した形で勧誘（あるいは販売）を行わなければならないというルール」であるとした。詳細は（注27）参照。

経験、投資目的、資力等」と例示形式になっているので、金商法と自主規制ルールを合わせたものが業者ルールであると捉えれば、実際の業者ルールとしての適合性原則の考慮要素は、平成17年最判が前提とするそれと相違はないともいえる。

(4) 業者ルールとしての適合性原則の深化──3類型

(a) 類型化の経緯

2008年のリーマン・ショック後の投資被害表面化を受け、米国の自主規制機関FINRAは2010年、適合性原則に商品適合性（合理的根拠適合性）、顧客適合性、量的適合性の3つの類型を設けた改正案をSECに提出し、同年11月にSECはこれを承認した[10]。この3つの類型については、従来の適合性原則を分類したものであり拡大ではないと解説されている[11]。

これと時期を合わせるように、2011（平成23）年4月、日本証券業協会ではFINRA同様、適合性原則に合理的根拠適合性（商品適合性。以下「商品適合性」の語を用いる）を導入した[12]。FINRAの商品適合性と日本証券業協会のそれは、制定の経緯に鑑みれば、基本的には同じものと考えてよい。

顧客適合性、量的適合性、商品適合性とは次のようなものである。

(b) 顧客適合性

顧客適合性は、日本において従来から適合性原則といわれてきたものと重

---

10)　この経過については、村本①・前掲（注1）参照。

11)　「これらはいずれも、判例法やFINRA及びSECの強制執行の中で発展してきたものである」（村本①・前掲〔注1〕122頁）、「適合性原則を以上のような3つの内容に分けて理解するのは、FINRAによって初めて行われたものではなく、SECが80年代後半から適合性原則違反の有無を判断する審決例において既にこのように適合性原則の内容を捉えており、FINRAの改正により、このような理解がルールとして明確化されるようになったものである。」（王冷然「米国における適合性原則の現状」現代消費者法28号〔2015年〕26頁）。

12)　日本証券業協会は、金融庁の2010年9月13日付文書「デリバティブ取引に対する不招請勧誘規制等のあり方について」に示された方向性に応じて、協会員の投資勧誘、顧客管理等に関する規則（以下「投資勧誘規則」という）において仕組商品などのデリバティブ商品に関して「合理的根拠適合性」の規制を設け2011年4月1日に施行した。これらの販売・勧誘を行うにあたっては、当該取引の特性やリスクを十分に把握し、当該取引に適合する顧客が想定できないものについては販売してはならないというものである。日本証券業協会「協会員の投資勧誘、顧客管理等に関する規則第3条第3項の考え方」2011年2月1日（http://www.jsda.or.jp/shiryo/web-handbook/101_kanri/files/101_a032-10.pdf）。

なる。当該顧客の知識、経験、財産の状況、投資意向に合わない勧誘をしてはならないという原則である。米国では前提として顧客熟知義務（know your customer rule）が業者にあり、業者は、金融商品や投資戦略の推奨に際し、合理的注意を払って顧客の属性を調査・確認し、取得された情報に基づき当該商品等が顧客に適合すると信じるに足る合理的根拠を有しなければならない（規則2111(a)）とされる。日本では、顧客カード等で知りえた顧客情報により判断される顧客属性に、合わない勧誘をしてはならないということになる。

(c) 量的適合性

量的適合性は、取引量や頻度、種類が多いことにより過大なリスクを負担させてはならないという原則であり、従来、「過当取引」という類型で扱われてきたものおよびその周辺領域の取引を適合性原則の観点から捉えたものである[13]。

(d) 商品適合性

商品適合性は、デリバティブ取引を組込んだ複雑な商品が出回ることに対応して、監督指針、自主規制規則で具体化されたものであり、「適合する顧客が想定できない取引は勧誘してはならない」というものである。具体的には、業者の商品熟知と商品合理性を要求する。業者が商品を熟知した結果、合理性のない商品とわかれば、適合する顧客が想定できない取引となるので、それを顧客に勧誘してはならない。商品適合性は、商品にのみ着目するので、具体的な顧客との適合性を問題とする顧客適合性や量的適合性とは明確に区別される。

(5) 業者ルール3類型の民事ルールへの影響

(a) 概要

平成17年最判で扱われた民事ルールとしての適合性原則の一般論は、顧客適合性と量的適合性に妥当し、商品適合性はその範囲外である。同じくその判断枠組みは、顧客適合性に関するものであり、量的適合性と商品適合性は、

---

13) 米国における量的適合性については、「『量的適合性』で扱う問題は、従来過当取引（churning）として処理されてきたが、これが量的な観点から適合性原則違反になるという議論も昔から存在し、今回の改正によって適合性原則の一内容として整理されたものである。」（王冷然「『合理的根拠適合性』とは何か？」市川兼三先生古稀祝賀『企業と法の現代的課題』〔成文堂、2014年〕29頁）と解説されている。

日本においては、従来から過当勧誘の防止等の規定（投資勧誘規則12条）はあるものの、業者ルールとしての量的適合性は特に明文化されていない。

それとは異なる枠組みで判断されるものと整理される[14]。

　(b)　民事ルールとしての顧客適合性

　平成17年最判およびその後の裁判例で定着した一般論（「証券会社の担当者が、顧客の意向と実情に反して、明らかに過大な危険を伴う取引を積極的に勧誘するなど、適合性の原則から著しく逸脱した証券取引の勧誘をしてこれを行わせたときは、当該行為は不法行為法上も違法となる」）およびその判断枠組み（「商品特性との相関関係において、顧客の投資経験、証券取引の知識、投資意向、財産状態等の諸要素を総合的に考慮する」）は、民事ルールにおける顧客適合性に関するものである。

　(c)　民事ルールとしての量的適合性

　民事ルールとしての量的適合性には、平成17年最判の一般論は妥当するが、判断枠組みは対応しない。つまり、「証券会社の担当者が顧客の意向と実情に反して、明らかに過大な危険を伴う取引を積極的に勧誘するなど、適合性の原則から著しく逸脱した証券取引の勧誘をしてこれを行わせたときは、当該行為は不法行為法上も違法となる」という一般論は、量的適合性に違反する場合も含むものと考えることはできるが、平成17年最判のこれに続く判示は、顧客適合性の判断枠組みを示したものであり、量的適合性の判断枠組みでは次のように修正されると考えられる。

> 　量的適合性の判断にあたっては、当該証券などの取引が顧客適合性に反しない場合でも、業者の主導性と取引の過当性（量、頻度、種類）を踏まえて、これとの相関関係において、顧客の投資経験、証券取引の知識、投資意向、財産状態等の諸要素を総合的に考慮し、過大なリスクを負担させるものであるかどうかを判断する。

　この場合、「過当取引」の３要件である口座支配、過当性、主観的要素に厳密にこだわることなく、業者の主導性と取引の過当性に着目して、過大なリスクとなっているかが判断されることとなる。これに沿った裁判例は(e)お

---

14)　例えば、角田・前掲（注１）335頁は、商品適合性について、「狭義の適合性原則が顧客の属性による販売・勧誘の『相対的禁止』であるとすれば、これは販売の絶対的禁止ともいえるものである。」としている。ここでは、狭義の適合性原則の語は顧客適合性の意味で用いられており、それと商品適合性が別物であることを前提に相違点を指摘している。

よび第2節2(3)(b)⑤で紹介する。

(d) 民事ルールとしての商品適合性

商品適合性は、民事的には、欠陥商品の販売と対比されるような責任となる。欠陥金融商品を組成した者は組成責任が問題となり（第4部第1節参照）、販売した者は、販売責任が問題となると考えられ、後者が商品適合性の問題となる。

大阪高判平25・12・26 組成3 （請求棄却）は、仕組債につき、リスクとリターンの非対称性、参照金利の予測の困難性、損失の回避可能性の欠如、経済的有用性の欠如を理由に、当該仕組債の組成の違法性に加えて販売の違法性が問題とされたケースであり、後者は商品適合性に関する争点ということができる。

東京地判平25・7・19 仕組債 C4 （請求の一部を認容したがこの控訴審は請求棄却）では、商品適合性（合理的根拠適合性）も争点の1つとなったが判断を留保している。

(e) 過当取引の裁判例と量的適合性の裁判例の交錯

「過当取引」については、米国で、口座支配、取引の過当性（回転率等）、主観的要件（サイエンター）の3要件を満たす場合は違法となるという裁判例が積み重ねられ、その後に日本の裁判実務でもこの枠組みが取り入れられて、この3要件を満たすので過当取引として不法行為となるとした判決が多数みられる。ところが、この3要件のうち取引の量や頻度が多いことは、その後手数料が自由化されて低下し、ネット取引も登場するという変化があって、1日に何度も売買をするデイトレーダーが登場するに至って、必ずしも取引の不合理性を意味しないという位置づけとなっている。

このような実態の変化と適合性原則の深化に伴い、過当取引が争点となっているケースについて、過当な取引で過大なリスクを負担させるものであるとして、「過当取引」の3要件に厳密にはこだわらずに適合性原則違反であるとした判決が多数出現している。3要件のうち、特に主観的要件に厳密にこだわることなく、取引の種類と量、頻度に着目して、過大なリスクを負担させるものであるかどうか、という量的適合性の判断枠組みを示したものが目立つ。なお、「過当取引」の3要件を検討して、適合性原則には触れずに、あるいは適合性原則には違反しないとした上で、不法行為を導き出す、従来どおりのスタイルの判決も併存している。

過当取引が問題となって証券会社に損害賠償を命じた判決は、1995（平成7）年以降多数あり[15]、それらは、①過当取引型、②誠実義務違反型、③適合性原則違反型の３つに分類される。

①は、過当性、口座支配、主観的要件の３要件を検討して過当取引の違法性を認めた判決、②は、過当性が誠実義務や利益配慮義務に違反することを理由に違法性を認めた判決、③は、過当性が過大なリスクを負担させるものであるとして適合性原則違反を理由に違法性を認めた判決である。

概括的には、３要件に当てはめやすいケースでは①、３要件のうちいずれかが当てはめにくいケースでは②③となる傾向はみられるが、違法要素に関する裁判所の考え方の相違に起因する部分も相当あると考えられる。

ネット取引と低額手数料が実現した現在では、取引の量や頻度が多いことは必ずしも取引の不合理性を意味しないので、過当性要件では、回転率などの形式的要件のほかに、取引の具体的内容もみる必要がある。そこでの判断基準は、取引の不合理性、過大なリスクを負わせたかどうかということになり、適合性原則の判断と重なってくる。そのため、３つの型の変遷をみると、最近でも①過当取引型の判決がみられるものの、大きな流れとしては③適合性原則違反型に集約される傾向にあるということができる。③では量的適合性違反の判断がされる。

③に分類される判決として、大阪高判平11・4・23[株式12]、大阪地判平16・1・28[株式14]、東京高判平19・5・30[株式15]、大阪地判平19・7・30[株式16]、大阪地判平25・1・11[株式18]、宇都宮地大田原支判平25・1・30[株式19]、大阪地判平26・2・18[株式20]、広島高岡山支判平27・7・16[株式21]、神戸地姫路支判平27・4・15[株式22]がある（内容については第２節2(3)）。

(f) 顧客適合性と量的適合性の２段階適用

顧客適合性がない場合は適合性原則違反となり、顧客適合性がある場合は量的適合性の有無が問題となる。上記のうちいくつかは、適合性に関しこのような２段階の判断がなされている。大阪地判平19・7・30（２段階適用）、大阪高判平11・4・23（２段階のような判断）、神戸地姫路支判平27・4・15

---

15) 日弁連消費者問題対策委員会編『金融商品取引被害救済の手引（6訂版）』（民事法研究会、2015年）240頁～260頁では1995年～2013年までの38件の認容判決が紹介されている。

328　第3部　民事責任の論点

（明確な2段階適用）である。

　これらの3判決は、顧客適合性、量的適合性という類型化がされていない時期のものであるか、あるいは類型化後でもそのことが意識されていないため、いずれも顧客適合性や量的適合性の語は用いておらず、適合性の原則の語を2回登場させている。例えば、信用取引の勧誘は適合性原則に違反しないが、これだけ大量の信用取引の勧誘は適合性原則に違反する、という言い回しになっている。2段階適用を、類型化後の用語を用いて明瞭に表現すれば、顧客適合性には反しないが量的適合性に反する、ということになる。

　そのほかにも、1段階で適合性原則違反を否定し、2段階には行かずに過当取引に進んだ判決がある（例えば大阪高判平17・7・28 株式14）。この判決の論旨の進め方からすると、量的適合性の概念が念頭にあれば、2段階適用もありえたと思われる。

　量的適合性は顧客適合性があることを前提とした概念であり[16]、①顧客適合性には反しない、②量的適合性に反する、という2段階適用は、量的適合性の概念内容からすると自然な流れである。これまで、適合性原則がこのように類型化されていなかったことから論旨の展開に躊躇がみられるものもあったが、顧客適合性、量的適合性という語を用いれば、適合性原則のすっきりした適用ができるようになると考えられる。

(g)　適合性原則の3段階適用

　商品適合性があることが顧客適合性の判断の前提、顧客適合性があることが量的適合性の判断の前提となる。これを図示すると【図表1】のとおりである。

　(f)で2段階適用について論じたが、適合性原則は、実は3段階適用がなされるものであるということになる。ただし、デリバティブ商品以外では、①はあるのが普通であり意識されない。この場合、②のみ適用、あるいは②③

---

16)　FINRA準則（2111.05(c)）「量的適合性は、規則2111(a)に定めるとおり、事実上、顧客の口座をコントロールしている協会員またはその関係者が、一連の推奨取引上で、単独取引を見れば適合性を備えるときでも、一体的に捉える場合に、顧客の投資属性に照らして過当取引にあたらず顧客に不適合ではないと信じるに足る合理的根拠を有していることを求めるものである。過当取引であると判断するための単独の基準はないが、顧客口座上の回転率、手数料率、及び出し入れ取引などの要素は、協会員またはその関係者が量的適合性義務に違反しているかどうかの調査のための根拠を提供する。」（村本①・前掲〔注1〕135頁から引用）。

【図表１】適合性原則の３段階適用

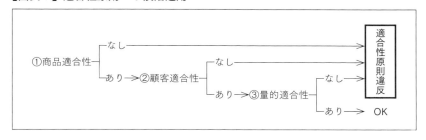

の２段階適用ということになる。

第２節
顧客適合性の考慮要素と判断枠組み

1　平成17年最判

　平成17年最判は、民事ルールとしての適合性原則のうち顧客適合性について判断したものであり、業者ルールとしての適合性原則の考慮要素を「投資経験、証券取引の知識、投資意向、財産状態等」であると捉え、民事ルールとしてのそれも同じであることを前提に、判示①で「意向と実情」という２語にまとめている。

　判示②では、民事ルールとしての適合性原則のうち顧客適合性の考慮要素として、「投資経験、証券取引の知識、投資意向、財産状態等」を掲げ、考慮要素に投資意向も含まれること、および、列挙された考慮要素は例示であることを明示している。「等」には、理解力、判断力、健康状態、家族の状況など、投資判断に関連する様々な顧客の属性が含まれると考えられる。

　判示②ではまた、民事ルールとしての適合性原則のうち顧客適合性では、これらの諸要素は、商品特性との相関関係で総合的に考慮されるものであることを示している。

　以下この節では「民事ルールとしての適合性原則のうち顧客適合性」について検討するが、煩瑣となることを避けるため、これを単に「適合性原則」と表記する。それから、「投資意向」の語は、第２章で区別した投資、リス

クヘッジ、投機、裁定の各取引を含む取引の意向という意味で用いる。一般に投資意向、投機意向などと区分して用いられていないし、後述のとおり、いずれも主観的「リスク許容度」に焦点を当てるべきである点で共通しているので、適合性原則の議論ではまとめても支障がないからである。

2　その後の裁判例

(1)　判例分析1

石川貴教＝池田和世「金融商品販売関連訴訟の分析と金融機関の対応」（金法1946号〔2012年〕41頁～53頁）は、適合性原則が争点とされて違反を肯定・否定した2007（平成19）年～2011（平成23）年の裁判例を各12件取り上げ、具体的な商品特性についての評価はまちまちであることから、顧客属性が判断過程においてどのように考慮されたかという観点から検討している。

そして、「判断過程を大別するとすれば、①自己責任を問う前提である判断能力を発揮する状況にあるか否か、②顧客の投資意向を適切に把握して販売したか否かの2つに区別できるように思われる。」としている。具体的には、①の要素が否定される場合として、典型的には病気や加齢により絶対的な判断能力が低下した場合、知識・経験の不足から投資判断するだけの能力が不足していたものと認定される場合、そうした場合でなくても当該取引との関係で判断能力を発揮する状況にない場合（例えば、顧客が金融機関の担当者の判断に依存し切っており、言いなりに購入していた結果、投資意向に沿わないと認定される場合）などを挙げている。

この整理は、その後の裁判例が、投資意向を考慮要素としていること、知識・経験・財産状態に含まれない判断力を考慮要素としており例示列挙と捉えていることを浮き彫りにし、平成17年最判が掲げた「投資経験、証券取引の知識、投資意向、財産状態等」という考慮要素を踏襲していることを示すものである。

(2)　判例分析2

東京地裁プラクティス委員会（2014年）は、平成17年最判の後に出された判決のうち適合性原則について判断がある2008（平成20）年～2012（平成24）年の裁判例28件（違反なし21件、違反あり7件）を取り上げ、これらの裁判例をみると、平成17年最判が示した「（商品特性）との相関関係において、顧客の投資経験、証券取引の知識、投資意向、財産状態等の諸要素を総合的に考

慮する」という判断枠組みは実務に定着している（22頁）とした上で、考慮要素別に判決内容を次のとおり整理している。

投資経験については、問題となる商品と比較するとリスクが小さい商品への投資経験である場合に、適合性原則違反と結び付ける判決と、元本割れの可能性がある点で共通しているなどと指摘して適合性を基礎づける事実として掲げる判決もあるとする。投資経験それ自体が考慮要素であるとともに、他の考慮要素である知識、投資意向を判断する間接事実として指摘する判決もあるという。

知識については、適合性を基礎づける事情として独立して指摘する判決は少なく、投資経験を通じて知識が得られていることを指摘するにとどまるか、必要な知識があるとはいえないとして、適合性を肯定する積極的な根拠とはならないと指摘する判決が多いとする。

投資意向については、適合性原則違反を肯定した裁判例では、「投資意向が問題とされた商品とは方向性が異なるものであることを指摘するものが多い」、否定した裁判例では、「投資者が必ずしも確実に安定的な投資意向を有しているわけではないことや、購入時やその後の場面における投資者の積極的な判断の存在を指摘しているものが多く、投資者の投資意向が問題とされた商品とはおよそ方向性を異にするというものは少ない」とする。

財産状況については、適合性原則違反を否定する判決は、「投資者の金融資産や余裕資金が多額であることを指摘している」のに対し、適合性原則違反を肯定する判決では「金融資産や余裕資金の多くが問題とされた商品に費やされたことを指摘するものが多い」とする。

その他の実情については、「平成17年判例は、考慮すべき諸要素として、『顧客の投資経験、商品取引の知識、投資意向、財産状態』を例示しているが、平成17年判例の示す考慮すべき諸要素がこれらに限定されるものでないことは、これらの列挙に続けて『等』と結ばれていることからもうかがわれるところである。」として列挙事項以外の実情も考慮要素に含まれることを指摘し、精神疾患に罹患していたことから適合性原則違反を肯定した判決を、例として挙げている。

(3)　**判例分析3——2013年以降の裁判例**

(a)　概要

2013（平成25）年〜2018（平成30）年の裁判例のうち、適合性原則違反を理

由に不法行為の成立を認めた裁判例は20件[17] 把握されている。これらは、内容に応じ、①理解力不足型、②資金性質不適合型、③ハイリスク集中型、④射幸取引型、⑤量的適合性型の5類型に分けられる（各判決の詳細は第4部を参照）。このうち顧客適合性に関するものは①〜③であるが、投資戦略に関する④、量的適合性に関する⑤もこの機会に整理しておく。以下、分類別に判決要旨を掲げる。

(b)　分類と判決要旨

①【理解力不足型】

△大阪高判平25・2・22　投信 8

　成年後見取消し後の76歳女性に対する投資信託の反復売買につき、一審は請求を棄却したが、控訴審は、適合性原則違反、説明義務違反等で不法行為となるとして請求を一部認容した。介護認定時の資料も踏まえ、商品内容の理解は困難であるとしている。

○大阪地判平25・10・21　投信10

　軽度アルツハイマー型認知症である78歳女性に対するグローバルリートの勧誘が適合性原則に違反するとして請求を認容した。本件商品の各種リスクを理解することができる状態であったとは考え難いとした。その兄（80歳）については適合性原則違反を否定した。

△大阪地判平25・2・15　仕組債 B2

　精神疾患（統合失調症）で入退院を繰り返す49歳女性に対し、1億円の30年満期FXターン債と3000万円のEB3本を勧誘販売した事案で、理解力や投資判断能力に問題があるなどとして、適合性原則違反、説明義務違反で不法行為になるとした。

△東京地判平28・6・17　仕組債 C15

　認知症等で要支援認定の77歳独居女性が、仕組債5本（3銘柄ワーストEB等）を勧誘され7000万円余分購入し約4000万円の損失となった事案で、リスク

---

17)　ただし、仕組債 C18 と 債券 7 は同じ判決で当事者が別。

の大きさ、仕組みの難解さから相当程度高度の投資判断能力が要求されるので、年齢や認知症の程度、投資意向、財産状態および投資経験等の諸要素を総合的に判断すると、勧誘は適合性の原則から著しく逸脱したものであるとし、説明義務にも違反するとした。

△福岡地判平27・3・20 仕組債 C18

60代男性が勧誘されて複数指標リンク債を取得し大きな損失となった事案で、リスクが高く複雑な仕組みであり、説明を受けたとしても表層的な認識にとどまり、能力（理解力）に比して過大な危険を伴っていたとして、適合性の原則から著しく逸脱したものとした。

○大阪地判平25・2・20 仕組投信 4

投資経験のない77歳・難聴・独居女性が、勧誘されて金融資産の7割以上を占める定期預金を満期前に解約しノックイン投信を購入した事案で、意向（元本の安定性重視）と実情（理解できないことを強調）に照らし過大な危険であり適合性原則違反とした。

○京都地判平26・9・25 仕組投信 5

日本語能力が不十分な元中国残留孤児の69歳男性が、定期預金の記帳に支店に行ったところ、ノックイン投資信託を勧誘されて約91万円の損失となった事案で、安全性重視の投資意向や理解力不足から勧誘は適合性原則違反であるとし説明義務違反も肯定した。

② 【資金性質不適合型】[18]

△福岡地判平27・3・20 債券 7

60代女性が、勧誘されて外国債を取得して大きな損失を被ったという事案で、

---

18) 2015年以降ではないが、投信 5 （△東京地判平15・12・24）も、マンション管理組合理事長が勧誘されて同組合の修繕積立金等を米ドル建て投資信託に投入して多額の損失が発生した事案で、元本の安全を重視する投資方針や投資財産の性質に反して、過大な危険を伴う取引を勧誘したものであり、適合性原則に違反するとしており、この分類に区分される。(1)(2)の文献では検討対象になっていない。

１年後にマンション購入に充てる予定の資金の投資先としては、大幅な元本欠損が生じる満期前の中途換金が避けられない本件外国債は、資金の性質に照らし明らかに適合性を欠くとした。

○東京地判平28・6・28／○東京高判平28・11・30　不動産 3

　未成年後見人が勧誘を受けて匿名組合型不動産ファンドへ出資したことにつき成人後の本人が提訴した事案で、未成年後見人が投機性の高い商品（地裁）、リスクの大きい商品（高裁）に投資することは許されないとして、適合性原則違反で不法行為となるとした。

③【ハイリスク集中型】

△大阪地判平25・11・21　仕組債 B4

　株式取引経験のある73歳独居女性が、日経平均リンク債12本、EB1本を勧誘されて取得し大きな損失となった事案で、大きなリスクを有する本件取引は意向と実情（元本を失うと問題あり）に照らし過大なリスクとなるので適合性原則に反し説明義務違反も肯定。

△横浜地判平26・3・19　仕組債 C1

　80代元開業医と70代妻が、日経平均２倍リンク債を勧誘され取得し２回目で損失を出した事案で、安定的投資意向であったこと、投入額（3000万円）が資産に占める割合が高いことなどから適合性原則違反であり、また、説明義務違反でもあるとした。

△横浜地判平26・8・26　仕組債 C2

　77歳で視力がない母、投資経験と資金がある息子が勧誘されて日経平均２倍リンク債（母5000万円、息子5000万円、49万ドル余）を購入しほとんどを失った事案で、母について適合性原則違反と説明義務違反、息子について説明義務違反で不法行為となるとした。

④【射幸取引型】

△大阪地判平25・4・22　株オプ4

　投資経験のない男性が勧誘されて日経平均オプション売り取引を行っていたところ、東日本大震災後の同指数下落で多額の損失が生じ証券会社が差損金請求をした事案で、適合性原則違反、説明義務違反であるとして差損金請求の8割を排斥した（損害賠償と相殺）。

△東京地判平26・5・15　株オプ5

　勧誘されて日経平均オプション売りを行っていた30代男性が、東日本大震災4日後に勧誘されて同オプションのショートストラングルを行い2600万円の差損金が生じた事案で、適合性原則違反、説明義務違反で不法行為となるとし信義則により差損金請求を制限した。

△東京地判平29・5・26　株オプ6

　60代男性（X1）と娘（X2・X3）が勧誘された日経平均オプション取引でリーマン・ショック後に大きな損失を被り、X2・X3はその損失を埋めるとして勧誘された「ロールオーバー取引」でさらに大きな損失を被った事案で、取引特性と投資経験を総合すれば、ロールオーバー取引の勧誘は適合性原則に違反するとした。説明義務違反も肯定。X1は請求棄却。

⑤【量的適合性型】

△大阪地判平25・1・11　株式18

　30代女性が勧誘されて信用取引を行い6000万円余の損をした事案で、安定的運用の意向、過当取引の諸要素（金額、回数、銘柄数、資金回転率、手法〔2階建て信用取引、日計・直し〕、手数料化率等）を認定し、適合性原則違反、過当取引であるとして請求を一部認容した。

△宇都宮地大田原支判平25・1・30　株式19

　元公務員の約70歳の女性が勧誘されて信用取引を行い年間100回以上の売買がなされ3年余で1800万円余の損失となった事案で、一連の信用取引の勧誘が、

意向に合わない上、過大なリスクを負担させたものであり適合性原則違反であるとして請求を一部認容した。

△大阪地判平26・2・18 株式20

夫の証券を相続した70代女性が、外務員に事実上の一任状態を作り上げられ、外国株、外債を多数回売買し1200万円余の損失となった事案で、能力・投資姿勢を無視し財産状態への適切な配慮を欠き適合性原則違反であるとして請求を一部認容した。

△岡山地倉敷支判平27・1・27／△広島高岡山支判平27・7・16 株式21

60歳寡婦が勧誘されて株式、投信、外国証券を多数回売買して損失が発生した事案で、控訴審は適合性原則違反を理由に請求を一部認容した。説明しても理解できないので説明義務の判断は不要、適合性原則違反に含まれるので過当取引の判断も不要とした。

△神戸地姫路支判平27・4・15 株式22

会社員が勧誘されて頻繁に信用取引をして損失を被った事案で、信用取引の勧誘は適合性原則に反しないが、本件信用取引の勧誘は過当であり、財産状態、投資目的に反し明らかに過大な危険を伴うもので適合性原則違反であるとして請求を一部認容した。

(c) 分類別整理

①理解力不足型では、元成年被後見人、認知症患者、統合失調症、日本語能力が不充分な元中国残留孤児などに対する投資信託、仕組債、仕組投資信託の勧誘が問題とされ、理解力ないし判断力が適合性原則違反の重要な考慮要素となっている。これらと異なり、仕組債 C18 は商品の複雑さを理由に理解が困難であると判断されたものであり、普通の人では理解力不足と判断されることになりそうである。

②資金性質不適合型では、知識や理解力・判断力には問題のない顧客について、管理財産、使途が決まっているなど、リスクを負担すべきでないという資金の性質に着目して結論を導いている。資金の性質が意向を決める関係

にあり、注18の東京地判平15・12・24 投信5 はそれを明示的に指摘して意向も重要な考慮要素としたものである。

③ハイリスク集中型では、株式取引経験のある73歳独居女性、80代元開業医と70代妻、77歳で視力がない母など、やや脆弱な顧客への、仕組債の集中勧誘が対象となっており、取引のリスクの大きさと投入額の多さが、金融資産に占める割合などの財産の状況との関係で重要な考慮要素となっている。

④射幸取引型では、幅広い属性の顧客に対するオプション売り、オプションのショートストラングル（プット売り・コール売りの組合せ）、オプション売りのロールオーバーといった射幸取引の勧誘が問題とされ、投機的リスクがある手法であることが重要な判断要素となっている。

⑤過当取引型では、幅広い属性の顧客に対する株式等現金取引あるいは株式信用取引の多数回の勧誘が問題とされ、業者の主導性と取引の過当性が重要な判断要素となっている。

(d)　考慮要素別の整理

まず、投資意向、知識、経験、財産の状況等という顧客適合性の考慮要素別に整理する。

「投資意向」は、多くの判決で考慮されており、②資金性質不適合型では、資金の性質から投資意向が限定される関係にあるので、特に重要な考慮要素となっている。①理解力不足型や③ハイリスク集中型でも、他の考慮要素とともに投資意向との対比がなされている。

「知識」に適合しないという点を重視した判決は見当たらない。

「経験」については、それまで投資経験がない、同種取引の経験がないとか、同種取引の経験があるが理解しないままの取引であるので経験があるとは評価できないという形で、①理解力不足型、②資金性質不適合型、③ハイリスク集中型で考慮されることが多い。

「財産の状況」は、ほとんどの判決で考慮されており、特に②資金性質不適合型では財産の状況のうち資金の性質に適合しないこと、③ハイリスク集中型では同じく全金融資産に占める投入額の割合が高いことが、適合しないという判断の重要な基礎となっている。

「等」のうち理解力が、①理解力不足型において重要な考慮要素となっている。説明しても理解できないのは商品との関係で理解力が不足しているからであり、これには、認知症等により簡単な商品でも理解できない場合と、商

品が複雑すぎて普通の人では理解できない場合がありうる。特定の仕組債について後者のような見方をしたのが福岡地判平27・3・20 仕組債 C18 である。

次に、適合性原則の対象について、米国の業規制で新しく拡大され日本でも意識されている「投資戦略の勧誘」の適合性[19]の観点を重視したものが④射幸取引型である。多くの顧客に適合しない射幸性の高い投資手法について判断したものであり、商品適合性の判断にも近い。

これらとは別の、量的適合性の判断枠組みを示したのが、⑤量的適合性型である。これには、判例で形成された過当取引の判断手法に則った緻密なものと、量的適合性の枠組みとして業者の主導性と取引の過当性を掲げ、数値にこだわらない判断をしたものがある。

(e) 適合性原則違反がないとした判決

他方、2013年〜2018年に、適合性原則に違反しないとした判決は大量にあり、その中には、以上の判決と類似した事実関係のものもみられる。

(4) まとめと検討

(1)〜(3)でみたとおり、顧客適合性については、平成17年最判が示した、適合性判断における考慮要素と判断枠組み（具体的な商品特性との相関関係において顧客側の事情〔投資経験、知識、投資意向、財産状態等の諸要素〕を総合的に考慮する）は、その後の下級審判決に踏襲されて、一応定着していると評価できる。

ただしその具体的適用では、「顧客の知的・精神的障害のために投資のために必要とされる判断能力が十分とはいえない場合、または問題の金融商品への投資により顧客にとって生活のための資金の確保（生存の維持）が危うくなる場合に、ほぼ限定されている」（潮見②15頁）（(3)の分類①の一部および分類③に該当）として、平成17年最判の法理がその後領域縮小しているとの指摘があり、実務家も、適合性原則違反の果たす役割はさほど大きなものになっていないという指摘は実感に沿うとしてこれを肯定する[20]。

実際は、(3)で整理したとおり、分類①③のほかに、②④⑤もあること、分類①でも取引によっては普通の理解力の人も含まれる判決があることに留意する必要があるものの、確かに、平成17年最判の考慮要素と判断枠組みからは適合性原則に違反するとされるべき事案で、適合性原則に違反しないとし

---

[19] 王・前掲（注11）26頁〜36頁のうち28頁。

[20] 司研報告102頁。

て説明義務の領域で検討されているものがしばしばみられる（説明義務の肥大化）。このような判決では、説明しても理解できないと思われる内容について説明義務があるとしてその違反が検討されるか、説明すべき事項はパンフレットに記載された取引条件だけで足りるとする「デリバティブ取引賭博観」[21] に立って、その説明があったとして請求を棄却したりしている。デリバティブセットや仕組商品の取引に関する事件にみられる。

デリバティブセットや仕組商品の取引に関する事件では、裁判所はまずそれらの取引対象に関して理解することが必要である。その理解の中には、例えば司研報告4頁～93頁に記載されているような内容の理解のほかに、この部分を読めば明らかなとおり、これらの内容には理解が難しい部分や理解できない部分があること[22]、少なくとも、1度や2度説明されたくらいでは理解できない部分が多いことの理解も含まれる。実際の勧誘は、電話や面談で数分から数十分説明されるという形であり、それでこの内容が理解できるかという視点で、理解できるような説明が可能かを考えることになる。

理解できる説明ができない場合は、できないことを義務づけるわけにはいかないので、説明義務ではなく適合性の問題として捉えるべきである。

3　学説

(1)　学説の状況

多くの学説は、平成17年最判の一般論および判断枠組みを肯定ないし前提とするとしている。それにもかかわらず、根拠の考え方に相違があり、いくつかの説に分類されている[23]。根拠については、①顧客を当該取引につき市

---

21)　第3部第2章（注29）参照。

22)　理解できない部分は人により異なる。また、理解できないのではなく、記載の方が誤っていることもある。例えば、①「3　仕組債の本質　……当然ながら、利率の高さはリスク（多くの場合元本毀損リスクを含む。）の大きさと常に釣り合っている。」、②「ところが、組込まれているオプションは、発生する確率が低いもの（ディープ・アウト・オブ・ザ・マネーのオプション）が使われており、一見するとリスクが低いように見える。」（司研報告93頁）の記載は、極めて不正確ないし誤りである。①は理論的な説明と実際の商品の違いを無視するものであるし、②は組み込まれたオプションの権利行使価格を誤解しているか、誤導するものである。

23)　学説の状況については、概括的には加藤・前掲（注1）、詳細は宮下修一「我が国の金融サービス取引・消費者取引での適合性原則に関する学説・裁判例の状況」現代消費者法28号（2015年）15頁参照。

場から排除することによって保護するとする説、②顧客を支援することによって保護するとする説、③顧客を双方の手段で保護するとする説、④不合理な投資判断が入らないように市場の価格形成機能を保護する（間接的に顧客保護となる）とする説などがある。

これらの説における実務的な相違点の１つ目は、投資意向に適合しない勧誘が適合性原則違反となるかである。裏を返せば、リスク耐性のある者や通常の理解力を有する者に対し適合性原則違反となることがあるかである。２つ目の相違点は、勧誘がなくとも適合性原則違反となりうるか、３つ目の相違点は、違反の民事効果として契約の無効に結び付きやすいかである。これらは、①とそれ以外の各説との相違点ということになるので、次に、平成17年最判と①を比較する。

(2) 平成17年最判と①の比較

平成17年最判は業者ルールを確認した後にそれを民事ルールとしているので、業者ルールと民事ルールの考慮要素は同じであり（ただし「等」の部分だけ異なる）、投資意向も含まれている。その後の下級審裁判例もその一般論を前提としている。

①の根拠を主張するのは、広義狭義２分論＋排除の論理説であり、適合性原則には広義と狭義があるとした上、「狭義の適合性の原則は、ある投資商品について適合性を欠く者への当該商品の販売・勧誘の禁止規範を導くものであり」、「民事上の効果を導くものとして捉えられるときには、……根拠は、パターナリズム、すなわち福祉国家的視点に出た国家による生存権保障もしくは財産権保障の点に求められる」（潮見①168頁）とする立場である。「取引耐性のない顧客を市場から排除することによって保護することを目的としたルール」とも表現される。一般論としては考慮要素に投資意向も含むとするが、具体的適用においては取引耐性がある顧客の投資意向は関係ないことになるので、考慮要素に含まないことになり[24]、平成17年最判とは相容れない。

それでもこの説の論者からは、平成17年最判について、「被上告人が、およそオプションの売り取引を自己責任で行う適性を欠き、取引市場から排除されるべき者であったとはいえない」との文言があることから、この説に立

---

24) 当該取引に適合しない顧客を排除する根拠を、顧客保護ではなく、市場保護の論理から説明する④の見解では、市場に商品特性を誤解した人の判断が入ることは適切な価格形成を歪めることになるので、投資意向も考慮する余地が出てくる。

つものであると解説されることがある。しかし後述のとおり、同判決は、一般論と判断枠組みに排除の論理を組み込んでいないし、投資目的も考慮要素に掲げ、これに対する不適合も適合性原則違反となることが一般論と判断枠組みから明確であるので、最高裁判例解説の記載にもかかわらず、この説と解するのには無理がある。

(3) 「狭義の適合性原則」の語

(a) 概要

適合性原則関する議論の中にかみ合わない部分がしばしばみられる原因の１つは、「狭義の適合性原則」という用語が論者によって異なる意味で用いられることにあるので、まず、「狭義の適合性原則」の語の出自と歴史的役割を確認して現在はこの語を用いないことが適切であることを指摘し、項を改めて、投資意向に適合しない勧誘が適合性原則違反となるかについて検討する。

(b) 平成17年最判の「判例解説」

平成17年最判では狭義の適合性原則という用語は用いられていないにもかかわらず、その判例解説[25]（以下「判例解説」という）では、①40条１号[26]の適合性原則を「狭義の適合性原則」と呼び、②それは、「一般投資家への市場開放の中で、自己責任原則の妥当する自由競争市場での取引耐性のない顧客を、後見的配慮に基づいて、市場から排除することによって保護することを目的としたルールとして位置付けられるものである」とした上、③「本判決が言及している適合性の原則はこの意味のものであ」るとしている（378頁〜379頁）。つまり、判例解説では、①②③は同じものであるとしており、それを狭義の適合性原則と呼んでいる。

確かに、すでに整理したとおり、平成17年最判は、当時の業法と自主規制からなる業者ルールを民事ルールに橋渡ししたものであり、その後、同判決により形成された民事ルールを意識して改正された業法が①であるから、①と③は基本的には同じものである（考慮要素の「等」のみが異なる）。

それに対し、②は、広義狭義２分論＋排除の論理であり（判例解説389頁注⑿）、明らかに①とは異なるし、①と同じであるはずの③とも異なるもので

---

25) 宮坂昌利・最判解民事篇平成17年度(下)361頁〜393頁。
26) 平成17年最判の時点では証券取引法であったが、判例解説は、改正後に作成されたこともあって、改正後の金融商品取引法について位置づけている。

ある。この立場は、投資意向に反して過大なリスクを負わせる場合が含まれないなど、投資意向を無視するか軽視するものであって、適合性原則違反となる範囲が①③より狭い（なお、②を徹底すると勧誘がない場合にも適合性原則が適用されることになり、その部分は広くなるが、そうなるとその点でも①③と異なる）。

　なお、本判決の事例判断の最後の部分に、本件のオプション取引が上場商品であることが適合性原則違反を否定する方向に働くことについて、「一般投資家であっても、有価証券オプション取引等の適合性がないものとして一律に取引市場から排除するのではなく」と制度趣旨を述べて、「被上告人が、およそオプションの売り取引を自己責任で行う適性を欠き、取引市場から排除されるべきものであったとはいえない」と判示しているが、これは排除の論理を述べたものではないので注意が必要である[27]。文脈から、上場商品への適合性は広く認められるべきことおよび適合性がある場合の必要条件を示したものと考えられる。本判決が、排除すべきか否かで結論を出すような判断枠組みではないことは、一般論と判断枠組みに関する次の判示から明らかである。

　すなわち、平成17年最判は、適合性原則の一般論として「証券会社の担当者が、顧客の意向と実情に反して、明らかに過大な危険を伴う取引を積極的に勧誘するなど、適合性の原則から著しく逸脱した証券取引の勧誘をしてこれを行わせたときは、当該行為は不法行為法上も違法となる」とし、その判断枠組みとして「商品特性との相関関係において、顧客の投資経験、証券取引の知識、投資意向、財産状態等の諸要素を総合的に考慮する」ことを示し、具体的適用においても、この判断枠組みに沿って丁寧な検討がされている。そして、この一般論および判断枠組みの中に、取引耐性のない顧客を後見的配慮に基づいて市場から排除するか否か、という要件はまったく登場しない。

　このように、①③は伝統的な適合性原則、②は排除の論理と、両者は明らかに異なるものであるのに、どちらも狭義の適合性原則と呼んだことから、

27）　司研報告では、この部分について、「適合性原則が包含する多義的な要素のうち、いわゆる『排除の論理』と呼ばれる側面に注目した判断」であり、「平成17年最判は、適合性原則の概念のうち、これと異なる側面（具体的には……『投資支援』の側面）に着目した法理の展開を否定する趣旨ではないと解される」（101頁）としている。平成17年最判が示した適合性原則が、排除の論理の側面と投資支援の側面を持つものであるという立場に立つものと思われる。

これ以降、「狭義の適合性原則」の語が論者により異なる意味で用いられることがみられるようになった。

(c) 「狭義の適合性原則」概念の歴史

もともと、適合性原則を広義、狭義に2分するという考え方は日本を含め世界中のどこにも存在せず、省庁横断的な共同勉強会「新しい金融の流れに関する懇談会」[28] 第5回会議（1997〔平成9〕年12月29日）において、「勧誘方法についていくら規制を設けても、抜け道は存在するものであり、十分には消費者被害を防止できないのではないか。」という指摘に続いて「勧誘の方法のみならず、一定の範囲の者に対しては、勧誘すらしていけないという適合性の原則が必要となるのではないか。」という文脈で適合性原則に独自の意味を込めた発言があり[29]、それが中間整理（1次）[30] で狭義・広義の適合性原則（注9）という形で、文書にまとめられたものである。

中間整理（1次）によれば、ここでの狭義の適合性原則は、「ある特定の利用者に対してはどんなに説明を尽くしても一定の商品の販売・勧誘を行ってはならない」という意味であり、「『取引ルール』として考えれば、こうした利用者への一定の金融商品の勧誘に基づく販売はいかなる場合も無効とみなされ、リスクの移転も認められないということになる。『業者ルール』としてみれば、利用者に対する一定の金融商品の勧誘行為あるいは販売行為を禁止する、ということになる。」と説明されている。

その上で、「取引を一律に無効とする取り扱い」の困難さを指摘する意見を踏まえ、「取引・契約の成否ではなく、その前段階としての勧誘行為に着目し、『業者ルール』として、一般的な個人に対して極端にリスクが大きい金融取引の勧誘行為を禁止する、あるいは厳格な手続に従うことを義務づける、といったように、何らかのルールを設ける余地がないか、との意見が出された。この場合、まず問題となるのは利用者の属性と金融商品との具体的な組み合わせをどのようにルール化していくかである。この点については、利用者保護の観点から必要性が高い範囲として、例えば、取引経験のない一般的な個人を相手に、レバレッジが極端に大きい取引を行ったり、利用者に相当額の負債が残るリスクの大きい金融取引を行う場合が考えられ、こうし

---

28) http://www.fsa.go.jp/p_mof/singikai/nagare/top.htm
29) 本書の筆者桜井・上柳もこの回は参加していたが、この発言者ではない。
30) これには本書の筆者上柳が参加している。

344　第3部　民事責任の論点

た場合については、業者の利用者に対する勧誘行為を禁止する、あるいは、コンプライアンス体制の整備や取引記録の保存等の厳格なルールにしたがって勧誘を行うことを義務づけるといったルールが考えられるのではないか、との意見があった。今後、このように、狭義の適合性原則に準じた、一定の勧誘行為を禁止することの適否やそのあり方について、引き続き検討していく必要がある。」としている[31]。

　「狭義の適合性原則に準じた、一定の勧誘行為を禁止すること」は、現在の規制では、デリバティブ取引についての不招請の勧誘禁止規定（38条4

31）　中間整理（1次）で用いられた狭義の適合性原則と広義の適合性原則という概念の概要は次のとおりである。
　　①　狭義の適合性原則　「狭義の適合性原則とは、ある特定の利用者に対してはどんなに説明を尽くしても一定の商品の販売・勧誘を行ってはならない、という意味である。これを『取引ルール』として考えれば、こうした利用者への一定の金融商品の勧誘に基づく販売はいかなる場合も無効とみなされ、リスクの移転も認められないということになる。『業者ルール』としてみれば、利用者に対する一定の金融商品の勧誘行為あるいは販売行為を禁止する、ということになる。」「このように取引を一律に無効とする取り扱いを法令で明示的に規定することは、契約における私的自治の原則等に照らせば難しいのではないか、との意見が多かった。」「しかし、金融取引の実態に照らして、こうしたルールの必要性が高いのであれば、むしろ取引・契約の成否ではなく、その前段階としての勧誘行為に着目し、『業者ルール』として、一般的な個人に対して極端にリスクが大きい金融取引の勧誘行為を禁止する、あるいは厳格な手続に従うことを義務づける、といったように、何らかのルールを設ける余地がないか、との意見が出された。この場合、まず問題となるのは利用者の属性と金融商品との具体的な組み合わせをどのようにルール化していくかである。この点については、利用者保護の観点から必要性が高い範囲として、例えば、取引経験のない一般的な個人を相手に、レバレッジが極端に大きい取引を行ったり、利用者に相当額の負債が残るリスクの大きい金融取引を行う場合が考えられ、こうした場合については、業者の利用者に対する勧誘行為を禁止する、あるいは、コンプライアンス体制の整備や取引記録の保存等の厳格なルールにしたがって勧誘を行うことを義務づけるといったルールが考えられるのではないか、との意見があった。今後、このように、狭義の適合性原則に準じた、一定の勧誘行為を禁止することの適否やそのあり方について、引き続き検討していく必要がある。」
　　②　広義の適合性原則
　　「広義の適合性原則とは、業者が利用者の知識・経験、財産力、投資目的に適合した形で勧誘（あるいは販売）を行わなければならないというルールである。その場合、利用者の理解という側面への配慮が重要な要素となる。」「広義の適合性原則を『業者ルール』として考えた際、適合性に配慮する勧誘・販売の前提として業者が利用者の属性等について知ることが必要になる。しかし、業者が利用者に関する情報を調査するにしても、得られる利用者の協力には限度があり、それを義務づけることは難しい。むしろ業者が利用者について知るための十分な体制整備を行うことなど、業者の内部的な行為規範を義務づけるべきではないか、との意見が大宗を占めた。」

号）や、仕組債、レバレッジ投信等についての勧誘開始基準（投資勧誘規則5条の2）等がこの延長線に乗る規制である。これらの規制は、顧客の投資意向とは関係がないものであって、伝統的な適合性原則とは相当意味が異なる。

(d) 「狭義の適合性原則」概念の帰結

その後、広義・狭義の適合性原則という概念は、2005年から2006年にかけての金商法の制定過程では用いられなくなっており（第1節2(3)参照）、適合性原則や不招請勧誘禁止規制の定着過程における歴史的概念と位置づけるのが適切である。広義が狭義を含まない点、論者により異なる意味で用いられることがある点から混乱が生じやすく、建設的な議論のためにはこの語を用いないことが望ましい。

4 投資意向に反する勧誘と不法行為

(1) 各学説の帰結

40条1号などの業者ルールとしての適合性原則、平成17年最判に示された民事ルールとしての適合性原則のいずれも、考慮要素として投資意向を含んでいる。したがって、投資意向に反する勧誘が適合性原則違反となって不法行為となるのは当然のことのようにも思えるが、実際は、具体的適用において、①投資意向を重視する見解、②投資意向を考慮要素の1つとして考慮する見解、③投資意向を軽視ないし無視する見解、④適合性を肯定する方向でのみ投資意向を考慮する見解まであり、結論が分かれる。結論の別れ方を次の設例への対応で確認する。

金融資産を1億円有し、大学卒で株式、投資信託、公社債の取引経験が相応にあるものの仕組債やデリバティブ取引の経験はない60代男性が、定年退職したのでこれからはリスクの低い金融商品で安定的に運用していきたいという投資意向を有していたところ、金利3％の社債の形をとった、額面3000万円のEB（外国株式であるA社株式を参照株式とする仕組債）を勧誘されて購入を承諾したところ、程なくノックインして、半年後にA社株式で償還された。その時点のA社株式の時価は日本円で1000万円相当であり、2000万円の損となった。

大卒60代であることから、相応の理解力があることが推定される。このEBの勧誘については、同種取引の経験がない点と堅実な投資意向を有していながらリスクの高い取引を勧誘された点が問題となる。結論として、投資

意向を重視ないし考慮する①②の立場では、適合性原則違反となる余地があり、投資意向を軽視ないし無視する③④の立場では適合性原則違反とならないと考えられる。

①②のいずれの立場でも、「リスクの低い金融商品で運用したい」という投資意向に対し、勧誘された、外国株式を参照株式とする EB は、為替リスクと特定銘柄株式プットオプション売りのリスクを負担する取引であってリスクが相当程度大きく、投資意向との関係では過大なリスクといえるので適合しないと判断される。商品特性を理解できれば承諾しないはずであることから説明義務の問題が重要となるが、投資意向に適合しない点に焦点を当てれば適合性原則違反となると考えられる。

③は、排除の論理説の対応である。適合性原則を、取引耐性のない者を市場から排除する原則であると捉えるので、取引耐性がある者には適用されないことになり、投資意向を考慮する余地がない。投資意向を考慮要素に形式的には入れているものの具体的適用では考慮しないので、この立場は、平成17年最判とは明らかに異なる立場である。設例では、金融資産 1 億円のうちの3000万円が EB のリスクにさらされ、そのうち2000万円の損失を出したが、まだ8000万円残っていることから、取引耐性を超えるリスクを負担させたとは判断されず、適合性原則違反とはならないという結論と結び付きやすい。

④は、考慮要素の意味を無視し、適合性原則を空洞化させる解釈である。平成17年最判が列挙した考慮要素は、いずれもそれらに適合しない勧誘の違法性を問題とするものであり、それとは反対に、適合性を肯定する方向でのみ考慮する（例えば他の考慮要素の適合性に問題があっても大きなリスクを負担する投資意向があれば、それを考慮して全体として適合性が肯定されるとするなど）という立場は、平成17年最判の立場とは明らかに異なる。この立場からは、リスクの低い金融商品で安定的に運用していきたいという投資意向は考慮されないので、設例では適合性原則違反とはならないという結論と結び付きやすい。

(2) 司研報告の立場

司研報告は、平成17年最判を、顧客の知識、経験、財産の状況に照らして不適切な勧誘を行ってはならないという要請から入口規制を行う狭義の適合性原則の違反が不法行為となることを宣言したものであるとし（「不適合顧客勧誘の不法行為」）、その翌年の改正（金商法制定）で適合性原則の条文に新たに「投資目的」が加わったので、投資目的との不適合が生ずる勧誘については、

適合性原則の投資支援としての側面から、「不適合商品勧誘の不法行為」が考えられるとしている（139頁）。

具体的には、「顧客のニーズに適合しない金融商品であるにもかかわらず、この点につき誤解を生じさせかねない勧誘を積極的に行うなど、顧客に適合した金融商品の勧誘を要請する適合性原則から著しく逸脱した勧誘をしてこれを販売したときは、不適合商品勧誘の不法行為を構成する」（140頁）とする考えである。ただし、「ニーズ」としてはヘッジニーズのみを念頭に置いており、「利殖・運用を目的とする取引で顧客の堅実な投資意向にそぐわない投機性の高い商品を勧誘したという場合は、射程外であると一応考えられるが、具体的な事例を踏まえた今後の議論の展開に待ちたい。」（140頁）としている。

これは、判断能力と財務耐久力に矮小化された適合性原則を前提に、ヘッジニーズに対する適合性という極めて特殊な場面に限って「不適合商品勧誘の不法行為」という形で適合性原則の適用範囲を「追加」するという提言であり[32]、前提が平成17年最判およびそれに続く下級審判決と異なっている。

司研報告の考え方によれば、設例は、適合性原則の「射程外であると一応考えられる」ことになり、適合性原則違反とはならないという結論と結び付

---

[32] ヘッジニーズに対する適合性というものが現実の事件を解決するものにはならないことについては、第3部第2章参照。

　司研報告は、為替デリバティブ事件の大半が裁判所でなく金融ADRで解決されたことに触発され、「金融ADRと訴訟の役割分担を踏まえつつも、金融ADRの処理実績を通じて裁判所の立場からも学ぶべきものがあるように思われる」（2頁）として検討した結果、「ヘッジニーズ」があるのにそれに適合しない取引を勧誘した場合に焦点を当てた提言をしたという。しかし、為替デリバティブ事件を構成する取引の大半はこの提言の対象外となる取引であることは、先に指摘したとおりである。為替デリバティブ事件は、金融機関が、複雑でリスクの大きい取引を組成し、中小企業に対し、取引条件の公正性やリスクの程度を誤解させ、著しく不公正な条件で勧誘した事件であり、ヘッジ対象リスクとヘッジ意思があるのにそれに適合しない取引を勧誘した事件ではない。金融ADRで、ヘッジ対象リスクの有無やそれに対する適合性が解決の指針となったのは、リスクヘッジ取引以外の勧誘が禁止されていたためリスクヘッジであるとして勧誘されたことが事案に共通していること、勧誘された取引がリスクの大きい取引であることも共通していること、国会、金融庁から解決への圧力がかかったことによる。リスクヘッジ需要への適合性は、金融機関に損失の一部を負担させるためのいわば方便として用いられたものにすぎないといえる。リスクヘッジ取引の勧誘と称してリスクを過小評価しやすいリスク取引を勧誘し、その結果、過大なリスクを負担させたからこそ、中小企業が過酷な状況に陥り、国会でも問題とされ、金融ADRでの解決につながったのである。

348　第3部　民事責任の論点

きやすいことにはなる。ただし、①適合性原則の適用場面で投資意向に着目した点、②設例のように、顧客の堅実な投資意向にそぐわない投機性の高い商品を勧誘した場合に、適合性原則違反となる余地を残した点は、注目される。

(3)　検討

(a)　考慮要素把握の基準

投資者保護のためには、投資者が過大な危険を負うことのないようにすることが最も重要である。平成17年最判で「証券会社の担当者が顧客の意向と実情に反して、明らかに過大な危険を伴う取引を積極的に勧誘するなど、適合性の原則から著しく逸脱した証券取引の勧誘をしてこれを行わせたときは、当該行為は不法行為法上も違法となる」としているとおり、適合性原則違反の核心は、過大なリスクを負担させることにあると考えられる。考慮要素との対比で過大なリスクを負担させて顧客の保護に欠けることとなるからこそ、不法行為にもなるのである。

したがって、考慮要素である意向と実情を把握する基準は、投資により負担する覚悟のあるリスクの程度に関する「意向」（主観的「リスク許容度」[33]）、受け入れることができるリスクの程度に関する「実情」（客観的「リスク許容度」）であり、これらと実際の取引のリスクを対比して過大なリスクと評価されれば適合性違反となる、と考えるべきことになる。考慮要素をこのように把握しないと、意向と実情に「反して過大な危険」であるか否かという判断ができない。

(b)　投資意向の把握

上記のとおり、適合性原則違反の場面では、意向と実情に「反して」過大な危険を伴う取引を勧誘することが問題とされるのであるから、意向は、主観的「リスク許容度」を中心として把握することになる。

---

33)　EU各国で2018年1月から国内法化されているMiFID II のarticle25 section2は、適合性原則について、リスク許容度を含む投資目的との適合性、リスク耐性を含む財務状況との適合性を重視しており、適合性原則につき本書と同一の捉え方をするものといえる。"that person's financial situation including his ability to bear losses, and his investment objectives including his risk tolerance so as to enable the investment firm to recommend to the client or potential client the investment services and financial instruments that are suitable for him and, in particular, are in accordance with his risk tolerance and ability to bear losses."

実務では、顧客カードによって投資意向を把握する体制となっており（投資勧誘規則5条）、選択肢を掲げて主観的「リスク許容度」を把握しようとしている。ただし、リスクよりもリターンの種類に焦点を当てた選択肢を用いる例もある。1990年頃までのように、財務の優良な会社にのみ社債の公募を許す「適債基準」が存在し（1996年撤廃）、投資信託が預金の競合商品の位置づけにあって仕組商品が存在しなかった時代ならまだしも、信用リスクの高い社債やリターンの種類を変換した仕組商品（固定利金で元本の価格変動リスクがあるものなど）が登場したり投資信託も様々なリスク商品の単なる入れ物になった現在では、このようなリターンの種類による選択肢ではリスク許容度を測れなくなっている。

危険の程度に関する意向（主観的「リスク許容度」）には、変動の大きさに関する意向に加えて、投資期間（リスクにさらす期間。短期投資、中期投資、長期投資から選択）や投資量（リスクにさらす資金額）、投資割合（ポートフォリオ）に関する意向も含まれる[34]。これらの意向には、資金全体の投資意向と、個々の投資における投資意向がある。少額でリスクの高い取引を行うことがある顧客が、資産全体については安全な運用をする意向を有していることは普通にみられることである。

なお、投資意向が取引途中で変化した場合、変化後の意向をそのまま投資意向と捉えてよいかという問題がある。限定合理性を利用した勧誘によって投資意向がリスク志向に曲げられてしまうことがしばしばあるので、その曲げられた後の抽象的なリスク志向を投資意向と捉えてそれとの適合性を検討するのは不適切であり、投資意向は具体例に即して存否が確認されるべきであるとする正当な指摘がある[35]（第2章参照）。

34）　ヘッジ目的と投資意向　　リスクヘッジ目的は投資意向の表面部分であり、それを捉えただけでは投資意向を把握したとはいえない。リスクヘッジ（＝リスク回避）は保険を掛けるような行為を意味し、ヘッジコストは保険料に相当する。リスクが現実化しなければその分の支出額はヘッジコストとして消えるものであり、それでヘッジ目的を達成している。この場合のリスク許容度は、ヘッジコストの全損である。

　　例えば、現物資産の価格下落リスクのヘッジ目的で同資産のプットオプションを買う場合、その対価（プレミアム）はヘッジコストであり、価格が下落しないときは権利を放棄して終了する。この場合は、プレミアムの全損となるが、理解した上でこの選択をしていれば、それはリスク許容度の範囲内である。

35）　村本②・前掲（注1）299頁。

350　　第3部　民事責任の論点

　(c)　投資意向に反する勧誘が適合性原則違反となって不法行為となるか

　商品特性がわかれば、投資意向に適合するかは自分で判断できるはずであると指摘されることがある。それを前提に、例えば、司研報告は、顧客の堅実な投資意向にそぐわない投機性の高い商品を勧誘したという場合は、(適合性原則を持ち出さなくとも)「顧客の属性に照らして理解可能な説明がなされたかどうかの審査」で対応できるのではないかと思われるとしている (140頁)。つまり投資目的に適合しない取引では適合性原則違反を問題とする必要がないということのようである。一見もっともな見解にみえるが、これには次のとおり問題点が3つあり、結論として、誤りであるといえる。

　1つ目は、確かに、一般に商品特性の理解が困難ではない証券、例えば社債や株式などの取引ではそれらの商品特性が投資意向に適合するかは自分で判断できるのが普通であるといえるが、問題は、デリバティブ取引、デリバティブ・ネット、仕組商品などの複雑な金融商品の商品特性とは何か、特にそのリスクの質と量は説明されればわかるようなものなのかである。説明されてもわからないものについては、「理解可能な説明」はできないことになるので、それを義務づけることもできない (岡山地倉敷支判平27・1・27／広島高岡山支判平27・7・16 株式21 参照)。そのような場合こそ、適合性原則が登場する場面であるといえる。その場合、知識、経験に対する適合性の問題となるほか、商品特性がわからないと投資意向に適合するかの判断もできないので、投資意向との適合性の問題にもなる。これについてはさらに(d)で検討する。

　2つ目は、理解可能な説明があったかという審査のみでは違法か否かの結論が出ない場合があることである。顧客が業者の判断に依存し切っていて言いなりに取引した場合など、当該取引との関係で顧客が判断能力を発揮しにくい状況において投資意向に適合しない取引がなされる場合というのは、適合性原則違反の1つの類型として整理されるほど、典型的なものである[36]。この類型では、個々の取引について理解可能な説明をしなくても問題ない場合がありうる。

　3つ目は、立証の問題である。説明義務違反の立証は、特に口頭の説明が問題となると水掛け論になりやすく、困難な場合もある。そのような場合に、商品特性と意向との適合性は、意向が把握できる限り、商品特性は客観的な

────────────

36)　第2節2(1)参照。

ものであるので、その不適合は立証できることがある。したがって、投資目的に適合しない取引では、適合性原則違反を問題とすることに大きな意味がある。

(d)　デリバティブ商品の商品特性

最初の問題点と関連して、デリバティブ商品（デリバティブセットや仕組商品）の商品特性について若干の検討を加える。販売資料に記載されているのは計算式と条件だけであり、それを理解しても、商品構造やリスクの質と量は把握できない。商品構造やリスクの質と量を理解するためには、少なくとも組み込まれているデリバティブ取引を理解した上で、当該取引による想定最大損失額（VaR）とその意味、テール現象などを理解する必要がある。ボラティリティの理解も不可欠である。このような事項は、デリバティブ取引を理解していない人に説明しても理解を得ることは困難である。

つまり、商品特性のうち商品構造やリスクの質と量がわかれば、投資意向に適合するかは自分で判断できるはずであるとはいえるものの、デリバティブ取引、デリバティブセット、仕組商品などの複雑な金融商品の商品構造やリスクの質と量は、販売資料にも記載されず説明されるとは限らない上、説明されても理解が困難であるので、投資意向と適合するかの判断ができないか、判断を誤ることになる。

したがって、投資意向に対する適合性判断は、説明の問題ですべて解決することはできず、投資意向に反する勧誘が過大なリスクを負担させることとなることを、適合性原則違反と捉えて被害回復につなげることは必要である。

なお、説明しても商品構造やリスクの質と量が理解できない場合は、知識、経験との不適合も同時に問題となることになるが、知識との適合性は説明によって治癒するとの見解もあるし[37]、経験との適合性は、例えば仕組債をその商品構造やリスクの質と量を理解しないまま複数回取引した経験があると、経験との適合性があることになるという見方も出てくるので、投資意向との適合性は、独自に考慮される必要がある。

37）　例えば川口・前掲（注1）13頁。

352 第3部 民事責任の論点

5 実情の把握
(1) 財産状況の把握

財産状況とは、金融資産を中心とした財産の保有と出入りの状況、性質、使途予定等を指す。適合性判断においては、「財産状況に反して過大な危険」かを考慮するので、財産状況から導かれる客観的「リスク許容度」（＝リスク耐性）が重要となる。これは、投資意向の一部である主観的「リスク許容度」よりも高いのが普通である。

富裕層のリスク取引では、多少の損をしても客観的「リスク許容度」の範囲内となることが多く、他の考慮要素（知識・経験や主観的リスク許容度等）との適合性が検討されるべきことになる。そうでない層のリスク取引では、客観的「リスク許容度」の範囲を超えることがしばしばあり重要な考慮要素となる。

(2) 知識、経験の把握

同様の視点で投資経験を把握すると、投資経験に反して過大な危険とは、それまで経験のある取引のリスクの質・量と当該取引のリスクの質・量を対比して、過大かを判断することになる。なお、同種取引をしたことがあるからといって、直ちに経験に適合すると判断するのではなく、理解しないでした取引は経験と評価できないこと（あるいは経験はあるが知識はないと評価するのか）、それから、これまでの取引が残っている場合、当該取引を追加するとリスクの量が増加するので、合わせた全体のリスク量をみる必要があることなどにも留意する必要がある。

知識に反して過大な危険は、当該取引の知識がない人に勧誘する場合に問題となる。同種取引の経験はあるが知識がない人については、経験があると評価できないか、知識がないから判断できず過大な危険ということになる。ただし、知識への不適合は、説明することで治癒可能と位置づけられる可能性がある。

(3) 「等」の把握

裁判例をみると、ほかに、理解力、判断力、年齢、健康状態、時間的・精神的ゆとりの有無（他事に忙殺されているか）なども重要な考慮要素となっている。これらも、それに反して過大な危険となるかという視点から把握が必要である。

第4章

説明義務

序

　本章は、説明義務（配慮義務）について、法令の推移とその立法事実および背景（金融規制緩和に伴う新規金融商品の開発と消費者被害、欧米規制動向、判例理論との相関）を概観した上、判例理論を検討し、これらの動向を踏まえて被害救済のためにどのような主張・立証が求められているかを考えるものである。

第1節

金融商品の動向と判例理論および法令の展開

1　金融規制緩和と被害救済判例法理

(1)　規制緩和と新規金融商品による消費者被害

　1981（昭和56）年の商法改正で新株引受権付き社債（非分離型）が創設され、1985（昭和60）年には分離型新株予約権証券（ワラント）が認められ、同年東急百貨店が国内で初めてワラントを発行した。このように1980年代後半に規制緩和により新しい金融商品としてたくさんのワラントが発行され、消費者（一般投資家）が購入したが、いわゆるバブルの崩壊とともに、株価が権利行

354 第3部 民事責任の論点

使価格に及ばないままに、多くのワラントは無価値となった。他方、1991
（平成3）年、証券会社が大口顧客に対してだけ損失補填をしてきたことが明
るみに出て社会問題化し、消費者の不満も高まった。このような経過の中で、
消費者が証券会社に対して損害賠償を求める訴訟が多発した。

(2) 信義則に基づく説明義務

そして、次第に、信義則に基づく説明義務を認め、その違反を不法行為と
して損害賠償を命ずる消費者勝訴の裁判例が現れ、判例法理が形成されてい
った。

説明義務に関する代表的な裁判例としては、下記の東京高判平8・11・27
ワラント3 がある。

同判決は、単なる情報告知ではなく、一定の配慮義務が「説明義務」であ
ると判示した。すなわち、「……職業、年齢、証券取引に関する知識、経験、
資力等に照らして、当該証券取引による利益やリスクに関する的確な情報の
提供や説明を行い、投資家がこれについての正しい理解を形成した上で、そ
の自主的な判断に基づいて当該の証券取引を行うか否かを決することができ
るように配慮すべき信義則上の義務（以下、単に「説明義務」という。）を負う」
のである。

そして、同判決は、当該事案における説明内容として、「控訴人の本件ワ
ラント買付時における被控訴人の株式価格は1680円であって、本件ワラント
の権利行使価格の2266円を大きく下回っていた」状況の下で、1株当たり購
入コスト（当該事案では375円＋2266円＝2641円）が損益分岐点であることの説明
が必要であると判断した。

(3) 法令に先行した判例法理

このようにして、規制緩和の下での新規金融商品による消費者被害につい
て、証券取引法には説明義務を明示した規定がない中で、一般不法行為（信
義則）に基づく説明義務の判例法理が確立していったのである。

2 金販法の制定と判例法理の展開

(1) 2000年金販法

2000（平成12）年、金融商品の販売に関する法律（金販法）が制定された
（2001〔平成13〕年4月1日施行）。金販法3条は、元本欠損について説明するこ
とを義務とし、その義務違反があった場合は損害賠償責任が発生する旨規定

した。

金販法制定が実現した背景には、1990年代のいわゆるバブル崩壊から日本版ビッグバンに至る規制緩和に伴い、貯蓄から投資へというかけ声の下、一般消費者向けに元本保証でないリスクのある金融商品が販売されるようになったこと、そして、その中で発生した消費者被害を救済する判例理論が展開したことがある。

金販法は、日本の制定法で初めて、金融商品販売に伴う一定の説明義務と損害賠償責任を明文で規定したものである。

もっとも、損害賠償責任を伴う説明義務の対象について、「重要事項」との語を採用することにより、立案作業の当初においてはある程度広範囲の事項を含ませようという検討もなされていたが、法制上の検討の中で結局は、損害賠償責任という効果を明示するには対象事項を元本欠損に限定するのが妥当であるということになった。また、必要な説明の程度について、当該顧客に必要な程度（当該顧客説）ではなく「一般的大多数の顧客にとって」必要なもの（一般的顧客水準説）にとどまるとの説明がなされた（参議院2000年4月27日財政金融委員会）。そして、適合性原則関係については、勧誘方針の制定に努めるようにとの規定にとどまった。このような不十分さのため、金販法の救済基準は裁判所の一般不法行為に基づく救済の水準に及ばず、裁判例で金販法が活用されることはほとんどなかった。

(2) **判例の展開**

裁判所は、引き続き、信義則に基づく説明義務によって被害救済を図っていったが、2005（平成17）年には適合性原則に関する最高裁判決が出た。

すなわち、最判平17・7・14 株オプ2 は、当該事案の投資者の請求を斥けたものではあったが、投資意向を含む適合性原則が損害賠償責任の根拠となりうることを明示した画期的なものであった。この判決は、直接には適合性原則を論じたものであるが、説明義務についても、当該顧客の事情および意向と商品特性が考慮要素となることを示唆したものとして、2006（平成18）年の金販法改正および金商法制定に大きな影響を与えたといえる。つまり、判例の展開が、さらに一歩進んだ法令の制定を導いたとみることができる。

356　第3部　民事責任の論点

3　2006年金販法改正および金商法制定

(1)　2006年改正金販法

2006年、後述する証券取引法の改正（金商法の制定）と同時に、金販法が改正された。

この改正は、説明義務の対象として、「取引の仕組みのうちの重要な部分」を追加し、必要な説明の方法および程度について、「当該顧客に理解されるために必要な方法及び程度」と明示するものであった。つまり、説明対象を広げるとともに、一般的顧客水準説を排し、当該顧客説を明示したのである。

改正の背景には、前述のとおり、2000年金販法が損害賠償請求訴訟ではほとんど活用されなかったことや、2000年金販法の制定後も新規金融商品による消費者被害が続いたこと、金融商品取引業者敗訴判決が続いたことがある。

(2)　2006年金商法

2006年、証券取引法が改正され金融商品取引法（金商法）が制定された（2007〔平成19〕年9月30日主要部分施行）。

37条の3等は、一定の範囲の説明義務を規定し、金商業等府令82条が、金利、為替相場、株価等の指標の変動で損失が生ずるおそれがある場合の説明対象として「当該指標に係る変動により損失が生ずるおそれがある理由」を明示した。

そして、金商業等府令117条が、「顧客の知識、経験、財産の状況及び金融商品取引契約を締結する目的に照らして当該顧客に理解されるために必要な方法及び程度による説明」を求めた。つまり、金販法とともに、一般的顧客水準説を排し、当該顧客説を明示したのである。また、説明の程度を律する要素について、契約締結目的（投資意向）排除説を排し、契約締結目的（投資意向）包含説を明示したのである。

この金商業等府令117条は、37条の3が書面交付についてのみ言及しているのに対し、説明義務を明示したもので注目に値する。なお、金商業等府令80条3項の要件に該当すれば上場有価証券等書面の交付は不要であるが、金商業等府令117条1項1号の「書面の交付に関し」とは書面交付がみなされる場合を含むと解すべきである[1]。

1）　黒沼544頁。

第4章　説明義務　357

　この金商法の規律は、銀行法、保険業法等へ準用されている。

　なお、40条の顧客の投資意向を含めた適合性原則規定は、前述した最判平17・7・14 株オプ2 を踏まえたものである。

4　監督指針や合理的根拠適合性等の金融行政の展開

(1)　デリバティブや仕組債に関する監督指針

　2005年頃からデリバティブや仕組債が消費者（ないし一般投資家）に勧誘販売されることが目立った。金融機関が収益を上げようとして拡販したものといえるが、2008（平成20）年9月15日に始まったリーマンショック等で被害が顕在化した。

　金融庁は、デリバティブや仕組債について監督指針を改正するなどして対応した。この監督指針改正を中心とする金融行政の対応は、前述した東京高判平8・11・27 ワラント3 等に示された判例理論に沿うものであるが、デリバティブの広がりやリーマンショックなどの教訓を踏まえ、バーゼル規制等の国際的動向や金融工学の知見を反映したもので、具体的適用は一般的な裁判所よりデリバティブの特性により即したものとなった。

　すなわち、2010（平成22）年4月16日金融商品取引業者等向けの総合的な監督指針は、店頭デリバティブ取引について、同様のリスク特性を有する取引（仕組債の販売等）を行う場合を含めて、最悪のシナリオ（過去のストレス時のデータ等合理的な前提を踏まえたもの）や想定最大損失額（単なる最大損失額ではなく「想定最大損失額」であることに留意が必要である）を、顧客が理解できるように説明することを求めた。金融指標等の状況がどのようになれば、そのような場合に当たるのかについて顧客が理解できるように説明すべきであるとされた。また、実際の店頭デリバティブ取引と異なる例示等を使用する場合は、当該例示等は実際の取引と異なることを説明すべきであるとされた。中途売却に伴う損失見込額の試算が困難である場合でも、可能な限り、最悪のシナリオを想定すべきである。解約清算金の内容（金融指標等の水準等に関する最悪シナリオを想定した解約清算金の試算額および当該試算額を超える額となる可能性がある場合にはその旨を含む）や許容額を超える損失についても説明されるべきであるとされた。

　この監督指針は、解約清算金の内容も説明すべきであるとしているが、そうすると購入直後に解約する場合の解約清算金額も説明すべきであることと

なり、実質的には販売時の売却時価も説明の対象となっているのと等しいといえる。時価（理論価格）を説明の対象とすることをためらう傾向が裁判所にあるとすれば、金融行政（監督指針）が金融商品の開発や規制の国際的な動向を踏まえて解約清算金の説明を求めていることに照らし、そのような傾向は是正されるべきである[2]。

(2) 合理的根拠適合性についての証券業協会自主規制

証券業協会は、合理的根拠適合性を導入した。これは、金融商品を組成したり販売したりする金融機関側に有利な金融商品が目立つようになってきたことに対して、実質的に欠陥商品を市場から排除しようとする考え方で、裁判例より先行しているといえる。

5　フィデューシャリー・デューティー論

フィデューシャリー・デューティー概念は、金融行政において以前から言及されてきたものであるが、2016（平成28）年頃から強調されるようになった（フィデューシャリー・デューティーにつき詳しくは、第3部第5章を参照）。欧米の動向を反映したものとみることができる。なお、金融庁は、2017（平成29）年には、主として顧客本位原則という表現を用いるようになったが、実質的内容は同様であるといえる。

金融庁が2016年にフィデューシャリー・デューティーを強調した背景としては、毎月分配型投資信託が多く販売されていることや、生命保険会社が組成する商品の手数料が、他業態が組成する同等の商品に比べてもしばしば高い水準にあること等がある。

フィデューシャリー・デューティー概念は、金融商品組成業者および金融商品販売業者（インベストメント・チェーンにおける全金融事業者）が、顧客（エンドユーザーないし最終受益者）の利益を最優先すべきであること（ベスト・インタレスト）を中核とし、金融事業者が顧客との間で利益相反関係にある場合は

2）　ハルは、デリバティブについての世界的な標準的教科書を執筆しているが、「金融商品を完全に理解していることを確かめる一つの方法は、その価値を求めてみることである。企業は社内で評価できない商品を取引するべきではない。」と警告している（1283頁）。黒沼悦郎「デリバティブの投資勧誘——判例の分析を通じて」先物・証券取引被害研究45号（2015年）18頁、24頁、28頁（理論価格説明説）、東京高判平26・3・20、金判1448号24頁（**為デリ4**）の53頁参照。

そのことを開示・説明すること、手数料やコストを開示・説明すること等を包含する。

　適合性原則は、顧客に適合しない金融商品を勧誘しないことを求めるのに対し、フィデューシャリー・デューティーは、顧客に適合するだけではなく、顧客の最善の利益に適うことを求める。その意味で、従来の説明義務を、適合性原則に近づくための説明義務というとすれば、フィデューシャリー・デューティーに基づく説明義務は、適合性原則を超えるための説明義務と位置づけられる。

　前述のとおり、金融庁がフィデューシャリー・デューティーを強調した背景には、顧客保護と金融機関の健全性のためにフィデューシャリー・デューティーを強調する欧米のリーマンショック後の動向がある。

　米国のエリサ法（Employee Retirement Income Security Act〔1974年〕）は、個人年金関係において、最終受益者の利益のためだけに、(ア)もっぱら最終受益者に利益を与え、年金プランの管理費用を合理的なものとすること（忠実義務）、(イ)同等の能力を有し、同様な事情に精通している思慮深い者が、当該状況において用いることとなる配慮、技能、思慮深さ、熱心さを持って職務を遂行すること（注意義務）、(ウ)リスク回避のために、その行う投資を分散させること（分散投資義務）、(エ)年金プランに関連する規約を遵守すること（規約遵守義務）を求めてきた。

　米労働省（DOL）は、2016年にフィデューシャリー・ルールの改定案を示した。これは、定期的でなくとも、年金受給者に投資に関するアドバイスや推奨を行う者は、原則としてフィデューシャリーに該当するとするもので、その結果、ブローカー・ディーラー等についても、フィデューシャリー・デューティーが課されることとなる。（この改定案の施行をめぐる動向については、第3部第5章参照）

　英国のケイ・レビュー（The Kay Review〔2012年〕）は、その原則5で、インベストメント・チェーンの全参加者が、顧客との関係において、顧客の利益を最優先すること、利益相反状態を避けるべきこと、提供するサービスに対するコストが合理的であり、かつ、開示されるべきであることを求めた。

　また、欧州 MiFID（Markets in Financial Instruments Directive〔2007年施行〕）および MiFID II（2018〔平成30〕年1月施行）は、金融機関が、顧客のベスト・インタレストに従って、誠実、公平かつ専門家として振る舞うことを求めて

360 第3部 民事責任の論点

いる。

　さらに、OECD「金融消費者保護に関するハイレベル原則」(2011年10月)および同原則の適用に関する報告書 (2013年9月) は、その原則4で、情報開示、透明性、利益相反を規定し、金融商品の重要な特徴に関する情報を開示すること、適切な場合には、同じ性質の商品・サービスの間で比較することができるようにすること、起こりうる事項の警告等特別な開示をすること、顧客調査をすること等を求めている。また、原則6で、金融サービス提供者および委任代理人の責任ある業務活動について、顧客のベスト・インタレスト、利益相反、従業者の給与体系等に言及している。

　このような欧米の動向は、日本の判例理論より先行するものといえる。そして、金融庁のフィデューシャリー・デューティー論は、欧米の動向を反映したものであり、日本の裁判例にも影響を及ぼすべきものである。

第2節

説明義務と判例法理の現在

1　平成25年最判

　最判平25・3・7 金利スワ2 (以下「平成25年最判」という) は、金利スワップ案件における説明義務について、次のように述べて、義務違反を認めた原判決を破棄した (最判平25・3・26 金利スワ3 も同旨)。

　「本件取引の基本的な仕組みや、契約上設定された変動金利及び固定金利について説明するとともに、変動金利が一定の利率を上回らなければ、融資における金利の支払よりも多額の金利を支払うリスクがある旨を説明したのであり、基本的に説明義務を尽くしたものということができる。」

　そして、清算金の具体的な算定方法について、承諾なしに中途解約できない、中途解約をする場合には清算金の支払義務を負う可能性があることが明示されていたことから、説明不要とした。また、先スタート型とスポットスタート型の利害得失について、当面変動金利の上昇はないと考えて、1年先スタート型の金利スワップ取引を選択したことから説明不要とした。さらに、固定金利水準が妥当な範囲にあるかどうかについて、自己責任であり、投資リスクを引き受けるか否かの価値判断そのものであるとして、説明義務の対

象ではないとした。

2 平成28年最判

最判平28・3・15 仕組取引1 （以下「平成28年最判」という）は仕組取引案件における説明義務について、次のように述べて、義務違反を認めた原判決を破棄した。

「本件仕組債の具体的な仕組み全体は必ずしも単純ではないが、上告人Y2は、Cらに対し、D債券を本件担保債券として本件インデックスCDS取引を行うという本件仕組債の基本的な仕組みに加え、本件取引には、参照組織の信用力低下等による本件インデックスCDS取引における損失の発生、発行者の信用力低下等によるD債券の評価額の下落といった元本を毀損するリスクがあり、最悪の場合には拠出した元本300億円全部が毀損され、その他に期日前に償還されるリスクがある旨の説明をしたというべきである。そして、Aは、消費者金融業、企業に対する投資等を目的とする会社で、その発行株式を東京証券取引所市場第一部やロンドン証券取引所に上場し、国際的に金融事業を行っており、本件取引について、公認会計士及び弁護士に対し上告人Y2から交付を受けた資料を示して意見を求めてもいた。そうすると、Aにおいて、上記説明を理解することが困難なものであったということはできない。」

3 司研報告による分析

司研報告は、平成25年最判および平成28年最判を次のように分析している。

(1) 判断枠組み

「基本的な仕組み」と「リスク」の説明をもって説明義務は尽くされているという判断構造が採用されている。当該事案の処理としては、説明義務違反を否定して自判した。

取引（対象商品）が複雑になることによって説明すべき事項は増加する。

顧客の属性に応じて説明の方法・程度は異なってくる。

(2) 説明義務の対象

当該金融商品がいかなるリスクをいかなる形で組成した商品であるかを明らかにするのが説明義務の核心であり、取引の基本的な仕組みとリスクが説明の対象となる。

362　第3部　民事責任の論点

いかなる性質のリスクがいかなる仕組みで組み込まれている金融商品であるかということを理解し、当該リスクを引き受ける投資判断を自律的に行うことを可能にするに足りる情報提供こそが説明義務の核心である。

将来の相場変動をどのように読み、その変動が引き受けられるリスクの範囲内か否かといったことを判断することは、顧客が自己責任に基づいて行われるべき投資判断そのものであり、そのような意思決定に係る判断過程に入り込んで適切な方向に誘導したり、そうした価値判断の根拠を示すようなことは、説明義務の対象となるべき事項ではない。

(3)　説明の方法・程度

説明の方法・程度は、顧客の属性と商品特性との相関関係により、対象商品の特質と顧客の属性に応じて、提供すべき情報量には大きな違いがある。

リスクの質と量を具体的にイメージできる説明になっている必要がある。

リスクを生じさせる指標（株価、為替等）が予想に反する方向に動いた場合の損失の谷の深さについて、具体的な数値によるシミュレーションが示されていることが望ましく、損益図（ペイオフ・ダイヤグラム）を示すなどして、視覚的にわかりやすい説明を行うことが望ましい（東京高判平23・10・19 仕組債 C5）。

金融庁の監督指針が参考になる。

(4)　積極的な誤導型の説明義務違反

顧客から求められるなどして情報提供したところこれが誤った内容であったために投資判断を誤らせたという場合は、説明義務違反となる。

(5)　不適合商品勧誘の不法行為論[3]

顧客のニーズに適合しない金融商品であるにもかかわらず、この点につき誤解を生じさせかねない勧誘を積極的に行うなど、顧客に適合した金融商品の勧誘を要請する適合性の原則から著しく逸脱した勧誘をしてこれを販売したときは、不適合商品勧誘の不法行為を構成する。ヘッジ目的に限定されない。利殖・運用を目的とする取引で顧客の堅実な投資意向にそぐわない投機性の高い商品を勧誘したという場合は、不法行為となる。

---

3)　司研報告137頁。

第3節

説明義務の本質と実務的対応、あるべき説明義務

1　説明義務の本質

(1)　情報提供義務か配慮義務か

説明義務は、単なる情報提供義務ではなく、一定の配慮義務である。

このことは、前述の東京高判平8・11・27 ワラント3 が、「職業、年齢、証券取引に関する知識、経験、資力等に照らして、当該証券取引による利益やリスクに関する的確な情報の提供や説明を行い、投資家がこれについての正しい理解を形成した上で、その自主的な判断に基づいて当該の証券取引を行うか否かを決することができるように配慮すべき信義則上の義務（以下、単に「説明義務」という。）を負う」と、説明義務を定義しているとおりである。

平成25年および平成28年最判もこの趣旨を前提としていることは、司研報告が「いかなる性質のリスクがいかなる仕組みで組み込まれている金融商品であるかということを理解し、当該リスクを引き受ける投資判断を自律的に行うことを可能にするに足りる情報提供こそが説明義務の核心である。」と解説しているとおりである。

(2)　公正・効率的市場（資金分配）と金融事業者の役割

前述のような配慮義務は、公正・効率的市場（資金分配）と金融事業者の役割の考察からも導かれる。欧米のフィデューシャリー・デューティー論は、なおさらそうである。

1990年代以来、裁判所は、金融行政に先行して、金融規制緩和下での顧客保護および市場整備の観点から、判例法理を形成し、2000年金販法の法制化を導いた。

金融行政上の説明義務の水準は、2006年の金販法改正・金商法制定で、裁判所に追い着き、その後2007年のリーマンショックとそれに対応する欧米の規制強化の流れを反映して、金融規制緩和下での顧客保護・市場整備の観点から先行した。

2010年代は、裁判所が遅れをとっている状態である。裁判所の状態の背景には、欧米の水準や金融行政の問題意識および先行状況についての理解が進

364 第3部 民事責任の論点

んでいないこと、原告訴訟代理人の主張・立証の状況、個別被害者だけに利
益回復させることへのためらい等があると思われ、各方面での克服が必要で
ある。

(3) 信義則と金販法

判例法理上展開してきた一般不法行為（信義則）による説明義務と、金販
法に基づく説明義務とは、どのような関係に立つか。

金販法3条1項は、市場リスクと信用リスクだけを掲げているので、流動
性リスクなどそれ以外のリスクの説明義務違反は、一般不法行為によること
になる。もっとも、同項を広く解することも可能である[4]。

金販法3条1項1号ないし4号の各ハにいう「取引の仕組み」は、デリバ
ティブ商品（同法2条1項8号・9号）については、「取引の仕組み」である
（同法3条5項5号）のに対し、例えば仕組債の場合、デリバティブが組み込
まれているとはいえ金融商品としての基本的な位置づけは「有価証券」（同
法2条1項5号）になることから、説明の対象たる「取引の仕組み」は権利・
義務の内容に尽きることになる（同法3条5項2号）ため、具体的にどのよう
な差異を生ずるか微妙であるが、少なくとも、原告の立場での主張が制約さ
れることは否定できないと思われる、と指摘される[5]。この点について、黒
沼は、金販法の不備であると指摘している[6]。

2 二分論の下での説明対象事項
(1) 説明の対象と説明の方法・程度の二分論

説明の対象と説明の方法・程度の二分論は、思考枠組みとして便宜であり、
また、金販法の条文に対応しているともいえるので、以下、二分論を前提に
主張・立証のあり方を考えることとする。

もっとも、二分するといってもそう単純ではない。どこまでが対象の問題
で、どこからが方法・程度の問題かは、見方によって境界は曖昧である。ま
た、弊害もありうる。顧客に理解できるような説明の方法や程度を確保する
ためには、説明対象の範囲を広げるべきこともあるし、また逆に、説明対象

4） 志谷匡史「デリバティブ取引に係る投資勧誘の適法性」商事1971号（2012年）4頁
以下。
5） 司研報告125頁。
6） 黒沼・前掲（注2）18頁。

の範囲のうち一部に絞ってわかりやすく説明すべきこともありうる。また、顧客の契約締結目的（投資意向）を含むニーズによって、説明対象にバリエーションがあるともいえるし、説明の方法・程度が変わりうるともいえる。説明義務の抽象的な内容確定を先行させるのではなく、事実経過を全体として把握してその違法性を考察するべきことが強調されるのは、この二分論の難点を回避するためである[7]。

(2) 説明義務の対象

説明義務の対象について、「取引の基本的な仕組みとリスク」であるとされる。しかし、「取引の基本的な仕組みとリスクに尽きる」というわけではない。

司研報告は、このことについて次のように論じている。

すなわち、「『リスクの組成（販売側がリスクを任意に組成して商品設計を行う）に係る金融商品の特質』という点に着目するならば、当該金融商品がいかなるリスクをいかなる形で組成した商品であるかを明らかにするのが説明義務の核心ということになり、したがって、説明義務の対象として要請されるのは、取引の基本的な仕組みとリスクということになろう。また、『情報格差の是正、自己決定基盤の確保』の観点からは、自己責任を問うだけの情報基盤が欠けている場合に、これを是正する限度での情報提供を行うのが説明義務の目的ということになり、このような観点から要請される説明義務の対象は、いかなる性質のリスクがいかなる仕組みで組み込まれている金融商品であるかということを理解し、当該リスクを引き受ける投資判断を自律的に行うことを可能にするに足りる情報提供こそが説明義務の核心ということになり、結論的には、上記と同様、取引の基本的な仕組みとリスクが説明義務の対象ということになるのではないかと考えられる。」[8]というのである。

すなわち、「取引の基本的な仕組みとリスク」との表現を使用するとしても、求められている趣旨ないし本質は、このような「いかなるリスクをいかなる形で組成した商品であるか」「当該リスクを引き受ける投資判断を自律

---

7) 三木俊博編著『事例で学ぶ金融商品取引被害の救済実務』（民事法研究会、2016年）23頁〔田端聡〕。青木浩子「近時における金融商品取引関係訴訟の動向［説明義務］」金判1511号（2017）14頁は、主観要素からのアプローチを主たる類型とすべきであると述べる。

8) 司研報告122頁〜123頁。

366 第3部 民事責任の論点

的に行うことを可能にするに足りる情報提供」である。

　このような趣旨から、当該商品および当該顧客、当該状況に即して、どのような内容を説明義務の対象となる「取引の基本的な仕組み」と位置づけるべきか、どのような内容を説明義務の対象となる「リスク」と位置づけるべきか、が画定されるべきことになる。

　ここで、ある商品について、どんな顧客についても画一的に説明対象が決まっているわけではないことに留意すべきである。当該顧客の投資意向ないしニーズ、ポートフォリオ（資産構成）との関係で、リスクないしリスクの重点は異なりうる。仕組みのうちどこが基本的かということも、バリエーションがありうるともいえる。また、経済環境によっても、重要なリスクは変化しうる。

(3) 並行的情報提供による説明義務対象の拡大（誤導型説明義務違反）

　司研報告は、「積極的な誤導型の説明義務違反」として、「実際の投資損害賠償訴訟においては、業者側の誤導的ないし不適切な説明により投資判断を誤らされたという主張がされることが意外に多い。特に、本来的には説明義務の対象といえない情報であっても、顧客から求められるなどして情報提供をしたところこれが誤った内容であったために投資判断を誤らせたという場合」は、「情報格差の是正のための情報提供を怠った説明義務違反とは性格を異にし、むしろ本質的に作為不法行為であるという性格に着目するならば、『断定的判断の提供』（金販法4条、5条）などと同根の不法行為類型と考えられる。実務的には、このようなものも説明義務違反として括られていると解され、そのような整理を見直す必要まではないと思われるが……」と述べる[9]。

　この司研報告の指摘のうち、実際の訴訟で誤導的ないし不適切な説明によ

---

9)　司研報告126頁。圓道至剛「金融取引訴訟実務入門　被告金融機関の訴訟対応の基礎と留意点（第1回）」金法2076号（2017年）44頁、47頁は、この司研報告の指摘について、「本来は説明義務の対象とはいえない事項であっても、被告金融機関が顧客の求めに応じて情報提供したところ、顧客がこれを誤って理解しており、そのことを顧客との問答などから被告金融機関の担当者が認識した場合などにおいて、その誤解を正す説明を行う義務などを認める余地をいうものと考えられます。」と、顧客の求めに応じた情報提供に限定し、また、誤解を認識した場合に限定しようとするが、不正確である。顧客の求めに応じたわけでなくとも、金融事業者が提供した情報によって顧客が誤解をしている場合や、もともと顧客が先入観や無知による誤解をし（ており金融事業者がその誤解の存在を認識しえ）た場合も、誤解を正す義務を負うというべきである。

り投資判断を誤らされたという主張が多いこと、これが断定的判断の提供と似た類型であることは首肯できるが、「本来的には説明義務の対象とはいえない情報」であるとか「情報格差の是正のための情報提供を怠った説明義務違反とは性格を異にし」との分析は、当を得ていないと考える。つまり、投資者（金融消費者）が「正しい理解を形成した上で、その自主的な判断に基づいて当該の証券取引を行うか否かを決することができるように配慮する」ためには、勧誘者（金融事業者）がした作為（勧誘内容）に対応して、必要な説明義務の対象事項や説明の方法・程度が検討されなければならないのである。

　換言すると、実際の金融商品の販売・勧誘においては、販売・勧誘側が、当該金融商品のリターン情報ないし利益情報に言及しないことはない。むしろ、リターンを強調するのが実態である。つまり、顧客を楽観的な読みに向かわせる情報提供が過剰ないし過度になされ、リスクを冷静に認識する前提となる情報提供が減殺され、「投資判断を自律的に行うこと」を妨げるのである[10]。これは、「誤導的ないし不適切な」とまで言い切れない場合であっても、当該顧客のリスク判断を歪ませることが多い。司研報告の指摘に即して言い換えると、本来的に説明義務の対象といえない情報（リターン情報ないし利益情報）が業者によって先行的ないし並行的に提供されることがむしろ常態なのであり、したがって、そのように先行的ないし並行的に提供された情報を踏まえて、顧客が何が「取引の基本的な仕組み」か、何が「リスク」かが認識できるように、説明義務の対象である「取引の基本的な仕組みとリスク」が画定されなければならない。

　つまり、説明義務論は、一般には、説明すべき事項を措定してその不履行（不作為）を問題にするのであるが、実際には、金融事業者の「勧誘」という一連の過程（作為）の中で利益情報の提供とリスク情報の不提供または不十分な提供が総合されているのであるから、前述の配慮義務の原点に立ち返って、勧誘ないし作為との相関関係で、説明内容と説明の方法および程度の水準が措定されなければならないのである。

　例えば、大阪地判平22・8・26 仕組投信1 は、条件付きの元本保証という商品の特性により元本の安全性が印象づけられることから、当該条件については特に慎重に説明する必要がある旨判示した。

10）　第3部第2章、特に第4節のプロスペクト理論参照。

368　第3部　民事責任の論点

　ちなみに、消費者契約法は、不実表示（消費者契約法4条1項1号）および断定的判断の提供（同項2号）とともに、不利益事実の不告知（同条2項）として、「当該消費者の利益となる旨を告げ、かつ、当該重要事項について当該消費者の不利益となる事実（当該告知により当該事実が存在しないと消費者が通常考えるべきものに限る。）を故意〔2019年6月15日〜故意又は重大な過失〕に告げなかったこと」を掲げている。この不利益事実の不告知と通底する考え方により、説明義務の対象（と説明の方法・程度）は拡張されるということができる。

　さらに考察するに、仮に販売・勧誘側が、当該金融商品のリターン情報ないし利益情報にまったく言及しない場合であっても、当該金融商品の名を挙げて勧誘するということ自体が、無数にある金融商品の中から特定の商品を選択したのであり、金融事業者が当該金融商品を推奨したということを意味するといえる。この金融事業者による特定商品の選択という事実だけからも、顧客は当該商品購入によって利益を獲得できると期待するのであり、当該金融商品を勧誘した金融事業者は、少なくとも顧客のその期待に随伴するリスクおよびリスクへの対処方法を説明すべき義務を負うというべきである。

(4)　説明対象事項の主張・立証

　このように、説明義務の対象となる「取引の基本的な仕組みとリスク」は、「いかなるリスクをいかなる形で組成した商品であるか」「当該リスクを引き受ける投資判断を自律的に行うことを可能にするに足りる情報提供」であるかとの趣旨から、当該商品および当該顧客に即して、どのような内容を説明義務の対象となる「取引の基本的な仕組み」と位置づけるべきか、どのような内容を説明義務の対象となる「リスク」と位置づけるべきか、が解明されなければならない。

　また、顧客に先行的ないし並行的に提供された情報（とりわけリターン情報ないし利益情報）を踏まえて、つまり、当該商品および当該顧客に即するだけでなく、当該勧誘過程にも即して、顧客が何が「取引の基本的な仕組み」か、何が「リスク」かが認識できるように、説明義務の対象である「取引の基本的な仕組みとリスク」が主張・立証され解明されなければならない。このためには、当該説明時だけでなく、その時点に先立つ経過においてどのような情報提供がなされたか、顧客がどのような状態にあったのかも踏まえる必要がある。

3　二分論の下での説明の方法・程度

(1)　司研報告の指摘

　説明の方法・程度は、顧客の属性と商品特性との相関関係により、対象商品の特質と顧客の属性に応じて、提供すべき情報量には大きな違いがある。

　リスクの質と量を具体的にイメージできる説明になっている必要がある。

　リスクを生じさせる指標（株価、為替等）が予想に反する方向に動いた場合の損失の谷の深さについて、具体的な数値によるシミュレーションが示されていることが望ましく、損益図（ペイオフ・ダイヤグラム）を示すなどして、視覚的にわかりやすい説明を行うことが望ましい（このような点に着目して説明義務違反を認めたものとして、東京高判平成23・10・19 仕組債 C5 がある）。

　そして、「具体的な内容としては、金融庁の監督指針……が参考になると思われる……。例えば、監督指針に規定されているリスク説明の在り方のうち、①最悪シナリオを想定した想定最大損失額はどの程度か、②顧客が許容できる損失額を超える可能性があるのか、③市場がどのようになればそのような場合になるのかといった点は、私法上の説明義務違反の在り方を考える上でも、大いに参考になると思われる。もちろん、これも顧客の属性との兼ね合いで決せられることであり、一律にこのような説明が必要ということではなく、個別事案ごとの諸事情を勘案して総合的に決定されるべきものである。」[11]

(2)　リスクの質と量

　司研報告は、「損失の谷の深さについて、具体的な数値によるシミュレーションが示されていることが望ましく、そのような形で、リスクの質と量とを具体的にイメージできる説明になっている必要になっている必要があると解される」「損益図（ペイオフ・ダイヤグラム）を示すなどして、視覚的に分かりやすい説明を行うことが望ましい」「以上の具体的な内容としては、金融庁の監督指針……が参考になると思われる……。例えば、監督指針に規定されているリスク説明の在り方のうち、①　最悪シナリオを想定した想定最大損失額はどの程度か……」と述べる[12]。

　ここで注目されるのは、リスクについて「質と量」と指摘されていること

---

11)　司研報告124頁。
12)　司研報告124頁。

である。つまり、リスクの定性的な面と定量的な面の両方が「具体的にイメージできる説明」が求められている。「損失の谷の深さについて、具体的な数値」と記されているが、これは、単に〇〇円損をする可能性があるという最大損失額でなく、想定最大損失額のようにそのようになる確率も含めて具体的に示される必要がある。損益図で示すことができる最大損失額と、発生する確率を含んだ想定最大損失額とは異なる。

「損益図（ペイオフ・ダイヤグラム）を示すなどして」と損益図が例示されているが、損益図は例示にすぎないことが注意されるべきである。損益図では、ある指標がどのように変化したときに損失額がどのように変化するのか（例えば日経平均株価が何割下がったときに元本の何割が失われる）はわかるが、そのような損失が発生する確率がどの程度あるのかは損益図だけではわからない。

つまり、損益図で示される仕組みの一側面と、「想定最大損失額」で示される仕組みの一側面とは異なり、損益図では想定最大損失額はわからないのである。

金融庁の監督指針が掲げ、また司研報告が前述のように大いに参考になるとして引用している「想定最大損失額」は、バリュー・アット・リスク（VaR〔バー〕）と呼ばれるものである。これは、最悪の場合の損失額そのものを示すものではなく、損失が発生する確率を含め損失を被る可能性を示す指標である。金融庁の監督指針は、例えば、「当該店頭デリバティブ取引の対象となる金融指標等の水準等（必要に応じてボラティリティの水準を含む。以下同じ。）に関する最悪のシナリオ（過去のストレス時のデータ等合理的な前提を踏まえたもの。以下同じ。）を想定した想定最大損失額について、前提と異なる状況になればさらに損失が拡大する可能性があることを含め、顧客が理解できるように説明しているか。」と記述している[13]。

司研報告が指摘している「リスクの質と量」や「損益図」と「想定最大損失額」は、このようなものであることを十分に認識する必要がある。

(3) VaR の説明

VaR は、金融商品のリスクの代表的な指標として、金融規制当局や金融機関が用いている[14]。

---

13) 金融商品取引業者等向けの総合的な監督指針　Ⅳ-3-3-2(6)①イ。
14) 第3部第2章第3節3(2)(d)参照。

第4章　説明義務　　371

　司研報告46頁は、市場リスクがデリバティブ取引が持つリスクの中で最も直接的かつ影響の大きいリスクであるとした上で、市場リスク管理のために「現在、金融機関で一般的に採用されている手法がバリューアットリスク（VAR, Value at Risk）というものであり、一定の期間（観測期間）に発生した価格変動の実績から、一定の確率（信頼区間）で発生する価格変動に起因する損失額を計測するものである。例えば、信頼区間を99％として設定した場合、『99％の確率でその損失額以内に収まる最大損失額』はいくらというリアルな数字が示される。」と解説している。

　ハルは、デリバティブについての世界的に標準的教科書の中で、「VaR は、金融機関だけでなく、企業の会計担当者やファンド・マネージャーなどによっても広く用いられるようになってきた。銀行の規制当局は従来から、銀行が抱えるリスクに対する所要自己資本を決定するのに VaR を用いている。」と述べている[15]。

　国際社会における銀行規制機関としてバーゼル銀行監督委員会があるが、同委員会が公表している銀行の所要自己資本の算出方法として VaR が用いられている[16]。すなわち、「VaR は、1997年末より適用されているバーゼル規制におけるマーケット規制で使用される内部モデルの中心概念である。VaR のメリットは、異なる種類の取引のリスクを統計的手法により客観的に共通の尺度で計量でき、しかも統合できるということである。」[17]

　VaR について、日本銀行金融機構局金融高度化センター「市場リスクの把握と管理」は、次のように定義する。

　①過去の一定期間（観測期間）の金利・株価・為替等（リスク・ファクター）の変動データに基づき、②将来のある一定期間（保有期間）のうちに、③あ

───────────────────

[15]　ハル768頁〜769頁。

[16]　大半の国で2007年前後に実施されたバーゼルⅡでは、保有期間1年、信頼水準99％の VaR を信用リスクとオペレーショナル・リスクの計測に用いており、2012年実施のバーゼルⅡ．5は、市場リスク資本の計算方法を見直し、逆風下の時期の市場変数の動きに基づいて計測した VaR であるストレス VaR を用いる等した。ハル770頁。

[17]　福島良治『デリバティブ取引の法務（第5版）』（金融財政事情研究会、2017年）266頁。なお、同書267頁は、VaR が保有期間や信頼水準、前提とする変動率（ボラティリティ）により答えが異なること、テール事象を考慮しないという問題に対処するために、バーゼル規制で2019年12月末から期待ショートフォール（Expected Shortfall または Conditional Value at Risk）が適用されることを紹介している。VaR の限界について、本書第3部第2章第3節3(2)参照。

る一定の確率（信頼水準）の範囲内で、④当該金融資産・負債が被る可能性のある最大損失額を、統計的手法により推定し、VaR として定義する。

また、例えば、平野は、地方銀行がリスク性のある金融商品を購入する場合に備える標準的なテキスト[18] の中で、第1章「資金運用環境の分析（経済予測と基本的な経済指標）」として、運用環境の分析方法と政府統計等の読み方を論じた次に、第2章「資金運用に伴うリスク管理（市場リスク管理）」の第1節「リスク管理における基本的な概念」として、VaR を紹介している。つまり、VaR は、金融界では極めて基本的なリスク指標とされている。

同書は、「VaR は、1990年代から欧米の金融機関で普及してきた。VaR は、さまざまなリスクファクターをそれぞれ別の方法で計測するのではなく、一定の確率のもとで生じる可能性のある予想損失率という共通の尺度で計測するため、リスクを一括して比較・管理することができるというメリットがある。……しかし、VaR も必ずしも万能ではなく、あくまで過去の時価の変化等を統計的手法により分析した結果から導かれるものなので、大幅なマーケットの変化、例えばブラックマンデー……における株価急落……等、きわめて希な問題が発生した場合には対応できない……このような欠点はあるものの、金融機関全体としてリスクを共通の尺度で測定し、一定の確率で発生する可能性の高い予測損失額を把握し管理できるという点は大きなメリットであり、その欠点・限界をよく理解したうえで利用することの意義は大きいといえる。」と述べている。

投資判断をする場合に VaR 等により確率を含めた損失の可能性についての情報が必須であることは、金融工学および機関投資家等が投資判断をする際には当然の前提とされているのである。そして、再三述べるように、金融庁監督指針や司研報告が、金融事業者が顧客を勧誘する場合に説明すべき事項として指摘しているのである。

したがって、説明義務の内容として、VaR の具体的数値（想定保有期間、信頼水準及び想定最大損失額）が説明対象とされるべきである。少なくとも、デリバティブや仕組商品の投資判断（投機判断）のためには VaR 等の把握が必要である旨の説明は必須である。

---

18) 平野吉伸『地域金融機関の資金運用とリスク管理（改定版）』（金融財政事情研究会、2017年）52頁〜53頁。

　　　　　　　　　　　　　　　　　　　　　　第4章　説明義務　　373

　そして、当該商品に係る VaR の意義や限界を理解することのできない顧客には、適合性原則により、そのような金融商品を販売ないし勧誘してはならない[19]。

(4)　時価評価額

　司研報告は、「デリバティブ取引において価格の構成要素の開示が投資判断の前提として要請されるのはなぜかという核心部分につき、積極説の立場から十分な根拠が実証的に示されているとはいえないように思われる。」とする[20]。

　仕組債の理論価格を説明義務の対象とするべきであることについて、黒沼の考察がある[21]。

　また、東京高判平成26・3・20 為デリ4 （確定）は、当該事案において時価評価額を説明対象と解するべきであるとしたものであるが、その根拠ないし論理構造に注目すべきである。すなわち、同判決は、「①本件取引にとって、時価評価額は、取引期間中に、一審原告に担保提供という新たな支払を義務づける基準額となるとともに、解約の清算金の基準額ともなるところ、その変化の程度が相当程度大きくなり得るものであるから、一審被告らは、一審原告に対し、一審原告が不測の損害を被ることがないように、信義則上、時価評価額について、本件取引に組み込まれた取引の仕組みのうちの重要な部分として、その理解力に応じた説明をする義務を負っていたと解するのが相当である。」と判示するのである[22]。

　つまり、同判決は、時価評価額について、根拠なく説明対象となるというのではなく、当該事案において担保提供という追加負担の要否を左右する要素であること等から、取引の仕組みの重要な部分に該当すると位置づけた。

---

19)　ハルは、最終章「デリバティブにおける不幸な出来事と教訓」において、「金融機関以外の企業に対する教訓」として、「企業の上級管理職は部下の提案する取引について理解できないならば、その取引を承認するべきではない。一般的に、取引とその取引を行う理論的根拠が複雑で、管理職がそれを理解できないならば、その取引はその企業にとってほぼ確実に不適切な取引である。」と警告している（同書1282頁）。

20)　司研報告134頁。

21)　黒沼・前掲（注1）18頁、24頁。黒沼は、理論価格自体の提供がためらわれるのであれば、顧客側で理論価格を自ら算定できるだけの情報を証券会社が提供すべきであろうと指摘する。

22)　東京高判平成26・3・20金判1448号24頁（為デリ4）の53頁。このほかの要素についても検討が加えられている。本書第2部4参照。

374 第3部 民事責任の論点

　さらに、同判決は、一審原告の②理解程度や、③顧客が最終決済日まで契約履行を続けた場合と中途解約の場合とで説明義務が異なるわけではないことを検討し、④同事件一審被告は「時価評価額の変動要因と要因の変動の時価評価額への影響の程度や、交換レートの反比例方式が時価評価額を大きく変動させることを具体的に説明すべき義務を全うしていなかったというべきである」と判示した。

　このように、当該商品および当該顧客、当該状況に即して、当該顧客が当該取引の利益やリスクに関する正しい理解を形成した上で自主的な判断ができるように配慮すべき信義則上の義務が果たされかどうかという判断がなされているといえる。

(5)　金商法、自主規制、内部規則との関係

　司研報告は、説明の方法・程度の「具体的な内容としては、金融庁の監督指針が参考になると思われる」と指摘した上で、「これも顧客の属性との兼ね合いで決せられることであり、一律にこのような説明が必要ということではなく、個別事案ごとの諸事情を勘案して総合的な設定されるべきものである。」と述べる[23]。金商法施行令、監督指針、証券業協会規則といった金融行政上の規範は、金融機関が遵守すべきものであり、金融界の公序を形成しているものといえ、その違反により顧客に損害が生じた場合は、損害賠償責任が認められるべきものである。また、金融機関が策定している顧客保護のための内部規則[24]の違反により顧客に損害が生じた場合も、損害賠償責任が認められるべきものである。

4　あるべき説明義務に向けて

　説明義務は、単なる情報提供義務ではなく、一定の配慮義務であり（東京高判平8・11・27 ワラント3 等）、当該顧客が当該金融商品取引による利益やリスクについての正しい理解を形成した上で、その自主的な判断に基づいて当該取引を行うか否かを決することができるように配慮すべき信義則上の義務である。そのような正しい理解と自主的判断ができるように、顧客の属性と

---

23)　司研報告124頁。
24)　東京地判平23・2・28 仕組投信2 は、高齢者に関しては家族の同意が必要とされていた被告証券会社の内部規則との関係についても、担当社員が顧客の家族に具体的な投資信託の内容およびその金額を説明したとは考え難い旨判示した。

商品特性に応じた「取引の基本的な仕組みとリスク」について、顧客の属性と商品特性に応じた方法・程度により履行されなければならない。

金融商品および金融サービスにおける技術や商品開発は日進月歩であり、また、リーマンショックなどの広範囲・大規模なリスクの顕在化がある。金融規制当局は、このような状況や金融サービスをめぐる苦情や被害を踏まえ、また、国際的な金融規制動向を踏まえて、国民が安心して投資できる環境を整えようと、法令や監督指針等の整備に努めようとしている。

このような観点から、実際の金融商品の販売・勧誘においては、販売・勧誘側が当該商品のリターン情報ないし利益情報を先行的ないし並行的に提供している実態を踏まえて、説明義務の対象と説明の方法・程度が画定されなければならない。

また、デリバティブおよびデリバティブを組み込んだ仕組商品については、理論価格（時価評価額）説明説が採用されるべきである。そして、デリバティブおよびデリバティブを組み込んだ仕組商品については、想定最大損失額、すなわち VaR の説明が必要である。金融庁の監督指針や司研報告もその旨指摘している。

例えば「確率99％で、○○日後に○○円以上の損失を被ることはない。ただし、この VaR 計算が前提とする信頼区間（確率）や保有期間が変わる結果は変わる。また、前提とする変動率は、過去○○日の期間のデータをもとにしたもので、この期間の取り方によって結果は変わる。残り１％の場合はこれより大きな損失となる。つまり、前提と異なる状況になればさらに損失が拡大する可能性がある。」ということを、当該顧客に理解できるように説明する必要がある。そして、当該商品に係る VaR の意義や限界を理解することのできない顧客には、適合性原則により、そのような金融商品を販売ないし勧誘してはならない。

今後も、新しい金融商品や金融サービスが生まれるであろうし、世界的に金融規制における工夫は進展するであろう。顧客の属性および商品特性を踏まえた説明義務は、前記のような配慮義務であり、その説明対象と説明の方法・程度は、金融商品や金融規制の動向を反映して発展するものである。

376　第3部　民事責任の論点

第5章

フィデューシャリー・デューティー
（顧客本位原則）と民事責任

第1節

フィデューシャリー・デューティーとは

1　英米法の動向

(1)　概要

　フィデューシャリーは、もともと英米法の概念で、「受任者、高度の忠実義務を負う者。当事者間に信認関係が存在する場合に、相手方の信頼を受け、その者の利益のために行動、助言する義務を負う者。引き受けた任務につき、自己執行義務、忠実義務、注意義務などを負う。」というものである[1]。英国法での先例的判例は、1854年のもので、フィデューシャリーは、相手方の利益に反して自己の利益を図ってはならず、常に相手方の最善の利益のために行動しなければならない、としている[2]。

　欧米の金融分野では、米国の従業員退職所得保障法（エリサ法）や米国労

1）　田中英夫編『英米法辞典』（東京大学出版会、1991年）346頁。潮見佳男『契約法理の現代化』（有斐閣、2004年）は、受託者理論は、米国証券取引法理論で展開されたものであり、顧客の利益を最優先にすべき義務や、すべての利害相反事項の開示義務が帰結されること等を指摘している。同書90頁。

2）　*Aberdeen Railway Company v Blaikie Bros*（1854）1 MacQueen 461（HL）, in Ian G MacNeil, *An Introduction to the Law on the Financial Investment*, Hart Publishing, 2005, p. 21.

働省フィデューシャリー・デューティー案（2017年4月以降の施行が予定されていたが、トランプ新大統領就任後延期された）や、英国のケイ・レビュー（2012年）、欧州の金融商品市場指令（MiFID〔ミフィッド〕）（2007年施行）、OECD金融消費者保護に関するハイレベル原則（2011年）などでフィデューシャリー・デューティーが扱われている。

　米法のフィデューシャリー・デューティは、「フィデューシャリーは、顧客の最大の利益のために行動しなければならない。自らの利益より顧客の利益を優先しなければならない。いかなる潜在的利害相反も秘匿してはならない。すべての料金やコミッションを、顧客に対し金額を明示して開示しなければならない。」というものである。

　米国のタマール・フランケルは、すべての受認者に共通の特徴として、以下の4点を指摘することができるとしている[3]。

　第1に、受認者は主にサービスを提供する。受認者の提供するサービスは、通常は社会的に望ましいもので、専門性を必要とすることが多い。

　第2に、これらのサービスを効率的に実行するために、受認者に対し財産または権限が託される必要がある。

　第3に、託す人は、託すことによって、受認者が信頼に値しないかもしれないというリスクを負う。

　第4に、(1)託す人が、信認関係に伴いリスクに対して自衛できない。(2)市場が、託す人をそうしたリスクから守れない。(3)受認者が自らのことを信頼に値すると示すのにかかる費用が、信認関係からもたらされる利益よりも大きい。

　フランケルは、「このような状況では、法が介入しない限り、当事者は関係をもとうとしないだろう。ここで法は、当事者双方のニーズに対応したり、（経済学者の表現のようであるが）信認関係に伴って当事者双方が負担する費用を減少させることで、こうしたサービスの提供に伴う社会の利益を保護するとができる。」と説く[4]。欧米の金融規制当局に続き日本の金融規制当局が、金融事業者をフィデューシャリーと位置づけることによって、利用者に安心感や信頼感を醸成して金融の流れを円滑化しようとする所以である。

3）　タマール・フランケル『フィデューシャリー──「託される人」の法理論』（弘文堂、2014年）6頁〜7頁。
4）　フランケル・前掲（注3）7頁。

378 第3部 民事責任の論点

(2) エリサ法と判例

(a) 1974年エリサ法

エリサ法（Employment Retirement Income Security Act〔1974〕）は、1974年に制定された米国連邦法で、企業年金の加入者が有する受給権の保護を目的として、企業年金を包括的に規制するものである[5]。

フィデューシャリー・デューティーにおいては、金融事業者は、契約関係の直接の顧客だけでなく、最終受益者に対しても義務を負う。例えば、年金においては、最終受益者（年金受給者）が直接の契約関係を持つのはアセットオーナー（年金基金等）であり、そのアセットオーナーが投資マネージャーとの間で運用委託契約を結ぶのであるが、投資マネージャーは、運用委託契約の直接の相手方であるアセットオーナーだけでなく、最終受益者（年金受給者）に対しても、フィデューシャリーとして、直接フィデューシャリー・デューティーを負うのである。

エリサ法は、フィデューシャリーは、最終受益者の利益のためだけに義務を果たすべきである旨定め（エリサ法404条 a 項）、さらに、忠実義務、善管注意義務（a duty of prudence）、分散投資義務、規定遵守義務（a duty to follow plan documents to the extent that they comply with ERISA）を負うと定める（エリサ法404条(a)(1) A ～404条(a)(1) D）。

フィデューシャリー・デューティーは、顧客（最終受益者）の利益のためだけに行動することを求めるもので、顧客に適合した推奨をすることを求める適合性原則より高度な水準を求めるものである[6]。

(b) 判例

「ブローカーは、一般的に、……裁判所によりフィデューシャリーと考えられている。」[7]。1974年エリサ法上のフィデューシャリーは、裁量を持つ業者についてのものであるとされるが、裁判所は、裁量を持たない業者についてもフィデューシャリー・デューティーを適用してきたのである。

リーディング・ケースであるリーブ対メリル・リンチ事件判決[8]は、裁

5） 金融審議会市場ワーキンググループ2016年 7 月 6 日事務局資料10頁。

6） Topoleski, J. J., & Shorter, G. (2017). *Department of Labor's* 2016 *fiduciary rule: Background and issues* (CRS Report R44884). Washington, D. C.: Congressional Research Service, Summary.

7） N. Poser, *Broker-Dealer Law & Regulation,* Section2.01, p. 2-3.

第5章　フィデューシャリー・デューティー（顧客本位原則）と民事責任　　379

量的口座と非裁量的口座の両方を有していたがいずれの口座でも業者の助言
に従っていた顧客について、業者の非裁量的口座にも業者の口座支配があっ
たとして、「当該ブローカーは、口座開設時から、口座が裁量的なものであ
った場合に負うのと同じフィデューシャリー・デューティーを負う。」と判
示した。

そして、同判決は、「(1)当該株式の性質及び価格、経済的予測について理
解するのに十分に調査したうえで推奨する義務、(2)顧客の最善の利益に沿う
方法で顧客の注文を実行する義務、(3)当該証券の売買に包含されるリスクを
顧客に説明する義務、(4)当該推奨証券について、業者自らが有する利害関係
の開示を拒否したり、業者自己勘定の売買をしたりしない義務、(5)当該取引
の重要事実について不実表示をしない義務、(6)顧客の事前の了解を得てから
取引をする義務」を負うと判示した。

(c)　FINRA の紛争解決実務

前述したエリサ法や判例の下で、フィデューシャリー・デューティーは、
米国での証券関係紛争で最も多く用いられる法理となっている。

米国 FINRA（The Financial Industry Regulatory Authority）は、毎年4000件か
ら8500件の証券紛争を解決している世界最大の証券紛争解決機関であるが、
2015年の紛争類型別の件数は次のとおりで、フィデューシャリー・デューテ
ィー違反が最も多い[9]。

フィデューシャリー・デューティー違反	1807件
過失	1667件
監督義務違反	1554件
不実表示	1499件
適合性原則違反	1364件
契約違反	1444件
事実不告知	1216件
詐欺	1089件
無断売買	254件
州証券法違反	238件
過当取引	247件

8)　Lieb v. Merrill Lynch, Fenner & Smith, 461 F. Supp. 951, 954 (E. D. Mich. 1978).
9)　FINRA, *The Financial Industry Regulatory Authority's Dispute Resolution
Activities, Revised September 1, 2016*, PIABA 25th Annual Meeting Material, p. 59。

相場操縦	208件
信用取引 margin calls	97件
執行懈怠	49件
手数料過誤	64件

(d)　米労働省（DOL）フィデューシャリー・デューティ規則改定案[10]

　米労働省は、エリサ法の改定案を提案した。全1023ページの大部である。2017年4月10日から2018年1月1日までの間に段階的に導入される予定であったが、トランプ政権下で、2019年半ばまで導入が延期されていたところ、2018年6月21日、連邦第6巡回控訴裁判所で改定案は無効とされ、同判決は確定した。

　改定案は、エリサ（ERISA）の「投資助言受託者」定義を拡大し、個人退職金積立計画に関係するか個人退職金計画について助言するすべての金融事業者を、「フィデューシャリー」と位置づけるものであった。

　改定案は、オバマ政権下で作成されたが、上記のとおり、2017年2月3日トランプ新大統領は、実施を180日延長した。これに対し、米労働省は、同月10日に、60日の遅延がありうるとのメモ（通達番号2017-01）を発した。2017年3月、世界第1および第2の投資運用会社であるバンガードとブラックロックが新規則のより長期の延期を求めたが、同月に実施されたパブリックコメントでは、寄せられた19万3000の意見のうち17万8000が延期に反対するものであった。2017年5月に新しく任命された米労働省長官は、同年6月9日より遅延はさせないと表明した。しかし、米労働省は、2017年8月、新規則遵守期限を2019年7月1日に延期するとし、さらに、2017年11月27日、導入日が2018年1月から2019年半ばまで延期した。

　改定案は、現行エリサ法のフィデューシャリーに該当する投資アドバイス提供者の範囲が狭く、投資家に対する利益相反行為等からの保護が不十分であるとの認識の下に、フィデューシャリーの範囲を見直し、定期的でなくとも、年金受給者に投資ができるアドバイスや推奨を行う者は、原則としてフィデューシャリーに該当するとするものであったが、改定の企ては頓挫した。他方、米国証券取引委員会（SEC）が、2018年4月18日、業者の行為基準を

10)　http://www.investopedia.com/updates/dol-fiduciary-rule/

第 5 章　フィデューシャリー・デューティー（顧客本位原則）と民事責任　　381

強化する規則改定案を公表した[11]。

2　欧州の動向（MiFID、OECD 金融消費者保護に関するハイレベル原則）

(1)　英国ケイ・レビュー

英国政府（Department for Business Innovation & Skills）は、ジョン・ケイに、英国株式市場の構造的問題、上場企業行動、コーポレート・ガバナンスに関する調査・分析を要請した。ケイの報告は、2012年 7 月に公表され、フィデューシャリー・デューティーの遵守を提言した[12]。

すなわち、同報告書は、原則 5 として、インベストメント・チェーンの全参加者が、顧客との関係においてフィデューシャリー基準を遵守すべきであるとし、フィデューシャリー・デューティーとして、①顧客の利益を最優先すること、②利益相反状態を避けるべきこと、③提供するサービスに対するコストが合理的であり、かつ、開示されるべきであることを求めた。また、同報告書は、原則 7 として、欧州連合および各国の規制当局は、他人の投資に関する裁量権を持ち、または投資の意思決定に関し助言を行うインベストメント・チェーンの全関係者にフィデューシャリー基準を適用すべきであるとした。

(2)　欧州

欧州 MiFID（Markets in Financial Instruments Directive〔2007年施行〕）は、欧州の金融商品市場指令で、EU 域内の資本市場・投資サービスに係る基本法であるが、欧州連合の各加盟国は、投資会社が顧客に対して投資サービスを提供する際には、投資会社に対して、顧客のベスト・インタレストに従って、誠実、公平かつ専門家として行動することを求めなければならない、とした。

さらに、MiFIDⅡ（2018年 1 月施行）[13] は、「金融商品ガバナンス」の監督法上の規制枠組みとして、金融商品組成業者に、組成する金融商品ごとに対象とする市場（ターゲット顧客）を特定することを求め、金融商品販売業者には、販売する金融商品ごとに対象とする市場（ターゲット顧客）を特定することを求めている。そして、これらの金融事業者に、最善執行確保義務（best execution）、適合性（suitability）や適切性（appropriateness）の原則の遵守を求

---

11)　大和総研「SEC、新たな投資家保護規制の提案」（2018年 7 月13日、同社サイト）。
12)　金融審議会市場ワーキンググループ2016年 7 月 6 日事務局資料13頁。

める。金融商品販売業者についても、組成から数次の販売を経て最終顧客（最終受益者）に販売されるまでのインベストメント・チェーン全体を視野に入れた規制を導入し、顧客に対する情報提供についての一般ルールや販売手数料に関する規制を設定する。最善執行確保義務は、注文を執行する際に、価格や費用、速度、執行と決済、量、性質その他当該執行に関連するあらゆる考慮事項を考慮にいれ、顧客に可能な限り最善の結果を獲得するために、MiFIDでは、すべての合理的な手段を講ずる義務（take all reasonable steps）であったが、MiFIDⅡでは、すべての十分な手段（take all sufficient steps）を講ずる義務に高められた。

(3) OECD

OECD「金融消費者保護に関するハイレベル原則」（2011年10月）および同原則の適用に関する報告書（2013年9月）は、G20ソウルサミット（2010年11月）の要請を受けて、金融消費者保護を目的とし、既存の国際金融に関する原則やガイドラインを補完するものとして策定された。

同報告書の原則3は、顧客の公平・公正な取扱いを規定する。すべての金融消費者は、金融サービス提供者との関係のすべての段階において、公平、誠実、公正に取り扱われるべき、顧客の公正な取扱いは、すべての金融サービス提供者および委任代理人の良いガバナンスや企業文化の不可欠な一部であるべき、金融取引被害を受けやすいグループのニーズに対しては、特別な配慮がなされるべき、とする。ここで、金融サービス提供者とは、市場において金融商品・サービスを提供するすべての者であり、委任代理人とは、金融サービス提供者のためにまたは独立の立場で活動する第三者（ブローカー、アドバイザーおよび仲介者を含む）である。

同報告書の原則4は、情報開示、透明性について、次のように規定する。

金融サービス提供者および委任代理人は、顧客に対して、基本的な利益、

---

13) Directive 2014/65/EU of the European Parliament and of the Council of 15 May 2014 on markets in financial instruments and amending Directive 2002/92/EC and Directive 2011/61/EU (OJ L 173, 12. 06. 2014, p. 349) Delegated Directive adopted by the Commission on 7 April 2016 (www.esma. europa. eu/policy-rules/mifid-ii-and-mifir).

MiFIDⅡの概要と特に仕組商品規制について、桜井健夫「仕組商品の規制——商品適合性、時価・手数料開示の先にあるもの」現代法学30巻（2016年）241頁、261頁〜264頁。同262頁に文献紹介がある。

リスクおよび商品の条件に関する重要な情報を提供すべきである。また、金融サービス提供者および委任代理人は、顧客に対して、当該金融商品を販売する委任代理人に関する利益相反についての情報も提供すべきである。

特に、金融商品の重要な特徴に関する情報は提供されるべきである。顧客との関係のすべての段階において、適切な情報が提供されるべきであり、すべての販売用資料は、正確、誠実、理解可能であって、誤解を招かないものであるべきである。適切な場合には、同じ性質の商品・サービスの間で比較することができるように、標準化された契約締結前の開示の実務（様式等）が採用されるべきである。複雑でリスクの高い商品・サービスに見合った情報提供がなされるよう、特別な開示方法（起こりうる事項の警告等）が開発されるべきである。可能な場合には、開示規制の有効性を判断し、また、改善させるために、顧客調査が実施されるべきである。

アドバイスの提供は、できる限り客観的であるべきであり、かつ、一般的には、商品の複雑さ、商品に関するリスク、顧客の金融に関する目的、知識、能力および経験を考慮した顧客のプロフィールに基づいたものであるべきである。

顧客に、関連する正確かつ入手可能な情報を金融サービス提供者に提供することの重要性を気づかせるべきである。

このように、米国、欧州、そして OECD は、金融サービスにおけるフィデューシャリー・デューティを明確にし、顧客の最善の利益を図ること等金融サービス事業者の義務を明確にする方向にある。

3　日本の動向

日本の金融サービス分野でも、以前から「受託者責任」という用語で議論されていたが（例えば2005〔平成17〕年7月7日金融審議会金融部会第一部会「中間整理」13頁）、最近、フィデューシャリー・デューティーという言葉がクローズアップされている。これは、これまで述べたような欧米先進諸国の動向を反映したものであるが、国内的背景としては、金融サービスをめぐるトラブルが続いていること、規制緩和に伴い唱道された「貯蓄から投資へ」の金融の流れが進まないことがある。

金融庁の「平成26事務年度金融モニタリング基本方針」は、「商品開発、販売、運用、資産管理それぞれに金融機関がその役割・責任（フィデューシャ

384　第3部　民事責任の論点

リー・デューティー）を実際に果たすことが求められる」と指摘した。

　続いて、「平成27事務年度金融庁行政方針」は、フィデューシャリー・デューティーの徹底を図るとし、促進すべき取組みとして、投資運用業者の系列販売会社との間の適切な経営の独立性の確保、顧客の利益に適う商品の組成・運用等、保険会社の顧客のニーズや利益に真に適う商品の提供等、販売会社の顧客本位の販売商品の選定、顧客本位の経営姿勢と整合的な業績評価、商品のリスク特性や各種手数料の透明性の向上、これらを通じた顧客との間の利益相反や情報の非対称性の排除等を掲げた。

　この前後、金融庁幹部は「フィデューシャリー・デューティー」という言葉を多用したが、2016〔平成28〕年半ば頃「顧客本位の業務運営」という言葉に集約されていった。2016年10月の「平成28事務年度金融庁行政方針」では、「金融機関等（運用機関／販売会社）については顧客本位の業務運営（フィデューシャリー・デューティー）の確立・定着」が課題であると指摘され、2016年12月に後掲するWG報告がまとめられた。

第2節

日本版フィデューシャリー・デューティー（顧客本位原則）

1　顧客本位原則

　金融庁は、金融事業者ないし金融サービス分野でのフィデューシャリー・デューティーとは、「顧客本位の業務運営」のことであると整理している。

　金融庁は、「顧客本位の業務運営に関する原則」を2017（平成29）年3月30日に確定した（以下「顧客本位原則」という）。これは、金融審議会市場ワーキンググループが2016年12月22日付けで公表した報告（以下「WG報告」という）に基づき、2017年1月19日に公表された案が確定されたものである。

　顧客本位原則は、次の7原則からなり、各原則ごとに本文と注がある。

1　顧客本位の業務運営に係る方針の策定・公表等

2　顧客の最善の利益の追求

3　利益相反の適切な管理

4　手数料等の明確化

第5章　フィデューシャリー・デューティー（顧客本位原則）と民事責任　　385

| 5　重要な情報の分かりやすい提供 |
| 6　顧客にふさわしいサービスの提供 |
| 7　従業員に対する適切な動機づけの枠組み等 |

　「顧客本位の業務運営（フィデューシャリー・デューティー）」が強調され、顧客本位原則が示されたのは、「例えば、投資信託や貯蓄性保険の主な販売チャネルである金融機関（販売会社）において、必ずしも顧客本位とは言えない販売実態」があるので、「商品開発や販売等に携わる金融機関では、真に顧客本位の業務運営（フィデューシャリー・デューティー）を徹底し、顧客に必要な情報を提供するとともに顧客のニーズや利益に適う商品・サービスを提供することが必要」という認識からである。

　そして、「インベストメント・チェーンに含まれる全ての金融機関等が、顧客のベスト・インタレストのために行動するとのプリンシプルを定着させていくこと」が、「家計の安定的な資産形成と、経済の持続的な成長に資する、より良い資金の流れを実現」することになる[14]。日本経済全体の視点、いわば国策に位置づけられるのである。

2　プリンシプルベースアプローチ

　プリンシプルベースのアプローチとは、行政当局による規制手法としてルールベースのアプローチと対比されるもので、規制当局は、規制対象の事業者に対し尊重すべき重要ないくつかの原則を示した上で、それに沿った行政対応をしていくものである[15]。

　2017年の顧客本位原則は、当局が原則を策定し「金融事業者に受け入れを呼びかけ、金融事業者が、原則を踏まえて何が顧客のためになるかを真剣に考え、横並びに陥ることなく、より良い金融商品・サービスの提供を競い合うよう促していく」ものである。そうして、「金融事業者が自ら主体的に創意工夫を発揮し、ベスト・プラクティスを目指して顧客本位の良質な金融商品・サービスの提供を競い合い、より良い取組みを行う金融事業者が顧客から選択されていくメカニズムの実現」することが展望されている[16]。

---

14)　金融審議会市場ワーキンググループ2016年7月6日事務局資料参照。
15)　佐藤隆文（金融庁長官〔当時〕）「金融規制の質的向上：ルール準拠とプリンシプル準拠」2007年9月12日（金融庁サイト掲載）。

386　第3部　民事責任の論点

　これに対しルールベースのアプローチでは、規制当局は、詳細な法令規則を整備し、それらを個別事例に適用していく。行政の恣意性の排除や予見可能性の向上が期待されるのであるが、その反面で、「最低基準（ミニマム・スタンダード）となり、金融事業者による形式的・画一的な対応を助長してきた面も指摘できる。」つまり、金融事業者が最低限のルールさえ守ればよいということになり、それ以上の顧客のための改善努力に消極的で、結局より良い消費者保護につながらないおそれがあるといわれる。

　もっとも、プリンシプルベースとルールベースとは相互補完的であると位置づけるべきである。WG報告は、プリンシプルベースのアプローチが効果不十分でない場合は、ルールベースの手法による対応を含め、改めて検討がなされるべきであると指摘している。

3　顧客本位原則1──方針の策定・公表等

　顧客本位原則の1つ目は、「顧客本位の業務運営に係る方針の策定・公表等」である。原則1は、次のとおりである。

【顧客本位の業務運営に係る方針の策定・公表等】

原則1　　金融事業者は、顧客本位の業務運営を実現するための明確な方針を策定・公表するとともに、当該方針に係る取組状況を定期的に公表すべきである。当該方針は、より良い業務運営を実現するため、定期的に見直されるべきである。

　そして、金融庁は、原則1の注として、「取引の相手方としての顧客だけでなく、インベストメント・チェーンにおける最終受益者としての顧客をも念頭におくべきである」と指摘する。例えば、投資信託委託会社についていうと、取引の相手方は販売会社である金融機関であっても、一連の投資（資金）の流れの中で最終受益者である受益者（消費者）本位の業務運営をするべきであるということである。ちなみに、米国では1974年エリサ法で、投資アドバイザーや投資マネージャーは、委託者であるアセットオーナーだけでなく、最終受益者である年金受給者に対しても、直接フィデューシャリー・デ

---

16)　WG報告2頁。

ューティーを負うとされた。

　金融事業者が明確な方針を策定・公表することで、金融事業者のすべての構成員（社員）のすべての業務に、顧客本位の運営を徹底する効果が期待される。

　あわせて、顧客ないし最終受益者（消費者）は、各金融事業者が策定・公表した方針を比較検討することで、より良い取組みをする金融事業者を選択することができる。金融当局や裁判所も、方針の内容とその履行状況を参照することによって、金融事業者を評価することができる。このようにして、全体として、金融サービスの質が向上し、金融市場および経済の健全化や成長につながると期待されるのである。

4　顧客本位原則2──顧客の最善の利益

顧客本位原則の2つ目は、「顧客の最善の利益の追求」である。

【顧客の最善の利益の追求】

　原則2　　金融事業者は、高度の専門性と職業倫理を保持し、顧客に対して誠実・公正に業務を行い、顧客の最善の利益を図るべきである。金融事業者は、こうした業務運営が企業文化として定着するよう努めるべきである。

　原則2の注として、「金融事業者は、顧客との取引に際し、顧客本位の良質なサービスを提供し、顧客の最善の利益を図ることにより、自らの安定した顧客基盤と収益の確保につなげていくことを目指すべきである。」と指摘されている。つまり、金融機関の健全性や収益は、顧客の利益を犠牲にするものであってはならない。顧客の最善の利益を図ることこそが、安定した顧客基盤をもたらし、収益の確保につながっていくとの認識である。

　顧客にとって最善の利益とは何か。この問いについて、決まった答えを探したり他社に追随したりすることで足りるとすることは、プリンシプルベースの趣旨に反する。「金融事業者が自ら主体的に創意工夫を発揮し、ベスト・プラクティスを目指して顧客本位の良質な金融商品・サービスの提供を競い合い、より良い取組みを行う金融事業者が顧客から選択されていくメカニズム」が求められているのである。

　金融庁は、どのようなことを顧客本位の業務運営の観点から問題があると

388　第3部　民事責任の論点

　考えているのか。これをうかがい知ることができる資料が、金融庁から金融審議会市場ワーキンググループに提出されている[17]。これら資料に指摘されている問題は、顧客本位原則の観点から、改善されなければならない。

　まずは、8月2日の資料1が注目される。「インベストメント・チェーンにおける顧客本位の業務運営の観点からの指摘の例」という1枚のポンチ絵である。そこでは、リテール販売・助言等に関する指摘として、「リスク・リターンや手数料が分かりにくい金融商品・サービスを（投資経験が必ずしも豊富でない顧客に）推奨・販売」や、「販売会社において、取扱商品の内容について審査が不十分なまま勧誘・販売」、「販売の現場における不適切・不十分な顧客対応」として、多岐にわたる指摘例が記されている。その背景・要因に関する指摘として、販売手数料等の収入面に過度に偏った業績目標・業績評価体系、系列の運用会社の商品販売をより重視した業績目標・業務評価体系、販売員の短期ローテーション、商品ラインアップが不十分（系列の運用会社の商品比率が高い状態）、商品提供会社による自社商品の優先販売に向けた販売会社に対するインセンティブ付け（販売手数料の上乗せキャンペーン）が指摘されている。

　この8月2日の資料1は、販売・助言等以外に、インベストメント・チェーンにおいて問題が指摘される主体として、商品開発、アセットオーナー、資産管理・運用の問題指摘例を掲載している。商品開発では、残高の少なくなった投信の運営コストの問題、投信の商品開発・販売における系列会社の強い結び付き、投信における信託報酬のあり方等である。また、アセットオーナーに関しては、最終受益者の利益最大化に主眼を置かない運用機関の選択方法、資産管理・運用に関しては、運営部門と法人営業部門など利益相反のおそれのある様々な事業主体が同一主体に併存、議決権行使にあたり、受益者の利益以外の要素を考慮、運用力の向上に関する課題などである。

　次いで、8月2日の資料2（事務局説明資料）は、金融庁が収集した具体的な数字に基づき問題点を指摘した画期的なものであり、反面教師として利用することができる。

　投資信託について、米国と比較して、投資対象が限定されており、販売手

────────────

17)　2016年7月6日および同年8月2日提出の事務局説明資料。http://www.fsa.go.jp/singi/singi_kinyu/base.html。

数料や信託報酬も高水準である等の指摘がなされている。「銀行において、投資信託の販売が停滞する中、保険商品の販売が堅調に推移」していること、「売れ筋は、運用商品と保険商品を複雑に組み合わせた外貨建ての一時払い保険だが、他の金融商品と比べ、手数料が高めに設定されている」こと、「複数の販売会社において、4半期決算月（3月、6月、9月、12月）に、一時払い保険の販売額が増加」していること、「当該商品の金融機関代理店の販売手数料は、多くの場合、保険会社より契約時に一括して支払われ、その手数料は高水準（5-7％程度）」であること、「毎月分配型投資信託を保有している顧客のうち、『分配金として元本の一部が払い戻されることもある』と理解している顧客は37％」にとどまることなどである。

5 顧客本位原則3──利益相反の適切な管理

顧客本位原則3は、「利益相反の適切な管理」である。

【利益相反の適切な管理】

原則3　　金融事業者は、取引における顧客との利益相反の可能性について正確に把握し、利益相反の可能性がある場合には、当該利益相反を適切に管理すべきである。金融事業者は、そのための具体的な対応方針をあらかじめ策定すべきである。

どのような場合に顧客（最終受益者・消費者）との利益相反の可能性があるのか、どのように利益相反がないようにするとよいのか、どんな対応方針が具体的なのか。これらの問いについても、決まった答えを探したり他社に追随したりするのではなく、個々の金融事業者が自らの事情に応じて智恵を絞り創意工夫を凝らして、他社より優れた体勢と実践をしていくことこそが、プリンシプルベースの実務である。

といっても、顧客本位原則3の注は、利益相反が問題になりうる事情として次の3つを例示しており、検討の手がかりとなる。

「販売会社が、金融商品の顧客への販売・推奨等に伴って、当該商品の提供会社から、委託手数料等の支払を受ける場合」「販売会社が、同一グループに属する別の会社から提供を受けた商品を販売・推奨等する場合」「同一主体又はグループ内に法人営業部門と運用部門を有しており、当該運用部門

390 第3部 民事責任の論点

が、資産の運用先に法人営業部門が取引関係等を有する企業を選ぶ場合」である。

　また、金融庁は、金融審議会市場ワーキンググループで、投資信託の総資産額が増加するに従い販売会社の報酬配分率が上昇する例や、保険会社の金融機関代理店に対する販売奨励策としての販売手数料の上乗せキャンペーンや販売員向けの賞品贈呈、食事会や研修旅行への招待の例を紹介している[18]。

　金融事業者は、このような事情を、顧客の利益に優先させるようなことがないよう社内体勢を工夫しなければならないのである。

6　顧客本位原則4──手数料等の明確化

顧客本位原則4は、「手数料等の明確化」である。

【手数料等の明確化】

原則4　金融事業者は、名目を問わず、顧客が負担する手数料その他の費用の詳細を、当該手数料等がどのようなサービスの対価に関するものかを含め、顧客が理解できるよう情報提供すべきである。

　金商法は、手数料等の書面や口頭での説明を求めており（37条の3第1項4号、金商業等府令74条1項・81条・117条1項1号）、手数料等の明確化はすでに行われているが、顧客本位原則は、さらに踏み込んだ検討と実践を求めている。つまり、手数料等の明確化についても、ルールを遵守するという姿勢だけでなく、顧客のベストインタレストを追求するという観点から、従来のやり方が再点検され強化されていくことが期待される。

　手数料等の開示により、消費者は手数料等の業者間比較をすることができる。また、どのようなサービスの対価であるかが開示されることにより、見かけ上の安さだけではなく、サービスの内容と手数料等の両面から複数の業者を比較することが可能となる。このようにして、業者間の競争が促進され、市場メカニズムにより、金融市場全体が発展していくのである。

　顧客本位原則5の（注2）～（注5）は顧客本位原則4と共通の注である。つまり、顧客本位原則4には、4つの注がある。

---

18)　金融審議会市場ワーキンググループ2016年8月6日事務局説明資料12頁、13頁。

第 5 章　フィデューシャリー・デューティー（顧客本位原則）と民事責任　　391

　このうち（注 2）は、「金融事業者は、複数の金融商品・サービスをパッケージとして販売・推奨等する場合には、個別に購入することが可能であるか否かを顧客に示すとともに、パッケージ化する場合としない場合を顧客が比較することが可能となるよう、それぞれの重要な情報について提供すべきである。」と指摘する。つまり、パッケージ商品ないし組合せ商品、仕組商品については、個別（単体）の手数料等も開示して、顧客が比較検討できることが期待されているのである。

7　顧客本位原則 5──情報の分かりやすい提供
顧客本位原則 5 は、「重要な情報の分かりやすい提供」である。

【重要な情報の分かりやすい提供】
　原則 5　　金融事業者は、顧客との情報の非対称性があることを踏まえ、上記原則 4 に示された事項のほか、金融商品・サービスの販売・推奨等に係る重要な情報を顧客が理解できるよう分かりやすく提供すべきである。

　金商法は、重要な情報の書面や口頭での分かりやすい説明を求めている。とりわけ、金商業等府令117条 1 項 1 号は、「顧客の知識、経験、財産の状況及び金融商品取引契約を締結する目的に照らして当該顧客に理解されるために必要な方法及び程度による説明」を求めている。
　重要な情報の分かりやすい提供は当然のことであり、このようにルールベースでも求められているのであるが、再三述べるように、顧客本位原則は、顧客のベストインタレストを追求するという観点から、従来のやり方の再点検や強化を期待し、また、最終受益者（消費者）と直接の契約関係にない金融事業者にも実践を期待している。
　顧客本位原則 5 は、選定理由や利益相反を含む説明（注 1）、パッケージ商品の場合の配慮（注 2）、誠実な内容の情報提供（注 3）、商品の複雑さに見合った情報提供（注 4）、重要性に応ずる説明と比較に資する配慮（注 5）等を求めている。
　これらの配慮事項も、説明義務は配慮義務であるという裁判例の考え方からは当然ともいえよう。説明義務に関するリーディングケースである東京高判平 8 ・11・27 ワラント 3 は、「投資家の職業、年齢、証券取引に関する知

392　第3部　民事責任の論点

識、経験、資力等に照らして、当該証券取引による利益やリスクに関する的確な情報の提供や説明を行い、投資家がこれについての正しい理解を形成した上で、その自主的な判断に基づいて当該の証券取引を行うか否かを決することができるように配慮すべき信義則上の義務（以下、単に「説明義務」という。）を負う」と判示したのである。

8　顧客本位原則6――顧客にふさわしいサービス

顧客本位原則6は、「顧客にふさわしいサービスの提供」である。

【顧客にふさわしいサービスの提供】

原則6　　金融事業者は、顧客の資産状況、取引経験、知識及び取引目的・ニーズを把握し、当該顧客にふさわしい金融商品・サービスの組成、販売・推奨等を行うべきである。

40条は、「顧客の知識、経験、財産の状況及び金融商品取引契約を締結する目的に照らして不適当と認められる勧誘」を禁止している。

顧客にふさわしいサービスの提供も当然のことであり、ルールベースでも求められているのであるが、顧客本位原則は、顧客のベストインタレストを追求するという観点から、従来のやり方の再点検や強化を期待する。また、最終受益者（消費者）と直接の契約関係にない場合も含み、例えば、顧客本位原則6の（注2）は、商品の組成において想定する顧客属性の特定および販売への留意を求めている。

顧客本位原則6本文の前半は、適合性原則の重要な要素ないし前提である顧客調査義務（ノウ・ヨア・カスタマー）を強調している。また、（注4）前半は、「取り扱う金融商品の仕組み等に係る理解を深めるよう努める」こと、つまり、やはり適合性原則の重要な要素ないし前提である商品調査義務（ノウ・ヨア・プロダクト）を強調している。

40条の適合性原則は、勧誘禁止ルールで狭義の適合性原則ともいわれるのに対し、顧客本位原則6本文の後半は、広義である。

さらに、顧客本位原則6の（注1）は、パッケージ商品での留意を求め、（注3）は、高リスク商品や「金融取引被害を受けやすい属性の顧客グループ」について「当該商品の販売・推奨等が適当かより慎重に審査すべきであ

第 5 章　フィデューシャリー・デューティー（顧客本位原則）と民事責任　　393

る」と指摘し、（注４）後半は、顧客属性に応じての基本的な知識のための
情報提供にも言及している。

9　顧客本位原則 7 ──従業員に対する適切な動機づけ

顧客本位原則 7 は、「従業員に対する適切な動機づけの枠組み等」である。

【従業員に対する適切な動機づけの枠組み等】

原則 7　　金融事業者は、顧客の最善の利益を追求するための行動、顧客の
公正な取扱い、利益相反の適切な管理等を促進するように設計された報酬・
業績評価体系、従業員研修その他の適切な動機づけの枠組みや適切なガバナ
ンス体制を整備すべきである。

このように、顧客本位原則 7 は、従業員に対する適切な動機づけの枠組み
として、給与体系や勤務評価体系、研修を例として掲げている。

また、金融庁は、金融審議会市場ワーキンググループで、例えば、業績評
価のあり方が顧客本位でない業務運営を招いたと思われるケースを紹介し
た[19]。すなわち、「販売会社の業績評価においては、「収益・販売額」よりも
「預り資産残高」や「顧客基盤の拡大」を重視する動きが増えつつある。」と
指摘した上で、「一部の販売会社においては」「残高目標を重視するあまり、
投資信託やファンドラップの解約申し出に簡単に応じない事例」「系列運用
会社の投資信託の販売に対して、業績評価上の優遇策を設定し、グループ内
の収益確保を優先している事例」「保険販売の業績評価を、収益額から販売
額に変えたところ、（手数料率の低い）円建商品の販売に集中したことより、
再度、収益額による評価に変更し、結果として、外貨建商品の販売が上昇
している事例といった運営が見られる。」というのである。

例えば、1 つ目の例として紹介されている「残高目標を重視するあまり、
投資信託やファンドラップの解約申し出に簡単に応じない」といったことを、
現場の担当者が好んでしているとは思えない。動機づけが顧客本位のために
適切なものであれば、顧客にも喜ばれ業績評価も上がるはずであり、決して
現場の負担が増えることにはならないはずである。

---

19)　金融審議会市場ワーキンググループ2016年 8 月 2 日事務局説明資料14頁。

394   第3部　民事責任の論点

10　顧客本位原則の履行確保

WG 報告は、「当局の役割」として、「業務運営を実現するためには、検査・監督においても、原則の受入れ状況、策定した取組方針、当該方針に係る取組状況について、適切にモニタリングを行い、ベスト・プラクティスの実現を目指して対話していくことが重要である。なお、原則については、金融事業者の取組状況や、その取り巻く環境の変化を踏まえ、必要に応じ見直しの検討が行われることが望まれる。」と指摘した[20]。

ここでは、当局の検査・監督においても、顧客本位原則の取組状況についてモニタリングを行うことが想定されており、金融庁の検査対象であることは明確である。また、前述した顧客本位原則7では、金融事業者が従業員等の動機づけやガバナンス体制を整備することが想定されており、その一環として金融事業者の本部が現場を監督・検査することになる。

そして、「仮にこうしたプリンシプルベースのアプローチが金融事業者の行動に変革をもたらす上で十分ではないと考えられる場合には、ルールベースの手法による対応を含め、改めて検討がなされるべきである。」[21]

ただし、プリンシプルベース・アプローチは、「金融事業者が、原則を踏まえて何が顧客のためになるかを真剣に考え、横並びに陥ることなく、より良い金融商品・サービスの提供を競い合う」[22] ものであり、その評価は、顧客ないし市場によって行われるのが基本である。

第3節

フィデューシャリー・デューティーと民事責任

1　フィデューシャリー・デューティーと民事責任の水準

(1)　顧客本位原則と民事責任

第2節で述べた金融庁の顧客本位原則により、金融事業者が負う民事責任の水準も高まる。つまり、顧客本位原則は、顧客保護のために、36条1項（誠実公正義務）等が金融事業者に求める内容を明確にし、金融サービス業界

---

20)　WG 報告7頁。
21)　WG 報告2頁。
22)　WG 報告2頁。

第 5 章　フィデューシャリー・デューティー（顧客本位原則）と民事責任　　395

の公序を示し、金融サービス業界における公正な慣習を構成するものである。したがって、同原則違反は不法行為法上も違法となると解されるべきである。特に、直接の契約当事者関係にはないとしても、同一のインベストメント・チェーン上にいる金融事業者（金融商品組成者等）が最終顧客（最終受益者）に対し不法行為法上の責任を負う可能性が高まる。また、契約当事者関係にある金融事業者の顧客に対する契約責任の水準も、最善利益確保義務（ベスト・インタレスト）や利益相反禁止を中核に、高まることになる。

　顧客本位原則 5（重要な情報の分かりやすい提供原則）および原則 6（顧客にふさわしいサービスの提供）については、説明義務違反や適合性原則違反としてすでに民事責任を認める判例法理が確立しているが、原則 2（顧客の最善の利益の追求）と総合して、金融サービス業界で金融事業者に求められる水準はより高まったと解されるべきである。また、原則 2（顧客の最善の利益の追求）、原則 3（利益相反の適切な管理）、原則 4（手数料等の明確化）については、それぞれの原則単体ごとに、民事責任が認められるべき領域が広がった（あるいは明確になった）と解されるべきである。

(2)　フィデューシャリー・デューティーが求める適合性原則より高度な水準

　フィデューシャリー・デューティーと適合性原則は、いずれも顧客を保護する法理であるが、質的に異なる側面を有する。前述（第 1 節 1(2)）したように米国では、フィデューシャリー・デューティーは、顧客（最終受益者）の利益のためだけに行動することを求めるもので、顧客に適合した推奨をすることを求める適合性原則より高度な水準を求めるものとされている。

　つまり、適合性原則の下では、金融事業者は、顧客に適合する金融商品（またはサービス）を提供する義務を負うので、顧客に適合しない金融商品を提供して自己の利益を獲得するわけにはいかないが、顧客に適合する範囲の金融商品を提供していれば、その範囲内であればいくらでも自己の利益を追求してよいことになる。金融事業者は、顧客の相手方として、顧客適合性が許容する範囲であれば、自由に利益を得られることになる。

　これに対し、フィデューシャリー・デューティーの下では、金融事業者は顧客の受託者として、顧客の最善の利益を追求する義務を負い、顧客の利益に自己の利益を優先してはならないという義務を負うので、単に顧客に適合しない商品を提供してはならないだけではなく、適合する商品の中でも顧客

にとって最善のものを提供しなければならない。ましてや、顧客の犠牲の下に自己の利益を得ることはできないわけである。

商品先物取引について差玉向かいについての最判平21・7・16 先物1 は、商品先物取引での利益相反関係についての判例であるが、顧客の最善の利益を追求する義務およびフィデューシャリー・デューティーに通ずる考え方を示したものといえる[23]。

フィデューシャリー・デューティの発祥の地である英国においても、金融行政規制がコモンロー上のフィデューシャリー・デューティと同様の内容をもっていることは確かであり、例えば金融サービス助言に関する水準を適合性原則等が定めているのであるが、「裁判所は、行政規制がコモンローの内容に優越するものではなく、多くの側面で、広範囲で柔軟な性質をもつフィデューシャリーデューティーが、しばしば（特に一般投資者において）複雑で直感的ではなくアクセスしにくい行政規制よりも、投資過程を規律する法的根拠としてよりふさわしい。」といわれている[24]。

2　最善利益確保義務（原則2）

(1)　最終受益者に対する義務

フィデューシャリー・デューティーは、金融事業者の直接の契約の相手方だけでなく、最終受益者に対しても負う義務であるところに1つの特徴がある。米国の法理は、数十年前からこのことを明確に示してきたが、日本の金融庁の顧客本位原則も、このことを明らかにした。

---

23)　最判平21・7・16 先物1 は、「商品取引員が専門的な知識を有しない委託者との間で商品先物取引委託契約を締結した場合には、商品取引員は、上記委託契約上、商品取引員が差玉向かいを行っている特定の種類の商品先物取引を受託する前に、委託者に対し、その取引については差玉向かいを行っていること及び差玉向かいは商品取引員と委託者との間に利益相反関係が生ずる可能性の高いものであることを十分に説明すべき義務を負い、委託者が上記の説明を受けた上で上記取引を委託したときにも、委託者において、どの程度の頻度で、自らの委託玉が商品取引員の自己玉と対当する結果となっているのかを確認することができるように、自己玉を建てる都度、その自己玉に対当する委託玉を建てた委託者に対し、その委託玉が商品取引員の自己玉と対当する結果となったことを通知する義務を負うというべきである。」と判示した。このような利益相反関係についての説明義務は、フィデューシャリー・デューティーにより明確になったものと位置づけることができる。

24)　Ian G MacNeil, *An Introduction to the Law on the Financial Investment*（前掲〔注2〕）, p. 21

第5章　フィデューシャリー・デューティー（顧客本位原則）と民事責任　　397

　したがって、例えば、投資信託の最終購入者は、投資信託を販売した金融事業者だけでなく、投信信託の運用アドバイザーに対しても、フィデューシャリー・デューティーに基づき、損害賠償責任を追及できることになる。年金受給者も同様である。

　現行の米国のエリサ法は、金融事業者に裁量があることを要件としているが、米国判例は必ずしも表面的な契約の形式にはこだわらずに義務を認めてきている。また、米労働省のエリサ法改定案を示している（ただし、トランプ大統領の下で施行は延期されたことは前述のとおり）。日本の金融庁の顧客本位原則は、裁量要件を明示していない。実際にも表面的な契約の形式上、裁量が明記されていなかったとしても金融事業者が顧客に対し裁量的に勧誘等をしており、また、顧客は金融事業者を信頼してそれに従っているのが通常である。

（2）　最善利益（ベスト・インタレスト）確保義務

　金商事業者が「誠実かつ公正に、その業務を遂行しなければならない」ことは、36条1項が明示するところである。原則2は、この36条1項の誠実公正義務の重要な内容として、「顧客の最善の利益を図るべきである。」ことを確認したものといえる。

　したがって、金融事業者は、顧客（最終受益者）に対し、ベスト・インタレストと考えるに足りる合理的根拠を有することが必要であり、かつ、それを説明する義務を負うというべきである。この点で、説明義務が強化される。

　適合性原則の内容も、フィデューシャリー・デューティーと相まって、単に適合するだけでなく、ベスト・インタレストに適う勧誘をすべきであることになり、強化されることになる。

3　利益相反禁止（原則3）

　また、利益相反関係が生ずる可能性の高いものであることを十分に説明すべき義務を負うと解するべきである。さらに、顧客が説明を受けた上で取引をした場合には、利益相反の状況について、随時説明する義務を負うというべきである。

　利益相反があった場合、損害賠償責任を負う。

4　手数料開示（原則4）

　手数料は、一種の利益相反関係であるところ、その説明をする義務を負う。

398 第3部 民事責任の論点

5 説明義務（原則5）

金商法や金販法の説明義務が、当該顧客に理解できるような説明を求めていることは明らかであるが、このことを再確認したものである。

判例上も、説明義務を認めたリーディング・ケースといわれる前掲東京高判平8・11・27 ワラント3 は、単なる情報告知だけではなく一定の配慮義務が「説明義務」であると判示したことが想起されるべきである。すなわち、同判決によれば、「……職業、年齢、証券取引に関する知識、経験、資力等に照らして、当該証券取引による利益やリスクに関する的確な情報の提供や説明を行い、投資家がこれについての正しい理解を形成した上で、その自主的な判断に基づいて当該の証券取引を行うか否かを決することができるように配慮すべき信義則上の義務（以下、単に「説明義務」という。）を負う」のである。

6 適合性原則の強化（原則6）

原則6前半は、顧客調査義務を明示した。米国の適合性原則は、ノウ・ヨア・カスタマー・ルールとして、金融事業者が顧客の属性や投資意向を把握することを義務づけているとされてきた。顧客に適合するかどうかを判断するためには、顧客の属性や投資意向を知ることは当然の前提であるはずであるが、日本法上は必ずしも明確ではなかった。

原則6後半は、適合した商品・サービスを提供すべきであるという作為を求める表現となっている。日本の適合性原則は、「狭義の適合性原則」であって、顧客に適合しない商品・サービスを提供しないという不作為義務に限定されるという議論もあったが、原則6後半は、広く作為を含む行為義務であることを明確に示したものである。

7 フィデューシャリー・デューティーの実務への導入

金融事業者（金融サービス業者）が顧客（直接的契約関係に立たない場合のエンドユーザーも含む）に対し、フィデューシャリー・デューティー（信認義務）を負うという考え方が、欧米で展開してきたが、日本の金融行政にも導入されるようになった。

フィデューシャリー・デューティーは、適合性原則より顧客保護に厚い最善利益（ベスト・インタレスト）義務を含む。また、フィデューシャリー・デ

ューティーにおいては、利益相反禁止、説明義務、適合性原則の水準も高度となる。

36条1項（誠実公正義務）や不法行為法に基づく保護法理を一歩進めるためにも、裁判上、フィデューシャリー・デューティーを主張・立証していくことが期待される。

400　第 3 部　民事責任の論点

第 6 章

改正民法と金融取引

序

　民法改正法案（民法の一部を改正する法律・同法の施行に伴う関係法律の整備等に関する法律）は、2017（平成29）年 5 月27日に可決成立した（同年 6 月 2 日公布）。施行日は、2020年 4 月 1 日となった（定型約款や保証について個別規定がある）。

　およそ120年ぶりの改正ではあるが、この改正による投資取引分野への影響は、限定的である。ここでは、投資取引分野に関係する主な論点をみていく。

　まず、見送られた主要論点を確認した上、改正された点について順次実務的な観点からの留意点を述べていく。

第 1 節

見送られた主な論点

1　はじめに

　今回の改正では、見送られた論点も多い。主なものを挙げると、暴利行為、付随義務や保護義務、信義則・権利濫用の適用にあたっての考慮要素、情報提供義務・説明義務などが挙げられる。

第6章　改正民法と金融取引　401

　これらは、規定を置くことが中間試案（法制審議会民法〔債権関係〕部会「民法〔債権関係〕の改正に関する中間試案」〔2013（平成25）年2月26日〕）では盛り込まれていたが、見送られた。これらについては、従来どおり判例・解釈に委ねることとなったということである。以下、概要をみていく。

2　暴利行為
(1)　意義
　暴利行為が公序良俗違反として無効となることは、すでに判例となっている。しかし、この法理を民法90条の文言から読み取ることは困難であるし、要件も裁判例によって必ずしも同じではない。そこで、明文化するとともに、時代にあった規律（現代型暴利行為）にすべきであるという議論がなされた。
(2)　中間試案
　中間試案では、「公の秩序又は善良の風俗に反する法律行為は、無効とするものとする」との規定に加え、「相手方の困窮、経験の不足、知識の不足その他の相手方が法律行為をするかどうかを合理的に判断することができない事情があることを利用して、著しく過大な利益を得、又は相手方に著しく過大な不利益を与える法律行為は無効とするものとする。」との規定を置くことが提案されていた。
　これについては、（注）として、「相手方の窮迫、軽率又は無経験に乗じて著しく過当な利益を獲得する法律行為は無効とする旨の規定を設けるという考え方がある。また、規定を設けないという考え方がある。」との記載がある。
　（注）の前段は、暴利行為に関する大判昭9・5・1民集13巻875頁が判示する要件をそのまま明文化するという考え方である。同じく後段は、暴利行為の要件を固定化することは判例の柔軟な発展を阻害するので規定を設けないという考え方である。
　その後の審議により、この点に関する規律は盛り込まないこととされ、解釈に委ねられることとなった。なお、公序良俗のその他の改正については、後述する。

402　第3部　民事責任の論点

3　付随義務・保護義務

(1)　意義

　付随義務や保護義務についての議論は、契約の当事者が、合意された義務のほか、契約を通じて獲得することを意図した利益を獲得することができるように必要な行為をする義務（付随義務）、契約の締結・債権の行使・債務の履行にあたって相手方の生命・身体・財産その他の利益を害しないように必要な行為をする義務（保護義務）に関する規定を置くという考え方である。

(2)　中間試案と消極論

　中間試案では次の規定が提案され、（注）として、規定を設けない考え方があるとされていた。

（付随義務）

「契約の当事者は、当該契約において明示又は黙示に合意されていない場合であっても、相手方が当該契約によって得ようとした利益を得ることができるよう、当該契約の趣旨に照らして必要と認められる行為をしなければならないものとする。」

（保護義務）

「契約の当事者は、当該契約において明示又は黙示に合意されていない場合であっても、当該契約の締結又は当該契約に基づく債権の行使若しくは債務の履行に当たり、相手方の生命、身体、財産その他の利益を害しないために当該契約の趣旨に照らして必要と認められる行為をしなければならないものとする。」

　規定を置くことに対しては、契約の解釈との関係が不明瞭であるとの指摘、信義則という一般的な規定（民1条2項）に加えてこのような特別の規定を設ける必要はないとの批判、現在信義則の適用の結果として形成されてきたルールを過不足なく適切に明文化することは困難であるとの指摘等があった。

　その後の審議により、規定を置くことは見送られ、従来どおり解釈に委ねることとした。

4　信義則・権利濫用の適用にあたっての考慮要素

(1)　意義

　信義則・権利濫用の適用にあたっての考慮要素の議論は、消費者契約のほか、情報の質および量ならびに交渉力の格差がある当事者間で締結される契

約に関しては、信義則・権利濫用その他の規定の適用にあたって、その格差の存在を考慮しなければならないとの考え方である。

(2) 中間試案と消極論

中間試案では、次の規定が提案され、（注）として、規定を設けないという考え方があることや消費者契約の例示を設けないという考え方があるとされていた。

「消費者と事業者との間で締結される契約（消費者契約）のほか、情報の質及び量並びに交渉力の格差がある当事者間で締結される契約に関しては、民法第1条第2項及び第3項その他の規定の適用に当たって、その格差の存在を考慮しなければならないものとする。」

この規定を置くことに対しては、民法は抽象的な人を念頭に置いて対等当事者間の取引についての規律を設けるものであるとの指摘や、規定を置くにしても、その内容が必ずしも明確でないとか、格差のみを取り出して規定するのは相当でない等の指摘もあった。

その後の審議により、規定を置くことは見送られたため、この点も解釈に委ねられる。

5 情報提供義務・説明義務

(1) 意義

契約を締結するかどうかの判断の基礎となる情報は、各当事者がそれぞれの責任で収集すべきであるとの原則に対して、信義則に基づいて相手方がその当事者の一方に対して情報を提供しなければならないとした裁判例も多く、その考え方は学説上も支持されている。そこで、情報提供義務についての規定を新たに設けるという考え方である。

(2) 中間試案と消極論

中間試案は、原則として情報提供義務を負わないとしつつ、例外として4要件を規定し、そのすべてに該当する場合には義務違反となり、損害賠償義務があるとするものである。

具体的には、中間試案では次の規定を置くことが提案され、（注）でこのような規定を設けないという考え方が記載されていた。

（契約締結過程における情報提供義務）

「契約の当事者の一方がある情報を契約締結前に知らずに当該契約を締結

したために損害を受けた場合であっても、相手方は、その損害を賠償する責任を負わないものとする。ただし、次のいずれにも該当する場合には、相手方は、その損害を賠償しなければならないものとする。

（1）相手方が当該情報を契約締結前に知り、又は知ることができたこと。

（2）その当事者の一方が当該情報を契約締結前に知っていれば当該契約を締結せず、又はその内容では当該契約を締結しなかったと認められ、かつ、それを相手方が知ることができたこと。

（3）契約の性質、当事者の知識及び経験、契約を締結する目的、契約交渉の経緯その他当該契約に関する一切の事情に照らし、その当事者の一方が自ら当該情報を入手することを期待することができないこと。

（4）その内容で当該契約を締結したことによって生ずる不利益をその当事者の一方に負担させることが、上記(3)の事情に照らして相当でないこと。」

上記試案に対しては、信義則という一般規定があれば足りるという批判、柔軟な解決が阻害されるおそれがあるとの指摘、現在信義則の適用の結果として形成されてきたルールを過不足なく適切に明文化することは困難であるとの指摘などがなされた。

結局この点についても、規定を置くことは見送られ、解釈に委ねられることとなった。

(3) 金融分野の場合

金融分野について考えると、金融商品は物理的な存在ではなく、複雑な仕組みである上リスクを伴うという特質があり、これが説明義務や適合性原則の根拠ともなっている。

しかし、民法に規定を置くということは、当然ながら、すべての取引を念頭に置いて義務を措定することになる。そうすると、金融取引における説明義務の水準に比較すると低レベルになるのは必然的である。そのような義務が一般原則とされた場合に、金融取引にはむしろ悪影響が懸念される。

このような意味で、民法に中間試案のような限定的な情報提供義務の規定を置くことが見送られたことは、従来の判例法理によるということを意味しており、紛らわしさがなくなったといえる。

以下、金融取引被害の救済に関わりが深い改正点についてみていく。

第6章　改正民法と金融取引　　405

第2節

主な改正

1　意思能力

(1)　改正民法

(a)　3条の2の新設

現行民法では意思能力に関する規定はないが、意思能力を欠く状態でなされた法律行為の効力が否定されることは判例上確立しており、学説上も異論はない。そこで改正民法は、第2章に第2節として「意思能力」を設け、次の条文を置いた。

> 3条の2〔意思能力〕　法律行為の当事者が意思表示をした時に意思能力を有しなかったときは、その法律行為は、無効とする。

中間試案では、「法律行為の当事者が、法律行為の時に、その法律行為をすることの意味を理解する能力を有していなかったときは、その法律行為は、無効とするものとする。」とした上、（注1）として「意思能力の定義について、『事理弁識能力』とする考え方や、特に定義を設けず、意思能力を欠く状態でされた法律行為を無効とすることのみを規定するという考え方がある」、（注2）として「意思能力を欠く状態でされた法律行為の効力について、本文の規定に加えて日常生活に関する行為についてはこの限りでない（無効とならない）旨の規定を設けるという考え方がある。」としていた。

中間試案の考え方は、裁判例が意思能力の判断にあたっては当該法律行為の性質を考慮してきたとされることから、意思能力の有無を画一的に定めるのではなく「その法律行為をすることの意味を理解する能力を有していなかったとき」として、意思能力の有無を種々の法律行為ごとに判断する立場に基づいている。

これに対しては、意思能力を「事理弁識能力」と解する考え方もある。これは意思能力の有無を客観的に判断する立場であり、法律行為をすることの意味を弁識する能力は、適合性原則、情報提供義務、状況の濫用など別の概

406 第3部 民事責任の論点

念の問題とする。

　改正民法は意思能力についての定義規定は置かず、解釈に委ねている[1]。

　(b)　意思表示の受領能力（98条の2）

　意思能力についての規定を新設した関係で、意思表示の受領能力に関する98条の2に、相手方が意思表示の受領時に意思能力を有していなかった場合につき、当該意思表示の効力を対抗できないことを明文化した。

(2)　適合性原則との関係

　上記のとおり、意思能力をどう捉えるかによって、適合性原則との重なり合いの有無や程度が違ってくる。

　意思能力を法律行為の意味を弁識する能力と解すると、適合性原則の場面で、特に知的能力に関わるものが取り込まれ、競合する場面が生じる可能性が指摘される[2]。

　また、潮見は、狭義の適合性原則のうち財産権保護型投資者保護公序からの後見的介入は、意思無能力制度との連続性を有するとしている[3]。

　実務的には、認知症などで判断能力が低下している場合、意思無能力といえる程度であるのか、適合性原則違反の範囲内であるのかが問題となる。金融分野の事例としては、意思無能力を認めたものは少なく、適合性原則違反とする裁判例が多い。

　こうした問題については、高齢者と金融取引（第3部第7章）の問題の中で、適合性原則との関係で論じることとする（後掲434頁）。

(3)　実務上の留意点

　(a)　概説

　不動産の取引や担保設定等の事案で、意思能力の有無が争われた事案は少なくない。しかし、詐欺的取引のような事案を除けば、投資取引事案で意思無能力が認められた事案は稀である（預金の払戻し等の分野では、意思能力の有無

1）　参考文献として、山本敬三「民法の改正と意思能力の明文化——その意義と残された課題」水野紀子＝窪田充見編『財産管理の理論と実務』（日本加除出版、2015年）23頁。熊谷士郎「『能力』法理の縮減と再生・契約法理の変容」河上正二責任編集『消費者法研究・第2号』（信山社、2017年）11頁。

2）　熊谷士郎「消費者法における意思無能力法理の展開」現代消費者法15号（2012年）9頁。

3）　潮見佳男「適合性の原則に対する違反を理由とする損害賠償」民事判例V（2012年前期）6頁。

が日常的に問題となると考えられる、裁判例もある。このような問題は投資取引事案とは別類型と考えて、ここでは言及しない）。

意思能力の有無を争点とした場合、それによって請求棄却か認容かが決まってしまうことになる。したがって、十分な主張・立証が必要となる。その場合、認知機能検査の結果によるだけでなく、当時の生活・行動についての客観的記録も重要である。

以下、裁判例で具体的にみていく。

(b) 肯定例

・東京地判平15・7・17 投信1

【事案】 原告は、重度の痴呆状態にあるとして、2000（平成12）年6月に後見開始の審判を受けた高齢の顧客である（大正14年生まれ、取引当時73〜74歳）。

2000年6月の医師の鑑定書によれば、「意識は割とはっきりしており簡単な加減計算はできるが、長谷川式簡易知能検査結果は3点で、表面上は穏やかだが内面は空虚で、多発性脳梗塞性痴呆による重度の痴呆状態であり、記憶力、判断力の低下が著しく、日常生活も低く一人ではほとんど何もできない状態で、採算を管理処分することができない」という状態であった。

成年後見人が、原告の1999（平成11）年8月から2000年4月の投資信託や外国債券の購入について、無断売買や意思無能力を主張して、預託金返還請求、損害賠償請求を行った。

【判旨】 本判決は、取引の一部については無断購入であったとした。そして、その余の取引についても、医師の診断結果などから、当時「多発性脳梗塞による重度の痴呆状態にあり、リスクを伴う本件各取引を行うに必要な意思能力を欠いていたと認められる」として、取引は無効であると判示した。

本件は、長谷川式簡易知能検査の結果が3点という低いレベルであり、医師による能力についての所見も明確な事案といえる。しかし、判決は、それだけではなく取引当時の原告の生活態度も認定し、「判断能力に疑いを抱かせる事情はなかった」という被告の主張を排斥している。すなわち、本判決は、取引当時、社会福祉士が民生委員の要請を受けて原告宅を訪問した際の様子について、「原告宅内には、未開封の郵便物が多数あり、財布・衣類・引き出し等の中に合計7、80万円の現金があり、預金通帳、印鑑が散乱しており、公共料金は未払いの状態であった。」等と具体的に認定している。

このように、本判決は医学的所見と本人の状態の両面から意思無能力と認

408 第3部 民事責任の論点

定しているといえる。

　(c)　否定例

　・大阪高判平24・9・12　投信 2

　【事案】　原告は当時満60歳、2006（平成18）年7月に胃全摘手術を受け、その後抗ガン剤治療を受けていたが、同年11月に左急性硬膜下血腫で入院し、保存療法により血腫が自然吸収されたことから、同年12月15日に退院した。

　原審は、神戸地姫路支判平24・2・16である。原判決は、原告の状況について、入院中、意識障害、見当識障害があり、退院後も治癒したことを認めるに足りる証拠はないとし、妻の顔がわかる程度であったと認定している。投資信託の取引は、退院後42日後であり、その後すぐに再入院となっている。

　原判決は、意思能力があるかどうかはどのような取引を行うかによって違いうるとして、原告は中卒後長年トラックの運転手をしてきた者で投資信託とはまったく無関係であったとして、上記状態から意思能力があったとは到底解されないとした。

　そして、原告代理人に対する訴訟委任については、どのような意思表示であるかによって異なるとして、それまでまったく基礎知識がなかった投資信託とは同列に論じることはできないとしている。

　【判旨】　本判決は、原告には、相当程度理解力が欠けた時期があったことが窺えるとしつつ、退院当時、食事の介助は不要であり排泄や更衣も自分でできる状態であったこと、会話の状態等の状況を認定し、意思能力がなかったことを認めるに足りないと判示した。

　原判決は、意思能力について、法律行為の意味を弁識する能力としており、相対的に捉える立場であることを明らかにしている。これに対して本判決は、事実を示した上で、意思能力がなかったことを認めるに足りないとするだけであるので、意思能力についての考え方や程度についての見解は明らかにされていない。

　原告の生活状況等から意思能力の有無を判断するという場合には、その評価に難しさがあると思われる。他方、医学的所見からみた評価については一審・二審の判決からは判然としない。意思能力の判断には、生活状況等と医学的所見の両方揃うことが望まれる。

　なお、本判決は、錯誤、適合性原則違反、説明義務違反、断定的判断の提供の主張も排斥している。

(d)　訴訟委任と意思能力

・福岡高判平21・5・21判時2063号29頁

上記(c)の事案では、意思無能力が問題になった事案で、訴訟委任能力が問題とされている。実務的には重要な論点と考えられるので、ここで関連判決を挙げる。

この事案の原告は、当時93歳の女性で、銀行預金の通帳を紛失して再発行を請求した。しかし、銀行に拒否されたため、代理人に委任して銀行預金の支払を求めて提訴した。銀行は、原告には事理弁識能力に問題があり、成年後見の必要性について裁判所の判断がされるまでは払出請求等について対応できないとしたもので、訴訟委任の能力も意思も認められないので訴えは却下されるべきであると主張した。

原審の福岡地判平20・10・31判時2063号30頁は、訴訟当事者の訴訟能力や訴訟委任の有効性は、訴訟要件であるから裁判所が職権をもって調査すべき事項であるとして、職権による本人尋問によれば、原告には預金の存在、その払戻しを求める意思を表明したこと、銀行が応じなかった、といういずれについても認識が欠けているのに、原告は医師の意見や医療記録に基づく立証をしないし、訴訟委任についても覚えがないと述べているのに、委任状作成の事情等の的確な立証もしない、などとして訴えを却下した。

そこで原告は、原告代理人に改めて訴訟委任の上、控訴した。

控訴審では、診断書が提出され、原告は軽度認知症であり日常生活上の事態に対する理解力・判断力については補助が必要であるが、意識状態は清明であり後見・保佐の必要はないという内容であった。これにより、高裁では意思能力が認められ、請求が認容されている。

(e)　小括

以上のように、意思能力の有無の判断には、医師の診断が重要な意味を持つ。ところが関係者にとっては、本人の状況からすれば判断能力の有無は明らかで、医師の診断や意見など不要であるとの考えを持つ場合があると思われる。しかし、意思能力はあるかないかであり、その結果、請求がゼロか100％認められるかのどちらかとなる。つまり、立証が不十分である場合のリスクは極めて高いので、十分注意が必要である。

医師の診断が行為時から時間が経過してからのものであることが多いと思われるが、その場合は医学的にみて症状がどう推移するかという問題に加え

410 第3部 民事責任の論点

て、本人の生活状況についての介護記録等の客観的記録が特に重要になる。

例えば、東京地判平25・4・26消費者法ニュース98号311頁は、70歳代の原告が有名百貨店の特定の売り場で約5年間（169回）にわたって衣料品を購入し続けた事案について、最後の約1年間の購入について意思無能力を認めている。この事案では、診断書は全取引を終えた3カ月後に作成されており、担当医師の「アルツハイマー型認知症で、約5年前に発症と推定される」等の意見について、それだけで意思能力がなかったと認めるに足りる合理的な立証がなされたとはいえないと判示している。そして、購入した衣料品を具体的に検討し、合理的な理由がないといえる段階から意思無能力を認定している。本人の生活状況については客観的記録が乏しい場合もあると考えられるが、できる限りの立証を心掛けることが望まれる。

2 公序良俗違反

(1) 改正民法

改正民法は、90条を次のように修正している。

> **90条（公序良俗）** 公の秩序又は善良の風俗に反する法律行為は、無効とする。

この規定は、現行90条の「公の秩序又は善良の風俗に反する事項を目的とする法律行為は、無効とする」との規定から、「事項を目的とする」との部分を削除し、「公の秩序又は善良の風俗に反する法律行為は、無効とする」としている。

改正の趣旨は、判例が公序良俗に反するかどうかの判断にあたって、法律行為が行われた過程その他の諸事情を考慮しており、どのような事項を目的としているのかだけに着目しているわけではないので、判例の考え方を条文上も明確にしたということである。また、暴利行為についての立法化は見送られ、解釈に委ねられた。

以上のように、この改正による判例法理からの変更はない。

(2) 意思能力との関係

判断力が低下している高齢者との取引の場合に、意思無能力と公序良俗違反の両方を主張する場合がある。投資取引事案ではないが、意思無能力と公序良俗違反を択一的に主張したのに対して、公序良俗違反を認めた高裁判決

がある。

大阪高判平21・8・25判時2073号36頁は、不動産取引の事案であるが、公序良俗違反とした。本判決は、原告（被控訴人）が契約当時、認知症と妹の死をきっかけとする長期間の不安状態のために事理弁識能力が著しく低下しており、かつ、迎合的に行動する傾向があったことに乗じた、同人にとって客観的な必要性がまったくない、むしろ不利かつ有害な取引であるとして、公序良俗違反とした。

意思無能力は、本人の判断能力の問題である。これに対して、公序良俗違反は、それだけではなく当該取引の性質・合理性等が重要になる。そこで、本判決のように取引の不合理性や有害性が強調される事案の場合は、公序良俗違反の判断になじむといえる。

(3) 投資取引と公序良俗違反

(a) 最高裁判例の考え方

投資取引の分野での公序良俗違反についての判例としては、最判昭61・5・29判時1196号102頁が重要である。

本判例は、私設市場における金の先物取引が（当時の）商品取引所法8条（商品先物取引市場類似施設の開設・取引禁止）に当たるかどうかが問題とされた事案について、公序良俗違反とした原判決を支持した。その際、著しく不公正な方法によって行われた取引であり、商品取引所法8条違反かどうかを論じるまでもないと判示している。

このように、本判例によれば「著しく不公正な方法による取引」の場合、公序良俗違反の可能性があることになる。そこで、多くの取引被害の裁判において、公序良俗違反が主張されてきた。

そして、業法の隙間事案等において、公序良俗違反が認定されている。以下、概要である。

(b) 隙間事案についての裁判例

(ア) 外国為替証拠金取引（FX）

投資取引について公序良俗違反を認定した例に、外国為替証拠金取引の事案がある。この取引は、2005（平成17）年7月施行の改正金融先物取引法以前は、直接規制する業法がなかった。いわば業法の隙間において、不公正な勧誘や取引による被害が多発し、社会問題化した。

この取引の事案において、公序良俗違反とした次のような裁判例がある。

412 　第3部　民事責任の論点

① 　東京高判平18・9・21金判1254号35頁
② 　仙台地判平19・9・5判タ1273号240頁
③ 　東京地判平17・11・11判時1956号105頁

　いずれも、この取引が賭博行為であるが違法性阻却事由がないこと等を理由として公序良俗違反とする（なお、②は証券会社の事案である）。

　公序良俗違反としながら、不法行為や旧商法266条の3第1項に基づく損害賠償責任を請求して認容されているのは、役員の責任を追及する場合には無効・不当利得返還請求だけではカバーされないこと、弁護士費用も損害として認めていること等による。

　(ｲ)　ロコ・ロンドン貴金属取引

　上記の外国為替証拠金取引に対する参入規制等の法規制がかけられたことから、ロコ・ロンドン貴金属取引等と称して、直接の業規制を受けない形式を採る取引が行われるようになった。ロンドン市場の金現物価格を指標とし、店頭相対取引の形式で差金決済取引を行うものである。

　この取引類型については、上記(ｱ)で述べたのと同様の法理が妥当する。法人のみでなく役員や担当者の共同不法行為責任を追及する関係で、公序良俗違反は無効原因としてではなく不法行為法上の違法根拠として位置づけられる。そのため、明確に公序良俗違反と判示する必要はないともいえる。東京高判平20・10・30先物判例53号377頁は、そのように位置づけることができよう。

　この種の取引は、2011（平成23）年施行の商先法により参入規制が適用されることとなり、激減した。

　(ｳ)　CO2排出権取引

　CO2排出権のデリバティブ取引は、現在のところ金商法の適用対象でもなく商先法の適用対象でもない。依然として業法の隙間にある。

　東京地判平26・12・4先物判例72号132頁は、賭博行為に該当する違法なものであるし、公序良俗にも反するとしている（ただし、共同不法行為に基づく請求の事案）。

　(ｴ)　金（白金）地金分割払取引

　この取引は、金地金（あるいは白金地金）について、頭金（総代金の一部であり、2割程度とするものが多い）を支払わせて残りを数百回程度の長期分割払いとする形式を採り、総代金を支払って現物の引渡しを受けるか、中途解約して解

約時の価格を基準として契約時の価格との差額を清算するというものである。要するに、証拠金を支払って、差金決済を店頭相対取引で行うことと同じ経済効果をもたらす取引である。

上記各取引と同様の指摘が妥当し、東京地判平26・7・18先物判例71号369頁は、商先法の相場による賭博行為の禁止等の規定に違反し、公序良俗に反し違法であるとしている。

(c) 損失保証についての判例

大手証券会社の事案としては、損失保証契約の効力に関する最判平9・9・4民集51巻8号3619頁、判時1618号3頁(株式31)がある。

損失保証は、1991（平成3）年の証券取引法の改正で刑罰をもって禁止されることになった。この事案は、その改正法施行以前の損失保証契約によって施行後に履行を求めたものである。

本判例は、損失保証契約は反社会性の強い行為であると認識されていなかったが、次第に損失保証が証券取引の公正を害し、社会的に強い非難に値する行為であることの認識が形成されていったとして、当該契約当時においては反社会性の強い行為であるとの社会的認識が存在していたとして、公序良俗違反としている。

(4) 実務上の留意点

上記のとおり、投資取引の分野で公序良俗違反を認定する判例の領域は、業法の隙間事案や業法の参入規制に違反した取引類型が中心となっている。なお、171条の2第1項は、無登録業者が未公開有価証券の売付け等を行った場合、その契約を原則として無効としている。この根拠は、無登録業者による未公開有価証券の売付けは、暴利行為に該当し公序良俗違反である蓋然性が高い点にあるとされている[4]。

その他、登録業者による取引の類型では、公序良俗違反が認められているのは限定的という状態にある。投資取引被害においては、被害の深刻さや取引の複雑さ、リスクの高さなどから、公序良俗違反による救済を期待しがちである。しかし、公序良俗違反の主張に際しては、取引の仕組みの問題点はもちろん、基本的な違法性の分析・解明が大前提であり、それらを欠いた状態での公序良俗違反論は十分な説得力を持たないおそれがあることに注意す

---

4) 吉澤知之ほか『逐条解説　2011年金融商品取引法改正』（商事法務、2011年）73頁。

414　第3部　民事責任の論点

べきである。

3　錯誤

(1)　改正民法

　錯誤を規定した改正民法95条は次のとおりで、規定ぶりは大きく変わっている。

95条（錯誤）　意思表示は、次に掲げる錯誤に基づくものであって、その錯誤が法律行為の目的及び取引上の社会通念に照らして重要なものであるときは、取り消すことができる。
　　一　意思表示に対応する意思を欠く錯誤
　　二　表意者が法律行為の基礎とした事情についてのその認識が真実に反する錯誤
2　前項第2号の規定による意思表示の取消しは、その事情が法律行為の基礎とされていることが表示されていたときに限り、することができる。
3　錯誤が表意者の重大な過失によるものであった場合には、次に掲げる場合を除き、第1項の規定による意思表示の取消しをすることができない。
　　一　相手方が表意者に錯誤があることを知り、又は重大な過失によって知らなかったとき。
　　二　相手方が表意者と同一の錯誤に陥っていたとき。
4　第1項の規定による意思表示の取消しは、善意でかつ過失がない第三者に対抗することができない。

　まず、効果が無効から取消しとなり（1項）、詐欺取消しの場合と同様の第三者保護規定が新設されている（4項）。
　次に、要素の錯誤の意義について、「その錯誤が法律行為の目的及び取引上の社会通念に照らして重要なものであるとき」として明確化している（1項）。
　そして、動機の錯誤についても、「表意者が法律行為の基礎とした事情についてのその認識が真実に反する錯誤」（1項2号）であって、「その事情が法律行為の基礎とされていることが表示されていたとき」（2項）と明文化した。

さらに、共通錯誤も明文化された（3項2号）。共通錯誤と、「相手方が表意者に錯誤があることを知り、又は重大な過失によって知らなかったとき」（同項1号）という場合は、表意者の重過失があっても錯誤主張が可能であることが明文化された。

　なお、審議の過程では、取引の相手方が不実の表示をしたことによって引き起こされた錯誤について取消権を認めるとの規定を明文化することが検討されたが、見送られている。

(2) 金融取引と錯誤

(a) はじめに

　証券取引では、錯誤を認めた判決は極少ない。その理由としては、「この商品を買う」という意味で取引している以上、そこに表示行為の錯誤はないし、儲かるはずが儲からなかったという事情は、リスクを取引するという金融取引の性格から、内包されていたリスクが顕在化したにすぎず動機の錯誤にもならない、あるいは将来利益が生じるかどうかは事実の問題ではなく将来の予測にすぎないので錯誤の問題となりえない、などといった考え方が挙げられている[5]。

　しかし、金融商品は、その商品性を認識することが容易ではない上、ますます複雑化・ハイリスク化してきている。そこで、勧誘によっては顧客の認識とはおよそ異なる商品性であったという事態が起こりうる。

　そこで、錯誤無効を認めた裁判例をみていく。

(b) 裁判例（仕組債事案）

・大阪高判平22・10・12　 仕組債 D1

　本判決は、仕組債（FXターン債）の勧誘・販売に際して説明義務違反があったため顧客の意思表示に錯誤があり、売買契約が無効とされた事例で、錯誤を考える上で重要な判決である。

　原審の大阪地判平22・3・30は、本件仕組債は最長30年間拘束される可能性があり、途中売却をしても大幅に元本を毀損するリスクがあるが、原告はそのような顧客の投資判断にとって決定的に重要な事実を認識せず、かえって、証券会社担当社員による誤導的な言辞により、本件仕組債は元本毀損リ

---

5)　松本光一郎「裁判実務における錯誤論　その現状と課題──同時存在の原則を中心として」判タ1247号（2007年）61頁。

スクなしに年15％の利回りを相当程度の確実さをもって期待することができるものと誤信していたとして、錯誤により無効であるとした。

本判決も錯誤を認め、その理由として本件勧誘の経過からすると、「（一審原告）は、本件仕組債を購入する際、本件仕組債の権利内容について錯誤に陥り、そのリスクについて理解しないままであったと認めるのが相当である。そして、この錯誤は、本件仕組債を購入するかどうかを判断する上で、最も、重要な事項についての錯誤であり、しかも、錯誤に陥っていたことは表示されていたと認められるから、本件仕組債を買い受ける旨の意思表示は、民法95条により無効である」としている。

(c) 裁判例（保険分野）

(ア) 終身年金保険事案

金融取引分野では、保険契約について錯誤の判決があるので、参考としてみておきたい。

・岡山地判平18・11・30セレクト29巻325頁

本件は、74歳の無職の女性に対して終身年金保険を勧誘した事案である。この女性は、数年前に大動脈弁置換術・冠動脈バイパス手術を受けていて、障害程度等級1級に認定されていた。そのような者に対して、契約締結から16年3カ月経過し、90歳以上まで生存しないと払込み保険料を上回る年金を受領することができないという内容の終身年金保険契約について、錯誤無効を認めたものである。

本判決は、原告の供述する内容については、信用できないとしている。

すなわち、原告は本人尋問で「亡くなったら一括で払った保険料から年金を引いたものが遺族に帰ってくると認識していた」とか「亡くなったらどうなるか聞いたら遺族にお返しすると言われた」などと供述しているが、そのような事実は証拠上認める余地はないとされたのである。

しかし、本判決は、そのことと原告が担当者の説明を正確に理解していたか、本契約の内容をどのように認識していたかは別の問題であるとして、原告は受取年金額が払込み保険料を下回る危険性の認識を欠いていたとし、要素の錯誤を認めている。また、本判決は、原告の年齢や病状など本件固有の事情を考慮すると、重過失があるとまでは断じられないとした。

(イ) 融資一体型変額保険事案

相続税対策のための融資一体型変額保険については、多数の訴訟が起こさ

れた。消費者側の請求を認めた判決もあるが、説明義務違反等による損害賠償請求を認めた判決が多く、保険契約と融資契約の両方あるいはどちらか一方について錯誤無効を認めた判決は比較的少ない。高裁レベルで錯誤無効を認めたものとして、次の判決がある。

① 大阪高判平15・3・26 変保1
② 東京高判平16・2・25 変保2
③ 東京高判平17・3・31 変保3

原告が高齢者の場合、勧誘の状況を再現することが困難な場合が多い。これに対して、勧誘する側は、勧誘資料に基づく説明内容を具体的に証言することは日常業務であるだけに、容易なことといえる。そこで、錯誤が争点となる事案においても、事実の主張・立証責任が原告側には重い負担となる。この問題について、前掲岡山地判は、客観的な事情を総合して原告の認識を認定した。

同様のアプローチは、変額保険の分野で錯誤無効を認めた判決にもみられる。変額保険の事案においても、早い時期に錯誤無効を認めた判決は、勧誘の不当性から表意者の誤信を導き出すという判断方法を採っていた。これに対して、上記①ないし③の判決は、融資一体型変額保険が少なくとも当該事案との関係では相続税対策として適格性を欠くものであったことを重くみて表意者の誤信を導き出すという、いわば客観的側面を重視するアプローチを採っており、注目されている[6]。

(3) 実務上の留意点

(a) 立証上の着眼点

錯誤の場合、どういう勧誘があり、それによってどういう内容と誤認したかという点について、立証する必要がある。しかし、高齢者の場合には、勧誘について記憶し、証言の場でそれを具体的に再現するということは困難な場合が多い。前掲岡山地判の場合においても、原告の供述する内容は信用できないとされている。

錯誤を認定した事案についてみると、FXターン債の事案は、顧客が不動産会社の代表者で、電話での勧誘内容と担当者が持参した書面との違いに気

---

6) 石川知子「いわゆる『貸し手責任』をめぐる裁判例と問題点」判タ1163号（2005年）49頁。

418　第3部　民事責任の論点

が付き、買付約定書に署名する前にキャンセルの意思を明確にし、購入代金
も支払っていないというものであるところに特徴がある。高齢者事案の場合、
こういう対応をとれるのは稀ではないかと思われる。

　岡山地判や変額保険での上記3つの高裁判決の場合、上記の客観的側面か
らのアプローチで錯誤を認定しており、高齢者の被害救済の場合には有効な
手法と考えられる。

　(b)　錯誤取消し

　錯誤の効果が取消しとなったことから、取消権の期間に制限があることに
注意する必要がある。改正民法は現行法と同様、追認することができる時か
ら5年、行為の時から20年で時効によって消滅する。

　4　取消しの効果等

(1)　取消しの効果

　改正民法121条は、次のとおり修正されている。取消しの効果に関する現
行民法120条ただし書は、121条の2の3項で規定されている。

> **121条（取消しの効果）**　取り消された行為は、初めから無効であったものとみ
> なす。

(2)　原状回復の義務

　改正民法は、無効の効果について次の規定を設けた。

> **121条の2（原状回復の義務）**　無効な行為に基づく債務の履行として給付を受
> けた者は、相手方を原状に復させる義務を負う。
> 　2　前項の規定にかかわらず、無効な無償行為に基づく債務の履行として給付
> を受けた者は、給付を受けた当時その行為が無効であること（給付を受けた後
> に前条の規定により初めから無効であったものとみなされた行為にあっては、給付を
> 受けた当時その行為が取り消すことができるものであること）を知らなかったとき
> は、その行為によって現に利益を受けている限度において、返還の義務を負う。
> 　3　第1項の規定にかかわらず、行為の時に意思能力を有しなかった者は、そ
> の行為によって現に利益を受けている限度において、返還の義務を負う。行為
> の時に制限行為能力者であった者についても、同様とする。

第6章　改正民法と金融取引　419

　以上のとおり、1項で給付受給者の原状回復義務を明記し、2項と3項で現存利益とする場合を限定的に定めている。

　これにより、改正民法は少なくとも給付利得に関しては類型論の考え方によっていることが明らかにされた。なお、解除の場合の改正民法545条2項・3項のような規定がないので、利息や果実の返還等に関しては解釈によることになる[7]。

5　消滅時効
(1)　改正民法
(a)　債権の消滅時効

　消滅時効は、大きく変わっている。債権の消滅時効における原則的な時効期間と起算点については、166条1項で次のとおりとなった（2項・3項は省略）。

166条（債権等の消滅時効）　債権は、次に掲げる場合には、時効によって消滅する。
　一　債権者が権利を行使することができることを知った時から5年間行使しないとき。
　二　権利を行使することができる時から10年間行使しないとき。

　現行民法の消滅時効期間は10年（167条1項）、商法では商事債権について5年（522条）である。

　改正民法は、主観的起算点から5年（1号）、客観的起算点から10年（2号）とした。これに伴い、商事時効の商法522条は削除される。

(b)　不法行為による損害賠償請求権の消滅時効

　不法行為による損害賠償請求権の消滅時効（724条）は、次のようになる。

724条（不法行為による損害賠償請求権の消滅時効）　不法行為による損害賠償の請求権は、次に掲げる場合には、時効によって消滅する。

7）　潮見佳男『基本講義債権各論Ⅰ契約法・事務管理・不当利得（第3版）』（新世社、2017年）341頁。

420　第3部　民事責任の論点

> 　一　被害者又はその法定代理人が損害及び加害者を知った時から3年間行使
> 　　しないとき。
> 　二　不法行為の時から20年間行使しないとき。

　判例は、20年については除斥期間であるとしている（最判平成元・12・21民集43巻12号2209頁）。改正法は、20年についても消滅時効とした。

(2)　実務上の留意点

(a)　債権の消滅時効

　これまで、債務不履行に基づく損害賠償請求の場合、時効期間は商事時効で5年となるのか、民法の原則で10年となるのかという論点があった。

　5年であるという考え方も強いが、10年という考え方をとる裁判例として大阪地判平11・3・30判タ1027号165頁、その控訴審判決の大阪高判平12・5・11セレクト16巻224頁他がある。商事時効によらない理由として、説明義務違反に基づく損害賠償請求権の内容は非定型的で、一般の商取引におけるような迅速性を要求することが妥当とはいえないことが挙げられている。しかし、改正法では、いずれにしても5年ということになる。

　なお、説明義務については最判平23・4・22民集65巻3号1405頁〔出資1〕が不法行為責任としているので、債務不履行責任を問う範囲は限定的である。

(b)　不法行為による損害賠償請求権の消滅時効

　不法行為の時から20年間行使しないときは、時効によって消滅する。

　学資保険や個人年金保険などの場合、契約が長期にわたる。そこで、給付が開始されて初めて勧誘内容と契約内容が違っていたことに気が付くというケースが生じているが、すでに20年以上を経過しているという事態が生じている（国民生活センターのホームページには、国民生活センター紛争解決委員会によるADRの結果の概要が掲載されており、そのような事案が公表されている）。

　そのような事案の場合、20年が除斥期間ということでは、救済が困難である。しかし、20年も消滅時効期間となったことから、事案によっては、消滅時効の援用と信義則・権利濫用の法理の適用が検討されてよい。

6　過失相殺

　過失相殺についての418条は、次のようになった。

第6章　改正民法と金融取引　421

> **418条（過失相殺）**　債務の不履行又はこれによる損害の発生若しくは拡大に関して債権者に過失があったときは、裁判所は、これを考慮して、損害賠償の責任及びその額を定める。

現行民法418条の規定に「損害の発生若しくは拡大」に関してという文言を追加している。これは判例の考え方を明文化しただけで、現行の実務からの変更があるものではない。

また、不法行為における過失相殺との関係については、解釈に委ねられている。

7　遅延損害金等

改正民法404条は、法定利率について次の規定を置いた。

> **404条（法定利率）**　利息を生ずべき債権について別段の意思表示がないときは、その利率は、その利息が生じた最初の時点における法定利率による。
>
> 2　法定利率は、年3パーセントとする。
>
> 3　前項の規定にかかわらず、法定利率は、法務省令で定めるところにより、3年を一期とし、一期ごとに、次項の規定により変動するものとする。
>
> 4　各期における法定利率は、この項の規定により法定利率に変動があった期のうち直近のもの（以下この項において「直近変動期」という。）における基準割合と当期における基準割合との差に相当する割合（その割合に1パーセント未満の端数があるときは、これを切り捨てる。）を直近変動期における法定利率に加算し、又は減算した割合とする。
>
> 5　前項に規定する「基準割合」とは、法務省令で定めるところにより、各期の初日の属する年の6年前の年の1月から前々年の12月までの各月における短期貸付けの平均利率（当該各月において銀行が新たに行った貸付け（貸付期間が1年未満のものに限る。）に係る利率の平均をいう。）の合計を60で除して計算した割合（その割合に0.1パーセント未満の端数があるときは、これを切り捨てる。）として法務大臣が告示するものをいう。

また、金銭債務の特則である419条1項は、次のとおり修正された（2項・

422　第3部　民事責任の論点

3項は省略）。

419条（金銭債務の特則）　金銭の給付を目的とする債務の不履行については、その損害賠償の額は、債務者が遅滞の責任を負った最初の時点における法定利率によって定める。ただし、約定利率が法定利率を超えるときは、約定利率による。

　不法行為による損害賠償債務は、損害の発生と同時に何らの催告を要することなく遅滞に陥ると解されているので、上記各規定から不法行為に基づく損害賠償債権の遅延損害金は、不法行為時の法定利率によることとなる。

8　定型約款
(1)　定型約款についての規定の新設
　約款は広く使われているが、現行民法には規定がない。改正民法は、定型約款に関する規定を新設した。具体的には、定型約款の定義、組入要件、開示、内容の制限、変更要件についての規定を置いた。以下、その概要である。
(2)　定型約款の合意（548条の2）
　定型約款の合意について、548条の2は次の規定を置いた。

548条の2（定型約款の合意）　定型取引（ある特定の者が不特定多数の者を相手方として行う取引であって、その内容の全部又は一部が画一的であることがその双方にとって合理的なものをいう。以下同じ。）を行うことの合意（次条において「定型取引合意」という。）をした者は、次に掲げる場合には、定型約款（定型取引において、契約の内容とすることを目的としてその特定の者により準備された条項の総体をいう。以下同じ。）の個別の条項についても合意をしたものとみなす。
　一　定型約款を契約の内容とする旨の合意をしたとき。
　二　定型約款を準備した者（以下「定型約款準備者」という。）があらかじめその定型約款を契約の内容とする旨を相手方に表示していたとき。
2　前項の規定にかかわらず、同項の条項のうち、相手方の権利を制限し、又は相手方の義務を加重する条項であって、その定型取引の態様及びその実情並びに取引上の社会通念に照らして第1条第2項に規定する基本原則に反して相手方の利益を一方的に害すると認められるものについては、合意をしなかった

ものとみなす。

(a) 定義

改正民法は、規定の対象を約款全般とはしていない[8]。対象を定型約款とし、その定義について次のように規定している。

まず定型取引について、「ある特定の者が不特定多数の者を相手方として行う取引であって、その内容の全部又は一部が画一的であることがその双方にとって合理的なものをいう」と規定し、定型約款を「定型取引において、契約の内容とすることを目的としてその特定の者により準備された条項の総体をいう」としている。

定型取引となるのは、「ある特定の者が不特定多数の者を相手方として行う取引」であるから、相手方の個性に着目した取引は対象外となる。また、「双方にとって内容が画一的であることの合理性」が必要とされるので、事業者間取引のうち画一的であることが合理的であるといえないものは対象外となる。

以上のように、やや複雑な定義となっているが、これは労働契約や事業者間契約のひな型などを除外するためである[9]。事業者と消費者の間の契約で画一的に定められている契約条件は、通常、定型約款に該当する。

(b) 組入要件

定型約款に効力が認められるには、次の要件を満たす必要がある（組入要件）。

① 定型約款を契約の内容とする旨の合意をしたとき。

② 定型約款を準備した者（定型約款準備者）があらかじめその定型約款を契約の内容とする旨を相手方に表示していたとき。

組入要件は、審議の過程で大きな議論となった。①が組入合意型、②が組入表示型とされる[10]。そもそも約款の拘束力の根拠は究極的には当事者の意思であるし、内容がわからないまま拘束されるのは相手方保護の観点から問

---

8) 約款全般については、河上正二「『約款による契約』と『定型約款』」消費者法研究3号（2017年）1頁。
9) この経緯については、山本敬三「改正民法における『定型約款』の規制とその問題点」消費者法研究3号31頁。
10) 山本・前掲（注9）43頁。

題であり、妥協の産物と批判される所以である。

　民法原理からすると、何が契約内容かわからないまま契約内容となることはありえないが、この点については組入要件とは別に手続要件として開示規定が設けられた（後述）。

(c)　不当条項規制

　改正民法548条の2第2項は、定型約款の不当条項規制である。

　不当条項となるのは、「相手方の権利を制限し、又は相手方の義務を加重する条項であって、その定型取引の態様及びその実情並びに取引上の社会通念に照らして第1条第2項に規定する基本原則に反して相手方の利益を一方的に害すると認められるもの」であり、その場合は「合意をしなかったものとみなす」という内容である。

　消費者契約法8条ないし10条の不当条項規制の場合は無効であるが、この場合にそもそも合意がないとみなされる。不当条項となる場合は消費者契約法10条とほぼ重なるので、消費者契約法が適用されない事業者間取引において意味を持つことになる。その反面、消費者契約法が適用される取引においては、改正民法ではそもそも合意がないわけであるから、消費者契約法8条ないし10条との関係が問題となると指摘されている[11]。

(3)　**定型約款の内容の表示**（548条の3）

　定型約款の内容の表示について、548条の3は次の規定としている。

548条の3（定型約款の内容の表示）　定型取引を行い、又は行おうとする定型約款準備者は、定型取引合意の前又は定型取引合意の後相当の期間内に相手方から請求があった場合には、遅滞なく、相当な方法でその定型約款の内容を示さなければならない。ただし、定型約款準備者が既に相手方に対して定型約款を記載した書面を交付し、又はこれを記録した電磁的記録を提供していたときは、この限りでない。

2　定型約款準備者が定型取引合意の前において前項の請求を拒んだときは、前条の規定は、適用しない。ただし、一時的な通信障害が発生した場合その他正当な事由がある場合は、この限りでない。

---

11)　山本・前掲（注9）62頁。

本条は、定型約款の手続要件である。開示請求を拒むと548条の2の規定は適用されない（本条2項）。そうすると、定型約款の個別の条項について合意をしたものとみなされないので、契約の内容とならないということになる。

(4) 定型約款の変更（548条の4）

定型約款の変更について、548条の4は次の規定を置いた。

548条の4（定型約款の変更） 定型約款準備者は、次に掲げる場合には、定型約款の変更をすることにより、変更後の定型約款の条項について合意があったものとみなし、個別に相手方と合意をすることなく契約の内容を変更することができる。

　　一　定型約款の変更が、相手方の一般の利益に適合するとき。

　　二　定型約款の変更が、契約をした目的に反せず、かつ、変更の必要性、変更後の内容の相当性、この条の規定により定型約款の変更をすることがある旨の定めの有無及びその内容その他の変更に係る事情に照らして合理的なものであるとき。

2　定型約款準備者は、前項の規定による定型約款の変更をするときは、その効力発生時期を定め、かつ、定型約款を変更する旨及び変更後の定型約款の内容並びにその効力発生時期をインターネットの利用その他の適切な方法により周知しなければならない。

3　第1項第2号の規定による定型約款の変更は、前項の効力発生時期が到来するまでに同項の規定による周知をしなければ、その効力を生じない。

4　第548条の2第2項の規定は、第1項の規定による定型約款の変更については、適用しない。

本条は、定型約款の変更に関する規定で、個別の合意なく変更できる場合を定めている。

1項が実体要件であり、2項・3項が手続要件である。実体要件としては、1号（利益変更）・2号（利益変更以外の変更）のいずれかに該当する場合としている。

2号は、定型約款の変更が、契約をした目的に反しないことと、変更が合理的なものであることが必要とされている。変更が合理的なものであるかどうかの考慮要素としては、「変更の必要性」、「変更後の内容の相当性」、「こ

の条の規定により定型約款の変更をすることがある旨の定めの有無及びその内容」、「その他の変更に係る事情」が挙げられている。

4項は、定型約款の変更は組入段階における不当性の判断基準よりも厳格であり、かつ、考慮要素も異なる本条1項各号の規律によるという趣旨の確認的規定である。

例えば、FX取引や信用取引などで、各社が定めている証拠金維持率が突然変更されると、それによって有効証拠金が不足して保有するポジションが強制決済されるという事態が起こりうる。そのような場合、上記要件該当性について検討することになる。

第 7 章

高齢者と金融取引

序

　投資取引の裁判例には、高齢者の事案が多く含まれている。ところが、高齢者事案の裁判例を分析してみると、高齢者事案だからといって適合性原則違反が認められやすいとはいえない現状にあると指摘されている[1]。

　そこで、本章では、高齢者の金融取引についての実情や実務の現状や課題を検討することとした。

第1節

総論

1　はじめに

　本節では、まず、高齢化の進展の状況や高齢者の認知機能についての研究をみておく。これは、高齢者と金融取引の問題を考えるに際しての前提となる。

---

1)　王冷然「高齢者の投資取引における適合性原則の意義と役割——最高裁平成17年7月1日判決以降の下級審裁判例の分析を中心に」徳島大学社会科学研究29号（2015年）。

428　第 3 部　民事責任の論点

2　超高齢社会の進展──その現状と問題

(1)　超高齢化の進展・増加する高齢者

　日本は、極めて急速に高齢化している。20年ごとの高齢化率（65歳以上の人口割合）と総人口は、次のように推移している[2]。

①　1985年　10.3％（総人口は 1 億2,105万人）
②　2005年　20.2％（総人口は 1 億2,777万人）
③　2025年　30.3％（総人口は 1 億2,254万人）

　2025年には団塊の世代が75歳以上となり、高齢者人口は3,677万人に達すると見込まれている。そして、その後も高齢者人口は増加を続け、2042年に3,935万人というピークを迎えた後、減少に転じると推計されている。ただし、それでも出生者数を65歳達成者数が上回るので高齢化率は上昇を続け、2060年に38.1％に達すると推計されている。

(2)　増加する高齢者被害

　こうした高齢化社会の進展とともに、高齢者の消費者相談が増加している。国民生活センターが集約した消費生活相談情報（PIO-NET に登録されたもの）によると、65歳以上の高齢者の消費者相談件数は2008（平成20）年度は160,356件であったものが、2017（平成29）年度には265,625件に増加している。特に、この10年間で85歳以上の相談件数は倍増している。

　また、2010（平成22）年度の消費生活相談件数を100とすると、2015年の相談件数は129.2で29.2％増加しており、この間の高齢者人口は15％の増加にとどまるので、人口の高齢化以上に高齢者の相談が増加しているとしている[3]。

　そして、相談の中では、金融取引分野の被害金額が高額であるという特徴があることが示されている[4]。

(3)　認知症高齢者の増加

(a)　新オレンジプラン

　超高齢化の進展に伴って社会問題となっているのが、認知症高齢者の増加である。

　政府は、2015年 1 月27日「認知症施策推進総合戦略（新オレンジプラン）──認知症高齢者等にやさしい地域づくりに向けて」を取りまとめている[5]。

---

2 ）　内閣府『高齢社会白書（平成30年版）』web 版。
3 ）　消費者庁『消費者白書（平成30年版）』web 版。
4 ）　消費者庁『消費者白書（平成25年版）』44頁。

そこでは、認知症の人の数は2012（平成24）年時点において約462万人で、これは65歳以上高齢者の約7人に1人と推計している。

　そして、2025年には認知症の人は約700万人前後になり、65歳以上高齢者に対する割合は約5人に1人に上昇すると推計している。

　また、認知症とは別に、軽度認知症障害（正常と認知症との中間の状態。MCI：Mild Cognitive Impairment）がある。2012年時点のMCIは約400万人と推計され、認知症462万人と合わせると、65歳以上高齢者の約4人に1人が認知症またはその予備軍と推計している。

　新オレンジプランは、このような深刻な状況に対し、政府をあげての対応策を示したものである。

　(b)　年齢階層別の認知症有病率

　一般に、高齢であればあるほど判断力が低下するという印象が持たれているが、具体的に認知症と年齢とがどういう関係にあるのかという問題がある。

　この年齢階層別の認知症有病率に関しては、朝田隆（研究代表者）の研究があり、全国の65歳以上の高齢者における認知症有病率は15％と推定している[6]。こうした研究を踏まえ、認知症有病率（男女別、年代別）がまとめられている[7]。図表化すると、【図表1】のようになる。

　これによると、高齢になるほど認知症有病率の確率が高くなる。高齢者問題の視点から金融取引のルール（とりわけ適合性原則をはじめとする勧誘規制のルール）や被害救済を考える場合には、以上のような客観的状況を踏まえる必要がある。

3　高齢化と金融取引

(1)　フィナンシャル・ジェロントロジー

　高齢化の問題は、日本に限ったことではない。しかし、日本はいわば超高齢社会のフロントランナーであり、関係7学会で日本老年学会が構成され、研究が行われている[8]。

5）　厚生労働省ホームページ（http://www.mhlw.go.jp/stf/houdou/0000072246.html）。
6）　「都市部における認知症有病率と認知症の生活機能障害への対応」（平成23年度〜平成24年度総合研究報告書〔平成25年3月〕）。また、朝田隆「有病率：どこまで増える認知症」臨床神経学52巻962頁に、年齢階層別の認知症有病率の分析がある。
7）　佐藤通生「認知症対策の現状と課題」調査と情報（国立国会図書館、2015年）。

【図表１】認知症有病率（男女別、年代別）

	65〜69歳	70〜74歳	75〜79歳	80〜84歳	85〜89歳	90〜94歳	95歳〜
男性	2.8%	4.9%	11.7%	16.8%	35.0%	49.0%	50.6%
女性	3.8%	3.9%	14.4%	24.2%	43.9%	65.1%	83.7%

佐藤通生「認知症対策の現状と課題」調査と情報846号（2015年、国立国会図書館）により筆者作成。

　しかし、金融分野の領域に着目すると、先行しているのは米国の取組みといえる。米国では、1980年代末にジェロントロジー（老年学：老齢期および老齢化プロセスの研究）とファイナンス（金融）が交差する学問領域として、フィナンシャル・ジェロントロジーが確立し、最近では実務界においても投資家の高齢期を包括的に捉え、支えようとする動きが広がっている。この取組みは、認知機能の低下による高齢投資家の保護だけでなく、高齢投資家のニーズを満たす総合的な資産管理サービスの提供を包含する幅広い内容となっており、2006年頃からの米国の金融規制当局（証券取引委員会、北米証券監督者機構）による一連の高齢者を投資詐欺や不適切な金融商品の販売から守るイニシアティブ、そして自主規制機関、業界団体による自主的な取組みが紹介されている[9]。

　こうした動きを受けて、日本においても金融分野における老年学への取組みが始まっている。2017（平成29）年３月には、慶應義塾大学で「《フィナンシャル・ジェロントロジー研究センター発足記念シンポジウム》長寿社会と

8）　日本老年医学会、日本老年社会科学会、日本基礎老化学会、日本老年歯科医学界、日本老年精神医学会、日本ケアマネジメント学会、日本老年看護学会。

9）　野村亜紀子＝荒井友里恵「米国のフィナンシャル・ジェロントロジーと日本への示唆――高齢投資家への賦活的アプローチの模索」野村資本市場クオータリー2015Autumn83頁。

フィナンシャル・ジェロントロジー（金融老年学）研究の展望」が開催され、また、研究の成果が刊行された[10]。このように、金融分野における老年学の研究は、日本においては極最近の動きといえる。

以下、高齢者の金融取引への対応策に視野を広げ、日本の主な動きをみておく。

(2)　金融庁「官民ラウンドテーブル」作業部会報告書

金融庁は、2012年9月に「官民ラウンドテーブル」を開催した。これは、金融審議会「我が国金融業の中長期的な在り方に関するワーキンググループ」報告書「我が国金融業の中長期的な在り方について（現状と展望）」を踏まえたもので、官と民（主として金融業界）が金融機能の向上・活性化に向けて持続的な対話を行っていくという位置づけである。

そこでは、3つの作業部会（①我が国企業・金融機関の国際展開の充実、②中小企業金融の向上、③高齢化社会に対応した金融サービスの向上）が設けられて意見交換され、報告書がまとめられている。

「高齢化社会と金融サービス」作業部会は、2013（平成25）年5月13日に「高齢化社会に対応した金融サービスの向上に向けて」を公表している。

(3)　日本証券業協会のルール

(a)　投資勧誘規則

日本証券業協会（日証協）は、一般的な適合性原則とは別に、高齢者に特化した勧誘ルールを定めている。

2013年10月29日、日証協は、「協会員の投資勧誘、顧客管理等に関する規則」を改正し、「高齢顧客に対する勧誘による販売」として5条の3を新設した（同年12月16日施行）。その規定は、以下のとおりである。

「協会員は、高齢顧客に有価証券等の勧誘による販売を行う場合には、当該協会員の業態、規模、顧客分布及び顧客属性並びに社会情勢その他の条件を勘案し、高齢顧客の定義、販売対象となる有価証券等、説明方法、受注方法等に関する社内規則を定め、適正な投資勧誘に努めなければならない。」

(b)　ガイドライン

日証協は、上記改正について、「協会員の投資勧誘、顧客管理等に関する規則第5条の3の考え方（高齢顧客への勧誘による販売に係るガイドライン）」を公

---

10)　清家篤編著『金融ジェロントロジー』（東京経済新報社、2017年）。

432　第3部　民事責任の論点

表している。

　社内規則であるから、具体的には各社が定めることになるが、ガイドラインによれば、次のとおり解説されている。

　①　「高齢顧客」の定義

　年齢の目安は75歳以上、80歳以上はより慎重な勧誘による販売を行う必要がある顧客とすることが考えられる。

　②　「勧誘留意商品」の勧誘

　価格変動が大きい商品、複雑な仕組みの商品、換金性が乏しい商品を高齢顧客に勧誘により販売する際は、その適合性について留意する必要がある。

　高齢顧客に勧誘しても問題がないと考えられる商品の範囲をできるだけ具体的に定めた上で、それ以外の商品（勧誘留意商品）について勧誘を行う場合には、役席者の事前承認を得る等、所定の手続や条件を定めて慎重に対応する必要がある。

　③　「勧誘留意商品」に該当しない商品

　「価格変動が比較的小さいこと、仕組が複雑ではないこと及び換金性が高いことなどに該当する、次のような商品」として、国債・地方債・政府保証債等、普通社債、公社債を中心に投資し比較的安定的な運用を指向する投資信託、それらに相当する「知名度や流通性が高い外貨建て（平成25年9月現在、米ドル、ユーロ、オーストラリアドルが該当）」の債権および投資信託を挙げている。

　そして、さらに以下のような解説があり、対象商品を限定的なものにしている。

　「取引所金融商品市場又は外国金融商品市場に上場されている、又は上場される株式、転換社債型新株予約権付社債、ETF・ETN（レバレッジ型及びインバース型を含む。）、REIT、新株予約権証券及び有価証券関連市場デリバティブ取引等（上場先物・オプション取引）については、価格変動リスクが比較的大きいものの商品性が広く周知されていることや時々刻々の価格変動に合わせた取引ニーズも存在することなどから、一律に勧誘を制限することには馴染まないと考えられます（なお、信用取引、新株予約権証券の売買その他の取引及び有価証券関連市場デリバティブ取引等〔上場先物・オプション取引〕は、投資勧誘規則第6条に規定する取引開始基準に従う必要があります。）。

　また、値動きが日経平均株価（日経225）や東証株価指数（TOPIX）の変動

率に一致するよう設計された投資信託についても、当該指標が広く知られており、価格変動についての情報も得やすい商品であることから、同様と考えられます。

したがって、これらの商品（各社において、上記のうち、例えば国内商品に限定する考え方、あるいは、上記の商品に該当していても信用リスクが高いものは対象外とする考え方等もあり得ると考えられます。）については、本ガイドラインで示す勧誘留意商品の対象とする必要はないと考えます。」

④　勧誘手続

担当営業員が高齢顧客に対して勧誘留意商品の勧誘を行う場合には、勧誘の都度、役席者の事前承認を得る必要がある。役席者の事前承認は、単に担当営業員からの申告で判断するのではなく、自らが高齢顧客との面談や電話での会話により、健康状態や理解力等を確認し、勧誘の適正性を判断した上で行う必要がある。

⑤　約定後の連絡

80歳以上の高齢顧客が、勧誘留意商品の勧誘後に受注に至った場合には、勧誘を行った担当営業員以外の者が、当該高齢顧客に約定結果を連絡することにより、当該高齢顧客が当該取引を行ったことについての認識を確認すべきと考える。

⑥　モニタリング

高齢顧客に関して定めた社内規則が適切に運用されているかについて、確認する必要がある。

(4)　監督指針

2013年11月1日、金融庁は、高齢顧客に対する勧誘・販売に関するトラブルの発生等を踏まえ、『金融商品取引業者等向けの総合的な監督指針』の改正案をパブリックコメントに付し、同年12月16日から運用を開始した（Ⅳ-3-1-2(3)高齢顧客への勧誘に係る留意事項）。

Ⅳ-3-1-2(3)は以下の内容であり、下記の①では、日証協の上記規則との関係に言及している。

「(3)高齢顧客への勧誘に係る留意事項

高齢顧客は、過去の投資経験が十分であったとしても、身体的な衰えに加え、短期的に投資判断能力が変化する場合もあることから、高齢顧客に対する投資勧誘においては、適合性の原則に基づいて、慎重な勧誘・販売態勢を

434 第3部 民事責任の論点

確保するとともに、問題のある勧誘・販売を早期に発見するためのモニタリング態勢を整備する必要がある。また、商品販売後においても、丁寧にフォローアップしていく必要がある。以上を踏まえ、以下の点に留意して監督するものとする。

日本証券業協会自主規制規則『協会員の投資勧誘、顧客管理等に関する規則』及び『協会員の投資勧誘、顧客管理等に関する規則第5条の3の考え方』（高齢顧客への勧誘による販売に係るガイドライン）を踏まえ、高齢顧客に対する勧誘・販売に関する社内規則を整備するとともに、社内規則の遵守状況をモニタリングする態勢を整備しているか。

商品の販売後においても、高齢顧客の立場に立って、きめ細かく相談にのり、投資判断をサポートするなど丁寧なフォローアップを行っているか。」

（5）　小括

以上のとおり、日本においても、高齢者への配慮の必要性は認識され、対応が始められている。しかし、それは社内規則による各社の自主的対応を促すものである上、その内容も限定的である。このような対応によって、どういう効果があったのかは判然としない。今後は、日本老年学会や金融ジェロントロジーの研究成果等を踏まえ、実効性のある方策が必要である。

金融庁も高齢投資家の保護の必要性を認め（「平成29年事務年度金融行政方針」Ⅳ1(3)）、2018（平成30）年7月3日には「高齢社会における金融サービスのあり方（中間的なとりまとめ）」を公表している。今後さらに検討を深めるとしており、具体策が期待される。

第2節

高齢者の取引と民事的規律

1　人の能力と取引

（1）　意思能力と行為能力

（a）　意思能力

ここでは、高齢者の認知機能等の低下の問題を考える前提として、民法では人の能力をどう規定しているかについて確認しておく。

まず、民法には規定がないが、意思能力を欠いた状態での契約を無効とす

ることは判例・学説上確立している。なお、改正民法で規定を置いたことについては、405頁で述べた。

高齢者の金融取引事案においても、まずは意思無能力といえる程度の状態であったかどうかが問題になる。しかし、すでにみてきたとおり、投資取引分野に関していえば、そうした事案に関する裁判例は少ない（前掲407頁）。

(b) 行為能力

次に、意思無能力という程度に至らない判断力不十分の場合については、制限行為能力の諸規定が設けられている。

制限行為能力の諸規定は、意思無能力の立証の困難を緩和することを制度趣旨とするとの考え方もあるが、意思能力は一般に7歳から10歳程度の能力とされているのに対して未成年はそれ以上の年齢の者も含まれていて取消しが可能なので、立証の困難の緩和ということだけでは説明できない。そうすると、意思能力はあるものの、利害得失能力を欠く者の保護を図る制度と考えられる。その正当化根拠についての考え方については、諸説がある[11]。主な考え方として、次のようなものが挙げられる。

① 実質的平等

当事者対等という形式的平等を貫くことによって、構造的に交渉力が劣る者の実質的な自己決定が害されることから保護する。

② 相手方の搾取からの保護

利害打算能力を備えていない者が、悪らつな者の手にかかって財産を失ってしまうことから保護する。

③ 合意の瑕疵についての立証の軽減

これには、錯誤、詐欺、強迫等の合意の瑕疵の立証を緩和させたものとする考え方と、そうした具体的な瑕疵があった場合だけでなく広い意味で瑕疵があると捉えたものとする考え方が含まれている。

④ パターナリスティックな保護

これは、端的にパターナリスティックな保護の制度とするものである。

以上のような考え方は、金融分野における高齢者保護を考える場合においても、参考になる（後述）。

高齢者の場合には、成年後見制度がある。未成年の場合は、年齢によって

---

11) 熊谷士郎『意思無能力法理の再検討』（有信堂、2003年）102頁。

発達段階がほぼ同様の過程をとるが、高齢者の場合は個体差が大きいため、年齢によって取消事由を画一的に定めるというわけにはいかない。そこで、成年後見の制度が設けられている。そこで、その概要をみておく。

(2) 成年後見制度

(a) 制度概要

高齢化への対応策として、2000（平成12）年4月から介護保険制度と成年後見制度が同時にスタートした。

成年後見制度は、民法の法定後見制度と任意後見契約法による任意後見制度から成り、前者は判断能力の低下の程度に応じて後見、保佐、補助の3類型となっている[12]。

(b) 利用の実情

最高裁判所事務総局家庭局「成年後見関係事件の概況（平成27年1月～12月）」によると、利用者数は2015年末で191,335人であるが、この利用者数は、上記の認知症の人の数からすると圧倒的に少ない。

また、成年後見制度全体（法定後見と任意後見）の中で、成年後見の利用が約80％となっている。これは、認知症高齢者の判断能力が著しく低下してから、ようやく成年後見制度の利用に至る状態であることを示している。

(c) 認知機能の低下と判断

高齢者は、健常者と認知症とに明確に区分されるわけではなく、認知機能の低下はあるが認知症には至っていない状態もあるし、認知症でもその程度に差がある。

生活機能の程度を評価するものとして、臨床認知症尺度クリニカル・ディメンシア・レーティング（Clinical Dementia Rating〔CDR〕）がある[13]。本人と家族に聞き取りをしながら、一定の項目（記憶、見当識、判断力と問題解決、社会適応、家庭状況および趣味・関心、介護状況）について評価し、総合的な判断を行う。CDR は、0（正常範囲）、0.5（認知症の疑い）、1（軽度認知症）、2（中程度認知症）、3（重度認知症）で評価され、1以上が認知症である。

例えば、判断力と問題解決の項目でみると、CDR が0.5の場合には問題解決能力の障害の疑い、1の場合は複雑な問題解決に関して中程度の障害、2

---

12) 3類型と財産管理能力との関係については、清家・前掲（注10）65頁。

13) 清家・前掲（注10）57頁。

の場合は重度の問題解決機能の障害、3の場合は判断不能という評価とされる。

このように、意思決定で要求される能力は、その対象の複雑さと深く関係している。意思決定に際して要求される情報処理の複雑さが高度であればあるほど、意思決定はより困難になり高い能力が必要になる[14]。

こうしたことは、金融取引の事案で判断能力や理解力を考察する場合、当該金融取引の特質（複雑さやリスクの内容）との関係で検討することが重要であることを示すものといえる。

(d)　小括

以上にみてきたとおり、認知症やMCIの人の推計値と実際の成年後見制度の利用者数からすれば、認知症やMCIの高齢者の多くが、成年後見制度を利用することなく取引社会に置かれているという現状にあることがわかる。

また、金融取引は、目に見えない商品の取引であり、かつリスクのある取引であるという特殊性を持ち、日常的な取引と比較すると複雑で意思決定が難しい範疇に入るといえる。

こうしたことからすると、意思能力や行為能力に関する規律だけでは、判断力の低下した高齢者の金融取引への対応としては、不十分だといえる。

そこで次に、改正民法と消費者契約法改正の議論についてみておく。

(3)　改正民法と消費者契約法の改正

(a)　改正民法

前述のとおり（401頁）、中間試案では「相手方の困窮、経験の不足、知識の不足その他の相手方が法律行為をするかどうかを合理的に判断することができない事情があることを利用して、著しく過大な利益を得、又は相手方に著しく過大な不利益を与える法律行為は無効とするものとする。」との規定を置くことが提案されていた。

このような規律が明文化されれば、合理的に判断することができない高齢者の取引被害の救済に役立つことになる。しかし、今回の改正では見送られ、従来どおり解釈運用に委ねられることとなった。なお、この点については国会審議においても質疑が行われ、衆参両院の法務委員会で「施行後の状況を

---

14)　松田修「認知症高齢者の権利擁護と意思決定能力：心理測定によるアプローチ」
　　Dementia Japan 26巻2号（2012年）別冊187頁。

438 　第３部　民事責任の論点

勘案し、必要に応じ対応を検討すること」との附帯決議が付されている[15]。

　(b)　消費者契約法の改正

　民法改正の上記議論状況を踏まえ、消費者委員会消費者契約法専門調査会における消費者契約法の見直しに際して、現代型暴利行為あるいはつけ込み型暴利行為について検討された。具体的には、上記内容の暴利行為準則を消費者契約法に盛り込む、あるいはそれとは別に、判断力や知識、経験の不足等の事情がある消費者が契約を締結した場合についての取消しまたは解除の規定を設けるかどうか、といった点である。

　この点については、2016年改正（５月25日成立、同年６月３日公布、2017年６月３日施行）では、要件の明確性等の観点から、まずは過量契約に関する規律を置くにとどまった。同法４条４項に過量契約取消権の規定を追加した。

　次に、2018年改正（６月８日成立、同月15日公布）では、社会生活上の経験不足を不当に利用する類型として、不当に不安をあおる勧誘（同法４条３項３号）・恋愛感情等に乗じた人間関係の濫用の勧誘（同項４号）が追加されたほか、国会審議による修正で加齢等による判断力の著しい低下による不安に乗じた勧誘（同項５号）・霊感等により不安をあおる勧誘（同項６号）について取消権を認めた。そして、いわゆるつけ込み型の不当勧誘取消権の創設については、改正法成立後２年以内に必要な措置を講ずる旨の付帯決議が明記された（同年６月６日付参議院消費者問題に関する特別委員会付帯決議４項）。

　以上のように、消費者契約法の改正においても、合理的な判断をすることができない事情を利用して契約を締結させる勧誘については、限定的な範囲で取消権が認められるにとどまっており、引き続き検討課題となっている。

　(4)　**不法行為責任**

　(a)　意義

　高齢者の取引であっても、意思能力がある場合には、成年後見制度を利用していないと、無効・取消原因がない限り契約は有効となる。しかし、無効・取消原因は、以上にみてきたとおりかなり限定的である。

　そうすると、勧誘行為に違法性があること等を理由とする不法行為責任の成否が重要になる。その場合、高齢者の取引については、適合性原則違反がとりわけ重要である。このように、適合性原則違反は、契約が有効とされる

---

15)　衆議院平成法務委員会平成29年４月12日、参議院法務委員会同年５月25日。

場合においても、不法行為法上違法となるという位置づけの論点である。

（b）　排除の理論としての適合性原則

高齢者と適合性原則について論じる前に、排除の論理としての適合性原則について述べておく（適合性原則全般については、第3部第3章を参照）。

適合性原則は、業法上は勧誘規制と位置づけられ、勧誘がない場合には適用されないと解されている[16]。つまり、顧客自らが主体的に取引に参画してくる場合には、業法上の適合性原則は働かない。

しかし、排除の論理とされるものは、投資不適格者を市場から排除することによって顧客を保護するという考え方である。司研報告が、排除の論理について「自己責任原則の妥当する自由競争市場での取引耐性のない顧客を後見的配慮に基づいて市場から排除することによって保護するルールをいう。これは、広狭二義の適合性原則の概念整理でいうと、『狭義の適合性原則』に対応するものである。」[17] としているのもこの意味である。

このように、取引耐性のない者を後見的に市場から排除する論理であれば、勧誘の有無とは本来的には関係がなく、勧誘がない場面においても適用しないと整合性がない。ところが、勧誘がない場合には適用されないとする排除の論理が述べられている[18]。適合性原則の意義は「不当な勧誘の排除」であるのに、これを「後見的配慮に基づいて顧客を市場から排除」と置き換えていることから、矛盾が生じているといえる。

他方、この点について民事ルールの観点から考察し、投資不適格者は市場から排除され取引ができないという面で、意思能力と連続性を持つとの指摘がある[19]。しかし、適合性原則違反は不法行為法上の問題であり、意思能力のような法律行為の効力の問題ではない。意思能力との連続性で論じるときには、必然的にごく狭い範囲にしか適用されないことになってしまう。

また、意思能力の有無は、勧誘の有無とは直接関係がない。しかし、適合性原則は勧誘の違法性を問題にしているのであるから、顧客が主体的に参画

16）　三井秀範＝池田唯一監修・松尾直彦編著『一問一答金融商品取引法（改訂版）』（商事法務、2008年）311頁、松尾直彦『金融商品取引法（第3版）』（商事法務、2014年）405頁。

17）　司研報告101頁。

18）　司研報告103頁。

19）　熊谷・前掲（注11）350頁以下。潮見佳男「適合性の原則に対する違反を理由とする損害賠償」民事判例Ⅴ（2012年前期）6頁。

440　第3部　民事責任の論点

していく場面の問題ではない。顧客が主体的に取引に参画する場面において
適合性原則が適用されないということは、主体的な取引への参画を阻害する
ことにはならず、いわゆるパターナリスティックな保護の行き過ぎといった
問題は生じない。

(c)　行為能力の趣旨と適合性原則

　前述したとおり、行為能力の制度は、利害得失能力を欠く者の保護を図る
趣旨である。この場合、意思能力がありながら利害得失能力を欠く者を保護
する正当化根拠についての主な考え方は、金融分野における適合性原則にお
いても参考になる。制限行為能力は、法律行為の取消の場面であって、事業
者の勧誘の有無とは直接関係がない。そこで、取引の安全として相手方の保
護が問題となる。

　これに対して適合性原則は、事業者の勧誘規制の場面である。勧誘に際し
ては、金融取引業者に顧客調査義務があるので、取引の安全は事業者側の負
担によって確保されるべき問題である。

　とりわけ高齢者の場合、すでにみてきたとおり判断力・理解力等が低下し
ている可能性があり、高齢になればなるほど認知症に罹患している確率も高
まる。金融取引が目に見えない複雑な、そしてリスクを伴う特殊な取引であ
るということからして、適合性原則違反の勧誘を不法行為法上の違法として
いると考える。

　以上のような観点からすると、高齢者との関係でみる場合においては、適
合性原則は意思能力との連続性というよりは、むしろ行為能力の制度趣旨と
の関係において論じられるのが適当な問題と考える。すでにみてきたとおり、
成年後見制度を利用している高齢者はごく一部にすぎない現状にあるので、
実質的に、行為能力の制度趣旨を金融分野における不法行為場面において活
かすということである。なお、当然ながら適合性原則の考慮要素は投資意向
等も含んでいて多様であり、そのうちの判断力・理解力の要素に着目した場
合ということである。

2　高齢者の取引と適合性原則についての主な学説

(1)　はじめに

　適合性原則の意義については、第3部第3章に述べている。ここでは、観
点を変えて、高齢者の金融取引事案において、裁判実務では適合性原則がど

う運用されているかを念頭に、検討することとしている。

高齢者と適合性原則に関する裁判例を検討したものとして、以下の論文がある。

①　川地宏行「高齢者の金融商品取引における適合性原則」村田彰先生還暦記念『現代法とシステム』（酒井書店、2014年）305頁以下（以下「川地①」という）

②　王冷然「高齢者の投資取引における適合性原則の意義と役割──最高裁平成17年７月14日判決以降の下級審裁判例の分析を中心に」徳島大学社会科学研究29号（2015年）１頁（以下「王①」という）

③　宮下修一「高齢者と適合性原則」金判1486号（2016年）12頁（以下「宮下①」という）

いずれも高齢者事案の裁判例を分析して論述した論文であり、参考になる。そこで、以下に概要を紹介することにする。なお、各教授の適合性原則の考え方が異なっているので、その点に触れつつ高齢者の取引事案の論文をみていく。

（2）　川地①（2014年）

（a）　適合性原則の考え方

川地①の前提として、適合性原則について多くの論文がある。代表的なものとして、「投資取引における適合性原則と損害賠償責任(1)」法律論叢83巻４・５号（2011年）31頁、「投資取引における適合性原則と損害賠償責任（２・完)」同84巻１号（2011年）１頁が挙げられる（以下「川地②」という）。

川地②は、ドイツにおける説明義務・助言義務・適合性原則について検討した上、日本の適合性原則について考察している。顧客の能力の問題については、「通常の取引において単独で有効な法律行為ができる行為能力者といえども、適切な投資決定をする能力が十分に備わっているとは限らない。それ故、最低限、顧客には取引対象である金融商品のリスクを理解する能力（リスク理解力）が必要である。」としている。そして、ハイリスクな取引が継続される場合にはリスク回避能力（リスクコントロール能力）も必要であるとする。

（b）　高齢者の適合性原則

川地①は、高齢者の金融取引に関しては、高齢者を特別に保護することが必要になるとして、その理由として次の２点を挙げている。

442　第3部　民事責任の論点

　第1に、加齢や病気に伴う判断能力の低下により金融商品の内容やリスクについて正確に理解することなく取引に応じる危険性がある。

　第2に、高齢者の多くは収入が年金のみで、その保有資産は老後の生活資金として蓄えられた預貯金や退職金等であることから、取引によって生ずる多額の損害が高齢者から老後の蓄えや年金を奪うことにつながり、老後の生活を脅かす深刻な事態を招く。

　そこで、高齢者を保護するための法理として適合性原則が注目されるとして、高齢者事案の裁判例が相当数蓄積されていることから、仕組債・仕組投信を75歳以上の高齢者に販売した事案を分析して適合性原則のあり方についての指針の提示を試みている。

　そして、「適合性原則は、顧客の知識、経験、投資目的、財産状態に不適合な金融商品の勧誘を禁止する法理であり、適合性の有無を判定する要素は、顧客の財産状態、投資目的、判断能力に分けられる」として、次の点を指摘している。

　ⅰ　財産状態については、単に高齢者の全保有資産との関係で適合性を判断するのではなく、顧客の投資目的と投資可能資金額を明らかにした上で、それらとの関係で適合性の有無を判断すべきであること、高齢者の生活資金を確保する上で必要なリスク管理として、バランスよく分散投資することが必要である。

　ⅱ　投資目的との関係では、仕組債や仕組投信はハイリスクを伴う金融商品であることから、投機目的を有する顧客のみが適合性を有する。

　ⅲ　判断能力については、意思能力を有しながら判断能力に衰えがみられる高齢者を保護することができる点で適合性原則が果たす役割は大きい。高齢者であるということのみで通常人より判断能力が劣ると即断すべきではなく、6つの判決も高齢であることに加え、投資経験の有無や程度、判断能力に影響を及ぼす病気の有無などを総合的に考慮して顧客の判断能力が判定されている。

　ⅳ　取引量との関係では、特定の金融商品との質的な適合性だけではなく、量的な適合性も求められる。

　ⅴ　業者内部の適合性審査手続との関係では、遵守しない場合には適合性原則違反を認定すべきである。

第7章　高齢者と金融取引　443

(3)　王①（2015年）

(a)　適合性原則の考え方

　王①の前提として、『適合性原則と私法秩序』（信山社、2010年。以下「王②」という）があり、米国における適合性原則について検討した上、日本における適合性原則について考察している。王②は、顧客の投資の適合性に視点を置き、顧客の選択の自由を支援するルールが適合性原則であるとする。それは、顧客の自己決定原則の前提を確保する役割ということである。そして、適合性原則を狭義と広義に分け、狭義の適合性原則を排除の論理とすると、保護の対象が投資取引能力のない者に限定されること、顧客の投資目的を考慮できなくなること等の問題があるとし、そのような区分は不要であるとしている。

(b)　高齢者の適合性原則

　王①は、最判以降の多数の下級審裁判例のうち、顧客が65歳以上である投資取引（証券取引のほか商品先物取引や外国為替証拠金取引等も含む）の事案について、適合性原則違反を肯定したものと否定したものに分け、比較検討している。

　そして、肯定例も否定例も同じ考慮要素を取り上げて判断しているが、各考慮要素に関する認定の仕方や適用範囲についての認識に違いがあると指摘している。表面上に出された情報だけでなく、その背景にある個別・具体的事情も取り込んで認定しているかどうか、という点である。具体的には、次のようになる。

　ⅰ　高齢者の属性に関する認定の仕方

　ⓐ　高齢者の財産状況

　投資取引には常に一定のリスクが含まれているため、全財産を投資に投入すると日常生活を崩壊させる可能性がある。したがって、基本的に投資に充てる資金は余裕資産でなければならない。その判断は、資産の量だけではなく、健康状態や将来生活などの具体的な事情も組み込んで評価する必要がある。

　ⓑ　高齢者の投資目的・投資意図

　財産状況が客観的であるのに比較して、投資目的・投資意図は主観的なもので判断は容易ではないし、高齢者自身も投資目的を正確に表せないこともある。老後の生活資金の確保のためという場合が多いので、生活状況等を組

み込んで判断すべきで安易に言葉尻を捉えて認定すべきではない。

ⓒ　理解力・判断力

前掲の金融審議会金融分科会第一部会報告「投資サービス法（仮称）に向けて」においては、業者が顧客の理解力を正確に把握することは困難であり実務上支障が生じるおそれがあるとの意見があったとしており、金商法には考慮要素として理解力は明文化されていない。

しかし、投資取引を行うかどうかの判断に関わる重要な要素であり、下級審裁判例ではかねてから理解力や判断力を適合性原則の考慮要素として扱っている。

ここでの理解力・判断力は、日常生活における一般的な理解力・判断力ではなく、勧誘された投資取引の具体的なリスクを理解できるかどうかを対象にすべきである。

その場合、単に高齢であるという指標ではなく、健康状態や生活状況等の事情を考慮しながら慎重に認定する必要がある。

ⓓ　投資経験

一要素ではあるが決定的な判断要素ではない。投資取引が主導的に行なわれたものであるかどうか、勧誘された投資取引との違いもみるべきであるし、投資目的やリスク負担能力の観点から適合性原則違反となる可能性も大きい。

ⅱ　投資方法への適合性原則の適用

投資取引のリスクは金融商品自体のリスクだけでなく、投資方法によるリスクも含まれる。適合性原則違反を肯定した裁判例に、集中投資という投資方法に着目したものが6例あったことは裁判実務において認識されているといえるとしている。

ⅲ　合理的根拠適合性

2011（平成23）年に日証協の自主規制規則にも導入されているもので、商品の合理性と商品の性質に関する業者の理解が要求される。合理的根拠適合性については、前掲323頁を参照されたい[20]。

---

20)　王冷然「『合理的根拠適合性』とは何か？」市川兼三先生古希祝賀『企業と法の現代的課題』（成文堂、2014年）21頁。

(4)　宮下①（2016年）

(a)　適合性原則の考え方

　宮下①の前提として、適合性原則についての多くの論文の中から、ここでは2つの論文を取り上げる。まず、「適合性原則と民事責任(1)」国民生活研究52巻1号（2012年）1頁、「適合性原則と民事責任（2・完）」同52巻2号（2012年）34頁（以下「宮下②」という）は、適合性原則違反の有無を判断するための考慮要素を顧客として、「理解力」と「必要性」の2つに包摂できるとして、それぞれについて次のように論じている。

　まず「理解力」を図るバロメーターとしては、「知識」・「経験」と「年齢」があるとして、前者については当該取引に関する一般的な知識・経験にとどまらず、個別具体的な取引に関する知識・経験の有無で判断することが必要とし、「年齢」については年齢を重ねているだけで必ず判断能力が不十分になるというわけではないため、あくまで知識・経験と合わせて「理解力」を測るための判断要素として位置づけるべきであるとする。これに対し、「学歴」は基本的には考慮する必要はなく、「経歴」はあえて重視する必要はないと述べている。

　次に、「必要性」を図るバロメーターとして、「経済状況」（「財産状況」を含む）があるが、これはあくまで資本投下（投資）可能な資産（余剰資産）・収入の有無で判断すべきであり、資金調達能力（借入れ能力）は原則として考慮しないとする。そして、「契約目的」「契約意向」（「投資目的」「投資意向」を含む）は取引の「必要性」の有無を判断する際に中心的な基準であるとする（宮下教授は、適合意性原則を投資取引の分野に限らず消費者取引一般に適用範囲を拡大することが可能であるとの立場から、投資目的や投資意向より広く契約目的や契約意向という考え方でまとめている）。

　これとは別の「適合性原則違反の判断基準とその精緻化」（加賀山茂先生還暦記念『市民法の新たな挑戦』〔信山社、2013年〕115頁。以下「宮下③」という）は、裁判例を検討し、裁判例の適合性原則違反の判断が精緻化してきていると分析されている。

(b)　高齢者の適合性原則

　高齢者と適合性原則については、宮下①において、判断要素を理解力と必要性に大別する考え方の下で裁判例を検討している。

　理解力については、商品特性を踏まえて具体的な取引内容やリスクの認

446　第3部　民事責任の論点

識・理解がなかったことを強調するものとして大阪地判平成25・2・20 仕組投信4 などを挙げている。

　必要性については、投資可能な財産があったとしても高齢であることや投資意向が考慮されて取引の必要性がなかったとした例として、前掲の大阪地判平成25・2・20 仕組投信4 や横浜地判平成26・3・19 仕組債 C1 を挙げている。

　そして、理解力の判断については、単に一般的なリスクが理解できるというにとどまらず、加齢に伴う判断力の低下を踏まえた上で、具体的な取引の内容やリスクを理解できるか否かをより慎重に検討することが求められるとし、必要性についても単に財産や投資意向はあることに目を向けるにとどまらず、高齢であることを踏まえた上で今後の財産形成可能性や具体的な投資意向の有無を考慮して判断することが必要であるとしている。

　(5)　小括

　以上にみてきたとおり、適合性原則違反の判断は裁判例の蓄積を受けて次第に精緻化してきており（宮下③）、その中でも高齢者の適合性原則違反を検討するに際して、判断能力が重要な要素であることは明確になっているといえる（上記各論文）。

　そして、判断能力や理解力に限らず、財産状態や投資経験、投資目的等の要素の場合も、その判断は具体的な事情も組み込んで評価する必要がある（上記各論文で述べているが、とりわけ王①が多数の裁判例を分析してこの点を指摘している）。

　以上を踏まえ、最近の裁判例を題材に、高齢者事案について具体的に検証してみる。

3　最近の裁判例から

① 東京地判平28・6・17　 仕組債 C15

　(1)　事案の概要

　本件は、認知症により要支援の認定を受けていた高齢者（取引開始当時77歳）に対し、4種類の仕組債を勧誘・販売した事案について、適合性原則違反と説明義務違反の違法があるとして、3割の過失相殺の上、損害賠償を認容した事例である（双方控訴なく確定）。

この顧客は、夫を亡くして自宅等を相続し、一人暮らしであった。2006（平成18）年３月までに「要支援１」の認定を受けており、その後、介護保険の主治医から同年５月を発症日とした認知症の診断を受けている。

みずほ銀行に出向いた際、行員からみずほ証券を紹介され、その担当者から勧誘されて４種類の仕組債を順次購入した。本件のその他の事業概要は東京地判平28・６・17 仕組債 C15 を参照されたい。

(2) 適合性原則についての判断

ここでは、本判決のうち、適合性原則違反の判断について検討する。

本判決は、争点に対する判断の前提として、認定事実の次に「２ 原告の認知症の程度及び原告の供述の評価等」との項目を設け、認知症の程度について検討を加え、「……原告は、本件取引がなされた平成20年頃には、認知症が発症してから２年以上が経過しており、また、その翌年である平成21年には日常生活自立度が『Ⅱa』とされていることからすれば、認知症により認知機能が相当程度低下していたものと認められる。」と判示している。

そして、適合性原則に対する判断については、最判の判断枠組みを踏まえ、本件商品の特徴について述べた上、原告の属性について、①リスクの負担能力および負担の意思、②リスクの理解能力および理解の程度に分け、具体的に判示している。

① リスクの負担能力および負担の意思

原告は、１億円を超える高額の金融資産と自宅の土地および建物を所有していたが、保有する金融資産の半額を大きく上回る約7000万円もの資金を本件仕組債に投資するほどの余裕があるとまでは認め難い。

原告は、投資の目的として、安全性と収益性のバランスに配慮しつつ、収益性をより重視するとの投資意向を示していたことからすると、元本割れのリスクのある商品に投資する意図が一切なかったとまでは認められないものの、保有する金融資産の半額以上を、相当程度に高いリスクを含む金融商品に投資することを積極的に望んでいたとまでは認め難い。

② リスクの理解能力および理解の程度

原告は、本件各商品を購入した時点で77歳ないし78歳と高齢であり、認知症によりその認知機能が相当程度低下していた。また、原告は、投資信託や外貨預金等元本割れのリスクのある金融商品への投資の経験が一定程度あったものの、本件各商品のような、複雑で難解なリスクを含み、高度な投資判

断能力が要求されるような商品への投資の経験があったとはうかがわれない。

また、原告は、本来は計算上リスクが増大したことを意味する利率の上昇につき、単純に歓迎するような態度を取っていることがうかがわれること等にも鑑みれば、本件各商品の難解なリスクの内容や大きさを十分に理解した上で購入したものとは認め難い。

本判決は、①②を踏まえ、「本件各商品の含むリスクが相当程度大きく、原告は本件取引によってその抱えるリスクを過大に負担することになったものであり、かつ、そのリスクの大きさ及び仕組みの難解さに鑑みれば本件各商品の購入による損得を適切に判断するためには相当程度高度の投資判断能力が要求されるものであったと認められるのに対し、原告の年齢や認知症の程度に加え、その投資意向、財産状態及び投資経験等の諸要素を総合的に考慮すると、Ａが原告に対して本件各商品の購入を勧誘したことは、適合性の原則から著しく逸脱したものであるというほかなく、これによって本件取引を行わせたことは、不法行為法上も違法と評価することができる。」として、適合性原則違反を認定している。

(3) 小括

本判決は、上記各論文に沿った判断内容といえ、「高齢者であるという特性に鑑みてより具体的かつ詳細な検討を行っているという点に特徴があり、かつ、この点は最近の裁判例の傾向にも沿うものである。」と評されている[21]。また、原告が後期高齢者であって勧誘期間が長期にわたっていることに加え、証券会社の内部マニュアルに照らしても適合性を満たしていなかったという事情も注目される[22]。

② 大阪高判平25・2・22　投信8

(1) 事案の概要

本件は、成年後見開始取消審判を受けて間もない時期から行われた投資信託等の証券取引につき、顧客が十分な判断能力を有していなかったことが認定され、適合性原則違反、説明義務違反、無意味な乗り換え売買等の違法が

---

21)　柳景子「高齢者の仕組債取引における適合性原則と説明義務」新・判例解説 Watch 民法（財産法）122号。TKC ライブラリー2016年10月21日掲載。

22)　津田顕一郎「認知症高齢者に対する仕組債の勧誘と適合性原則違反」金判1511号（2017年）124頁。

あるとして、請求を棄却した原判決を変更し2割の過失相殺の上、損害賠償請求を認容した事例である。

原告は、本件取引開始当時76歳の女性で、2004（平成16）年2月頃正常圧水頭症に罹患し、アルツハイマー病を合併して、2005（平成17）年3月に成年後見開始審判を受けた。しかし、治療によって改善したことから、成年後見人が2007（平成19）年9月に成年後見開始取消の申立てを行い、原告は同年11月に成年後見開始取消審判を受けた。

原告は、岡三証券に1998（平成10）年9月に口座を開設し、2005年3月までに外国債券、投資信託、株式等の取引を行っていた。

2008（平成20）年1月、原告は、担当者の勧めで相続によって取得した株式を売却し、売却代金として1393万円余りを得た。担当者は、この売却代金を原資とする投資信託等の証券取引を勧誘し、原告はこれに応じて同年1月から2009（平成21）年4月までの間、投資信託を中心として外債や株価連動債を含む取引を繰り返した。その結果、893万円余りの損失が生じた。もっとも、購入した投資信託からの分配金を合計142万円余り受領しているため、本件取引の損害は750万円余りである。

(2)　**原判決の適合性原則についての判断**

一審の京都地宮津支判平24・4・13（未登載）は、請求を棄却した。適合性原則違反についての判断は、以下のような内容である。

「原告は、平成20年1月時点において、既に15年程度の金融商品に係る取引経験（成年後見を受けていたために取引をなし得なかった期間を控除しても12年程度）を有し、この間には、国内株式（現物取引）のほか、投資信託（国内及び外国）や外国債権、米国株の取引をもしていたのであって、その期間及び種類のいずれの点からみても、相当豊富な経験があるといえる。」

「また、原告は平成19年時点で預貯金約1070万円、貸付金債権2600万円、固定資産税評価額合計は6297万0800円に上る不動産を有していた。その他に、平成20年1月時点で1400万円近くの価値を持つ相続財産となる株式があった。してみると、原告は、金融商品取引を行うに足りる資産を有していたと認めるのが相当である。」

「原告の主張中には、原告が、成年後見開始審判の取消を受けた後も、その判断能力や責任担当能力、理解能力等が不十分であり、その能力に照らすと、金融商品取引を行うに適合的でなかった旨述べる部分があるが、その論

拠とするところは、親族による主導のもと全ての金融商品取引を終えた後の現在（より中心的には、原告本人尋問が実施された平成23年11月時点）における事情であり、原告のような年齢の者においては、いくらかの年月の経過によって心身に大きく変調を来すことも珍しくないことをも考え併せると、現在と本件取引時とが同じ状況であったと結論づけることはできない。かえって、新興国国債オープン（毎月決算型）かワールド・ソブリンインカムかの選択や、2種類の国際復興開発銀行債券からの選択において、原告なりの着眼点に基づいて選択を行っていることは、それだけの選択をなしうる能力の現れといえる。さらに、原告の保有資産が上記のとおりであったことを前提とすると、本件取引の全期間を通じて、投資に追加しようと思えば追加しうる流動資産を有していたと認められるところ、田島からの勧誘に対して、投資に回せる資産がないとの理由で時折これを断ったことは、投資に回すべき資産の範囲を原告なりの基準に従って維持していたこと、ひいては、原告がそのような能力を有していたことを表しているといえる。」

(3) **本判決の適合性原則についての判断**

　本判決は、原判決を変更し、適合性原則違反、説明義務違反を認めたほか、合理性のない反復売買、乗り換え売買の観点からも違法であるとして、本件取引全体が不法行為に該当するとした。ここでは、そのうち適合性原則違反についての判断部分を検討する。

　本判決は、まず争点に対する判断の前提事実として、以下のように詳細な認定を行っている。

　まず、成年後見開始審判を受けるまでの多数回の証券取引の経験については、「外国債券、投資信託、株式取引をしているが、1回の取引規模は数十万〜200数十万円程度で1000万円以上集中投資するような取引はなかった。また、平成13年5月以降は投資信託の償還金が入金されたり外国口座の保管料が引き落とされた程度で、新規買付はほとんど行われていない。」としている。

　次に、医師の鑑定書、要介護認定のための介護審査の内容等から、本件取引前後の本人の生活状況を、極めて詳細に認定している。

　さらに、本件取引対象となった投資信託についても、それぞれの商品の投資対象、リスク度、手数料等を詳細に認定している。

　本判決は、その上で適合性原則違反について、以下のように判断している。

（各商品の特性）

投資信託の内容は、いずれも RC3以上の基準価額の変動が大きいものとなっており、最もリスクの高い RC5の投資信託も含まれている。また、為替リスク、株価変動リスクなど様々なリスクを負っている。

また、世界銀行の南アフリカランド建債券については、日本では一般に知られていない南アフリカの社会情勢によって評価額が変わるため、円とランドの為替相場を予測し、投資するかどうかを決めることが求められる。

このように、本件各商品は、高齢かつ後見開始取消しの審判がされて間がなく、判断能力が十分でなかった控訴人にとって、その内容の理解は困難である。

（投資資金、投資態様）

相当程度の資産を有していたものの、その中心は流動性の低い不動産であって、預貯金は1000万円程度しかなく、収入は年金と不動産収入が年間で合計294万円であったから、本件取引開始時に売却した株式も余裕資金と評価できないものだった。

本件取引においては、株式を売却して得た資金約1400万円をほぼ全額、投資資金に充てており、リスクの分散が全く考慮されていない。

（投資経験、判断能力）

成年後見開始の審判を受けた2005（平成17）年3月までの間、株式、投資信託、外国債券の取引経験を有していた。しかしながら、従前の取引は比較的安全な商品の取引であったこと、1回の取引で1000万円以上集中投資するような取引はなかったことなどからすると、従前の取引は本件取引と質的、量的に大きく異なるというべきである。

後見開始の審判が取り消された時点では、知能指数や長谷川式簡易スケールの数値はほぼ回復していることが認められる。しかしながら、Xの介護審査の結果の要介護度の状況は、①本件取引の約8カ月前の時点では要介護度2で、「意思の伝達はときどきできる」「作話がある」「ひどい物忘れがときどきある」状況であり、②本件取引終了から約2カ月後においては要介護度1で、「意思の伝達はときどきできる」「作話がときどきある」「ひどい物忘れがときどきある」状況であり、③本件訴訟提起日の約4カ月後においては要介護度1で、「意思の伝達はときどきできる」「作話はない」「ひどい物忘れがときどきある」状況であり、④原審の本人尋問の約8カ月前においては

要介護度1で、「意思の伝達はときどきできる」「短期記憶はできる」「作話はある」状況であることが認められる。また、Xは、2008（平成20）年秋頃には、末期の大腸癌の手術を受けたがすでに肝臓に転移している身体状況であった。

以上の本件介護審査の結果を総合的に見ると……本件取引当時の控訴人の判断能力は、知能指数や長谷川式簡易スケールの点数にもかかわらず、未だ回復途上であり、日常生活を自力あるいは介助を受けて何とかこなすことで精一杯の状況であり、主体的な判断で証券取引等を行うことが不可能な状態であったということができる。

（投資意向）

当初の取引内容は公社債の買付を希望したものであったし、担当者が把握した投資意向も「分配金実績のあるものに重きがあった」ことからすると控訴人は預貯金の金利よりは利率の良い分配金が得られる安全な商品の取引を希望する程度の慎重な投資意向であったと認めるのが合理的かつ相当である。

（小括）

以上によれば、後見開始が取り消されてからも主体的な判断で証券取引等を行うことが不可能な状態であった、満76歳という高齢で一人暮らしの控訴人に対し、相当のリスクがあり、理解が困難な本件取引を勧誘し、投資させたものであり、控訴人の意向と実情に反し、過大な危険を伴う本件取引を勧誘したものであるといえるから、担当者の勧誘は、適合性の原則から著しく逸脱した投資信託等の勧誘であるというべきである。

(4) 考察

本判決については、多くの評釈がある[23]。原審との比較において、本判決の適合性原則違反に関する判断を支持する見解が多くみられる。特に、本判決が具体的な事情を詳細に検討している点は、以下のとおり、評価されている。

① 原判決は、Xのこれまでの取引経験を重視し、抽象的なレベルで本件取引への適合性を肯定しているが、本判決が行ったようにXの取引能力の判断について具体的な事情を詳細に検討すべきであるとするもの[24]。

---

23) 一審・二審を通じた訴訟の経緯については、三木俊彦編著『事例で学ぶ　金融商品取引被害の救済実務』（民事法研究会、2016年）124頁以下〔加藤進一郎〕を参照。

② 最判平成17年の適合性判断の判断枠組みに従い、個々の要素につき詳細かつ丁寧に検討して認定した上で、それらの諸要素を総合的に判断して適合性原則違反を肯定している点で妥当なものと評価できるとするもの[25]。

③ 一審判決は知能指数や長谷川式スケールの数値の回復という客観的指標により測られる X の一般的な判断能力を重視するあまり、本判決が詳細に認定した、X の判断能力を疑わせる諸事情を軽視したのではないかと思われるとして、投資取引については自己責任を引き受けるにふさわしいだけの合理的な投資判断能力が必要であり、「この投資判断能力は状況によって様々であり、狭義の適合性が問題となる場面では自身の資産や能力を把握し合理的な投資戦略を立てる能力、説明義務が問題となる場面では個々の投資商品の仕組みを理解し自己の投資戦略に合った投資商品を選択する能力、そして、過当取引が問題となる場面では、投資取引は自己責任であり、勧誘者のアドバイスを鵜呑みにしてはいけないことをわきまえる能力が、それぞれ問題になる。この点で投資判断能力の評価は、重複する部分も多いとはいえ、勧誘の違法性を判断するそれぞれの基準に即して多層的に行われるべきであり、本判決のきめ細かい判断枠組みはこの点で参考になる。」とするもの[26]。

④ 本判決が、「投資資金・投資態様」について単に資産の有無だけでなく、その内容について詳細に検討し、余裕資金とは評価できないとしている点、「取引経験」について原判決は15年程度の取引経験がある点につき適合性を肯定する事情として考慮していたが、本判決は詳細に検討した上で、従前の取引と質的・量的に大きく異なるとして、適合性を肯定する要素としてはみていない点を指摘し、判断能力を独立の項目として検討していることを重視するもの[27] などがある。

---

24) カライスコス・アントニウス「後見開始決定取消しの審判から2カ月経過していない女性高齢者に対する投資信託やEB債等の勧誘・販売に関する、適合性原則違反、説明義務違反等による不法行為の成立（積極）」金判1511号（2017年）76頁。

25) 執行秀幸「後見開始決定取消しの審判から2カ月経過していない高齢女性に対する投資勧誘等と適合性原則違反・説明義務違反による不法行為」リマークス51号（2015年）42頁。

26) 山下純司「後見開始決定取消審判を受けた高齢者に対する投資信託等の販売と適合性原則」金法2025号（2015年）71頁。

27) 熊谷士郎「金融商品取引とアルツハイマー病（大阪高判平25・2・22）」現代消費者法26号100頁。

4 実務上の留意点

以上、高齢者の適合性原則違反に関する学説と最近の裁判例をみてきた。この問題を検討する際、判断能力や理解力が重要な要素であることは明らかであるが、それ以外の財産状態や投資経験、投資目的等の要素の場合も含め、その判断は具体的な事情に踏み込んで評価することが大事である。

最近の裁判例では、上記 **2** が原審との違いを明確にしているという意味で、特に重要といえる。すなわち、王①において、高齢者の適合性原則違反についての判断に違反肯定例と否定例があるが、両者の認定の仕方に違いがあるとの指摘が、ここでも妥当しているといえる。判断要素は同じであっても、抽象的あるいは表面的なレベルで捉えるか、それとも背後にある個別的・具体的事情を取り込んで認定しているかという違いで結論が違ってくるということである。

以上のとおり、裁判例としても学説としても、抽象的判断から個別・具体的判断に、という精緻化が進んでいるといえよう。

今後は、老年学の研究成果を取り入れ、一層高齢者の特性を踏まえた判断がなされることが求められる。そのためには、主張・立証においても、第1節で述べた背景や高齢化と判断力に関する基本的な情報を提出し、当該事案についてより詳細にするなどの工夫が重要になる。

第3節

高齢者の適合性原則に関連する諸問題

1 代理人や近親者の関与

(1) はじめに

ここでは、勧誘に際して本人に代理人や近親者が関与している場合と適合性原則の判断の問題を取り上げる。

本人側は、高齢者が本人の場合が多いが、それ以外にも障害者の場合もあるし未成年の場合もある。代理人の側に着目すると、法定代理人、取引業者に所定の代理人指定届けを提出している代理人、そうではない事実上の代理人、代理人制度を認めていない取引業者の場合の事実上の代理人、代理人とまでいかないがそれに類する立場の人等、多様である。

第7章　高齢者と金融取引　455

このような場合、適合性原則の判断は誰を基準とすべきなのか、という問題である。

(2)　法定代理人の場合

③　東京高判平28・11・30　[不動産 3]

本判決は、未成年後見人に対して不動産ファンド（レジデンシャル－ONE）を勧誘して購入させた事案について、適合性原則違反であるとして過失相殺なしで損害賠償請求を認容した。

高木証券は、未成年者の財産保護は、未成年後見人によって図られており、行為能力のある未成年後見人との間で通常の態様で取引をすることができると主張した。これに対して本判決は、未成年後見人は善良な管理者の注意をもって行うべき義務を負っており（民869条・644条）、「資産運用をして増殖する必要はなく、元本割れのリスクがある商品を購入するのは相当でないし、リスクの大きい商品に投資をすることは許されないものというべきである。」として、取引の相手方も取引の効果の帰属主体が未成年であり、未成年後見人の責務が上記のとおりであることは容易に認識しうるとして、適合性原則違反としている。

本判決が判示する後見人の善管注意義務は、未成年後見でも成年後見でも同じである。後見の実務書においては、後見人は投機的な取引はできないことは指摘されてきているが、高裁レベルで明確にしたものといえる。なお、本判決の原審である東京地判平成28・6・28も同旨であるが、本判決は原判決を支持しつつ、理由をより詳細に判示している。

(3)　取引代理人の場合

④　横浜地判平26・8・26　[仕組債 C2]

投資取引に際して、証券会社指定の代理人届を提出して取引している場合がここでの類型である。

本判決は、母とその息子が仕組債を取引した事案である。母は高齢でありしかも視力障害（視力なし）のため、息子を代理人として届け出ていた。仕組債の勧誘は息子に対してなされ、商品性を誤解した息子は自分の分と母親

456　第3部　民事責任の論点

の分を購入することとしている。本判決は、息子の自分の取引については、それまでの取引経験等から適合性原則違反とならないとした。問題は、母親の適合性原則の点である。

　本判決は、投資意向について、本人の顧客カードの記載、それまでの取引が個人向け国債であること等を挙げ、本人との関係で判断している。そして、投資資金についても、購入資金5000万円は同人の投資資金のほぼ全額であることを指摘し、本件仕組債の投資判断が困難であること等も含め、本人との関係で総合考慮して、適合性原則違反としている。

(4)　事実上の代理人の場合

(a)　はじめに

　以上に対して、事実上の代理人あるいは勧誘・取引の場に同席して実質的に係わっている者がいる事案がある。代理人制度を採用している証券会社の場合は、代理人として届け出ている者のみが代理権限があるわけなので、そのような制度が正式に採用されていない場合が多いと思われる。

　このような場合に、適合性原則をどう判断するかというのがここでの問題である。

(b)　本人との関係で検討する考え方

　適合性原則違反かどうかは、本人との関係で判断すべきであるとの考え方である。

　⑤大阪地判平25・2・15 仕組債 D2 は、本人が統合失調症等で、取引経験のある実兄が勧誘等に同席していたという事案で、次のように詳細に判示している（ただし、過失相殺の場面においては、実兄の関与が考慮されている）。

　「金融商品取引に係る適合性原則については、証券会社等が顧客に対して顧客の意向と実情に反した取引の勧誘を行うことを禁止するものであるから、その違反の有無の判断においては、投資判断主体であり、かつ効果帰属主体である取引主体の意向や実情等を基準とすべきである。また、金融商品取引における説明義務については、証券会社等に対し、顧客が投資の適否について的確に判断し、自己責任で取引を行うために必要な情報の提供を義務付けるものであるから、証券会社等は、代理人による取引の場合等を除き、原則として、本来の投資判断主体である取引主体が商品の説明等について単独で理解することができる程度の説明を行う義務を有しているものというべきであり、その違反の有無の判断においても、取引主体が十分に理解することが

できる程度の説明が行われていたかという観点から判断すべきである。」

⑥東京地判平24・8・3 仕組債B3 も、本人が統合失調症で、その母親が自己の取引とともに息子の分も実質的に関与して仕組債等を取引したという事案である。本判決は、母親の自分の取引については適合性原則違反や説明義務違反等を認めず請求を棄却したが、息子の取引については適合性原則違反として過失相殺をせずに損害賠償請求を認容している。

証券会社は、息子の取引も母親が実質的な投資判断を行って息子がこれを是認する形態で行われており、母親は代理人とも評価できる立場であったから、適合性原則違反を判断するにあたっては母親の事情も考慮すべきであると主張した。しかし本判決は、代理権を授与したとは認められず、取引の効果が息子に帰属する以上、単なる助言といった意味を超えて、母親の投資判断を息子の投資判断と法的に同視することはできないと判示している。

（c）　近親者を重視する考え方

これに対して、近親者の存在を重視する考え方をとる裁判例もある。

⑦東京地判平28・3・14金判1493号50頁は、証券会社の勧誘による取引のうち、夫の存命中に夫の投資判断の下で行われた債務担保証券（CDOエクイティ）の取引については適合性原則違反を否定し、夫の死亡後に行われた仕組債（日経平均リンク債）の取引については適合性原則違反としている。

本判決は、CDOエクイティ取引については、実質的な投資判断を行っていたのは夫であったといえるから、夫の理解力、知識、経験を基準に適合性を判断すべきであるとしている。また、説明義務違反についても、実質的な投資判断を行っていたのは夫であるから、説明義務の趣旨が顧客に対し投資の適否について的確に判断する機会を与える点にあることからすれば、投資判断の主体である夫に対して説明義務を尽くせば足りると解するのが相当であるとする。

これに対して、各仕組債は、夫が死亡した後に取引されている。本判決は、Xについて、「一般的に金融商品に投資をするのに十分な能力を有する属性であるということはできない」として、「本件仕組債の取引以前にもX名義で金融商品を購入したことはあったものの、取引の際には夫の同席を求め、実質的な投資判断は夫が行ってきたものであり、自らの判断で投資を行ってきたとは言い難いから、夫が逝去した時点では、全く金融商品に関する知識経験を有していなかったと言わざるを得ない」とし、「X本人の理解力を前

458 第3部 民事責任の論点

提にすればおよそ本件各仕組債のリスクを正確に理解して投資したとは認められないから、著しく適合性に反し説明義務に違反した取引であると言わざるを得ない」とし、「説明義務等その余の点を判断するまでもなく、本件各仕組債の勧誘につき不法行為が成立する」としている。

(d) 小括

適合性原則は勧誘規制であるから、取引主体である本人との関係での問題である。

7は投資判断を行っていたのは夫であることを重視しているが、これは理解力の要素を偏重しているためと考えられる。適合性原則違反の判断要素には、投資意向や財産の状況等、本人の事情として考慮すべきものがあるが、それが軽視されているところに問題がある。

すなわち、本判決は、投資意向について、「原告は、投資意向について『元本重視型』を選択していることから、元本を毀損するリスクを負ってまで積極的な投資をする意向があったとまではうかがわれない。」としている。また、財産の状況についても、「原告が元本毀損のリスクを無制限に許容できるほどの余裕資産を有していたとまでいうことはできない。」と認定している。そして、本件 CDO エクイティは相当程度にハイリスクかつ難解な商品であるとしながら、夫の「理解力、投資経験等に照らせば」著しく適合性原則に反するとまでいうことはできないとしている。このような適合性原則の捉え方は、妥当とは考えられない。

2 適合性原則と説明義務

(1) はじめに

適合性原則と説明義務との関係は、理論的な観点と実務的な観点から捉えることができる。実務家としては、裁判官が判決でどう認定するのかわからないので、適合性原則違反だけでなく説明義務違反についても主張・立証しておく事案が多いのは当然である。

他方、理論的な観点からみると、かつての裁判例には適合性原則違反についての説明義務違反として不法行為責任を認めたり、説明義務違反を一体的に捉えて違法性を判断するものがみられた。しかし、このような考え方に対しては、学説の批判が強かった。例えば、王②は、以下のように、説明義務と適合性原則は別個独立の法理であるとする。

「顧客が自由な意思をもって投資決定を行うために投資取引に関して正確な認識や理解を形成させるのが説明義務の目的であるのに対し（情報アプローチ）、顧客の引き受けようとしているリスクや財産状況からしてその負担できる範囲（リスク許容範囲）を超えるリスクを、顧客に負わせないように配慮することが適合性原則の目的である（保護アプローチ）。説明義務違反は、説明の不十分あるいは不正確なことによって顧客の意思決定が歪曲された場合に問題となり、義務違反によって侵害されるのは顧客の自己決定権である。これに対し、適合性原則違反は、顧客にとって適合しない投資取引を勧誘することによって顧客のリスク許容範囲を超えたリスクを当該顧客に負わせた場合に問題となり、保護法益は、そのときに直接的に侵害された顧客の財産権上の利益そのものである。このように、両者の規制内容および目的の違いによって、適合性原則と説明義務の守備範囲は異なり、違反した場合の被侵害利益の性質も異なるのである。これらの点からすると、両者は別個独立の法理であるといわざるをえない。」

　また、川地①は、「適合性原則違反と説明義務違反は相互に独立した違法性判断基準として明確に区別すべきであり、不適合な勧誘がなされた事案では正面から適合性原則違反を認定すべきである。さもなくば、不適合な勧誘であるにもかかわらず説明を十分に行なえば違法性が阻却されることになり、不適合勧誘を適切に抑止することができなくなるおそれがある。」とする[28]。

　そして、裁判例においても、適合性原則違反と説明義務違反は別個独立の責任原因とされるようになっている。司研報告によると、そうした理解が確立していったのは1998（平成10）年以降ということであるから[29]、ここでは比較的最近の裁判例をみていくこととする。

　裁判例に、適合性原則違反だけを認定しているもの、それだけでなく説明義務違反についても判断しているもの、適合性原則違反を否定するが説明義務違反を認めるもの等があるので、それらの考え方や過失相殺との関係でどういう影響があるのか等についてみておくということである。

---

28)　同書318頁。
29)　司研報告102頁。

460　第3部　民事責任の論点

(2)　適合性原則違反だけを認定した裁判例

(a)　はじめに

ここでは、適合性原則違反を認定した裁判例を挙げる。その中には、説明義務違反については判断していないもののほか、適合性原則違反のみを認め説明義務違反を否定しているものが含まれる。

過失相殺との関係については、後にまとめて検討する。

(b)　適当性原則違反だけを認定

8　大阪地判平25・10・21　投信10

本判決は、適合性原則違反を認め、説明義務違反は判断せず、過失相殺しないで損害賠償請求を認容している。なお、本件は三井住友銀行の行員による高齢の兄（当時80歳）と妹（78歳）への勧誘事案であり、兄は訴訟係属中に死亡している。ここで検討するのは、妹を原告とする部分（2007〔平成19〕年7月にグローバルREITを6000万円で購入したもの）である。妹は、2011（平成23）年7月に成年後見開始となっている。

本判決の適合性原則違反についての判断は、次の内容である。

原告は2003（平成15）年11月に軽度の認知障害レベルにあるアルツハイマー型認知症（改訂長谷川式簡易知能評価スケール検査では30点満点中19点）と診断され、同年12月には要介護認定区分「要支援」の認定を受け、2000（平成17）年2月に実施された改訂長谷川式簡易知能評価スケール検査の結果は30満点中11点であり、「100－7－7」の計算すら正解することができず、記憶力も低下していたこと、そして、同年5月にはアルツハイマー型認知症の影響により日常生活の意思決定を行うことは「いくらか困難」であったと認められる。さらに、2001（平成18）年6月には日常の意思決定が「日常的に困難」、短期記憶に問題がある状態になり、同年7月には要介護認定区分が「要介護2」に変更されている。これらの事情を踏まえると、原告は、本件取引当時において、本件商品の各種リスクを理解することができる状態であったとは考え難く、このような状態にある原告に本件取引を勧誘したことは、顧客の意向と実情に反して明らかに過大な取引を積極的に勧誘し、適合性原則に著しく逸脱したものというべきである。

取引の兄の関与について本判決は、原告の状態からして「投資信託の内容

やリスクはおろか、自分が（亡・兄に）投資信託取引を事実上委ねていることを認識していたかどうかすら相当疑わしいことからすれば、原告の適合性原則違反の有無を判断するに当たり、（亡・兄）が原告の取引を主導している点を殊更重視することは相当でないというべきである。」と判示している。

⑨ 大津地判平21・5・14セレクト35巻104頁

主婦に対し、EBや日経平均連動債、投資信託等を勧誘した事案である。

本判決は、適合性原則違反については、そもそも自発的に投資取引を行う意向がなかったこと、仮に投資取引を行うとしても安定的な運用を望んでいたこと等を重視して適合性原則違反とした。そして、説明義務違反については判断するまでもなく不法行為が成立するとの立場をとり、判断していない。

他方、過失相殺については4割としている。その根拠としては、交付された書面を検討しなかったこと、商品が自己の投資意向や実情に適合するものであるか否かを慎重に検討すべきであったし、それは可能であった等を挙げている。

⑩ 東京地判平23・8・2 仕組投信3

本件は、銀行員が当時79歳の女性宅を訪問勧誘し、複数の投資信託を購入したという事案で、ノックイン型投資信託の勧誘について適合性原則違反を認めている。ただし8割の過失相殺を行っている。

本判決の適合性原則違反についての判断の概要は、次のとおりである。

原告に会社勤め等の社会経験がなく専業主婦として生活してきたこと、それまで定期預金や貸付信託などの元本保証のある金融商品しか経験したことがなかったこと、当時80歳と高齢であったことなどから、原告において本件投資信託に対する知識が十分であったとはいえない。

ほぼ唯一の金融資産である定期預金・貸付信託の全額を解約して本件投資信託を取引していることからすれば、原告が元本を相当程度喪失する可能性を覚悟してまでも積極的に利殖を図る資産運用を行う意図を有していたとも考えられない。

そうすると、担当者が勧誘に際して販売用資料を示しながら、その商品内容（とりわけ、日経平均株価の下落率がスタート株価よりも30％以上下落した場合には、元本が保証されなくなること）を原告に説明していたことを考慮しても、原告の

462　第3部　民事責任の論点

知識、能力等に照らせば、自らの責任で投資判断が可能な程度にまで本件投資信託を理解し、その高リスク性を認識した上で、購入したと評価することはできない。

　本判決は、次のような点から、8割という高率の過失相殺をしている。

　原告は、当時80歳と高齢ではあったものの、健康状態に特に異常はなく、相応の判断能力を有していたことがうかがわれ、そのため、担当者から商品説明を聞き、あるいは販売用資料や目論見書の交付を受けるなどして、本件投資信託のリスクについて、不十分ながらも一定の理解をしていた。

　原告は、自宅で息子夫婦および孫と同居生活をしており、孫を本件投資信託の購入手続に一部関与させていたことに照らせば、原告は、同居家族に相談する機会も十分にあった。そして、原告は、この取引の前に購入した投資信託が早期償還されて一定の利益を得たため、更なる利益を求めて本件投資信託の購入に踏み切ったもので、日経平均株価が3年間の間に30%以上も下落することはないであろうと安易に考えていたことが推認される。

(c)　適合性原則違反認定・説明義務違反否定

11　横浜地判平24・1・25　投信9

　本判決は、説明義務違反はなかったとしつつ、適合性原則違反を認めている。

　説明義務違反については、当時76歳の女性に対し、投資信託（ブラックロック天然資源株ファンド）や南アランド建債権等を勧誘した事案であるが、詳細な説明がなされたとは認められないが、一応の説明はなされているとして、すでに相当程度の投資経験があったこと等の事情も考えると、詳細な説明がなかったとしても説明義務違反があったとは認められないとしている。

　適合性原則違反については、「相当程度の資産を保有しているとはいえ、継続的に高額の収入があるわけではなく、いずれは生活資金や病気の治療費等を保有資産に頼らざるを得なくなる状況になることも考えられたのであるから、そのような原告に対し、ブラックロックファンドのような商品を勧めるのに当たっては、投資の結果によって原告に大きな打撃を与えることのないよう配慮する必要があるものというべきである。以上の点に、これまでの原告の取引履歴を見ると、1つの商品に対する投資額は、せいぜい数百万円

単位であって、1000万円を超える投資はほとんどないこと……などの点を併せ考えると、76歳という高齢であって高額の継続的収入はなく、資産の安定性、安全性という面にも配慮が必要な原告に対し、それまで投資の対象としたことはない新規の商品であり、しかも、リスクが相当程度高い商品について、いきなり1100万円、更にその僅か3か月後には103万9236円と、合計1200万円を超える投資を勧めた点は不相当であり、適合性原則に違反するといわざるを得ない。」としている。

　他方、過失相殺については、複数の商品を紹介されてそのうちブロックファンドを選択したのであるから、リスク商品を自ら選択した点において過失があることは否定できないとし、原告の過失割合は4割とするのが相当であるとしている。

(3)　適合性原則違反と説明義務違反を認定した裁判例

📑12　大阪地判平25・2・20　仕組投信4

　本件は、当時77歳で難聴の女性顧客に対して、中央三井信託銀行（三井住友銀行が吸収合併して訴訟承継）の行員が訪問勧誘し、ノックイン型投資信託を勧誘・販売したという事案である。本判決は、適合性原則違反と説明義務違反をともに認定し、過失相殺についてはそのどちらとの関係でも過失相殺が相当とは認められないとして、差損金約776万円、解約された定期預金の利息約32万円、弁護士費用80万円の合計894万円を認容している。

　本判決は、適合性原則違反について、次のように判断している。

　まず原告が77歳の高齢の一人暮らしの女性で、戦時下に国民学校高等科を卒業し、その後金融商品の知識を得る機会が少ない学歴・職歴・経歴しか有せず、株式等の有価証券取引の経験がなかった。本件商品の特性を理解できる能力を備えていなかったと推認できるとして、被告が「原告及び亡夫の長年の預金の預入先であった銀行であることも合わせ鑑みれば、本件パンフレットを見せられた上で被告従業員から本件定期預金を解約してその解約金で本件商品を購入するよう勧められた場合には、預貯金以外の投資経験のない高齢者である原告においては、本件商品が元本が確保された高い利回りの預金あるいは預金類似の金融商品であると誤解する危険性が高いと考えられる。」とした。

464　第3部　民事責任の論点

　さらに、投資意向については、基本的に元本の安定性を重視するもので投資商品の購入を積極的に望んでいたとも推認できないとし、原告の財産状態については、収入は月額約20万円、保有する金融資産は2850万円程度であって、本件の投資額2100万円は、その7割以上にも当たる。原告は高齢であるから医療費や介護費等の資金需要が生じる可能性は否定できず、投資による損失を将来の資産運用または投資によって取り返せる時間的余裕があるかどうかにも疑問が残るとしている。

　以上から、一連の勧誘行為は原告の実情と意向に反する明らかに過大な危険を伴う取引を勧誘したものといえ、適合性の原則から著しく逸脱した違法な行為であって不法行為に当たると認定した。

　本判決は、説明義務違反については、一応の説明はあったとしつつ、「原告において本件商品の内容及びリスクを理解するのに十分な説明を原告に対して行わなかったと推認できる」として、説明義務違反の違法があったとしている。

(4)　事実上の一任取引類型

　以上とは別に、多数回の取引が担当者への事実上の一任取引で行われていた事案では、説明義務違反を問題とせずに適合性原則違反として損害賠償責任を認める類型がある。

　この種の事案も少なくないが、高齢者の事案としては⑬大阪地判平26・2・18株式20がある。本事案は、夫が死亡した後に担当者が代わり、保有していた株式を売却した上、外債や外国株式、外貨建投資信託等を多数回にわたり取引したというものである。原告は適合性原則違反のほか、説明義務違反や過当取引も主張していたが、本判決は適合性原則違反についてのみ判断している。

　当時60歳ということで高齢者事案とはいえないが、⑭広島高岡山支判平27・7・16株式21も、この類型といえる。もっとも、一審の岡山地倉敷支判平27・1・27は、適合性原則違反とともに説明義務違反も認定している。すなわち、まず適合性原則違反については、「国内株式取引と同時にそれ以外の多様な商品の取引が行われ、短期間のうちに頻繁な売買や乗換えが行われているところ、各々の商品は、投資の対象となる資産の内容収益性、通貨、リスク等がそれぞれ異なっており、そのように多種多様な商品を併行して取引し、その売買や乗換えに関して判断するためには、個々の商品の取引によ

って生じる直接的な損益のほか、各商品のリスク、収益性、償還の時期、期限前償還やノックインの可能性償還時の償還金額等の様々な点につき、株式相場や日経平均株価の動き、為替相場の動向、世界的な経済・社会情勢等を勘案しながら考慮する必要があるから、そのためには、以上の各点に関する知識を有し、かつ、相当の投資経験が必要であるが、……原告の属性等や投資経験に照らすと、原告において、単に、分配金や利払金を得るためにいくつかの国内投資信託や外国債券を買って保有しておくことや国内株式取引のみを徐々に行っていくことにとどまらず、多様な商品の取引を併行して行った上、短期間のうちにそれらの商品間で乗換えを行うについて必要な知識や投資経験を具備していたとは認めがたく、ましてや、国内株式や為替に比してその値動きに関する情報入手が容易でない外国株式の取引については、同取引を開始した平成21年6月時点であっても、原告の属性や投資経験に適合するものであったとは認めがたい。」としている。次に、説明義務違反については、各商品について一応の説明は行っているとしつつ、乗換え時に発生する具体的な損失額についても必ずしも明確にはしていないことを指摘し、そのような説明で本件取引の投資判断ができる状態に至ったとは到底認め難いとして説明義務違反であるとしている。

　これに対して上記高裁判決は、一審原告には本件取引を行うような知識や能力はなかったこと、短期間の売買は本来の投資意向ではなかったこと、本件取引を行うような余裕資産はなかったこと、全体のリスク管理が自律的に行われていないこと等を総合考慮して適合性原則違反を認定し、説明義務違反については次のように判示している。「〔担当者〕Yにおいては、商品の概要とリスクの要点等を説明している。しかしながら、……Yの勧誘行為は、適合性の原則から著しく逸脱した違法な勧誘行為であるから、上記のようなYの説明によって、一審原告が自己責任で取引が行える程度に理解することができたとは評価することはできない。したがって、本件においては、Yの勧誘に説明義務違反があるか否かについて別途判断する必要はない。」

3　適合性原則違反と過失相殺

　勧誘が適合性原則違反となる場合に、過失相殺するのが適切なのかという問題がある。すでにみてきたとおり、裁判例では適合性原則違反を認定した場合でも、過失相殺するものがむしろ多い。

466 第3部 民事責任の論点

　これに対して学説は批判的であり、適合性原則違反の場合には過失相殺すべきでないとする。

　川地①は、適合性原則違反が認定されたということは、プロである業者が判断ミスにより顧客に対して不適合な金融商品を勧誘したことを意味し、その影響下において顧客が自らの適合性について判断ミスをしても、業者は顧客のミスを批判できる立場にはなく、過失相殺を否定すべきであると思われるとする[30]。

　王②は、顧客が業者との正当な信頼関係に基づき投資取引の適合性に関する判断を業者に任せたことには過失があるといえないとして、専門家たる金融業者への信頼関係がある場合の過失相殺を否定している[31]。

　また、適合性原則違反について、意思無能力と連続性のある法理との観点から、知的能力等からみて取引市場から排除すべきという立場からすると、過失相殺すべきでないと考えることになろう。

　裁判例においては、意思無能力の場合には無効となるので、いわば過失ゼロということになるのに対し、判断力・理解力がそれほど低くないというバランス感覚（割合的な被害回復）から過失相殺を考えるのかもしれない。しかし、適合性原則違反の勧誘は不法行為法上の問題であり、本人の属性との関係で適合する商品を勧めたかという場面である。とりわけ高齢者の場合、第1節でみてきたとおり、かなりの確率で金融取引にふさわしくない能力になっている状況を踏まえる必要がある。つまり、高齢者が自ら取引に参画するのではなく、金融業者が勧誘するという場面を問題にしている以上、高齢者側の事情を把握してそれにふさわしい金融商品を勧める注意義務を重くみるべきである。

　適合性原則の問題は、勧誘のあり方の問題と密接な関係があるので、次にこの点について述べておく。

4　金融取引と信頼性の確保の観点から

(1)　勧誘規制の概観

　金商法上の勧誘規制には、適合性原則のほか、①不招請勧誘の禁止（38条

---

30)　同書319頁。

31)　同書379頁。

4号）、②勧誘受諾意思確認義務違反（同条5号）、③再勧誘の禁止（同条6号）がある。ところが、これらの規制を受ける取引は政令指定制となっており、相当に限定されている。①はともかくとしても、②③が限定されていることには問題がある。

　というのは、②は、勧誘に先立って顧客に対してその勧誘を受ける意思があるかどうかを確認しないで勧誘する行為を禁止するものであり、③は勧誘を受けた顧客が引き続き勧誘を受けたくないという意思を示しているのに勧誘することを禁止するものである。このような場面において、顧客の意思が尊重されるべきなのは当然のことである。顧客が勧誘されたくないと言っているのに、その意思に反してまで勧誘する自由は、本来、金融業者にはないはずである。したがって、政令で指定した商品に限定するということ自体適当ではない。

　とりわけ高齢者顧客の場合、再三にわたって勧誘され、断りにくくなるという事態が懸念される。立法論としては、政令指定制を撤廃すべきであるが、とりあえずは政令指定商品について投資信託等を含め、広範囲に拡大すべきである。

(2)　顧客の主体性の尊重

　以上は業法上の規制であるが、私法上の場面としては、顧客の意思の尊重を基本に考える必要がある。顧客は、健康上の理由、あるいは生活の静謐等の理由から、そもそも勧誘されたくないという場合がある。そのような意思を示しているのに勧誘を行って契約に至っているような事案については、顧客の意向に反する勧誘として、違法性判断の重要な要素と位置づけるべきである。

　また、銀行等と無関係に社会生活を行うことは難しいわけであり、大多数の消費者が銀行等に口座を持っている。しかし、それは必要があってそうしているわけであり、銀行等の取り扱うあらゆる商品に関心があることを意味するものではない。

　したがって、このような顧客の意向は尊重されるべきであり、適合性原則違反の判断に際しても、顧客の意向に反する勧誘という観点を重視する必要がある。適合性原則についての判断要素として投資意向が加えられた意義についてはすでに述べた。狭義の適合性原則を取引耐性のない者を市場から排除すると解した上で、「市場への参入自体は緩やかに肯定した上で、説明義

468 第3部 民事責任の論点

務を含む勧誘・販売態様の適正性等に訴訟の主戦場を据えたいというのが実務的なバランス感覚であるように思われる」という考え方[32]は、顧客の意向を軽視した議論であり妥当ではない。

(3) 公正な市場と投資行動

国は、貯蓄から投資へという方向を強調してきていることから、裁判官にはこれは国策であり、適合性原則もこの国策に沿う必要があるという考え方を持つ人もいるようである。その考え方が顕著に表れるのが、適合性原則違反の富裕層の事案である。あたかも、富裕層であれば顧客の意向等に反しても適合性原則違反とならないといった判断が目に付く。

しかし、このような考え方が金融機関、金融商品取引業者への不信感を高め、ますます投資から遠ざけていることに気づくべきである。実際、日本版ビッグバンを叫んだ当時と現在で、家計資産における貯蓄と投資の比率はほとんど変わっていない。金融取引は信頼性が重要であり、その公正さに疑問を持たれれば、投資行動にはつながらない。

信頼性が確保されることによって、投資行動が大きく変化することは、かつての外国為替証拠金取引の事案で実証済みである。金融先物取引法を改正して不招請勧誘を禁止したところ、市場が健全化したとの評価が高まり、取引口座数が爆発的に増加して今日に至っている。

高齢者の場合でも同様であり、金融取引の信頼性が高まれば市場参加者が増えるという関係にある。顧客本位の業務運営原則の議論の背景にも、こうした問題意識がある[33]。安全な投資意向の高齢者にそれと違った商品の勧誘をする等で投資へ誘導するという方策は、誤っているというほかない。

---

32) 司研報告102頁。
33) 第3部第5章・第8章を参照。

第8章

銀行の責任

序

　金融商品の勧誘・販売について、銀行の責任が問われる事案が多くなっている。それらの事案には、多様な類型が含まれる。

　まず、銀行の関与形態という観点からみると、銀行員が顧客に投資信託などの金融商品を勧誘・販売した類型のほか、銀行が系列の証券会社に顧客を紹介して仕組債などの金融商品を販売した類型がある。

　前者の場合には、銀行が登録金融機関として販売している事案が多いが、金融商品仲介業務として販売している事案もある。そして、後者の場合には、銀行員は紹介しただけであるのか証券会社の担当者とともに勧誘したといえるのか等が争われている。

　また、法律構成の観点からみると、銀行の責任を問う事案においても損害賠償請求が多いが、販売対象商品が投資信託の場合には、銀行とともに委託会社の責任を問う事案もあり、両者の責任の関係が問題になる。さらに、投資信託の場合に、錯誤無効・消費者契約法による取消し等を原因として不当利得返還請求の構成を採る事案もあるが、その場合には不当利得返還請求の相手方は誰になるのかという点が問題となる。

　そこで、第1節では、まずこれらの観点から、現状を概観する。

　第2節では、銀行の責任を問う事案において、適合性原則違反や説明義務

470 第3部 民事責任の論点

違反といった各違法性の判断においては、銀行員の勧誘事案であるという点がどう影響しているのかについて検討する。その上で、「顧客本位の業務運営に関する原則」を採択して基本方針を公表する金融機関が多くなっているが、それがどういう意味を持つのかについて考える。

なお、検討対象とする判決は、各論点で登場することがある関係で、本章の後半に整理している。

第1節

銀行の関与形態

1 銀行の行員による勧誘・取引類型

(1) 登録金融機関業務

金融機関は、有価証券関連業と投資運用業を行うことを禁じられている（33条1項。なお、同項ただし書により許容されている投資がある）。しかし、銀行をはじめとする金融機関には、登録（33条の2）を受けてすることができる行為が幅広く認められている（同条2項。これらの登録金融機関業務については、105頁）。

また、登録金融機関は、第1種金融商品取引業者の委託を受けて、その業者のために有価証券の売買の媒介等を行うことができる（同項3号ハ・4号ロ）。金融商品仲介業者は内閣総理大臣の登録を受ける必要があるが、銀行等の場合にはこの登録は不要である（66条）。

なお、金融商品仲介行為による不当勧誘の責任について66条の24は、金融商品仲介業者が顧客に与えた損害は、金融商品取引業者が賠償責任を負うのを原則としている。しかし、登録金融機関は、前述のとおり登録を受けた金融商品仲介業者ではなく、同条の適用を受けない。これは、登録金融機関が免許制の下で厳格な規制に服していること、登録金融機関に直接損害賠償を行う能力があることなど、顧客保護としては十分と考えられたこと等が理由とされている[1]。

---

1) 神崎克郎＝志谷匡史＝川口恭弘『金融商品取引法』（青林書院、2012年）932頁。黒沼631頁。

第8章　銀行の責任　471

(2)　登録金融機関業務と行為規制

銀行員が銀行の顧客に対して金融商品を勧誘・販売し、その違法性が問われる事案においては、勧誘の違法性が争点となる。金商法上の行為規制は「金融商品取引業者等」が負っているところ、「金融商品取引業者等」には金融商品取引業者と登録金融機関が広く含まれる（34条）。

そして、上記のとおり、登録金融機関は金融商品仲介行為を行う場合でも金融商品仲介業の登録は不要であり、行為規制も金融商品仲介業者としての行為規制ではなく登録金融機関（金融商品取引業者等）としての行為規制が適用される。

以上から、登録金融機関による金融商品の勧誘・販売については、証券会社の場合と同様、金商法の行為規制が適用される関係にある。

(3)　金融商品仲介業務

(a)　はじめに

登録金融機関の仲介業務の場合、金融商品の契約は金融商品取引業者と顧客との間で成立するので、登録金融機関が販売する場合とは法律関係が異なる。そこで、登録金融機関の金融商品仲介業務の類型で銀行の責任が争われた事案をみておく。この類型としては、②③⑦などがある。なお、5-1 5-2 は、銀行が仲介業務として取引したものと、銀行員が証券会社を紹介し、銀行員も証券担当者と同席しながら取引したものと両方ある事案であるところ、当該取引は後者のようである（後述）。

適合性原則違反や説明義務違反による損害賠償請求は、全事案において行われている。⑦では、そのほか公序良俗違反無効、錯誤無効、消費者契約法による取消しが主張されている。これらの場合について、登録金融機関と金融商品取引業者の関係が争点とされている。

(b)　損害賠償請求の相手方

2-1 2-2 は、取引が2006（平成18）年4月に行われており、旧証券取引法の適用事案である（証券仲介行為は、同法65条2項4号ロ・2条11項各号による「有価証券の売買の媒介」）。

本事案では、「前提事実」として、登録金融機関である三井住友銀行がSMBCフレンド証券の委託を受けて、証券仲介行為として仕組債を勧誘したことが明確にされている。

原告の請求は、三井住友銀行の担当者が勧誘し、その際SMBCフレンド

証券の担当者も同席して一体となって行動しているので共同不法行為責任を負うというものである。そして、SMBC フレンド証券に対しては、予備的に仮に同席がなくても違法行為に加担していたので三井住友銀行と共同して不法行為責任を負うと主張していた。

2-1 は、勧誘は三井住友銀行の担当者によって行われたとして銀行の不法行為責任を認め、証券の担当者は勧誘に関与しておらず責任は負わないとした。

これに対して 2-2 は、銀行の責任も否定している。この判決については、後述する（482頁）。

3 も、2007（平成19）年2月の取引であり、旧証券取引法が適用される。本件は、三井住友銀行は登録金融機関（旧証券取引法65条の2）であり、SMBC フレンド証券の証券仲介業者として勧誘・取引した事案である。

原告は、両社に対して損害賠償請求している。説明義務に関しては、銀行は仲介業者として、証券は仕組債の売主として、それぞれが説明義務を負うとの考え方である。適合性原則違反に関しては、銀行は仕組債の勧誘が適合性原則違反であるから不法行為責任を、証券は銀行を履行補助者として契約しているので債務不履行責任ないし不法行為責任を負うという構成である。

SMBC フレンド証券は、登録金融機関が仲介した場合には、証券会社が登録金融機関に説明の基礎となる事実につき虚偽の事実を伝えたなど、特段の事情がない限り委託元証券会社は損害賠償責任を負わない（説明義務違反は登録金融機関の責任である）等を主張した。

本判決は、適合性原則違反も説明義務違反もないとして、原告の請求を棄却した。

7 は、西日本シティ銀行が33条の2の登録を受けて登録金融機関として、三菱 UFJ メリルリンチ PB 証券の委託を受けて金融商品仲介業務を行った事案である。

原告は、勧誘が適合性原則違反、説明義務違反であるとして、銀行に対しては不法行為、債務不履行、金販法5条に基づいて損害賠償請求した。上記証券に対する損害賠償請求に関しては、66条の24の類推適用または不法行為（使用者責任）の類推適用を根拠としている。

本判決は、適合性原則違反も説明義務違反も否定している。

(c) 不当利得返還請求の相手方

⑦事案の（仕組債の勧誘部分の）主位的請求は、公序良俗違反または錯誤による無効、消費者契約法4条2項（不利益事実の故意の不告知）・1項1号（不実告知）による取消しに基づく不当利得返還請求である。

　請求の相手方は、仕組債の売出人である被告メリルリンチ日本証券または仕組債の売出取扱人である被告三菱UFJメリルリンチPB証券としている（選択的請求）。

　なお、被告西日本シティ銀行に対しては、仕組債以外の商品について損害賠償請求しており、予備的に主位的請求が認められない場合の一連の取引に関する損害賠償請求をしている。

　本判決は、これらの請求原因事実を否定している。

（d）　小括

　みてきたとおり、金融商品仲介業務の事案での裁判例は少ない。その上認容判決は、損害賠償請求に関する2-1だけとなっている。したがって、損害賠償請求や不当利得返還請求の相手方に関する裁判例の考え方が明確になっているわけではない。

　基本的には、損害賠償請求の場合は66条の24の制定趣旨から登録金融機関が相手方となり、不当利得返還請求の場合は給付不当利得の類型であるから、給付先の金融商品取引業者が相手方となると考えられる。

　ただし、登録金融機関の担当者が金融商品取引業者の担当者と同席して積極的に勧誘している事案の場合には、共同不法行為責任を問われる。

2　投資信託の事案における銀行と委託会社の責任

（1）　損害賠償請求

（a）　⑩の事案概要

　毎月分配型投資信託の勧誘・販売事案で、銀行とともに委託会社の損害賠償責任を追及したものに、⑩がある。本件は、毎月分配型投資信託の商品特性、両社の説明義務違反、委託会社作成の目論見書について重要事項の不記載等による委託会社について18条、銀行について17条違反の損害賠償責任等が問題となった。

　10-1は、原告らの勧誘に際しては、分配金には普通分配金と特別分配金があり、後者は収益を原資とせず、元本の一部払戻しにすぎないこと、分配金の水準は本件ファンドの収益の実績を示すものではないことにつき目論見

書に記載がなく説明もなかったとして、説明義務違反を認め、被告らの共同不法行為責任を認めた（17条・18条違反については判断していない）。

[10-2]は、目論見書やパンフレット等に記載されていなくても口頭による説明であってもよく、本件においては担当者による説明はあったとして、事実認定の場面で銀行の責任を否定し、また委託会社も責任を負わないとしている。

(b) 委託会社の責任

本件は、毎月分配型投資信託の商品特性との関係で、説明義務の対象範囲や目論見書の記載事項などをめぐって注目された事案である[2]。ここでは、銀行と委託会社の共同不法行為責任の論点を取り上げる。

[10-1]は、説明義務を負う主体は第一義的には被告銀行であるとしつつ、販売資料や目論見書を作成するのは被告投信であるから、その記述が不適切であるために説明が不十分になってしまったという場合には被告投信も被告銀行とともに共同不法行為責任を負うとしている。

[10-2]は、被告投信には特段の事情がない限り、信義則上の説明義務を認めることはできないとして、本件の場合被告銀行の説明義務違反が認められないので特段の事情もないとしている。

この考え方においても、被告銀行に説明義務違反がある場合には特段の事情があるということであれば[10-1]の枠組みとの違いが問題になる。青木①（前掲注2）22頁は、一般論としては委託会社の責任は販売する銀行との役割分担の関係から難しいとしつつ、本件は目論見書だけでなくパンフレットの作成なども行っている点を含めて両社の関係を捉えて共同不法行為の要件充足ありとする見方もあるかもしれないとする。

共同不法行為の法理からすれば、委託会社が販売に際しての説明資料等を作成し、銀行がそれに従って説明をしているという関係にある場合には、共同不法行為の要件は認められるべきで、この点は[10-1]の判示しているとお

---

2) 桜井健夫「毎月分配型投資信託の受益証券を販売する銀行・投信会社の説明義務」リマークス54号（2017年）38頁、青木浩子「毎月分配型投資信託の販売につき委託会社・販売会社に共同不法行為責任としての説明義務違反を認めた事例」NBL1039号（2014年）8頁（青木①）、同「毎月分配型投資信託の販売につき説明義務違反を否定した事例」金法2016号（2015年）6頁（青木②）、角田美穂子「投資信託の販売・勧誘に関する私法上の問題」金法2023号（2015年）48頁、山中眞人「投資信託委託会社の説明義務の検討」金法2006号（2014年）6頁。

りである。

　角田（前掲注2）53頁は、毎月分配型投資信託の商品特性への批判的立論を踏まえると、委託会社の商品開発者としての責任と販売会社との密接な関係に則した責任のあり方が探られてしかるべきであるとする。そして、共同不法行為責任の法律構成が適切とし、少なくとも幇助責任（民719条2項）が考えられるとしている。

　(c)　小括

　登録金融機関が投資信託を勧誘・販売している事案において、損害賠償請求の根拠が説明義務違反である場合には、説明義務を一義的な意味で負担するのは登録金融機関ということになる。

　しかし、⑩の事案のように、委託会社が説明内容に関わっている場合においては、説明義務違反に共同責任があると考えられる。とりわけ、その説明義務違反が誤導型説明義務違反であってその誤導に委託会社の関与がある場合や組成の問題がある場合は、委託会社も責任を免れないと考えるべきである。

　⑵　**不当利得返還請求の相手方**

　(a)　はじめに

　銀行が投資信託を勧誘・販売した事案において無効・取消しを主張する場合、不当利得返還請求等をする相手方は委託会社であるのか銀行であるのか等の問題がある。

　そこで、以下この点についての裁判例をみていく。

　(b)　銀行に対する請求事案

　銀行を相手方として請求した事案に、①が挙げられる。

　本件は、みずほ投信投資顧問（みずほ投信）を委託者、みずほ信託銀行を受託者として、両者間の信託契約に基づいて設定された投資信託の勧誘・販売事案である。みずほ投信は、受益証券を発行し、被告池田泉州銀行との間で「証券投資信託受益証券の募集・販売に関する契約書」をもって委託契約を締結、被告はこの契約に基づいてみずほ投信の代理人として、受益証券の募集の取扱い・販売、受益者に対する収益分配金や償還金の支払等の業務を行っている。

　原告は、池田泉州銀行を被告として訴えを提起した。主位的請求は預金払戻請求権であり、不法行為に基づく損害賠償請求権は予備的請求となってい

476　第3部　民事責任の論点

る。

　主位的請求は、本件の各投資信託の売買は不成立ないし錯誤無効である。被告は投資信託の購入代金を原告の預金口座から振替決済（出金）しているが、投資信託の売買契約が不成立ないし無効である以上、決済行為も無効であり、無効な決済行為によって引き落とされた預金相当額の払戻請求権は影響を受けずそのまま存在することになる、という構成である。

　主位的請求に対する被告の主張は、被告はみずほ投信の代理人として販売しているので、購入の契約は原告とみずほ投信の間に成立するとして、契約は有効であり口座からの代金引き落としにより預金債権は消滅したというものである。

　本判決は、投資信託の売買契約は有効に成立しており錯誤があるともいえないとして、主位的請求は棄却して予備的請求を認容した。そのため、頭書の問題に関する判断は示されていない。

　(c)　銀行と委託会社に対する請求事案

　[10-1] [10-2] の損害賠償請求の点については、前述した。原告らは、損害賠償請求のほか、不当利得の返還請求をしている。その根拠は、①消費者契約法4条2項による取消し、②詐欺取消し、③錯誤無効である。不当利得返還請求の相手方は、銀行と委託会社両社としている。

　不当利得の成否についての被告らの主張を挙げると、銀行は原告らから金員を受領していないとの主張である。また、委託会社は、本件投資信託は被告みずほ銀行が自己の名義で原告らに販売するものであり、被告みずほ銀行は被告みずほ投信の代理人でもない、原告らと被告みずほ投信との間には契約関係がなく不当利得の主張は理由がない旨の主張となっている。

　[10-1] は、損害賠償請求は認容したが、原告らの上記①②主張は排斥しており、不当利得の返還義務を誰が負うのかについての判断もなされていない。

　[10-2] も、損害賠償請求を否定したが、この点に関しては原審支持であるから、判断は示されていない。

　(d)　小括

　以上のとおり、不当利得返還請求については認容判決がなく、請求の相手方についての裁判所の判断はまだない。投資信託の販売形態も多様であるので一概にはいえないが、基本的には給付利得の返還の問題であるから、給付先への請求と考えられる。そうすると、銀行が委託会社の代理人として販売

している場合は、委託会社に請求するということになる。しかし、販売後も、分配金や償還金などの支払を含め、顧客が接するのは銀行だけで、銀行は単なる販売の代理人にとどまらない地位にあるので、不当利得の返還に関しても代理権の範囲に含まれていると解する余地がないかという問題がある。

3 銀行による証券会社の紹介等

(1) 裁判例

銀行は、投資信託等については登録金融機関業務として販売できる。これに対して仕組債の場合は、金融商品仲介業務としてであれば扱うことができる（その事案として、前掲②③⑦）。

しかし、仕組債の場合には、銀行が系列の証券会社を紹介し、証券会社が勧誘・販売する類型がある。この類型には銀行あるいは銀行員の関与について事案によって濃淡があり、単に紹介する場合、紹介だけでなく勧誘にも関与している場合、むしろ主導的に勧誘している場合等、様々なものが含まれている。

④は、原告が、被告みずほ銀行に対する請求の根拠として、不法行為と債務不履行責任を挙げている事案である。

不法行為責任の内容としては、被告みずほ銀行の担当者は原告が安全な資産運用を求めていた意向と原告の実情を十分に把握していたのに、本件仕組債を勧誘させる意図で被告みずほインベスターズ証券の担当者に紹介し、説明にも立ち会い、不当な勧誘を是正するどころか本件仕組債が2000万円単位であると不実の告知までして約定を後押ししたのであるから、担当者同士が協力して勧誘したといえるので、被告銀行は使用者責任を負う。

債務不履行責任としては、被告みずほ銀行は、信義則上、金融資産の運用について相談されて助言する場合には、原告の意向と実情に合わない結果とならないように配慮する義務がある。それにもかかわらず、原告が国債による運用を相談した際に本件仕組債を購入させており、運用助言による安全配慮義務違反がある。

本判決は、原告の上記各請求根拠を否定するほか、被告みずほ銀行に対する関係では、みずほ銀行の担当者が立ち会ったのは原告の求めに応じて同席したにすぎず、積極的な勧誘は行われていないので共同で勧誘したともいえないとし、原告と被告みずほ銀行との間で投資顧問契約ないしそれに類する

契約があったわけではないから原告主張の義務は負わないとしている。

5-1 は、当時90歳と86歳の富裕層夫婦への仕組債勧誘事案であり、購入金額も多額である（妻が1億円、夫は合計7億円）。勧誘は、三菱東京UFJ銀行の担当者と三菱UFJメリルリンチPB証券の担当者の訪問によって行われている。

適合性原則違反が問題となるが、本判決は、夫について「本件取引当時、90歳と高齢であり、また、高いリスクを甘受して高い利得の獲得を目指す、いわゆるハイリスク・ハイリターンの金融商品に積極的に投資する意向を有していたとまではいえない。」とし、妻についても「86歳とかなりの高齢であって、本件取引以前の金融商品の取引経験が豊富であるとはいえず、また、いわゆるハイリスク・ハイリターンの金融商品に対して積極的に投資する意向を有していたとはいえない。」としている。ところが、両者について多額の金融資産を有していて本件購入代金はその全体からみれば比較的低い割合である等として、適合性原則から著しく逸脱するものであったということはできないとしている。このような判断については、批判がある（前掲440頁以下）。

5-2 も、原判決の判断を維持しており、同様の問題がある。

なお、本件は、銀行がこの夫婦と、証券仲介業務としての取引もあるという事案である。本件の仕組債取引においても、仲介業務に関する確認書等も作成されているものの、銀行が証券を紹介して行われた取引のようである。そのため、本判決は、銀行の責任について、適合性原則違反に関しては販売したのは証券であるから銀行が責任を負う理由はないとし、説明義務違反についても銀行の担当者が証券の担当者に同行していたが自ら説明を行うことはなかったので不法行為責任を負うことはないと判示している。この事案では、銀行担当者が常に証券担当者とともに顧客宅を訪問するなど、行動を共にしており、顧客としては銀行員が仲介業務として訪問しているのか紹介した証券会社の担当者に同伴して訪問しているのか、わかりにくかったのではないかと思われる。

12 は、みずほ銀行の担当者が、原告（当時77歳）を、みずほインベスターズ証券（後にみずほ証券が吸収合併）の担当者に紹介し、仕組債を勧誘したという事案である。

原告は、勧誘したのは主として銀行担当者であったと主張している。しかし、本判決は、証券に対しては適合性原則違反・説明義務違反の責任を肯定

したが、銀行については担当者が勧誘に関与しておらず、共同不法行為ないし幇助の責任はないとしている。

（2）小括

一口に銀行紹介類型といっても、銀行員の関与形態に相当の濃淡がある。5-2は、銀行担当者が証券担当者とともに顧客の自宅を再三訪問して勧誘・販売した事案であり、紹介類型の中では最も関与が濃い事案といえる。こうした事案について本判決は、販売したのは証券であるから銀行は適合性原則違反の責任も説明義務違反の責任も負わないとしている。しかし、不法行為における違法性は、適合性原則違反がないかという点に加え、その勧誘が顧客に対象商品について正しい理解が得られるように必要な情報を提供しているかだけでなく、顧客の認識や投資判断を歪める行為がないかという観点も含め、全体として判断される必要がある（前述366頁）。不法行為責任は、契約責任とは別であり、当該商品の契約当事者でなければ責任がないという関係とはならない。

次に、銀行員は証券会社を紹介しただけであるとされる事案においては、なぜわざわざ銀行も訴えるのかという問題がある。

12は、みずほ証券とみずほ銀行を被告としている。銀行の担当者は紹介しただけであるのか、それとも証券の担当者とともに勧誘もしているのかが問題となっている事案である。損害の回復という観点からすると、みずほ証券だけを被告にすれば十分であり、銀行を被告にする必要はない。しかし、担当弁護士によると、原告本人はみずほ銀行に騙されたという思いが強く、銀行ADRに苦情申出も行っていた。これは、逆にいえば、消費者・特に高齢者の銀行に対する信頼が強いことを物語る。こうした信頼を背景に、訪問勧誘や店頭での紹介あるいは勧誘が行われるところに特殊性がある。

4は、原告がみずほ銀行で同じ支店内の一角にあるみずほインベスターズ証券のカウンターに案内され、同証券の担当者から仕組債を勧められた事案である。そうした事案で証券だけでなく銀行も被告にしているのは、原告が安全な資産運用を求めていた意向と原告の実情を十分に把握していたのに、証券を紹介し、仕組債の説明にも立ち会い、積極的にその約定を後押ししたということで、やはり信頼していた銀行に裏切られたという心情が強いという点がある。

みずほ銀行の事案が多いことには、みずほ証券（みずほインベスターズ証券）

480　第3部　民事責任の論点

と共同店舗を推進した上、仕組債を個人向けに売り込む戦略をとっていたという背景がある[3]。銀行は、顧客の資産状況や投資意向（安全指向）を知りうる立場にあり、現にその情報を取得している。消費者は、銀行に対して、証券会社等の投資取引会社とは違い、安心して取引できる金融機関と思っている。銀行に対して安全な取引を望むという意向を示しているのに、顧客の銀行に対する信頼に乗じて、銀行が積極的に系列の証券会社を紹介するというのは問題である（後述第2節）。

4　勧誘形態

(1)　はじめに

ここでは、銀行員が関与した事案について、勧誘の形態からみておく。

この観点から裁判例の事案をみると、訪問型の勧誘形態が目立つ。その一方で、銀行の店頭に預金等の用で赴いた高齢者等に、証券会社を紹介して仕組債を勧誘するという事案もある。

ただ、これらの事案の判決では、勧誘形態をあまり問題にしていない。しかし、それでいいのかという問題がある。以下、具体的にみていく。

(2)　訪問勧誘

訪問して勧誘した事案の例を挙げると、①②③⑤⑥⑦⑧⑩などがある。

そもそも訪問販売という勧誘形態には苦情が多く、そのため特商法が各種規制を設けてきた。その背景を、消費者側からみて訪問販売と店舗販売とを比較してみよう。

店舗で買い物をするという場合は、消費者は自発的に店舗に行き、複数の商品を自由に比較検討して意思決定している。むろん、いくつかの店舗を見て比較することも自由である。これに対して訪問販売は、事業者が不意打ち的に訪問して勧誘を開始し、しかも推奨される商品は限定されている。消費者は、勧誘に対して受け身の状況にあり、意思形成が不十分なまま決定を迫られる[4]。

訪問取引のこのような特徴は、訪問勧誘をするのが銀行員の場合にも妥当

3）　日本経済新聞2007年6月9日朝刊4頁。
4）　齋藤雅弘＝池本誠司＝石戸谷豊『特定商取引法ハンドブック（第5版）』（日本評論社、2014年）125頁。

する。本来、訪問勧誘には特商法が適用されるのが原則である。ただ、同法26条1項8号ニに基づき、特商法施行令5条（別表第2）によって適用除外としているため、適用されないというだけのことである。

　特商法において適用除外とされる趣旨は、「他の法律によって消費者の利益を保護することができると認められる」という点にある。しかし、現実問題としては、高齢者被害事案が多いにもかかわらず、行政処分などはまったく発動されておらず、果たして消費者の利益を保護することができているのか疑問もある。

　したがって、銀行員の訪問勧誘の場合であっても、勧誘の違法性を検討する場合、訪問勧誘という形態の特性を念頭に置く必要がある。

(3)　店舗での勧誘

　次に、銀行の店頭での勧誘事案がある。そもそも銀行の店頭に赴く顧客は、預金、送金等の目的であることが多い。そのような顧客に投資信託や仕組債を勧誘することの問題を考える必要がある。

　このような事案としては、④⑪⑫がある。この問題を考える上では、保険業法のクーリング・オフの見直しの経緯が参考になる。

　かつて、銀行窓口で個人年金保険を勧誘されて理解を欠いたまま契約してしまうという事案が多発して問題になったことがある[5]。保険業法309条は、保険契約の申込みについてクーリング・オフできることとしている。しかし、それには例外があり、営業所等での申込みの場合は、クーリング・オフができないこととなっていた（旧保険業法施行令45条）。しかし、銀行に赴いて突然保険を勧められるということは、不意打ちという点では訪問販売と何ら変わらない（特商法では、事業者が勧誘を目的とすることを告げずに消費者を店舗に呼び寄せることを禁じており、このような場合でもクーリング・オフは可能である）。

　そこで、保険業法施行令45条等が改正され、銀行の店頭で申込みをした場合でも、あらかじめ日を通知して店頭に赴き、かつ、保険契約の申込みをするために赴く旨を明らかにした場合以外、クーリング・オフが可能とされた。

　これは個人年金保険の場合であるが、投資信託や仕組債であっても、消費者にとって何ら変わりはないのである。金商法では、そもそもクーリング・

---

5)　国民生活センター「高齢者に多い個人年金保険の銀行窓口販売に関するトラブル」（2005〔平成17〕年7月6日）。

482   第3部　民事責任の論点

オフができる取引は限定されている。しかし、勧誘の違法性を考える場合には、こうした性格を念頭に置く必要がある。

第2節

銀行の責任

1　裁判実務の現状と問題点

(1)　はじめに

　金融商品の勧誘・販売事案について、銀行の責任を認める裁判例も少なくはないが、請求を棄却している裁判例の方がはるかに多い。その背景には、銀行員が勧誘ないし紹介している事案についての顧客側の認識と、裁判所の認識に大きな違いがあるのではないかと考えられる。そこで、銀行員が勧誘ないし紹介している事案についての事実認定上の評価について、検討する。

(2)　銀行員の供述の評価

(a)　はじめに

　銀行員の勧誘事案であるという事実は、事実認定に際して裁判官の心証形成に影響しているのだろうか。換言すれば、銀行員はそう不適切なことはしないだろうという眼で事案を見ていないかということである。これは裁判官の心証形成の問題であるから、当該事案の判決だけで判断することは困難である。しかし、幸い、こうした問題意識について、元東京高裁判事の加藤新太郎氏による解説がある。この種の解説は少ないため貴重な文献であり、それを手掛かりに検討する。

(b)　2 の事案

　加藤氏は、2-2 は、2-1 との結論の差異について、「人証の証拠評価に基づく事実認定の精度の違いに由来するものであったということができるであろう」と述べている[6]。

　具体的には、原告は本件仕組債について3年の定期預金と同じようなものと言われたと述べていたのに控訴審では定期預金と言われたと述べ、さらに

---

6)　加藤新太郎「金融商品勧誘における適合性原則違反・説明義務違反の判断」現代民事判例研究会『民事判例V‐2012年前期』（日本評論社、2012年）67頁。

商品概要説明書など都合の悪い書証についてはほとんど記憶がないと述べるなど信用性が乏しい、これに対して、Y銀行従業員の証言に不自然な点はなく関係証拠との整合性もみられるので相対的に信用性ありと評価された、と解説している。

また、加藤氏は人証の証拠評価の問題についての著作においても、本件事案について解説している[7]。本件事案の場合、原告の供述は、自然性テストの「供述内容は、経験則に合致しているか」および「供述内容は、弁論の全趣旨に照らして矛盾しないか」との考慮要素との関係で、信用性・信頼性が低いと評価され、誠実性テストにおける「真実を供述する善意・熱意があるか」の項目に疑問符が付くとして、どのような資料を交付されたかについて、ほとんど記憶がないと答えるのは、しらを切っているように評価されてもやむをえないとする。これに対して銀行員の供述は「学歴・能力から判断して、証言に不自然な点はなく、関係証拠との整合性がみられたとしても当然である。その立場からして、Y銀行および自己に不利なことはいわないものと考えられるが、その点を考慮しても、相対的に信頼性ありと評価されてよいであろう。」としている。

このような解説から、裁判官が、事実認定上着目すべきファクターを抽出し、類型化した判断要素に当てはめる手法を採っていることがわかる。

ここで問題になるのは、2-2では、勧誘された当該商品の内容や特質との関係に言及されていないという点である。判決により認定された勧誘事実をみると、銀行員が顧客宅を訪問して説明したという時間は、挨拶も含めて30分を超える程度のものということである（なお、この時点で証券総合取引申込書に必要事項が記入されている）。しかし、この事案の対象商品は日経平均リンク債（ユーロ円建・ノックインフォワード型）という仕組債である。しかも、顧客は当時70歳前後の一人暮らしの女性で、それまで株式投資の経験がなかったという人物である。そのような顧客が、わずか30分程度の説明によって、この種の仕組債を理解することができたとは考えにくい。まして、今後の株価の推移について、何らかの資料を収集することもなく予測し、投資判断を下すことができたとは考えにくい。

また、2-2は、「商品概要説明書など都合の悪い書証についてはほとんど

---

7) 加藤新太郎『民事実認定論』（弘文堂、2014年）131頁。

484　第3部　民事責任の論点

記憶がないと供述しており信用性が乏しい」というが、これも当該商品の特質を捨象して類型化された要素に当てはめを行う手法の弊害と考えられる。そもそも、理解できないものを記憶するということは無理であり、記憶がないということが不自然とは思われない事案もある。

　本判決の事実認定に対しては、投資行動の限定合理性の理解を踏まえた証拠評価が重要であるとの批判がある[8]。もっともな批判であると考えるが、そもそも限定合理性以前の問題として、高齢者の判断力・記憶力・表現力のレベルについての理解が欠けているという点を指摘しておきたい（前掲437頁。判断対象の困難性と判断可能性）。

　(c)　⑩の事案

[10-2]は、[10-1]を取り消している。原審とは異なり、銀行員により口頭での説明がなされたと認定しており、この点が判断を分けている。この事案においても、原告1の供述よりも銀行員の供述の方が信用できるとしている。その理由として、原告1は「説明資料があるのだからその記載内容を話してくれればよい」として色々なことを話そうとする担当者の説明を制したと述べており、これは担当者の「研修で教えられたとおり、リスクの内容および程度、運用実績と分配金との関係などを説明しようとしても、もう分かっているから必要ない」との証言と大筋符号している、そうすると「担当者から説明を受けた原告1は、担当者の説明を聞いていなかったか、聞いたとしても記憶に残らない程度にしか説明内容に関心を示していなかった」などとして、説明がなされたと認定するのが相当だとしている[9]。

　しかし、説明すべき重要なことは説明書に書いてあるはずであるから、その説明を受けようというのは顧客にとって当然のことである。説明書にはないが説明を要する重要な点があるというのは、むしろ異例なことである。仮にそのような場合であるのであれば、逆に、強く注意喚起する必要がある。

[10-2]は、原告1の供述を信用しない理由として、原告1が「企業経営に関与し、投資信託に係る5年以上の投資経験を有していたことに照らせば、本件投資信託を購入するに当たり、原告1が分配金の分配実績が運用実績で

---

8)　齋藤雅弘「銀行員による仕組債の購入勧誘における適合性原則および説明義務違反の有無」リマークス46号（2013年）62頁。
9)　加藤新太郎「講座　民事事実認定のプラクティス　第14回・最終回民事事実認定のポイント」月報司法書士2015年6月号60頁。

あるかのように誤解していたとは想定しがたい」という点を挙げている。

しかし、この5年以上投資経験とされる投資信託とは、訴訟記録からすると MRF（短期債券を投資対象とする決済目的の投資信託）であり、実質は普通預金に近いと指摘されている[10]。同様の観点から、MRF の経験が何年あろうと元本を割ることはほとんどない商品であり、分配金に元本払戻金が含まれることを知る契機はないとの批判がある[11]。

このように、10-2 も、商品性について具体的な内容を踏まえていないことが注目される。

そもそも、銀行員の供述は基本的に信頼できるとの立場で心証形成すると、逆に原告の供述の信頼性については疑問の目で見ることになりがちである。そこで、次にこの点について検討する。

(d) 銀行員の供述を評価する要因

銀行員の供述の信用性の点についても、加藤氏の所見がある。銀行関係訴訟が起こりにくい要因として、次の点が述べられている[12]。

①銀行員の資質・能力が高い（主体的要因）、②執務規律がしっかり定められている（客体的要因）、③違法な行為ないしは違法すれすれの行為をしなくても利益があがり業績につながるのであれば問題行動をする動機は形成されにくい（環境的要因あるいは構造的要因）。

そして、裁判所は銀行性善説に立っているのかという質問には、上記の3つの要因があることと関係していると思うと述べている[13]。

このような見方で事案を検討すると、事実認定に影響するのは当然であろう。しかし、ここに述べられた要因ゆえに銀行員の供述が信用できるとするのは、現在では妥当しないと考える。以下、項を改めて検討する。

(3) 苦情の現状と金融庁の考え方

(a) 検討の視点

上記の構造的要因が妥当するのであれば、そもそも銀行員の勧誘で違法で

---

10) 青木②（前掲〔注2〕）6頁。

11) 桜井・前掲（注2）38頁。

12) 加藤新太郎「特別講演　裁判所からみた銀行関係訴訟」銀行法務21 729号（2011年）4頁

13) 加藤新太郎・銀行法務フォーラムメンバー「特別講演　実務家からの質疑応答」銀行法務21 730号（2011年）26頁。

あったり、すれすれであったりするような事案は少なく、苦情も少ないはずである。そこで、果たしてそうであるのか、客観的な事実経過をみておく。

(b)　銀行の金融商品販売に係る苦情の増加

金融規制の緩和により、銀行が多様な金融商品を扱うようになった。それに伴い、苦情が多発するようになっている。一例として、個人年金保険や一時払い終身保険の銀行窓口販売を挙げてみよう。

国民生活センターは、相談の増加を受けて、2005（平成17）年7月6日付で「高齢者に多い個人年金保険の銀行窓口販売に関するトラブル」を公表し、注意を呼び掛けている。

しかし、その後も消費者センターへの苦情・相談は増加を続けたことから、国民生活センターは、さらに2009（平成21）年7月22日付で「個人年金保険の銀行窓口販売に関するトラブル——高齢者を中心に相談が倍増」を公表した。そこでは、銀行窓口で不意打ち的に勧誘される、断っても執拗に勧誘する、説明が理解できないまま署名を求められる、等の相談事例が列挙されている。

そして、一時払い終身保険の苦情も急増したことから、国民生活センターは2012（平成24）年4月19日付で、「銀行窓口で勧誘された一時払い終身保険に関するトラブル——高齢者への不適切な勧誘が急増中」を公表するに至る。

このように、苦情や相談が少ないわけでもないし、銀行が迅速に対応してきたわけでもない。

他方、保険業界において同種商品の苦情やトラブルが増加したのかというと、そういうことはなく、「同時期に他の販売チャネルでのトラブルが増加していないことと対照的である。」と評されている[14]。つまり、上記の苦情・トラブルの増加は、金融商品自体の問題というよりは、銀行員の販売に起因しているということが重要である。

(c)　金融業ワーキング・グループによる背景分析と方向性

こうした事態の背景については、金融審議会「我が国金融業の中長期的な在り方に関するワーキング・グループ」の2012年5月28日報告書「我が国金融業の中長期的な在り方について（現状と展望）」（以下「金融業WG報告書」とい

---

14)　早稲田大学保険規制問題研究所（代表：大塚英明）編『保険販売の新たな地平——保険業法改正と募集人規制』（保険毎日新聞社、2016年）177頁。

う）においても言及されている。

そこでは、「顧客満足を長期的に維持することよりも、当該販売会社の手数料収入を短期的に拡大していくことが優先される傾向が生じ得る」[15]、「保険や投資信託の販売は、販売会社（銀行等を含む）にとって収益機会が大きいため、ともすれば販売会社側の事項により取り扱う商品が限定され、顧客側に適切な選択肢が与えられていない懸念などが指摘されている」[16]、「短期的な販売手数料獲得に主眼を置いた金融商品の開発や営業がなされ、短命な投資信託等が量産されているという指摘がある」[17] 等の指摘がなされている。

そして、「貯蓄から投資へ」は大きな流れとして実現されるに至っていないとして、取組みの方向性として国民の金融リテラシーの向上が好ましいのは論を待たないが、「個人が信頼して資産を運用できるようにするためには、むしろ、個人の金融リテラシーの不足を前提とした金融サービスの提供態勢の構築が求められている。」としている[18]。

(d) 市場ワーキング・グループによる議論

2016（平成28）年12月22日付「金融審議会市場ワーキング・グループ報告——国民の安定的な資産形成に向けた取組と市場・取引所を巡る制度整備について」は、国民の安定的な資産形成を図るには金融事業者が顧客本位の業務運営に努めることが重要であるとして、「顧客本位の業務運営に関する原則」（以下「顧客本位原則」という）の策定と金融事業者に対する受入れの呼びかけを盛り込んだ。

このテーマ設定についての金融庁の問題意識については、議論の冒頭に次のように説明されている。

「投資信託や貯蓄性保険の主な販売チャネルである金融機関（販売会社）において、必ずしも顧客本位とは言えない販売実態といったものも見受けられるところでございます。例えば、投資信託であれば、売れ筋は、特定の資産に偏ったテーマ型の商品や手数料が稼ぎやすい商品といったところに寄っているということであるとか、あるいは貯蓄性保険に関して、売れ筋は、運用商品と保険商品を複雑に組合わせた一時払い保険で、まだその保険料〔注：

---

15) 金融業 WG 報告書22頁。
16) 金融業 WG 報告書18頁。
17) 金融業 WG 報告書18頁。
18) 金融業 WG 報告書18頁。

488　第3部　民事責任の論点

事務局資料では販売手数料〕といったものが高水準あるいは不透明といった販売
実態も見受けられるところでございます」[19]。

　こうした問題意識からの議論でまとめられたのが、第5章で解説した顧客
本位原則である。

　(e)　金融庁金融レポート

　金融庁は、事務年度ごとに金融レポートをまとめている。2016（平成28）
年10月の「平成28事務年度金融レポート」では、投資信託の販売実態等をみ
ると、引き続き以下の傾向がみられるとしている。①米国と比べ、リスクに
見合うリターンをあげていない投資信託が多い。②パフォーマンスの良いア
クティブ運用投資信託が少ない。③テーマ型投資信託が多い（売買のタイミン
グを適切に見極めることは困難）。④回転売買が多い。⑤高い販売手数料や信託
報酬の投資信託が多い。⑥販売会社と系列の運用会社の間の結び付きが強い。

　このうち回転売買については、「平成27事務年度金融レポート」では投資
信託の販売においていわゆる回転売買が行われているのではないかとの問題
提起を行ったとして、「依然として、回転売買が行われていることが窺われ
る」としている[20]。

　また、すでにみてきた毎月分配型投資信託については、「複利効果が働き
にくいことに加えて、元本を取り崩しながら分配される場合には運用原資が
大きく目減りして、運用効果を下げてしまうということが問題点として指摘
されている」として、「こうした毎月分配型投資信託の商品特性について、
販売会社が顧客に十分情報提供した上で、顧客が商品選択しているのかにつ
いては疑問が残る」としている[21]。

　(f)　金融庁金融行政方針

　金融庁は、事務年度ごとに金融行政方針を公表している。2017（平成29）
年11月の「平成29事務年度金融行政方針」は、「家計の安定的な資産形成の
推進と顧客本位の業務運営」として、「顧客本位の業務運営」の確立と定着
の項目において、2017年3月に顧客本位原則を策定しており、今後は金融事
業者による顧客本位の業務運営の確立・定着に向けて、金融機関の取組みの
「見える化」を促進していくことが重要であるとしている。

---

19)　第3回（2016〔平成28〕年7月6日）市場WG議事録3頁。資料2-1、6頁。
20)　同レポート62頁。
21)　同レポート57頁。

金融庁のこうした取組みの結果、今ではほとんどの金融事業者が取組み方針を公表している[22]。

(4) 小括

以上のとおり、上記の構造的な要因という点は、仮に過去において妥当した時期があったとしても、もはや当てはまる状況にはなくなっているといえる（もともと、銀行の売り方も証券会社の売り方もことさら違わなくなっているということは、早くから指摘されていたことではある）[23]。

それだからこそ、顧客本位原則が採択されたという経緯である。

そこで次に、このような状況の変化を受けて、銀行の責任をどう考えるべきかについて考察する。

2　銀行の責任の考え方

(1)　顧客本位原則と民事上の責任

すでにみてきたとおり、銀行に対する消費者の信頼性は高く、銀行員の推奨に対して信用してしまう要素が常にある。そうした背景がある中で、顧客本位原則が導入され、運営されていることをどう考えるのかという問題がある。この原則と金融事業者の民事責任との関係は、第3部第5章で述べてきた。そこで述べたとおり、適合性原則や説明義務の内容をより高度にする意義があると考えられる。

しかし、銀行との関係でいえば、それに加えて助言義務の論点があるので、以下敷衍する。

(2)　顧客本位原則と助言義務

(a)　助言義務の趣旨

助言義務は、当事者間に信認関係が成立している場合、情報格差の是正のための説明義務とは別に、判断や意思決定の過程の次元においても適切な方向に誘導することを内容とする。信認関係は、すでに何らかの形で取引関係にある顧客の場合に、金融事業者等のような専門業者である場合が想定される。このような場合には、「契約および契約交渉に先行し、あるいは事実上の前提とされている両当事者間の取引的接触関係から、当該投資取引の基礎

---

22)　https://www.fsa.go.jp/news/29/sonota/20170728/0001.pdf

23)　大森泰人『霞ヶ関から眺める証券市場の風景——再び、金融システムを考える』（きんざい、2015年）511頁。

として一種の信認関係（信頼関係）が形成される点を看過すべきではない。」[24] のである。

金融取引の分野でいえば、金融商品販売業者は、専門的知識、先行する取引的接触により信認関係が醸成され、顧客は専門家を信頼しその助言の下に投資決定している。そこで金融商品販売業者は、顧客の利益が最大化する内容で決定をすることができるように、情報提供面だけでなく評価および判断面で顧客に協力し支援をしなければならないとされる[25]。

(b) 信認関係の成立と顧客本位原則

以上のとおり、助言義務があるのは信認関係がある場合ということであり、ドイツ法のように助言契約という契約関係に基づくものではない。この点、黙示の助言契約という法律構成を採るドイツの判例法理とは異なる[26]。

従来信認関係が醸成されるのは、顧客が専門業者の知識経験とその推奨を信頼して取引を継続している場合とされる。

これまで述べてきたように、顧客本位原則は、信認関係の認定を促す要素と考えられる。そもそもこの原則は、「個人が信頼して資産を運用できるようにするためには、むしろ、個人の金融リテラシーの不足を前提とした金融サービスの提供態勢の構築が求められている。」（487頁）との問題意識を起点としていることとも整合的である。

確かに、この原則は行政当局が金融事業者に取組みを要請したものであって、その側面では行政当局と金融業者との関係といえる。しかし、要請を受けてそれぞれの金融事業者が消費者・顧客に対して本原則を採択して顧客本位の業務運営を実現するための方針を策定して公表しているわけであるから、この側面においては金融事業者と消費者・顧客との関係を規律するものといえる。そのような場合に、顧客の金融事業者に対する信頼は一層強まり、信認関係の成立が認められやすいという関係になる。

---

24) 潮見佳男「投資取引と民法理論（4・完）」民商118巻3号（1998年）66頁。

25) 潮見佳男「適合性の原則に対する違反を理由とする損害賠償」現代民事判例研究会編『民事判例V 2012年前期』（日本評論社、2012年）6頁。潮見説については、投資不適格者排除の法理としての狭義の適合性原則が引用されることが多いが、指導助言義務を含む広義の適合性原則とあわせて理解する必要がある。

26) ドイツ法の助言義務については、川地宏之「店頭デリバティブと仕組債における説明義務と適合性原則(1)(2・完)」法論87巻1号、2＝3合併号（2014年）。

（c）　小括

　銀行の責任に関する裁判例をみてきたが、消費者の銀行に対する高い信頼という側面が事実認定の場面においても法的な評価の場面においても、正当に考慮されていないと考えられる。そこで、これまで述べてきた状況の変化を踏まえた考察が求められる。その場合、顧客本位原則については、第5章で述べたように適合性原則や説明義務の高度化という位置づけができるとともに、信認関係による助言義務という位置づけも可能である。

　とりわけ高齢者をはじめとして、銀行に対する信頼が強い事案においては、「投資判断に必要な情報を提供するのみならず、投資者のリスクをできるだけ抑え、投資目的と投資者の財産状態により適合した商品を積極的に提示していく―場合によっては、投資を思い留まらせたり、より適切な別の投資商品を推奨する―ことが求められる。」[27]との考え方が妥当する。

判決一覧

① 　大阪地判平22・8・26　仕組投信1

　取引当時79歳の一人暮らしの女性が、銀行の支店長らから訪問勧誘を受けてノックイン型投資信託を4回にわたり購入した（購入金額合計2000万円）という事案である。判旨については仕組投信1を参照されたい。

2-1　東京地判平22・9・30　仕組債B9

　本件の被告は、三井住友銀行とSMBCフレンド証券である。原告は、当時70歳前後で1人で生活していたが、亡夫から自宅を含め4億5000万円を超える資産を相続し、不動産賃貸収入と息子たちの経営する会社の役員報酬を得ていた。判旨については仕組債B9を参照されたい。

　本判決は、被告三井住友銀行については、適合性原則違反と説明義務違反を認定し、差損金約4096万円と弁護士費用約409万円の合計約4505万円の請求を認容した。これに対して、被告SMBCフレンド証券については、勧誘

27）　潮見・前掲（注24）67頁。

492　第3部　民事責任の論点

に同席した事実がない等として請求を棄却している。

2-2　東京高判平23・11・9　仕組債 B9

2-1の控訴審判決で、原判決取消し・請求棄却である。本判決は、適合性原則との関係については、いわゆる富裕層に属する者であること、元本割れの危険性のある投資信託商品を合計1億円分購入し、本件仕組債購入後も元本割れが生じるリスクがある円定期預金をした経験があることなどを挙げ、適合性原則違反とならないとしている。

　また、説明義務との関係については、投資商品であり預金でないこと、ノックイン事由発生の可能性、元本割れの可能性、満期まで保有することを原則とする商品であり、原則として途中解約はできないことの説明義務があるとし、その説明はなされているとしている。

3　東京地判平23・1・28金法1925号105頁

　同日付で2本の判決が出ており、2本とも上記金融法務事情に掲載されている。本判決は、そのうちの平成21年㈦第7504号損害賠償請求事件判決（請求棄却）である。

　本件の被告は、三井住友銀行とSMBCフレンド証券である。原告は、当時69歳の会社経営者で、金融資産は17億円余りで総資産は19億円を下らず、年収は1000万円を下らなかったと認定されている。

　被告三井住友銀行の行員が原告の自宅を訪問して勧誘し、原告は被告SMBCフレンド証券から仕組債（リーマン・ブラザーズ・トレジャリー2037年3月9日満期　早期償還条件付き・為替連動・累積クーポン型〔FX-TARNUSD／JPY〕）を4億5000万円買付けた。

　本判決は、適合性原則違反も説明義務違反も認められないとして請求を棄却している。

4　東京地判平23・1・28金法1925号117頁

　こちらは、平成21年㈦第15708号損害賠償請求事件判決（請求棄却）である。
　原告は当時71歳で、被告みずほ銀行の支店に行った際、同支店の一角にある被告みずほインベスターズ証券のカウンターに案内され、仕組債（リーマン・ブラザーズ・トレジャリーが発行する株価指数連動債）を勧められて購入した。

被告みずほインベスターズ証券に対する原告の請求は、説明義務違反、適合性原則違反、金販法違反、不当勧誘等による損害賠償、錯誤無効、消費者契約法違反（不利益事実の不告知、断定的判断の提供、不実告知）による取消しとなっている。

被告みずほ銀行に対する請求の根拠は、不法行為と債務不履行責任である。本判決は、上記請求根拠をいずれも否定し、請求を棄却している。

5-1 東京地判平23・7・20金法1967号134頁

当時90歳の夫（訴え提起後死亡し相続人が承継）と86歳の妻に対する仕組債の勧誘・販売事案（購入金額は妻が1億円、夫は合計7億円）である。一連の勧誘は、三菱東京UFJ銀行の担当者と三菱UFJメリルリンチPB証券の担当者が共に訪問する方法で行われている。

原告らの請求根拠の概要は、次のとおりである。

[主位的請求]

① 本件取引の不成立：本件勧誘は担当者らにより国債と同様に元本割れのない安全確実な商品ということであったので、元本保証のある金融商品を購入するという意思表示であり、合致がない。

② 錯誤：仮に各取引が成立しているとしても、要素の錯誤がある。

③ 詐欺：担当者らの詐欺行為に基づく意思表示であり、取り消す。

④ 預金払戻の無効：各取引の代金は被告銀行の預金口座から払い戻されて被告証券に送金されているが、各取引が不成立もしくは無効または取り消されたのであるから、各引き落としも無効である。

⑤ 以上のとおりであるから、被告銀行に対しては預金契約に基づく預金払戻請求権があり、被告証券に対しては同額の不当利得返還請求権がある。被告らは連帯して支払うべきである。

[予備的請求]

① 適合性原則違反

② 説明義務違反

③ 以上につき被告らは共同不法行為責任（使用者責任）を負う。

本判決は、原告らの請求をことごとく退けている。被告銀行の説明義務違反に関しては、被告銀行は本件各商品を販売しておらず、銀行の担当者は本件各商品の説明を行うべき立場になかったので説明義務違反による不法行為

494 　第3部　民事責任の論点

責任を論ずる余地はないとしている。

5-2 　東京高判平23・12・22金法1967号126頁

原告らは5-1に対し、予備的請求を棄却した部分につき控訴。

本判決は、原判決を補正し、被控訴人（一審被告）銀行は被控訴人（一審被告）証券の委託を受けて証券仲介業務を行う登録金融機関として取引を開始したことが明らかにされた。

本判決は、原判決を支持し、適合性原則違反も説明義務違反もないとして控訴を棄却している。

なお、銀行の責任について、適合性原則違反に関しては販売したのは被控訴人証券であるから被控訴人銀行が責任を負う理由はないとし、説明義務違反についても被控訴人銀行の担当者が被控訴人証券の担当者に同行していたが自ら説明を行うことはなかったので不法行為責任を負うことはないと判示している。

6 　東京地判平23・8・2 　仕組投信3

本判決については、第3部第7章の10参照。

7 　福岡地判平23・11・8金法1951号137頁

本件の原告は、無職で一人暮らしの女性（取引開始時59歳）である。

被告は、西日本シティ銀行と三菱UFJメリルリンチPB証券、メリルリンチ日本証券の3社である。被告西日本シティ銀行は登録金融機関の金融商品仲介業務として原告を勧誘しており、被告メリルリンチ日本証券は仕組債の売出人、被告三菱UFJメリルリンチPB証券は被告メリルリンチ日本証券から仕組債の売出に関して勧誘業務を引き受け、売出取扱人として被告西日本シティ銀行に仕組債の売買の媒介を委託したという関係にある。

銀行担当者が原告に、変額個人年金保険、仕組債、投資信託、外貨預金等を勧誘し購入させたという事案である。原告の請求原因は多岐にわたっており、仕組債の契約につき、公序良俗違反無効、消費者契約法4条2項（不利益事実の故意の不告知）・1項1号（不実告知）による取消し、錯誤無効を、各取引につき適合性原則違反・説明義務違反による不法行為に基づく損害賠償等である。

第8章　銀行の責任　495

本判決は、これらの主張をいずれも否定している。

⑧　大阪地判平25・2・20　仕組投信4

本判決については、第3部第7章の⑫参照。

⑨　大阪地判平25・10・21　投信10

本判決については、第3部第7章の⑧参照。

10-1　東京地判平26・3・11　投信15

　原告1は、昭和9年生まれで株式会社Aの取締役で、株式会社である原告2の経営指導顧問でもあった。なお、原告3は、原告1の息子でA社の代表取締役であるが、請求が棄却されており、控訴していない。

　被告みずほ投信投資顧問（以下「被告投信」という）は、本件投資信託を設定し、被告みずほ銀行（以下「被告銀行」という）にその受益証券の募集・販売を委託していた。本件投資信託は、原則として毎月収益分配金が支払われるが、それには普通分配金と特別分配金があり、後者は元本の一部払戻しによるものである。被告投信は、目論見書やパンフレットの作成・改訂も行っている。

　被告銀行の行員が本件投資信託を勧誘した結果、原告らが1000万円ないし4000万円を買い付けた。原告らは、本件投資信託は毎月収益分配金が支払われていて、優秀な運用成績をあげていると考えたことによるもので、特別分配金が元本の払戻しであるとは思っていなかった。

　その後、原告1が分配金の税務上の取扱いを被告銀行に照会した際、特別分配金が元本の一部払戻しであることを知り、原告1の投資信託を解約するとともに原告2らにも解約させた上で本件訴訟を提起した。

　原告らは「本件事実a（分配金には普通分配金と特別分配金があり、後者は収益を原資とせず、元本の一部払戻しにすぎないこと）」「本件事実b（分配金の水準は本件ファンドの収益の実績を示すものではないこと）」（以下「本件事実a, b」という）につき被告らが説明義務を負うなどと主張した。

　本判決は、「……毎月分配型の投資信託受益証券の何たるかを熟知しているような投資家は別として、平均的な一般投資家に対して本件投資信託を販売しようとする者は、本件事実a, bを説明すべき義務を負う」として、目論見書に本件事実a, bが明瞭に記載されておらず、説明もなかったとして、

被告らの共同不法行為責任を認めた（過失相殺5割）。

10-2 　東京高判平27・1・26　投信15

控訴審判決であり、原判決を取り消し、請求を棄却している。

本判決は、被告銀行の説明義務違反について、次のように判示した。

金融機関は、毎月分配型の投資信託の受益証券を購入する顧客に対し、その仕組み、特性、リスクの内容と程度等の説明として、分配金に運用収益以外のものが含まれていること、および、分配金が分配されていることが必ずしも良好な運用実績を意味しないことについても、当該顧客の属性（投資経験、金融商品取引の知識、投資意向、財産状態等の諸要素）を踏まえて、当該顧客が具体的に理解することができる程度に説明をすべき信義則上の義務がある。

本件の事実関係の下においては、投資信託に係る5年以上の投資経験を有する企業経営者の原告1に対し、当該顧客の属性を踏まえた説明がされており、説明義務違反は認められない。

次に、被告投信の説明義務違反について、次のように判示した。

金融機関が投資信託を販売する際に、投資信託発行者の作成した目論見書を使用して、販売委託された金融機関担当者がこれに基づいた説明を行った場合において、投資信託の販売における顧客への説明は、委託会社が受益証券発行の際に目論見書の作成を行い、販売委託された金融機関が受益証券の募集の際に目論見書の交付を行うという形で分担されるから、第一義的な説明義務者は被告銀行であり、被告投信には、特段の事情のない限り、信義則上の説明義務を認めることはできず、本件の事実関係の下においては、特段の事情があるとはいえない。

さらに、目論見書の虚偽記載、重要事項の不実記載等については、次のように判示している。

17条・18条は、投資判断の前提となる資料を確実にし、投資者の保護を図ることを目的とするが、投資信託発行者の作成した目論見書・資料は、販売委託された金融機関が顧客に対して説明する際に使用され、信義則上説明すべき事項の内容や程度は、顧客の属性に応じた説明が予定されているから、本件の事実関係の下においては、目論見書の記載に直ちに違法と評価されるような不備があったとはいえない。

⑪　京都地判平26・9・25　仕組投信5

いわゆる中国残留孤児の男性顧客の事案である。

原告は、当初、国民生活センター紛争解決委員会による ADR によるあっせんを申し立てたが不調に終わった。そこで原告は、取引による実損額と、被告の対応が不誠実である等として慰謝料100万円、損害の約2割相当の弁護士費用を求めて訴訟提起した。事案および判旨は 仕組投信5 を参照されたい。

⑫　東京地判平28・6・17　仕組債 C15

本判決については、第3部第7章の①参照。

第4部
金融商品取引に関する裁判例

500　第4部　金融商品取引に関する裁判例

序

　本書では、金融商品取引に関する裁判例を業者の責任の種類（下表の7つ）別に紹介する（ただし開示責任に関する裁判例は開示の章に記載）。特に販売・勧誘責任の項は件数が多いので、さらに金融商品ごとに区分し、商品特性、裁判例の順で紹介する。

責任の種類	判決の分類
組成責任	**組成**
開示責任	（第1部第2章開示）
販売・勧誘責任	**債券、投信、株式、ワラント、株オプ**（株価指数オプション取引）、**為デリ**（為替デリバティブ取引）、**金利スワ**（金利スワップ取引）、**仕組債、仕組投信**（ノックイン投信）、**仕組取引、変保**（変額保険）、**先物**（商品先物取引）、**不動産**（不動産投資商品）、**匿名組合、出資、証券化**
助言・広告責任	**助言、広告**
市場システム提供責任	**市場**
運用責任	**運用**
監督責任	**監督**

　被害救済実務では、どういう場合に違法とされたり無効となったりするのかを把握する必要があり、その観点からは請求認容判決や一部認容判決[1]が重要であるので、裁判例はこれらを中心に整理した。ただし、見通しを考える上では請求棄却判決にも参考になるものがあり、請求棄却判決のうち重要なものは取り上げた。したがって、取り上げるのは請求認容判決や一部認容判決が多い。実際は請求棄却判決の方が多いことに注意が必要である。

---

1 ）　投資取引では、勧誘に違法性があり不法行為となる場合であっても過失相殺がなされるのが普通であり、違法勧誘が認定された事件のほとんどが一部認容判決となる。

裁判例の表記

◯ の中に判決の分類と分類内番号を付した。判決は、結論を◯（認容）、△（一部認容）、×（請求棄却）で表示し、裁判所・判決年月日・出典の順で記載して特定した。

さらに特定しやすくするため、裁判例ごとにキーワードを拾い出し、顧客の属性、金融商品の種類、業者名、違法類型、その他の特徴の順で、各裁判例にこの一部を記載した。

その上で、枠内に判決内容を【事案】と【判旨】に分けて記載した。適宜、脚注において コメント と付してコメントしているので参照されたい。

表記例

組成1 △東京地判平16・5・14（先物判例37巻256頁）（控訴審和解）
〔集団・FX・ソブリントラスト・組成責任・システム提供責任・誤情報提供責任〕

【事案】……（略）

【判旨】……（略）

第1節

組成責任

1　組成責任が問題となる場面

(1)　概要

金融商品の組成に問題がある場合には、組成行為自体から責任が発生する余地がある。その場合は、契約関係にない個々の投資者に対して、金融商品の組成者が不法行為に基づく損害賠償責任を負うことがある。組成責任は金融商品の製造物責任ともいうべきものである。詐欺的なもの、新規に登場するもの、複雑に仕組んだもので問題となりうる。仕組債、仕組預金等が多種類作られているので、今後はこの責任が問題とされる場面も増加すると思われる。

502　第4部　金融商品取引に関する裁判例

(2) 詐欺的金融商品

　破綻必至の商法では組成責任も発生するはずであるが、組成者とその商法の主体が同一であるため、組成責任を論ずるまでもなく、公序良俗違反で無効となったり不法行為となったりして責任ありという結論に到達する。

(3) 新規公開株式・新規公開仮想通貨

　新興企業が、粉飾決算を前提とした開示書類で上場して株式を募集した場合、募集に関与した証券会社の責任は有価証券届出書虚偽記載に伴う開示責任（21条1項4号）であり、上場させた取引所の責任は市場システム提供責任（後出）であるが、上場への関わり方によっては、過失による組成責任とも位置づけることができる。不法行為責任が問題となる[2]。

　電子的にトークン（新規仮想通貨ないし類似のもの）を発行しその対価として流動性の高い仮想通貨で払込みを得る新規仮想通貨公開（ICO = Initial Coin Offering）と呼ばれるものが登場している。これを禁止している国[3]や制限している国[4]もあるが、日本は現段階では禁止も制限もしていない[5]。この仕組みの一部に関わった業者の責任は、市場システム提供責任とみることもできるが、公開への関わり方によっては、発行者と共同して組成したものとして組成責任を負うことがある。これは、不法行為責任の議論であり、仮想通貨が金商法の対象となるかという問題とは別のことである。

(4) 仕組商品

　組成責任が最も検討されるべき分野は、デリバティブ取引を預金や社債、投資信託などに組み込んだ仕組商品の取引である。目先の確定受取り金があってリスクが実際より小さく見えること（限定合理性利用）を特徴とする。このような仕組商品については、リスクとリターンのバランスが悪い[6]（ハイリスク・ローリターン）、関与者が多くコストが高いが開示されない、デリバテ

2）　エフオーアイ事件（さいたま地判平28・12・20セレクト52巻1頁）では、発行開示関係者に対する責任追及に加えて、証券取引所に対して不法行為を理由に上場責任が追及されたが棄却された。組成責任というよりは市場システム提供責任として問題とされたもの。

3）　中国、韓国など。

4）　米国 SEC は、DAO 事件のトークンは証券に該当するとした（https://www.sec.gov/news/press-release/2017-131）。

5）　金融庁「ICO（Initial Coin Offering）について——利用者及び事業者に対する注意喚起」（2017年10月27日）（https://www.fsa.go.jp/policy/virtual_currency/06.pdf）。

ィブ取引を組み込むことにより複雑な構造となっていてわかりにくい、そのため顧客はリスクを過小評価するなど不合理な判断をする、流動性がないか劣るなど、多くの問題がある。なお、EU投資サービス指令Ⅱでは組成段階での商品適合性が義務づけられており、日本においてもこの観点からの責任論を検討する余地がある。

限定合理性利用については、元本確保型とすることによる限定合理性利用、元本リスク型であるがリスクが表面化する事態にならなそうにみえる限定合理性利用などがある。

日本や欧米ではこれまでにこのような仕組商品が幅広く売られてきており、現在も組成販売が行われている。ただし、英国では、2018年1月3日から仕組預金を扱う業者には特別の規制が課されている[7]。米国では、仕組債の目論見書に発行時評価額を開示させるようにしたがそれでも仕組商品が売れていることにつき、2015年5月にSECの担当者が懸念を表明している[8]。日本においても仕組商品規制が必要と考えられるが、訴訟のレベルでは、組成責任の形で問題とすることになる。「有害性」がどこまで立証できるかがポイントとなる。

2 組成責任の判断基準としての商品規制

商品規制（組成基準）は、不合理な金融商品が出回らないようにすることにつながるとともに、事後的には組成責任の判断基準となりうる。社債や株式では、会社法の規定、金融商品取引所の上場基準などが関係し、投資信託では、金融商品取引法、投資信託・法人法等が関係する（→第3節2(1)参照）。

3 裁判例

組成責任を肯定した判決は把握されていない。

新しい取引に関し、組成責任を追及した訴訟で、他の責任が肯定されて組

6） これは、コスト等が大きく差し引かれてリスクに見合うリターンの半分程度しか得られない商品であることを指しているのであり、例えば仕組債の利金と元本欠損リスクを直接比較しても専門的な計算ができないと気づかない。

7） FCAサイトを参照（更新2018年1月25日〔https://www.fca.org.uk/markets/mifid-ii/structured-deposits〕）。

8） SECサイトを参照（2015年5月14日〔https://www.sec.gov/news/speech/speech-amy-starr-structured-products-.html〕）。

504　第 4 部　金融商品取引に関する裁判例

成責任については判断されなかった判決（**組成 1**）、デリバティブを使った特定の複雑な仕組商品について、組成責任はないとした最高裁判決（**組成 2**）、仕組賃について組成責任・販売責任を否定した判決（**組成 3**）がある。

組成 1[9]　△東京地判平16・5・14（先物判例37巻256頁）（控訴審和解）
　　　　［集団・FX・ソブリントラスト・組成責任・システム提供責任・誤情報提供責任］

【事案】商品先物取引会社（小林洋行、フジトミ）が、香港の会社・ソブリントラストインターナショナルと外国為替証拠金取引システムを共同開発し、1999（平成11）年から、広告などで顧客を募り、その取引の窓口となった。原告らがこの取引システムで外国為替証拠金取引を行ったところ、2001（平成13）年に、ソブリントラストインターナショナルが顧客からの預かり金を返還しないまま消滅したという事案。計算上利益となっていた顧客が多かった。

【判旨】裁判所は、仕組を組成して取引の窓口となった商品先物会社に対し、誤情報提供の責任があるとして損害賠償を命じた（直接取引への移行の有無により過失相殺 2 割、 7 割）。顧客と業者の利害が対立するため、顧客が計算上利益を出すと業者が逃げてしまうという構図であり、窓口となった商品先物会社に対し、誤情報提供の責任とともに組成責任やシステム提供責任も追及されたが、裁判所は、前者により損害賠償義務があるので後者について判断するまでもないとして、判断しなかった。

組成 2　最判平28・3・15（後出 **仕組取引 1**）（上告棄却）
　　　　　　　　　　　　　　　　　　［武富士・実質ディフィーザンス・メリルリンチ］

【事案】**仕組取引 1** 参照。

【判旨】組成責任に関する判示は次のとおり。「前記事実関係によれば、本件仕組債の格付けが『AA』以上であれば A において本件取引により会計上本件社債を早期に償還されたものと取り扱うことができるとの公認会計士の意見があり、本件仕組債の格付けが複数の格付機関において最高位であったことからすると、上告人 Y1 が本件仕組債の計算代理人となったことなどから直ちに、本

---

9 ）　**コメント**　過失相殺がなされた点を不当として控訴され、控訴審では顧客によっては支出金額の100％を超える金額を受け取る和解が成立している。

件仕組債が金融資産として瑕疵、欠陥のあるもので本件取引におよそ適さない
ものであったということは困難である。したがって、上告人らに本件仕組債の
組成上の注意義務違反があることを理由とする被上告人の損害賠償請求も理由
がない。」

組成3 [10]　×大阪高判平25・12・26（後出 仕組債C12 ）
[歯科医・多種類仕組債・野村證券]

【事案】 歯科医師が、野村證券の外務員に勧誘されて、2004（平成10）年9月、
①米ドルLIBORコリドー債（期間10年）50万米ドル、2006（平成12）年2月、
②10銘柄株価リンク債20倍型（期間3年）50万米ドルを取得したところ、価格
が下がり、途中売却して大きな損失が発生した事案。

【判旨】 組成責任の主張（リスクとリターンの非対称性、参照金利の予測の困難性、
損失の回避可能性の欠如、経済的有用性の欠如を理由に、①②のような仕組債を組成、
販売することには違法性がある旨の主張）に対して控訴審は、①については「満
期まで保有すれば、購入者は元本全額の償還に加えて、最大で発行価額の10・
36％、最低でも当初1年間の7％の利金を得ることができるのであり、当時の
定期預金の金利等と比較しても、リスクとリターンが著しく非対称とまではい
えない。」、②については、「損失は当該投資金額元本に止まりそれを超える損
失が発生するわけではないし、その場合でも、投資家は3年間、年19・65％と
いう高額の利金を得ることができることに鑑みると、リスクとリターンが著し
く非対称とまではいえない。」とし、損失回避可能性については、①②とも
「債券である以上、満期まで保有せずに途中売却する場合には、流動性が劣る
又はその売却価格が本来有すべき経済的価値よりも下落する可能性があること
はむしろ当然である。」などとして、組成・販売がおよそ許されないものであ
るとはいえないとした。

10）　コメント　この判決は、定期預金と比較したり、利金が高いと言ってみたりと、社
債であることに惑わされた論述に終始し、リスクとリターンの量的比較をすることなく
「著しく非対称とまではいえない」という結論を出しており、説得力に欠ける。

506 第4部 金融商品取引に関する裁判例

第2節

開示責任

第1部第2章「開示制度」を参照されたい。

第3節

販売・勧誘責任

1 債券

(1) 商品特性

債券（国債、地方債、社債、転換社債等）は「確定利回り・発行者による元本保証」の金融商品であるから、債券の取引で抱えるリスクの中核は、支払義務者（債券の発行者）の倒産等により元利金が期日に約束どおり支払われなくなるリスク（信用リスク）である。外国債、外国社債などの外貨建債券は、これに為替リスクも加わる。仕組債は、債券の形をとっているもののそのリスクは組み込まれたデリバティブ取引のリスクであるので、別の項（⇒8）で扱う。

債券のうち、転換社債は、特定数の株式に転換することができる社債であり、単純な社債より金利が低くなっている。2002年以降は、新株予約権付社債の1種とされる（転換社債型新株予約権付社債。他に新株引受権付社債型新株予約権付社債）。

(2) 適合性原則違反

転換社債の勧誘につき、適合性原則に違反するとした裁判例がある。

債券1 [11] △福岡地小倉支判平10・11・24（セレクト13巻91頁）
[高齢女性・ヤオハン転換社債・山一證券]

【事案】収入は年金のみ、資産は預金だけの、証券取引経験がない70代女性が、預金を解約して公社債投資信託を3回にわたり計1800万円購入したところ、その翌年以降、公社債投資信託が順次解約されてヤオハン転換社債をはじめとす

債券1・2　507

る転換社債の売買が行われ、約950万円の損失を発生させた事案。

【判旨】判決は、公社債投信に限定して契約したのに無断で転換社債の取引をされたとの原告の主張は退けた後、顧客の属性から、「そもそも原告に転換社債の勧誘をすべきではなかったのであり（適合性原則違反）そうでないとしても、原告に対する転換社債取引についてのリスク説明が不十分であった（説明義務違反）」として不法行為を理由に損害賠償を命じた（過失相殺2割）。

(3)　説明義務違反

　債券に関する事件のほとんどは、説明義務違反が主たる争点となっている。証券会社外務員が、債券を、安全確実な投資先であると言って勧誘し、顧客購入後に発行会社が倒産して元利支払が滞った事例で、信用リスクの説明義務違反を請求原因として顧客が証券会社に損害賠償を請求した裁判は相当数あるものの、信用リスクの説明義務に違反したことを理由に損害賠償を命じた裁判例はそれほど多くない。ペレグリン債高齢者事件（債券2）、マイカル債事件（債券4）（債券5）〔金販法〕）、ブラジル国債事件（債券6）がある。ペレグリン債裁判官事件（債券3）は請求棄却となった。

債券2 [12]　△東京地判平12・12・19（セレクト17巻729頁）
　　　　　　△東京高判平13・8・10（セレクト18巻102頁）
　　　　　　　　　　　　　　　　　　　　　[高齢者・ペレグリン債・日興証券]

【事案】77歳男性（無職）が、1997（平成9）年、国内公社債投信「チャンス」

---

11)　コメント　約束違反とまではいえないが、意向に反する、という判断がされたものである。原告の投資意向は、公社債投信のうち、MMF、MRFなどの特に元本割れすることが考えにくいものを前提にしているようであり、主観的リスク許容度がほとんどないと思われる。それに上記のような原告の実情もあわせれば、適合性原則違反の判断がしっくりくる事案である。

12)　コメント　高率の過失相殺をした点が特徴的である。証券会社担当者が「リスクを伝えないで上手に売れと上司から言われた」と証言したので、裁判官の個性によっても証券会社の責任が否定されることは考えにくい事案といえるが、過失相殺割合にその個性が強く表れた事件といえる。合議体の担当裁判官は、自分は自己責任派であると宣言していた。過失相殺9割では、一審・二審の弁護士費用や印紙代等のコストを差し引くとほとんど得るものはなく被害救済にならないので、訴訟が、違法行為による被害は救済されるという結果をもたらすことで証券市場に対する信頼を回復する役割を、果たすことができない。

508 　第4部　金融商品取引に関する裁判例

の解約制限期間が終了する時期に、日興證券の担当者から電話で「チャンスを解約してペレグリンを買いましょう」とペレグリン社（香港の投資会社）の社債を勧誘され、男性は、チャンスもペレグリンも似たようなものであろうと思いその電話で解約と解約金5000万円での購入を承諾したところ、7カ月後にペレグリン社が倒産したという事案。目論見書は不交付。

【第一審判旨】　一審は、説明義務違反で3割の損害賠償を命じた。証取法16条に基づく損害賠償請求については、目論見書交付義務違反はあるが、従来の取引経過から、書類を精査して購入を決めるのではなく口頭の説明で決めるタイプの顧客であり損害との因果関係がないとした。

【控訴審判旨】　控訴審は、錯誤や適合性原則違反の主張を退け、「本件ペレグリン債のような信用リスクを有する債券の購入を勧めるに当たっては、購入を決定する上で重要な判断資料となるようなリスクに関する情報をすべて開示した上で、その信用リスクについて十分に説明を行う義務がある」として、一審判決同様、信用リスクの説明義務違反等の債務不履行を理由に損害賠償請求を一部認容した。なお、過失相殺割合を7割から9割に増やした。

債券3 [13]　△東京地判平12・4・26（金法1593号75頁）
　　　　　　×東京高判平12・10・26（判時1734号18頁）[14]

［裁判官・ペレグリン債・日興証券］

【事案】　現職の判事（女性）が、上記高齢者事件（債券2）と同じ時期に同じ証券会社から同じ証券を勧誘されて1000万円分を購入した事案。目論見書は不交付（後日郵送）。

---

13)　コメント　この控訴審判決は、社債の信用リスクを理解しているのか疑問がある。「ペレグリン社の発行する本件社債の格付けはBBB＋で、投資適格等級とされており、ペレグリン社は急成長してアジアの業界トップ企業とされていたもので、商品としての安全性に取り立てて問題のないものであったと認められ」るとしている。社債のようなリスク商品ではリスクの程度が重要なのであって、それとは別に「商品としての安全性」というものを論ずる意味が不明である。信用リスクが低かったという意味ならば、破綻という結果と矛盾する誤った判断である。なお、本件目論見書に記載されている事業経営上のリスク等についての情報に意味を認めない判断については、目論見書の機能のうち投資者に自ら適合性判断をする機会を与える機能を無視するものであるとの正当な批判がある（黒沼〔注14〕）。

14)　神作裕之・百選8頁、黒沼悦郎・平成12年度重判103頁。

【第一審判旨】 説明義務違反・目論見書交付義務違反を認定して3割の損害賠償を命じた。

【控訴審判旨】 原告が裁判官として民事事件を扱い証券取引に伴う損害賠償請求事件の審理に関与したこともあること、勧められているペレグリン債について不安があったので担当者に電話したところ、途中で電話を代わった上司が「格付けがBBB＋で投資適格証券であり、日本企業の格付けでいうと日本航空、日産自動車、日本長期信用銀行等に相当すること」などを伝えたが、目論見書に記載されている事業経営上のリスクは伝えなかったことを認定し、説明義務違反の争点については、格付けが伝えられれば足り、事業経営上のリスクについての情報を提供しなかったことをもって説明義務違反とはいえず、損害との因果関係もないとし、目論見書交付義務違反については損害との因果関係はないとして、一審判決を覆し請求を棄却した。

債券4[15] △①大阪高判平20・11・20（判時2041号50頁、セレクト32巻340頁）
△②東京高判平21・4・16（判時2078号25頁、セレクト34巻417頁）[16]
△③名古屋高判平21・5・28（判時2073号42頁、セレクト35巻323頁）〔集団・マイカル債・野村證券・三菱UFJ証券・信用リスク〕

【事案】 経営再建中のマイカルが2000（平成12）年に第26回、第27回個人向け社債を発行し、証券会社が個人顧客にそれを勧誘して取得させたところ、2001（平成13）年6月にマイカルの株価が急落して社債格付けも低下し、同年9月に破綻（民事再生申立→会社更生）して個人顧客が損失を被った事案。東京、大阪、名古屋の3カ所で集団訴訟が提起され、一審はいずれも請求棄却だったが控訴審（①②③）ではいずれも一部の原告につき逆転認容となった。これらの原告のほとんどは金販法施行の2001年4月より前にマイカル債を取得しており、信用リスクの説明義務の存否自体も争点となった。

---

15) **コメント** これらの事件後に施行された金融商品販売法（2001年4月施行）では、金融商品販売業者に信用リスク説明義務があることを明確にしており（同法3条1項2号）、この施行後の社債に関する訴訟では同法が請求原因に加えられている（**債券5**参照）。
16) 評釈として、柿崎環・百選46頁、志谷匡史・商事1871号16頁。

510　第4部　金融商品取引に関する裁判例

【①大阪判旨】 具体的信用リスクの説明義務違反を理由に、13名の原告のうち3名について野村證券に損害賠償を命じた。

　格付けについては、「社債には格付があり、その信用度のランクは投資適格級から投機適格級まで数種類に格付分類されること、本件各社債には指定格付機関4社による格付がされており、各格付機関によって投資適格級とするものから投機適格級とするものまでランク付けが異なっていることについては、一般投資家が自己責任のもとに投資判断をするにあたり極めて重要な情報であるというべきであり、一般投資家の属性を無視して、取得格付（依頼格付）による格付についてだけ情報提供すれば足りるとする被控訴人らの上記主張は採用することができない。」として証券会社の主張を排斥した。

　社債の信用リスクの増大に関する情報について、「社債の信用リスクは、リターンは数％の利息であるのに比し、リスクは投資元本の全喪失あるいは大幅な喪失というものであって、わずかなリターンを目論みながら大きなリスクを被ることがありうることは否定できないのであるから、信用リスクの増大についての情報も、一般投資家が自己責任のもとに投資判断をするに当たり重要な情報であることはいうまでもなく」その具体的信用リスクに関する情報の説明義務があるとした。そして、担当社員の説明内容は「元本償還の確実性にかかる具体的信用リスクの有無、程度といった検討を不要ならしめるものであったというべきであり」「具体的に信用リスクに関する情報を提供してこれを説明する義務を怠った」とした。

【②東京判旨】 気配値とのかい離の説明義務違反やナンピンの際の説明義務違反を理由に、14名の原告のうち2名について野村証券に、2名について三菱UFJ証券に損害賠償を命じた。

　判決は、一般論として、「社債の一般的なリスクは、社債発行会社の経営状態が悪化しあるいは経営が破たんすること等によって元金又は利金の一部又は全部の償還が遅延することあるいは元金の全部又は利金の一部又は全部の償還がなされなくなることであり、また、会社の経営状態の悪化等によって社債を他に売却しようとしても買手がみつからなかったり売却譲渡が事実上できなくなったりすることあるいは買い手がみつかっても売却譲渡の価格が取得価格を下回らざるを得なくなることがあることである」として、この様な一般的リスクがあることを説明すべきであり、さらに、「社債発行会社について経営の悪化ないし破綻が具体的に疑われる場合には、この具体的リスクについても投資

家に対して十分な説明をすべき義務がある」とした。そして、一般的な説明は、目論見書やパンフレットを交付し、あるいは交付しなくともそれに従った内容が口頭で伝えられれば足り、具体的な説明は、「社債発行会社の依頼によりなされた指定格付機関（会社）による格付（依頼格付）が存在する場合には、その格付が明らかに不当であると認められる特段の事情のない限り、その格付を投資家が通常の理解ができる程度に説明することで足りるものと解される。」とした。存在する他の格付けは伝えなくてもよいし、直近の赤字なども質問されない限り説明しなくてもよいとしたが、複数の格付けを伝えると投資家が混乱する、という的外れの理由を掲げている。

　その上で、既発債のケースで、日本証券業協会の気配値との乖離がある場合はそれを説明する義務があるとしてその違反を理由に損害賠償を命じ、ナンピンをしたケースでは、その際の説明義務違反を理由に損害賠償を命じた。

【③名古屋判旨】 ４名の原告のうち２名について説明義務違反を理由に野村證券に損害賠償を命じた。

　判決は、「社債は大きな利益をもたらすものではないものの、低金利時代の預金よりは高利であり、また損失を及ぼす機会が少ない点に長所のある商品であるが、一度び損失が生じるときには大きな損失をもたらすものである。」と述べ、このような社債の商品特性、証券会社と一般投資家の格差、証券会社が利益を受けることなどを根拠として信義則上の説明義務を位置づけた。そして、不可欠の説明事項として、信用リスクの存在（倒産したら償還されないこと）、信用リスクを知るための方法（目論見書情報、格付け情報、流通価格）、信用リスクの回避方法を掲げ、これらを理解している顧客には説明は必要ないが、顧客の状況によっては、これらに加えて、他の格付けや流通利回りを説明すべき場合もあるという一般論を述べた。具体論では、26回債を購入した取引経験の浅い顧客に対し説明義務違反を理由に損害賠償を命じた（１名は過失相殺４割、もう１名が６割）。前者では、中卒後、複数の会社に勤務してきて退職時に返還を受けた財形貯蓄であることが認定され、後者では「マイカル豊田の閉鎖のうわさを聞いたので『大丈夫か』と質問したところ、……マイカルは大きな会社であるので、１店くらい閉鎖しても心配することはないと答え」て勧誘したという事実が認定されている。

512　第4部　金融商品取引に関する裁判例

債券5 [17]　△東京地判平15・4・9（判時1846号76頁）
[主婦・マイカル債・野村證券・金販法違反]

【事案】2001（平成13）年4月1日（金販法施行日）以降に、社債買付経験のない主婦が、野村證券から勧誘されて流通市場でマイカルの社債を買ったところ、マイカルがその年の9月に破綻して損失を被った事案。
【判旨】過去に担当社員が電話で金販法に関する説明文書（国内債券についての信用リスクの記載も含まれていた）を読み上げたことあるが、本件取引やその勧誘とはまったく関係ない時期に行われたものであり、社債取引を行う予定がなかった原告が、これによって元本欠損のおそれを理解しうるとは認め難いとし、元本欠損が生じるおそれは明確に説明されておらず、定期預金と同様の安全な商品であるとの勧誘がなされていたと認定し、金販法3条1項2号の説明義務（信用リスクの説明）違反を理由に、同法により証券会社に損害賠償を命じた（過失相殺7割）。

債券6 [18]　△大阪地判平27・3・10（セレクト49巻451頁）
[硬膜外血腫後・ブラジル国債・ばんせい証券]

【事案】硬膜外血腫の手術後に判断力や記憶力が低下し何か言われるとすぐ受け入れるような状態になっていた60歳近い単身の女性が、ばんせい証券の担当者から、ブラジル国債と東京電力債を勧誘されて取得した事案。
【判旨】電話勧誘の場面の録音から、女性の理解力の低下を認定し、また、ブラジル国債については、「利回りの良さ等といった目先の利益誘導によって原告を信用させ、このようなリスクが顕在化しないかのような印象を与えてその判断を誤らせてしまうものであって、原告に具体的なリスクを理解させるために必要かつ相当なものではなかった」とし、東京電力債については、「利回りがよく、確実に元本を回収できる安全な商品であるかのように誤信させてしまうものであって、原告に元本毀損のリスク等を理解させるために必要かつ相当

17）　コメント　金融商品販売法により損害賠償を命じた最初の判決として知られている。
18）　コメント　説明すべきことを言わなかったという不作為ではなく、実際より安全であると誤認させるような勧誘という作為が問題とされて、説明義務の枠の中で判断されている。

債券5〜8　　513

なものではなかった」として、いずれについても説明義務違反による損害賠償を命じた（過失相殺5割）。

債券7　福岡地判平27・3・20（後出**仕組債 C18**）（控訴審和解）
　　　　　［外国債・みずほインベスターズ証券・使途確定資金・適合性原則違反］

【事案】60代の夫妻（X1・X2）が、みずほインベスターズ証券の担当者から勧誘されてX1は複数指標リンク債、X2は外国債を取得したところ、いずれも大きな損失を被ったという事案。
【判旨】X2については、外国債は商品自体は理解が難しくないが、その投資資金が約1年後には居住用マンション購入資金として必要になるもので、大幅な元本欠損が生じる満期前の中途換金が避けられず、マンション購入資金に不足をき来すおそれがある本件外国債は、資金の性質に照らし明らかに適合性を欠くとして、適合性原則違反であるとした。

(4)　その他

　債券については、以上のような適合性原則違反、説明義務違反が問題とされたもののほかに、買取希望不対応に焦点を当てた判決（**債券7**）、架空の社債の安全ネットに関する判決（**債券8**）、米国債詐欺における不法原因給付に関する判決（**債券9**）がある。

債券8[19]　△大阪高判平13・2・16（セレクト17巻709頁）
　　　　　　　［医師・オリンピックスポーツ転換社債・日興証券・債務不履行］

【事案】医師である投資者が妻（中国人）を窓口に取引を行っていたところ、日興証券の外務員の勧誘により購入した海外発行の転換社債が発行企業（オリンピックスポーツ）の倒産によりデフォルトとなり損失となった事案。信用リスクに関する説明義務違反、断定的判断の提供などが主張されたが、一審では、投資者の主張はすべて排斥され、請求棄却となった。

---

19)　**コメント**　この証券に関する他の訴訟のうち、一部認容例（過失相殺7割）として札幌地判平11・2・16セレクト11巻399頁（控訴審和解）がある。請求棄却判決は多数ある。

514　第4部　金融商品取引に関する裁判例

【判旨】控訴審は、発行企業の倒産の具体的な兆候がなかったなどとして説明
義務違反、断定的判断の提供を否定した。しかし、本件転換社債購入後に投資
家の妻が「預けてある証券を安全な MMF に替えたい」と伝えたにもかかわら
ず、証券会社は相対取引により本件転換社債を自分で買い取ることをせず、預
かっている証券は安全であるなどと述べ、そのため投資家は本件転換社債を保
有し続けることとなったとの認定の下、「本件は、安全性を危惧して別の商品
に買い替えたいと申し出ている顧客に対し、証券会社社員が確たる根拠もなく
安全であると述べ、その結果その商品を保有し続けた顧客に損害が発生してい
る事件であって、このような場合、倒産による損害を全部顧客の側が負担し、
証券会社には一片の責任もないと解することは相当でない」として、証券会社
にに顧客の申出に応じなかった債務不履行責任があるとした（過失相殺8割）。

債券9[20]　最判平18・7・13（民集60巻6号2336頁、判時1966号154頁、
　　　　　　セレクト28巻36頁）[21]　　　　　　　　［架空社債・南証券・安全ネット］

【事案】および【判旨】は第1部第5章「関係主体」の項参照。

債券10[22]　最判平20・6・24（判時2014号68頁）
　　　　　　　　　　　　　　　　　　　　　　　　［米国債・詐欺・配当金名目の不法原因給付］

【事案】上告人らが、被上告人により米国債の購入資金名下に金員を騙取され
たと主張して、被上告人に対し、不法行為に基づく損害賠償として、騙取され
た金員および弁護士費用相当額ならびに遅延損害金の支払を求めた事案。
【判旨】上告審では、本件各仮想配当金の交付は、もっぱら上告人らをして被
上告人が米国債を購入しているものと誤信させることにより、本件詐欺を実行
し、その発覚を防ぐための手段にほかならず、本件各仮想配当金の交付によっ
て上告人らが得た利益は、不法原因給付によって生じたものというべきであり、

---

20)　コメント　架空の社債取得のための預託金につき安全ネットが働くかが争点となっ
た事案。基金の補償対象となるとした。
21)　森下哲朗・百選152頁。
22)　コメント　配当金名目の交付金が不法原因給付であって損益相殺されないとした点
が、多くの投資詐欺事件に影響のある判断である。

本件損害賠償請求において損益相殺ないし損益相殺的な調整の対象として本件
各騙取金の額から本件各仮想配当金の額を控除することは許されないとした
（反対意見あり）。

2　投資信託[23]

（1）　商品特性

（a）　概要

　投資信託は、信託の受益証券を販売する形で多数の顧客から資金を集め、
それをまとめて専門家が運用して、運用の結果を各顧客に渡す金融商品であ
る。一般的な委託者指図型投資信託は、投資信託会社が委託者、信託銀行が
受託者、顧客が受益者となって、投資信託会社が信託銀行に運用方法を具体
的に指図し、信託銀行は、それに従った投資を忠実に実行して、その結果得
たものを保管するという形を採る。投資信託受益証券は、証券会社、銀行等
が販売するほか、投資信託会社による直販もある。2018（平成30）年6月時
点で、公募投資信託残高121兆円、私募投資信託残高は88兆円である[24]。

（b）　リスク

　投資信託は入れ物にすぎず、何にどのように投資するかによりリスクの種
類や程度は様々である。

　公社債投資信託は、投資対象の信用リスクの評価が重要である。日本円
MRF[25]は高格付けの公社債を中心に運用されてリスクが低く、証券総合口
座において、預金における普通預金のような役割をしている。外国公社債に
投資する投資信託には為替リスクも加わる。なお、ノックイン型投資信託は、
仕組債に投資するものであり、特殊な日経平均オプションの売りという別次
元のリスクを抱える異質なものである。

　株式投資信託も、どのような株式をどの程度組み入れるかにより、リスク

---

23)　ノックイン型投資信託の裁判例は、8「仕組商品」の項に掲載。
24)　投信協会「投資信託の全体像（純資産総額・ファンド本数）」（https://www.toushin.
or.jp/statistics/statistics/data/）。
25)　MRF（エムアールエフ）　マネーリザーブファンドの略。毎日決算を行い、安全
性の高い国内外の公社債や短期の金融商品を中心に運用する、公社債投資信託。証券総
合口座において、資金を一旦プールするための商品としても用いられており、受益者数
も多い。購入・換金は1円以上1円単位。

の程度は千差万別である。運用スタイルにより、株価指数に連動することを目指して分散投資をするインデックッスファンドなどのパッシブファンド、特定の区分の株式を選別して集中投資をするアクティブファンドに分けられる。

公募投信の一部は、金融商品取引所に上場している。ETF（Exchange-Traded Fund〔上場投資信託〕）と、リート（Real Estate Investment Trust〔不動産投資法人〕）がある。

投資信託の中には、倍率をかけてデリバティブ取引に投資するリスクの大きい投資信託もある。リスクの程度について、現在は販売資料に記載されることがあるほか、投信評価会社がレーティングを公表しており[26]、参考になる[27]。

(c) コスト

投資信託のコストには、販売時の販売手数料、毎年運用資産から差し引かれる信託報酬、解約の際に減額される信託財産留保額の3種類がある。

販売手数料は一定の上限の範囲内で販売会社が決めるので、販売会社によって異なる。1％〜3％程度が多いが、ネット販売では安くなる傾向がある。ノーロード（ゼロ）のものもある。

信託報酬は、0.15％から2％程度で、それを販売会社、運用会社がそれぞれ5割弱、信託銀行などの受託会社は5％弱〜6％強取得している（日経新聞2010年3月8日。2016〔平成28〕年の金融庁調査でもほぼ同様。各投資信託の目論見書に内訳が記載されている）。

信託財産留保額は、売却時のペナルティとして投資信託に残す財産であり、0.1％〜0.5％が多く、ゼロのものもある。

以上のコストにつき、個別商品の具体的データは、目論見書に記載されている[28]。投信の目論見書には、「交付目論見書」（投資信託を販売する際に交付しなければならない基本的情報が記載されたもの）と「請求目論見書」（投資家から請求

---

26) 例えば、モーニングスターのサイトでは各投資信託別に5段階リスク分類を公表している。

27) 投資信託のリスクの程度は、かつては投資信託協で定めた5段階のRR分類図を用いて表示されていたが、1998年投信法改正後、受益証券説明書から目論見書に変更した際に交付書類に記載されなくなった。

28) 投信協会サイトの「目論見書」検索エンジン（http://tskl.toushin.or.jp/FdsWeb/view/FDST000000.seam）。

があったときに交付しなければならない追加的詳細情報を記載したもの）があり、いずれも投信協会のサイトで見ることができる。なお、金融庁は、積立 NISA の投資対象について、手数料なし、信託財産留保額なしで、信託報酬は投資対象類型別に0.5％〜1.5％という基準を設けている[29]。この要件を満たす既存の投資信託は1％程度しかない[30]。投資信託のコストは、投資信託の過当取引を検討する際に重要である。

(d) 商品規制

投資信託の商品内容に関する規制としては、投資対象や法的形態（信託、法人）が規定されているほかは、投資信託約款の規制[31]と投資運用業者に対する禁止行為[32]があるだけであり、直接的な運用規制、分配規制はない[33]。何にどれだけ投資するか、分配金を出すかどうか、どのくらいの額を出すのかは、投資信託約款や投資信託協会の規則に基づいて運用会社が決定する。

2012（平成24）年12月に「投資信託・投資法人法制の見直しに関するワーキング・グループ」が最終報告を公表し[34]、2013（平成25）年6月にはその

---

29) 「長期・積立・分散投資に資する投資信託に関するワーキング・グループ」報告書（2017年3月30日）、内閣府告示540号（租税特別措置法施行令第25条の13第13項の規定に基づき内閣総理大臣が財務大臣と協議して定める要件等を定める件）（2017年3月31日、施行10月1日）、対象商品についての説明資料（http://www.fsa.go.jp/policy/nisa/20170614-1/03.pdf）。

30) 5000本中の50本が要件を満たすという（森金融庁長官基調講演「日本の資産運用業界への期待」日本証券アナリスト協会における講演録〔2017年4月7日〕〔金融庁サイト〕）。

31) 約款の規制 投資運用業の登録をした投資信託会社は、投資信託契約をするときは投資信託約款を内閣総理大臣に届け出なければならなず（投信法4条1項）、約款には、委託者および受託者の商号等、受益権の口数、投資信託契約締結当初の信託の元本の額および受益権の総口数、信託契約期間、信託の元本の償還および収益の分配の時期および場所、受託者および委託者の受ける信託報酬その他の手数料の計算方法ならびにその支払の方法および時期、公募・適格機関投資家私募・特定投資家私募または一般投資家私募の別、追加型投資信託の受益証券については追加信託をすることができる元本の限度額、内閣府令で定める事項等を記載しなければならない（投信法4条2項）。

32) 投資運用業者に対する禁止行為の規定（42条の2第7号、金商業等府令130条）の中に、信用リスクのコントロールに関する規定がある（金商業等府令130条①、投信法施行規則271条①、投資信託協会規則等）。

33) 運用規制として、運用する投資信託をあわせて特定の株式を議決権総数の50％以上取得することとなる指図をしてはならない（投信法9条）というものがあるが、これは投資信託会社による上場会社支配を禁止するものであり、分散投資の観点からの規制ではない。特定銘柄への集中投資も可能となっている。

518　第4部　金融商品取引に関する裁判例

うちの当面の課題について投信法改正[35] がなされたが、投信の運用として
のデリバティブ取引に関し若干の制約が課されたのみであり、直接的な運用
規制、分配規制はない。今後は、分散投資の義務づけ（特定銘柄への集中投資
の制限）、利益以外の分配についてのハードルを上げることなどが検討される
べきである。

（2）　意思無能力等

　高齢者に対する投資信託の勧誘では、意思能力が問題となることがある。
意思能力がないから無効とした判決 [投信1]、精神疾患で不適合な取引であ
るかが争点となり一審と控訴審で結論が分かれた判決 [投信2] がある。

[投信1][36]　○東京地判平15・7・17（セレクト22巻222頁）（確定）
　　　　　　　　　　　　　　　　[成年後見人・投信・新光証券・意思無能力]

> 【事案】認知症で一人住まいの高齢女性宅に介護のため定期的に訪問していた
> ヘルパーが、郵送されてきた取引報告書を見たところ当該高齢女性名義の口座
> で投資信託が売買されたことが記載されていたので、書類に記載されている証
> 券会社に電話して、本人には証券取引の判断能力はないから取引を止めるよう
> 言ったが相手にされなかったため、成年後見人が選任され、成年後見人が、弁
> 護士に損害の回復を委任した事案。数回の投資信託等の売買が問題となった。
> 【判旨】判決は、成年後見人選任前の投資信託取引の一部は無断でなされ一部

---

34)　「投資信託・投資法人法制の見直しに関するワーキング・グループ」最終報告（2012
　　年12月12日）（http://www.fsa.go.jp/singi/singi_kinyu/tosin/20121212-1.html）。
35)　【投資信託】2013年6月投信法改正（公布6月19日）　最終報告との関係　一部達
　　成 A. 投資信託について、①小規模投資信託の併合手続の簡素化等、②運用報告書の二
　　段階化（交付運用報告書と運用報告書〔本体〕）、③有価証券の売買等の決済に関連して
　　用いられる一定の投資信託（MRF 等）の安定的な運用に資する措置（緊急時に運用会
　　社が行う MRF 等への資金支援を容認）。B. 投資法人（会社型投信）について、①資金
　　調達・資本政策手段の多様化（ライツ・オファリング、自己投資口の取得）、②ガバナ
　　ンスの強化（利害関係者からの投資物件の取得につき、役員会の事前同意を義務付け）、
　　③上場投資法人（J-REIT など）の投資口をインサイダー取引規制の対象に、④海外不
　　動産の取得を容易にするための措置（特別目的会社を通じた間接取得を容認）。施行は、
　　2014年12月1日。
36)　コメント　認知症高齢者の本人尋問は行われず、証券会社の担当者は電話で承諾を
　　得たと証言したため、承諾を得たと担当者が証言した取引については、それに反する客
　　観的な証拠がない場合は否定しにくい関係にあった。そこで、抜本的な解決ができる意
　　思能力論（改正民3条の2参照）が使われたものである。

は承諾があったとしながら、その期間、本人には意思能力がなかったから、結局、全取引が無効であるとして預託金返還を命じた。

投信2 △神戸地姫路支判平24・2・16（セレクト42巻161頁）
×大阪高判平24・9・12（金法1991号122頁）

［投信・意思能力相対判断］

【事案】病気や怪我で入退院を繰り返していた預金2000万円を有する60歳男性が、証券会社担当者に勧誘されて、投資信託「三井住友グローバル債券オープン」「グローバルREITオープン」合計800万円分、変額保険等2つの保険（一時払い保険料約1100万円）、あわせて2000万円の契約をしたところ、投資信託の価格が下がり、解約したところ300万円の損失となったという事案。
【第一審判旨】一審は、意思能力の相対性を前提に、弁護士に訴訟委任する意思能力はあるが投資信託を購入する意思能力はないとし、取引を無効として、請求の一部につき不当利得返還を命じた。
【控訴審判旨】控訴審は、本件契約締結当時、被控訴人に意思能力がなかったことおよび錯誤があったことを認めるに足りる証拠はないとして、原判決を取り消して主位的請求を棄却した上、控訴人の従業員による勧誘につき適合性原則違反、説明義務違反はないなどとして、予備的請求も棄却した。

(3) 適合性原則違反

投資信託の勧誘でも適合性原則違反となることがある。投資意向と資金の性質（投信5）、顧客の能力（認知症等）（投信8 投信10）。なお、投信7 は控訴審で事実認定が変わり請求棄却）、商品特性（外国投信やレバレッジ投信など）（投信3 投信4）、量的適合性（乗換え勧誘や集中投資等）（投信6 投信9）がポイントとなった。

投信3[37] △大阪高判平13・1・31（セレクト17巻16頁）

［60代女性・外国投信・野村證券・適合性原則違反］

【事案】60代の寡婦が、野村證券の担当者から外国株式、外国投資信託を次々と勧誘されて売買し、損失が発生した事案。
【判旨】このうち外国投資信託の勧誘について、適合性原則違反を理由に不法

520　第4部　金融商品取引に関する裁判例

行為の成立を認め、損害賠償を命じた（過失相殺3割）。「投資家の職業・年齢・知識・投資経験・資力等個人的な要因に照らし、明らかに過大な危険を伴うと考えられる取引を積極的に勧誘することを回避すべき信義則上の義務があり、この義務に違反した結果当該投資家が損害を被った場合には、不法行為が成立」するとし、外国投資信託1につき、「価格を決定するような国際的に広く分散する諸要因を自ら調査・判断し、その価格変動を予測することは不可能である」、外国投資信託2につき、「価格を決定するようなトルコにおける諸要因を自ら調査判断し、その価格変動を予測することは不可能である」として、購入する適合性を有しないとした。

投信4 ³⁸⁾　△大阪地堺支判平14・12・6（セレクト21巻275頁）（控訴審和解）
[医師の妻・スーパーブル・岡三証券・適合性原則違反]

【事案】1996（平成8）年7月から、医師Aとその妻B、医師A経営の医療法人Cの3つの名義で、Bに対する岡三証券外務員の勧誘により合計10数回にわたり、株価指数先物取引を活用するハイリスク・ハイリターンの投資信託「スーパーブル」³⁹⁾の取引が行われ、償還期限の到来により取引全体で合計約4600万円の損害を被った事案。

【判旨】取引を任せられていたBは原告らの年収約3600万円の資金をもとに取引しており、株式取引等の有価証券取引につき相当程度の経験を有し、過去の損失から投資信託に元本割れの危険性があるとの認識も十分に有していたが、その取引は比較的受動的な対応で行われており、経験年数の割には知識が浅いこと、安全志向の投資傾向を有し、担当従業員もこれを認識していたことから、

37）コメント　本人が自ら調査判断できないことに加えて、証券会社の担当者が情報を入手して伝えることもできなかったことも重視されている。投資判断材料に着目している点は特徴的である。この判決の指摘は適切であると思われるものの、多くの外国証券に対する投資に当てはまりそうであるため、外国証券に対する投資がさらに一般化した現在では、外国証券のうちどのようなものについてこの判旨が該当するのか、情報取得可能性等に踏み込んだきめ細かい線引きが積み重ねられることになろう。

38）コメント　スーパーブルの商品特性の理解と立証が重要となる事件である。投資信託の形を採っているが、一般の投資信託のように分散投資して長期間保有して資産形成をする商品ではなく、短期で勝負するハイリスク・ハイリターンの商品である（詳しくは、次の注39を参照）。判決では、スーパーブルの値動きが大きかったことが指摘されている（1万円が2700円に下落）。

担当従業員が、損失が日経平均株価の値動きの2倍となる点で危険性の高い本件投資信託を勧めた行為は適合性原則に反するとした。加えて、上記投資傾向や、本件投資信託は原告らがそれまでに取引していた投資対象とは危険性において大きく異なるものであること等から、被告従業員は、「誤った情報を与えないことはもとより、その危険性、とりわけスーパーブルは株式先物取引も運用対象としており、その値動きは日経平均株価の値動きの2倍程度となる危険性があることにつき、十分に説明して理解させたうえで投資させる義務があった」とした。そして、Bは、担当従業員の説明で、元本割れの危険性や、本件投資信託が日経平均に連動して値動きがあるとの認識は有していたにしても、担当従業員は本件投資信託に償還期限がないとの誤った事実を告知しており（前提として、Bは償還期限の存否を重要な判断要素の1つとしており、担当従業員もこれを認識していたとされた）、先物取引を活用して運用することや日経平均株価の値動きの2倍程度となる危険性があることを説明していないとして、説明義務違反であるとした（過失相殺7割）。

投信5[40]　△東京地判平15・12・24（セレクト55巻25頁）（控訴審和解）
[管理組合・投信・三菱証券・適合性原則違反]

【事案】 マンション管理組合が修繕積立金などで構成される財産を、三菱証券（当時は国際証券）外務員から勧誘されて米ドル建て投資信託パトナム・ハイ・イールド・アドバンテージ・ファンドに投入して多額の損失が発生した事案。
【判旨】 適合性原則違反、説明義務違反を理由に不法行為の成立を認め、損害

---

39)　ブル225オープン、ベア225オープン、スーパーブル、スーパーベアなどは、集めた資金またはそれにより取得した証券を担保にして直接デリバティブ取引を行う投資信託である。これらは、投資信託という名称でありながら、日経平均株価指数先物取引に資金量の2倍投資するものであり、実質は日経平均株価指数先物取引をするのとほとんど同じであって、日経平均株価指数先物の売買の建て落ちをする意識で投資信託そのものの売買をする必要がある短期勝負の金融商品である。リスクが大きい上、構造的に「複利のマイナス効果」を抱えているため、日経平均株価が同じ割合で上下を繰り返すと投資信託の評価は減少するので、長期投資には適さない（日本経済新聞社『日経　金融商品の選び方2003』〔2003年〕98頁）。
40)　**コメント**　規約や基準による制限を根拠に投資方針や投資財産の性質に反するとして適合性原則違反とした。財団法人や学校法人の投資被害事件にも影響を与える考え方である。

522 第4部 金融商品取引に関する裁判例

賠償を命じた（過失相殺2割）。適合性原則に関する判示は次のとおり。「原告
の財産は、組合員から徴収した修繕積立金などによって構成され、預り金とし
ての性質を有するものであるから、危険性の高い投資に運用して元本を減少さ
せることはできる限り回避しなければならない性質の財産である」「原告の管
理規約では、安全かつ有利な制度を選定して投資することが定められ、投機性
の強いものへの投資は禁止されている。」「理事会で承認された資産運用基準に
おいても、元本の安全性を第一に掲げて、運用対象とする金融商品は銀行預金、
信託、債券とし、転換社債や普通社債のように発行企業による危険性があるも
のに、格付けA格以上のものに限定している。」「被告〇〇が原告に購入を勧
誘したパトナムは、元本の安全を重視する原告の投資方針や投資財産の性質に
反して、投資に伴う危険性が高い商品であったといわなければならない。……
原告にとって過大な危険を伴う取引を勧誘したものであり、適合性原則に違反
する。」

投信6 [41] △大阪地判平18・4・26（判時1947号122頁、セレクト27巻184
頁）（控訴審和解） [60代主婦・投信等・岡三証券・ずるずる型]

【事案】60代後半で専業主婦だった女性が、夫の株式を相続したことから証券
取引を開始することになり、岡三証券担当者から勧誘されて3年半余の間に投
資信託、仕組債、株式、外国株式、外債、社債、国債等多様な証券を売買し、
1685万円の損失となった事案。
【判旨】投資信託の乗換え勧誘を中心に、平成17年最判で示された「顧客の意
向」も意識して、適合性原則違反、説明義務違反、無意味な反復売買・乗換え
売買であるとして損害賠償を命じた（過失相殺2割）。

41) コメント 本件は、事実上の一任状態の下でずるずるとリスクの大きい投資に誘導
されて繰り返され、予期しない大きな損害を被る形態であり、回転率だけを切り出すと
明白な過当取引というほどではないし、商品だけをみると著しく複雑だったりリスクが
大きかったりというほどでもないが、全体としては極めて不当な取引と評価できるもの
であり、本判決は、このような「ずるずる型被害」に関する違法性を検討した先例とし
て位置づけることができる。

投信6〜8　　523

投信 7 　○名古屋地判平22・9・8（セレクト38巻13頁）[42]
　　　　×名古屋高判裁判年月日不詳（公刊物不登載。最決平25・4・25上
　　　　告不受理）　　　　　　　　　　　　　　［精神疾患・投信・適合性原則］

【事案】精神疾患（統合失調症）女性の口座で、1994（平成6）年から2006（平
成18）年死亡までの投資信託等の取引で4900万円の損失が出たという事案。特
に3人目の担当者の時期のハイリスク投資信託（ほとんどはRC5段階分類で4あ
るいは5のランク）や外債の取引での損失が多額であった。相続人が証券会社
に損害賠償請求をしたもの。
【第一審判旨】一審は、各担当者は、概ね顧客の精神疾患を把握しながら、処
方薬の適切な服用により時期によっては症状があまり顕在化しないことを奇貨
とし、かかる精神疾患のほか、本来的に証券投資に関する知識経験が十分では
なく、営業担当者に依存する傾向が強い顧客に対し、思うがままに取引を勧誘
し、本件取引を継続していたものと認められ、かかる勧誘行為は適合性原則に
著しく違反するものであって、強い違法性が認められるとし、「担当者全員が
精神疾患を全く知らなかったとは明らかに虚偽を述べている」と認定し請求を
認容した。本件損害は担当社員らの故意の不法行為によってもたらされたとい
うべきであるから、顧客の親族において顧客の財産管理への関与如何につき何
らかの落ち度が認められるとしても、それを理由として被告証券会社が顧客な
いしその相続人に損害賠償すべき額が減じられるべきものではないとして過失
相殺をしなかった。
【控訴審判旨】事実認定を変えて請求を棄却した（公刊物不登載）。

投信 8 [43] 　△大阪高判平25・2・22（判時2197号29頁、セレクト44巻128
　　　　頁）（確定）　　　［成年後見取消し後・投信・岡三証券・適合性原則違反］

【事案】成年後見開始の審判が取り消された直後の76歳の女性に対し、岡三証
券の担当者が、保有していた株式を売却させ、投資信託の乗換売買をさせた事
案。原審の京都地宮津支判平24・4・13は不法行為とならないとして請求を棄

42）　角田美穂子・百選42頁。
43）　 コメント 　控訴審では一審原告が介護認定を受けたときの資料が証拠として提出さ
れ、判断能力がポイントとなった。

却したため、女性が控訴。

【判旨】控訴審は、約1年3カ月のうちに取引回数が29回、総買付代金額は4000万円を超え、回転率（いわゆる年次資金回転率）は2.16回、手数料率（全損失に占める手数量の割合）は13.2％、保有日数は最も長いもので365日、最も短いものが68日で6、7カ月しか保有されていないものが多いと認定し、投資信託は株式の取引に比して手数料が高率であり、クローズド型のみならずオープン型であっても基本的には長期保有が前提とされており、この点は証券会社内部でも乗換えの際には「投資信託乗換えに関する確認書」の作成が義務づけられていることからも明らかであるとして、適合性原則違反、説明義務違反に加えて、無意味な反復売買・乗換売買を認めた。請求額は実損と弁護士費用の約980万円のところ、認容額は約660万円（配当金を損益相殺した後に過失相殺2割）。

投信9 △横浜地判平24・1・25（セレクト42巻129頁）（確定）
[76歳女性・投信・東海東京証券・適合性原則違反・ADR経由]

【事案】76歳の女性が、東海東京証券の担当者から、ブラックロック天然資源株ファンドを勧誘されて取得したところ損失が発生したという事案。FINMACの前身である日本証券業協会あっせん手続で300万円の支払を内容とするあっせん案が示されたが、証券会社がそれを受け入れず、当時の日本証券業協会の規定に基づき、証券会社が債務不存在確認訴訟を提起して訴訟が開始されたもの。途中で顧客が損害賠償請求訴訟を提起し、債務不存在確認は取り下げられた。

【判旨】判決は、76歳の女性に対するブラックロック天然資源株ファンドの勧誘につき適合性原則違反を理由に損害賠償を命じた。「76歳という高齢であって高額の継続的収入はなく、資産の安定性、安全性という面にも配慮が必要な原告に対し、それまで投資の対象としたことはない新規の商品であり、しかもリスクが相当程度高い商品について、いきなり1100万円、更にその僅か3か月後には103万9236円と、合計1200万円を超える投資を勧めた点は不相当であり、適合性原則に違反する」として、不法行為に基づく300万円の損害賠償債務があるとした（過失相殺4割）。南アランド建て債については不法行為の成立を否定した。

投信9～11　　525

投信10　○大阪地判平25・10・21（セレクト46巻12頁）
　　　　　（控訴審和解〔セレクト47巻59頁〕）
　　　　　　　　　　　　　〔認知症・グローバルリート・三井住友銀行・適合性原則違反〕

【事案】三井住友銀行の従業員がグローバルリートという投資信託を勧誘した
事案。
【判旨】高齢顧客（80歳）と軽度のアルツハイマー型認知症の妹（78歳。要介護
　２）のうち、妹に対する勧誘が適合性原則違反であり不法行為となるとし、購
　入額と口頭弁論終結時の評価額との差額全額の賠償を命じた（過失相殺なし）。

（4）　説明義務違反
　投資信託に関する1990年代の事件では、元本割れリスクを説明すべき義務
の違反が主たる争点であったが、投資信託がリスク商品であることが周知さ
れてきたことから、投資信託に関する2000年代の事件では、元本割れの可能
性についての説明では足りないことを当然の前提とした判決が定着している。
リスクの程度やそれを判断する個別の要素を説明すべき義務の違反が主たる
争点となっている。リスクの程度（**投信11**）、企業内容（**投信12**）、投資方針
（**投信13**）、危険連絡（**投信14**）などの説明義務があるとした裁判例がある。広
く普及した毎月分配型投資信託については、元本を取り崩して分配金とする
ものも多数あることから、そのことに関する説明義務が争点となった
（**投信15**）。

投信11　△神戸地尼崎支判平15・12・26（セレクト23巻297頁）
　　　　　△大阪高判平16・７・28（セレクト24巻136頁）
　　　　　　　　　　　　　〔投信・日興証券・リスクの程度の説明義務違反〕

【事案】独身女性が、大卒後の1985（昭和60）年から公社債投信の取引を開始
し、1987（昭和62）年から勧誘により株式投資信託の取引が始まり、以後、多
数の株式投資信託の売買が繰り返され、1993（平成５）年頃からは損を取り戻
すためによりハイリスクの株式投資信託への乗換取引が行われるなどして損失
が発生した事案。
【第一審判旨】一審は、対象商品が株式投資信託であること、運用方法や仕組
み、予想利回り、元本割れリスクの存在等につき一応の説明は尽くされており、

526　第4部　金融商品取引に関する裁判例

顧客自身の判断で購入が行われたとしつつ、「投資取引において求められる説明義務とは、それを尽くしたとされることにより、投資家に自己責任の原則を適用することを可能ならしめるものであるから、単に機械的に対象商品の仕組みや危険性を説明すればそれで足りるというものではなく、説明を受ける投資家自身の属性をも考慮に入れ、その者が投資の適否につき的確な判断を自らすることができるだけの情報が提供されていなければならない。」「主体性の乏しい顧客に対しては、通常以上の努力を払って投資の仕組みや危険性を説明し、取引の結果は良否ともども本人に帰属するものであることを自覚させるに足るだけの注意喚起をした上で勧誘するのでなければ、必要な説明義務を尽くしたとはいえない。」と判示し、本件では説明不十分なまま取引が継続されていたとして、説明義務違反があったことを認め190万0566円（原告2名分）の賠償を命じた（過失相殺8割）。

【控訴審判旨】「リスクの程度について分かりやすく説明が尽くされていたならば、……高リスク商品の頻繁な取引を必ずしも希望せず、より安定的な商品を求めていた可能性も十分あったと認められるのであって、リスクを異にする多様な商品の利害得失を比較説明した上で商品を選択する機会を与えることが無かった点において……投資の適否につき的確な判断をするに足る十分な情報を与えなかったものというべきである。」として説明義務違反を認定（過失相殺8割）。一部取引につき原判決を覆したため認容額はわずかに減少。

投信12　△東京高判平16・10・5　（セレクト25巻372頁）
　　　　　　　　　　　　　[70代女性・投信・大和証券・業績見込みの説明義務違反]

【事案】70代女性が、投資信託（ミスタージーンA、ユーロ・デジタルファンド、デジタルライフほか）と松下通信工業EB、村田製作所EBにつき、主位的に無断売買で預託証券等返還請求、予備的に債務不履行ないし不法行為に基づく損倍賠償請求をした事案。

【判旨】上記3銘柄の投資信託につき、「内容やこれが株式価格の変動により価格が上下して元本割れによる損失を被る危険性があることについては理解できる程度の説明を一応したと言えなくもない。しかし……投資対象株の企業やその業績見込み等の内容にこそ特色があって、それが損失の危険の程度を判断する上で重要な要素であるから、その取引をするか否かを決定するために重要な

事項というべきである」とし、その説明義務違反があったとして、債務不履行ないし不法行為を理由に損害賠償を命じた（無形損害であるとして取引損の1割強の額）。EBについては説明があったとして請求を棄却した。

投信13　△津地判平21・3・27（セレクト33巻83頁）

［投信・岡三証券・投資方針の説明義務違反］

【事案】定年退職した60歳男性が、証券取引を開始したところ、投資信託を中心として数年間に多数回の証券取引を勧誘されて応じ、損失が発生した事案。

【判旨】判決は、勧誘者が短期投資の方針を持っていたことの説明義務、投資意向と異なる投資内容となっていることの説明義務、個別銘柄ごとの説明義務などの違反を理由に損害賠償を命じた。ただし、「原告の落ち度の方がよほど大きい」として過失相殺8割。時効については、証券取引委託契約に基づく信義則上の説明義務違反であるから10年であるとして、消滅時効の抗弁を排斥した。

投信14　△大阪地判平17・6・1（セレクト26巻111頁）
　　　　△大阪高判平18・3・30（セレクト27巻147頁）

［投信等・日本アジア証券・危険連絡義務違反］

【事案】10％を超えて下落した場合には売却を含めてどのような対策をとるか検討したいという意向を担当従業員に明示していたのに、これに該当する事態となったのに連絡がなく、対応しないうちに価格がさらに下がって損失が発生した事案。

【第一審判旨】この意向を認定し、証券会社には10％の下落時には危険を連絡する義務があるとして、次のとおり区分して損害賠償を命じた。①危険連絡がなかった間に拡大した投信の損害（原告に過失なし）→全額賠償、②危険連絡がなかった間に拡大した株の損害（過失相殺4割〔市況全体の変化ぐらいわかったはず〕）、③危険連絡後に拡大した投信の損害（因果関係肯定。過失相殺8割）。

【控訴審判旨】一審判決同様、危険連絡義務違反を理由に損害賠償を命じ、連絡後の損害の拡大についても相当因果関係を肯定し、③と同様、過失相殺8割

528　第4部　金融商品取引に関する裁判例

とした。ただし、義務違反対象の銘柄が減らされ、賠償を命じた額も若干減少
した。

[投信15][44)]　△東京地判平26・3・11（判時2220号51頁）
　　　　　　　×東京高判平27・1・26（判時2251号47頁）[45)]
　　　　　　　　　　　　　　　　　　[毎月分配型投信・みずほ銀行・説明義務]

【事案】みずほ銀行担当者から毎月分配型投資信託「コアラの森」を勧められ
て購入した70代男性が、利回りの良い有利な投資商品と思い経営する会社や家
族にも勧めて取得させたが、年末に銀行担当者から税務申告準備のため分配金
の税務申告上の扱いの説明を受け、すべて解約して損害賠償請求訴訟を提起し
たという事案。
【第一審判旨】一審判決は、説明義務違反を理由に、毎月分配型投信を原告ら
に勧誘販売した銀行と設定した投信会社に対し損害賠償を命じた。説明すべき
事項は、①本件投資信託の分配金には普通分配金と特別分配金があり、特別分
配金は収益を原資とするものではなく元本の一部払戻しに相当するものである
こと、②分配金の水準はファンドの収益の実績を示すものではないことである

---

44)　[コメント]　本件取引の途中である2010（平成22）年11月25日に監督方針が改正され、
　本件取引後である2012（平成24）年2月15日には監督指針が改正された。後者に伴う
　「コメントの概要及びコメントに対しる金融庁の考え方」では、「IV-3-1-2 (4)①　（投資
　信託の分配金に関する説明）について『投資信託の分配金に関して、分配金の一部又は
　全てが元本の一部払戻しに相当する場合があることを、顧客に分かり易く説明している
　か』により求められている説明は、分配金と元本の関係を示したイメージ図を用いた説
　明、又は分配金と元本の関係を記載した文章を用いた説明が考えられるとの理解でよい
　か。」「御理解のとおりです。なお、勧誘時における分配金と元本の関係についての説明
　のほか、金融商品取引業者等が顧客に送付する利金・分配金の通知等において、『特別
　分配金』の文言を『元本払戻金（特別分配金）』と記載するなどの対応も必要になると
　考えられます。」としている。
　　控訴審判決は、「説明すべき事項」を原審と少し変え、それが説明されたとして請求
　を棄却したものであるが、控訴審が判示する「説明すべき事項」では分配金の内訳に元
　本の取崩し金が含まれることがわからず不十分であり、原審の判示の方が適切である。
　事実認定では、控訴審判決は、会社経営の経歴と投資信託取引歴5年という経験に照ら
　せば分配金の分配実績が運用実績であるかのように誤解していたとは想定し難いとした
　が、会社が利益でないものを配当すれば違法配当であるし、経験のある投資信託とは
　MRFのようであるので（青木浩子・金法2016号6頁～〔14頁〕）、説得力に欠ける。
45)　桜井健夫「判批」リマークス54号（2017年）38頁。

とし、販売資料には分配金の原資は利子収入や評価益であると記載されており、元本を取り崩していることはわからないので、販売資料自体が不適切であり、目論見書には、かろうじて①の記載はあるものの分配金やリスクの説明を行う箇所ではなく不適切であるとして、それらをもとに勧誘販売した銀行とそれらを作成した投信会社の行為は説明義務に違反しており不法行為であるとした（過失相殺5割）。

【控訴審判旨】控訴審は、原判決の認容部分を取り消して、請求を棄却した。分配金に関する販売時の説明が十分かは「顧客の属性を踏まえて具体的に理解できる説明をしたかを総合判断すべき」で、勧誘時のパンフレットに元本取り崩しの可能性について記載がない点については、「一律に目論見書やパンフレットに記載されていなければならないものではなく、口頭で説明されている」とした。説明すべき事項は、①'分配金の由来として運用収益以外のものが含まれていること、および、②'分配金が分配されていることが必ずしも良好な運用実績を意味しないことであり、これらは説明されたし、経歴や投資経験からして分配金の分配実績が運用実績であるかのように誤解していたとは想定し難いとして、説明義務違反はなかったとし、請求を棄却した。

(5) 過当取引

投信16[46]　△京都地判平25・9・13（セレクト46巻1頁）（控訴審和解）
[76歳男性・ブルベア投信・岩井コスモ証券・過当取引]

【事案】株式取引経験のある76歳男性が、岩井コスモ証券の担当者からブルベア投信を勧誘されて3カ月半の間に39回売買し、300万円弱の損失を出した事案。

【判旨】判決は、ブルベア投信はリスククラス5であることを認定し、年次売買回転率62.58回、手数料化率60％、担当者の主導性などから、過当取引を認定し、証券会社に損害賠償を命じた（過失相殺3割）。

---

46) コメント　ブルベア投信の両建てがなされていたことが特徴である。

530　第4部　金融商品取引に関する裁判例

(6)　無断売買

投信17 　○前橋地判平24・3・22（セレクト43巻153頁）
　　　　○東京高判平24・8・30（セレクト43巻172頁）
　　　　　　　　［要介護（身体障害）高齢女性・外貨建てMMF みずほ証券・無断購入］

> 【事案】要介護状態にある身体障害者の顧客が、証券会社で外債を購入して預けていたところ、外債の償還金で外貨建てMMFを無断で購入されたとして争いになった事案。
> 【第一審判旨】判決は、外貨建てMMFの購入は無断売買であるとして、外債の償還金の返還を命じた。
> 【控訴審判旨】一審と同旨。

(7)　解約、換金

投資信託特有の論点として、換金の問題がある。他の金融商品と異なり、投資信託の換金には、①売却（第三者への売却、販売会社への買取請求）のほか、②解約実行請求の方法があり、実務上は②が普通である。このことと関連して、販売会社が解約実行請求の通知を行わなかったことにつき争われた判決がある（投信18 投信19）。換金は、投資信託の相続や第三者による差押え、相殺などの場面でも問題となり、先例となる最高裁判決が出ている（投信20 投信21）。

投信18 　最判平18・12・14（民集60巻10号3914頁、判時1957号53頁）[47]
　　　　（破棄差戻し）
　　　　　　　　　　　　　　　　　　　［投信・解約実行請求通知］

> 【事案】投資信託の受益権者の債権者が、販売会社を第三債務者として解約金支払請求権を差し押さえ、販売会社に解約金の支払を求めた事案。
> 【判旨】販売会社は、受益者から解約実行請求の意思表示を受けたときは投資信託受託会社に通知する義務があり、受益者は、販売会社に対し、販売会社が解約金を受領したことを停止条件とする解約金支払請求権を有すると判示し、販売会社が解約実行請求の通知を行わなかったことにつき、民法130条（条件成就の妨害）の適用可能性があるとして破棄差戻しをした。

---

47)　後藤元・百選166頁。

投信17～21　531

投信19　×名古屋地判平20・12・19（金判1317号54頁）
　　　　○名古屋高判平21・10・2　（金法1883号39頁）　　［投信・換金請求］

【事案】投資信託購入者（受益者）が販売銀行に換金を申し出た場合、解約実行請求と買取請求のいずれを選択したか明らかでないとして銀行が換金に応じなかった事案。

【第一審判旨】いずれを選択したか明らかでないとして請求を棄却した。

【控訴審判旨】控訴審は、換金請求について解約実行請求の意思表示があったと認定し、かつ、解約実行請求と買取請求のいずれの換金方法を選択したのか明らかでないというのであれば、直ちに問い合わせる信義則上の義務があるので、その義務を尽くさなかった以上、解約実行請求であることを否定することはできないとして、請求を認容した。

投信20　最判平26・2・25（民集68巻2号173頁、判時2222号53頁）
　　　　（破棄差戻し）　　　　　　　　　　　　　　　　　　　［投信等・相続］

【事案】相続財産である個人向け国債、投資信託および株式につきAおよびBらの共有取得とする旨の遺産分割審判確定後、Bらが共有物分割を求めたという事案。原審は分割を認め、Aが控訴し、控訴審は、本件国債等に基づく受益権は性質上可分債権に当たり本件当事者は相続開始により各4分の1の割合で分割承継し、もはや相続人間で準共有を生じることはないから本件国債等につき改めて共有物分割をする必要性は認められないとして、一審判決を取り消して訴えを却下した。

【判旨】最高裁は、共同相続された株式、個人向け国債、委託者指図型投資信託の受益権は、いずれも、相続開始と同時に当然に相続分に応じて分割されることはないとして、破棄差戻しした。

投信21　最判平26・6・5　（民集68巻5号462頁、判時2233号109頁）
　　　　（破棄自判）　　　　　　　　　　　　　［投信・みずほ銀行・銀行解約相殺］

【事案】A社がみずほ銀行から購入した投資信託に係る受益権について、みずほ銀行が債権者代位権を行使して解約実行請求を行い、みずほ銀行の解約金返

還債務を受働債権、Ａ社の連帯保証債務を自働債権として相殺する意思表示をした事案。その後に民事再生手続開始決定を受けたＡ社が、本件債権者代位権の行使は違法であるなどとして損害賠償を、仮に本件債権者代位権行使を適法としても、本件相殺は民事再生法93条１項により無効であるとして、本件受益権解約金相当額の支払などを求めたところ、原審が、相殺無効を理由とするＡ社の主張を認め、解約金相当額支払請求を認容したため、みずほ銀行が控訴し、控訴審は、本件債権者代位権行使を適法とした上で、本件相殺は民事再生法93条１項３号「支払の停止があった後に再生債務者に対して債務を負担した場合」に該当するものの、同条２項２号に該当するから本件相殺は適法であるとして、原判決を取り消しＡ社の請求を全部棄却した。

【判旨】最高裁は、本件債務の負担は、民事再生法93条２項２号「支払いの停止があったことを再生債権者が知った時より前に生じた原因」に当たる場合とはいえず、みずほ銀行は、Ａ社の支払停止後に、自行で管理するＡ社の口座にある投資信託を債権者代位権に基づき解約して、解約金支払債務を受動債権、顧客Ａに対する保証債務履行請求権を自働債権とし相殺することはできないとした（破棄自判）。

3 株式

(1) 商品特性

株式の取引には、現金取引と信用取引がある。いずれも現物の取引であるが、判決によっては、現金取引のことを現物取引と表記するものもある。価格変動があることは周知の金融商品であるから、その認識を歪める断定的判断提供等が問題とされる。

信用取引は、保証金を差し入れた上、その３倍余の資金や株式を借りて取引することができる取引手法であり、ハイリスク・ハイリターンとなる。追証制度などもあって取引の仕組みが複雑であり、特に信用の売りは、特別のコストが発生する場合があって投資判断がより難しい。したがって、経験のない人を勧誘して行わせる取引ではなく、意欲のある人が銘柄や量、コスト、タイミング等を研究して行う取引と位置づけられる。資金の余力も必要である。

株式1　533

(2)　無断売買

[株式1][48]　最判平 4 ・ 2 ・28（判時1417号64頁、セレクト 1 巻116頁）[49]

[信用取引・野村證券・無断売買]

> 【事案】野村證券の担当者が顧客の口座を利用して無断で信用取引を行った事案。
> 【判旨】最高裁は、顧客に無断で有価証券の売買をし、その結果生じた手数料、売買差損などに相当する金額を顧客の口座から引き落とす会計処理がされても、顧客はその取引がないものとして計算した額の預託金等の返還を求めることができるとした。

(3)　過当取引

　株式の取引で問題となることが多いのが、過当取引である。過当取引とは、証券会社外務員が、顧客が言いなりになる状態を作った上、顧客の利益を省みず、手数料を得る目的で、顧客名義口座で多数回・多量の取引を実行させることであり、その違法性は、1990年代後半になって認知されてきた。①口座支配、②取引の過当性、③主観的要素（手数料取得目的等）の 3 要件を満たすと違法という基本的考え方が採用されている。現金取引、信用取引いずれにもみられる。

　過当取引が問題となるような事件では、無断売買もみられる。単発の無断売買では、前記のとおり、契約がないのだからその効果は発生しないという解釈が定着しているが、事実上の一任状態で多数の取引がなされている中にまったくの無断売買がありその結果を前提とするその後の取引が多数行われているような場合は、それが事実上の一任の範囲からはずれるものであっても、他の取引とあわせて過当取引や適合性原則違反の問題として処理されている。

---

48)　[コメント]　これまで、無断売買による被害回復の請求原因としては、不法行為による損害賠償請求が用いられてきたが、本判決以降、預託金返還請求が用いられるようになった。証券会社側に委託を受けたことの立証責任があるので、請求をしやすくなるという変化がある。

49)　渡辺宏之・百選94頁。

534　第4部　金融商品取引に関する裁判例

株式2　△東京高判平10・9・30（セレクト11巻55頁）
［一任契約・野村證券・過当売買］

> 【事案】投資家が野村證券外務員との間で取引一任勘定取引契約を締結したところ、外務員が、ワラント取引を主体として、株式等につき、投資家の利益獲得を目指す証券投資として合理的な理由の認められない短期売却、多くは短期損切売却と他の証券への再投資を短期間に繰り返し、その結果巨額の損失を累積させた事案。
>
> 【判旨】判決は、委任の本旨に反した過当売買を行って損害を生じさせたことを「証券会社従業員として一任取引の委託を受けた顧客との間で負うべき、顧客の正当な利益を保護する注意義務に反したもの」で不法行為となるとして損害賠償を命じた（過失相殺4割）。

株式3[50]　△大阪高判平12・9・29（セレクト17巻126頁）[51]
［会社・野村證券・過当取引］

> 【事案】従業員200名弱の株式会社である顧客の口座で、株式の現金取引、同信用取引、転換社債取引、投資信託取引、ワラント取引等の多種多様な取引が、借入金により行われた。1年半余の期間の売買総額106億円余、総取引回数402回、一回当たり取引金額2600万円余となり、2600万円余の取引を月18回余（つまり平日はほぼ毎日）。これにより多額の損失が発生した事案。
>
> 【判旨】判決は、「証券会社が、顧客の取引口座に対して支配を及ぼして、顧客の信頼を濫用し、顧客の利益を犠牲にして手数料稼ぎ等の自己の利益を図るために、顧客の資産状況、投資目的、投資傾向、投資知識、経験に照らして過当な頻度、数量の証券取引の勧誘をすることは、顧客に対する誠実義務に違反する詐欺的、背任的行為として、私法上も違法と評価すべきである。」という一般論の下、本件が過当性、口座支配、悪意性のいずれも肯定して、違法な一任取引（過当取引）として違法となるとして損害賠償を命じた（過失相殺6割）。

---

50)　**コメント**　誠実義務違反を過当取引の違法性の根拠にしている点が注目される。

51)　石田眞得・百選80頁、川島いづみ・商法（総則・商行為）判例百選（第4版）176頁、同・消費者法判例百選138頁。

株式2〜6   535

株式4　△大阪地判平19・4・27（セレクト29巻163頁）
[新光証券・過当取引・横領]

【事案】新光証券の外務員が、一任売買の後、「制度が変わって証券売却代金を
一度顧客の銀行口座に振り込んだ上でそれを引き出して再入金しないと次の取
引に使えない」と嘘を言ってキャッシュカードを預かって金を引き出し費消し
たという事案。

【判旨】判決は、①事実上の一任売買・過当売買、②横領それぞれ2000万円余
の損害につき責任ありとし、①が過失相殺5割、②が過失相殺2割。回転率
5.21回。

株式5　△大阪地判平18・3・27（セレクト27巻18頁）
　　　　　△大阪高判平19・3・9（セレクト29巻104頁）
[70代女性・税金対策売却金・東海東京証券・過当取引]

【事案】70代女性が、東海東京証券外務員から、税制変更前の節税対策として
クロス取引（取得価格を上げるために売却と同時に買い戻す取引）を勧誘されて株
式を売却したところ、買戻しをせずに過当取引をされてしまった事案。

【第一審判旨】一審判決は、税金対策で売却後に一任状態で過当取引をした点
について、一任の趣旨に反するとして損害賠償を命じた（過失相殺8割5分）。

【控訴審判旨】過当取引を認定し、過失相殺割合を変更した（過失相殺5割）。

株式6　△名古屋地判平17・5・26（セレクト26巻1頁）
[30代男性・信用取引・野村證券・一任の趣旨違反・過当取引]

【事案】30代男性が、野村證券の担当者から信用取引を勧誘され、多数回取引
がなされ1億円を超える損失となった事案。

【判旨】判決は「200万円の現金保証金で担保できる範囲内で信用取引の建玉を
する」旨の一任の趣旨に違背したとして損害賠償を命じた（過失相殺2/3）。

536 第4部 金融商品取引に関する裁判例

[株式7]52) △名古屋地判平20・3・26（セレクト31巻32頁）（控訴審和解）
[50代主婦・信用取引・三菱UFJ証券・全体として違法]

【事案】50代主婦が夫の代理として株式の現金取引をしていたところ、三菱
UFJ証券の外務員が信用取引を勧誘して事実上の一任状態で大量の取引をした
事案。
【判旨】判決は、適合性原則違反、説明義務違反、断定的判断提供等を否定し
た上、私法上も違法な一任取引、内部規律違反、過当取引を肯定し、「全体と
して正当な商行為として許容される範囲を逸脱している」から不法行為になる
とした（過失相殺4割）。外務員の詐欺、横領も認定し、その分も別途賠償を命
じた（過失相殺なし）。

[株式8] △大阪高判平20・8・27（判時2051号61頁、セレクト32巻64頁）
[50代男性・信用取引・エース証券・両建て・指導助言義務違反・過当取引]

【事案】金融資産1億円～2億円で株式投資経験のある53歳男性が、信用取引
を行い1億円余の損失となった事案。一審は本人訴訟で行われ請求棄却となっ
た。
【判旨】控訴審を弁護士が受任し逆転認容（過失相殺8割）となった。控訴審で
は、信用取引の保証金維持率に着目し、保証金率30％を割って以降の対応が損
失を拡大させるおそれのあるもので指導助言義務に違反するとし、事前ないし
事後報告により了承していた取引関係を「違法な一任売買」とはいえないが
「（担当者）主導により、事実上一任売買的に行われた」として口座支配性を認
定し、さらに取引量から過当性を認定して過当取引の要件が満たされたとして、
過当取引と指導助言義務違反で不法行為となるとした。信用取引の両建てが認
定されている。

---

52) [コメント] 内部でアテンション口座（問題のある取引が行われている疑いがある口
座）の指摘を2回受けて、いずれも部店長が、夫に面談していないのに面談して問題な
いことを確認したとの虚偽の内部報告書を提出している点が特徴的であり、これを違法
性評価の1つとしたことも特徴的である。

株式 7〜10　　537

株式9　△名古屋地判平22・2・5（セレクト36巻28頁）
　　　　　△名古屋高判平22・8・20（セレクト38巻1頁）
　　　　　　　　　　　　　　　　［上場企業課長・信用取引・東海東京証券・過当取引］

【事案】一流大学卒で上場企業勤務の課長職50代男性が3カ月間の信用取引で約1600万円の損害を被ったという事案（手数料約1500万円）。
【第一審判旨】判決は、過当取引による不法行為であるとして、685万円（うち弁護士費用60万円）の損害賠償を命じた（過失相殺6割）。
【控訴審判旨】原判決が正当であるとして控訴をいずれも棄却した。

株式10[53]　△静岡地浜松支判平29・4・24（セレクト53巻101頁）
　　　　　△東京高判平29・10・25（セレクト54巻20頁）
　　　　　　　　　　　　　　　　　　［歯科医師・信用取引・野村證券・過当取引］

【事案】歯科医師が野村證券外務員から株式や投資信託を勧誘され取引した後に株式の信用取引を勧誘されて（当時36歳）、2009（平成21）年5月から2011（平成23）年10月まで30カ月間に信用買い120回、信用売り127回の取引を行い、1億3000万円余の損失が生じた事案。電話録音が証拠となっている。
【第一審判旨】判決は、適合性原則違反や無断売買を否定して、過当取引の違法を認定した。まず、本件信用取引は、最終の決済取引を除き、すべて、被告担当者の提案により行われたものであるとして、無断ではないが被告担当者が主導したと認定し、次に取引の過当性に関し、信用取引をした銘柄は約50種類、30カ月で247回、保有期間5日以内30％、10日以内50％で年次回転率11.85回、保有金融資産2億円の9割以上が信用取引に充てられ、差損金は1億3466万円余、支払手数料額3471万円であるとして、本件信用取引は、原告にとって社会的相当性を著しく逸脱した過当な取引であり、全体として違法であるとした

---

53)　**コメント**　一審判決は、適合性原則違反を否定しつつ過当取引を認定する従来型の判決であるが、過当取引の違法性に関し、「顧客の投資経験、証券取引の知識、投資意向、財産状態等に照らして、銘柄数、取引回数、取引金額、手数料等において社会的相当性を著しく逸脱した過当な取引を行わせたときは、当該行為は不法行為法上違法となる」という一般論を判示しており、量的適合性原則違反の定義と重なる。
　　控訴審判決は、過当取引の要件としての「主導性」を丁寧に認定している。過当取引の要件として、「口座支配」ではなく「主導性」の語が用いられている。

538　第4部　金融商品取引に関する裁判例

（過失相殺6割）。信用取引の意味を証券会社の担当者を信用して取引すること
であるかのように誤解した状態で取引したと認定されている。

【控訴審判旨】控訴審は、証券会社担当者の主導性を基礎づける事実の認定を
追加した上、一審被告担当者の主導性を認定し、「本件信用取引の目的、態様、
取引回数、手数料等の取引の状況を踏まえれば、一審被告担当者が主導した本
件信用取引は、社会的相当性を逸脱した違法なものというべきである」とした
（過失相殺7割）。

　[株式11]⁵⁴⁾　△東京地判平29・11・17（セレクト54巻31頁）
[70代女性・信用取引・SMBCフレンド証券・過当取引]

【事案】株式等を夫から相続した70代女性が、証券会社の担当者に勧誘されて
株式の現金取引と信用取引、投資信託の取引を行い2000万円余の損失を出した
事案。そのうち、信用取引では800万円余の損失。口座開設4年後の76歳の時
に、ペアトレード方式で信用取引を行えばほぼ確実に利益を上げられるかのよ
うな説明を受けて信用取引開始を承諾したものの、実際はペアトレードではな
く個別の信用取引が勧誘された。損失が発生した後に止めたいと告げても説得
されて、半年間に43銘柄の信用取引が行われた。

【判旨】株式の現金取引や投資信託の勧誘については、違法性はないとした。
他方、信用取引については、担当者は、悪意で原告の口座を支配して信用取引
を主導し、過度な取引を行わせたものであって、その目的は手数料を得ること
であったと推認できるとして、信用取引全体を違法とし、その損害である800
万円余と弁護士費用の賠償を命じた（過失相殺はなし）。

(4)　適合性原則違反

　株式の取引のうち信用取引は複雑でリスクが大きいので、判断力や理解力
があるとされる顧客でも適合性原則違反が問題となることがある。現金取引
でも、銘柄によっては適合性原則違反となることがあり、個別銘柄の具体的

---

54)　[コメント]　判決は、70代後半の原告が信用取引を十分理解していないこと、そのこ
とに担当者も気づいていたこと、止めたいと言ったのに続けられたことを認定しながら、
原告には一般的な理解力があって投資用資産（相続した株式）もあるから信用取引の勧
誘は適合性原則に違反しないとしている。この適合性の判断には疑問がある。

危険性についての説明義務違反で不法行為となることもある。

　株式では、現金取引、信用取引どちらの形でも、事実上の一任状態を利用して大量に取引されることがあり、従来なら過当取引として問題とされたケースが、最近は、量的適合性との関係で問題とされる傾向にある。この場合は、過当取引の要件を吟味した上、あるいはそれにこだわらずに、事実上の一任状態でリスクの適合しない取引、あるいは過大なリスクを負わせる取引を行ったとして損害賠償を命じた判決がある。事実上の一任状態とまではいかなくても、外務員主導で多種類の証券の売買を頻繁に提案して承諾させて過大なリスクを負担させれば、やはり適合性原則違反となるといえる。

　勧誘がないネット取引では、適合性原則違反は認定されにくい（株式24）。

株式12　△大阪高判平11・4・23（セレクト12巻130頁）
[30代社長・信用取引・大和証券・適合性原則違反]

【事案】30代の会社経営者が、大和証券の担当者に勧誘されて信用取引を行い、損失となった事案。

【判旨】判決は、当初数カ月間の信用取引の勧誘が適合性原則違反であるとして不法行為の成立を認め、損害賠償を命じた（過失相殺7割5分）。「投資家の投資は、その能力、性格、財産状態や経験、投資の目的その他の事情に適合した取引である必要があり、したがって、投資勧誘もこのような事情に合致したものであることが求められ、これに合致しないような勧誘は、場合によっては、社会通念上許容された限度を超える勧誘として違法とされるべきである。」

株式13　△東京地判平15・5・14（金判1174号18頁）
[70代男性・外国株式・大和証券・適合性原則違反]

【事案】寡婦である原告（問題取引時74歳）は、1991（平成3）年頃から他社での株式を含む証券取引経験を有し、1993（平成5）年頃から大和証券での取引を開始して債券、転換社債、投資信託の取引を行っていたところ、Aが担当となった2000（平成12）年1月以降、約半年間に、勧誘されてIT関連外国株、IT関連国内株を購入して損失が発生した事案。

【判旨】判決は、IT関連外国株については、「その企業の事業内容や今後の業績見通しなど、投資判断に必要な情報を収集して適切な投資判断をすることが、

540 第4部 金融商品取引に関する裁判例

国内企業の場合に比べて困難であり、また、米ドル建てであるため、為替相場に関する知識や情報も要求される。原告は証券取引に関する知識に乏しく、自分だけで投資判断を行ったことがなく、投資判断に必要な情報の入手は証券会社の担当者に依存していたというのであるから、そのような原告に、外国株式について自主的な投資判断を期待することはできない。」と判示し、株価変動に加えて為替相場の変動による損失の危険性もある点につき原告に知識や経験があったとは認められないこと、原告の投資目的は長期的に堅実な投資を行うというものであったことから、このような外国株の取引は明らかに過大な危険を伴う取引であって、その勧誘は適合性原則違反として不法行為になるとした（過失相殺3割）。

　IT関連国内株（光通信株、ソフトバンク株、グッドウイル株）については、いずれも急激に株価が上昇しており、反面、過去においては短期間で価格が大きく上下する場面もみられ、将来を有望視されていると評価できる一方で、人気が過熱気味で価格動向に不安定さを残すという評価もできる状況にあった、急落の危険性も大きかったとし、「長期的な堅実な投資目的をもっていた原告に対し、ソフトバンク株、光通信株、グッドウイル株の勧誘を購入するにあたっては、このような危険性をも考慮に入れて原告が的確な投資判断を行うことができるように、有望な銘柄ではあるが株価動向には不安定な部分があり、下落に転じた場合には大幅な損失を被る可能性もあるという具体的な危険性について説明をすべき義務があった」と判示して、説明義務違反による不法行為を認めた（過失相殺7割）。

株式14 [55]　△大阪地判平16・1・28（セレクト23巻223頁）
　　　　　　△大阪高判平17・7・28（セレクト26巻72頁）
　　　　　　　　　　　　　　　　　　　　　　［主婦・信用取引・東洋証券・適合性原則違反］

【事案】自宅でのピアノ教師以外に職歴のない主婦が、自宅を一戸建てからマンションに買い替えた後の余剰金に従前からの預貯金をあわせた約8000万円（本来は老後の生活資金と考えられていた）を原資に、証券取引を行っていたとこ

---

55)　コメント 「量的適合性」の語は用いられていないが、それに相当する内容の判断をしている。

ろ、夫死亡の翌年である1997（平成9）年10月から東洋証券外務員の勧誘によって株式信用取引を開始することとなり、以後、2000（平成12）年6月までの間、多数回の信用取引が行われて、多額の損失が発生した事案（原告の主張によれば、年次回転率は平均22.6回）。

【第一審判旨】一審判決は、株式総購入額が47億7145万1500円（年平均17億8929万4312円）にも上り、購入回数も極めて多数回で、銘柄数は190以上に達し、手数料負担も極めて大きかったこと（総額約7507万円・年平均2800万円）、日計り商いが7.2％、保有日数10日未満の取引が67.9％であったこと、短期売買・ナンピン買い・出し入れ取引・買い直し・両建・途転等の種々の複雑な取引がなされていることなどから、「原告の資産及び収入などの経済的状況、家族関係並びに預け資産の性質などに照らして、著しく大規模かつ頻回に過ぎたものであった」「原告の証券取引の知識及び経験から考えて、原告自身が適切な投資判断をすることが極めて困難な取引であった」とし、適合性原則違反による不法行為を理由に損害賠償を命じた（過失相殺3割）。

【控訴審判旨】控訴審判決は、取引経験や資産状況から信用取引を勧誘したこと自体が顧客保護を欠く不適当なものとはいえないとした上、証券会社が一般投資家に投資を勧誘するに際しては、投資家の意向、投資経験、資産状態等に最も適した投資が行われるよう十分に配慮すべきであるとされ、証券会社の従業員がその顧客に対し過当な数量の証券取引を勧誘することが禁止されているのもその趣旨に出たものであり、過当性、口座支配、悪意性の3要件を満たすと不法行為となるとした。そして、本件の具体的事案に即し、過当性（信用取引が総購入額の大半を占めている、株式の総購入額が47億7145万1500円で巨額の株式の売買が極めて頻回に繰り返されていた、手数料負担も極めて大きかった〔上記期間中の株式取引手数料総額7507万4831円。年平均約2800万円〕。日計り商いが7.2％、保有日数10日未満の取引が67.9％、資本回転率が22回）、主導性（口座支配）（銘柄数190以上、短期売買・ナンピン買い・出し入れ取引・買い直し・途転が繰り返されていること、投資家が海外旅行中にも取引が行われていたことから、証券会社の主導の下に行われたものであるとした）、悪意性（7500万円を超える多額の手数料〔手数料を平均投資額で除した手数料率は90％を超えていると認定〕）を肯定して、過当取引として違法であるとして損害賠償を命じた（過失相殺5割）。口座支配については、「顧客の承諾のある取引であっても、実質的にみて、それが証券外務員の情報・知識や経験に依存してなされ、顧客の自発的・主体的な投資判断に基づ

542　第4部　金融商品取引に関する裁判例

かないでされた場合をいう」としている。

株式15 [56)]　△東京高判平19・5・30（セレクト29巻54頁）
[50歳女性・一任取引・野村證券・適合性原則違反]

【事案】50歳独身女性が父から贈与された預金をもとに野村證券で社債や投資信託を取得したところ、担当者がKに代わってから、リスクの大きい株式を中心に事実上の一任状態で大量の取引をされ、1億円余の損失となった事案。原審（東京地判平18・6・7セレクト29巻1頁）は、EBの勧誘のみ違法として他の請求を棄却した。

【判旨】控訴審判決は、「Kは、原告の資産をリスクの高い商品に投入させる意図で、複雑な仕組債等を対象に原告名義の取引を行って既成事実を積み重ね、原告がKの投資判断を一層信頼する一方で、A〔注：父〕の介護のため個別の投資の是非を検討する余裕はない状況にあることに乗じて、個別の取引を一任させる心理状態に原告を誘導し、事実上原告の口座を支配して自在に取引するに至ったものということができ、このような手段及び取引内容を有する事実上の一任取引は、顧客の証券取引に関する能力、投資姿勢、財産状態を無視し、顧客の信頼を濫用し顧客のリスクにおいて自分自身の成績を上げようとし又は被告の利益を図る行為として、適合性の原則に違反し、社会通念上許容された限度を超える一任取引を行ったものとして、不法行為を構成するものというべきである。したがって、平成12年2月下旬以降にKが原告名義で行った取引は、すべて違法であると認めるのが相当である。」（この判決は、1審原告を原告、1審被告を被告と略称）として、損害賠償を命じた（過失相殺5割）。

株式16 [57)]　△大阪地判平19・7・30（セレクト30巻57頁）
[50代女性・一任売買・岡三証券・適合性原則違反]

【事案】1943（昭和18）年生まれの女性（無職）が、夫から株式を相続し1992

56）[コメント]　事実上の一任取引の内容が適合性原則に違反し不法行為となるという判断である。
57）[コメント]　株式15 同様、一任状態を基礎とした適合性原則違反が肯定されたものとみることができる。

（平成4）年から2003（平成15）年まで続いた取引のうち担当者交替後の1996（平成8）年以降の多数の株式や投資信託の取引全体が問題とされた事案。

【判旨】判決は、個別取引の適合性原則違反を否定したものの、事実上の一任状態を認定し、「証券会社の担当者に取引が一任された場合、担当者が合理性の少ない取引を繰り返して行い顧客に過大なリスクを負わせることや、顧客の利益を犠牲にして証券会社の利益を図るおそれがあることは否定できないしたがって、証券会社の担当者が顧客から一任された状態で行った取引が、顧客の適合性に著しく反する取引であって、社会的相当性を欠くと認められる場合には、当該取引に係る担当者の行為は不法行為上の違法性を有するものと解するのが相当である」「本件取引は、原告の理解力、判断能力を著しく超えた内容の、過大な危険を伴う取引」であったと判示して「違法な一任売買」に該当するとし、また、個別取引の説明義務違反も認定して、不法行為による損害賠償を命じた（過失相殺4割）。

| 株式17 | △大阪地判平22・5・12（セレクト37巻37頁） |
| | △大阪高判平22・10・29（セレクト38巻85頁） |

[障がい者・信用取引・髙木証券・適合性原則違反]

【事案】車椅子の障がい者（障害年金2月で16万円程度受給、現在は就労できず）が、就業時代に貯蓄した預金約800万円を預金より有利に増やしたいと考えて、現物株式取引を2年程度していたところ、信用取引を勧誘され、これに集中傾斜してゆき、手持ち資産をつぎ込んだ上、ある時期からは、営業員が取引資金を立替えまでして信用取引を継続した結果、信用取引で約564万円、その他で約162万円の損失となってほとんどを失った事案。

【第一審判旨】原審は、原告の投資意向に反した明らかな過大な取引であるとして、適合性原則違反を認め、説明義務違反も認め、過当取引でもあるとして（2003〔平成15〕年1月～12月の売買回転率が少なくとも13.928、2003年5月～9月に限れば19.753と認定し、原告の投資意向等に照らし明らかに過大、さらに、営業員が取引資金を立て替えた認定をし、取引口座支配を認定）、信用取引による損害につき賠償を命じた（過失相殺2割）。

【控訴審判旨】控訴審は、この信用取引は、適合性原則違反・説明義務違反で違法、過当取引で違法、すなわち、勧誘および信用取引の開始から終了まで一

544　第4部　金融商品取引に関する裁判例

連の取引をさせたことが違法であるとし、被告従業員の違法性の程度が強いことと、原告の属性を考慮し、過失相殺を原審より減じて1割とした。

株式18　△大阪地判平25・1・11（セレクト44巻1頁）（控訴審和解）
[30代女性・信用取引・SMBCフレンド証券・適合性原則違反]

【事案】30代の女性が、SMBCフレンド証券（旧ナショナル証券）外務員に信用取引を勧誘されて取引を開始したところ、5年間（2003〔平成15〕年7月～2008〔平成20〕年6月）に大量の取引を勧誘されて行い、6000万円余の損失が発生した事案。

【判旨】判決は、①信用取引開始基準違反（ただし、内部的基準であって、直ちに信用取引の適合性がないとはいえないとする）、②原告の投資意向（安定的：顧客カード等）、③取引開始当初からの取引銘柄（投機的な銘柄）、取引金額、④信用取引2階建て（内部基準違反：同一銘柄の2分の1まで→原告の安定的投資意向に反する）、⑤取引全体の取引回数（637回）、銘柄数（76）、保有期間（10日以内が63％）、⑥手数料化率（手数料損害比率）55％、⑦資金回転率17回（2003年は31回、2004〔平成16〕年23回）被告によっても16回（株式投信の資金回転率との比較）、⑧取引後半の信用預託率（内部基準：40％）の低下（2004年12月には15％）、⑨通話時間（1分以内が72％）、注文伝票と通話記録の一致（取引勧誘と受注）、録音テープ（一方的な推奨に"はいはい"と応諾）、⑩日計・直しなどを認定し、適合性原則違反、過当取引で不法行為となるとして損害賠償を命じた（過失相殺4割）。

株式19[58]　△宇都宮地大田原支判平25・1・30（セレクト44巻56頁）
[元公務員・信用取引・宇都宮証券・適合性原則違反]

【事案】60代後半の女性（元公務員）が、宇都宮証券の外務員から勧誘されて信用取引を開始し、70歳の頃には年間100回を超える売買がなされるなど多数回の取引が行われ、3年余で1800万円余の損失となった事案。

---

58)　コメント　過当取引の認定をしたともいえる。大量の取引の後、一度、信用取引を解消したのに説得されてまた始めたことなどから過失相殺割合が高くなっている。

【判旨】判決は、一連の信用取引の勧誘が、意向に合わない上過大なリスクを負担させたものであり、適合性原則違反であるとして損害賠償を命じた（過失相殺7割）。

株式20 △大阪地判平26・2・18（セレクト47巻63頁）
［遺産・SMBCフレンド証券・一任取引・適合性原則違反］

【事案】夫婦それぞれがSMBCフレンド証券（当時は前身）に口座を開き妻の分も夫が主導して取引していたところ、夫が亡くなってその証券を相続した70代女性が、外務員に事実上の一任状態を作り上げられ、外国株、外債を多数回売買することとなり、1200万円余の損失となった事案。
【判旨】判決は、「能力・投資姿勢を無視し、財産状態への適切な配慮を欠いたまま行われたものとして、適合性の原則に著しく違反する」として不法行為の成立を認め、損害賠償を命じた（過失相殺5割）。

株式21[59] △岡山地倉敷支判平27・1・27（セレクト49巻283頁）
△広島高岡山支判平27・7・16（セレクト49巻416頁）
［SMBCフレンド証券・量的適合性原則違反］

【事案】60歳女性（寡婦）がSMBCフレンド証券の外務員に勧誘されて投資信託、株式、投信、外国債、外国投信、外国株式を多数回売買して損失が発生した事案。
【第一審判旨】一審は適合性原則違反、説明義務違反であるとして、SMBCフレンド証券に損害賠償を命じた（過失相殺6割）。
【控訴審判旨】控訴審は、適合性原則違反であるとしてSMBCフレンド証券に損害賠償を命じた（過失相殺5割）。説明義務違反については、説明しても理解できたとは評価できないとして判断不要とし、過当取引や実質一任売買についても、適合性原則違反の判断に含まれるとして判断不要とした。

---

59) コメント 適合性原則違反の判断が、過当取引の判断を含むという趣旨を明確に判示したものであり、量的適合性原則違反を違法としたものである。

546　第４部　金融商品取引に関する裁判例

株式22[60]　△神戸地姫路支判平27・4・15（セレクト49巻247頁）（確定）
［信用取引・あかつき証券・適合性原則２段階適用］

【事案】従業員持株会で購入した株式を株券電子化に伴い証券会社に口座開設して預託した会社員が、３年後の2010（平成22）年11月にあかつき証券の外務員から勧誘を受けて信用取引を開始し、頻繁な信用取引によって損失を被った事案。

【判旨】判決は、およそ信用取引を自己責任で行う適性を欠き、取引市場から排除すべき者であったとまでは認められないから信用取引を勧誘すること自体については、適合性の原則に反していたとは認められないとしながら、「さらに、本件信用取引の具体的な取引状況ないし実態を踏まえ、適合性の原則から著しく逸脱して不法行為法上も違法となるか否かについて検討する」として、録音内容を含め取引経緯や状況の詳細な検討を行って口座支配（すべての取引が被告証券会社担当社員らの提案で行われている）を認定し、取引経過から過当性〔約１年７カ月間で144回・22銘柄、保有期間10日間以内が約30％、売買回転率年10.74回、手数料率約47.69％〕を認定して、「以上、本件信用取引における具体的な取引状況、取引回数、保有期間、売買回転率、差損合計に占める手数料額の割合等のほか、上記(2)アのとおり、本件信用取引開始時の原告の金融資産は約1000万円であり、およそ余裕資金とはいえない財産状態であることや、原告の投資目的は中長期で投資資産の増大を追求するというものであったことに照らすと、本件信用取引は、原告にとっては明らかに過大な危険を伴うものであり、適合性の原則に反し、全体として違法であり、不法行為であると認めるのが相当である」と判示した（過失相殺３割）。

株式23　△大阪地判平21・3・4（判時2048号61頁、セレクト33巻1頁）
　　　　　×大阪高判平22・7・13（判時2098号63頁）[61]
［定年退職60代男性・NTT株大量購入・日興コーディアル証券・集中投資］

【事案】定年退職した60代男性が、日興コーディアル証券の外務員に勧誘され

60）　コメント　信用取引の勧誘は適合性原則に違反しないが多数回大量の信用取引の勧誘は適合性原則に違反するという２段階判断の判決である。前者が顧客適合性、後者が量的適合性に当たる。

て NTT 株25株、その他の株式などを購入したところ価格が下がり損失が発生した事案。

【第一審判旨】取引のうち NTT 株の大量購入につき、適合性原則違反であるとして損害賠償を命じた。

【控訴審判旨】株式の現物取引は、その仕組み自体がレバレッジのかかる商品先物取引などに比較して単純であり、それ自体リスクが過大であるとはいえない、として、適合性原則違反はないとし、説明義務違反もないとして、請求を棄却した。

株式24[62]　〇和歌山地判平23・2・9（セレクト39巻1頁）
　　　　　　×大阪高判平23・9・8（金法1937号124頁）[63]

[ネット取引・信用取引・SBI 証券・適合性原則]

【事案】72歳男性（無職）が知人の勧めでネット信用取引を SBI 証券で開始し取引を続けたたところ、保証金不足に陥り、SBI 証券が、強制決済で終了させて当該顧客に決済損金等を請求した事案。

【第一審判旨】判決は、申告内容のみからでは適合性の判断が困難な者や、申告内容に矛盾・不自然な点があるなど申告の意味内容や取引のリスクを本当に理解して申告したのか疑念を抱くべき者に対しては、電話、面談等により、申告内容の詳細や申告の意味内容の理解、リスクの理解の確認を行う義務を免れないとして、本件顧客は年齢や無職であることおよび金融資産の金額（500万円〜1000万円とされていた）といった顧客の申告内容によっても、信用取引の適合性やそのリスクの理解について慎重な検討を要する属性の者であることは原告証券会社にも容易に判断しうるから、原告証券会社が電話等により適合性に関する事項の確認やリスクの理解の確認もせずに本件信用取引を開始したことには、適合性原則違反および説明義務違反の違法があり、不法行為となるとし、

---

61)　春田博・百選44頁。

62)　**コメント**　ネット取引では、対面や電話による勧誘がないため投資被害は少ないと評価されている。ただし、本件の時点と異なり、最近はネット技術の進展で、ターゲティング広告やさらに個別性のある広告等の表示がされるようになっているので、それが対面取引における勧誘と同程度に意思決定に働きかけていると評価できれば、適合性原則適用の前提としての勧誘に該当することになると考えられる。

63)　倉重八千代「判批」法学研究（明学）96号（2014年）17頁。

548 第4部 金融商品取引に関する裁判例

これによって顧客は証券会社に対して、不法行為により証券会社の請求額と同額の損害を被ったとして、顧客の相殺の主張を認め、証券会社の請求を棄却した。

【控訴審判旨】原判決取消し。証券会社の差損金請求を認容。適合性原則違反については、勧誘でなく友人の勧めで取引開始したこと、余剰資金・信用取引経験ありと申告したこと、信用取引を円滑に行っていたことなどから否定し、説明義務違反については、ネット取引ではウェブ上の確認に合理性があり、疑うべき特段の事情がない限りは電話や面談は不要として否定した（上告受理申立不受理で確定）。

(5) 説明義務違反

　上場株式の現金取引では、投資判断に必要な情報は開示されていることが前提であるので、特に説明を要する場合は少ないと考えられる。上場株式の取引で説明義務違反が問題となる場面の1つは信用取引においてである。特に信用の売り取引は複雑であり、逆日歩という特殊な事項についての説明義務が肯定された事件（株式25）がある。現金取引でも、外国株式への投資では説明義務が問題となる（株式26）。

　上場株式と異なり、未公開株式では投資判断に必要な情報は開示されていないので、説明義務が問題となりうる場面が多くなる。未公開株式について勧誘する場合に、発行企業の財務状況を調査した上で適切な助言をすべき義務があるとして、その違反を理由に証券会社に損害賠償を命じた判決（株式27）、同じく、未公開株の勧誘に際し、転売可能性についての説明義務がありそれに違反したとして銀行に損害賠償を命じた判決（株式28）がある。投資ファンドが引き受けた未公開株が無価値となった損害について賠償請求した事件では、請求を棄却した（株式29）。さらに怪しい主体による未公開株勧誘事件も多数あるが、本書では省略した。

株式25[64] 　○東京地判平17・7・25（判時1900号126頁、セレクト26巻47頁）[65]
　　　　　　△東京高判平18・3・15（セレクト27巻6頁）
　　　　　　[地方公務員・信用取引・売り・日興コーディアル証券・逆日歩説明義務違反]

【事案】株式取引経験のある50代男性（地方公務員）が、数年前から日興コーディアル証券の担当者に勧誘されて信用取引を開始し、信用の売りも勧誘されて

何度か経験した後、担当者が交代し、新担当者から、勧誘されてドンキホーテ株につき2002（平成14）年5月2日1000株、5月9日500株、5月10日500株の信用売りを行い、一旦上昇した株価が下落して売値に戻ってきたことから損のないところで手仕舞おうとしたところ、高額の逆日歩が付いていたことから大きな損失となった事案。

【第一審判旨】信用取引の逆日歩の説明義務を肯定し、その違反が不法行為になるとして損害賠償を命じた（過失相殺なし）。裁判所の判断は次のとおり。「逆日歩の金額が本件のように1日1株あたり18円にも及んだ場合には、……証券会社の従業員は、顧客に対し、通常は生じないような巨額の逆日歩が発生したこと、逆日歩が当該投資家の投資判断に与える影響のからくり及び今後も当該銘柄の株式の逆日歩の動向に継続的に注意すべきことにつき情報の提供をすべき義務を負う」「原告のような信用取引の経験のある個人投資家であっても、高額の逆日歩のコスト負担を経験したことのない者は珍しくなく、『信用取引のしおり』にも逆日歩が時に投資家の投資判断に影響を与えるほど巨額のコストと化することの記述はないのであるから、逆日歩に関する情報は、原告のように他に仕事を持ちながら余暇を利用して投資情報を収集するという程度の勤労者にとっては、理解が進んでいない事項であるということができるので、このような個人投資家を信用取引に引きずり込んだ証券会社の従業員は、信義則上、このような巨額の逆日歩の発生の情報及びその投資判断に与える影響のからくりを当該個人投資家に提供すべき義務を負う」「被告○○は、……ドンキホーテ株の信用取引開始から2箇月以上経過した平成14年7月11日まで逆日歩発生情報を知らず、同日初めて情報提供したものであって、個人投資家に信用売り取引を強く推奨する証券会社の従業員としては無責任な勧誘であったといわざるを得ず、上記義務に違反したものというべきである」。

【控訴審判旨】認容を維持し、担当者ですら逆日歩の負担に気づいていないことから、「過失相殺すべき場合には当たらない」として過失相殺を明確に否定したものの、因果関係があるのは逆日歩のみで、価格変動に起因する損失は因果関係が無いとして認容額を半減させた。

64）　コメント　因果関係の考え方が誤っているとして上告受理申立てがなされたが、最高裁は判断しなかった。

65）　「判例研究」金判1239号68頁。

550　第4部　金融商品取引に関する裁判例

株式26　△岡山地判平29・6・1（セレクト53巻51頁）
［73歳寡婦・SMBCフレンド証券・投資方針説明義務違反］

【事案】73歳女性（寡婦）が、SMBCフレンド証券の外務員から勧められて、他の証券会社や銀行で取引していた資金をSMBCフレンド証券に集め（計2億1000万円）、勧誘されて数銘柄の外国株に投入したところ、2300万円余の損失が発生した事案。

【判旨】「数千万円単位で少数銘柄の米国株式、中国株式に資金を集中させるものであることに照らせば、当該株式が予想と異なる値動きとなった場合におけるリスクの大きさや短期で損切、乗換えをすることによるみなし手数料の負担などを踏まえ、積極的な投資方針に基づく本件取引を行うかどうかを自己責任により判断するのに必要な説明が十分になされたとは認められない」とし、投資方針転換による多額の損失可能性の説明義務に違反したとして損害賠償を命じた（過失相殺5割）。

株式27[66]　△東京地判平15・4・21（判時1859号150頁）
［未公開株・第三者割当増資・野村證券］

【事案】会社経営者が、野村證券の課長らから、未公開企業が増資のため発行する新株（第三者割当）の勧誘を受けて取得（引受け）したが、発行企業は次の決算期には事実上倒産状態となり、株式も無価値となった事案。

【判旨】判決は、担当者は、「日本最大手の証券会社の幹部社員として、証券取引の分野で専門的な知識とともに絶大な信用を有しているのであるから、そのような特別の立場にある者が顧客に対して積極的に投資を勧めるときには、これを信頼して投資に応じようとする者がその利害得失を検討することができるように、必要な資料を提供するとともに、自らも事前に資料を検討して、自らの経験と知識とを前提とした適切なアドバイスをなすべき条理上の義務があるというべきである」と判示した上で、野村證券の課長は、発行企業の財務状況

66）　**コメント**　説明義務違反の形を採っているが、実質的には合理的根拠の法理に基づく責任を肯定したものともいえる。東京高判平15・11・12判時1859号144頁で控訴棄却確定。

が必ずしも良好なものでないことを認識しており、容易に関係資料を見ることもできたから、事前にこれらを検討して適切なアドバイスをなすべきであったのに、漠然と当該発行企業に成長性があるなどと判断して、積極的に原告に連絡をとり、将来上場すれば相当の利益が見込めると説明するなどしたとして、同課長の不法行為責任、証券会社の使用者責任を認めた。また、上司たる部長についても、その認識内容や、課長が原告に上記増資に関して紹介を行うことにつき承諾を与えたことなどから、不法行為責任が肯定された（過失相殺8割）。なお、野村證券は、会社経営者から、「必要な情報は発行企業から直接入手し、自らの判断と責任で取引を行う」旨が記載された覚書を徴しているが、判決は「被告らの免罪符になるものではない」としている。

[株式28][67]　○静岡地判平15・11・26（金判1187号50頁）
　　　　　　　　　　　　　　　　　［未公開株・中部銀行・転売可能性説明義務違反］

【事案】40歳代の主婦（パート勤務）が、中部銀行の従業員から、その銀行の発行する無額面優先株式（非上場）を勧誘されて取得し損失が発生した事案。
【判旨】判決は、当該株式が短期間に転売して換金できるか否かが顧客にとって非常に重要な事実であることに鑑み、信義則上、その転売の可能性について、顧客の学歴、年齢、知識、経験等に応じ十分な説明をする義務を有するが、その説明義務が果たされていないとして、銀行に対し、代金額から配当金を控除した額につき損害賠償を命じた（過失相殺なし）。他方、元本保証のないことや無配の可能性については説明義務を否定している。

[株式29]　×東京地判平17・1・27（判時1929号100頁）（確定）
　　　　　　　　　　　　　　　　　　　　　　　　　　［投資ファンド・未公開株］

【事案】ケイマン法に基づき設立された投資ファンドが、ベンチャー企業である未公開会社の代表取締役らの勧誘により同社の新株を引き受けて投資したところ、債務超過によって株式が無価値になった事案。投資ファンドは、未公開会社の監査役が再任されていなかったのにそのことを秘した虚偽の説明を受け

---

67)　[コメント]　金融商品販売法施行前の事件である。

552 第4部 金融商品取引に関する裁判例

たことにより投資したと主張した。

【判旨】判決は、監査役は再任されており説明に虚偽はないし、監査役再任の有無と損失に因果関係がないとして、請求を棄却した。

(6) 断定的判断提供

　株式については、価格変動リスクのあるものであることは周知の金融商品であるので、逆に、「月末までには必ず400円まで上がります」などの断定的判断の提供により顧客のリスク認識を歪める勧誘が問題とされてきた。株式取引で、断定的判断の提供を理由に不法行為となるとして損害賠償を命じた判決は数十件ある[68]。なお、2001（平成13）年4月以降は、断定的判断提供を伴う勧誘により取引を行って損失を被った場合、金融商品販売法に基づく損害賠償請求権も発生するし（金販4条・5条）、顧客が消費者であれば、消費者契約法による取消権も発生する（消契4条1項2号）。

　ここでは、具体的根拠を示さない断定的判断でも、不法行為となることがあるとした判決（株式30）、損失補てんとあわせて断定的判断提供が問題となった最高裁判決（株式31）を紹介する。

　株式30 [69] △東京高判平9・5・22（判時1607号55頁、セレクト6巻54頁）[70]

[日本合同ファイナンス株・野村證券・断定的判断]

【事案】大手百貨店店長が、野村證券の担当者から、店頭登録株である日本合同ファイナンス株式について、「店頭株で日本合同ファイナンスというのがあるでしょ。これは〇〇さんも知っていると思うけど、野村の完全な子会社なんですよ。今ここの株価は2万円くらいですが、内部では確実に6万円になるとみています。どんなに悪くてもすぐに4万円になるのは確実です。これを思い切って買いましょう。」と言われて本件株式の購入を勧誘され、取得したとこ

---

68)　日弁連消費者問題対策委員会編『金融商品取引被害救済の手引（6訂版）』（民事法研究会、2015年）220頁～228頁に20件の裁判例（19件が株式に関するもの、1件がワラントに関するもの）が紹介されている。

69)　コメント　証券会社の外務員がその系列会社株式について、内部情報によれば確実に2倍ないし3倍に値上がりすると言えば、根拠について具体的な説明を伴わないものであっても、不法行為となるとしたものである。具体的根拠を示さない断定的判断でも、不法行為となることがあるとした点が特徴である。

70)　牧佐智代・百選38頁。

ろ、株価が下がって 2 億4487万円余の損失が発生した事案。

【判旨】判決は、この認定を前提として、株式取引に伴う危険性についての認識を誤らせる行為であるとして不法行為の成立を肯定し、損害賠償を命じた（過失相殺 5 割）。

[株式31][71]　最判平 9・9・4（民集51巻 8 号3619頁、判時1618号 3 頁、セレクト 6 巻93頁）[72]（破棄差戻し）

[山一證券・損失補てん約束・断定的判断]

【事案】①山一證券支店長が、仕手筋からの確実な情報があり本州製紙株は8000円まで上がる、日本軽金属は2000円くらいまでは上がるとの断定的判断を提供し、②顧客は、それまでに同支店長から勧められた株式を買って損をしていたことから、これで損をしたら穴埋めをしてくれと言って支店長が了承したという事案。

【判旨】判決は、この事実関係を前提に、②の補てん約束の履行請求については、改正前でもこの約束は公序良俗違反で無効あるとして退けたが、①と買付けの因果関係については、これを否定した原審判断を覆し、特段の事情のない限り①②双方が意思決定に影響を及ぼしたと推認するのが相当であるとして、断定的判断提供と買付の因果関係を肯定し、「断定的判断の提供が社会通念上許容された限度を超えるものであるかなど不法行為の成否についてさらに審理を尽くさせる」ために原審に差し戻した。

(7)　公序良俗違反

無登録業者が行う未公開株の売買は原則として無効である（171条の 2）[73]。この規定は、無登録業者による未公開有価証券の売付けは詐欺的なものが多

---

71)　[コメント]　断定的判断提供を伴う勧誘が不法行為となることを明言した最高裁判決である。

72)　久保田安彦・百選74頁。

73)　2011年 5 月25日公布、6 月14日施行の改正金商法で、①無登録業者による未公開株、社債等の有価証券の売付け等を原則として無効とし（171条の 2）、②無登録業者による広告・勧誘を禁止した（31条の 3 の 2）。さらに③無登録業者に対する罰則の引き上げや新設も行った（無登録営業・懲役 3 年→ 5 年、広告、勧誘行為・懲役 1 年など。192条の 2）。

554　第4部　金融商品取引に関する裁判例

く、これらは暴利行為として公序良俗違反となることから、その立証責任を転換し[74]、原則として無効としたものである。この規定に該当する場合は、未公開株の売買を無効であるとして支出額につき不当利得返還請求をすることができる。実際の未公開株に関する裁判では、発行者や販売者の資力が不十分であるため関係者個人の責任も追及することが多く、その場合は、不法行為による損害賠償請求を行い、無登録業者による行為で本条により無効とされることは不法行為の違法性を基礎づける事情として主張される場合がある。

(8)　その他

　信用取引において、手仕舞義務違反が論点となる事件がある。顧客が証券会社担当者に信用取引の反対売買による決済を指示し、証券会社担当者がそれに応じなかった場合、証券会社に手仕舞義務があるかという形で問題となる。

株式32　最判昭62・4・2（判時1234号138頁）[75]（上告棄却）
[信用取引・髙木証券・手仕舞義務違反]

【事案】継続的に信用取引をしていた顧客が、髙木証券からの追証請求を受けて、当該信用売りの注文は出していないと連絡し、その数日後には、顧客から依頼を受けた弁護士が、信用売り注文は出していない旨を文書で通知し、その数日後には顧客本人が、未決済の信用取引はなく、預託株券の返還を求める文書を送ったが（この時点で清算すれば差損金は約1500万円余）、証券会社は、信用売りを決済せずに放置し、信用取引の期限で清算したところ差損金が3000万円弱となったため、預託を受けている株券を売却して差損金を埋め、残りの金額を返還したという事案。顧客の預託株券等返還請求に対し、一審は、信用売り注文はあったとして請求を棄却し、控訴審は、信用売り注文はあったが、予備的に追加された手仕舞義務違反を肯定し、証券会社に、差損金の増加分の支払を命じた。

---

74)　当該無登録業者・売主・発行者が「当該売付け等が当該顧客の知識、経験、財産の状況及び当該対象契約を締結する目的に照らして顧客の保護に欠けるものでないこと又は当該売付け等が不当な利得行為に該当しないことを証明したときは、この限りでない。」（171条の2第1項ただし書）。

75)　野日博・百選66頁。

株式32 555

【判旨】最高裁は、信用売り注文は出していない旨の記載がある弁護士の文書が到達した時点で、証券会社には係争株式について反対売買をして手仕舞義務がある、とした原審の判断は正当であるとして、証券会社の上告を棄却した。

4 ワラント

(1) 商品特性と裁判例の状況

ワラント（新株引受権証券）とは、特定銘柄の株式の新株を一定価格で引き受ける権利（個別株コールオプション）を表章した証券であり、価格変動が激しい上にあらかじめ定められた権利行使期間（4年が多い）が経過すると価値がなくなる。1986（昭和61）年から日本で販売が開始され、特に1989（昭和64・平成元）年から1991（平成3）年にかけて一般投資者に大量に販売された。ワラントのリスクを知らない顧客に対し、利益が出ることを強調して販売した場合もあった。その後これらが無価値となり、1992（平成4）年から数年の間に、証券会社を被告として日本中で大量の訴訟が提起された。これにより、説明義務違反を理由に損害賠償を命じる判決が数百件下された[76]。

この一連の判決が、リスク取引を勧誘する業者には説明義務があることを判例上定着させ[77]、金融商品販売法の制定につながった。説明すべき内容と程度について、当初は、価格変動リスクが高いこと、期限が到来すると無価値となることの2点を説明すればよいという判決がみられたが、裁判所のワラントについての理解が進むにつれて内容が具体的になり、顧客が投資判断できるためには、商品構造や、マイナスパリティのリスク等についても理解が必要であり、証券会社はその説明義務があるとする判決が続いた（ワラント2 ワラント3 ワラント4）。

ワラントの勧誘につき、適合性原則違反を根拠に損害賠償を命じた重要な判決もある。当時は適合性原則違反と説明義務違反が未分化の時代であり、

---

76) セレクト1巻〜22巻に、ワラントに関し186本の請求（一部）認容判決が掲載されている。全国証券問題研究会サイトの判例データベースで検索するとこれらを含む189件の判決の概要が確認できる。請求認容判決はこれ以外にも多数あるはずであるので、数百件と推定される。

77) 初期の裁判例である大阪地判平6・2・10セレクト1巻151頁は、「危険性についての正当な認識を形成するに足りる情報を提供すべき注意義務」としていた。

556　第4部　金融商品取引に関する裁判例

説明義務違反の一部と位置づける判決もみられた（ワラント1）。

(2) 適合性原則違反

ワラント1[78]　△大阪高判平9・6・24（判時1620号93頁、セレクト6
　　　　　　　　巻248頁)[79]　　　　　[ワラント・新日本証券・適合性原則違反]

> 【事案】顧客（60歳女性）が新日本証券（現在のみずほ証券）に口座を開設して
> 証券取引をしたところ、担当者が株式の短期売買を繰り返して損失を出したの
> で抗議し、代わった担当者に対し株式取引をしないことを伝えたところ、投信、
> 転換社債、ワラントを勧誘されて取得し、さらにその後任からも同様にワラン
> トを含む勧誘がなされて承諾しワラントを多数保有することとなったが、ワラ
> ントの価格が下がって権利行使期間を過ぎ無価値となった事案。原審（大阪地
> 判平8・3・26セレクト8巻261頁）は、投信等と誤信するような説明があった
> との立証はないとして請求を棄却した。
>
> 【判旨】控訴審判決は、上記経過と、顧客は老後の蓄えのための運用であるこ
> とを伝えたという認定を前提に、そのような顧客に対しては、「本件ワラント
> は、控訴人の証券取引に対する意向、投資目的、知識、投資経験、社会経験に
> 照らし、適合性に欠け、そもそも勧誘すること自体許されない」とし、また、
> 「マイナスパリティのワラントを一般投資家である控訴人に対し、しかもその
> 意向に反し、その危険性について説明義務を尽くさないまま勧誘したもので、
> いわゆる客殺しと同然のことが行われた」として、あわせて説明義務違反であ
> るとして不法行為を理由に証券会社に損害賠償を命じた（過失相殺1割）。

(3) 説明義務違反

ワラント2[80]　△大阪地判平6・2・10（セレクト1巻151頁）
　　　　　　　　　　　　　　　[ワラント・勧角証券・説明義務違反]

> 【事案】50代女性（主婦）がワラントを勧誘されて3本（①②③）取得したとこ
> ろ、①③が無価値となった事案。

---

78)　コメント　適合性原則と説明義務が未分化の時代の判決であり、明確に適合性原則
　　違反を認定しているにもかかわらず、説明義務違反の一部を構成するような書き方にな
　　っている。
79)　中曽根玲子・百選52頁。

ワラント1～3　　557

【判旨】判決は、「証券会社又はその役員若しくは使用人は、投資者に対し、投資者が当該取引に伴う危険性について的確な認識形成を妨げるような虚偽の情報又は断定的情報等を提供してはならないことは勿論、投資者の職業、年齢、財産状態、投資目的、投資経験等に照らして、投資者の意思決定に重要な右危険性についての正当な認識を形成するに足りる情報を提供すべき注意義務を負うことがあるというべきであり、証券会社又はその役員若しくは使用人が、この義務に違反して投資勧誘に及んだときは、当該取引の危険性の程度その他当該取引がなされた具体的事情によっては、私法秩序全体から違法と評価されるべきものというべきである」とし、ハイリスク性の具体的内容や権利行使期間の経過に伴う危険性を伝えなかったと認定して、説明義務違反による不法行為であるとし損害賠償を命じた（ワラントの説明書が交付された後の取引である③についてのみ過失相殺3割5分）。

ワラント3[81]　△東京高判平8・11・27（セレクト5巻289頁、判時1587号72頁）
[ワラント・大和証券・説明義務違反]

【事案】60代後半の男性（定年退職）が、大和証券の担当者からワラントを勧誘され承諾したところ、ワラントの価格が下がり、売却依頼も受け付けてもらえないまま権利行使期間が経過して無価値となった事案。原審（東京地判平8・5・30セレクト5巻304頁）は請求を棄却したため原告が控訴。

【判旨】控訴審判決は、説明義務違反による不法行為を理由に証券会社に対し損害賠償を命じた（過失相殺3割）。説明義務の一般論部分は次のとおりである。「証券会社及びその使用人は、投資家に対し証券取引の勧誘をするに当たっては、投資家の職業、年齢、証券取引に関する知識、経験、資力等に照らして、当該証券取引による利益やリスクに関する的確な情報の提供や説明を行い、投資家がこれについての正しい理解を形成した上で、その自主的な判断に基づい

---

80)　コメント　証券取引事件において説明義務違反により不法行為となるとして損害賠償を命じた、最も初期の裁判例であり、その後の裁判に影響を与えた。
81)　コメント　投資取引における業者の説明義務を定義づけた重要な判決であり、その後、東京高判平9・7・10セレクト6巻266頁、判タ984号201頁、福岡高判平10・2・27セレクト7巻206頁など、同じ一般論を宣言した判決が続き、裁判例上、説明義務が定着した。

て当該の証券取引を行うか否かを決することができるように配慮すべき信義則上の義務（以下、単に説明義務という。）を負うものというべきであり、証券会社及びその使用人が、右義務に違反して取引勧誘を行ったために投資家が損害を被ったときは、不法行為を構成し、損害賠償責任をまぬかれない」。

ワラント4 △広島高松江支判平10・3・27（セレクト7巻244頁）
[ワラント・野村證券・理解確認]

【事案】 50代古美術商である原告は、野村證券の担当者から、ワラントを2銘柄、勧誘されて取得し、購入価格を上回らないまま権利行使期間が経過し無価値となった事案。原判決（松江地判平7・11・29セレクト7巻249頁）は、請求を棄却したため原告が控訴。

【判旨】 控訴審判決は、使用者である野村證券に対し、説明義務違反、断定的判断提供、仕切り（買取り）拒否による不法行為を理由に損害賠償を命じた。説明義務に関する判示は次のとおり。「これを販売するに当たり、証券会社には、信義則上、ワラントの内容、株式との違い、特にリスクについて、購入相手が十分理解するまで説明を尽くす義務がある」「証券取引に知識があってリスクに敏感な控訴人に対してであっても、複雑な内容を持つ目新しい商品であるワラントの説明は、取引説明書など理解を容易にする手段を駆使して、相手方の理解度を見ながら説明し、最終的に相手が十分理解したことを確認する必要があるというべきである。」

5　株価指数等オプション取引

(1)　商品特性

　株価指数オプション取引とは、日経平均株価などの株価指数を対象としたオプション取引であり、将来の特定日（SQ。取引所取引はこの形）あるいは一定の期間中（店頭取引ではこれも可能）に、当該指数株価を特定の価格（権利行使価格）で買う権利（コールオプション）または売る権利（プットオプション）を売買するものである。売買代金をプレミアムという。売り手は、証拠金を預ける必要がある。

　取引所株価指数オプション取引は、現在、大阪取引所で行われており、指

標の種類により、日経225オプション、TOPIX オプション、JPX 日経イン
デックス400オプション等がある。これまで紛争となってきたのは、ほとん
どが取引所株価指数オプション取引のうち日経225オプション取引である。

　商品特性としては、ハイリスク・ハイリターン、商品や取引の仕組みが複
雑であることの2点が重要であり、知識経験のない顧客に勧誘してもそもそ
も十分には理解できないと思われる。主体的な投資家以外は行うべきでない
取引といえる。

(2)　適合性原則違反

　日経平均オプション取引について多数の裁判例がある。適合性原則違反が
主たる争点となったもののうち、請求一部認容裁判例5件（[株オプ1] [株オプ3]
～[株オプ6]）と棄却した最高裁判決1件（[株オプ2]）を紹介する。適合性原則違
反を理由とする唯一の行政処分も、日経平均オプション取引について行われ
た（[株オプ3]のコメント〔注85〕参照）。

[株オプ1]⁸²⁾　△京都地判平11・9・13（セレクト14巻379頁）
[日経平均オプション・東京三菱パーソナル証券・適合性原則違反]

【事案】株式や投資信託等の投資経験があり担当社員に2週間に1度保有商品
の値段表を持参させて価格を管理していた、尋常高等小学校卒の高齢の主婦が、
日本債券ベア型オープンというリスクの高い投資信託で評価損が出ていること
を知らされ、勧めた東京三菱パーソナル証券の担当者を非難したところ、損の
回復をする方法として日経平均オプション取引を勧誘されて、言われるままに
売り買いを重ねて半年余の間に数十回の取引（主にストラングル）がなされ、
1000万円を超える損失を出した事案。
【判旨】判決は、日経平均オプション取引は、投資判断の困難性⁸³⁾、満期日の
存在、ハイリスク性、リスクヘッジ需要がないことから、長い投資経験と深い
知識を有する者でない限り、多くの個人投資家には適合しないとし、適合性を
認めうるのは、顧客がハイリスクを承知で積極的に希望する場合を除き、資金

---

82)　[コメント]　日経平均オプション取引につき、意義と取引手法をわかりやすく解説し
　　た上、その商品特性（投資判断が困難であること、ハイリスクであることなど）から、
　　多くの個人投資家（高い投資意欲を持つが依存性の強い原告も含む）には適合しないと
　　している。リスクの高い取引を許容することになってゆく変遷も含め、日経平均オプシ
　　ョンによる被害と救済を考えるのには適切な、重要判決といえる。

560 第4部 金融商品取引に関する裁判例

力と長い投資経験があり、オプション取引の深い知識と理解を有し、他の取引ではできない投資戦略をとる場合に限られるとした上、本件では理解の有無が問題になるとした。

　説明義務については、説明すべき事項を述べるだけでは足らず、義務が履行されたといえるには顧客を理解させることが必要であるとし、顧客が理解できていなければ、説明方法が稚拙であったか顧客に理解能力がなかったかのいずれかであって、後者であれば、そのような顧客はそもそもオプション取引に適合せず、当該投資勧誘は適合性原則違反となるとした。本件では、日経平均オプション取引の基本的仕組みや危険性につき口頭説明がなされており解説書等も3冊交付されていたとの認定を前提に、事実上の一任状態だったこと、損失が表面化しないように不合理に売りを拡大して一か八かの取引に傾斜していたことなどから、原告はオプションの仕組みや危険性についての説明をほとんど理解していなかったとし、一応の説明があったのに理解しなかったのであるから原告は理解能力を有しておらず、担当社員もこのことを知っていたか知りえたと判示し、適合性原則違反であるとした（過失相殺7割）。控訴審である大阪高判平12・8・29セレクト16巻438頁はこれを維持した。

株オプ2 [84]　最判平17・7・14（民集59巻6号1323頁、判時1909号30頁）
（破棄差戻し）　　　［日経平均オプション・野村證券・適合性原則］

【事案】 水産会社が、1984（昭和59）年から1994（平成6）年までの間に、取引

---

83)　判決文引用「その仕組みが難解である。『売る権利』『買う権利』の売買という概念自体の理解が容易でない。使われている用語も聞き慣れない。対象となる商品が『株価指数』という抽象的なものであり、その値動きの分析には高度の専門性と情報力を要する。また、プレミアムの形成要因の理解、その変動の予測も真に困難である。オプション取引市場の投資主体は、証券会社、機関投資家及び海外投資家が大部分を占めており、日経平均株価オプション取引の平成八年における国内の個人投資家が占める割合は、コールの取引において約8・5パーセント、プットの取引において約6・6パーセントにすぎない（甲1）。オプション取引をする個人投資家は、豊富な情報を基に株価指数やボラティリティを統計的に予測しながら取引を行っている機関投資家らと取引を行わなければならない」。

84)　**コメント**　適合性原則違反は不法行為となるという判断はそれまで下級審で積み重ねられてきた。本判決は、一般論としてこれを明示した初めての最高裁判決である。第3部第3章参照。

総額累計約1800億円に及ぶ取引（対象は、信用取引を含む株式取引、債券、投資信託、外国証券、ワラント、日経平均オプション、国債や株式の先物取引、CP、CDなど）をし、24億円強の損失となった事案。過当取引、断定的判断、適合性原則違反、説明義務違反を理由に、内金として14億3400万円の損害賠償請求を行い、一審は請求棄却、控訴審（東京高判平15・4・22判時1828号19頁）はこのうち日経平均オプションの売りについて、「利益がオプション価格の範囲内に限定されているにもかかわらず、原資産価格の変動の方向によっては、無限大あるいはそれに近い大きな損失を被るリスクを負担するというものであるから、そのようなリスクを限定し、あるいは回避するための知識、経験、能力を有しない者がこれを行うことは、極めて危険かつ不合理な取引であるというべきである」とした上で、オプションの売り取引を勧めてこれを行わせることは、特段の事情のない限り、適合性原則に違反するとして当該水産会社に対する同勧誘を適合性原則違反であるとして、1億2546万1981円の損害賠償を命じた（過失相殺5割）。証券会社が上告受理申立て。

【判旨】最高裁は、適合性原則違反が不法行為となることを明示し（「証券会社の担当者が顧客の意向と実情に反して、明らかに過大な危険を伴う取引を積極的に勧誘するなど、適合性の原則から著しく逸脱した証券取引の勧誘をしてこれを行わせたときは、当該行為は不法行為上も違法となると解するのが相当である」）、日経平均株価オプションの売り取引は、各種の証券取引の中でも極めてリスクの高い取引類型で、その取引適合性の程度も相当に高度なものが要求されるとしながら、当然に一般投資家の適合性を否定すべきものであるとはいえないとして、具体的適用においては適合性原則違反がないとして原審に差し戻した。助言義務等、他の争点について審理すべきであるという補足意見がある。

株オプ3 [85]　△東京地判平17・7・22（セレクト26巻223頁）
[日経平均オプション・泉証券・適合性原則違反]

【事案】組織的に適合性原則に違反する勧誘をしていたことで処分された泉証券の日経平均オプションに関する事件。40代男性が、泉証券外務員に勧誘されてオプ損取引を開始し、1年余の間に722回の取引が行われ3183万円余の損失が発生し手数料は2500万円に達した事案。

【判旨】判決は、適合性原則違反ないし説明義務違反の違法が認められるとし

562　第4部　金融商品取引に関する裁判例

て、泉証券を承継したSMBCフレンド証券に不法行為（使用者責任）に基づく
損害賠償を命じた（過失相殺5割）。

[株オプ4] [86]　△大阪地判平25・4・22（セレクト45巻99頁）
　　［日経平均オプション・あかつき証券・差損金請求・適合性原則違反・説明義務違反］

【事案】投資経験のない男性が、G証券のAから勧誘されて日経平均オプショ
ン取引を開始し、Aがあかつき証券に転職したのに伴い、あかつき証券に口座
を開いて日経平均オプション売り取引を行っていたところ、東日本大震災後の
同指数下落により多額の損失が生じ、あかつき証券から差損金請求をした事案。
【判旨】判決は、投資経験のほとんどない顧客にオプション売り取引を勧誘し
たことについて、適合性原則違反、説明義務違反があったとして、証券会社の
差損金請求の8割を排斥した（不法行為に基づく損害賠償請求を8割認容して相
殺）。

---

85)　[コメント]　泉証券は、2003（平成15）年4月以降、日経225オプション取引の顧客へ
の勧誘を全店で推進する旨の計画を策定し、取締役社長以下経営陣主導の下に、顧客へ
のオプション取引の勧誘を積極的に行わせ、複数の営業員が、①生計を主に年金収入に
頼っており、当該オプション取引を開始するまでは投資信託や債券の取引を主体とし、
株式の信用取引の取引経験すらなく、オプション取引の基本的な仕組みを理解していな
い複数の顧客に対して、オプション取引の仕組みやリスクを十分に説明して理解させな
いまま、②オプション取引の対象銘柄、数量、売買の別をすべて営業員が提案し、顧客
が無条件にこれを受け入れるという営業員主導の態様で、顧客の財産に比して大きな数
量の建玉のオプションの売り取引を短期間に繰り返して行うなどの取引を勧誘し、その
結果、これらの顧客に多額の損失を発生させたとして、適合性原則違反を理由に、2004
（平成16）年3月5日、証券取引等監視委員会は、内閣総理大臣および金融庁長官に対
して、金融庁設置法20条1項の規定に基づき、行政処分を行うよう勧告し、金融庁は、
2004年3月12日、泉証券に対し、証券取引法56条1項に基づき、業務停止命令と業務改
善命令を行った。
　　泉証券は、その後、SMBCフレンド証券と合併し、SMBCフレンド証券は2018（平
成30）年にSMBC日興証券と合併して消滅した。
86)　[コメント]　このケースと同じパターンで損失を被った顧客に対する差損金請求事件
は多数あり、この判決とは逆に、不法行為にはならないとして差損金請求をそのまま認
容した判決も複数公表されている。

株オプ4～6   563

株オプ5[87]   △東京地判平26・5・15（セレクト48巻205頁）（控訴審和解）
［日経平均オプション・あかつき証券・差損金請求・適合性原則違反・説明義務違反］

【事案】30代男性がG証券のAから勧誘されて日経平均オプション取引を開始し、Aがあかつき証券に転職したのに伴い、あかつき証券に口座を開いて日経平均オプション取引を開始し、2011（平成23）年3月11日の東日本大震災直後の3月14日に決済と新規を行ったところ証拠金が暴騰して追証となり、3月15日に日経平均オプション売り取引（ショートストラングル）を行ったところ、証拠金1500万円のところ4000万円の損失を出して差損金2600万円を証券会社が立替払いしたとして請求した事案（顧客は反訴）。

【判旨】判決は、適合性原則違反、説明義務違反の不法行為（過失相殺5割）となるとしながら、立替払請求権と損害賠償請求権を相殺せずに、信義則を理由に、相殺したのと同額の金額まで立替払請求権を制限し、500万円弱の支払を命じた。控訴審で和解（減額して分割払い）。

株オプ6   △東京地判平29・5・26（金判1534号42頁）
［資産家父娘・日経平均オプション・ロールオーバー・債務不履行・適合性原則違反］

【事案】60代男性（X1）とその娘2名（X2・X3）が、証券会社に勧誘されて日経225オプション取引をしたところ、2008（平成20）年のリーマン・ショック後の株価暴落で大きな損失を被った事案。X2・X3は、リーマン・ショック後間もない時点で、損失を埋めるとして勧誘された「ロールオーバー取引」でさらに大きな損失を被った。この「ロールオーバー取引」とは、日経平均株価が権利行使価格を下回る可能性のあるプットオプションの売り取引について損切りし、それより低い権利行使価格のプットオプションを大量に売りそのプレミアムで損失の穴埋めをするとともに、これにより建玉の上限を超えることとなるのでオプションの買いも行うという取引である。

【判旨】本件ロールオーバー取引は、それまでのオプション取引とは異質の取引であり、その取引特性と投資経験を総合すれば、X2・X3は本件ロールオー

87）**コメント** **株オプ4**と証券会社担当者が同じであり、それぞれの経過をみるとオプション取引のリスクの大きさが具体的にわかる。

564　第4部　金融商品取引に関する裁判例

バー取引を自己責任で行う適性を欠いていたので勧誘は適合性原則に違反する
とし、また、権利行使価格を下げることで安心を得ることができるという側面
のみを強調して説明を行い、500万円程度の損失の穴埋めをするためにいかな
るリスクを引き受けることになるのかについての具体的な説明を行わなかった
として説明義務違反を肯定し、さらに、本件ロールオーバー取引によるリスク
はX2・X3が自己責任で引き受けたリスクを明らかに超えるものであったから、
被告は本件ロールオーバー取引を勧誘したことで信義則上または委任契約上の
指導助言義務に違反したとして、結局、本件ロールオーバー取引の勧誘は、適
合性原則違反、説明義務違反、指導助言義務違反であり、X2・X3との間の本
件オプション取引に関する委任契約上の注意義務に違反し、不法行為責任また
は債務不履行責任を負うとした（X2過失相殺4割、X3過失相殺2割〔一部につき
6割〕）。X1については、請求棄却。

(3)　説明義務・助言義務違反

　日経平均オプション取引は、説明すればわかるとも限らないので、説明義
務で解決できない事件も多い。過大なリスクを負担することについての助言
義務も争点となる。請求認容判決として、「説明、指導・助言義務違反」の
事件（株オプ7）、「説明義務違反と過当取引」の事件（株オプ8）がある。

株オプ7　△大阪高判平17・12・21（セレクト27巻370頁）
　　　　　〔日経平均オプション・ロールオーバー・岡三証券・説明、指導・助言義務違反〕

【事案】株式取引経験のある60代男性が、岡三証券外務員から日経平均株価指
数オプションの売りを勧められてオプション取引を開始し、ロールオーバーの
手法を採ったものも含め、2年余の間に数十回にわたり日経平均オプションの
売りを勧められて承諾し、1200万円を超える損失が発生した事案。
【判旨】判決は、日経平均オプション取引につき、ロールオーバーの取引手法
の危険性を説明し、指導・助言すべき義務に違反したとして、棄却した原判決
を変更して、損害賠償を命じた（過失相殺8割）。

| 株オプ 8 |[88]　△大阪地判平19・11・16（セレクト30巻351頁）（控訴審和解）
［日経平均オプション・泉証券・説明義務違反・過当取引］

【事案】泉証券の日経平均オプション取引勧誘に関する事件。30代男性が、泉証券で株式取引を始めたところ、新興市場株の取得、株式やETFの信用取引などリスクの高い取引を勧められて応じた後、日経平均オプションを勧められ、イン・ザ・マネーのオプションの売りを中心に、7カ月余の間に大量の取引が行われ、3179万円余の損失となり、泉証券は手数料1577万円余を得た事案。

【判旨】判決は、適合性原則違反を否定し説明義務違反と過当取引を理由に不法行為の成立を認め、泉証券を承継したSMBCフレンド証券に対し損害賠償を命じた（過失相殺2割）。

6　為替デリバティブ

(1)　商品特性

　通貨オプション取引と通貨スワップ取引はデリバティブ取引の種類としては別物であるが、2004（平成16）年から2008（平成20）年にかけて銀行や証券会社が中小企業に勧誘したものは、どちらの形であれ損益図が同じになるものが多く[89]、この場合、通貨オプション取引であるか通貨スワップ取引であるかの区別に大きな意味がないため、社会現象の把握としては、あわせて、為替デリバティブ[90]といわれた。銀行等と顧客の情報格差が大きいことを利用して、顧客に著しく不利な条件の不公平な取引が提案され勧誘された[91]。条件を付けレバレッジをかけた複雑でリスクの大きいものが多く、それが著

---

88)　コメント　泉証券が日経平均オプションの勧誘に関し行政処分を受けたことについては、| 株オプ 3 |のコメント参照。

89)　スワップとオプション　　どちらでも同じものを作ることができる点をとりあげて、それにもかかわらず業法の勧誘規制が異なることの不合理を指摘したものとして、永野良佑「金融商品取引と自己責任(1)」金法1997号（2014年）42頁〜53頁。

90)　為替デリバティブは為替スワップとは異なる。為替スワップ取引は、直物為替の売買に先物為替の買売を組み合わせて行う取引であり、例えば100米ドルの直物為替を買う取引と100米ドルの先物為替を売り戻す取引を組み合わせて同時に行うという取引である。

91)　島義夫『中小企業の為替デリバティブ問題と投資家保護に関する考察』（玉川大学経営学部紀要、2012年）15頁〜32頁。

566　第4部　金融商品取引に関する裁判例

しく不利であることに気づかない顧客が、勧誘に応じて契約した。

　為替デリバティブの損益図は、プットオプションの売りの損益図またはそれに近い損益図（への字の右端を水平より少し上まで回転させて右線を短くした形や、折れ曲がっているところが切れて左線が下にずれているものなど）になるものが多い。2006（平成18）年当時は通貨オプション取引の勧誘は禁止されており（旧金先法76条4号。ただし施行規則23条6項でリスクヘッジの取引は例外的に許容されていた）、2007（平成19）年9月30日からはその一部である店頭通貨オプション取引の勧誘禁止が金融商品取引法に引き継がれた（38条3号〔後に4号に移動〕、施行令16条の4第1項）。そこで、これらの規制の適用を避けるために、①オプションではなくスワップを用いて、オプションと同様の損益図となるよう条件を付けた商品が作られ、勧誘されたり、②オプションの外形のまま、「外国為替取引業務を行う法人へのヘッジ取引の勧誘」を装ったりした。②では、輸出入を行っていない会社に勧誘していることが指摘されると、間接貿易を行う会社である（つまり、制作物の部材の中に別の会社が輸入品を加工したものが含まれるとか、極端な例では輸入した石油で発電された電気を用いて業務を行っている等）という弁解がなされた[92]。

　当時勧誘された為替デリバティブ商品の一例を掲げる。

ノッチクーポンスワップ取引　契約日2007年8月10日

・期間2007年8月14日〜2012年2月14日まで

・ノッチ条件　判定日（支払日5営業日前）の為替相場がノッチ条件判定為替相場を超える円安米ドル高となること

・ノッチ条件判定為替相場107.20円／米ドル

・顧客の銀行への支払

　　想定元本金額　23億6000万円

92）　そのため、2010年4月に監督指針が改正され、間接貿易を行っている会社であるとの弁解について次のような注記が追加された。「（注）不招請勧誘の禁止の例外とされている『外国貿易その他の外国為替取引に関する業務を行う法人』（金商業等府令第116条第2号）には、例えば、国内の建設業者が海外から材木を輸入するにあたって、海外の輸出者と直接取引を行うのではなく、国内の商社を通じて実態として輸出入を行う場合は含まれるが、単に国内の業者から輸入物の材木を仕入れる場合は含まれないことに留意する必要がある。」（金融商品取引業者等向け野総合的な監督指針Ⅳ-3-3-2勧誘・説明義務(5)⑤注、主要行向けの総合的な監督指針Ⅲ-3-3-1-2主な着眼点(2)①イf注）。

　　　　支払金額　ノッチ条件充足時　　なし

　　　　　　　　　　ノッチ条件未充足時　3148万5000円

　　　　支払日　2007年11月14日を初回とする毎年2月、5月、8月、11月の各

　　　　　　　　14日

・銀行の顧客への支払

　　　　想定元本金額　2000万米ドル

　　　　支払金額　ノッチ条件充足時　　67万5000円

　　　　　　　　　　ノッチ条件未充足時　30万米ドル

　　　　支払日　2007年11月14日を初回とする毎年2月、5月、8月、11月の各

　　　　　　　　14日

　（契約日午前9時の為替[93]）は117.94円／米ドル、フラット為替の予約レートは

　　107.97円）

　この取引はスワップ取引の形を採っているが、①為替予約取引（顧客は、各支払日に30万米ドル、予約レート104.95円のドル買い・円売りを為替予約〔為替先渡し取引〕）と②オプション取引（顧客は、ノッチ判定日を行使日、行使価格107.20円、30万米ドルのコールオプション〔ヨーロピアン〕を売却）に分解できる。この①②を合成すると、行使価格107.20円のプットオプションを売るのと同じ損益図になる。

　契約時点のこの取引の価値を金融業界の評価標準モデルで計算すると、顧客からみた時価は、マイナス1612万4599円となる（デリバティブ評価業務を行う株式会社アップフロントの評価による）。つまり、この為替デリバティブ契約をした時点で、顧客は1600万円余の損失を被り、銀行は同額の利益を計上したことになる。顧客は、このような不利な契約であることがわからず、銀行への信頼に依拠して契約に応ずることになったものである。一度契約すると何度も勧誘され、同じ中小企業が何本もこのような契約を抱えることがみられた。

　この例は最も単純なものであり、さらに複雑な、オプションにギャップ（オプション発生価格と権利行使価格が異なること）やレシオ（レバレッジ）の加工をした複雑なもの、オプションの買いと売りを組み合わせたものも勧誘された。

___

93)　過去の為替データは日本銀行の「時系列統計データ検索サイト」で検索できる。

568　第4部　金融商品取引に関する裁判例

(2)　為替デリバティブ事件[94]

　銀行等から、このような為替デリバティブ取引を勧誘されて取引をした中小企業が、2008（平成20）年1月～2016（平成28）年8月の間に181社倒産したという[95]。2010（平成22）年4月20日の参議院財政金融委員会では、みずほ銀行が顧客中小企業に不利な通貨オプション取引を勧めて被害を発生させている問題が、追及されている[96]。勧誘主体は銀行が多いが、証券会社の場合もある。金融庁も調査して結果を公表した[97]。

　通貨オプションの形を採ったものは、オプションの売りと買いをそれぞれ大量に組み合わせたセットであり、例えば10年間、毎月オプションの売りと買いを行うセットでは、合計240回のオプション取引を1回の意思表示で決めてしまうことになる。オプション売りの対価の合計とオプション買いの対価の合計を同額として取引時の受払いをゼロとしたゼロコスト・オプションが多い。この場合、オプション料（プレミアム）の設定が顧客に著しく不利な極めて不公平なものであるが、ゼロコストとして当初の支払を不要としたため、コストに注意が向かず、条件の不公平さに気づかない顧客が取引を承諾した[98]。

　通貨スワップの形を採ったもの（クーポンスワップも通貨スワップ取引の一種）は、通貨スワップ取引のセットであり、例えば10年間、毎月スワップ取引を

---

94)　為替デリバティブ事件とヘッジ取引との関係は第3部第2章第3節2(7)参照。
　　　韓国でも、銀行が中小企業に通貨のゼロコスト・オプション（KIKO取引）を勧誘したケースが紛争になり、多数の判決が出された。韓国では、銀行が中小企業にゼロコスト・オプションを勧誘した事件が2008年に表面化し、商品性が問題とされて多数の仮処分（契約の効力停止）が先行した後、2010年に棄却判決が出され、2011年になってからは、請求の2割～5割を認容する下級審判決、2012年8月日には請求の6割～7割を賠償するよう命じた判決が出されるなどし、2013年には多くの事件が最高裁に係属した。そのうち3件について2013年7月18日に期日が開かれ、同年9月26日の複数の判決では、いずれもマイナスの市場価値の説明義務は否定した（具体的な結論は事案により異なる）。
95)　帝国データバンク「為替変動時の倒産動向調査」（2016年9月8日）。
96)　http://kokkai.ndl.go.jp/SENTAKU/sangiin/174/0060/17404200060010a.html
97)　金融庁「中小企業向け為替デリバティブ取引状況（米ドル／円）に関する調査の結果について（速報値）」（2011年3月11日）（http://www.fsa.go.jp/news/22/ginkou/20110311-2.html）。内容については第3部第2章の注25）参照。
98)　【ゼロコスト・オプション】〔参考文献〕渡辺信一「『為替デリバティブが企業経営に及ぼすリスク』について考える」（2011年1月）（http://www.ose.or.jp/f/research_reports/159/reports/rerk1101.pdf）。

行うセットでは、120回のスワップ取引を1回の意思表示で決めてしまうことになる。スワップには条件が付けられており、上記例のように損益図がプットオプションの売りと同じになるものもあるし、それに類似した形になるものも多い。店頭オプション取引について不招請の勧誘が原則として禁止されていたため、スワップの形にして規制を潜脱したものということができる。

この取引の紛争は、主としてADR（全国銀行協会、証券・金融商品あっせん相談センター[99]〔FINMAC[100]〕）のあっせん手続で処理された。相当数の訴訟も提起された。

特に銀行に勧誘されて為替デリバティブ契約をした中小企業は、訴訟ではなく全国銀行協会のADR手続を選んだ。その理由は、①もともと当該銀行の取引先であり、当該銀行から借入があるため、為替デリバティブ取引による支払を停止して訴訟を提起すると借入金の返済を迫られるおそれがあるなど訴訟を選択しにくい事情があること、②5年とか10年など長期間拘束される為替デリバティブ契約をして契約後2年、3年と経過して想定外の支払が累積して余力がなくなってきたところで解決に向かって動き出すので、その時点ではさらに1年、2年と時間をかけて訴訟をする余力がなくなっていること、③全銀協では、国会での問題点指摘を背景として金融庁が解決状況を注視していたため、相応の解決案に銀行も応諾する傾向にあるのに対し、訴訟では、結果が見通しにくいことなどである。

(3) 適合性原則違反

まず金融ADRの解決を紹介する。金融ADRでは、為替デリバティブ事件は、適合性原則違反を問題として、あっせんによる和解が進められてきた[101]。

(a) 全国銀行協会

銀行が関わったものは、全国銀行協会に多数のあっせん申立てがなされた。解決例は相当多数に上る。申立件数は、2011（平成23）年度に急増し、2012（平成24）年度（2012年4月～2013〔平成25〕年3月）にはピークとなり、申立件数805件のうち6割余の512件は為替デリバティブ取引に関するものであった。

---

99) 初期には、この事実上の前身である日本証券業協会、金融先物取引業協会の各あっせん手続での解決例がみられた。
100) Financial Instruments Mediation Assistance Center の頭文字の略称。
101) この位置づけについては、第3部第3章「適合性原則」参照。

為替デリバティブ取引に関する申立ては、2012年1月〜3月に240件であったのに対し、2013年から急減し2013年4月〜6月は81件と3分の1になり、2017（平成29）年度は年間で2件に減少した。問題ケースはすでに相当数申し立てられたこと、2012年末から大幅に円安となったこと、新たな勧誘が自粛されたことなどによると思われる。

全国銀行協会のあっせん手続では、為替デリバティブに関する紛争については、適合性原則の視点から、為替リスクヘッジ需要があったか、リスクヘッジ効果のある内容であったか、過大なヘッジとなる量ではないか、顧客企業の商流はどうかなどを把握して、1回の手続で、残存取引のマイナス評価を双方で負担させるあっせん案を示し終了している。銀行は基本的にはあっせん案を応諾するため（銀行が応諾するようなあっせん案を出すため）、顧客側の中小企業が負担額を捻出可能でかつあっせん案に応諾する場合は解決した。双方が異なる主張をすることもあって、勧誘経過はあっせん案にはほとんど反映されない。

(b) 日本証券業協会、証券・金融商品あっせん相談センター

証券会社が関わった為替デリバティブ事件については、当初は日本証券業協会に、2010（平成22）年2月からは、証券・金融商品あっせん相談センター（以下「FINMAC」という）にあっせん申立てがなされた。

日本証券業協会のあっせん手続で、2009（平成21）年11月から12月にかけて、為替デリバティブに関し3件の解決例がある。申立人は財団法人や組合であり、いずれも内規でリスク取引が制限されていることから、適合性原則違反と判断され、損害38億円に対し19億円、55億円に対し48億円、30億円に対し22億円と、高率、高額の和解金が支払われた。

組織を変えてFINMACになってからは、2011年になって為替デリバティブのうち通貨オプションのあっせん申立てが急増したため、同年末に追加手数料を設けた[102]。翌年は年間数百件となったが、年末から減少し、最近は激減してほとんどなくなっている。FINMACのあっせん手続でも、為替デリバティブに関する紛争については、適合性原則の視点からの把握が中心で

---

102) 開催期日1回当たりの利用負担金を、業務規程第6条の3に定める額に5万円（あっせんが東京、大阪以外の場所で開催される場合は10万円）を加算した。FINMAC『通貨オプションに係る協定事業者のあっせん利用負担金の特例に関する規則』の制定について」（2011年12月26日）参照。

ある。１回の手続であっせん案を示し終了している。

　（c）　訴訟

　為替デリバティブ事件で、適合性原則違反を理由に損害賠償を命じた判決
は把握されていない。

（4）　説明義務違反・公序良俗違反

　担保の説明義務（為デリ1）、解約料の説明義務（為デリ2）、想定最大損失
の説明義務（為デリ3）、時価評価額に関する説明義務（為デリ4）に関する裁
判例がある。そのほか、解約清算条項がある場合には、公序良俗違反が争点
となる（為デリ5など）。

為デリ1　△大阪地判平23・10・12（判時2134号75頁、セレクト41巻197頁）
　　　　　（控訴審和解）
　　　　［輸入卸会社・通貨オプションセット・SMBC日興証券・追加担保説明義務違反］

【事案】　輸入卸会社Ａ社が、SMBC日興証券（契約時は前身の別会社）従業員か
ら豪ドル通貨オプション（Ａ社がコールを10億豪ドル分買い、プットをその３倍で
ある30億豪ドル分売る組み合わせで３カ月ごとに５年間20回分）を勧誘されて2007
（平成19）年６月に契約し、これは７月にトリガー価格に達して消滅し、すぐ
に類似内容の２回目の契約をしたところ、豪ドル価格が下がり、口頭弁論終結
時に累積損失が4000万円余となった事案。契約時に資金のやり取りがないゼロ
コスト・オプションではなく、証券会社が顧客に差額名目で若干（200万円程
度）の支払をする形になっている。

【判旨】　判決は、通貨オプション契約に際し、担保の説明義務に違反したとし
て、勧誘した証券会社に対し、顧客である中小企業に損害賠償するよう命じた
（過失相殺７割）。

　「通貨オプション取引の際に必要となる担保は、最終的に通貨オプション取
引が全て終了し、その時点で顧客の証券会社に対する債務が存在しなければ、
全て顧客に返還されるものではあるが、通貨オプション取引が終了するか、豪
ドル相場が回復して担保返戻余力が生じるまでの間は、顧客はこれを自由に使
用することができず、特に原告のような事業者にとっては、運転資金として使
用する資産が減少するため、その不利益は重大である。また、顧客の予測に反
して多額の追加担保が発生し、一定の期間内にこれを差し入れることができな
ければ、通貨オプション取引そのものが強制決済になるというリスクがあるこ

とからすると、追加担保がどのような場合に、幾らくらい必要となるか（担保返戻余力がどのような場合に生ずるのかという点も含む。）は、顧客が通貨オプション取引を行うか否かを決定する際に重要な考慮要素となるというべきである。したがって、顧客に対して通貨オプション取引を勧誘しようとする証券会社ないしその従業員は、顧客に対して、単に追加担保が発生する可能性があるという抽象的な説明をするだけではなく、為替相場の変動とその場合に必要となる追加担保額を顧客が具体的にイメージできるようなシミュレーション等の資料を示すなどして、本件取引の必要担保金額の計算方法の仕組みや追加担保に伴うリスクをできる限り具体的に分かりやすく説明する義務を負うと解すべきである。」とし、本件においては、相場変動によって追加担保が必要となることがある点について一応の説明はあったものの、どの程度豪ドル相場が下落すればいくらくらいの追加担保が発生し、どのような場合に担保返戻余力が生ずるかといった説明は何ら行われていなかったとした。その上で、判決は、原告は、本件取引で必要となる担保に関し強い関心を有していたとして、損害との因果関係を肯定し、損害賠償を命じた（過失相殺 7 割）。

為デリ2　△大阪地判平24・2・24（判時2169号44頁）
[大阪産大・通貨スワップセット・野村證券・解約手数料説明義務違反]

【事案】大阪産業大学（以下「大阪産大」という）の理事長等は、野村證券から勧誘されて、2008（平成20）年 1 月、日本円と豪ドルを10年間にわたり毎月交換し、その差額を決済する、通貨スワップ取引の勧誘を受け、大阪産大は、同証券会社と、同年 1 月24日、デリバティブ取引基本契約とその基本契約に基づいた個別取引契約を締結した（本件取引）（その後、もう 1 本、同種取引あり）。文部科学省は、2009（平成21）年 1 月16日付けで、大阪産大を含む同省の管轄学校法人に対し、「学校法人における資産運用について（通知）」[103]と題する書面を送付し、デリバティブ等のリスクのある商品を学校法人の資産運用に組み込むことに警告を発するとともに、大阪産大に対し、資産運用の実態について説明を求め、説明をした理事長に対し、資産運用の内容を変更するよう促した。

---

103)　松元暢子「非営利組織の資産の運用に関するルール——大学の基金（endowment fund）を中心として」（2016年 5 月） 3 頁参照（http://www.jsda.or.jp/katsudou/matsumoto.pdf）。

大阪産大は、2009年3月、本件取引の解約の意思を被告に伝えたところ、同月27日、被告担当者から解約料として11億6270万円を請求され、同月31日に証券会社に支払った。2008年2月から2009年3月までの本件取引の各月度の損益を通算すると、大阪産大は328万円の損失（本件取引損失）であり、これと解約料の合計額11億6598万円の損失となったという事案。

【判旨】判決は、「解約料の発生を考慮した上で本件取引を行うかどうかを決定する判断材料を与えたとはいえず、中途解約の場合の解約手数料についての説明は、極めて不十分であった」として、説明義務違反による不法行為であるとして損害賠償を命じた（過失相殺8割）。

為デリ3　△大阪地判平24・4・25（セレクト42巻273頁）（控訴審和解）
[クーポンスワップセット・SMBC日興証券・想定最大損失額等説明義務違反]

【事案】商業施設内装業のA社が、SMBC日興証券（取引時は前身）の担当者から勧誘されて、豪ドル・円クーポンスワップ契約と仕組債の購入をしたところ、両者とも大きな損失となった事案。A社は訴訟提起後に破産したため、破産管財人が訴訟を承継した。

【判旨】判決は、仕組債については不法行為を否定し、クーポンスワップについては、販売資料のリスクに関する説明が具体性を欠くとした上、想定最大損失額の説明、追加担保が必要となる可能性があることの説明、中途解約が困難であることの説明がなされておらず、説明義務違反による不法行為であるとして損害賠償を命じた（過失相殺5割）。

為デリ4 [104]　△東京地判平24・9・11（判時2170号62頁）
　　　　　　△東京高判平26・3・20（金判1448号24頁）
[通貨スワップセット・クレディ・アグリコル・時価評価額説明義務]

【事案】豊橋の建築会社である原告が、クレディ・アグリコル・コーポレート・アンド・インベストメント・バンク（被告銀行）とクレディ・アグリコル・セキュリティーズ・アジア・ピー・ヴィ（被告証券）から「通貨スワップによるコスト削減の御提案」と題する書類で勧誘されて、2007（平成19）年6月に、被告銀行との間で期間15年の複雑な米ドル／円の通貨スワップ契約をし、

574　第4部　金融商品取引に関する裁判例

その後2回のリストラクチャリングと称する関連取引を追加したところ、さらに不利な方向に市場が変化したため、被告銀行に対して解約精算金23億5000万円の支払をして中途解約し、大きな損失を被った事案。

【第一審判旨】 一審は「時価評価額が、被告銀行に対する担保の差入額の基準とされ、また、その取引の期間中に清算が行われるべき場合には通常その基準とされることからして、被告らにおいては、本件取引①の時価評価額について、その変動要素の具体的内容も含め、原告にその変動によるリスクの有無及び程度をも具体的に説明すべき義務を負っていた」ところ、この違反があるので不法行為になるとして損害賠償を命じた（過失相殺7割）。

【控訴審判旨】 控訴審は、時価評価額は、取引期間中に、担保提供という新たな支払義務を課す基準額となるとともに、その変化の程度が急激に甚大なものにもなりうるから、被告銀行、被告証券は、「信義則上、時価評価額について、本件取引に組み込まれた取引の仕組みのうちの重要な部分として、その理解力に応じた説明をする義務を負っていた」、具体的には「①時価評価額の変動要因（実勢為替レートの変動、ボラティリティ、日米の金利差等）と及び要因の変動の時価評価額への影響の程度や、②交換レートの反比例方式が他の取引要素（交換金額の増額、長期間の取引等）及び時価評価額の変動要素と相まって、時価評価額を大きく変動させることを具体的に説明する義務」を負い、その説明義務に違反したとして損害賠償を命じた（過失相殺6割）。プレーンバニラ金利スワップに関する最判平25・3・7 金利スワ2 の事案とは、取引内容やその難解度、想定される損失の程度等が大きく異なるとして、事案の相違を強調している。

104）　コメント　本判決は、時価評価額に関する説明義務を肯定した点で説明義務の対象を広げた判決と評されることがあるが、時価評価の変動要因は取引の仕組みそのものであるので、対象を広げたというよりは、基本的な説明事項の重要な部分の説明義務の違反があったと判断したものと位置づけられる。なお、渡辺宏之「判批」金判1448号2頁は、本判決が求める「ボラティリティの大きな変動が商品の時価評価に大きな影響を与える旨等の説明」が可能か疑問であるし十分な説明をしても顧客が理解できるか疑問であるから、「当該商品については、金融のプロでなければ商品性の十分な理解は困難であり、かつそれを十分に理解したプロはほぼ間違いなく契約しないであろうと思われるもので、この種の金融商品を販売・勧誘すること自体に甚だ問題がある。」としている。

為デリ5　575

為デリ5 [105]　×東京地判平25・4・16（判時2186号46頁）
　　　　　　　×東京高判平27・4・30（報道）

[駒澤大学・通貨スワップセット・ドイツ証券]

【事案】駒澤大学がドイツ証券から勧誘されて米ドル・円の通貨スワップ取引を提案され、2007（平成19）年7月24日、ISDAマスター契約およびスケジュールを締結し、同月31日、明細が記載されたコンファーメーションを交わした。この取引は、2007年7月から2026年5月までの間、毎月、あらかじめ定められた数量の通貨交換を行う取引であり、①駒澤大学がドイツ証券から米ドルにFX（各為替参照時における米ドルスポットレート）を乗じた円を受け取るとともに、②駒澤大学がドイツ証券に対し、あらかじめ定められた交換レートを乗じて算出される円を支払う（実際は差金決済）。この交換レートは、FXが83円以上のドル高のときは、1ドル当たり42.5円、FXが83円未満のドル安のときは、1ドル当たり83×（83÷FX）（交換レート上限は688.90円）、交換数量は、FXが83円以上のドル高のときは毎月20万米ドル、FXが83円未満のドル安のときは、毎月45万米ドルであった。

　その後、米ドル安となり、駒澤大学は、2008（平成20）年10月29日、本件取引を合意解約によって終了させ、解約精算金63億2000万円を支払った。本件解約合意のコンファーメーション（確認書）1項に「Termination」として清算免責条項が規定されていたという事案。

【第一審判旨】請求棄却。一審判決は、提訴に先立ち通貨スワップ取引を合意解約して清算金を支払っているが、その解約合意条項の中に清算条項（解約清算金の支払がなされたときは「義務及び責任は互いに終了させられ、免責され」「本書に規定される場合を除き、本書の他方当事者から自らに対し本件取引に基づきまたは関して、支払……又は金員の履行義務を負うものではない」ことを確認する条項）

105）　コメント　本件は、デリバティブ取引と賭博との関係が正面から問題となった事案であり、一審はデリバティブ取引が公序良俗違反となる基準を設けた（控訴審は結論としてこれを否定していないものと思われる）。この基準には異論があるが、仮にこの基準を前提としても、その当てはめには疑問がある。本件取引が「経済取引としての相当性」があるとは思えないし、「取引が行われること自体に社会的意義」があるとも思えない。なお、公序良俗に違反するとすると、不法原因給付の問題が生じるが、顧客は賭博性の認識を持っておらず、違法性は金融機関側に一方的にあるケースといえるので、不当利得返還義務は否定されない。

576 第4部 金融商品取引に関する裁判例

があって、それにより損害賠償請求権も不当利得返還請求権も清算済みである
として、請求を棄却した。なお、公序良俗違反の主張に対しては、「当事者の
リスク算定が客観的に困難であるなど、取引自体が経済取引としての相当性を
明白に逸脱し、およそそのような取引が行われること自体に社会的意義を見出
しがたいような場合に限られる」とし、取引を行うことについての経済的な正
当性や社会的な相当性が示されることが必要であるとした神田秀樹教授意見書、
経済的合理性を有する取引とは評価し難いとして公序良俗に違反するとした弥
永真生教授の意見書中この認定に反する部分は採用できないとして、公序良俗
違反も否定している。

【控訴審判旨】原判決を維持して控訴棄却した。

為デリ6 ×東京地判平27・1・30（資料商事373号70頁）
[駒澤大学・クーポンスワップセット・パリバ証券]

【事案】駒澤大学がBNPパリバ証券から勧誘されて2007（平成19）年7月24日、
FX参照型米ドル為替予約取引、2008（平成20）年6月20日、FX参照型豪ドル
クーポンスワップ取引（いずれも期間15年であり、外貨が特定の値より安くなると
取引量が3倍になる内容となっている）の契約を締結し、その後解約して、解約
清算金として76億6500万円を支払って取引を終了した事案。

【判旨】請求棄却。判決は、違法な勧誘はなかったし、そもそも損害賠償請求
権、不当利得返還請求権を放棄する合意があるとした。「本件各取引は公序良
俗に反するものではなく、同取引についての被告ビー・エヌ・ピーの担当者に
よる原告への勧誘行為には、適合性原則違反、説明義務違反がいずれも認めら
れないから、原告の請求は理由がないが、念のため被告の主張する清算合意に
ついても検討する」として「本件各取引について、原告と被告ビー・エヌ・ピ
ーとの間で、本件各取引によって原告に生じた損失について、被告ビー・エ
ヌ・ピーを免除又は免責する旨が合意され、原告は、本件各取引に係る被告ビ
ー・エヌ・ピーに対する損害賠償請求権、不当利得返還請求権を放棄したこと
が認められる。」と合意の有効性を承認し、「この点からも、原告の被告ビー・
エヌ・ピーに対する本件各取引を理由とする不当利得返還請求及び損害賠償請
求は理由がない。」とした。

為デリ6～8 577

為デリ7 [106) ×東京地判平27・5・21（2015WLJPCA05218002）
[駒澤大学・通貨スワップセット・UBS]

【事案】駒澤大学がUBS証券から勧誘されて2008（平成20）年2月27日、その関連会社と期間15年の通貨スワップ（豪ドル・円）（ノックアウト条項、コール条項付）を契約したところ、円高となり、追加担保を求められ応じてきたがさらに追加担保が必要となることをおそれ、2008年10月29日に解約し、UBS証券関連会社に14億7000万円を支払ったという事案。
【判旨】請求棄却。判決は、契約の公序良俗違反無効、適合性原則違反または説明義務違反による不法行為のいずれも否定した。マイナスの時価評価の説明義務については、取引の構築にコストを要しているのであるから必然的に取引開始時点における時価評価は原告にとってマイナスになるとした上、説明義務の対象となるかは明言しないまま、契約時に時価評価がマイナス4億円であったことは説明され、原告は認識したと認定した。14億7000万円の解約金については、契約時に示されたシミュレーションの範囲内であるとした。オプションの説明義務については、経済的にみてオプションの売り取引の性質を有すると評価することは必ずしも不可能でないとしても、このような本件取引の一部分のみを捉えて本件取引の実態をオプションの売り取引と評価するのは到底正当なものとはいえないとし、本件契約締結にあたり、オプション売り取引に関する種々のリスク等を説明する義務はないとした。

為デリ8]107) ×東京地判平27・5・19（2015WLJPCA05198005）
[愛知大学・通貨スワップセット・パリバ証券]

【事案】愛知大学がパリバ証券から勧誘されて①2007（平成19）年7月5日、

---

106) コメント 時価評価がマイナス4億円であることを理解した上で取引をしたのならば、大学の担当者の背任行為となるはずであるが、そのような動機や間接事実がまったく認定されておらず、この事実認定は極めて不自然である。
107) コメント 判示のうち「本件取引が通貨スワップ取引の一類型であることは上記2(3)のとおりであるから、本件取引がオプション取引であることを前提とした説明義務をいう原告の主張は、採用することができない。」という部分からは、本判決が、スワップでオプションと同じ損益図を作れることを理解した上での判断とは考えられず、デリバティブ取引に対する無理解がうかがわれる。

578　第4部　金融商品取引に関する裁判例

②2008（平成20）年1月10日に通貨スワップ（①米ドル・円スワップ、②豪ドル・円スワップ）を契約したところ、円高となったため①2008年11月6日、②2009（平成21）年3月18日にそれぞれ解約した結果、74億円の損失を被った事案。

【判旨】請求棄却。判決は、契約の公序良俗違反無効、適合性原則違反または説明義務違反による不法行為のいずれも否定した。

7　金利スワップ

(1)　商品特性

　金利スワップ取引は、銀行が日常業務の1つとして頻繁に行っている取引であるが、この取引を顧客に勧誘すると、問題が発生する。想定元本を数億円と決めて、変動金利と固定金利の交換を5年とか7年とか長期間行う契約が勧誘された。情報格差、交渉力格差があまりにも大きく、銀行がその気になると銀行に有利で顧客に不利な取引が容易に可能となる。次に紹介するSMBC金利スワップ事件がその典型例である。

(2)　行政処分と規制

　三井住友銀行が顧客企業に金利スワップ取引を勧誘して締結した行為が問題とされた。

　三井住友銀行は、2005（平成17）年12月26日、2002（平成14）年から2004（平成16）年までの間に販売に取り組んだ金利スワップ商品4件について、公正取引委員会から独占禁止法19条（優越的地位の濫用）の規定に違反するものとして具体的に指摘されこれを応諾し、同法48条4項に基づく勧告審決を受けた。

　三井住友銀行は、2006（平成18）年4月27日には、金融庁から、銀行法26条1項に基づく業務停止命令[108]（(1)法人営業部における金利系デリバティブ商品〔組込商品を含む〕に係る販売業務〔提案・勧誘を含む〕を、2006年5月15日〔月〕から同年11月14日〔火〕までの間、停止すること〔当該法人営業部における既存顧客より当該商品購入に係る自発的かつ合理的な意思表示があり、かつ、そのような意思表示であることが客観的に認められる場合を除く〕。(2)法人営業部の新設を、2006年5月15日〔月〕か

---

108)　https://www.fsa.go.jp/news/newsj/17/ginkou/20060427-5.html

ら2007〔平成19〕年５月14日〔月〕までの間、行わないこと。……⑸上記⑶および⑷に係る業務の改善計画を2006年６月２日〔金〕までに提出し、直ちに実行すること。⑹上記⑸の実行後、当該業務の改善計画の実施完了までの間、2006年８月末を第１回目とし、以後、３カ月ごとに計画等の進捗・実施および改善状況をとりまとめ、翌月15日までに報告すること。）を受けた。

さらに、銀行法24条１項に基づく報告命令に対する三井住友銀行からの報告[109]によると、公正取引委員会から指摘された上記４件に加え、同行法人営業部で2001（平成13）年度から2004年度の間に販売に取り組んだ金利スワップ商品を中心として優越的地位の濫用事案（懸念事案を含む）が少なからず認められ、また、金販法上の説明責任を含む法的責任懸念事案も多数認められたということである[110]。この関連では、訴訟も複数提起された。

このような事件や為替デリバティブ事件の発生を受け、金融庁は、2010年（平成22）４月16日、銀行や証券会社に対する監督指針につき、金融デリバティブ取引に関する顧客への説明体制および相談苦情処理機能の強化を求める方向で改正した。「主要行向けの総合的な監督指針」「中小・地域金融機関向けの総合的な監督指針」「金融商品取引業者等向けの総合的な監督指針」の３つである[111]。

(3) 説明義務違反

金利スワップ取引について、勧誘した証券会社に、説明義務違反を理由に損害賠償を命じた判決がある（⦅金利スワ１⦆）。そのほかに、福岡高裁の２判決が、通常の説明はなされている事案について取引の不合理性に切り込んで説明義務を設定し、説明義務違反としたが、最高裁は必要な説明はされていたとして、破棄自判した（⦅金利スワ２⦆⦅金利スワ３⦆）。

---

109) http://www.smbc.co.jp/news/pdf/j20060427_01.pdf
110) この件の問題点を、具体的スワップ契約を分析した上で指摘したものとして、吉本佳生「三井住友銀行による金利スワップ販売事件の問題点――銀行側が得た利益は、適正な範囲内のものであったか？」南山経済研究2007年３月号359頁～405頁。
111) 詳細は、松尾直彦「金融機関のデリバティブ取引の販売・勧誘態勢の強化――監督指針の改正（４月16日）を踏まえて」金法1898号（2010年）78頁～87頁参照。

580 第4部 金融商品取引に関する裁判例

[金利スワ1] △東京地判平21・3・31（判時2060号102頁）[112]
（控訴審和解）[113]
［一部上場子会社・金利スワップ・メリルリンチ日本証券・不備書面］

【事案】一部上場企業の子会社が、メリルリンチ日本証券の従業員から、金利
スワップ取引を勧誘されて応じたところ、多額の損失が発生したという事案。
【判旨】判決は、適切な記載のある分析表を交付することなく、不十分なシミ
ュレーション表、説明書を交付して勧誘したことが、説明義務違反で不法行為
になるとして、勧誘した証券会社に損害賠償を命じた。

[金利スワ2][114] 最判平25・3・7（判時2185号64頁）[115]（破棄自判・請求棄却）
［プレーンバニラ金利スワップ①・三井住友銀行］

【事案】パチンコ店、ビジネスホテル、レストランを経営する地方の中堅企業
A社（三井住友銀行から変動金利で1億5000万円借入れあり）に対し、三井住友銀
行が変動金利（3カ月TIBOR）と固定金利を交換する取引を勧誘。A社は先ス
タート型（1年後）を選び2004（平成16）年3月に契約。想定元本3億円、期
間6年、固定金利年2.445％。A社は金利支払が増えて騙されたと思うように
なり、提訴した事案。一審は全面棄却となり控訴。控訴審（福岡高判平23・
4・27①セレクト40巻100頁、金判1369号25頁、木村真生子・百選60頁）は、専門的
性質の契約を勧誘する場合は内容が正当でないと不公正であり、本件の説明は
不十分、契約にリスクヘッジ効果がなく、合理性がない、説明義務違反は重大
であり、信義則違反で契約は無効・説明義務違反で不法行為であるとして請求
の一部を認容した（過失相殺4割）。
【判旨】破棄自判。請求棄却。「本件取引は、将来の金利変動の予測が当たるか
否かのみによって結果の有利不利が左右されるものであって、その基本的な構

---

112)　吉井啓子・百選56頁。
113)　http://ke.kabupro.jp/tsp/20100615/140120100615036834.pdf
114)　[コメント] 一般論の展開はまったくなく、本件のプレーンバニラ金利スワップ取引
　　に限定された事例判決と位置づけられる。
115)　評釈として、青木浩子・NBL1005号30頁、川地宏行・現代消費者法20号69頁、加藤
　　新太郎・金判1431号8頁、天谷知子・ジュリ1459号123頁など。

造ないし原理自体は単純で、少なくとも企業経営者であれば、その理解は一般に困難なものではないはずで、当該企業に対して契約締結のリスクを負わせることに何ら問題のないものである。」として商品特性の問題を否定し、「上告人は、被上告人に対し、本件取引の基本的な仕組みや、契約上設定された変動金利及び固定金利について説明するとともに、変動金利が一定の利率を上回らなければ、融資における金利の支払いよりも多額の金利を支払うリスクを説明したというのであり、基本的に説明義務を尽くしたものということができる。」として原判決の一部を破棄して請求棄却とした。なお、承諾を得て中途解約する場合の清算金の具体的な算定方法、先スタート型とスポットスタート型の利害得失、固定金利の水準が妥当な範囲内にあるか否か、については説明義務がないとした。

金利スワ3 最判平25・3・26（判時2185号67頁）（破棄自判・請求棄却）
[プレーンバニラ金利スワップ②・三井住友銀行]

【事案】足場工事等を行う会社B社に対し、三井住友銀行が変動金利と固定金利を交換する取引を勧誘。2003（平成15）年7月、想定元本4億円で1年後から5年間の金利スワップ契約（契約1）、2004（平成16）年6月、想定元本5000万円で1年後から5年間の金利スワップ契約（契約2）。2005（平成17）年10月、B社は同銀行から4億円を借り入れ建築足場材につき集合動産担保契約を締結。B社は金利を余分に払い続けることとなって、訴訟提起した事案。一審は契約2につき金販法違反があったとして「不法行為による損害賠償として」一部賠償を命じ、双方控訴。控訴審では銀行が契約1、2に基づく約定受払金の支払を求める反訴を提起した。控訴審（福岡高判平23・4・27②セレクト40巻164頁〔控訴人代理人、被控訴人、裁判所は①と共通〕）は、基本的には **金利スワ2** の原判決と同旨の内容で一部認容。過失相殺4割も同じ。
【判旨】これに対し最高裁は、小法廷は異なるが、**金利スワ2** とほぼ同旨の内容で、請求を棄却した。

---

(4) その他

金利スワップ取引に関する損害賠償請求事件で、一審段階で訴訟上の和解が成立したケースは多数あると思われる（東京地裁だけでも複数把握されている）。

582　第4部　金融商品取引に関する裁判例

(5)　海外の状況

金利デリバティブについては、英国でも、銀行が中小企業に不当な条件の契約を勧誘して問題となり、FSA が乗り出して抜本的な解決を行った[116]。ドイツでは訴訟が行われ、損害賠償を命じた連邦裁判所判決がある[117]。

8　仕組商品[118]（仕組債、仕組預金、仕組投信など）

(1)　第1次仕組商品被害（1999〔平成11〕年～2000〔平成12〕年）

(a)　この時期の仕組商品の商品特性

1998（平成10）年12月、金融システム改革法による規制緩和（日本版ビッグバン）が行われ、日本で個人にも仕組債が販売されるようになった[119]。

1999年から2000年にかけて、EB（他社株式償還条項付社債）や株価指数リンク債などの仕組債が、公募により個人顧客に数十万円ないし数百万円という

---

116)　【金利スワップ】英国の金利デリバティブ事件　　英国では、大銀行が中小企業に金利スワップ、キャップ、カラー、仕組カラーなどの金利デリバティブ取引を勧誘した事件で、2012年に FSA が乗り出し、被害救済と販売禁止など、抜本的な解決に取り組んできた。FCA がこれを引き継ぎ、バークレイズ、HSBC、RBS、ロイズ銀行など大銀行を含んだ銀行9社から顧客1万8200社に解決案を通知させ（そのうち①金銭的補償申込み1万4700社、②規則に則った販売であったことまたは顧客に損失がないことの確認3500社）、2016年11月4日までに、①に対し顧客企業のうち1万3900社がその補償案を承諾し、22億ポンドが補償金として支払われた（https://www.fca.org.uk/consumers/interest-rate-hedging-products）。

117)　【金利スワップ】ドイツの金利スワップ事件　　ドイツでも、銀行が企業に多様な金利スワップを勧誘し、紛争となったが、英国と異なり、集団的解決は実施されず、個別訴訟が行われた。ドイツ連邦裁判所判決2011・3・22（BGHUeteil vom 22. März 2011–XI ZR 33/10）は、企業に対し CMS Spred Ladder Swap について投資助言をした銀行に対し、顧客企業と利益相反の立場に立つことを根拠に、マイナスの市場価値の説明義務に違反したとして損害賠償を命じた（http://juris.bundesgerichtshof.de/cgi-bin/rechtsprechung/document.py?Gericht=bgh&Art=en&Datum=Aktuell&nr=55748&linked=urt&Blank=1&file=dokument.pdf）。

評釈として、山下友信「事業者に対する複雑なデリバティブ取引の勧誘と金融商品取引業者等の責任——2011年ドイツ連邦通常裁判所判決を素材とした一考察」石川正先生古稀記念『経済社会と法の役割』（商事法務、2013年）913頁。

なお、その後、顧客の銀行とスワップ取引相手が異なる場合は、マイナスの市場価値の説明義務はないとするドイツ連邦裁判所判決2015・1・20（file no. XI ZR 316/13）が出ているが、これは別の銀行との通貨スワップ取引に関する助言を問題としたものであって、相当事実関係が異なる（http://www.allenovery.com/publications/en-gb/Pages/German-Federal-Court-of-Justice-limits-banks-disclosure-obligations-in-connection-with-swap-transactions.aspx）。

額で販売された（第1次仕組商品被害。以下「第1次被害」という）。当時一般投資者に販売された仕組債はこの2種類がほとんどであり、しかもその構造は種類ごとにほとんど同じであった。

いずれもデリバティブの一種である「オプション」の売りを組み込んだ複雑な仕組みのものである上、株価水準により償還内容が変わるので株価操作の誘惑が業者側にあるなど、業者側と顧客の利害が対立する構造であることや、価格（金利設定）が消費者に不利であっても消費者には判断する術がないなど、問題のある金融商品である。これらの取引の勧誘に問題があったとして訴訟が相次ぎ、損害賠償を命ずる判決も出され、EBなどに絡む不祥事が表面化して[120]、市況の変化もあり仕組債の販売は急激に減少した。

この時期のEBは、後述の第2次仕組商品被害におけるEBと比較すると相当単純な構造であった。すなわち、固定金利で期間も数カ月と短く、デリ

---

118) 【仕組商品】〔参考文献〕本書旧版（第3版）（末尾参考文献）にデリバティブ取引と仕組商品の商品特性、問題の所在、法律、判例等について120頁ほど解説しており、デリバティブ取引問題、仕組商品問題の全体像を把握できる。その後の状況も踏まえたさらに新しいものとしては、桜井健夫「デリバティブ商品の消費者問題」消費者法ニュース95号・97号・98号・99号・102号、同「仕組商品被害救済の実務」現代消費者法18号（2013年3月）79頁、同「市場から見た仕組商品訴訟」現代法学26号（2014年2月）135頁（http://repository.tku.ac.jp/dspace/bitstream/11150/6434/1/genhou26-08.pdf）など。

商品特性については、山崎元：ダイヤモンドオンライン「詐欺的商品『EB』の個人向け販売は禁止すべき」（http://diamond.jp/articles/-/12305）（2011年7月11日）、同：現代ビジネス「複雑な条件設定は、売り手が買い手を騙すためのもの。必然性のないデリバティブ取引を駆逐しよう!!」（http://zasshi.news.yahoo.co.jp/article?a=20120711-00000001-gendaibiz-bus_all）などで、専門的立場から率直な指摘をしており、参考になる。島義夫『ハイリスク金融仕組商品の販売を支える背景と投資家保護』玉川大学経営学部紀要論叢16号（2011年）は、元金融機関勤務の経験から背景と問題点を指摘している。吉本佳生「多様な金融商品の登場と問題点」『金融・投資教育のススメ』第2章（2012年）は仕組商品の構造を解説して問題点を指摘している。

119) 【仕組債】歴史　仕組債が1990年代に金融機関の粉飾決算に使われて問題となったことおよびその後の変遷については山崎元「仕組み債がたどった道を振り返る」（http://diamond.jp/articles/-/15282）（2011年12月12日）ダイヤモンドオンラインに簡潔に紹介されている。

120) EBに関する処分　EBは、対象株価水準により償還内容が変わるので株価操作の誘惑が業者側にある。EBに絡んだ証券会社の不正行為につき、証券取引等監視委員会による勧告が続いた（証券取引等監視委員会『証券取引等監視委員会の活動状況』〔2001年8月〕197頁ほか、〔2002年9月〕174頁、〔2003年8月〕179頁ほか、〔2004年8月〕175頁）。

バティブの一種である「株式オプション」売りの条件が外債の元本償還に組み込まれて元本のみが対象株価水準の影響を受け、償還内容が円通貨になったり対象株式になったりするものであった（和光証券編『エクイティ・デリバティブのすべてⅠ』〔東洋経済、2000年〕199頁以下参照）。対象株式も1銘柄である。

　同様に、この時期の株価指数リンク債も、後述の第2次仕組商品被害における株価指数リンク債と比較すると相当単純な構造であった。すなわち、固定金利で期間も数カ月と短く、株価指数オプション売りの条件が外債の元本償還に組み込まれて元本のみが株価指数の影響を受け、一定割合以上低下したら償還額がその程度に応じて減額となるものであった（和光証券編・前掲243頁以下参照）。用いられた株価指数は日経平均株価指数のみであった。

　第1次被害におけるEBに関する判決、株価指数リンク債に関する判決を概観すると、その時期の単純な構造のEB、その時期の単純な構造の株価指数リンク債のいずれも、通常の証券と比較すると著しく複雑で理解が難しいので、判決には、商品の複雑性を理由に、詳細な説明義務を設定してその違反をいうものや、適合性原則に違反するとして請求を認容したものがある。他方で、商品特性に踏み込まずに、償還条件が伝えられたので説明義務違反はないとして請求を棄却した判決も多数ある。

　(b)　【第1次被害：EB】判決

　この時期のEB取引について損害賠償を命じた判決として①大阪地判平15・11・4（**仕組債A1**）、②大阪地判平16・5・28セレクト24巻163頁（確定）、③名古屋地判平17・8・10セレクト26巻181頁（控訴審和解）、④大阪地判平18・3・24判時1925号128頁、セレクト27巻303頁（控訴審和解）、⑤東京地判平18・6・7セレクト29巻1頁（控訴審である東京高判平19・5・30セレクト29巻54頁では株式を中心としたより幅広い取引につき適合性原則違反が認定されEBはその判断の中に吸収）、⑥福井地判平19・3・23セレクト33巻305頁（名古屋高金沢支判平19・9・26セレクト33巻324頁で維持）、⑦大阪地判平19・11・16セレクト31巻317頁（確定）、⑧大津地判平21・5・14セレクト35巻104頁（控訴審和解）がある。このうち①を紹介する。

仕組債A1[121]　△大阪地判平15・11・4（判時1844号97頁、セレクト23巻327頁）[122]（控訴審和解）［EB国際証券・リスク程度説明義務違反］

【事案】有限会社経営者の妻が夫名義と自分名義で国際証券担当者（女性）の

勧誘に依拠して取引を行ってきて、株取引は勧誘を受けての公募株買付および売却が各名義で各1回のみで、1996（平成8）年頃からは、担当者の勧誘により、外債（デュアルカレンシー債を含む）や日経平均リンク債、株式投信の取引も行われ、その後、担当者の勧誘により、2000（平成12）年2月7日にNTTドコモ株を対象株式とするEBが夫名義にて、同年9月26日には東芝株を対象株式とするEBが妻名義にて購入された。その後いずれも対象株式の株価が下落して株式償還となり、株価下落による損失を被ったという事案。

【判旨】判決は、EB購入者は株式プットオプションの売手と同様の危険を負担する地位に立つとした上で、EBには①リスクとリターンの非対称性（クーポンを上回る利益は得られない一方で、株価下落に応じた損失を被ること）、②損失の回避可能性の欠如（購入代金は前払い、クーポンは後払いなので、期間中に代金相当額やクーポンを運用できず、途中売却もできないため、購入者は、期限到来前に損失を回避する可能性がないこと）、③利害相反（株価変動度合いの大きい商品を設計すれば、業者が利益を得る確率が高まる一方、株価下落のリスクは購入者のみに帰属）といった特徴があることを指摘した。次に、「一般投資家にとっては、通常売却が容易でかつ元本割れがほとんどない円建ての社債のように見えるが、……一見しただけでは比較的安全性の高い商品であるとの誤解を招きやすいと考えられ、このような一種誤導的な要素も勘案するならば、EBに内在する危険性は相当高いものであったといわざるをえない」と判示して、一般投資家がEBの買付けを自己責任において決定するには、(i)株価が計算日に一定額を下回れば、EBの額面金額より低い株価の対象株式を引き受ける義務を負い、差額相当の評価損を被るリスクがあること、(ii)途中売却できないため、かかる評価損の軽減ないし回避ができないこと、(iii)クーポンは株価変動度合い等に応じて設定されている結果、株式償還リスクの対価となっておりこれと連動していること、の理解が必要であり、この理解ができない者はEB購入者としての適合性を欠くとした。判決はさらに、上記3点の説明がなければ一般投資家がそ

---

121) コメント　単に「株価がいくらに下がれば株で償還される」といった説明では足らないとしたものである。なお、実務に通じる大武泰南氏は、本判決の評釈（金判1193号60頁）で、商品構造を分析した後、「余程専門的知識・経験を有する機関投資家（プロ投資家）等を除いては、安易に勧誘してはならず、すれば適合性原則に違反することになると認定すべきであろう」としている。

122)　川島いづみ・百選54頁。

の商品構造に由来するリスクを踏まえて自己決定することは期待できないとして、証券会社には、当該EBの条件のみならず上記の3点を説明する義務があるとした。その上で、上記(i)(ii)の説明はあったが、(iii)の点の説明はなかった（そもそも担当者自身知らなかった）として、「原告〇〇が相当の取引経験を有し取引能力にも問題がないことは前記のとおりであるが、かような点に加えて後に目論見書等を送付していること等を考慮しても、上記事項についての説明が欠如すれば、本件ドコモEBのクーポンの対価として実際に負担することとなるドコモ株による株式償還リスクの程度を具体的に理解することはできないから」説明義務違反となるとした。

(c) 【第1次被害：株価指数リンク債】判決

　次に、この時期に販売された株価指数リンク債である日経平均リンク債に関する請求認容判決を概観すると、前記②⑥⑧は、EBに加え日経平均リンク債の勧誘についても損害賠償を命じている。そのほかには、投信と日経平均リンク債について説明義務違反による損害賠償を命じた事件がある。次のような事件である。

仕組債A2[123]　　△大阪地判平19・7・26（セレクト30巻217頁）
　　　　　　　　　△大阪高判平20・6・3（セレクト31巻291頁）
[歯科医師・日経平均リンク債・野村證券・適合性原則違反事件]

【事案】証券取引経験のない1938（昭和13）年生まれの女性歯科医（本件取引時は母親の看護や家事に専念していた）が、1999（平成11）年12月以降、野村證券の外務員から勧誘されて、養父が同証券会社に預託していた一部上場株式を売却し、6種類の株式投資信託（フィデリティジャパンオープン、日本株戦略ファンド、ジャナスグローバルテクノロジーA、ジャナスグローバルライフサイエンスA、ファンドR＆R、フィデリティ中小型オープン）や日経平均リンク債等の買付を行って、損失が生じた事案。

---

123)　コメント　適合性原則について、顧客に適合しない「金融商品」を勧誘してはならない原則ではなく、顧客に適合しない「勧誘」をしてはならない原則であるとの理解に立った判決であり、適合性原則の意義が広い。歯科医はリスクある投資をする余裕と判断力のある主体の代名詞として使われることがあり、その主体に対する適合性原則違反が認められた点は大きな特徴といえる。

【第一審判旨】 適合性原則違反は否定し、説明義務違反があるとして不法行為ないし債務不履行による損害賠償を命じた（過失相殺7割）。本件仕組債は仕組みが複雑である上に償還について日経平均株価の変動リスクを伴う商品であって収益の予測が難しいとし、各商品の目論見書やパンフレットの交付と一応のリスクの説明は行われていたが、その説明の程度は、原告にリスクの内容を具体的に理解させるだけのものではなかったとした。もともと投資意欲が高くなく、母の付添い看護で忙しい時期にあった原告が、勧誘された当日に、当時は日経平均株価の変動予測が困難な時期であったにもかかわらず、さして検討を加えないまま、何ら不安を述べずに自宅売却代金から4000万円も注ぎ込んで購入に及んだ事実から、原告が仕組みやリスクについて具体的に理解した上で購入したものとはいえないとした。

【控訴審判旨】 請求認容を維持し、過失相殺割合を一審の7割から4割に変更した。「これまで投資経験がなかったのに億単位の額を相続し、投資についての知識を持たず積極的な投資意向もない原告に対し、原告の投資経験に注意を払わず、原告の投資意向を確認しないまま、原告の意向と実情に反し、堅実な株式投資から転じて、明らかに過大な危険を伴う商品のみの取引に、そして額においても一個人の投資目論見には到底及ばない桁に達する取引へと積極的に誘導したものであり、適合性の原則から著しく逸脱した証券取引勧誘に該当するといわざるを得ない。」として、適合性原則違反の不法行為を構成するとした。あわせて、説明義務違反の不法行為でもあるとしている。

(d) **【第1次被害の前後　その他の仕組債】**

　第1次被害に含まれるその他の仕組債の判決を2つ紹介する。リバースフローター債に関するもの（仕組債 A3）と、LRB の小口化証券という独自のもの（仕組債 A4）である。

仕組債 A3　〇大阪地判平19・11・8（セレクト30巻323頁）

[リバースフローター債・野村證券・無断買付]

【事案】 野村證券に対し100万米ドルを預託していた60代女性が、2003（平成15）年12月に少人数私募の形で期間10年の仕組債を購入したこととされ、無断買付けであるとして預託金返還を求めた事案。

【判旨】 判決は、勧誘されて結論を出さないうちに無断で買付けされたと認定

された。なお、無断買付けされた私募債について売却指示を出してから訴訟提起したため、売却指示の扱いが一応問題となるが、「原告は本件預託金の返還を求めるために、被告の内部処理の必要から、被告の指示に従って被告の求める手続きをおこなったに過ぎない」として請求額を減額する理由にはならないとした。預託金については商事法定利率年6％、弁護士費用については民事法定利率年5％の遅延損害金としている。

控訴審（大阪高判平20・3・28セレクト31巻343頁）もこの結論を維持した。

仕組債 A4[124]　○東京地判平15・2・27
　　　　　　　　（判時1832号155頁、セレクト21巻331頁）
　　　　　　　　　　　　　　［集団 LRB の分売・丸荘証券・破綻・役員責任・説明義務違反］

【事案】 SPC である AIIL 社および ING が発行した LRB（Limited Recorce Bond）という種類の仕組債（原資産はインドネシア企業の約束手形）を丸荘証券がペレグリン社東京支店、ING ベアリング東京支店から購入し、1997（平成9）年6月～10月に、小口化して個人投資家に勧誘して分売したところ、アジア通貨危機で証券のリスクが現実化し、さらに販売証券会社が相次いで破綻した事案。多数の個人投資家が丸荘証券の役員に損害賠償請求した。

【判旨】 判決は、販売証券会社の役員に説明義務違反の販売体制を構築したことによる損害賠償（旧商266条の3）を命じた。

(2)　第2次仕組商品被害（2004〔平成16〕年～2008〔平成20〕年）

(a)　概要

2001（平成13）年以降、仕組商品の組成販売は一旦減少したが、2004年から2008年、特に2005（平成17）年から2007（平成19）年にかけて、商品性を変えた仕組商品が大量に組成され、主に店頭取引の形で販売された（これによ

---

124)　**コメント**　この判決を素材とした論文として、山田泰弘「投資取引における従業員の不当勧誘に関する取締役の第三者責任」立命館法学299号（2015年）513頁～578頁がある。この論文は、投資取引において役員の責任が問われる場合を、①会社の営業自体が違法な場合（ねずみ講、マルチまがい、原野商法）、②会社の営業自体は違法ではないが違法な営業活動が組織的に行われている場合（商品先物取引）、③会社の営業自体および営業活動は違法ではないが個々の勧誘員の勧誘が不当である場合と3分類し、丸荘証券事件は③に該当する新類型であるとして、その判断枠組みを検討している。

る被害を第2次仕組商品被害と呼ぶ〔以下「第2次被害」という〕)[125]。

　この時期に組成販売された仕組商品は多種多様であり、それをあえて大まかに類型化すると次のとおり分類できる（この分類、名称は本書独自のものである）。具体的には、①普通型仕組商品（株価指数リンク債、EB など。いずれも第1次被害のときのものと名称は同じでも、償還元本のほか、利金、償還時期にもオプションが組み込まれており、また、期間も数カ月でなく3年、5年、7年と長くなっており、はるかに構造が複雑でリスクが大きい。2重通貨預金もこの分類になる）、②倍率型仕組債（指数2倍リンク債、複数銘柄株価リンク債10倍型、複数銘柄ワースト EB、複数指標リンク債など。いずれも①よりさらに複雑でリスクが大きい）、③長期型仕組商品（期間30年などの長期満期の為替デリバティブ債〔PRDC 債、FX ターン債など。交付文書では単に「ユーロ債」と表示されることが多い〕や為替デリバティブ預金。期限前償還条項付きであるため、短期運用の意思で購入した顧客が多い）、④ノックイン型投資信託（株価指数リンク債に投資する投資信託）である。①②③は、証券会社や銀行が、個人顧客[126]、財団法人[127]、地方自治体[128]、学校法人[129]に売り込んだ。1件が数千万円から数億円の契約であり、それを複数抱えた顧客も多い。同じ頃、銀行が高齢の預金者に対し④を、リスク限定型投資信託などの表示とともに

---

125) 【仕組商品】背景　　仕組商品の組成・販売に理想的な環境は、長期にわたる上昇相場の最終局面であるといわれる（島・前掲〔注118〕1頁参照）。第1次仕組商品被害における仕組債は IT バブルの終盤に販売され、第2次仕組商品被害における仕組商品は、世界的に多くの資産クラスの価格が上昇した頃から世界金融危機の少し前までの間に販売されている。これらはいずれも、専門家が株価や外貨などの価格下落を警戒し始め、素人は楽観的な環境になじんでそれらの下落リスクを過小評価した時期ということができる。
　　第2次仕組商品被害の時期には、為替デリバティブ・セットをはじめとした店頭デリバティブ・セットの被害も多発した。
126) 【第2次被害】個人顧客　　私募で最低単位が数千万円、あるいは1億円と高く、退職後の資金運用者・高齢者と富裕層が中心である。
127) 【第2次被害】財団法人　　リスクある投資をすることに制限がある組織であり、そのような財団法人向けの金融商品であるとして仕組商品が勧誘された。複数の金融機関に次々と勧誘され、十数億円とか数十億円という規模で仕組商品を抱えたところも多い。
128) 【第2次被害】地方自治体　　訴訟提起した自治体もある（兵庫県朝来市。2006年から2008年にかけて、基金運用の半分以上を米ドルや豪ドルにリンクした仕組債につぎ込んだ。2013年になって指標が動き損失なしで売却できたため訴訟は取り下げた）。仕組商品を抱え込んだ自治体は多数あり、多くは含み損を抱えたまま利金なしで「塩漬け」にしているという（ただし、一部は2012年末から2013年5月までの急激な円安で期限前償還されたり、損失なしで売却できたようである）。

590　第4部　金融商品取引に関する裁判例

勧誘販売した[130]。数百万円から1000万円、2000万円程度の契約が多い。このほか、⑤特殊型仕組債（税務上の効果を狙うなど特殊な目的で作られるオーダーメイドの複雑な仕組債）が、特殊な会社に売られた例がある。

　いずれも、2008年以降に被害が表面化して多数の訴訟提起や金融ADRあっせん申立てがなされ、特に2010（平成22）年〜2016（平成28）年にかけて判決が続いた[131]。

（b）　普通型仕組債

　普通型仕組債に関する判決では請求棄却が目立つ。普通型仕組預金のうち2重通貨預金は、通貨のプットオプションの売りを組み合わせた預金である。EBと構造が類似しており、EBの預金版といえる。EB同様、投資判断に必要な説明がなされていない場合が相当あると思われる。ほかに、途中解約で

---

129)　【第2次被害】学校法人　　大阪産業大学、駒沢大学、愛知大学は、いずれも為替デリバティブ・セットによる損失につき訴訟をしたが、仕組商品も多くの学校法人に売り込まれた。なお、国立大学は、運用対象の金融商品が制限されている（国立大学法人法35条、独立行政法人通則法47条で、国債、地方債、政府保証債〔その元本の償還および利息の支払について政府が保証する債券をいう〕その他主務大臣の指定する有価証券の取得、預金、金銭信託に限定される。主務大臣の指定は告示により、①特別の法律により法人の発行する債券、②金融債、③社債、④貸付信託の受託証券、⑤外国政府、外国の地方公共団体、国際機関および外国の特別の法令により設立された外国法人の発行する債券であって、本邦通貨をもって表示されるものを指定している）ため、被害にあわなかった。

130)　【第2次被害】ノックイン投資信託　　国民生活センターは消費者に対し、2回にわたりノックイン投信被害に関して注意喚起している。「ローリスクと勧誘されたが、想定外に大きく元本割れする可能性が生じた『ノックイン型投資信託』」（2009年1月8日）（http://www.kokusen.go.jp/news/data/n-20090108_3.html）、「年々増加する投資信託トラブル」（2012年7月26日）（http://www.kokusen.go.jp/pdf/n-20120726_1.pdf）。

131)　【第2次被害】〔参考文献（裁判例評釈など）〕青木浩子「仕組債に関する裁判例の動向と考察」金法1984号（2013年）92頁、同「リテール顧客向けデリバティブ関連商品販売における民事責任」金融商品取引法研究会『研究記録46号』（2014年7月30日）（http://www.jsri.or.jp/publish/record/pdf/046.pdf）、黒沼悦郎「デリバティブ取引の投資勧誘規制【日本】」JPXグループ金融商品取引法研究会（2013年12月27日）（http://www.jpx.co.jp/general-information/research-study/ncd3se0000000gpe-att/20131227_2.pdf）、松崎嵩大「デリバティブ取引および仕組債の説明義務に係る裁判例の動向㊤㊦」金法2032号（2015年）30頁、2033号（2016年）39頁、加藤新太郎＝奈良輝久編『金融取引の適合性原則・説明義務を巡る判例の分析と展開』（金判増刊1511号）（2017年3月）〔総論：加藤新太郎「適合性原則」、青木浩子「説明義務」、渡辺宏之「合意の前提条件の説明のあり方」、各論：20件の判決の評釈〕、司研報告（4人の裁判官が1年余の研究成果をまとめたもの）。

きず期間延長権限を銀行に与えた仕組預金も販売されており、流動性リスクとリターンのバランスが問題となる。

　(ｱ)　第2次被害におけるEB事件の判決

　請求を認容したものとして、大阪地判平23・12・19（[仕組債 B1]〔リーマンEB〕）、大阪地判平25・2・15（[仕組債 B2]〔精神疾患女性・長期型仕組債・EB〕）、東京地判平24・8・3（[仕組債 B3]〔統合失調症男性・外貨建てEB〕）、大阪地判平25・11・21（[仕組債 B4]〔独居女高齢性・EB・日経平均リンク債〕）、東京地判平26・5・16（[仕組債 B5]〔製造販売会社・EB〕）、大阪高判平27・12・10（[仕組債 B6]〔EB・金販法〕）がある。請求を棄却した判決は多数ある。

　なお、複数銘柄ワーストEBは構造が複雑でリスクがさらに大きい倍率型仕組債に分類し、後述する。

[仕組債 B1]¹³²⁾　△大阪地判平23・12・19（判時2147号73頁、セレクト41巻80頁）（控訴審和解）［定年直前女性・リーマン・EB・みずほ証券］

> 【事案】定年退職を翌年に控えた事務職の女性が、みずほ証券担当者から、リーマンブラザーズ関連会社が発行しリーマンブラザーズが保証した三菱商事EBでの運用を勧誘され、国債を途中解約して、金融資産の半分弱に当たる最低単位2000万円分購入したところ、リーマンブラザーズが破綻したためほとんどを失った事案。
>
> 【判旨】判決は、「適合性には疑問があるので、本件仕組債の商品特性、特に本件各リスクについて、原告が損失を被るおそれがあることを十分理解し認識できる程度に適正かつ十分に説明していなかった場合には説明義務違反として不法行為を構成する」ところ、本件勧誘は「有望性ないし有利性を一方的に強調して宣伝される半面、顧客にとってリスクがその陰に隠れ、意識しにくくされ

---

132)　[コメント]　「最悪でも株で返ってくる」との勧誘文言が認定されており、この位置づけが興味深い。勧誘状況の録音が提出されている点が特徴である。なお、本件EB購入は2008（平成20）年5月30日であり、みずほ証券を含めたみずほグループは、その前年からすでにリーマンブラザーズのレポ105（保有有価証券を期末に買戻予約付で売却して現金資産を一時的に増やし、期をまたいだ数日後に105％の価格で買い戻す取引。詳しくは次注133）と呼ばれる会計操作取引（Window dressing）の相手方となっており（リーマンブラザーズの破産管財人アントン・R・バルカス作成のいわゆるバルカス・レポート〔http://jenner.com/lehman/VOLUME%203.pdf（2010年3月11日。2000頁を超える膨大なレポート）〕参照）、その窮状については特別の情報を得ていたはずである。

592 第4部 金融商品取引に関する裁判例

てしまうおそれがある上、巧妙な目先の利益誘導によって顧客を信用させ、判断を誤らせてしまう危険を有するものであって著しく不適切な勧誘であった」「原告のリスクに関する認識が希薄になっている部分を補正し、本件各リスクに公平に目配りをして解説することにより、原告が株価変動リスクのみならず、信用リスクや流動性リスクが発生する危険性についても冷静かつ十分に認識できる状態になるような説明をしなければ、説明をつくしたことにはならない」として、形式的、手続的な説明では信用リスクの説明が不十分だったとして説明義務違反による不法行為の成立を認め、1344万円の損害賠償を命じた（過失相殺1/3）。

仕組債 B2 △大阪地判平25・2・15（後出 **仕組債 D2**）
[精神疾患女性・長期型仕組債・EB・三菱 UFJ モルガン・スタンレー証券・適合性原則]

【事案】三菱 UFJ モルガン・スタンレー証券が精神疾患女性に対し、1億円の30年満期 FX ターン債と3000万円の EB3本を勧誘販売した事案。
【判旨】判決は、EB については、「満期時までに対象株式がトリガー価格を超えて上がると早期償還されてその後は金利がつかずに元本が償還され、基準価格を下回らない限り一定の高い金利（本件トヨタ EB 債につき5.5％、本件石川島 EB 債につき11％、本件三井金属 EB 債につき11.6％）が払われるが、それ未満になると0.1％の金利で拘束される上、株価が下落し転換対象株式で償還された場合に下落分の評価損を負担することとなるが、途中売却が困難であるためにそのような評価損を軽減又は回避することができないなどのリスクが存するものということができる。そのため、購入者は、経済状況、株式市況の動向に関心を払い、3年後の株式市況の動向を予測した上で、途中売却が困難であるというリスクを取りつつなお購入すべきか否かの判断をしなければならず、主体的積極的な投資判断を要する投資商品であり、リスク性の高い投資商品である。」とし、FX ターン債とともに、適合性原則違反、説明義務違反で不法行為になるとした。兄が勧誘に立ち会っていたことなどから、過失相殺4割とした。

---

133) レポ105の会計上の位置づけにつき、繁本知宏「米欧における認識中止に関する会計基準と開示規則の動向：リーマンブラザーズの『レポ105』を巡る対応を踏まえて」（日本銀行金融研究所、Discussion Paper No. 2011-J-6）（http://www.imes.boj.or.jp/research/papers/japanese/11-J-06.pdf）を参照。

仕組債 B2〜B4　　593

仕組債 B3　　○東京地判平24・8・3（金法1993号93頁）（控訴審和解）
　　　　　　［統合失調症男性・外貨建て EB・SMBC フレンド証券・適合性原則違反］

【事案】統合失調症の男性（精神障害者3級）A とその母 B（70代）が、SMBC
フレンド証券担当者から外貨建て EB や外国株式を勧誘されて売買し、損失を
出した事案。
【判旨】判決は、B の請求は棄却し、A に対する勧誘は適合性原則に違反する
として不法行為を理由に損害賠償を命じた（過失相殺なし）。

仕組債 B4　　△大阪地判平25・11・21（セレクト47巻111頁）（控訴審和解）
　　　　　　［独居高齢女性・EB・日経平均リンク債・岡三証券・適合性原則違反・説明義務違反］

【事案】73歳の独居女性が、岡三証券担当者から、デジタルクーポン型日経平
均リンク債を勧誘されて取得したのを最初として、約2年間で、デジタルクー
ポン型日経平均リンク債12本（いずれも期間7年）、EB1本（期間2年）を勧誘さ
れて取得し、日経平均リンク債の7本がノックインして損失が発生し、EB は
株式償還となり大きな損失となった事案。
【判旨】判決は、「本件各仕組債がいずれも元本割れのリスクを有するものであ
って、しかもその度合いも最悪の場合は元本全額失う可能性すら存する」とし
て意向と実情に照らして過大なリスクを伴う取引を勧誘するもので適合性原則
に反するとし、さらに、「商品内容やそのリスクを一定程度説明していたとは
いえるものの、むしろ高利率を強調して購入の勧誘をし、元本割れのリスクに
ついても、ノックイン事由が発生する確率は低いであろうと……述べるなどし
ていること、その結果、原告は、高利率に強く惹かれ、元本割れのリスクの存
在やその内容については十分に理解していなかったものと認められることから
すると、……本件各仕組債が有する危険性を具体的に理解させる程度の説明で
あったということは到底できず、説明義務に反する」として、不法行為による
損害賠償を命じた（過失相殺3割）。

594　第4部　金融商品取引に関する裁判例

仕組債 B5　△東京地判平26・5・16（判時2240号94頁）
[製造販売会社・EB・みずほ銀行・みずほインベスターズ証券・説明義務違反]

【事案】電子機器等の製造販売をする会社が、借入先であるみずほ銀行の担当者が連れてきたみずほインベスターズ証券の担当者から勧誘されて、期限前償還条項付デジタルクーポン型 EB を取得し損失を被った事案。

【判旨】判決は、勧誘して販売した証券会社に対し、説明義務違反を理由に損害賠償を命じた（過失相殺7割）。「①被告担当者は、本件各 EB 債の買い付けを勧誘するに当たり、それぞれ一（EB 債③）ないし二回（EB 債①）、丙川と短時間の面談を行い、基本的に本件各個別提案書を読み上げて、上記の説明をしたにとどまること、②被告担当者は、本件各 EB 債の期間が4年11か月（EB 債①）ないし5年（EB 債③）と長期であり、その間、これを売却して投資元本を回収したり、損失額を確定したりするのは極めて困難であるにもかかわらず、『当該証券は流動性が限定されております。また、転換対象株式や金利等の変動によって、途中売却により損失を被ることがあります』などと、損失の発生を受忍するのであれば、期間中に本件 EB 債を売却することも可能であるかのような説明をする一方で、本件各 EB 債を売却する方法や、そもそもかかる方法が存在するのか否かについては何らの説明していないことが認められる」として、不法行為が成立するとした。

仕組債 B6[134]　〇大阪高判平27・12・10（判時2300号103頁、セレクト50巻35頁）（上告棄却・不受理で確定）
[EB・みずほ銀行・みずほインベスターズ証券・金販法違反]

【事案】勧誘当時56歳の主婦が、自分も夫も無職無収入なので、双方の両親から相続した1億円程度の資金で老後まで生活してゆかねばならないため金利に敏感で、しかし、安全な投資を求めていたところ、みずほ銀行から仕組預金を勧誘されて長期間取引して大きな損失を出した。2008（平成20）年4月頃、銀

---

134)　コメント　適合性原則違反、民法の信義則による説明義務違反も主張されているが、契約締結前交付書面の交付がないことを通して、金商法、金販法だけによる説明義務違反で過失相殺なしという認定判断をしたものであり、契約締結前交付書面の交付日の認定が結論を分けた事件である。

行から、銀行支店にブースで出店しているみずほインベスターズ証券（後にみずほ証券）を紹介されて、EB を約2000万円勧誘されて購入した。結局みずほ FG の株式償還となり1000万円以上の損失を被った事案。銀行に対する仕組預金につき損害賠償請求、証券会社に EB につき損害賠償請求し、一審で仕組預金につき銀行との間では和解が成立。証券会社との EB 取引については和解が成立せず判決となり、請求棄却→控訴となった。

【判旨】控訴審判決は、争点となっていた、契約締結前交付面を、相手方が EB の説明をしたという4月14日に交付したかどうかについて、同日ではなく、購入を決断し注文に至った同月17日の後の同月18日であると認定し、これを前提に、契約締結前に同書面を交付しておらずその記載内容に関する実質的説明をしていないと認定し、37条の3・38条7号等、金販法3条1項1号および2項に違反し、契約締結前交付書面の交付をせず、かつ、株式償還による元本欠損のおそれや元本欠損が生じる仕組みの重要部分を説明していないと認定し、最終的に金販法5条による損害賠償責任を認めた。なお、適合性原則違反は判断していない。過失相殺については判断せずに、原告の被った損害額約1039万円（支出額と償還時株価の差額）と遅延損害金をそのまま認容した。

(イ)　第2次被害における日経平均リンク債事件の判決

　多数あるうち、大阪地判平24・12・3（**仕組債 B7**〔豪ドル建て日経平均リンク債10年物〕）、神戸地明石支判平25・8・16（**仕組債 B8**〔米ドル建て日経平均リンク債10年物〕）、銀行仲介リンク債事件（**仕組債 B9**）（一審は請求認容したが控訴審で請求棄却）を取り上げる。

　なお、日経平均2倍リンク債は、構造が複雑でリスクがさらに大きい倍率型仕組債に分類し、後述する。

仕組債 B7　△大阪地判平24・12・3（判時2186号55頁、セレクト43巻179頁）（控訴審和解）
　　　　　　〔高齢夫妻・豪ドル建て日経平均リンク債10年物・SMBC フレンド証券〕

【事案】中卒で証券取引経験の浅い70歳前後の高齢夫妻が、SMBC フレンド証券外務員から、豪ドル建て日経平均リンク債10年物をそれぞれ複数本勧誘されて購入したところ、ノックインして損失が発生した事案。

【判旨】判決は、適合性原則違反、説明義務違反の不法行為であるとして損害

賠償を命じた（過失相殺3割）。

仕組債 B8　△神戸地明石支判平25・8・16（セレクト46巻156頁）
（控訴審和解）
　　　　　　［高齢主婦・米ドル建て日経平均リンク債10年物・SMBCフレンド証券］

【事案】他の証券会社で株式等の証券取引や日経平均リンク債の取引経験がある70歳の主婦が、SMBCフレンド証券外務員から勧誘されて、米ドル建日経平均リンク公募・10年債を購入したところ、ノックインして損失が生じた事案。
【判旨】判決は、錯誤無効、適合性原則違反の主張は否定し、説明義務違反を肯定した（過失相殺5割）。商品特性については、仕組債の損益は、組み込まれているデリバティブを理解しなくても認識できるという説示にとどまり、属性とあわせて適合性を否定する根拠として用いられている。説明義務違反については、1時間かけて2回説明したという担当者の証言を信用できないとして、「本件仕組債のリスクについては一切説明せず」原告に申込みをさせたと認定し、「説明義務違反」であるとした。損害については、原告が債券を保有したまま提訴（購入価格－受領利金＝損害）したところ、そのままの状態で判決に至っており、判決は、本来であれば保有債券の価値は損害額から控除すべきであるが、被告が価格を証明しないので本件では考慮しないとした。

仕組債 B9[135]　△東京地判平22・9・30（セレクト40巻49頁）
　　　　　　×東京高判平23・11・9（判時2136号38頁）[136]
　　　　　　　　　　　［高齢女性・日経平均リンク債・三井住友銀行・仲介］

【事案】60代後半に夫から4億5000万円を超える現金預金などを相続した投資経験のない妻が、70歳のときに2億円を三井住友銀行（以下「銀行」という）に移したところ、銀行従業員から、証券仲介業として期間3年の日経平均リンク債1億円分を勧誘・販売され、その後ノックインして約4000万円の損失が発生したという事案。日経平均リンク債を勧誘された顧客が、勧誘した銀行と販売したSMBCフレンド証券に損害賠償請求した事案。一審は適合性原則違反・説明義務違反による不法行為であるとして銀行に損害賠償を命じたが、控訴審はこれらを否定し、請求を棄却した。

仕組債 B8・B9　　597

【第一審判旨】一審判決は、銀行に対し適合性原則違反・説明義務違反による不法行為（使用者責任）を理由に損害額全額と弁護士費用の賠償を命じ（過失相殺なし）、SMBC フレンド証券に対する請求は関与がないし根拠もないとして棄却した。

　当該証券は、その仕組みをよく知り[137]、経済状況、株式市況の動向に関心を払い、３年先までの株式市況の動向を予測した上で、中途で売却できないというリスクをとりつつなお購入すべきか否かを判断しなければならず、高度な専門知識と主体的積極的な投資判断を要するものであり、リスク性の高い投資商品であるとし、申込書の主たる投資目的の欄の『安定重視』の欄にチェックを確認しているのに本件債券を紹介しているのは、勧誘者自身が本件債券がリスクの高い債券であることを認識していなかったからであるとし、その勧誘は、投資についての知識をほとんど持たず積極的な投資意向もない原告に対し、明らかに過大な危険を伴う取引を積極的かつ軽率に誘導したものであり、適合性の原則から著しく逸脱するし、２回の説明に要した時間は挨拶も含めて約30分超と16分程度であり、あまりに短いので原告がその内容を理解できたとはおよそ考えにくいし、ほぼ即決に近い状況で本件債券の買付けの申込みをしたことは原告が本件債券の複雑さやリスクをほとんど理解していなかったことを示唆するとして、説明義務違反もあったとした。

135)　[コメント]　一審判決は、商品特性、安定重視の投資意向、知識などの要素を考慮して適合性原則違反であるとし、かつ、説明すべき事項の具体的内容を明らかにしないまま、理解していないとして説明義務違反であるとしたのに対し、控訴審判決は、富裕層の顧客であり本件投資の前後に元本割れリスクある投資の経験があるとして適合性原則違反を否定し、説明すべき事項を限定してその説明があったとした。

　控訴審判決は、適合性原則違反の考慮要素としての投資経験を、同種証券の投資経験とせずに「元本割れリスクある投資の経験」と抽象化していること（抽象化すればするほど投資経験は肯定されることになる）、本件購入の後の取引も投資経験として考慮していること、説明すべき事項は「ノックイン事由発生の可能性、元本割れの可能性」と表現し、可能性の有無の説明を問題とし、可能性の程度（リスクの程度）を説明義務の対象としていないこと（すべての金融商品はリスクがあるので、リスクの存在だけでは説明する意味がない）など、問題が多い。

136)　齋藤雅弘「判批」リマークス46号62頁。

137)　金判のこの判例の解説者は、本件の対象が日経平均リンク債であるのにノックイン型投資信託と誤解したまま、見出しを付け（44頁）、解説をしている（44頁〜49頁）。この誤りは、投資信託と社債の区別が付けにくくなっていること、一定以上の理解力を持つ者でもデリバティブ取引が組み込まれた仕組商品の理解は困難であることを示すものといえる。

598　第4部　金融商品取引に関する裁判例

【控訴審判旨】この控訴審では、要旨次のとおり判示して、原判決を取り消して請求を棄却した。「銀行の従業員が顧客に仕組債の購入勧誘をするにあたり、顧客（70歳女性）がその資産額、資産形成の経緯、日常の経済的状況等から富裕層に属し、過去にも他銀行から元本割れリスクのある投資信託1億円分購入し、その後も元本割れリスクがある円定期預金をした経験を有する者であるときは、適合性原則には反しないし、説明すべき事項は、投資商品であり預金ではないこと、ノックイン事由発生の可能性、元本割れの可能性、原則として中途解約できないことであり、本件ではその説明義務違反はない。」

(c)　倍率型仕組債

　倍率型仕組債では、指数2倍リンク債、複数銘柄リンク債10倍型（10倍EBといわれることもあるが元本が株で償還されるわけではないのでEBではない。EKO債〔Equity Knock Out Bond〕といわれることもある）、複数銘柄ワーストEB、複数指標リンク債に関する判決で、請求を一部認容したものが複数みられる。これらの複数の種類を取引した事件の判決でも請求認容例がある。請求棄却判決も多い。

㋐　指数2倍リンク債

　日経平均2倍リンク債、マザーズ指数2倍リンク債、業種別株価指数2倍リンク債、リート指数2倍リンク債に関する判決がある。請求棄却の判決も多い。

・日経平均2倍リンク債

〔請求認容例〕横浜地判平26・3・19 仕組債 C1、横浜地判平26・8・26 仕組債 C2、東京地判平26・3・25 仕組債 C3

〔請求棄却例〕東京高判平25・12・12 仕組債 C4

・マザーズ指数2倍リンク債

〔請求認容例〕東京高判平23・10・19 仕組債 C5（一審で2割認容し、その控訴審で3割認容）

・業種別株価指数2倍リンク債

〔請求認容例〕大阪高判平24・5・22 仕組債 C6（一審で請求棄却、控訴審で5割認容）、大阪地判平26・10・31 仕組債 C7（全額認容）

・リート指数2倍リンク債

〔請求棄却例〕東京高判平25・12・10 仕組債 C8

・多種類仕組債事件で2倍リンク債を含むもの

〔請求認容例〕名古屋地判平25・4・19 仕組債 C10 、静岡地判平25・5・10 仕組債 C11

仕組債 C1 ～ 仕組債 C8 の順で要旨を記載する。 仕組債 C10 仕組債 C11 については次項(イ)参照。

仕組債 C1 △横浜地判平26・3・19（セレクト47巻227頁）（控訴審和解）
［元開業医と妻・日経平均2倍リンク債・三菱 UFJ 銀行・三菱 UFJ メリルリンチ PB 証券］

【事案】80代元開業医と70代妻が、三菱東京 UFJ 銀行から紹介された三菱 UFJ メリルリンチ PB 証券の担当者から、日経平均2倍リンク債を勧誘され取得したところ、初回は早期償還となったが2回目がノックインして損失を出した事案。

【判旨】判決は、原告らが高齢であり利息収入を安定的に得るという投資意向であったこと、投入額がそれぞれ3000万円と高額で資産に占める割合が高いことなどから、適合性原則違反であり、また、具体的に5年間の償還期間のノックイン可能性等について何ら触れることがなかったから説明義務違反でもあるとして損害賠償を命じた（過失相殺3割）。

仕組債 C2 △横浜地判平26・8・26（セレクト48巻99頁）
［母子・日経平均2倍リンク債・野村證券］

【事案】高齢で視力がない母と投資経験があり資金もある息子（母の代理人でもある）が、野村證券の担当者から電話で勧誘されて日経平均2倍リンク債を母は1回（5000万円）、息子は2回（5000万円と49万9500米ドル）取得したところ、いずれもノックインして満期償還となり、ほとんどを失った事案。息子は本件以前に5回の仕組債取引経験があり、いずれも利益を上げていた。

【判旨】判決は、母親については適合性原則違反と説明義務違反、息子については説明義務違反で不法行為となるとした（過失相殺5割）。

600 第4部 金融商品取引に関する裁判例

仕組債 C3 △東京地判平26・3・25（2014WLJPCA03258004）
[日経平均2倍リンク債・三菱東京 UFJ 銀行・三菱 UFJ メリルリンチ PB 証券]

【事案】 50歳女性が、三菱東京 UFJ 銀行の仲介で同行員と三菱 UFJ メリルリンチ PB 証券の外務員から、日経平均2倍リンク債を勧誘されて購入したところ、ノックインして損失を被った事案。被告は証券会社のみ。

【判旨】 判決は、消契法10条無効、公序良俗違反無効等の主張は排斥し、適合性原則違反もないとしたが、「本件社債の勧誘時は、仕組債①の時よりも、日経平均株価が上昇していたから、B としては、原告に対し、上記株価の変動に応じて、本件社債の発行条件が異なっていることを認識させた上で、年率6.5％のクーポンを取得できる可能性がどの程度あるのかを検討させなければ、リスク許容度が低かった原告に対して、本件社債を購入する判断を的確に行うための説明を尽くしたとは言い難いと思われる」として、被告の外務員が女性に対して十分な説明をしたと認めることはできず、説明義務違反があるとして請求を認容した（過失相殺7割）。

仕組債 C4[138] △東京地判平25・7・19（セレクト46巻76頁）
×東京高判平25・12・12（金法2012号116頁）
[主婦・日経平均2倍リンク債・野村證券]

【事案】 専業主婦が、野村證券外務員から、日経平均2倍リンク債を勧誘され取得したところ、満期まで保有することとなり元本のほとんど全部（94.5％）

---

138) **コメント** 控訴審裁判所の仕組債についての理解に問題がある。控訴審判決は、モンテカルロシミュレーションについて、「本件仕組債は、77.84％の割合で早期償還を受けられる（元本の105.20％の償還。加えてクーポンの支払も受けられ得る。）と見込まれているのであるから、上記数値を前提としてもその早期償還率は低いものとはいえない。ところが、本件仕組債は、早期償還を受けられず、逆に元本の欠損が生じたのであるから、上記モンテカルロシミュレーションは、本件仕組債のリスクを検討するには必ずしも相当なものとはいえない。」、つまり、確率の低いことが起きたのだから確率は検討資料として不相当という不思議な論理を展開している。それから、「本件仕組債の理論値をそのまま説明することは顧客に誤解を与えかねない」という判示に至っては、仕組債の時価（≒理論値）を開示させて取引の不公平さを少しでも少なくしようという欧米の実情や日本の当局の意向に逆行するものであり、目隠しをした賭博的判断を前提とするものであって、不当である。

を失った事案。

【第一審判旨】一審判決は、この証券が、購入時から満期までのオプション取引によるリスクを負担する商品であることを認定し、一般の投資家にとっては通常の想定の範囲を超える重大な損失リスクであるとしながらも、合理的根拠適合性を欠く商品であるかについては、「……であるかは別として」と保留した。その上で適合性原則違反について次のとおり肯定した。「オプション取引の経験もなく、そのリスク評価の手法も全く知らないまま、1回目仕組債と2回目仕組債の取引をしたことがあるにすぎず、ほかに4年程度の現物株中心の分散投資をしていたに過ぎない専業主婦の原告に対し、金融資産の大半にあたる5000万円もの集中投資を本件仕組債にさせたのであるから、……適合性の原則に著しく反し、不法行為としての違法性も帯びるものと認めるのが相当である。」

　さらに説明義務違反も肯定した。「オプション取引の経験がない一般投資家に過ぎない原告に対し、実質的にプットオプションの売り取引による損失リスクを負担させる金融商品を勧誘するに当たっては、金融工学の常識に基づき、他の金融商品とは異なるオプション取引のリスクの特性及び大きさを十分に説明し、かつ、そのようなリスクの金融工学上の評価手法を理解させた上で、オプション取引によって契約時に直ちにしかも確定的に引受けなければならない将来にわたる重大なリスクを適正に評価する基礎となる事実であるボラティリティ（変動率）、ノックイン確率ないし確率的に予想される元本毀損の程度などについて、顧客が理解するに足る具体的で分かりやすい説明をすべき信義則上の義務があったにもかかわらず、原告に対し本件仕組債の購入を勧誘するにあたり、そのような説明義務に違反した過失があった」。なお、1回目仕組債（10銘柄リンク債10倍型）、2回目仕組債（長期型のPRDC債）では利益を得ているが、3回目仕組債の違法勧誘とは別の原因だから損益相殺の対象にしないとしつつ過失相殺においては考慮し、5割の過失相殺をした。

【控訴審判旨】一審判決を取り消して、請求棄却。適合性については「株式等に対する投資は、相当回数、相当金額の取引を行っていたばかりでなく、1回目仕組債、2回目仕組債及び本件仕組債についてもその内容等を確認し、償還日前の売却についても自ら検討したうえで判断している。」として適合性原則違反はないとし、説明義務については、「本件仕組債の内容について具体的数字を挙げて説明され、ノックイン価格の意味やレバレッジの計算方法を理解し

602　第 4 部　金融商品取引に関する裁判例

ていたのであるから、本件仕組債について投資の適否を判断するに資する説明
を受けていたと認められる。」として説明義務違反を否定した。

仕組債 C5[139]　△東京地判平23・3・31（セレクト41巻27頁）
　　　　　　　　△東京高判平23・10・19（セレクト41巻50頁）（確定）
[帰化女性・マザーズ指数 2 倍リンク債・三菱 UFJ 銀行・三菱 UFJ メリルリンチ PB 証券]

【事案】中国生まれで帰化した40代女性が、三菱東京 UFJ 銀行が仲介した三菱
UFJ メリルリンチ PB 証券から、東証マザーズ 2 倍リンク債（期間 5 年、投資
額3000万円）を勧誘されて購入したところ、半年余の後にノックインした事案。
全損を前提に不法行為に基づく損害賠償請求をし、一審は 2 割認容、控訴審は
3 割認容である。

【第一審判旨】一審判決は、投資判断に必要なリスクに関する具体的な事柄に
ついて十分な説明がなされたとはいえないとして、説明義務違反の不法行為に
なるとした（過失相殺 8 割）。「本件仕組債の特徴は、年率10％のクーポン（配
当）を確実に取得できるのが当初の 3 か月に限られており、東証マザーズの指
数が80から105の間に変動している間だけであることを明確に認識させ、東証
マザーズ指数の過去の変動幅を説明して、その変動幅は、東証マザーズ市場に
上場されている株式にいわゆる小型株が多く、他の市場に比べて大きいこと、
その変動幅を更に 2 倍にすれば、東証マザーズの指数が年利10％のクーポンを
取得できる変動幅（80から105）に収まらない可能性が高くなること、I（外務員
の名前）が資料として使用した乙第 9 号証 2 枚目の東証マザーズの過去の動き
（2003年 9 月15日から2007年 2 月26日までの間の 3 年 6 か月間）のチャート（表）に
よれば、1000から2500を超える動きをしており、これを 2 倍にしたときは、お
およそ 5 倍の変動幅になり、長期にわたり、年率10％のクーポンを取得できる
可能性は少なく、むしろ、早期償還されるか、元本き損が生じるかのいずれか
になる可能性が相当程度あることを認識した上で、年率10％のクーポン（配
当）を取得できる可能性がどの程度あるのかを検討しなければ、本件仕組債を
購入する判断を的確に行うことが難しいと思われる」「証人 I の証言によって

---

139)　**コメント**　仕組商品が限定合理性利用商品であることを喝破し、普通の説明では足
りないとした判決と評価できる。

も、上記の事柄について十分な説明がされたとはいえない。」として、過失により、より十分に説明することを怠った説明義務違反を理由にIの使用者である証券会社に損害賠償を命じた（過失相殺8割）。

【控訴審判旨】 この控訴審では、認容割合を2割から3割に増加させた。判決は、東証マザーズ指数2倍リンク債について、「社債という名称は付されていても、一般的な社債とは全く異質であることはもちろん、償還価格や受取利息の利率が東証マザーズ指数という株価に依存して変動するにせよ、株式や投資信託との類似性もない、新規性・独自性の顕著な金融商品であり、なおかつ、償還額や受取利息の決定方法やその条件も相当に複雑で、ノックイン事由が生じた場合という限定は付くにせよ、元本欠損のリスクも相当に大きい、投資判断の難しい商品ということができる。」と認定した。

　説明すべき程度については、「本件仕組債を購入する際には、こうした特徴を正確に理解できなければ投資対象としての適格性を判断することができず……本件仕組債の購入を勧誘する際にも、そうした理解につながる十分な情報を提供し説明を尽くすことが不可欠の前提になるというべきである。とりわけ、上記特徴からすれば、一般投資家においては、条件の限定があるとはいえ利息が年10％という相当高水準に設定されていることや、ノックイン事由が当初指数の55％という相当低い水準に設定されていることに目を奪われ、東証マザーズ指数値がそこまでは下落しないとの安易な期待を抱くであろうことは容易に予想されるところであるから、償還価値の元本割れが起こり得ること、それが東証マザーズ指数という株価の水準に依存しており、かつ、元本の欠損割合も株価の変動率よりも大きくなること、後にこうした事態が生じ購入者に損失が生じたとしても、それは購入者の相場観・投資判断に基づくものであり、自己責任に帰すべきものであることを強調し、注意喚起に遺漏なきを期すべきことは当然である。」「償還価格とその時期、受取利息の利率の決定条件は複雑であって、一般投資家にとっては知識・経験の乏しい新規性・独自性のある金融商品である上、ノックイン事由が生じた場合の元本毀損のリスクは大きなものがある反面、一定の条件の下での受取利息の利率が相当高水準であること〔注：年10％〕や、ノックイン価格が低水準に設定されていること〔注：当初指数の55％〕に目を奪われて、元本を確保しつつ高い利息を受領する期待を安易に抱くであろうことが容易に想定できるから、これを販売商品として扱う金融商品取引業者等には、そのリスクの内容を具体的かつ正確に認識させ、顧客が冷静

かつ慎重な判断が可能となるよう、過不足のない情報提供を行い説明を尽くすことが要求される」とした。

その上で、本件では、次のとおり説明義務違反があるとした。「提案書をみると……その記載は概して具体性を欠いた単調・平板なものであり、本件取引から実際に生じうる具体的なリスクを意識・注意喚起させる上で不十分なものと評さざるを得ない。……（口頭の）説明内容を図表化するなどリスクの具体的内容をわかりやすく整理した資料を用意することに大きな労力・困難を伴うとも考えられないことからすると、相当複雑でその理解も容易でなく、かつ、新規性・独自性もある本件仕組債の購入を勧誘するに当たり、そうした資料を準備・使用することもないまま、口頭の説明で事足れりとする対応は、本件仕組債の性質・特徴に即した説明を尽くしていないとのそしりを免れ難いものである」。

このほか、先に勧誘して断られたという「日経平均リンク債との比較、異なる設定条件の意味」を説明していない点についても説明不足としている。

仕組債 C6 　△大阪高判平24・5・22（セレクト42巻177頁）
　　　　　　（上告棄却・不受理で確定）
　　　　　　　　［中堅企業・業種別（銀行業等）株価指数2倍リンク債・野村證券］

【事案】 野村證券の勧誘に応じて証券取引を行っていた中堅企業（以下「X社」という。X社の窓口は元銀行員。X社の取引経験は株式、投資信託、EBなど）が、勧誘された業種別株価指数2倍リンク債について、中途解約して損害賠償等を求めた事件。一審は請求棄却。

【判旨】 控訴審判決は、販売自体が公序良俗に違反するという主張や錯誤の主張を否定し、明らかにそぐわないものとは言い難いとして適合性原則違反も否定したものの、専門業者の評価書を参考とした詳細な商品分析を踏まえて、説明義務違反による不法行為を認定して損害賠償を命じた（過失相殺5割）。

説明義務については、「本件各商品は、その仕組みが複雑であり、組込まれたクーポンの利率、早期償還及び満期償還価格に係る条件がそれぞれ基本となる金融指標の水準に応じて異なった結果をもたらし、専門的に分析すると、場合によっては、株式より不利な面や、リターンよりリスクが大きい面があるのに、その点が見えにくいといった難解な商品である上に、市場性、流通性に欠

け、途中売却の可否や価格あるいは方法も明示されておらず、不透明であるほか、……EB債を2件購入したことはあるが、……本件各商品のように……複雑な仕組みで構成された商品を推奨するのは初めてであったから、被控訴人は、これを勧誘する以上、顧客である控訴人らに対し、控訴人らの自己責任において自らの投資意向に沿うかどうかを見極めて適切な投資判断をすることができるよう、本件各商品の特徴やリスク等を十分に説明して、その理解を得させるべき義務を負っていたものというべきである。」としている。

　違反の認定にあたっては、数値の当て嵌めや相場に関する意見交換がなされた形跡がないこと、他の証券に対する行動から、本件各商品の元本割れの仕組やリスク等を理解していなかったとうかがわれることなど、詳細な間接事実の認定を行っている。

仕組債 C7　○大阪地判平26・10・31（セレクト48巻144頁）
［会社と経営者・業種別（電気ガス）株価指数2倍リンク債・野村證券］

【事案】株式取引経験のある経営者と会社が、野村證券の担当者から勧誘されて取得した電気ガス株価指数2倍リンク債がノックインして満期償還額がゼロとなった事案。

【判旨】判決は、錯誤無効、説明義務違反の不法行為（過失相殺なし）を認定し、後者により支出額全額と弁護士費用の賠償を命じた。元本保証であるとして勧誘されたことが事後の会話の録音により立証されている。

仕組債 C8　△東京地判平25・2・25（2013WLJPCA02258012）
　　　　　　×東京高判平25・12・10（金法2012号94頁）
［会社売却代金・リート指数2倍リンク債・野村證券］

【事案】会社を売却して33億円の資金を有していた人が、年利3％で運用し年間1億円の利息収入を得ることを目指すという投資方針を持っていたところ、2008（平成20）年5月、野村證券外務員からリート指数2倍リンク債1億円を勧誘されて購入し、程なくノックインして2年後の満期に約8000万円の損失が確定し、その損失を埋めるとしてダブルブル型投信を勧誘されて3000万円分取得し、さらに2000万円余の損失を出したという事案。

606　第4部　金融商品取引に関する裁判例

> 【第一審判旨】一審は、リート指数2倍リンク債の勧誘は説明義務違反で不法行為になるとして請求の一部を認容した（過失相殺85％）。
> 【控訴審判旨】控訴審は、説明義務違反はないとして原判決を取り消し、請求を棄却した。

(イ)　第2次被害：株価リンク債10倍型（EKO債）など

　10銘柄株価リンク債10倍型事件の判決も多数ある。請求認容判決として、大阪地判平22・3・26 仕組債 C9 、名古屋地判平25・4・19／名古屋高判平26・10・9 仕組債 C10 、静岡地判平25・5・10 仕組債 C11 、請求棄却判決として、大阪高判平25・12・26 仕組債 C12 、東京高判平26・4・17 仕組債 C13 を取り上げ、この順で解説する。

仕組債 C9 　△大阪地判平22・3・26（セレクト37巻73頁）（控訴審和解）
[会社と経営者・10銘柄リンク債10倍型・野村證券]

> 【事案】ダイビング用品会社（以下「会社」という）とその経営者が、2006（平成18）年3月、野村證券の従業員から同証券の関連会社発行の10銘柄株価リンク債10倍型を勧誘され5000万円ずつ出して1億円分購入し、同年5月には会社が同様に勧誘されて同様の仕組債を1億円分購入したところ、いずれもノックインし、2008（平成20）年1月に野村證券にそれぞれ742万5000円、1890万円で売却して多額の損失が発生した事案。利金分を差し引くなどした全体の損失は、会社約9709万円余、経営者約3278万円となった。
> 【判旨】判決は、当該仕組債の内容が複雑で賭博性も高いこと、当該仕組債の購入が原告らの過去の取引経験や投資方針に照らして「適合性があったかは疑問である」こと、当該仕組債についての被告の従業員の説明の内容が誤解を招くものであったことから、説明義務に違反し、不法行為が成立するとして損害賠償を命じた（過失相殺2割）。

仕組債 C10 [140]　△名古屋地判平25・4・19（2013WLJPCA04196001）
　　　　　△名古屋高判平26・10・9（第一法規 DB）
[60代女性・多種類仕組債・野村證券]

> 【事案】相続した土地が収用されたことにより3億円の補償金を得た60代女性

が、2006（平成18）年、野村證券外務員から、①10銘柄リンク債10倍型（額面１億円）、②長期型（30年）米ドル・豪ドルワーストリンク債（額面5000万円）、③業種別株価指数（鉄鋼株価指数）２倍リンク債（額面5000万円を4950万円で）を勧誘されて取得したところ、①は売却代金1858万円および受取利金2592万円、②は売却代金1890万円および受取利金400万円、③は売却代金522万5000円および受取利金26万2398円となり、差額１億2661万2602円の損失が生じた事案。

【第一審判旨】一審判決は、適合性原則違反を否定し、説明義務違反で不法行為であるとして損害賠償を命じた（過失相殺７割）。説明義務違反の具体的内容は次のとおり。

　①原告がそれまでに購入した投資商品とは異質の新規性・独自性のあるもので説明資料は、その記載がいたずらに理解困難で実際に生じ得る具体的なリスクを意識ないし注意喚起させる上で不十分・不適切なものであり、これと口頭の説明で事足れりとする対応は、本件債券①の性質・特徴に即した説明を尽くしていない。

　②２種類の通貨のうち顧客にとって不利な通貨が基準とされること、最初に元本の10％の利息を受け取った後は30年後まで利息が得られず償還もされないという危険性が相当程度に存することについて注意を喚起させるには不適切なものであった。

　③対象株式の株価が下落した場合には、それらの現物を所持している場合のいわば２倍の損失を被るもので説明資料は分かりやすいものとはいい難く、金利と早期償還の条件が有利な債券として勧めた上、説明は、ノックイン事由が生じる可能性の低さが強調された不適切なものであった。

【控訴審判旨】この控訴審は、証券会社の説明義務違反のみを認めた原判決に対して、適合性原則違反ならびに利益相反の危険性の説明義務違反をも認めて、改めて証券会社の不法行為責任を肯定した（過失相殺７割）。

　当該顧客が、当初は安定的な商品の購入を望んでいたものの次第に収益性を重視した商品の取引をするようになり、仕組債購入以前にも元本毀損の危険性のある高額の金融商品や仕組債に属する債券を繰り返し購入し、これらの取引により損失を被った経験がある点につき、当該顧客（一審原告）が金融取引の

---

140) [コメント]　一審は、説明書の記載では足りないことを指摘し、控訴審は、仕組債の仕組みやリスクを正確には理解することが容易でないことを前提とした判断をしており、仕組商品金融商品観に立った判決といえる。

608 第4部　金融商品取引に関する裁判例

知識を習得したとは「認められない」と判示し、顧客の投資意向（資産の安定運用）、商品取引についての知識・経験および仕組債の仕組みやリスクを正確には理解することが容易でないことを総合考慮の上、証券会社の適合性原則違反を認定した。あわせて、顧客の余裕資産についても、余裕資産がないことは適合性を否定する事情になるが、余裕資産があることは適合性を肯定する事情にはなりえない旨判示した。

　説明義務違反については、原判決と同様に自己責任の下に適切な投資判断を行わせるために必要な当該投資商品の仕組みや危険性等に関する情報を提供し、具体的に理解できる程度に説明を行う義務があるとした上で、同義務が、証券会社が金融商品取引に関する専門的な知識を有し、一般投資家が証券会社の情報を信頼して取引を行うことに由来する信義則上の義務であることから、説明義務の範囲は、いわゆる金融商品販売法3条の範囲に限定されるものではないと判示した。また、一審被告（証券会社）がヘッジ取引を行っていることや、仕組債の「仕組みの組成方法、売買代金の使途等がいずれも1審被告の手の内にあり、且つ不透明であることを総合考慮すると」仕組債の「売買は1審原告と1審被告の利益相反行為に当たり、このことは1審原告が本件各債券を購入するか否かを決定する上で重要な事情である」とし、証券会社にはこの点についての説明義務があるとして、一審被告（証券会社）に対して利益相反の危険性に関する説明義務違反を認めた。

[仕組債 C11]　△静岡地判平25・5・10（セレクト45巻48頁）
[公益法人・多種類仕組債・野村證券]

【事案】社会福祉法人が野村證券から10銘柄株価リンク債10倍型1億円と東証銀行株価指数2倍リンク債1億円を勧誘されて購入し、いずれも元本がゼロとなった事案。

【判旨】判決は、説明義務違反の不法行為を認定し、過失相殺7割とした。

仕組債 C11・C12　　609

仕組債 C12[141]　　△京都地判平25・3・28
　　　　　　　　　　（判時2201号103頁、セレクト45巻1頁）
　　　　　　　　　　×大阪高判平25・12・26（判時2240号88頁）[142]
　　　　　　　　　　　　　　　　　　　　［歯科医・多種類仕組債・野村證券］

【事案】 歯科医師が、野村證券の外務員に勧誘されて、2004（平成16）年9月、①米ドルLIBORコリドー債（期間10年）50万米ドル、2006（平成18）年2月、②10銘柄株価リンク債20倍型（期間3年）50万米ドルを取得したところ、価格が下がり、途中売却して大きな損失が発生した事案。

【第一審判旨】 一審は、組成責任、適合性原則違反は否定し、①については説明義務違反も否定したが、②について「元本が毀損するリスクの程度につき誤解を生じさせるような説明しかしていない」として説明義務違反を理由に損害賠償を命じた（過失相殺5割）。

【控訴審判旨】 控訴審は、説明義務違反もなかったとして請求を棄却した。組成責任については前出（1「組成責任」）。説明義務については、①につき「『六か月米ドルLIBOR』の記載があり、当該指数は短期金利の指標として金融取引上一般に用いられるものの一つであることからすれば、一審原告の属性に照らして、具体的にその過去の数値やチャートを示すことまで必要であるとは考えられない。」②につき「投資家は、NV8168の場合は、満期までの3年間に、参照対象株式の各株価が現在時価からノックイン価格として明示されている価格まで下落し、判定日にも回復しないという可能性とクーポンの高さが見合うかどうかを自ら判断できれば足りるのであって、参照対象株式のボラティリティが当該金融商品組成において証券会社に利用されているものであるとしても、同仕組債の販売の際に参照対象株式のボラティリティの提示が説明義務の対象として不可欠なものと評価することはできない。」などと判示し、説明義務違反はないとして請求を棄却した。

---

141)　コメント　控訴審判決は、仕組商品について、販売資料の記載事項が説明されれば足りるとする、仕組商品賭博観を前提とする外形説に立つ判決である。
142)　川地宏行「判批」現代消費者法30号86頁。

610　第4部　金融商品取引に関する裁判例

仕組債 C13[143)]　△東京地判平24・11・12（判時2188号75頁）[144)]
　　　　　　　　×東京高判平26・4・17（金法1999号166頁）（確定）

[高学歴元役員・10銘柄リンク債10倍型・野村證券]

【事案】 高学歴の元大企業役員である男性が、野村證券の担当者から勧誘されて、10銘柄株価リンク債10倍型を購入し、ノックインして損失となった事案。

【第一審判旨】 一審判決は、説明義務に違反したとして損害賠償を命じた。仕組債がオプション取引のリスクを負担させる金融商品であることを指摘した上、「オプション取引が賭博ではなく金融商品である所以は、単なる偶然に賭けるのではなく、その極めて大きなリスクが金融市場において適正に評価され取引がされるからである。そのようなオプション取引のリスクの特性や大きさ、あるいはリスク評価方法も知らず、リスクを緩和するヘッジ取引をする資力も能力もない者に対し、取引の特性、リスクの大きさや評価手法も説明しないまま、投資等の経験から将来の株価を予想させただけで、ノックインプットオプションの売り取引による損失を負担させる取引をさせることは、証券会社と一般投資家との間の金融工学の知識の著しい格差を利用し、これを知らない投資家の無知に付け込んで利益を求めるに等しい。」と断じている。

【控訴審判旨】 上記地裁判決を取り消し、請求棄却とした。適合性原則違反を否定するにあたっては、原告が京都大学工学部卒で一部上場企業の元代表取締役であったこと、ブラジル国債に投資していた資金を回したことなどの属性を強調し、当該「仕組債の取引条件自体は一定の経験と理解力を有する者にとっては特に難解なものではない」という認定を基礎とした。

　説明義務については、「『ユーロ債の証券内容説明書』や満期償還額のマトリックス表を示しながら、参照対象株式の10銘柄の株価が参照指標となっていること、満期が3年であること、クーポンの利率、満期償還額について、10銘柄の1つでも基礎価格の55％の水準のノックイン価格まで下落した場合には、元

---

143)　**コメント**　控訴審判決は、販売資料に記載された取引条件等を説明すればよいという立場に立つ判決群の1つである。なお、「リスクとリターンとの非対称の商品であったとの結論も一つの見方にすぎない」と、明らかに誤った判示もしている。例えば、本来のリターンの半分をコストで取ってしまった商品であることの主張・立証がなされていないのか、それを裁判所が理解できないのか、のいずれであるかは不明である。

144)　角田美穂子「判批」金法2001号63頁。

本毀損のリスクが生じ、満期償還時において基礎価格からの下落率の割合で元本が毀損するという本件仕組債に特有の償還額の構造」を説明すればよく、その説明があったとして違反を否定した。

(ウ)　第2次被害：ワーストEB判決

　複数銘柄の株価のうち1つでも決められた水準以下になると元本がその株式で返ってくるという仕組債である。単独銘柄のEBよりノックイン確率が高いものが作れるのでその分、目先の利回りを高くできる。請求認容例として、東京地判平25・7・3（**仕組債 C14**〔精神科医・3銘柄ワーストEB〕）、東京地判平28・6・17（**仕組債 C15**〔要支援高齢者・ワーストEB等〕）、請求棄却例として、大阪高判平25・9・20（**仕組債 C16**〔会社経営者・リーマンワーストEB〕）、を紹介する。

仕組債 C14　△東京地判平25・7・3（セレクト46巻47頁）（控訴審和解）
[精神科医・3銘柄ワーストEB・SMBC日興証券]

【事案】金融資産1億程度＋自宅・診療所の不動産所有。株式・投信の投資経験若干の開業精神科女医（69歳）が、SMBC日興証券に勧誘されて、ノルウェー輸出入銀行発行の3銘柄ワーストEB2000万円、マッコーリー銀行発行の3銘柄ワーストEB5000万円を購入したところ、株式償還となった事案。投資額とEB償還時の株価の差額は3495万9667円。
【判旨】判決は、適合性の原則違反は否定し、株式償還される場合の株式数の計算方法について正しい理解を得るための説明がされていなかったから説明義務違反であるとし、損害賠償を命じた（過失相殺7割）。

仕組債 C15　△東京地判平28・6・17（セレクト51巻53頁）（確定）
[要支援高齢者・ワーストEB等・みずほ銀行・みずほ証券]

【事案】取引開始当時77歳（最後の仕組債購入時78歳）で認知症等を理由に要支援の認定を受けて自宅で1人で生活していた女性が、みずほ銀行の担当者からみずほ証券を紹介され、みずほ証券の担当者に、複雑な「仕組債」を、計4本（3銘柄ワーストEBを2本、2銘柄ワーストリンク債1本、株価リンク債1本）、勧誘されて承諾し、合計で7146万4000円分購入したところ、リーマン・ショック

612　第4部　金融商品取引に関する裁判例

による株価の暴落もあって約4000万円の損失となったという事案。銀行と証券会社を被告とした。

【判旨】判決は、みずほ証券担当者の勧誘が適合性原則に違反し、説明義務にも違反するとしてみずほ証券に損害賠償を命じた（一定程度の金額については、元本割れのリスクを含む投資を行う財産的な余裕を有していたなどとして過失相殺3割）。

　適合性原則違反については「本件各商品の含むリスクが相当程度大きく、原告は本件各取引によってその抱えるリスクを過大に負担することになったものであり、かつ、そのリスクの大きさ及び仕組みの難解さに鑑みれば本件各商品の購入による損得を適切に判断するためには相当程度高度の投資判断能力が要求されるものであったと認められるのに対し、原告の年齢や認知症の程度に加え、その投資意向、財産状態及び投資経験等の諸要素を総合的に判断すると、A（みずほ証券担当者）が原告に対して本件各商品の購入を勧誘したことは、適合性の原則から著しく逸脱したものであるというほかなく、これによって本件取引を行わせたことは、不法行為法上も違法と評価することができる」とした。なお、前提として、本件仕組債は、みずほ証券の適合性判定マニュアルでは、原告には勧誘してはならないレベルのランク4またはランク5に相当するということなどが認定された。

　説明義務違反については、「原告の属性等は、前記1認定事実(1)及び前記4(3)において検討したとおりであって、原告の投資取引に関する知識、経験、財産状況等に照らすと、前記(2)の説明内容によって、原告において本件各商品の取引に伴う危険性を具体的に理解できるような情報が、必要な時間をかけて十分に提供されたとは認め難い」とした。

　みずほ銀行については、同銀行の担当者が勧誘したとは認められないとして請求棄却。

仕組債 C16　○大阪地判平25・1・15（セレクト44巻197頁）
　　　　　　×大阪高判平25・9・20（2013WLJPCA09206001）
　　　　　　　　　　　　［会社経営者・リーマン・ワーストEB・SMBC日興証券］

【事案】会社経営者が、SMBC日興証券の外務員から、リーマンブラザーズ発行の3銘柄ワーストEB（期間1年）を、リーマンブラザーズ破綻の2カ月余前

に勧誘され取得したところ、破綻して損失となった事案。

【第一審判旨】一審判決は、説明義務違反を理由に損害賠償を命じた（過失相殺 8 割）。説明内容については、「早期償還を前提とした本件買付けのメリットを強調した上で、株式償還となっても、優良銘柄の株が手に入るわけだからそんなに心配することはないなどと述べ、信用リスクの説明については、書面の読み上げ以上のことはしなかった」と認定し、「全体としてみれば、本件債券の実際のリスクに比して、リスクが小さいかのような印象を与えるものであり、流動性リスクと相まった信用リスクの存在についての注意喚起としては不十分であったといわざるを得ない。」「そうすると、原告の属性に照らしても〇〇及び□□の説明は、原告が買付時から計算日までの約 1 年間における発行体の信用リスクや参照銘柄の株価の値下がりによるリスクを引き受けなければならないことを具体的に理解できるようなものであったとまでは認められない」とした。

【控訴審判旨】控訴審判決は、「本件債券がどのような条件において利益を生み、損失につながるのかといった本件債券の基本的な仕組みは一般人においてさほど理解が困難なものではない」「会社の代表取締役として社債の発行経験を有し、経済情勢等の情報に接する生活をし、株価の値上がり・値下がりの体験を含めた株式に係る取引経験を有していたことに照らせば、被控訴人は、本件債券の基本的な仕組みや信用リスク、株式償還リスク、流動性リスクについても理解する能力を有していた」し資産もあるので、取引から排除されるべきものではないので適合性原則違反はなく、「本件債券のクーポン（利率）が本件債券の有する株式償還リスクの高低に関連ないし連動していることの説明を行った」ので説明義務違反はないとして、原判決を一部取り消して請求を全部棄却した。

㈗ 第 2 次被害：複数指標リンク債判決

仕組債 C17 △東京地判平24・11・27（判時2175号31頁）（控訴審和解）[145]
[複数指標リンク債・みずほインベスターズ証券]

【事案】仕組債を購入してノックインした経験がある40代女性が、みずほイン

---

145) 全相協つうしん152号参照。

614 第4部 金融商品取引に関する裁判例

ベスターズ証券の担当者から、日経平均と米ドル・円の為替レートという複数の指標にリンクする仕組債を2007（平成19）年6月、同年7月と2回勧誘され、それぞれ取得したところ、株価指数、為替ともノックインし、損失が発生した事案。

【判旨】判決は、説明義務違反による不法行為であるとして損害賠償を命じた（過失相殺4割）。「Bは、原告から各ノックイン事由が生ずる見通しを尋ねられたのであるから、原告が本件各仕組債の有するリスクの程度を誤解しないよう、近年の日経平均株価及び参照為替レートの状況を的確に説明する必要があったというべきである。しかしながら、Bは、原告に対し、過去5年分の日経平均株価及び参照為替レートを表すチャートを示したものの、口頭では上記の説明をしたにとどまり、チャートに表示されている近年の日経平均株価及び参照為替レートの状況を認識する重要性を説明せず、日経ノックイン事由については心配する必要がないかのような誤った印象を与える説明を行ったのであるから、Bによる上記説明は、顧客である原告において、本件各仕組債の有するリスクの程度を誤解させるものであって、的確な認識を形成するに足る情報を提供するものであったということはできない。よって、Bは、原告に対する説明義務に違反したものと言わざるを得ない。」

仕組債 C18 [146] 福岡地判平27・3・20（セレクト49巻475頁）（仕組債については確定）　　［日経平均・米ドル為替リンク債・適合性原則］

【事案】60代の夫妻（X1・X2）が、みずほインベスターズ証券の担当者から勧誘されてX1は複数指標リンク債、X2は外国債を取得したところ、いずれも大きな損失を被ったという事案。

【判旨】本件複数指標リンク債は、リスクが高く、得られる利益とリスクとの比較が容易でない複雑な仕組みを有する金融商品であり、「原告らの理解力は、本件仕組債の特性とリスクについて、担当者から一応の説明を受けたとしても、抽象的に利回りが良いとか、元本割れの危険があるという程度の表層的な認識にとどまり、商品の特性とリスクを理解した上で主体的に商品を選択するのではなく、ただ勧誘者に対する信頼感情と利回りの良さに惹かれて商品を選択す

146）　コメント　債券7 と同じ判決である。

る程度のものであり、Bも勧誘行為を通じてこのことを十分認識し得たと見ざるを得ず、そうすると、……本件仕組債の購入はその能力に比して過大な危険を伴っていたと認められる」として、BがX1に対して本件仕組債の取引を勧誘した行為は適合性の原則から著しく逸脱したものとして不法行為に当たるとした。

(d) 長期型仕組債

　長期型仕組債は、金利デリバティブや為替デリバティブを組み込んだ長期（30年が多い）の仕組債である。これに関する請求認容判決としては、錯誤無効を理由に証券会社からの請求を棄却した判決、説明義務違反を理由に損害賠償を命じた判決がある。

　顧客の請求を棄却した判決もあるが、ほとんどは解約しないで訴訟を遂行しているので、その後の2012（平成24）年末からの為替変動により期限前償還されたり解約したりして損害がなくなったものもある。兵庫県朝来市の例[147]が知られているほか、価格回復は朝来市の購入したものに限ったことではなく、長期型仕組債を購入して評価損に悩んでいた相当数の地方自治体、財団法人、学校法人等の顧客が、困った状態から脱している。一部の顧客は、2013（平成25）年〜2014（平成26）年にかけて損失がなくなったところで解約し、解約をしなかった顧客の中には、2014年秋以降のさらなる円安によって期限前償還となり、トータルで利益を得ている者もある。

　認容判決として①大阪高判平22・10・12（仕組債 D1〔FXターン債・錯誤無効〕）、②大阪地判平25・2・15（仕組債 D2〔精神疾患女性・長期型仕組債・EB〕）、③横浜地川崎支判平26・3・25 仕組債 D3、④名古屋地岡崎支判平27・12・25 仕組債 D4、⑤名古屋地判平29・9・15 仕組債 D5 を紹介する。他の認容判決として、名古屋高判平26・10・9 仕組債 C10 があり、これは10銘柄リンク債10倍型と株価指数2倍リンク債も販売されたケースである。請求を棄

---

147)　兵庫県朝来市は、2006年から2008年にかけて、基金運用の半分以上を米ドルや豪ドルにリンクした仕組債につぎ込んだが、円高の進行で約12億3600万円の含み損が出た。予算執行が制約されるおそれを抱いた同市は、複数の証券会社を相手に、大阪の認証ADRに申立てを行ったが不調に終わり、2012年6月25日に訴訟提起した。その後、円安が進行し価格が回復したため、2013年6月14日までに中途売却し、損失がなくなったとして訴訟を取り下げた。

616　　第4部　金融商品取引に関する裁判例

却した大阪高判平25・12・26 仕組債 C12 は10銘柄株価リンク債20倍型も販売されたケースである。

仕組債 D1 [148]　○大阪地判平22・3・30（セレクト37巻96頁）
　　　　　　　　　○大阪高判平22・10・12（セレクト38巻155頁）[149]（確定）
　　　　　　　　　　　　　[会社と経営者・FX ターン債・代金支払請求・錯誤無効]

【事案】野村證券から勧誘された会社とその経営者個人が、FX ターン債について取得の意思を示した後、支払う前にその証券がおかしいと気づいたので代金を支払わないでいたところ、同証券の方から、代金支払請求訴訟を提起した事案。地裁と高裁の判決がある。
【第一審判旨】一審判決は、錯誤により無効であるとして証券会社の代金請求を棄却するとともに、反訴の不法行為に基づく損害賠償を一部認容した。
【控訴審判旨】その控訴審は、錯誤無効の判断は維持して、証券会社の控訴は棄却。不法行為については損害がないとして否定し、弁護士費用分の損害賠償請求は棄却した。

仕組債 D2　△大阪地判平25・2・15（セレクト44巻244頁）（控訴審和解）
[精神疾患女性・長期型仕組債・EB 三菱 UFJ 銀行・三菱 UFJ モルガン・スタンレー証券]

【事案】精神疾患で入通院中の無職の女性が、三菱 UFJ 銀行から紹介された三菱 UFJ モルガン・スタンレー証券の担当者から勧誘されて、1億円の FX ターン債（満期30年）と3000万円の EB3本を取得した事案。FX ターン債については、途中売却により3944万円の損が確定し、EB は3本とも株式償還となった。
【判旨】判決は、適合性原則違反、説明義務違反で不法行為になるとして証券会社に損害賠償を命じた（過失相殺4割）。
　判決は、FX ターン債について、最初の半年は年利8％の利息を受け取ることができるが、その後、最長30年間償還されず、為替レートに応じて年利0.01

---

148)　コメント　仕組債の商品特性に踏み込んだ判決である。弁護士費用については、上告受理申立てをするも不受理となっている。錯誤無効でも、同時に不法行為の違法性がある場合は弁護士費用を損害として認めた高裁レベルの判決もあり、判例は定まっていない。
149)　川地宏行・百選58頁。

％から８％、累計合計で最大16％の利息を受け取ることができる一方、長期間資金を拘束され、しかも、30年後の償還額は、為替相場によって大幅な元本毀損のリスクが生じるもので、途中売却する場合には、期待収益によって算出される理論値より更に売却価格が下回るリスクが存する、償還期限までの為替相場の変動状況や発行体の存続可能性を見越して、本件為替リンク債に組み込まれた償還条件や利子の条件が有利であるか否かの判断を相応にすることは、個人の一般投資家にとって、著しく困難であると判示し、EBとともに、「各種証券の中でも極めてリスクの高い取引類型であり、その仕組みも複雑であることは否定できず、その取引適合性の程度も相当に高度なものが要求される。したがって、本件各債券の取引に適合するのは、少なくとも上記リスクを理解するに足る知識・能力と、とその危険を引き受けるに足りる余裕資金を有する者に限られるというべきである。」として適合性原則違反であるとした。

　さらに、「本件各債券は、その仕組みが複雑であり、組み込まれたクーポンの利率、早期償還及び満期償還価格に係る条件がそれぞれ基本となる金融指標の水準に応じて異なった結果をもたらし、専門的に分析すると、場合によっては、株式よりも不利な面や、リターンよりリスクが大きい面があるのに、その点が見えにくいといった難解な商品である上に、市場性、流通性に欠け、途中売却の可否や価格あるいは方法も明示されておらず、不透明であるほか、前記３のとおり、原告は、投資に関する知識や十分な理解力を有しておらず、被告との取引について積極的な投資意向も有していなかったのであるから、被告担当者は、これを勧誘する以上、顧客である原告に対し、原告の自己責任において自らの投資意向に沿うかどうかを見極めて適切な投資判断をすることができるよう、本件各債券の特徴やリスク等を十分に説明して、その理解を得させるべき義務を負っていたものというべきである」のにそのような説明がなかったとして説明義務違反であるとした。勧誘に兄が立ち会っていたことなどを考慮し過失相殺４割。

仕組債 D3　△横浜地川崎支判平26・3・25（セレクト47巻251頁）
　　　　　　　（控訴審和解）
　　　　［40代女性・長期型仕組債・EB 三菱 UFJ 銀行・三菱 UFJ メリルリンチ PB 証券］

【事案】多額の預金を相続した40代女性が、相談した銀行から紹介された三菱

618 第4部 金融商品取引に関する裁判例

UFJメリルリンチPB証券の担当者から勧誘されて、2007（平成19）年1月、PRDC債（期間30年）2本（4000万円、2300万円）、2008（平成20）年7月、EB（期間5年）1本（2000万円）を取得したところ、価格が下がり、2011（平成23）年にこれらを同証券に売却し、多額の損失となった事案。

【判旨】判決は、「的確な認識を形成するような説明をせず、また、リスクについて具体的に理解できる程度の説明を行ったとは認められない」として、説明義務違反を理由に損害賠償を命じた（過失相殺8割）。

仕組債 D4　△名古屋地岡崎支判平27・12・25（セレクト50巻57頁）
（控訴審和解）　　　　　　　　　　　[30代男性・通貨ワーストリンク債・野村證券]

【事案】30代男性が、2007（平成19）年7月、野村證券の従業員から、米ドル豪ドルワーストリンク債（期間30年）を勧誘され遺産の一部5000万円で購入したところ、為替が不利に変動して評価損（半額以下の評価となっていた）が出た事案。

　商品は、①最初の半年は年率10.05％以上のクーポン、②それ以降は年2回の利払日に午後5時の1米ドル価格から109.20円を控除した額または1豪ドル価格から94.50円を控除した額の小さい方を基準にクーポンが支払われ（どちらかが上記金額基準額を下回ればクーポンは支払われない）、③クーポンの累積額が額面の9.05％を超えたら早期償還（元本が円貨で支払われる）、④早期償還条件を満たさないまま満期（30年目）となる場合、発行体の選択により、62万5000米ドル（1米ドル当たり80円として5000万円を換算したもの）または71万4285.72豪ドル（1豪ドル当たり70円として5000万円を換算したもの）が償還されるというものである。

【判旨】判決は、適合性原則違反については、本件仕組債は危険性が相当に高い商品であるものの、直ちに顧客の意向と実情に反して過大な危険を伴う取引を積極的に勧誘したとはいえないこと、保有資産に比して過大な投資の勧誘であったとは直ちにいえないこと、投資一般について一応の知識を有しており、かつ自身の状況を踏まえた上でどの商品を買うべきかの一応の判断力を有していたことから、原告については直ちに適合性原則に違反しているとまでは認められないとした。他方で、説明義務違反については、従業員による説明は、本件仕組債においてクーポンが生じないリスクや満期時の元本欠損のリスクを過

小に評価させ、また、途中売却によって元本を欠損させるリスクを具体的に説明していないものであり、原告が本件仕組債のような特殊な債券についてまったく取引経験がなく、予備知識も有していないことから、その商品内容やそのリスクを直ちに理解することが困難な状況であった原告に対する説明としては不十分なものであったとして、説明義務違反であるとした。損害については、原告が本件仕組債を口頭弁論終結時にも保有していたことから、本件仕組債の時価（被告会社の買取見込価格）を損害から控除した上、過失相殺をした（過失相殺6割）。

仕組債 D5　△名古屋地判平29・9・15（セレクト54巻79頁）
[78歳男性・リーストダイレクトパワーターン債・野村證券・途中売却損リスク説明義務]

【事案】78歳男性（会社役員）が、野村證券外務員から勧誘されて、仕組債①（パワーデュアルカレンシー債30年物）・②（同）を購入したところ①は早期償還が見込まれる状況となり②も順調に推移していたところ、2006（平成18）年11月に仕組債③を勧誘されて5000万円で購入して①を売却し、2007（平成19）年4月に、仕組債④を勧誘されて②を売却して5000万円で購入した。③④はいずれもリーストダイレクトパワーターン債と呼ばれる満期30年のもので、③は当初半年間の利金が10％、④は当初1年間の利金が20％で、それぞれその後は販売資料記載の計算式で計算された利金が支払われ（マイナスはなし）、一定条件を満たすと早期償還されるというものであった。その後の為替変動で③④の利金が発生しなくなり、2012（平成24）年10月、③④を売却したところ6490万円の損失が発生した。受取り済みの利金を計算に入れると、損失は5438万円となり、勧誘は違法であるとしてこの賠償を求めた事案。

【判旨】説明義務違反による不法行為であるとして損害賠償を命じた（過失相殺8割）。判決は、途中売却の損失リスクは、満期償還時の損失リスクとは質的に異なるものであり、「為替レートによっては元本割れすることがある。」という程度の説明をしただけでは、顧客が途中売却時の元本割れリスクを他のリスクと同レベルのものと誤解しかねないし、仮に途中売却時の元本割れリスクが顧客の投資姿勢と相容れないものであったとしても、そうしたリスクが顧客が違和感を感じない他のメリットやリスクの中に埋没されてしまい、誤った投資判断をしてしまうことになりかねない。」と一般論を述べ、具体的には、「途

中売却時の損失リスクについては、金利、為替の変動等で損失を被ることがあることを説明したという程度であって、途中売却時の損失リスクが、満期償還時の元本割れリスクとは質的に異なる大幅な損失を生じさせるものであることを具体的に説明したとは言い難い」とした。「大幅な損失」については、金利5.8％・期間30年のゼロクーポン債は17％の価値、金利6.5％・期間30年のそれは15％の価値であることと対比し、同様に何分の1にもなってしまうリスクがあることを念頭に置いたものである。

(e)　ノックイン型投資信託

ノックイン型投資信託（仕組投信）は、特定の日経平均リンク債に投資する投資信託であり、一定期間中に日経平均株価が一度でもノックイン水準を下回るとその下落率に応じて元本が減額されるものである。

商品性に問題がある上、勧誘対象顧客が高齢の預金者であることから、FINMAC（前身の日本証券業協会も含む）に多数のあっせん申立てがあって解決したものもあるし、損害賠償を命ずる判決も多数ある（なお請求棄却判決もある）。請求（一部）認容判決のうち、①大阪地判平22・8・26（仕組投信1〔79歳女性〕）、②東京地判平23・2・28（仕組投信2〔81歳男性〕）、③東京地判平23・8・2（仕組投信3〔80歳女性〕）、④大阪地判平25・2・20（仕組投信4〔77歳女性〕）、⑤京都地判平26・9・25（仕組投信5〔69歳男性（元残留孤児）〕）を紹介する。

仕組投信1　△大阪地判平22・8・26
　　　　　　　（判時2106号69頁、セレクト38巻173頁）（控訴審和解）
　　　　　　　　　　　［高齢女性・ノックイン投信・池田泉州銀行・適合性原則違反］

【事案】79歳の女性が、定期預金が満期になるたびに池田泉州銀行の行員からノックイン型投資信託を訪問勧誘されて4本合計2000万円分を取得したところ、ノックインして損失が発生した事案。
【判旨】判決は、錯誤により無効であるとの原告の主張は排斥し、適合性原則違反、説明義務違反により不法行為となるとして、銀行に損害賠償を命じた（過失相殺2割）。
　適合性原則違反については、「投資経験及び知識がほとんどなく、慎重な投資意向を有する79歳という高齢で1人暮らしの原告に対し、相当のリスクがあ

り、理解が困難な本件各投資信託の購入を勧誘し、定期預金、普通預金や個人年金という安定した資産を同種のリスク内容の投資信託に集中して投資させたものであり、原告の意向と実情に反し、過大な危険を伴う取引を勧誘したものである上、A及びBが、被告の内部基準を形骸化するような運用をして本件各売買契約を成立させたものであるから、適合性の原則から著しく逸脱した投資信託の勧誘といえる。」と判示した。

　説明義務違反については、事実を「本件各投資信託が、預金ではなく投資信託であることや、販売資料等のグラフを示しながらワンタッチ水準についての説明をし、販売用資料、説明書、目論見書（……）を交付していることから、本件各投資信託について一応の説明をしたものとは認められる。」と認定した上で、「本件各投資信託は、その内容を理解することが容易ではなく、将来の株価の予測というおよそ困難な判断が要求され、また、元本割れのリスクも相当程度存在するにもかかわらず、条件付きの元本保証、という商品の特性により元本の安全性が印象付けられることから、当該条件については特に慎重に説明する必要があったというべきである」と「一応の説明」では足りないとした上、勧誘する側に投資対象や運用益の知識不足があったことから商品の内容やリスクを説明できたか疑わしいこと、原告がリスクを現実味を帯びたものとして理解できていなかったことなどから、「投資信託の危険性を具体的に理解することができる程度の説明をしたとは認められない」とした。

仕組投信 2[150]　△東京地判平23・2・28
　　　　　　　　　　（判時2116号84頁、セレクト39巻57頁）（確定）
［成年被後見人・ノックイン投信・静岡銀行・静銀 TM 証券・低適性＋説明義務違反］

【事案】成年後見人が弁護士に訴訟を委任したケース。静岡銀行に老後資金を国債の形で預けていた独居の高齢男性（81歳）は、2005（平成17）年11月、国債の満期償還にあわせ、同銀行の従業員から子会社である静銀 TM 証券の外務員を紹介され、その外務員から、国債満期償還手続の日などに同銀行支店において、国債の満期償還金のほぼ全額（約6700万円）を 5 年満期のノックイン

---

150)　コメント　日経平均がワンタッチ水準を下回る確率が認定され、その数値が説明すべき事項として掲げられている点が注目される。

型投資信託に投資するよう勧誘され、2005年12月1日に購入したところ、1年後に早期償還が決定し、2007（平成19）年1月、6720万円が返還され、同年3月26日、同外務員から、その償還金など6990万円について、さらに同じタイプの期間5年のノックイン型投資信託を購入するよう訪問勧誘され、これを購入したところ、高齢者はその日の夜中に脳梗塞を発症して倒れたという事案。その後ノックインし、損失が生じた。

【判旨】判決は、このノックイン投資信託につき、「日経平均株価が一定の時点から5年間に35％下落する確率は平均約59％であったことからすると、株価観測期間中にワンタッチ水準を下回る可能性は低いとはいえないし、また、当初株価から最終株価への下落率が大きくなる可能性も低いとはいえない。そうすると、本件投資信託は、得られる可能性のある利益は分配金の限度であるのに対し、その利益にとどまらない損失を被る可能性のあるものであり、また、損失を被る可能性は低いとはいえず、被る可能性のある損失も小さいとはいえないものであって、リスク性の高い投資商品であるということができる。また、本件投資信託の仕組みは複雑であり、必ずしも理解が容易なものとは言い難いし、日経平均株価が5年間の株式観測期間中にワンタッチ水準を一度でも下回り、更に最終株価が当初株価より下回ることによって、元本が確保されない結果となる可能性がどの程度あるのか、その場合にどの程度の損失を被る可能性があるのか、そのようなリスクは得られる可能性のある利益と見合っているといえるのかということについて、判断することは容易ではない。」と認定して、顧客は理解や経験が不十分であったこと、積極的な投資意向を有していたとはいえないことから、このようなリスクが大きく複雑な仕組みを有する本件投資信託についての顧客の適性は低かったと判示した。さらに、「本件投資信託に関する一応の説明をしたことがうかがわれるとしても、〇〔注・外務員〕は、原告に対し、原告の投資経験、知識、理解力に応じ、原告が自己責任で本件投資信託の取引を行うことができる程度に十分に説明しなかったし、被告内部において高齢者との取引を慎重に行うべきものとしているにもかかわらず、本件投資信託の取引においてはそれが履践されていなかったものと推認することができる。」として、適性が低い原告に対し十分な説明をすることなく勧誘したことが不法行為になるとした（過失相殺4割）。

仕組投信3・4   623

仕組投信3[151]   △東京地判平23・8・2（セレクト41巻1頁）（確定）
［高齢主婦・ノックイン投信・中央三井信託・適合性原則違反］

【事案】 定期預金、ビッグ等の取引のある高齢の就業経験のない主婦（初回取引当時79歳、再取引時80歳）が、2006（平成18）年7月、自宅に来た中央三井信託銀行の販売員から、定期預金やビックの全額を投入してプレミアム・ステージというノックイン型投資信託（満期3年、半年ごとに分配金〔1年目は5〜7％、3年間で平均3％程度〕、条件設定時の日経平均を基準に早期償還条項、ノックイン条項〔30％〕が付いている）を購入するよう勧誘され承諾した（日経平均株価が30％下がったら元本は確保されないことは説明されたと認定している）。この投資信託は、2007（平成19）年7月と8月に早期償還され、原告は、償還された1290万円のうち、1090万円で再度プレミアム・ステージを購入した。プレミアム・ステージは2008（平成20）年にノックインし、2010（平成22）年8月の償還額（途中支払済みの分配金を含む）は1090万円に対して705万3610円（64.7％）となったという事案。

【判旨】 判決は、ノックイン投信については、相当にリスクの高い取引類型であるとし、原告は、元本を相当程度喪失する可能性を覚悟してまでも積極的に利殖を図る資産運用を行う意図を有していたとは考えられないので、適合性原則違反で不法行為になるとしたが、一度早期償還されて利益を得た後再購入してノックインしたことと、大部分が同居の25歳と21歳の2人の孫名義で購入しており、書類の作成自体は孫自身が行ったことなどを理由に高率（8割）の過失相殺をした（認容額84万6205円）。

仕組投信4[152]   ○大阪地判平25・2・20
（判時2195号78頁、セレクト44巻87頁）（確定）
［難聴高齢独居女性・ノックイン投信・中央三井信託・適合性原則違反］

【事案】 投資経験のない77歳の難聴で一人暮らしの女性が、中央三井信託銀行

---

151) **コメント** 80歳の高齢者が預金のほとんどを投入していることから適合性原則違反としたが、高率の過失相殺をしたことおよびその理由には問題がある。
152) **コメント** 「少なくとも」とあるとおり、詳細な商品特性の認定をしなくても十分に結論を導けるという判断がなされたものと思われる。

624　第4部　金融商品取引に関する裁判例

担当者に勧誘され、定期預金を満期前に解約しノックイン投信を購入した事案。
【判旨】判決は、請求額（実損と逸失利益〔定期預金の満期前解約で失った利息〕
と弁護士費用の合計894万円余）を全額相容（過失相殺なし）。適合性原則違反と
説明義務違反を認定。適合性原則違反については、低学歴、投資経験がないこ
と、高齢、難聴に照らし、パンフレット等を理解できるだけの能力がなかった
とした上、元本の安定性を重視する投資意向を認定し、「金融資産の7割以上
を占めていた本件定期預金を解約して、その解約金を原資として本件商品を購
入するよう勧めた一連の勧誘行為は、原告の実情と意向に反する明らかに過大
な危険を伴う取引を勧誘したものといえる」とした。説明義務違反については、
「少なくとも、本件商品は、日経平均株価が大きく下落した場合には投資元本
額を大きく下回る金額しか償還されない可能性のある金融商品であること、本
件パンフレットに記載された目標分配額の支払や実質的な投資収益率の利率は
保証されたものではないこと、本件商品は、解約できる期間が制限されている
ものであること等を、原告が理解できる平易な言葉を用いて原告が理解できる
まで十分に説明すべき必要があった」のに、そのような説明がなかったとした。

仕組投信5　○京都地判平26・9・25（セレクト48巻1頁）（確定）
[元残留孤児・ノックイン投信・りそな銀行・適合性原則違反]

【事案】元中国残留孤児で日本語能力が不十分な69歳（当時）の男性が、定期
預金の記帳にりそな銀行支店を訪れ ATM の操作に戸惑っていたところ、通帳
の残高を見たフロア担当行員に投資信託販売窓口へ案内され、ノックイン投資
信託を勧誘されて買わされ、約91万円の損失となった事案。
【判旨】判決は、適合性原則違反、説明義務違反を認め、分配金の額を除いた
実損分全額（約91万円）と実損分の3割強に当たる30万円の弁護士費用の合計
約122万円の賠償を命じた（過失相殺なし）。判決は、まず、原告の日本語能力
が不十分だったこと、それに起因して経済的知識も不十分だったこと、安全性
重視で元本リスクを許容しない投資意向であったことを認定し、原告の生活歴、
資産状況、取引経験、投資意向、とりわけその日本語能力および経済的知識に
照らすと、担当者の説明を聞くなどして日経平均株価の推移を把握したり理解
できる能力がなかったことは明らかで、一連の勧誘行為は適合性の原則から著
しく逸脱した違法な行為であるとした。説明義務違反については、原告の日本

語能力、経済的知識に照らすと少なくとも通訳人を介して、原告が本件商品の特性を認識理解できる程度の説明をすることが不可欠であるところ、そのような説明をしたものとは到底認めることができないとした。慰謝料請求は否定し、原告の日本語能力が不十分であるという事情を考慮して弁護士費用を通常より増額して認めた。

(f) 特に複雑な仕組取引

仕組債はいずれも複雑であるが、その中でも、会計上の効果を狙った特に複雑な仕組取引について、最高裁判決がある。

仕組取引1 最判平28・3・15（判時2302号43頁）[153]（破棄自判）
[武富士・実質的ディフィーザンス・メリルリンチ日本証券]

【事案】社債の実質的ディーザンス取引について、勧誘されて社債を取得した武富士が、その損害を賠償請求した事案。一審は請求棄却、高裁は一部認容と判断が分かれていた。

【判旨】最高裁は、この高裁判決を覆して、次のとおり、説明義務違反を否定し請求を棄却した。「本件仕組債の具体的な仕組み全体は必ずしも単純ではないが、上告人Y2は、Cらに対し、D債券を本件担保債券として本件インデックスCDS取引を行うという本件仕組債の基本的な仕組みに加え、本件取引には、参照組織の信用力低下等による本件インデックスCDS取引における損失の発生、発行者の信用力低下等によるD債券の評価額の下落といった元本を毀損するリスクがあり、最悪の場合には拠出した元本300億円全部が毀損され、その他に期日前に償還されるリスクがある旨の説明をした」「Aは、消費者金融業、企業に対する投資等を目的とする会社で、その発行株式を東京証券取引所市場第一部やロンドン証券取引所に上場し、国際的に金融事業を行っており、本件取引について、公認会計士及び弁護士に対し上告人Y2から交付を受けた資料を示して意見を求めてもいた。そうすると、Aにおいて、上記説明を理解することが困難なものであったということはできない。」「前記3①から⑤までの各事項……が提示された時点において、Aが本件取引に係る信託契約の受託

---

153) 評釈として、石戸谷豊「判批」TKCローライブラリー新・判例Watch、司研報告116頁～122頁ほか。

者や履行引受契約の履行引受者との間で折衝に入り、かつ、上記事前調査の予定期間が経過していたからといって、本件取引の実施を延期し又は取りやめることが不可能又は著しく困難であったという事情はうかがわれない。」「本件仕組債が上告人 Y2 において販売経験が十分とはいえない新商品であり、C らが金融取引についての詳しい知識を有しておらず、本件英文書面の訳文が交付されていないことは、国際的に金融事業を行い、本件取引について公認会計士らの意見も求めていた A にとって上記各事項を理解する支障になるとはいえない。」「したがって、上告人 Y2 が本件取引を行った際に説明義務違反があったということはできない。」

(3) 第1次被害と第2次被害の比較

(a) 取引態様の違い

第1次被害においては、公募の形で仕組債の取得勧誘が行われ、証券取引法（当時）の開示ルールに沿った開示がなされた。

これに対し第2次被害においては、多くの仕組商品の取引は、証券会社や銀行などの金融機関と顧客の店頭・相対取引の形で行われた。すなわち、金融機関が仕組商品を組成してその売主となり、顧客が買主となる取引である。例えば、仕組預金では、銀行が組成して売主となり、預金者が買主となる。仕組債では、私募で発行されるものに顧客が応募するかのような売り方がされたが、実際は、ほとんどは発行体から証券会社の関連会社などが私募に応じて取得し、そこから証券会社が仕入れてさらに顧客に店頭販売するものである。したがって募集に関する開示ルールの適用はなく、発行条件と顧客の取得価格との間には、格差が反映されて店頭取引特有の不公正なものとなりやすい。なお、仕組投資信託だけは公募の形を採ったが、その投資対象である仕組債が店頭取引である上仕組債に投資信託の衣を被せてわかりにくくなっているため、不公正なものとなりやすい点は共通している。

(b) 商品特性の違い

第1次被害における商品は EB と日経平均リンク債の2種類がほとんどであるのに対し、第2次被害においては、上記のとおり実に多様な仕組商品が販売された。

第2次被害では、EB や日経平均リンク債など、第1次被害と同じ名称の仕組債も販売されたが、上記のとおり商品構造ははるかに複雑で期間も長く、

リスクの程度を感じにくいものとなっている。第2次被害における倍率型、長期型に至っては、さらに複雑でリスクが大きくなっており、仕組みやリスクの程度の把握は極めて困難である。また、第2次被害における仕組投資信託（ノックイン投信）は、仕組債に投資信託の衣を被せた上リスク限定型などの呼称を付けて商品性を誤解しやすくしており、高齢の預金者をターゲットにするという問題のある勧誘がなされた。

複雑でわかりにくい仕組商品は、複雑でわかりにくいことだけが問題なのではなく、そのことと店頭取引であることから、過大なコストが隠された不公正なものとなっていること[154] も大きな問題である。また、複雑な金融商品は、コストが大きくなるため、金融商品としては粗悪品とならざるをえない点も問題である。

中小金融機関までが仕組商品を取得してしまう事態に、日銀も放置できず、情報提供をしている[155]。

(4) 第2次被害事件における第1次被害事件判決の位置づけ

第1次被害においては、当時の他の金融商品と比較して、当時のEBや日経平均リンク債の仕組みが著しく複雑でわかりにくいという評価をし、それを前提に、上記のとおり不法行為による損害賠償を命じた判決が多数ある。その中には、EBについて、「一般投資家がその商品構造に由来するリスクを踏まえて自己決定する」のに必要な事項として、当該EBの条件のみならずクーポンは株式償還リスクの対価でありこれと連動していることを説明する義務があるとしたもの（大阪地判平15・11・4 仕組債 A1）、日経平均リンク債については、「堅実な株式投資から転じて、明らかに過大な危険を伴う商品のみの取引に、そして額においても一個人の投資目論見には到底及ばない桁に達する取引へと積極的に誘導したものであり、適合性の原則から著しく逸脱した証券取引勧誘に該当する」としたものがある（大阪高判平20・6・3 仕組債 A2）。

単純なEBや日経平均リンク債の事件ですらこのような判断をした判決の

---

154) 過大なコスト　　過大なコストの裏返しとして、取得時の時価評価額が低い。比喩的にいえば、時価80円とか90円とかの社債を100円で買っているようなものである。

155) 日本銀行「仕組商品投資に関するリスクの把握と管理」2009年（2007・7）（http://www.ffr-plus.jp/material/pdf/0004/market_risk_management_05.pdf）、2009年3月（http://www.boj.or.jp/announcements/release_2009/data/fsc0903a5.pdf）。

628　第4部　金融商品取引に関する裁判例

感覚からは、第2次被害においては、仕組商品はさらに複雑でリスクを把握しにくいものであり、かつ、取引態様も格差の大きい当事者間の店頭取引であることなど、問題点をいくつも抱えているので、適合性原則違反や説明義務違反による不法行為は極めて普通に成立することとなるはずである。ところが、これまでみてきたとおり、第2次被害に関する判決は必ずしもそうはなっていない[156]。取引態様から生ずる問題点についてはほとんど意識されていないし、商品が複雑過ぎて、問題点を理解できないまま判決に至ったものがしばしばみられる。

　第2次被害においては、最も単純な構造であるEBや日経平均リンク債などの普通型仕組債ですら、第1次被害におけるEBや日経平均リンク債と比較すると、何倍も複雑であることを適切に把握した上で判決がなされるべきであった。

(5)　制度変更

　このように仕組債、仕組預金、ノックイン型投資信託の被害が増加したため金融庁は対応を検討し、仕組債については日本証券業協会に、仕組預金については全国銀行協会に、ノックイン型投資信託については投資信託協会に、方向性を示して自主規制を求めた[157]。日本証券業協会はこれを受け、「協会員の投資勧誘、顧客管理等に関する規則」（投資勧誘規則）を改正し[158]、2011

---

156)　裁判例の状況については、ほかに、志谷匡史「投資者保護の現代的課題」商事1912号（2010年）4頁、森下哲朗「デリバティブ商品の販売に関する法規制の在り方」金法1951号（2012年）6頁、中村聡「ノックイン型株価指数リンク債・投信と説明義務」金法1960号（2012年）4頁、松崎嵩大「デリバティブ取引および仕組債の説明義務に係る裁判例の動向(上)(下)」金法2032号（2015年）30頁、2033号（2016年）39頁、前掲金判増刊1511号のうち総論：加藤新太郎「適合性原則」（8頁）、青木浩子「説明義務」（14頁）、渡辺宏之「合意の前提条件の説明のあり方」（28頁）、司研報告なども参照。

157)　【仕組商品】　金融庁は、店頭デリバティブ取引と同様のリスク特性を有する取引（仕組債の販売等）のうちには、法人顧客のみならず個人顧客向けにも勧誘が行われるものもあり、こうした取引については、個人顧客向けの勧誘も含め、説明義務の徹底を求めた2010年4月16日改正監督指針の内容に準じた取扱いが求められるとしている（パブコメ回答）。

　さらには2010年9月13日、金融庁は「デリバティブ取引に対する不招請勧誘規制等のあり方について」と題する資料を公表し、個人を相手とする店頭デリバティブ取引について政令により不招請勧誘を禁止し、仕組み債等については、適合性原則等に基づく勧誘の適正化（合理的根拠適合性等）や説明責任の徹底（最悪シナリオを想定した損失の説明等）を自主規制により図る方向を明示した。

（平成23）年4月から実施している。この解釈を示したガイドライン[159]は、適合性原則の適用や説明義務の内容を判断するのに参考になる[160]。同じく、投資信託協会は、「店頭デリバティブ取引に類する複雑な投資信託に関する規則」「店頭デリバティブ取引に類する複雑な投資信託に関する規則に関す

158）【仕組商品】投資勧誘規則の改正　　日本証券業協会は、2011年2月に「店頭デリバティブ取引に類似する複雑な仕組み債」などについて投資勧誘規則の改正という形で自主規制を設け、4月から施行している。概要は次のとおりである。

・仕組債の勧誘制限（合理的根拠適合性原則など）

この自主規制では、まず、合理的根拠適合性のない勧誘は禁止するなどの勧誘制限を設けた。

すなわち、①商品販売前の検証の義務付けとして、合理的根拠適合性の検証（販売する商品のリスク特性、パフォーマンスなどについて事前に検証）および合理的根拠適合性のない仕組み債（適合する顧客を想定できない仕組債）は販売してはならないこと、②勧誘開始基準の設定（年齢や取引経験の有無、財産の状況などから勧誘対象となる顧客を選定）である。

・勧誘が許される場合などにおける仕組債の説明義務

このように、仕組債の勧誘には一定の制限が設けられたが、勧誘が制限されない場合や勧誘なしで顧客が主体的に仕組債の購入に進む場合には、金融商品取引業者には、契約締結前書面交付義務と説明義務がある。

仕組債を販売しようとするときは、他の金融商品取引と同様、あらかじめ取引概要等記載書面を交付しなければならない（37条の3。承諾があれば電子情報でも可）。その交付に関し、契約概要、手数料等対価、損失のおそれ等について、顧客に理解できるような説明をしなければならない（金商業等府令117条1項1号）。

この説明義務の内容はさらに具体化されている。

①　注意喚起文書の交付

不招請勧誘規制の適用がある場合はその旨、リスクに関する注意喚起、金融ADR（紛争解決）機関の紹介などを記載した文書を交付

②　重要事項の説明

最悪シナリオを想定した損失額、中途売却の制限や売却試算額などについて説明

③　確認書の受け入れ

重要事項の説明を行い、その内容の理解を得たことについて顧客より確認書を受け入れる

159）【仕組商品】ガイドライン　　日本証券業協会は、「協会員の投資勧誘、顧客管理等に関する規則第3条4項の考え方」（平成23年2月1日付）と題する文書で、同規則3条4項（「協会員は、有価証券の売買その他の取引等に関し、重要な事項について、顧客に十分な説明を行うとともに、理解を得るよう努めなければならない。」）に規定する「重要な事項」の説明に係る考え方を具体化しており、そこでは、「1．債権一般について、2．店頭デリバティブ取引について」に続き、3から6で、仕組債の重要事項、EBの重要事項、ノックイン型投資信託の重要事項、レバレッジ投資信託の重要事項などについて解説している（詳細は、同ガイドラインおよび本書旧版（第3版）〔末尾参考文献〕420頁以下を参照）。

630　第4部　金融商品取引に関する裁判例

る細則」を制定し[161]、やはり2011年4月から施行している[162]。この一連の改正により、ノックイン型投資信託は事実上販売できなくなったということができる。

　その後、通貨選択型投資信託に関する相談が増加し[163]、監督指針が改正された[164]。

　米国では、一方でFINRAが会員業者への規則通知を何度か積み重ね[165]、他方でSECは、2012（平成24）年4月から、仕組債の販売組成に関わる大手

---

160)　【仕組商品】ガイドラインの評価　　志谷匡史「デリバティブ取引に係る投資勧誘の適法性」商事1971号（2012年）4頁〜13頁のうち12頁では、このうち、合理的根拠適合性ルールの運用について、次のとおり警告している。
　「一連の取引ではこの規律の実効性が問われている。単に内規に違反して高齢者等に販売したという内部管理体制の不備が問題の本質ではない。株価や通貨の上がり下がりに賭けるにすぎない、しかも、顧客が勝ちそうになるとさっさと手仕舞いしてしまう、逆に顧客の負けが込んでくると、顧客が途中で勝負から降りることは阻止され、降りるには多額のお金を置いていかないと去ることを許されない、このような取引を適正なデリバティブ取引と称して販売することは自主規制に反するのではないかという根本的な疑いが提起されている。しかるに、リスクに耐えられる資金力を持つ専門的投資家がごく少数であっても存在するならば、それゆえに適合する顧客が想定できないとはいえないとして販売を許すことは妥当とはいえまい。」
161)　【ノックイン投信】http://www.toushin.or.jp/publiccomment/ichiran/5252/　　この規則では、合理的根拠適合性、勧誘開始基準などのほか、投資信託の名称についても規制を設けた（規則第9条）。「店頭デリバティブ取引に類する複雑な投資信託」の名称（愛称を含む）には、元本や利回りの保証や基準価額の変動リスクが低いかの誤解を与えるおそれのある名称（「元本確保型」「条件付元本確保型」「リスク低減型」「リスク限定型」等）は用いないこととされた。
162)　【ノックイン投信】「店頭デリバティブ取引に類する複雑な投資信託の販売にあたっての遵守事項」　　日本証券業協会は、投信協会のこの規則・細則の制定を受けて、販売にあたっての遵守事項を定めて会員に通知した。
163)　【通貨選択型投資信託】被害　　国民生活センターは2012年7月26日、投信被害相談に焦点を当てて整理したものを発表した（http://www.kokusen.go.jp/pdf/n-20120726_1.pdf）。そこでは、ノックイン投信や通貨選択型投信の被害相談が典型例として紹介されている。
164)　【通貨選択型投資信託】監督指針改正　　2012年2月15日、金融庁は投資信託の販売・勧誘等に関する監督指針の改正を公表した。改正内容は、①通貨選択型ファンドへの投資経験がない顧客への勧誘・販売時において、顧客から、商品特性・リスク特性を理解した旨の確認書を受け入れ、これを保存するなどの措置を採っているか、②通貨選択型ファンドなどのリスクの高い商品を販売する場合には、管理職による承認制とするなどの慎重な販売管理を行っているか、の追加などである。
165)　村本武志「仕組金融商品に関する最近の米国FINRA規則通知・警告」消費者法ニュース90号（2012年）201頁など参照。

銀行に対し、仕組債の目論見書に評価額を開示するよう事実上強制し、2013（平成25）年秋から、実際にその開示が行われるようになった[166]。これを前提にSECは、2015（平成27）年１月、サイトの投資家向け速報に、「公募仕組債の目論見書の表紙に評価額が記載されているので、発行者の評価額と発行価格との差を知ることができる」と記載して、その差が販売コスト、仕組コスト、ヘッジコストであることに注意を向けている[167]。ここでは、時価が目論見書に記載されているので、時価評価の説明義務という論点は制度的に解決済みとなっている[168]。それでも、2016（平成28）年になってからも仕組商品の販売体制に関し問題があったとして、メリルリンチ、UBSがSECにより処分されている[169]。

（6） その後の仕組商品

　日本において、仕組商品は、制度変更後も、外国株式のEBなど目先を少し変えたものも含め、様々なものが売られている。従来の仕組債とは相当異なるものとして、VIXインバースETNという、円換算したS＆P500 VIX

---

166)　青木浩子「仕組債に関する裁判例の動向と考察」金法1984号92頁（特に107頁）。

167)　「発行価格と社債の時価　　あなたが発行時に仕組債のために支払うことになる価格はおそらく発行日における仕組債の公正な価値（fair value）よりも高くなります。発行者は現在、募集目論見書の表紙に仕組債の評価額を開示しています。これにより投資家は、発行者の評価額と発行価格との差を知ることができます。発行者が仕組債の初期価格に販売コスト、仕組コスト、ヘッジコストを含めているため、仕組債の評価額は、投資家への発行価格よりも低いです。発行後は、仕組債は、日常的に再販売することはできませんので、その複雑さとあいまって評価は困難かもしれません。」（http://www.sec.gov/oiea/investor-alerts-bulletins/ib_structurednotes.html）。

　　なおSECは、発行時に時価表示をさせたのに仕組債の販売が増加している状況に当惑している（2015年５月14日）（http://www.sec.gov/news/speech/speech-amy-starr-structured-products-.html）。

168)　米国においては構成時の時価評価や手数料の情報開示がなされていること、それでも仕組商品の問題は残ることについて、桜井健夫「仕組商品の規制——商品適合性、時価・手数料開示の先にあるもの」東京経済大学『現代法学30号』（2016年２月）参照。

169)　メリルリンチを処分　　SECは2016年１月、仕組債の募集資料に誤解を招く記載があったとして、メリルリンチに1000万ドルの罰金の支払を命じた。ボラティリティインデックスに含まれるexecution factorというコスト（四半期ごとに１・５％）の記載が欠けていたというものである。

　　UBSを処分　　reverse convertible notes（RCNs）（EBのようなもの）を8700人以上の比較的投資経験の浅い投資者に５億4800万ドル（600億円）分を販売したとして、2016年９月、SECはUBSに、利益吐き出し827万7556ドル、利息79万8316ドル、罰金600万ドルの支払を命じた（https://www.sec.gov/news/pressrelease/2016-197.html）。

632　第4部　金融商品取引に関する裁判例

短期先物インバース日次指数（S & P500 VIX 短期先物指数の前日比変動率〔％〕の
－1倍となるように計算された指数）への連動を目指す上場投資債券が組成販売
されており、2018（平成30）年には強制償還条項が発動されて、商品特性の
複雑さからリスクの大きさを理解しないまま勧誘に応じた者などから問題と
されている。

9　投資性保険——変額（生命）保険、変額年金保険、外貨建て保険

(1)　変額保険事件

　金融システム改革法施行前に登場した保険商品としては、変額（生命）保
険（以下「変額保険」という）があった。株式運用を含んだ、比較的リスクの大
きい運用をし、その運用のリスクを顧客が負うものであり、投資信託に類似
した構造を持っているにもかかわらずそのことが十分顧客に伝えられずに販
売されて、問題となってきた。

　変額保険は、1989（昭和61・平成元）年から1991（平成3）年にかけ、銀行員
と生保外務員が、「1円もかからない相続対策商品」であり「相続税から家
を守る方法」であるとして、銀行融資とセットで高齢者に大量に勧誘販売し、
数年後には、自殺者が相次ぐなどの極めて深刻な被害をもたらした（変額保
険事件）。この「相続対策」は、自宅を担保に銀行から数千万円～数億円の融
資を受けてそれをそっくり変額保険の保険料として生保会社に一時払いする
方法であり、保険料のほとんどは特別勘定に入れられ、株式等で運用される。
負債の運用という極めてリスクが大きい形であるにもかかわらず、このリス
クを意識させない勧誘がされることで、リスク認識を持たない高齢者が銀行
に対する信用に依拠して契約した。

　変額保険事件に関する判決は1992（平成4）年からの10年間で400件を超え
る。消費者の請求を認容した判決もあるが[170]、記憶力の衰えた高齢者が口
頭で行われた勧誘経過につき立証責任を負うこと、銀行の稟議書が証拠とし
て提出されないこと、裁判所の認識不足などが原因で、消費者の請求を棄却
する判決の方が相当多い（これらとは別に、判決前に和解で終了した例は多数ある）。
錯誤無効、適合性原則違反[171]、説明義務違反[172]、断定的判断提供[173] 等が争

---

170)　【変額保険】請求認容判決　　多数あるが、例えば最判平8・10・28金法1469号51
　　　頁。

点である。後年には、銀行が融資の返済を求める訴訟も提起され、反訴で錯誤無効や不法行為に基づく請求がされるという形となったものがある[174]。

　変額保険事件の請求認容判決のほとんどは、説明義務違反を理由とする不法行為であるが、この事件の特徴的な法的論点は錯誤無効であるので、錯誤無効とした高裁判決を３件紹介する。大阪高判平15・３・26 変保1 、東京高判平16・２・25 変保2 、東京高判平17・３・31 変保3 である。これらはいずれも、融資一体型変額保険が相続税対策として有用であると誤信したこと自体を錯誤と捉えている。融資一体型変額保険は、不確実性が非常に高い商品で、利殖ではなく相続税対策を求めている顧客に適合している商品とは言い難いこと、そうであるにもかかわらず相続税対策を必要とする顧客に融資一体型変額保険を勧めたことに問題があることが考慮されたのであろうという評がある（金判1218号35頁。東京高判平17・３・31の判決紹介文）。改正民法施行後は、錯誤の効果は無効ではなく取消原因となるので、取消権の消滅時効も論点となりうる。

変保1 　○大阪高判平15・３・26（金判1183号42頁）
［高齢者・融資一体型変額保険・相続対策・UFJ銀行・錯誤無効］

【事案】会社経営者である高齢者が、取引銀行であるユーエフジェイ銀行の行

---

171)　【変額保険】適合性原則違反に言及　　東京高判平８・１・30判時1580号111頁は「変額保険についても証券取引法でいう適合性の原則がそのまま適用されるべきかどうかはともかくとして、一審原告は本件不動産を所有するものの、自宅の土地建物であり、生活に不可欠の資産であって遊休資産ではなく、他に見るべき資産はなかったうえ、所得は少なかったから、本件変額保険が予定している投資リスクに耐えられる顧客層に属するかどうか疑問であった。」とした。

172)　【変額保険】説明義務違反　　説明すべき内容についての判示は変遷がみられる。当初は変額保険単体の仕組みとリスクが対象とされていたが、後年は、相続税対策としての枠組みに理解が及ぶようになり、変額保険と銀行融資の組合せ全体の相続税対策効果やリスクが説明義務の対象と考えられている。東京地判平17・10・31判時1954号84頁（評釈：金判1240号２頁）。

173)　【変額保険】断定的判断提供　　東京高判平12・４・27判時1714号73頁。

174)　【変額保険】貸金返還請求　　東京高判平17・３・31（変保3 ）のほか、東京地判平17・９・28（判例集未登載〔控訴審和解〕）がある。これは、銀行が変額保険と融資を組み合わせた相続対策を勧誘して実行し、数年後に顧客が説明と異なるとして融資金の返済を停止したところ、銀行が融資債権の時効間際に貸金返還訴訟を提起したもので、裁判所は、違法な勧誘だったとして損害賠償請求権を認定し（過失相殺２割）、相殺後の残額の返済を顧客に命じた。

634 第4部 金融商品取引に関する裁判例

員および同行したファイナンシャル・ステーション大阪の担当者から相続対策として勧められた融資一体型変額保険契約を締結したところ、大きな損失となったため、債務不存在確認および支払った利息の返還を求めた事案。訴訟中に相続が発生している。

【判旨】「融資一体型の変額保険は、運用によるリスクを保険者〔注：この判決では、通常の用法と異なり、顧客（保険契約者）を「保険者」と表示している〕が負担させられる上、将来にわたる不確定要因が多様であるがゆえに相続税対策としての適格性については甚だ疑問がある。……結局、控訴人らは、本件変額保険が真実は多大の投機的なリスクを孕んでおり、損益の予測が極めて困難で相続税対策とは相容れない不確実性の側面を有するのにもかかわらず、被控訴人側から相続税対策として有用であるとの有利性の側面のみを強調され、再三の強い勧誘を繰り返され、我が国有数の大銀行でありかつ長年にわたる取引を続けてきた被控訴人担当者らの言を信じたがために、本件変額保険及び本件消費貸借契約の締結に至ったということができる。そして、相続税対策として有用かどうかということは動機であるが、控訴人らも被控訴人らも、本件変額保険や本件消費貸借が相続税対策のスキームであるとの共通認識があったから、その動機が表示されていることは明らかである。」として、請求を棄却した一審判決を変更して、債務不存在を確認し支払利息の返還を命じた。

変保2 [175] ○東京高判平16・2・25（金判1197号45頁）[176]
[高齢者・融資一体型変額保険・相続対策・みずほ銀行・日本生命・錯誤無効]

【事案】高齢者Dが、1990（平成2）年、みずほ銀行の行員および同行した日本生命の外務員に相続対策として勧誘された融資一体型変額保険契約（被保険者は長男C）を実行したところ、後日、説明と異なることに気づき、1997（平

---

175) コメント 融資を錯誤無効とした後の不当利得の処理について、法的な論点が残る。本件では、融資金を保険料として保険会社に払い、保険の解約返戻金を銀行返済に回しているので、不当利得はないという扱いが事実上なされて決着している。錯誤無効の場合の弁護士費用が不法行為の損害となるかという論点も、高裁レベルでは別の結論の判決もある。

176) 評釈として、角田美穂子・法セ601号（2005年1月号）120頁、石田剛・判タ1166号98頁、山崎健一「説明義務情報提供義務をめぐる判例と理論」判タ1178号80頁、田澤元章・保険法判例百選116頁など。

成9）年、変額保険を解約して返戻金を銀行に返済した。それでも多額の借金が残ったので、銀行と生保を被告として損害賠償請求等を求めた事案。その後高齢者Dが死亡し、長男Cが訴訟を承継した。なお、融資一体型変額保険契約がなかったとしても相続税はゼロとなることが明らかにされている。

【判旨】「上記のような、ア、イの諸事情をあわせ考慮すると、Dないしその代理人であった控訴人Cは、本件保険契約及び本件融資契約を締結するに当たり、その相続税対策としての有効性について、単に見通しを誤ったとみなされるべきではなく、そもそも有効性を欠いていた本件保険契約の効果を誤信して、本件各契約の締結に至ったものというべきであり、Dの意思表示には重大な錯誤が存在したものと認めるのが相当である。」とした。

さらに、銀行と生保の勧誘は共同不法行為であるとして弁護士費用分の損害賠償を命じた。

変保3 △東京高判平17・3・31（金判1218号35頁）
[高齢者・融資一体型変額保険・相続対策・銀行・貸金返済請求・錯誤無効]

【事案】相続対策として融資一体型変額保険契約を勧誘された高齢者が、契約した後に亡くなり、多額の債務が残ったために融資した銀行が返済を請求した事案。

【判旨】「被控訴人の担当者の説明と勧誘によって形成され、表示された、融資一体型変額保険の相続税軽減対策としての有効性と安全性の誤信というきわめて重大な動機の錯誤があったもので、契約の要素の錯誤があったものと認められるから、本件保険料融資契約はいずれも錯誤により無効と言うべきである。」として変額保険関係の融資に関する返済請求を棄却し、アパートローン等の融資に関する返済請求を認容した。

(2) 銀行や証券会社が販売する投資性保険と業法改正

変額年金保険は、従来から少しずつ販売されてきたが、2002（平成14）年に銀行が窓口となって以来、販売は急増し、紛争も増加した[177]。最近は、銀行は高齢の預金者に対し、証券会社は高齢の証券保有者に対し、外貨建て

177）【変額年金保険】　請求棄却事例として東京地判平23・8・10金法1950号115頁。

636　第4部　金融商品取引に関する裁判例

終身保険や外貨建て年金保険を勧誘しており、適合性や説明に問題があって紛争（特にADR申立て）となることがしばしばみられる。

　変額保険や変額年金保険、外貨建て保険には、証券投資勧誘と同じ勧誘規制が当てはめられるべきであり、このようなリスクのある保険を特定保険として2007（平成19）年9月30日から金融商品取引法の行為ルール（適合性原則、説明義務等）が適用されている（保険業300条の2）。虚偽告知禁止、断定的判断等提供禁止は、従来から保険業法で規定されているので（保険業300条1項1号・7号）、全体として、投資信託の販売勧誘規制とほぼ同じになっている。

10　商品先物取引

　国内公設市場における商品先物取引では、かつては深刻な被害があり、それについて、顧客からの収奪を意図した客殺しの手法の組合せを全体として違法と捉え、一連一体の不法行為という構成で業者に損害賠償させることにより被害救済がなされてきた。その後、この被害を減らすために商品先物取引法を改正（施行2011〔平成23〕年1月）して不招請の勧誘を禁止したことで、被害は激減した。

　ここでは、向かい玉の説明義務（先物1）、取組高均衡の説明義務（先物2）に関する最高裁判決、先物取引への消費者契約法の適用が問題となった最高裁判決（先物3）、安全ネットに関する最高裁判決（先物4）を紹介する。

先物1 [178]　最判平21・7・16（民集63巻6号1280頁、判時2066号121頁）（破棄差戻し）
[商品先物取引・差玉向かい・利益相反関係の説明義務・債務不履行]

【事案】商品先物取引において損失を被ったことにつき、勧誘した商品先物会社に説明義務違反があったなどとして、同社に対し、商品先物取引委託契約上の債務不履行に基づく損害賠償を求めた事案。

【判旨】「特定の種類の商品先物取引について差玉向かいを行っている商品取引員が専門的な知識を有しない委託者との間で商品先物取引委託契約を締結した場合には、商品取引員は、……委託者に対し、その取引については差玉向かい

---

178)　[コメント]　差玉向い・利益相反関係の説明義務に違反すると債務不履行となるとした点が特徴である。

先物1・2　　637

を行っていることおよび差玉向かいは商品取引員と委託者との間に利益相反関係が生ずる可能性の高いものであることを十分説明する義務を負」うとし、さらに、委託者がこの説明を受けた上で委託した場合でも、「委託者において、どの程度の頻度で、自らの委託玉が商品取引員の自己玉と対当する結果となっているのかを確認することができるように、自己玉を建てる都度、その自己玉に対当する委託玉を建てた委託者に対し、その委託玉が商品取引員の自己玉と対当する結果となったことを通知する義務を負う」とし、違反は債務不履行となるとした。

先物2 [179)]　最判平21・12・18（判時2072号14頁）（破棄差戻し）
〔商品先物取引・取組高均衡の説明義務・不法行為〕

【事案】原告（控訴人）は取引当時50歳の中国籍主婦で日本語能力が不十分。取引経験は、東京コムウェルで外国為替証拠金取引をし、その担当者から商品先物も勧誘され本件取引を行った（他社でも白金売建で損害。別訴で和解解決）。

179)　[コメント]　本判決の特徴は、差玉向かいの説明義務違反だけで不法行為となるとした点、差玉向かいの説明義務違反と取引全額の被害との因果関係を認めた点、「虚偽の情報提供」でなく「利益相反関係にある外務員からの情報提供」を問題にしている点である。
　　この差戻し審（東京高平22・10・27先物判例61巻78頁〔確定〕）は、上記最判と同じ理由で被控訴人に差玉向かいの説明義務があるとし、説明義務違反について自白したとみなし、この被控訴人外務員の説明義務違反は、不法行為となり被控訴人会社に使用者責任が成立するとして、請求を認容した（約350万円。過失相殺5割）。因果関係は、差玉向かいの説明義務を尽くしていれば、控訴人は被控訴人会社に委託して本件取引を行わなかった、また、本件取引を始めたとしても、被控訴人らから提供される情報を信用し、これに依拠して取引をすることはなかったと考えられ、いずれにしても本件取引どおりの白金の先物取引が行われたとは考え難いので、取引上の損害全額が損害と認めるのが相当としている。被控訴人からの委託玉と自己玉の利益相反関係が生じたことは少なく、また、被控訴人外務員の提供した情報は本件取引に影響を与えなかったから因果関係がないなどの反論については、「控訴人は、被控訴人Aから毎日のように白金の取引価格等の情報を得て、被控訴人Aと随時相談し、助言を得るなどして、本件取引を行ったものであり、また、被控訴人会社が、本件取引手法を用いることは、被控訴人会社が提供する情報一般の信用性に対する控訴人の評価を低下させる可能性が高く、控訴人の投資判断に無視することができない影響を与えるものであることは、前示のとおりであるから」採用できないとした。
　　最判平23・1・21先物判例61巻40頁も同旨。その差戻し審である東京高判平23・12・14先物判例64巻237頁は上記差戻し審と同旨（過失相殺5割）。

638　第4部　金融商品取引に関する裁判例

取引内容は、2005（平成17）年6月〜11月東工・白金売りのみ、損害額687万9970円、特定売買比率0％、手数料26万1400円。売玉を建てたが相場が上がり仕切れず強制手じまい。適合性原則違反や説明義務違反等は一審・二審ともすべて認めず、請求棄却。差玉向かい説明義務違反のみ上告受理され、最高裁で破棄差戻し。

【判旨】「商品取引員の従業員は、信義則上、専門的知識のない委託者に対し、売りの取組高と買いの取組高とが均衡するように自己玉の建玉を繰り返す取引手法を用いている商品の先物取引の受託前に、同手法を用いていること等の説明義務を負う。」

　ザラバであること、差玉向かいに限定せず取組高均衡の取引手法の説明義務を肯定したこと、不法行為の問題として議論されていることなどが、最判平21・7・16と異なる。

先物取引においても顧客が消費者である場合は消費者契約法の適用がある。

先物3　最判平22・3・30（判時2075号32頁）（破棄差戻し）
[商品先物取引・消費者契約法・金価格・重要事項]

【事案】甲は、2005（平成17）年12月7日および同月10日、先物会社外務員から「東京市場における金の価格が上昇傾向にあり、この傾向は年内は続く、金を購入すれば利益を得られる」と勧誘され、2005年12月12日、委託証拠金として1500万円を預託して、金200枚の買注文を出し、成立した。東京市場における金の価格は、この時点では高騰を続けていたが、翌13日に急落し、甲は、同月14日、手じまいした。その結果、3139万円の差損金が生じたため、委託証拠金1500万円がゼロになり、さらに1639万円のマイナスが残った。

　原審は、外務員は、将来における金の価格が上昇するとの自己の相場予測を伝えて被上告人の利益となる旨を告げる一方、被上告人の不利益となる事実である将来における金の価格が暴落する可能性を示す事実（ロコ・ロンドン市場における金の価格と極端に乖離していたことなど）を故意に告げず、その結果、甲は、当該事実が存在しないと誤認し、それによって本件契約の申込みの意思表示をしたとして、消費者契約法4条2項による取消しを認めた。

【判旨】これに対し最高裁は、金の商品先物取引の委託契約において、将来の金の価格は消費者契約法4条2項本文にいう「重要事項」に当たらないので、

同条によって本件契約の申込みの意思表示を取り消すことはできないとした。予備的請求につき判断すべしとして破棄差戻し。

[先物4] [180] 最判平19・7・19（民集61巻5号2019頁、判時1983号77頁）（一部破棄自判、一部破棄差戻し）
〔商品先物取引・破綻・損害賠償請求権・安全ネット〕

【事案】商品先物会社からの不当な勧誘で損害を被った顧客が、別訴で商品先物会社に対し損害賠償請求訴訟を提起し認容されたところ、商品先物会社が破綻したため、安全ネットである日本商品委託者保護基金に補償を請求した事案。
【判旨】商品取引所の会員に対して取引を委託した者が当該会員に対して有する債務不履行または不法行為に基づく損害賠償債権は、商品取引所法（平成16年法律43号による改正前のもの）97条の3第1項に規定する「委託により生じた債権」に含まれないし、同法97条の2第3項所定の指定弁済機関と弁済契約を締結している商品取引員が取引を委託した者に対して負担する債務不履行または不法行為に基づく損害賠償債務は、同法97条の11第3項に規定する「受託に係る債務」に含まれないとした。

11　不動産投資商品

　現在の不動産投資商品の代表的なものはリート（不動産投資法人〔Real Estate Investment Trust（REIT）〕）である。これは詳細な法規制の下に置かれており[181]、投資商品として定着している。

　不動産投資商品で投資被害が問題となったのは、それ以外の商品である。バブル時代に販売された不動産投資商品について、勧誘者の責任を肯定した判決が2000（平成12）年前後の数年間に複数出されている。そのうちの1つを紹介する。

180）[コメント]　商品先物取引の安全ネットは商品投資者保護基金であり、これが損害賠償債権までも補償対象とするかが争われ、最高裁は、証券の安全ネットと同様、補償対象としないと判断した。

181）【リート】法規制　投資信託・投資法人法61条〜237条に詳細に規定されている。

640　第４部　金融商品取引に関する裁判例

不動産 1[182]　△東京地判平14・1・30（金法1663号89頁）
[不動産信託商品・三菱信託銀行・説明義務違反]

【事案】1989（平成元）年に、三菱信託銀行の行員が顧客に対し、不動産会社からビルの共有持分を買い受け、それを信託銀行に信託するという、「共有持ち分権方式」と「信託方式」をあわせた、新しい不動産運用システムを勧誘した事案。

【判旨】信託契約においては、「委託者からの解除が許されるのが原則であるとされていること、さらには、単なる不動産の共有持分の売買であれば、その処分は、いつ、いかなる場合に行おうとも権利者の自由であることからすれば、本件信託契約の『この信託契約は、契約期間中は解除できない。』との規定は、異例のものというべきであり、したがって、被告は、このことをも含め、本件各契約による利益だけではなく、リスク面に対する説明をも十分に行うべき義務があった」として、説明義務違反により不法行為の成立を肯定し、信託銀行に損害賠償を命じた。

　その後では、2003（平成15）年から2007（平成19）年にかけて、髙木証券が、レジデンシャル－ONEと名づけた独自の匿名組合型不動産投資ファンドを組成して顧客に勧誘販売したが、販売方法に違法な点があったとして、金融庁は2010（平成22）年６月25日、業務停止命令および業務改善命令を出した[183]。このレジデンシャル－ONE事件では、大阪、東京、横浜、名古屋でそれぞれ複数の集団訴訟が係属した[184]。大阪だけで第１次から第７次まで訴訟が提起された。大阪第１次訴訟（**不動産 2**）、後年、未成年後見人の行為が問題となった事件（**不動産 3**）をみる。

182）　**コメント**　金法の解説部分には、この判決のほか、不動産投資商品に関する販売者の責任を肯定した判決が５件列挙されている。

183）　http://kinki.mof.go.jp/content/000013607.pdf

184）　http://www.residentialone-higai.com/higaizittai.html

不動産 1 〜 3　　641

不動産 2　△大阪地判平22・10・28（セレクト39巻21頁）
　　　　　△大阪高判平23・11・ 2 （セレクト41巻315頁）
［集団・レジデンシャル−ONE・髙木証券］

【事案】髙木証券は、レジデンシャル−ONE と名づけた独自の不動産ファンド
を、2003年 6 月から2007年11月にかけて、 2 万人余に総額527億円販売し大き
な被害をもたらした。このファンドは、匿名組合に対する顧客からの出資金に
金融機関からの借入金を加えることによりレバレッジをきかせた運用を行うも
のであり、満期償還時には借入金の返済が出資金の償還に優先されることと相
まって、投資対象不動産の売却価格が下落したときは大きなレバレッジ効果が
働き、不動産価格の下落幅以上に出資金が大幅に元本割れするリスクがある商
品であり、実際に、不動産価格の下落率の何倍もの率で下落したため、投資し
た顧客に大きな損失が発生した。本件は、そのうちの一部の投資者が原告とな
って、損害賠償を求めた事案。
【第一審判旨】レバレッジリスクにかかる説明義務違反を理由に、不法行為と
金販法を根拠に損害賠償を命じた。過失相殺 3 割だが、過失相殺、損益相殺の
順で行ったため賠償額が少なくなっている。控訴審ではこの順番が争点となる。
【控訴審判旨】この控訴審判決は、過失相殺を 4 割としたが、損益相殺、過失
相殺の順としたため、認容額は増加。なお、源泉税は際し引くべき利益ではな
いとした。

不動産 3　○東京地判平28・ 6 ・28（セレクト51巻 1 頁）
　　　　　○東京高判平28・11・30（セレクト52巻249頁）
［未成年後見人・レジデンシャル−ONE・髙木証券・適合性原則違反］

【事案】未成年後見人が勧誘を受けて、未成年後見人届出を証券会社に提出し
て匿名組合型の不動産ファンド「レジデンシャル−ONE」に出資したことに
つき、成人後の本人が原告となり提訴した事案。
【第一審判旨】判決は、「未成年後見人が……投機性の高い商品に投資を行うこ
とはおよそ許されない」と判示し適合性原則違反で不法行為となるとして請求
認容。過失相殺なし。
【控訴審判旨】判決は、未成年後見人は、後見事務の処理にあたっては後見の

642 第4部　金融商品取引に関する裁判例

本旨に従った善管注意義務を負うとして、「未成年被後見人の財産については、未成年者が成人に達するまでの必要な費用に充てて、その生活を維持し、成人に達したときにはこれを引き渡して生活の補助とすべきものであるから、相当な経費の支払いを除いては、これを保全し、その確保を図ることが大切であって、資産運用をして増殖する必要はなく、元本割れのリスクがある商品を購入するのは相当ではないし、リスクの大きい商品に投資をすることは許されない」とし、本件取引は、未成年者の意向と実情に反する明らかに過大な危険を伴う取引であり、適合性原則に違反するとして、原判決を維持した。

このほか、海外の不動産に投資する商品を装った詐欺被害もある。

不動産特定共同事業である不動産投資商品についても被害申出がある。不動産特定共同事業には、不動産共有持分販売管理型、匿名組合出資型があり（不動産特定共同事業法2条3項）、後者について問題が多い。法令違反を理由に業務停止命令を複数回受けながらも営業している業者がある[185]。不動産特定共同事業を行うには都道府県知事の許可が必要であるが、ガバナンスの仕組みが弱く、許可業者[186]であるからといって安心はできない。

12　外国為替証拠金取引（FX取引）

外国為替証拠金取引（通貨証拠金取引、FX取引）は、顧客が資金を取引業者に預けて、その数倍から数十倍の額（倍率は選択できる。上限は2011〔平成23〕年～25倍。2018〔平成30〕年には10倍に引き下げることが検討された。後述）につき、外国為替相場を指標とする売買の差金決済を業者との間で行う取引である。例えば、顧客が100万円を証拠金として預託し、その約10倍である10万米ドルを買ったと想定し為替相場変動後にこれを売ったと想定して計算をし、預託金の約10倍の規模で為替差損・差益に相当する額の損益を受ける。これに、スワップ金利、手数料等の要素が加わる。リスクが非常に高く仕組みが複雑

---

185)　【不動産特定共同事業】業務停止命令　　大阪府は、都市綜研インベスト株式会社（「みんなで大家さん」という名称で匿名組合に出資を求める営業者）に対し、2回、業務停止命令を出している。
　　2012年8月28日業務停止2カ月（8/29～10/27）、2013年5月29日業務停止2カ月（5/30～7/28）。
186)　2017年改正で小規模不動産特定共同事業が創設され、この参入要件は登録で足りる。

な取引であり、意欲のある者のみが行う投機的取引と位置づけられる。

1998（平成10）年の日本版ビッグバン以降にこのような取引が行われるようになり、悪意を持った業者が多数参入して、顧客は計算上の損益にかかわらず支出した資金を奪われてしまう事件が多発した。そのため、2004年（平成16）12月の金融先物取引法改正により、外国為替証拠金取引は2005（平成17）年7月1日以降、同法の対象となった。業者は登録制として金融庁が監督することとし、財務規制や行為規制を設けた。行為規制では、不招請の勧誘が禁止された。その2年後の2007（平成19）年9月30日以降は金商法の対象となり（2条22項1号）、金先法の規制がほぼ維持されている（ただし取引所外国為替証拠金取引〔くりっく365〕は不招請勧誘禁止の対象からはずされた点が異なる）。これにより相当数が淘汰されてネット取引業者が生き残り、主体性を持った投資家の参入により、取引規模は逆に拡大している[187]。不招請の勧誘禁止が産業の首を締めるものでなく市場を正常化させる効果を持つことを示す例といえる。

このように法規制下に入ったとはいえ、預託金の保管に問題があった。法令上は分別管理ではなく区分管理でよいとされたため（改正前43条の3）、方法として預金、信託、カバー先への預託が認められてきた（改正前金商業等府令143条）[188]。しかし、カバー先とは自己玉の取引もするのであるから、そこへの預託でよいとするのでは横領の容認と大差ないし、これすらできずに使い込んでしまったところもあった[189]。2007年にも複数の破綻があり[190]、その後も破綻が続いたため、金融庁は2009（平成21）年8月から、金銭信託による保管を義務化した（43条の3、金商業等府令143条1項1号・143条の2。既存業者は6カ月の経過期間あり、2010〔平成22〕年2月～）。

---

187)　【外国為替証拠金取引】活況　　設定口座数は、2006年3月末33万0349口、2007年3月末64万4802口、2008年3月末123万7319口、2010年3月末275万口と激増し（矢野経済研究所）、2017年6月時点では、口座数を公表している業者の分だけでも、438万口座に達する（なお、2017年1月～3月に取引があった実口座数は75万口座。金融先物取引業協会統計）。預り証拠金残高は、3781億円、6133億円、6964億円、6836億円と推移し、2017年6月現在では、預かり金額を公表している業者の分だけでも1兆円を超える。

188)　【外国為替証拠金取引】区分管理の実情　　2007年12月7日金融庁公表「外国為替証拠金取引業者に対する一斉点検の結果について」参照（金融庁サイト）。日弁連意見書も問題点を指摘。その後金融庁が対応し、金商業等府令を改正して、ロスカット・ルールの整備、顧客資産の信託管理などを義務づけた（2009年7月3日公布、8月1日施行）。

644　第4部　金融商品取引に関する裁判例

　それから、2009年8月以降、顧客保護および業者の自衛の観点からロスカット取引が義務づけられた。業者等は顧客にFX取引を提供するにあたっては、ロスカット・ルールを定め、それを執行するための体制を整備し、実際に定めたルールどおりにロスカット取引を行うことが、明確に義務づけられた（40条2号、金商業等府令123条1項21号の2・21号の3[191]）（ロスカットの際のスリッページについて、東京地判平25・10・16 市場2 ）。

　これに加えて、証券取引等監視委員会の勧告を受けて、レバレッジ規制を設けることとなった。2010年8月から50倍を上限とし、2011年8月から25倍が上限となっている（金商業等府令117条27号・28号）。これでも投機性が高過ぎるとして、2018年には10倍を上限とする倍率規制が検討されたが、見送られた[192]。

　このほか、店頭FXには、特有の問題点（不公正、すべる、約定しない、ロスカットへの追込み）も残されている。

13　匿名組合

　匿名組合は投資詐欺の手段としてしばしば登場する。2000（平成12）年以降のものとして、平成電電事件、ワールド・オーシャン・ファーム事件、ガリレオパートナーズ事件などがある。

---

189) 【外国為替証拠金取引】流用　　金融庁は日本ファースト証券に対し、2007年12月3日、外国為替証拠金取引についての預託金の流用を理由に半年間の業務停止処分をするとともに業務改善命令を出したが、その後、区分管理違反状態が解消できず、支払不能に陥るおそれがある状況となっており、自己資本規制比率回復も困難であると認め、2008年3月19日、52条1項7号・53条3項に基づき金融商品取引業の登録を取り消すとともに、資産の散逸を防ぐため、金融庁長官が、金融機関等の更生手続の特例等に関する法律490条1項・495条1項の規定に基づき、東京地裁に破産手続開始申立ておよび保全管理命令申立てを行った。

　　2007年12月7日には、ユニバーサル・インベストメント（名古屋市）に対し、同じく顧客からの預かり金を会社の運転資金に流用するなどの金融商品取引法違反があったとして半年間業務停止処分をした。

190) 【外国為替証拠金取引】破綻　　2007年には10月22日に株式会社エフエックス札幌が破産、11月9日にアルファエフエックス株式会社が破産した。その後も破綻が続いた。

191) 【外国為替証拠金取引】ロスカット　　個人顧客がFX取引を行う場合、ロスカット取引を行うための十分な管理体制を整備していない状況、ロスカット取引を行っていないと認められる状況が禁止される。

192) 金融庁「店頭FX業者の決済リスクへの対応に関する有識者検討会」報告書（2018年6月13日）。

平成電電事件は、匿名組合への出資の新聞広告を20回以上にわたって掲載し、1万9000人から約490億円集めた状態で2005（平成17）年9月に破綻した事件であり、当時の法の隙間を狙った事件である。2004（平成16）年に証券取引法を改正して匿名組合も対象に入れたが、投資目的以外の匿名組合は入れなかったため、実体のない別会社が匿名組合で資金を集めて設備を平成電電にリースするという脱法的形態を採った。開示されず、監督もなされないまま、年率10％の配当を謳って資金を集めて破綻し、大きな被害を出した。2005年10月民事再生申立て、2006（平成18）年4月破産という経過をたどり、2007（平成19）年3月には、匿名組合契約による出資金が平成電電にそのまま流れた疑いが表面化し、詐欺容疑で匿名組合の事業者代表や平成電電の代表者が逮捕された。2007年6月には、関連会社や元役員らに対する損害賠償請求訴訟が提起された（一審係属中に、被告らの一部は破産したため破産手続に移った）。そのほか、平成電電の破産手続の関係で査定異議訴訟、広告を掲載した新聞社に対する広告訴訟（東京地判平22・2・17 広告1）がある。ここでは、このうち査定異議訴訟を紹介する。

匿名組合1 ○東京地判平成22・5・25（判例集未登載）
[集団訴訟・平成電電・破産債権査定異議]

【事案】匿名組合への投資者が、平成電電の破産手続で損害賠償債権があるとして債権届出をしたところ、管財人が否認したため異議訴訟を提起したもの。
【判旨】判決は、平成電電は、原告らが匿名組合契約を締結した平成電電設備、平成電電システムと共同で募集行為を行ったと認定し、原告らに出資判断において重要な事項について説明する義務があるのに、決算に関する監査意見が不表明である事実を隠蔽し、財務状況が黒字であると虚偽の説明をしたので、説明義務違反となるとし不法行為に基づく損害賠償を命じた。なお、共同不法行為であるので、原告らが平成電電設備、平成電電システムの破産手続からも配当を受けることができるのは当然のことであり、このことをもって他の債権者と不平等・不公平とはいえないとした。

匿名組合契約を使った他の大規模投資被害事件として、えび養殖事業への出資を募ったワールド・オーシャン・ファーム事件[193]がある（詳しくは次の注194を参照）。これも金商法施行前の事件である。金商法が集団投資スキー

646　第4部　金融商品取引に関する裁判例

ムを登録対象としてからは、匿名組合を使ったものは小規模な投資詐欺事件
に限られてきた。

　金商法施行後のものとして、投資事業有限責任組合が匿名組合契約を使っ
て出資を募り、株式会社ガリレオパートナーズが適格機関投資家等特例業務
の届出をして同組合の持ち分を販売勧誘した事件で判決がある。

匿名組合2　　○京都地判平24・4・25（先物判例66号357頁）
　　　　　　　　［匿名組合・ガリレオ投資事業有限責任組合・適格機関投資家等特例業務］

> 【事案】ガリレオ投資事業有限責任組合との間で匿名組合契約を締結して出資
> した被害者が、同組合、適格機関投資家等特例業務の届出をして同組合の持ち
> 分を販売勧誘してきた株式会社ガリレオパートナーズや振込口座名義人等を被
> 告として訴えた裁判。
>
> 【判旨】原告の請求をすべて認容した。本件口座への振込人の名義、人数やそ
> の出資金額からして、上記振込人の大部分が適格機関投資家ではなく一般投資
> 家であると推認されることからすれば、同組合および同社が行っていた事業は、
> 適格機関投資家等特例業務の届出で足りる取引であるとはいえず、同組合およ
> び同社がした業務は同法29条に違反するものであるとしている。

14　出資、投資契約（集団投資スキームなど）、詐欺

　最高裁は、信用組合への出資勧誘が問題とされた2つの事件について同日
に判決を出した。**出資1**では、①説明義務違反は債務不履行とはならない
との判断、**出資2**では、②不法行為に基づく損害賠償請求権の消滅時効の
起算点は遅くとも同種事件の集団訴訟提起時である、という判断を示した。

---

193)　【匿名組合】ワールド・オーシャン・ファーム事件　　エビ養殖事業への出資をす
　れば10日ごとに分配金が払われ1年で2倍になると勧誘して4万人から850億円を集め
　たとされる事件（半分は配当等で返還済み）。2007年はじめ頃から分配金が滞り、夏に
　破綻が明確となった。匿名組合契約を利用している。口コミを使った勧誘に特徴があり、
　マルチ的要素がある。米国で押さえられている資金があることが明らかとなり、2007年
　12月に弁護団が結成された。2008年7月2日、首謀者のKが組織的犯罪処罰法違反
　（組織的詐欺）容疑で逮捕。2008年8月13日起訴、2009年5月28日有罪判決（懲役14年）。

匿名組合2・出資1　647

出資1[194]　　○大阪高判平20・8・28（金判1372号34頁）
　　　　　　　　最判平23・4・22（民集65巻3号1405頁、判時2116号53頁）
　　　　　　　　（一部破棄自判、一部差戻し）
　　　　　　　　　　　　　　　［信用組合・出資勧誘・説明義務違反・債務不履行否定］

【事案】 信用協同組合の勧誘に応じてこれに出資したものの、経営破綻により持分の払戻しを受けられなくなった出資者が、信用組合は、勧誘の際、実質的な債務超過状態にあり早晩破綻するおそれがあることを説明すべき義務に違反したなどとして、主位的に不法行為に基づき、予備的に出資契約上の債務不履行に基づき、第2次予備的請求として出資契約の錯誤無効を理由とする不当利得返還請求権に基づき、損害賠償等を求めた事案。

【控訴審判旨】 債務不履行責任を認めた一審を支持。「本件説明義務違反は、本件各出資契約が締結される前の段階において生じたものではあるが、およそ社会の中から特定の者を選んで契約関係に入ろうとする当事者が、社会の一般人に対する不法行為上の責任よりも一層強度の責任を課されることは、当然の事理というべきであり、当該当事者が契約関係に入った以上は、契約上の信義則は契約締結前の段階まで遡って支配するに至る」「説明義務違反は、不法行為を構成するのみならず、本件各出資契約上の付随義務違反として債務不履行をも構成する。」

【最高裁判旨】 最高裁はこれを是認できないとして、次のとおり判示した。「契約の一方当事者が、当該契約の締結に先立ち、信義則上の説明義務に違反して、当該契約を締結するか否かに関する判断に影響を及ぼすべき情報を相手方に提供しなかった場合には、上記一方当事者は、相手方が当該契約を締結したことにより被った損害につき、不法行為による賠償責任を負うことがあるのは格別、当該契約上の債務の不履行による賠償責任を負うことはないというべきである。
　なぜなら、上記のように、一方当事者が信義則上の説明義務に違反したため

194）　**コメント**　最高裁判決の論理によれば、断定的判断提供や適合性原則違反も債務不履行にはならないと考えられる。他方、契約締結後の情報提供に誤りがあった場合や、当該説明義務違反がなくとも契約は締結したが説明されていれば契約締結後の行動が違ったような場合は、債務不履行となる余地があることになる。それから、基本契約と個別契約で構成される取引で説明義務違反により個別契約を締結したという場合は、基本契約上の債務不履行となる余地はあると考えられる。

648　第4部　金融商品取引に関する裁判例

に、相手方が本来であれば締結しなかったはずの契約を締結するに至り、損害を被った場合には、後に締結された契約は、上記説明義務の違反によって生じた結果と位置付けられるのであって、上記説明義務をもって上記契約に基づいて生じた義務であるということは、それを契約上の本来的な債務というか付随義務というかにかかわらず、一種の背理であるといわざるを得ないからである。契約締結の準備段階においても、信義則が当事者間の法律関係を規律し、信義則上の義務が発生するからといって、その義務が当然にその後に締結された契約に基づくものであるということにならないことはいうまでもない。」

[出資2]¹⁹⁵⁾　最判平23・4・22（金法1928号119頁）（破棄、一部自判、一部差戻し）　［信用組合・出資勧誘・損害賠償請求権の消滅時効・起算点］

【事案】信用協同組合の勧誘に応じてこれに出資したものの、経営破綻により持分の払戻しを受けられなくなった出資者が、信用組合は、勧誘の際、実質的な債務超過状態にあり早晩破綻するおそれがあることを説明すべき義務に違反したなどとして、主位的に不法行為に基づき、予備的に出資契約上の債務不履行に基づき、さらに予備的に出資契約の錯誤無効を理由とする不当利得返還請求権に基づき、損害賠償等を求めた事案。原審が上告人の不法行為責任を認めた上で消滅時効の抗弁を排斥し、被上告人の主位的請求を認容したため、上告人が上告した。

【判旨】2001（平成13）年6月頃以降、出資者らにより、本件各先行訴訟が逐次提起され、同年中には集団訴訟も提起されたというのであるから、信用組合が実質的な債務超過の状態にありながら、経営破綻の現実的な危険があることを説明しないまま上記の勧誘をしたことが違法であると判断するに足りる事実についても、被上告人は、遅くとも2001年末には認識したものとみるのが相当であるとして、本件訴訟提起時（2007〔平成19〕年）には3年の消滅時効期間が経過していたとして、原判決を破棄し、主位的請求を棄却した一審判決を支持して、予備的請求につき原審に差し戻した。

---

195)　コメント　改正民法では債務不履行責任の消滅時効期間は5年に短縮されているので、本件の起算点の判断からすると、債務不履行責任も時効消滅していることになる。

金融商品とは自称しない投資話も、広報・勧誘の仕方次第で多額の資金を集めることとなって大きな被害を出すことがあるが[196]、破綻してしまうので被害回復は困難な場合が多い[197]。新しい投資話では、その種の被害をカバーする安全ネットが構築されていないので、いかに回復するかを考えても限界がある。漏れのない制度を構築して予防する方が効果的である。金商法はそのような制度を目指し、抽象概念としての集団投資スキームを対象とすることとした（2条2項5号）。なお、出資者の全員が出資対象事業に関与する場合における出資者の権利は集団投資スキームの概念から除外しているが、

196）【投資契約】大規模投資被害事件　　以下はいずれも金商法施行前の事件である。
　・近未来通信事件　　2006年に表面化した近未来通信事件では3000人から400億円集めたとされる。中継局のオーナーとなるために出資したとされるが、その後の中継局の運営・管理は会社に任せ、運営に対応する配当を受け取る契約となっているから、資金を出してその運用を相手に任せる個別投資契約であり、2条2項5号に該当することとなる。中継局の運営自体は電気通信事業法関係であり総務省の監督下になるはずであるが、このようなやり方で資金を集める部分は、金商法施行以前では出資法以外に問題となる法律がなく監督も及ばない状況であり、野放しであった。
　・ジー・オー事件（東京地判平17・11・29判タ1209号274頁）　　1996年から2002年にかけて、通信販売商品の広告費に充てるとして出資金を募り、途中からは確定利回りを表示して出資金を集め、3万3000人から200億円を集めて破綻した事件。一連のグループ会社は破産し、被害者から関与者に対して損害賠償責任が追及された。判決は、中心となった会社の監査役の責任を肯定した。
　主犯格のO社長は、この一部である135人から13億4000万円を詐取した件について、詐欺と組織犯罪処罰法で懲役18年に処せられた（東京地判平19・7・2〔2007WLJPCA07028005〕〔評釈：橋爪隆・消費者法判例百選124頁〕。控訴審、最高裁を経て2010年9月28日までに確定）。
　・L&G事件　　使っても減らない私設通貨・円天が登場した事件。5万人から1000億円以上集めたとされ、2007年に破綻し、2008年1月10日破産宣告。2009年2月5日、N会長ほか逮捕、2010年3月18日、東京地裁は、Nに対し組織犯罪処罰法違反（組織的詐欺）で懲役18年の実刑判決を出した（その後、東京高裁は2011年2月23日にNの控訴を棄却した）。
　・競馬投資詐欺事件　　2004年頃か2006年にかけて、「独自のノウハウで競馬の結果を的中させる。元本保証で高配当が見込める」として主に口コミで約5000人から約60億円を集めた東山倶楽部の事件があり、関係者が逮捕されている。
　・AFN事件　　エンジェル・ファンド・ネットワークという名称で資金の拠出を募り、1997年から2000年までに340人から41億円余を集めた会社が2000年に破産して多数の顧客（拠出者）が損害を被った事件。顧客に貸金業の登録をさせて、融資先をあっせんするという商法で、確定利回りを約束するような勧誘で資金を集めたが、関連会社を融資先とするなど、融資事業の実質を伴わないものであった。弁護団が組織され、2008年末まで活動して、破産配当金のほかに、個人責任追及訴訟等で被害額の1割程度の資金を回収している。P2Pレンディングの走りのような事件である。

650　　第4部　金融商品取引に関する裁判例

出資者が事業に関与するような外形を作って脱法を狙う者も予測して、政令でこの関与は実質的なレベルまで要求することとしている[198]。このように法律でカバーをしても、無登録で行う業者による被害は発生している[199]。集団投資スキームの販売を行うとして登録している事業者でも、大きな事件が起きることがある。2013（平成25）年4月に金融庁は第2種金融商品取引業を行っていたMRIインターナショナル[200]の登録を取り消した。

15　証券化商品

　オルタナティブ投資であるとして、年金原資をあやしい証券にまとめて投資して年金制度が破綻するような大きな損害を被った事件もある。

| 証券化1 [201]　△東京地判平22・11・30（判時2104号62頁） |
| [全国小売酒販組合中央会・酒販年金・チャンセリー債・クレディ・スイス・金販法] |

| 【事案】全国小売酒販組合中央会（以下「中央会」という）では、組合員のため |

---

197)　【投資契約】違法収益吐出し　　投資契約といっても、事件になるのは前注のとおり詐欺的なものである。多くは破綻必至の構造であり、最後は破綻して刑事事件となるが、集めた資金は費消・浪費・散逸・隠匿されてしまい、被害回復は極めて困難なものがほとんどである。そこで、違法収益吐出し制度構築の必要性が認識され、2009年9月施行の「消費者庁及び消費者委員会設置法」の附則6項、同法に関する参議院付帯決議（参31項）を受けて、消費者委員会の専門調査会および「消費者の財産被害に係る行政手法研究会」で集団的消費被害救済制度が検討され、2013年に集団的消費者被害救済制度が創設された（消費者裁判手続特例法〔「消費者の財産的被害の集団的な回復のための民事の裁判手続の特例に関する法律」2016年10月1日施行〕）（http://www.gov-online.go.jp/useful/article/201401/3.html#anc05）。これにより、特定適格消費者団体は、消費者のために訴訟を提起し被害回復をすることができることとなった（ただし2018年4月現在までに提起された訴訟はない）。

198)　【集団投資スキーム】除外事由　　2条2項5号イは、「出資者の全員が出資対象事業に関与する場合として政令で定める場合」における出資者の権利は集団投資スキームの概念から除外している。そこで、規制逃れの悪意を持った業者は、出資者の全員が出資対象事業に関与する外形を装った資金集めをするおそれがあるので、注意が必要である。政令では、業務執行の決定についてすべての出資者の同意を要することとなっており、かつ、出資者のすべてが出資対象事業に常時従事するか専門的な能力を発揮して従事するかのいずれかに該当する場合と定めている（施行令1条の3の2）。

199)　【集団投資スキーム】無登録業者　　証券取引等監視委員会は2010年以降、無登録業者に対し192条1項に基づく無登録営業の禁止および停止を命ずる申立てを裁判所に毎年数件行ってきており、2017年までで20件に達する（https://www.fsa.go.jp/sesc/actions/moushitate.htm）。

の年金制度を作り運営していたところ、金融ブローカーSが、オルタナティブ運用であるとしてチャンセリー債という証券化商品（英国の法律事務所に交通事故損害賠償事件の裁判費用を融資する運用をするSPCの社債）を勧誘し、中央会の担当者にリベートを払うなどした。そのため、中央会の担当者が承諾し、2002（平成14）年から2003（平成15）年にかけて、中央会は、組合員等から拠出された年金資金のほとんどである145億円を投入した。この証券は、実際は上記SPCから運営会社であるインバロ社への貸付を経由してそこから法律事務所に貸し付ける形になっており、インバロ社の信用リスクを負うものであったところ、インバロ社は程なく破綻して全損となり、年金制度が崩壊した。本件は、中央会が金融ブローカーSと証券保管金融機関クレディ・スイス（以下「クレディ」という）、その従業員Kを被告とした事案。

【判旨】判決は、金融ブローカーSやクレディが旧金販法2条3項の金融商品販売業者等に該当するとし、次に中央会について、その年金共済制度は生死にかかわらず一定額が払われる制度設計になっているので旧金販法2条1項4号の「保険契約に類する」とはいえないとして、中央会は金融商品販売業者等には該当せず旧金販法3条7項1号の特定顧客に該当しないので、説明義務の規

---

200)　【集団投資スキーム】MRI事件　　MRIインターナショナル株式会社は、米国の医療機関から保険会社に医療報酬を請求する権利（診療報酬請求権）などを買い取って回収する「MARS投資」というファクタリング事業で運用しているとし、元本確保型で年利6.0～8.5％での運用が可能であると宣伝していた。米国にある本社が米国で資産の運用を行っており、日本には支店登記がされて顧客サービスセンターがあるだけで、金融庁にも米国法人として第2種金融商品取引業を行う業者として登録されていた。運用資金のほとんどを日本だけで集めており約8700人の顧客から約1365億円の投資を受けていると公表していた。2013年4月26日、証券取引等監視委員会が、当社は少なくとも2011年以降、顧客からの出資金を他の顧客への配当金の支払に充てる取扱いをしていたなどとして、金融庁に行政処分をするよう勧告し、金融庁（関東財務局）はこれを受けて同日、当社に対し登録取消し処分をしたが、その後は権限がなくなったとして、破産申立て等の当社の財産を被害者に分配する手続をしないため、被害者弁護団が日米で活動してきた。これまで監督の目が行き届かなかった点は別としても、登録取消し後に残余財産を公平に分配する手続に乗せられないのは制度不備であり、改善が必要である。

201)　コメント　　この酒販年金事件については複数の訴訟がある。本件（①中央会が金融ブローカーSと証券保管金融機関クレディ、その従業員Kを被告とした事件）のほか、②組合員が中央会を被告とした事件（東京高判平18・10・25〔請求棄却〕）、③組合員が中央会とその役員、S、クレディ、Cほかのチャンセリー債取引の関与者を被告とした集団訴訟（大阪）、④同（東京）である。②（東京地判平18・4・24 運用4）、③④（大阪地判平23・7・25 運用3）については運用責任の項を参照。

定（同法３条１項）の適用がある顧客であるとした。

　そして、Ｓについては、運営会社インバロの信用リスクがチャンセリー債の償還に影響を及ぼすことを説明しなかったことが、説明義務違反であるとして、旧金販法４条および民法709条に基づき、150億円余の損害賠償を命じた（過失相殺なし）。

　クレディについては、中央会の委託を受けてクレディ名義で取得することによって、中央会に有価証券を取得させる行為の媒介を行ったとして、旧金販法３条１項の説明義務を負うとし、チャンセリー債関連文書にインバロ社の信用リスクについては触れられていなかったことから、旧金販法３条１項の説明義務に違反するとしたが、相当因果関係がないとして請求を棄却した。すなわち、「（旧金販法）４条が、金融商品販売業者等が重要事項について説明をしなかったときは、『これによって』生じた損害を賠償する責めに任ずる旨規定している文言に照らしても……相当因果関係が、旧金販法４条の定める損害賠償責任の要件として不要とされたものとも、推定されるものとも解することができない。」として、本件では、チャンセリー債購入決定後に保護預かり機関を探している過程でクレディと契約したのであるから、「被告クレディが原告との間で本件契約を締結したことによって本件投資が実現できたとはいえる」が「被告クレディ又はその従業員であるＫの行為ないし不作為によって、原告が本件投資を実行させられたものと評価することができず」説明義務違反と購入・損失との間には相当因果関係がないとした。不法行為については、不法行為法上の違法があるとは認められない上、同様に相当因果関係もないとした。

第４節

助言責任・広告責任

　投資助言に関して、投資顧問業者の不法行為責任を認めた判決（１件）、消費者契約法による取消しを認めた判決（２件）がある。投資助言業者が、投資助言契約をした顧客に勧めた金融商品について、裏で販売業者から販売に応じた報酬を受け取っていた業者が複数摘発された[202]。

助言1[203]　〇京都地判平22・1・20（セレクト36巻1頁）
[投資顧問契約・助言・イー・キャピタル・不法行為]

> **【事案】** 40代の女性（無職）が投資顧問業者イー・キャピタルとの間で投資顧問契約を締結し、投資助言を受けて株式取引を行ったが、投資意向に適合しない助言や合理性のない投資助言で損害を被ったという事案。
>
> **【判旨】** 裁判所は、助言契約勧誘、契約後の助言とも不法行為となるとして、登録費と会費の合計210万円、株式取引の損失104万7500円、弁護士費用31万4750円の合計346万2250円の損害賠償を命じた。過失相殺なし。

助言2[204]　〇奈良地判平22・3・26（セレクト37巻173頁）
[投資助言契約・トレーディングスター・断定的判断提供・消費者契約法取消し]

> **【事案】** 原告は被告の担当者Bから、被告の会員になればこれまでの株式取引で損した500万円、被告の会費200万円も含めると700万円を取り戻すことができると勧誘されて、継続的に被告の投資助言を得る契約を締結した。その後、勧められた銘柄の取引をしたが言われたような利益は出ずトータルではマイナスとなった。そこで原告は、投資助言契約について、クーリング・オフ、取消しの意思表示をして返金を求めたという事案。

---

202)　**【投資顧問】**　投資助言業の登録をした業者が、その登録では行えない第一種金融商品取引業または第二種金融商品取引業に該当する行為をしたとして処分された。投資助言業の登録をしていたアブラハム・プライベートバンク（無登録で第1種金融商品取引業ないし第2種金融商品取引業に該当する海外ファンドの募集もしくは私募の取扱いをした。業務停止6月）、同じく投資助言業の登録をしていたIFAJAPAN（無登録で第1種金融商品取引業に該当する海外投資証券の募集または私募の取扱いを行った。業務停止3月）など。

　このように顧客資産を海外に移してしまうと、被害救済が困難となってくる。移された先の国の法制度を駆使して顧客資産回収しようとすると時間や費用が余分にかかるし、国によってはそもそも回収の制度が十分には整備されていないところもある。海外ではまた、回収が困難になるだけでなく加害者の追及も不十分となりがちであり、その結果、海外を拠点とした投資詐欺の継続ないし再発のおそれも残る。

203)　**コメント**　クーリング・オフの主張は予備的請求と位置づけられ、判断されていない。

204)　**コメント**　不法行為にもなるとして弁護士費用も請求されたが、不法行為の成立は否定されている。

654   第4部　金融商品取引に関する裁判例

> 【判旨】本件契約は、原告の株式取引につき被告が助言することを内容とする投資顧問契約であり、700万円の利益を上げることができるというのは、本件契約の目的たる被告の提供する役務の内容に関わることで、不確実な株式取引の結果につき断定的な判断を提供するものである。原告はこの断定的判断が確実であると誤認することにより本件契約を締結する意思表示をしたものであるとして、消費者契約法4条1項2号の取消しを認めた。

　広告については、平成電電マスコミ訴訟がある。平成電電は2005（平成17）年10月民事再生申立て、2006（平成18）年4月破産という経過をたどった。2007（平成19）年3月には、匿名組合契約による出資金が平成電電にそのまま流れた疑いが表面化し、詐欺容疑で匿名組合の事業者代表や平成電電の代表者が逮捕された。2007年6月には、関連会社や元役員らに対する損害賠償請求訴訟が提起され、被告らの一部は破産したため破産手続に移った。広告を掲載した新聞社の責任を追及した訴訟も行われた。

　広告1 　×東京地判平22・2・17（判時2079号52頁）
　　　　　　　　　　　　　　　　　　　[平成電電・新聞社・広告掲載責任]

> 【事案】平成電電に投資して損失を被った出資者が、平成電電の広告を掲載した新聞社に対し、広告掲載が不法行為となるとして損害賠償を請求した。
> 【判旨】請求棄却。判決は、新聞紙面に、2年間にわたり繰り返し広告を掲載したことが出資者の損害の拡大につながった事実は重く受け止められるべきであるとしながら、新聞社に調査確認義務はなく、不法行為責任はないとした。
> 　2010（平成22）年12月1日控訴棄却。上告受理申立て→不受理で確定。

第5節

市場システム提供責任

　金融商品取引所（80条以下）や商品取引所（商先法3条以下）は、取引参加者に対し、取引参加契約に基づき、取引注文が実現されるような市場システムを提供する義務を負う。また、適切に売買停止権限を行使する義務も負い、

決済の可否に問題が生じかねない状況を認識しつつ、これを行使しないことは、市場参加者との関係で違法な行為となる。

一般に、取引所と会員との紛争の要因としては、誤発注、誤表示、ロスカットなどが考えられる。取引参加契約には、通常の過失は免責とする規定があるものがあり、この解釈をめぐって争いとなった事件がある。

市場1 [205] △東京地判平21・12・4（判時2072号54頁）
　　　　　 △東京高判平25・7・24（判時2198号27頁）
［みずほ証券・ジェイコム株・誤発注・東証］

【事案】 みずほ証券が、委託を受けたジェイコム株「61万円で1株」の売り注文を出すつもりで「1円で61万株」の売り注文を東京証券取引所に出してしまったという事案。みずほ証券が、東京証券取引所（以下「東証」という）に対し、取消し注文を出したのに対応されなかったのはシステム不備でありそれにより損失が拡大したとして損害賠償を求めた。

【第一審判旨】 判決は、東証は、取引参加者に対し、取消注文が実現されるような市場システムを提供する義務を負い、その義務の不履行に重過失があるとして損害賠償を命じた。

この判決は、まず、東証は、取引参加者に対し、取引参加者契約に基づき、取消し注文が実現されるような市場システムを提供する義務を負うことを確認し、東証は、適切に売買停止権限を行使する義務を負い、決済の可否に問題が生じかねない状況を認識しつつこれを行使しないことは、市場参加者との関係で違法な行為となるとした。取引参加者契約に免責規定がある点については、免責規定である取引参加者規程15条が適用されない場合の「重過失」とは、ほとんど故意に近い著しい注意欠如の状態を指す、と解釈した。そして本件では、取消し注文が奏功しない売買システムを取引参加者に提供した上、著しい注意欠如の状態にあって売買停止措置を採ることを怠った点で、東証には人的な対応面も含めた全体としての市場システムの提供について「重過失」があるとした。責任の範囲については、重過失となる時点より前の損害は免責され、重過失となった時点以降の損害についても、システム不具合を現実化させた原告の

205）**コメント**　本件は、双方に過失がある事件であり、投資被害事件と異なり、伝統的な過失相殺になじみやすい。

誤発注は、市場システム提供の債務不履行継続中に行われたものとして過失相殺の考慮要素になる（過失相殺3割）。

【控訴審判旨】債務不履行ではなく不法行為であるとしたが、認容額は一審とほぼ同じである。東証には、適切に取消処理可能なコンピュータ・システム提供義務の不履行が認められるが、重過失が認められないから本件免責規定が適用されるなどとして、債務不履行責任は否定したが、東証には、売買停止義務違反による不法行為が成立し、重過失が認められるから本件免責規定は適用されないとした上で、みずほ証券にも重大な落ち度があるとして3割の過失相殺をし、附帯控訴に基づき原判決を変更した（双方上告したが、2015〔平成27〕年9月3日上告棄却で高裁判決が確定）。

店頭取引でも、顧客に取引システムを提供して価格を表示する外国為替証拠金取引で、業者にシステム整備義務がありその義務に違反したとして責任が問われた事件がある。

市場2[206]　△東京地判平25・10・16（判時2224号55頁）
[FX取引・松井証券・スリッページ・システム提供者責任・専門委員]

【事案】証券会社との間でFX取引を行った際、損失の無制限拡大を防ぐため、あらかじめ設定した為替レートになった場合に強制決済されるロスカットを設定していた顧客が、各ロスカット発注から約定がなされるまでのタイムラグに伴う各ロスカット設定値と各約定価格との乖離（スリッページ）により損害を被ったなどとして、損害賠償を求めた事案。

【判旨】FX取引におけるロスカット取引では、専門委員の指摘する10秒を超えるスリッページは、これを許容するに足りる特段の事情がない限り、もはや合理的範囲を超えるものと解されるところ、特段の事情のない本件において、ロスカット設定値到達から約18秒時点で約定したロスカットにつき、被告は、契約上、スリッページが合理的範囲内にとどまるようシステムを整備する義務に違反したとして、被告の債務不履行責任を認め、請求を一部認容した。

206）　**コメント**　専門委員が関与している点が特徴である。

市場2・運用1　　657

第6節

運用責任

1　信託受託者の運用責任

運用1　○神戸地判平15・3・12（判時1818号149頁）
　　　　×大阪高判平17・3・30（判時1901号48頁）
　　　　　　　　　　［年金基金・信託受託者・三菱信託銀行・アセットミックス尊重義務］

【事案】信託銀行との間で年金信託契約を締結した上資金運用を行ってきた年金基金が、運用の失敗により損害を被ったことにつき、信託銀行に信託契約上の債務の不履行があったとして損害賠償請求した事案。

【第一審判旨】顧客から資産の運用を委託された信託銀行がその資産管理に義務違反があったとして、顧客に対する債務不履行に基づく損害賠償責任を認めた。受託者たる信託銀行には、合同運用の合意があるので合同運用義務があり、また委託者から運用先の構成比率（アセットミックス）についてなされた指示を尊重すべき義務があるが、実際に行われた運用は合同運用義務に違反し、またアセットミックス尊重義務にも違反したと判断した。

【控訴審判旨】合同運用の合意を否定し、信託銀行には損害賠償義務はないとした。

2　投資信託会社の運用責任

　一般の証券投資信託は、信託受託者でなく委託者が運用を決めているので、委託者指図型投資信託と呼ばれる。投信の運用を指図する委託者の義務については42条以下に規定があり、その内容は金商法の解説に記載したとおりである。

　これまで、投資信託の運用について監督当局による処分例はあるが、運用責任を根拠に損害賠償を命じた判決には接していない。運用の責任そのものではないが、投資信託委託業者の通知責任が問題となった事件（運用2）が

658　第4部　金融商品取引に関する裁判例

ある。

運用2 [207]　×大阪地判平16・8・26（判時1905号126頁）
[中期国債ファンド・元本割れ・投資信託会社・運用責任]

【事案】Ａ社が運用する投信（中期国債ファンド）に組み入れている証券につき、当該証券の発行会社が会社更生特例法適用申請をしたため０円評価となり、当該投信は元本を相当割り込んだ。Ａ社は、「当該証券の価格をゼロとして当該投信の算定を行うが、将来の回収金は○月○日時点の受益者に権利がある」旨の通知を受益者に発した。それを信じて○月○日以降に解約した受益者が、回収金の分配または不法行為による損害賠償（ファンドの組入れ責任）等を求めた訴訟。
【判旨】判決は、請求の理由がないとして棄却した。

3　年金運営者の運用責任

　全国小売酒販組合中央会（以下「中央会」という）が全国の小売酒販店経営者等のために作った年金共済制度を破綻させた事件があり、関係者の背任事件として刑事事件となるとともに、年金運営者である中央会の運用責任が問題とされた。2007（平成19）年1月15日に大阪・東京で集団訴訟が同時提起され、ともに高裁判決が出ているが、中央会は、中央会 vs クレディ訴訟で敗訴したこと（東高判平24・5・30）、組合員等らによる上記集団訴訟では一審で敗訴していることから、2012（平成24）年7月13日、民事再生申立てをしたため、一部しか被害回復できなかった。集団訴訟の判決は次のとおり。

運用3　○大阪地判平23・7・25（判時2184号74頁）
（控訴審和解、大阪高判平24・8・31）
△東京地判平23・9・27（判例集未登載）
（控訴審和解、東京高判平24・12・26）
[集団・チャンセリー債・酒販年金・全国小売酒販組合中央会・運用責任]

【事案】被告は中央会とその役員、クレディ・スイス等のチャンセリー債取引の関与者である。2003（平成15）年、中央会は、組合員等から拠出された年金

207）[コメント]　誤情報提供責任を争点とすれば、結論が異なった可能性がある。

資金のほとんどである145億円を、チャンセリー債という仕組債に投入した。これは、英国の法律事務所に裁判費用等を貸し付けることを業とするカナダ国籍 SPC が発行する社債券である。極めてリスクの高い投資先であり、程なく破綻してチャンセリー債は返還を受けられなくなった。この訴訟で原告らは、中央会に対しては、リスクの高いあやしい先への集中投資が、年金資金運用者としての義務に違反すると主張した。なお、主導した事務局長は背任で有罪となっている（東京地判平19・9・28判タ1288号298頁）。

【大阪判旨】中央会事務局長、専務理事および販売業者の共同不法行為を認定し、中央会に対しては事務局長の使用者としての責任があるとして、これらの者に対して損害賠償を命じ、信託契約をして証券を購入したクレディ・スイスや、中央会の他の役員の責任は否定した。

【大阪控訴審】原審で請求認容された一部の被告について和解し、残った被告に関しては控訴棄却。

【東京判旨】大阪訴訟とほぼ同じ結論。ただし認容は２割減額。

【東京控訴審】一部の被告について和解し、残った被告に関しては控訴棄却。

　このほか、同じ酒販年金に関するもので一部の契約者が中央会を被告として提起した、説明義務を争点とした事件がある。年金の運用責任ではなく運用中の説明責任が問われたものであり、一審で一部認容、控訴審で請求棄却となっている。

|運用 4|　△東京地判平18・4・24（判時1955号43頁）
　　　　　×東京高判平18・10・25（判時1962号72頁）

[酒販年金・年金制度破綻可能性の説明]

【事案】関係者の責任を問う集団訴訟（|運用 3|）とは別に、一部の組合員によってなされた中央会の説明義務違反を問う訴訟。私的年金につき、一括受給と月額の年金受給の選択を求められ、月額による年金受給を選択したところ、月額の年金受給の最初の部分を受け取ったところで年金制度が破綻したという事案。

【第一審判旨】年金制度が破綻して年金支給が困難になる具体的可能性が生じているにもかかわらず、私的年金受給権を有する原告にその説明義務を尽くさなかったため同人に一時金としての年金一括受給と月額による年金支給の選択

情報がないままに月額による年金受給を選択して損害を被らせたとして、年金契約上の付随的義務に違反する債務不履行を理由に損害賠償を命じた。

【控訴審判旨】私的年金契約における年金の受給方法の選択に先立ち制度運営者はその時点での制度の具体的な破綻の可能性を説明する義務を負わないとして、請求を棄却した。

4 投資一任業者の運用責任

年金資金などの運用を一任された投資顧問業者が、オルタナティブ運用（代替運用。伝統的投資商品〔株、社債等〕以外で運用すること）を行うとしてリスクの高い運用を行い預り資産のほとんどを失ってしまったAIJ事件がある。行政処分、刑事判決がある[208]。

5 団体役員の運用・管理責任

事業会社の例として、ヤクルト事件（最判平16・12・16判時1888号3頁）がある。デリバティブ取引に多額の投資をした担当役員に、善管注意義務違反を理由に会社に対する損害賠償を命じた。

金融機関役員の運用責任が問われた例は、破綻金融機関を中心に多数ある。多くは、金融機関の損害賠償請求権を引き継いだ整理回収機構（RCC）が提起したものであり、ほとんどは役員が責任を認めて和解で終了している。判決に至ったものとして、岡山市民信金事件（岡山地判平19・3・27 運用5 ）がある。

---

208) 【投資一任業者の運用責任】AIJ事件　2012年2月24日、金融庁は、AIJ投資顧問株式会社に対し、顧客資産の毀損があるのに運用状況を説明できない状況にあるとして、業務停止命令、業務改善命令を出した。2000億円の預り資産のほとんどがなくなっていると報道されている。関係者は詐欺と金商法違反（契約の偽計）で有罪（東京地判平25・12・18〔2013WLJPCA12186001〕〔代表取締役Aは懲役15年。3被告の追徴計157億円、没収5億7000万円〕）。AIJ投資顧問の傘下で営業を担当していたアイティーエム証券（ITM）については、債権者から破産申立てがなされ、2013年6月28日東京地裁から破産手続開始決定を受けた。申立書では、負債総額は約1416億円とされている。

運用 5・6　　661

運用 5　○岡山地判平19・3・27（判タ1280号249頁）[209]

[岡山市民信金・ペレグリン債・運用責任]

> 【事案】岡山市民信用金庫の役員が、同金庫の自己資金運用として、香港のペレグリン社発行の社債（ペレグリン債。スワップが絡んだ LRB という仕組債）などのアジア債へ集中投資したところ、アジア通貨危機でそれらがデフォルトし、大きな損失を被って同信金の破綻につながったという事案で、破綻した同信金の損害賠償請求権等を引き継いだ整理回収機構が、同信金の役員の運用責任を追及した事案。
>
> 【判旨】信用金庫の自己資金運用として、ペレグリン債などのアジア債へ集中投資したことについて、各原債券に対応したアジア債では大口信用供与規制（自己資本の5分の1。当時）の範囲内、様々なリスクを内包する複数の原債券のアジア債への投資については自己資本の範囲内に、それぞれとどめてデフォルトの危険を分散すべき義務があるのに、それに違反して過大な投資をしたと評価し、運用に関与した役員などに、善管注意義務違反があるとして、信用金庫の債権を引き継いだ RCC に損害賠償をするよう命じた。

6　その他の運用責任

　商品先物取引における運用責任に関する判決がある。そもそも商品先物取引の一任を受けること自体に問題がある。

運用 6　△大阪地判平18・4・6（先物判例43号356頁）

[商品先物取引・一任売買・運用責任]

> 【事案】商品先物取引で損をした経験がある70歳女性が、商品先物会社外務員から、「普通の先物取引とは異なる特別な損をしない方法」がある、必ず利益が出るとして、商品先物の一任取引を勧誘され応じたところ、両建て取引などを行われて損失を被った事案。
>
> 【判旨】判決は、一任状態を認定し、受任者である業者について、説明義務違反、断定的判断の提供を行い「違法に売買取引を一任させた」という一任の違

---

209)　木村哲彦「過剰投資と金融機関役員の経営責任」判タ1285号31頁

662　第4部　金融商品取引に関する裁判例

法勧誘を認定した。さらに、「一任売買は、一任の目的が一定の資産の運用であり、これを投資運用の専門家としてしかも営業者である先物取引業者に任せるところにその本質があるから、先物取引業者は、これを専門家かつ営業者として受任した以上、必要十分な投資判断をなし適切な資産運用をなす義務を負う」ところ、商品および限月を同一とする両建が多数回行われ、同時両建て、常時両建ても目立つ本件取引は、「委託者にとって利益とならない可能性の高い取引を行ったものと言わざるを得ない」として「○○による運用は標準に達しなかったものであり、本件取引には違法性が認められる。」と一任を受けた者の善管注意義務に違反した運用を認定した。この不法行為による損害賠償請求権につき、商品先物会社の差損金請求と相殺した残額の支払を命じた（過失相殺2割）。

第7節

監督責任

1　違法投資商法業者に対する監督責任（不作為）

[監督1]　×大阪地判平5・10・6（判時1512号44頁）[210]
　　　　　×大阪高判平10・1・29（税資230号271頁）
　　　　　×最判平14・9・26（税資252号順号9205）
　　　　　　　　　　　　　　　　　[集団・豊田商事事件・監督責任・国家賠償]

【事案】豊田商事国家賠償請求事件は、867名の被害者が国の不作為責任を追及したものである。顧客に金地金を売って代金を受け取り、金地金は渡さずに預かって顧客に賃料を払う約束にして「純金ファミリー証券」という紙を渡すという、いわゆるペーパー商法を展開した豊田商事による被害者らが、国家公務員である公正取引委員会、法務省、警察庁、大蔵省、経済企画庁の各担当者に

---

210)　正田彬「豊田商事事件と消費者行政──豊田商事国家賠償請求事件判決（大阪）を契機として」法時66巻4号19頁〜27頁、安達和志＝石川正美「豊田商事事件国家賠償大阪訴訟第1審判決──大阪地裁平成5年10月6日判決（最近の判例から）」ひろば47巻9号43頁〜53頁、國井和郎・消費者取引判例百選92頁。

は豊田商法による被害の発生を防止すべくその有する規制権限を行使すべき義務があり、また、通商産業省の担当者には同様に上記被害を防止すべくその権限に属する行政指導をすべき義務があるのにこれを怠ったことにより被害を被ったとして、国家賠償法1条1項に基づいて、国に対し損害の賠償を求めた。

【第一審判旨】 大阪地裁は「規制権限や行政指導を行使しなかったことは著しく不合理とは言えず、被害の発生に違法行為はなかった」として国の責任を否定し請求を棄却。

【控訴審判旨】 大阪高裁も「被害者が自助努力で被害を避けることは困難だったが、各省庁が迅速に豊田商法の実態を解明、規制しなかったことが著しい不合理とはいえない」として一審判決を維持した。

【最高裁判旨】 上告を棄却し、確定した。

2　抵当証券業者に対する監督責任（作為）

監督2　△大阪地判平19・6・6（判時1974号3頁）
　　　　△大阪高判平20・9・26（判タ1312号81頁）

[集団・大和都市管財・国家賠償請求]

【事案】 破綻した抵当証券会社「大和都市管財」（大阪市）グループによる巨額詐欺事件をめぐり、全国の被害者が国に監督責任があったとして39億8000万円の国家賠償を求めた事件である。

【第一審判旨】 国に6億7000万円の損害賠償を命じた。判決は、「近畿財務局は職務上尽くすべき注意義務を怠り、漫然と（抵当証券業の）登録を更新した」「行政の権限不行使は著しく合理性を欠く場合は国家賠償法上違法となる」として国の責任を一部認め、1998（平成10）年1月以降に新たに抵当証券を購入した原告らに対し約6億7000万円の賠償を命じた。財産的被害について国の賠償責任を認めた初の判決。近畿財務局が1997（平成9）年12月に同社の抵当証券業の登録更新を認めた時点で「同社が破綻する危機が切迫していると容易に認識し得たのに、同社の預貯金口座の検証など必要不可欠な検証を怠った」と認定した。

【控訴審判旨】 原判決の認容額を大幅に上回る、合計15億5880万0695円の賠償を命じた。判示内容は次のとおり。「近畿財務局長は、3年に1度の更新登録

664 第4部 金融商品取引に関する裁判例

に際しては、同社の財務状況の実態を慎重に検査し、かつ抵当証券業規制法上のあらゆる監督規制権限を適時かつ適切に行使して、大和都市管財が更新登録拒否事由に該当していないかについて慎重に審査すべき職務上の注意義務を負っているといえる」「それにもかかわらず、近畿財務局は、平成9年度検査において、（融資先である）グループ会社の帳簿類の検査を早々に放棄し、大和都市管財の預貯金口座の検証すら怠って更なる検査のみちを自らあえて封じるなど、グループ全体の財務状況及び資金の流れの実態を解明する為の基本ともいうべき検査を合理的理由なしに怠った」「上記のような適切な調査によれば容易に認定できたはずの後述の融資の架空性や抵当証券受取利息の未収受の認定も回避し、あえて漫然と本件更新登録をした」「これはいわば監督規制権限の恣意的不行使とも言えるものであり、その過程は不可解というしかなく、裁量逸脱の程度は著しいというほかない」。

事項索引

[あ]

ICO ……………………………………… 56
アパート・マンションローン＋サブリース
………………………………………… 53
安定操作 …………………………… 224

[い]

意思能力 ……………………… 405, 434
　──と行為能力 ………………… 434
　──と実務上の留意点 ………… 406
　──と適合性原則 ……………… 406
　訴訟委任と── ………………… 409
意思表示の取消し ………………… 272
意思無能力と公序良俗違反 ……… 410
１項有価証券
　──の売出し・私売出し ……… 68
　──の募集・私募 ……………… 64
一般投資家 ………………………… 194
インサイダー取引
　──規制 ………………………… 211
　──と上場会社等の役員等の禁止行為
………………………………………… 220
　──の違反に対する制裁 ……… 217
　──の沿革 ……………………… 211
　──の予防 ……………………… 219
　外部情報に関する── ………… 215
　内部情報に関する── ………… 212

[う]

売出し ……………………………… 67
運用責任 …………………………… 657
　信託受託者の── ……………… 657
　団体役員の── ………………… 660
　投資一任業者の── …………… 660
　年金運営者の── ……………… 658

[え]

AI と投資判断 …………………… 315
ADR 法 …………………………… 201

[お]

エリサ法の改定 …………………… 380
オプション取引 …………………… 36
　──によるヘッジ ……………… 294

[か]

外貨建て保険 ……………………… 632
外国為替証拠金取引（FX 取引）……… 642
外国市場デリバティブ ……………… 3
　──取引 ………………………… 50
開示義務
　──についての共同規制 ……… 99
開示義務違反 ……………………… 81
　──と課徴金 …………………… 82
　──と刑事規制 ………………… 81
　──と民事責任 …………… 85, 99
開示制度 …………………………… 58
　──の意義 ……………………… 58
　──の適用対象 ………………… 60
開示責任 …………………………… 506
開示方法 …………………………… 61
改正民法と金融取引 ……………… 400
外務員
　──登録制度 …………………… 133
　──の権限と監督 ……………… 135
　──の登録
　　──義務 ……………………… 133
　　──拒否事由 ………………… 134
　　──手続 ……………………… 134
確実性誤解告知 …………………… 277
確認書 ……………………………… 79
過失相殺 …………………………… 420
仮想通貨 …………………………… 56
仮装取引 …………………………… 221
課徴金
　──制度 ………………………… 205
　──納付命令の件数 …………… 84
株価指数等オプション取引 ……… 558
株式 ………………………………… 532

―――・社債の自己募集 ……………… 118
借入型ファンド ………………………… 53
為替スワップ取引 ……………………… 38
為替デリバティブ ……………………… 565
―――事件 ……………………… 297, 568
関係主体 ………………………………… 192
間接開示 ………………………………… 71
―――の方法 ………………………… 61
監督責任 ………………………………… 662
　　違法投資商法業者に対する――― …… 662
　　抵当証券業者に対する――― ……… 663
元本欠損（金販法） …………………… 246
元本を上回る損失（金販法） ………… 246
勧誘受諾意思不確認禁止 ……………… 174
勧誘と投資判断 ………………………… 293
勧誘留意商品 …………………………… 432

［き］

偽計 ……………………………………… 227
―――に対する制裁 ……………… 228
業
―――規制 ………………… 102, 121
―――区分 ………………………… 105
―――の定義 ……………………… 106
―――の分類 ……………………… 103
業者ルール
―――３類型 ……………………… 324
―――と適合性原則 ……………… 323
―――と民事ルール ……………… 239
虚偽相場利用の禁止 …………………… 230
虚偽の説明の禁止 ……………………… 167
虚偽の表示、重要事実欠落表示による財産
　　取得 ……………………………… 231
緊急差止命令 …………………… 205, 208
銀行
―――員による勧誘・取引類型 ……… 470
―――員の供述の評価 …………… 482
―――による証券会社の紹介 ………… 477
―――の金融商品販売に係る苦情の増加
　　………………………………… 486
銀行の責任 ……………… 469, 482, 489
―――と勧誘形態 ………………… 480
―――と苦情の現状と金融庁の考え方

―――………………………………… 485
―――と裁判実務の現状 ………… 482
―――と店舗での勧誘 …………… 481
―――と判決一覧 ………………… 491
―――と訪問勧誘 ………………… 480
―――と問題点 …………………… 482
銀行法 …………………………………… 9
金商法→金融商品取引法
金販法→金融商品販売法
金融 ADR
―――の評価 ……………………… 203
―――法 …………………………… 202
金融行政
―――の展開 ……………………… 357
―――方針 ………………………… 488
金融先物取引 …………………………… 34
金融指標 ………………………………… 42
―――先物取引 …………………… 44
―――先渡し取引 ………………… 48
―――店頭オプション取引 ……… 49
金融商品 ………………………… 39, 240
―――先物取引 …………………… 44
―――先渡し取引 ………………… 48
―――仲介業 ……………… 105, 120
―――仲介業務 …………………… 471
―――と損害賠償請求 …………… 471
―――と不当利得返還請求 ……… 472
―――等オプション取引 ………… 45
―――等店頭オプション取引 …… 48
―――にかかわる法令 ……… 1, 353
―――の動向 ……………………… 353
―――の特性と開示制度 ………… 59
―――の販売 ……………………… 241
―――等 …………………………… 242
金融商品取引 …………………………… 1
―――の規制 ……………………… 210
金融商品取引業 ………………… 103, 106
―――一般に共通する行為規制 ……… 136
―――協会 ………………………… 198
―――の業務範囲 ………………… 129
―――の他業の制限 ……………… 129
―――の登録拒否事由 …………… 122
―――の登録制 …………………… 121

金融商品取引所 ················· 196
金融商品取引法（金商法） ········· 4
　——制定 ················· 3
　——と金販法の関係・調整 ········ 238
　——と不法行為責任 ········· 275
　——における開示制度 ········ 60
　——の改正経過 ··········· 4
　——の概要 ·············· 6
　——の最終目的と対象範囲 ······· 19
　——の対象の課題 ··········· 52
　——の対象範囲 ········· 20, 21
　　——の規定形式 ··········· 21
　——の中間目的と対象範囲 ······· 18
　——のデリバティブ取引に関する規定
　　··················· 39
　——の目的 ·············· 18
金融商品販売業者等 ··········· 242
金融商品販売法 ········· 7, 234, 354
　——2006年改正 ······· 236, 237, 356
　　——と取引の仕組み ········· 254
　　——と立法趣旨 ··········· 255
　——改正前の取引の仕組み ······· 252
　——と過料（10条） ········· 251
　——と勧誘の適正確保（8条） ····· 250
　——と勧誘方針（9条） ········ 250
　——と金商法の比較 ··········· 7
　——と消契法 ············ 249
　——と商品先物取引 ········· 237
　——と説明の程度 ········ 245, 263
　——と損害賠償責任（5条） ······ 249
　——と断定的判断の提供等の禁止
　　（4条） ·············· 248
　——と民法の適用（7条） ······· 250
　——における説明すべき重要事項 ··· 243
　——に基づく損害賠償請求 ······· 275
　——の制定の経緯 ··········· 234
　——の説明義務（3条） ·· 236, 243, 276
　　——と不法行為の説明義務 ······ 256
　——の全体像 ·············· 7
　——の損害と因果関係の推定 ··· 249, 261
　——の対象 ··············· 7
　——の逐条解説 ··········· 240
　——の定義規定（2条） ········ 240

　——の適用がない金融商品 ······· 241
　——の目的（1条） ·········· 240
　——の論点 ·············· 251
　立法当初の—— ··········· 235
金融庁 ················· 204
　——と民事紛争 ··········· 206
　——の行政規制 ··········· 204
　——の権限・組織 ·········· 204
　——の準立法作用 ·········· 204
金融取引 ················· 1
　——と勧誘規制 ··········· 466
　——と錯誤 ············· 415
　——に関する法規制 ··········· 1
　高齢化と—— ············ 429
金利スワップ ············· 578
　——取引 ··············· 38
金利等スワップ取引 ········· 45, 49

[く]

クレジット・デリバティブ取引 ······ 46
クレジット店頭デリバティブ取引 ····· 49

[け]

「経済学的意味の金融商品市場」の構成者
　··················· 192
経済産業省 ·············· 207
継続開示 ················ 77
　——関係の課徴金納付命令 ······· 85
　——義務違反 ············ 89
契約締結時の書面交付義務 ········ 163
契約締結前交付書面
　——と説明義務 ··········· 152
　——の記載方法 ··········· 156
　——の共通記載事項 ········· 153
　——の商品類型ごとの記載事項 ····· 153
　——の手数料等 ··········· 154
契約の解除 ·············· 272
契約の拘束からの解放 ········· 270
契約の不成立 ············· 271
契約の不存在 ············· 271
契約の無効 ·············· 271
ケイ・レビュー ············ 381
現実の勧誘との関係 ·········· 311

原状回復義務（無効の効果）………… 418
限定合理性 ……………………………… 306

[こ]

行為規制 ………………………………… 136
行為能力 ………………………………… 435
　——の趣旨と適合性原則 …………… 440
広告責任 ………………………………… 652
広告等に該当しないもの ……………… 148
広告等の規制 …………………………… 141
広告等の表示
　——事項 ……………………………… 143
　——方法 ……………………………… 146
広告類似行為 …………………………… 142
公序良俗違反 …………………………… 410
　——と実務上の留意点 ……………… 413
公正な市場
　——と金融事業者の役割 …………… 363
　——と投資行動 ……………………… 468
高速取引行為者の禁止規定 …………… 175
行動経済学
　——と市場理論 ……………………… 312
　——と投資意向 ……………………… 312
合理的根拠適合性 ……………………… 358
高齢化と金融取引 ……………………… 429
高齢顧客 ………………………………… 432
　——と改正民法 ……………………… 437
　——と監督指針 ……………………… 433
　——と消契法改正 …………………… 438
　——と投資勧誘規則 ………………… 431
　——の主体性の尊重 ………………… 467
高齢者
　——と金融取引 ……………………… 427
　——と適合性原則 …………………… 439
　——に関する裁判例 ………………… 441
　——と投資判断 ……………………… 314
　——の適合性原則 …… 441, 443, 445, 454
　——と事実上の代理人 ……………… 456
　——と代理人・近親者の関与 …… 454
　——と取引代理人 …………………… 455
　——と法定代理人 …………………… 455
　——の被害の増加 …………………… 428
高齢者取引

　——と裁判例 ………………………… 446
　——と事実上の一任取引類型 ……… 464
　——と実務上の留意点 ……………… 454
　——と説明義務違反 ………………… 463
　——と適合性原則 …………………… 440
　　——違反 ……………… 460, 463
　——と不法行為責任 ………………… 438
　——と民事的規律 …………………… 434
顧客（金販法） ………………………… 242
顧客適合性 ……………………………… 323
　——と量的適合性の2段階適用 …… 327
　——の考慮要素 ……………………… 329
顧客本位原則 …… 376, 384, 386, 387, 389,
390, 391, 392, 393
　——（顧客にふさわしいサービス）- 392
　——（顧客の最善の利益）………… 387
　——（従業員に対する適切な動機づけ）
　………………………………………… 393
　——（情報のわかりやすい提供）… 391
　——（手数料等の明確化）………… 390
　——（方針の策定・公表）………… 386
　——（利益相反の適切な管理）…… 389
　——と助言義務 ……………………… 489
　——と民事責任 …………… 394, 489
　——の履行確保 ……………………… 394
　信認関係の成立と—— ……………… 490
顧客本位の業務運営に関する原則
　→顧客本位原則
国土交通省 ……………………………… 207
誤導型説明義務違反 …………………… 366

[さ]

災害デリバティブ取引 ………………… 46
災害店頭デリバティブ取引 …………… 50
再勧誘禁止 ……………………………… 174
債券 ……………………………………… 506
債権の消滅時効 ………………………… 419
財産規制 ………………………………… 125
最終受益者に対する義務 ……………… 396
最善利益（ベスト・インタレスト）確保
　義務 ……………………………… 396, 397
裁定取引 ………………………………… 305
財務局 …………………………………… 207

最良執行方針等 …………………… 183
先物取引 ……………………………… 34
　――によるヘッジ ……………… 294
先渡し取引 …………………………… 35
錯誤 ………………………………… 414
　――と実務上の留意点 ………… 417
　――と保険事案 ………………… 416
参入規制 …………………………… 121
参入要件 …………………………… 128

［し］

時価評価額 ………………………… 373
仕組債 ……………………………… 582
　長期型―― ……………………… 615
仕組商品 ………………… 502, 582
　――と取引の仕組み（金販法）……… 259
　――の位置づけ ………………… 57
　第1次――被害 ………………… 582
　第2次――被害 ………………… 588
仕組投信 …………………………… 582
仕組預金 …………………………… 582
市場 ………………………………… 192
　――システム提供責任 ………… 654
　――デリバティブ取引 ……… 3, 44
　――を構成する主体 …………… 192
事前交付書面説明義務 …………… 159
指定紛争解決機関との契約締結義務等
　…………………………………… 166
四半期報告書 ……………………… 80
社債の管理の禁止等 ……………… 141
集団投資スキーム
　――と適用除外 ………………… 30
　――と預託法対象取引 ………… 31
　――の抽象的定義 ……………… 29
　――持分 ………………………… 29
受益証券発行信託の受益証券 …… 27
出資 ………………………………… 646
　――契約 ………………………… 646
主要株主規制 ……………………… 128
少額電子募集取扱業務
　（クラウドファンディング）……… 113
証券化商品 ………………………… 650
証券業協会自主規制 ……………… 358

証券先物取引 ……………………… 35
証券取引等監視委員会 …………… 207
　――の活動 ……………………… 208
　――の組織 ……………………… 207
承認業務 …………………………… 132
消費者団体訴訟 …………………… 151
消費者被害
　新規金融商品による―― ……… 353
商品先物取引 …………………… 34, 636
商品先物取引法 …………………… 13
　――の行為規制 ………………… 14
　――の不招請勧誘禁止規制 …… 14
商品指標スワップ取引 …………… 46
商品適合性 ………………………… 324
情報提供義務・説明義務 ………… 403
　金融分野における―― ………… 404
消滅時効 …………………………… 419
　――と実務上の留意点 ………… 420
助言運用に伴う偽計・暴行・脅迫 …… 178
助言運用に伴う損失補てん約束の禁止
　…………………………………… 178
助言責任 …………………………… 652
書面による解除 …………………… 165
新オレンジプラン ………………… 428
信義則
　――・権利濫用の適用 ………… 402
　――と金販法 …………………… 364
　――に基づく説明義務 ………… 354
信託業法 …………………………… 12
信託受益権 ………………………… 28
信託受託者の運用責任 …………… 657
信用格付業 …………………… 105, 120
信用リスクの説明（金販法）………… 262

［す］

スワップ取引 ……………………… 38
　――によるヘッジ ……………… 295

［せ］

誠実公正義務 ……………………… 137
成年後見制度 ……………………… 436
　――利用の実情 ………………… 436
説明義務 …………………… 353, 398

——と金販法制定 …………………… 354
——と情報提供義務 ………………… 363
——と配慮義務 ……………………… 363
——と判例 ……………… 354, 355, 360
——とリスクの質・量 …………… 369
——の実務的対応 …………………… 363
——の対象 …………………… 361, 365
——の本質 …………………………… 363
あるべき—— ………………………… 363
誤導型——違反 ……………………… 366
積極的な—— ………………………… 362
説明の対象
——事項の主張・立証 …………… 368
——と説明の方法・程度 ………… 364
説明の方法・程度 ………………… 362

［そ］

相場操縦 …………………………………… 221
——と違反への制裁 ………………… 224
表示による—— ……………………… 223
組成責任 …………………………………… 501
損益相殺 …………………………………… 281
——と過失相殺 ……………………… 282
損害賠償請求 ……………………………… 273
損害論 ……………………………………… 281
損失が生ずるおそれとその理由 ……… 155
損失補塡禁止 ……………………………… 178

［た］

第一種金融商品取引業 ………………… 107
——の財産規制 ……………………… 125
第一種少額電子募集取扱業務の財産規制
………………………………………… 126
第二種金融商品取引業 ………………… 109
——の財産規制 ……………………… 126
第二種少額電子募集取扱業務の財産規制
………………………………………… 127
代理業 ……………………………………… 111
短期売買報告制度 ………………………… 219
短期売買利益提供制度 ………………… 219
断定的判断提供 …………………………… 277
——等禁止 …………………………… 169
——と他法 …………………………… 170

［ち］

遅延損害金 ………………………………… 421
超高齢社会 ………………………………… 428
直接開示 …………………………………… 75

［つ］

通貨スワップ取引 ………………………… 38

［て］

定型約款 ………………………… 422, 423
——の組入要件 ……………………… 423
——の内容表示 ……………………… 424
——の不当条項規制 ………………… 424
——の変更 …………………………… 425
訂正届出書の提出 ………………………… 74
抵当証券 …………………………………… 27
——業者に対する監督責任 ………… 663
適格機関投資家 ………………… 114, 195
——等特例業務 ……………………… 114
適格投資家 ………………………………… 196
——向け投資運用業 ………………… 117
適合性原則 ………… 179, 317, 441, 443, 445
——（資金性質不適合型）………… 333
——（射幸取引型）………………… 335
——（ハイリスク集中型）………… 334
——（量的適合性型）……………… 335
——違反と過失相殺 ………………… 465
——と説明義務 ……………………… 458
——の強化 …………………………… 398
——の業者ルール …………………… 319
——と民事ルール ………………… 320
——の考慮要素 ……………………… 339
——の３段階適用 …………………… 328
——の実情 …………………………… 352
——の判断枠組み …………… 329, 339
意思能力と—— ……………………… 406
狭義の—— …………………………… 341
排除の理論としての—— ………… 439
手数料開示 ………………………………… 397
デリバティブ
——商品への資金投入 ……………… 305
——と取引の仕組み（金販法）……… 257

事項索引　　671

──や仕組債に関する監督指針 …… 357
一定の事由を原資産とする── …… 40
金融指標を原資産とする── ……… 39
金融商品を原資産とする── ……… 39
デリバティブ取引 ……………………… 3, 32
──と投資 …………………………… 287
──の原資産 ………………………… 51
──（金融指標）…………………… 42
──（金融商品）…………………… 41
──（特定金融指標）……………… 43
──の取引場所による分類 ………… 44
──への資金投入の判断 …………… 293
拡大された── ……………………… 23
店頭テリバティブ取引 ……………… 3, 47
転売制限等の告知義務 ………………… 77

[と]

投機 …………………………………… 300
投機判断 ……………………………… 301
──の手順 …………………………… 301
投資 …………………………………… 284
社会とのつながりと── ……… 285, 287
──意向
──に反する勧誘 ……………… 345
──の変化 ……………………… 306
──性保険 ………………………… 632
──戦略と適合性の確認 ………… 313
──理論 …………………………… 284
投資運用業 …………………………… 111
──に関する特則 ………………… 189
──の財産規制 …………………… 127
投資者 ………………………………… 194
──の分類 ………………………… 194
──保護基金 ……………………… 198
──の対象 ………………………… 200
──の補償対象 …………………… 201
投資助言 ……………………………… 111
──・代理業の財産規制 ………… 127
──業務
──と顧客に対する義務 ……… 186
──の禁止行為 ………………… 187
──の金銭・有価証券の貸付け等の禁
止 ………………………………… 189

──の金銭・有価証券の預託の受入れ
等の禁止 ………………………… 188
──の有価証券の売買等の禁止 … 187
投資信託 ……………………………… 515
──会社の運用責任 ……………… 657
──と銀行・委託会社の責任 …… 473
──と不当利得返還請求 ………… 475
ノックイン型── ………………… 620
投資取引 ………………………………… 3
──と公序良俗違反 ……………… 411
投資判断 ……………………………… 289
──と投機判断 …………………… 283
──の論点 ………………………… 306
──の手順 ………………………… 290
登録金融機関業務 …………… 105, 118, 470
──と行為規制 …………………… 471
特定金融指標の算出基礎情報の提供 … 175
特定顧客 ……………………………… 248
特定信託の規制 ……………………… 12
特定電子記録債権 ………………… 25, 28
特定投資家 …………………………… 194
特定保険の規制（保険業法）……… 11
特定預金の規制（銀行法）………… 9
匿名組合 ……………………………… 644
届出 …………………………………… 71
──業務 …………………………… 131
──書の監督 ……………………… 74
──の効力発生日 ………………… 74
取消しの効果 ………………………… 418
取引態様の事前明示義務 …………… 151
取引の仕組み（金販法）…………… 246

[な]

内閣府令で定める状況 ……………… 183
内部統制報告書 ……………………… 79
馴合取引 ……………………………… 221

[に]

２項有価証券と政令指定 …………… 32
二酸化炭素排出量 …………………… 55
2000年金販法 ………………………… 354
2006年金商法 ………………………… 356
2006年金販法 ………………………… 356

二分論
　　——と説明対象事項 …………………… 364
　　——と説明の方法・程度 ……………… 369
日本版フィデューシャリー・デューティー
　　……………………………………………… 384
認知機能の低下と判断 …………………… 436
認知症
　　——高齢者の増加 ……………………… 428
　　年齢階層別の——有病率 ……………… 429

[の]

農林水産省 …………………………………… 207
ノックイン型投資信託 …………………… 620

[は]

VaR …………………………………………… 370
　　——と説明義務 ………………………… 370
排除の理論 …………………………………… 439
破産手続開始申立て ……………………… 205
発行開示 ……………………………………… 63
　　——関係の課徴金納付命令 ………… 84
　　——義務違反 …………………………… 85
発行登録制度 ………………………………… 73
半期報告書 …………………………………… 80
販売・勧誘
　　——規制 ………………………………… 141
　　——責任 ………………………………… 506

[ひ]

被害救済
　　——の方法の選択 …………………… 278
　　——の法理論 ………………………… 268
　　金融規制緩和と——の判例法理 …… 353
人の能力と取引 …………………………… 434
標識掲示義務 ……………………………… 139

[ふ]

フィデューシャリー・デューティー … 376
　　——と英米法 ………………………… 376
　　——とエリサ法 ……………………… 378
　　——と欧州の動向 …………………… 381
　　——　MiFID ………………………… 381
　　——と OECD ………………………… 382

　　——と適合性原則 …………………… 395
　　——と日本の動向 …………………… 383
　　——と判例 …………………………… 378
　　——と民事責任 ……………………… 394
　　——論 ………………………………… 358
　　日本版—— …………………………… 384
フィナンシャル・ジェロントロジー … 429
FINRA ……………………………………… 379
風説の流布 ………………………………… 226
　　——に対する制裁 …………………… 228
フェア・ディスクロージャー・ルール
　　……………………………………………… 220
複数の金融販売業者等 …………………… 247
不実告知 …………………………………… 277
不招請の勧誘禁止 ………………………… 172
付随義務・保護義務 ……………………… 402
付随業務 …………………………………… 130
不正の手段・計画・技巧 ……………… 230
不適合商品勧誘の不法行為論 ………… 362
不当勧誘（消契法） ……………………… 167
不動産投資商品 …………………………… 639
不動産特定共同事業法 …………………… 8
不法行為
　　——に基づく損害賠償請求 ………… 273
　　——権の消滅時効 …………………… 419
不利益事実不告知（消契法） ………… 276
府令指定行為 ……………………………… 176
プロスペクト理論 ………………………… 307
　　——と事実上の一任状態 …………… 311
紛争解決機関 ……………………………… 201
分別管理が確保されていない場合の売買
　　等の禁止 ……………………………… 184

[へ]

弊害防止措置等 …………………………… 190
並行的情報提供による説明義務 ……… 366
米労働省 …………………………………… 380
ヘッジ取引 ………………………………… 293
ヘッジ判断 ………………………………… 296
変額（生命）保険 ………………………… 632
　　——事件 ……………………………… 632
変額年金保険 ……………………………… 632
変動操作 …………………………………… 222

[ほ]

包括的な詐欺禁止規定 ………………… 229
暴行・脅迫 ……………………………… 228
　——に対する制裁 …………………… 228
法定利率 ………………………………… 421
暴利行為 ………………………………… 401
保険 ………………………………………… 54
　——業法 ………………………………… 11
募集 ………………………………………… 63
　——または売出しの届出 …………… 71
保証金の受領に係る書面の交付 ……… 165

[み]

みなし有価証券 ………………………… 26
　——に関する書面の届出義務 ……… 162
　——の売出し …………………………… 70
　——の募集 ……………………………… 67
MiFID・MiFID Ⅱ ……………………… 381
民事ルール
　——としての顧客適合性 …………… 325
　——としての商品適合性 …………… 326
　——としての量的適合性 …………… 325
民法上の説明義務 ……………………… 276

[む]

無登録格付 ……………………………… 172
無登録業者による未公開株売付け …… 231

[め]

名義貸しの禁止 ………………………… 140

[も]

目論見書

[ゆ]

　——の交付 ……………………………… 76
　——の作成 ……………………………… 75
持分会社の社員権 ……………………… 28

有価証券 …………………………… 3, 24
　——（狭義） …………………………… 24
　——通知書 ……………………………… 74
　——等管理業務 ……………………… 113
　——の特則 …………………………… 190
　——届出書の提出 ……………………… 72
　——表示権利 ……………………… 25, 28
　——報告書 ……………………………… 78
　——の記載事項等 …………………… 78
　——の提出 ……………………………… 79
　——義務者 ……………………………… 78
拡大された—— …………………………… 21

[よ]

預金 ………………………………………… 54
与信取引 …………………………………… 1
預託取引 …………………………………… 53

[り]

利益相反禁止 …………………………… 397
理解力不足型（適合性原則） ………… 332
リスクヘッジ …………………………… 293
量的適合性 ……………………… 324, 335
　過当取引と—— ……………………… 326
臨時報告書 ……………………………… 80

[わ]

ワラント ………………………………… 555

判例索引

［大正］

大判大 7 ・ 5 ・29民録24輯935頁 ··· 278

［昭和］

大判昭 9 ・ 5 ・ 1 民集13巻875頁 ·· 401
東京地判昭56・ 4 ・27判時1020号129頁 ··· 225
東京地判昭56・12・27判時1048号164頁 ··· 225
最判昭61・ 5 ・29判時1196号102頁 ··· 411
最判昭62・ 4 ・ 2 判時1234号138頁 株式32 ······································ 554

［平成］

最判平元・12・21民集43巻12号2209頁 ··· 420
東京地判平 3 ・ 4 ・17判時1406号38頁 ··· 273
東京地判平 4 ・11・10判時1479号32頁 ··· 272
最判平 4 ・ 2 ・28判時1417号64頁、セレクト 1 巻116頁 株式1 ·········· 271, 533
東京地判平 5 ・ 3 ・17判時1489号122頁 ··· 273
東京地判平 5 ・ 5 ・19判タ817号221頁 ··· 225
大阪地判平 5 ・10・ 6 判時1512号44頁 監督1 ···································· 662
大阪地判平 6 ・ 2 ・10セレクト 1 巻151頁 ワラント 2 ···················· 555, 556
大阪高判平 6 ・ 2 ・18判時1524号51頁 ··· 225
釧路簡判平 6 ・ 3 ・16判タ842号89頁 ··· 273
最決平 6 ・ 7 ・20刑集48巻 5 号201頁、判時1507号51頁 ······················ 225
東京地判平 6 ・10・ 3 判タ875号285号285頁 ···································· 225
松江地判平 7 ・11・29セレクト 7 巻249頁 ·· 558
東京高判平 8 ・ 1 ・30判時1580号111頁 ··· 633
最判平 8 ・10・28金法1469号51頁 ··· 632
東京高判平 8 ・11・27判時1587号72頁、セレクト 5 巻289頁 ワラント 3
·· 138, 153, 274, 354, 357, 363, 374, 391, 398, 557
東京地判平 8 ・ 3 ・22判時1566号143頁 ··· 226
大阪地判平 8 ・ 3 ・26セレクト 8 巻261頁 ·· 556
東京地判平 8 ・ 5 ・30セレクト 5 巻304頁 ·· 557
東京高判平 9 ・ 5 ・22判時1607号55頁、セレクト 6 巻54頁 株式30 ······ 170, 552
大阪高判平 9 ・ 6 ・24判時1620号93頁、セレクト 6 巻248頁 ワラント 1 ···· 556
東京高判平 9 ・ 7 ・10セレクト 6 巻266頁、判タ984号201頁 ··········· 275, 557
最判平 9 ・ 9 ・ 4 民集51巻 8 号3619頁、判時1618号 3 頁、セレクト 6 巻93頁 株式31
·· 413, 553
大阪地判平 9 ・12・12未登載 ·· 219
大阪高判平10・ 1 ・29税資230号271頁 監督1 ···································· 662
福岡高判平10・ 2 ・27セレクト 7 巻206頁 ·· 557

広島高松江支判平10・3・27セレクト7巻244頁 ワラント4 ············· 558
最判平10・6・11セレクト8巻325頁 ··· 153
東京高判平10・9・30セレクト11巻55頁 株式2 ···························· 534
福岡地小倉支判平10・11・24セレクト13巻91頁 債券1 ··················· 506
札幌地判平11・2・16セレクト11巻399頁 ································· 513
最判平11・2・16刑集53巻2号1頁、判時1671号45頁 ····················· 213
大阪地判平11・3・30判タ1027号165頁 ································· 420
大阪高判平11・4・23セレクト12巻130頁 株式12 ··················· 327, 539
最判平11・6・10刑集53巻5号415頁、判時1679号1頁 ····················· 213
京都地判平11・9・13セレクト14巻379頁 株オプ1 ························ 559
東京地判平12・4・26金法1593号75頁 債券3 ···························· 508
東京高判平12・4・27判時1714号73頁 ·································· 633
大阪高判平12・5・11セレクト16巻224頁 ···························· 280, 420
大阪高判平12・8・29セレクト16巻438頁 ································· 560
大阪高判平12・9・29セレクト17巻126頁 株式3 ·························· 534
東京高判平12・10・26判時1734号18頁 債券3 ······················· 87, 508
東京地判平12・12・19セレクト17巻729頁 債券2 ························· 507
大阪高判平13・1・31セレクト17巻16頁 投信3 ·························· 519
大阪高判平13・2・16セレクト17巻709頁 債券8 ························· 513
東京高判平13・8・10セレクト18巻102頁 債券2 ························· 507
東京地判平13・12・20金判1147号34頁 ··································· 91
東京地判平14・1・30金法1663号89頁 不動産1 ·························· 640
最判平14・9・26税資252号順号9205 監督1 ···························· 662
東京地判平14・11・8判時1828号142頁 ································ 227
大阪地堺支判平14・12・6セレクト21巻275頁 投信4 ···················· 520
東京地判平15・2・27判時1832号155頁、セレクト21巻331頁 仕組債A4 ······ 588
神戸地判平15・3・12判時1818号149頁 運用1 ························· 657
大阪高判平15・3・26金判1183号42頁 変保1 ············· 272, 417, 418, 633
広島簡判平15・3・28略式命令 ··· 227
最判平15・4・8民集57巻4号337頁、判時1822号57頁 ···················· 316
東京地判平15・4・9判時1846号76頁 債券5 ·············· 263, 279, 512
東京地判平15・4・21判時1859号150頁 株式27 ························· 550
東京高判平15・4・22判時1828号19頁 ·································· 561
東京地判平15・5・14金判1174号18頁 株式13 ·························· 539
東京地判平15・7・17セレクト22巻222頁 投信1 ············· 272, 407, 518
東京地判平15・7・30商事1672号43頁 ·································· 225
大阪地判平15・11・4判時1844号97頁、セレクト23巻327頁 仕組債A1 ····· 584, 627
東京高判平15・11・12判時1859号144頁 ································ 550
静岡地判平15・11・26金判1187号50頁 株式28 ························ 551
東京地判平15・12・24セレクト55巻25頁 投信5 ············ 333, 337, 521
神戸地尼崎支判平15・12・26セレクト23巻297頁 投信11 ················· 525
大阪地判平16・1・28セレクト23巻223頁 株式14 ··················· 327, 540
東京地判平16・2・23判タ1156号256頁 ································· 263

東京高判平16・2・25金判1197号45頁 変保2 ················ 272, 417, 418, 633, 634
東京地判平16・5・14先物判例37巻256頁 組成1 ···························· 504
大阪地判平16・5・28セレクト24巻163頁 ······································ 584
大阪高判平16・7・28セレクト24巻136頁 投信11 ····························· 525
大阪地判平16・8・26判時1905号126頁 運用2 ·························· 657, 658
東京地判平16・9・28未登載 ··· 200
最決平16・9・3上告棄却・不受理確定 変保2 ······························· 272
東京高判平16・10・5セレクト25巻372頁 投信12 ···························· 526
最判平16・12・16判時1888号3頁 ·· 661
名古屋地判平17・1・26判時1939号85頁 ···································· 272
東京地判平17・1・27判時1929号100頁 株式29 ····························· 551
東京地判平17・3・11判時1895号154頁 ···································· 225
大阪高判平17・3・30判時1901号48頁 運用1 ······························ 657
東京高判平17・3・31金判1218号35頁 変保3 ············ 272, 417, 418, 633, 635
名古屋地判平17・5・26セレクト26巻1頁 株式6 ··························· 535
大阪地判平17・6・1セレクト26巻111頁 投信14 ··························· 527
最判平17・7・14民集59巻6号1323頁、判時1909号30頁 株オプ2
　···180, 181, 317, 320, 321, 322, 323, 324, 325, 329, 330, 331, 338, 339, 340, 341, 342, 346,
　347, 348, 355, 357, 453, 560
東京地判平17・7・22セレクト26巻223頁 株オプ3 ························· 561
東京地判平17・7・25判時1900号126頁、セレクト26巻47頁 株式25 ········· 548
大阪高判平17・7・28セレクト26巻72頁 株式14 ······················ 328, 540
名古屋地判平17・8・10セレクト26巻181頁 ································· 584
東京地判平17・9・28判例集未登載 ·· 633
東京地判平17・10・27/2005WLJPCA10270001 ···························· 82
東京地判平17・10・31判時1954号84頁 ····································· 633
東京地判平17・11・11判時1956号105頁 ···································· 412
東京地判平17・11・29判タ1209号274頁 ···································· 649
釧路地判平17・12・9商事1755号53頁 ······································ 223
大阪高判平17・12・21セレクト27巻370頁 株オプ7 ························ 564
東京高判平18・3・15セレクト27巻6頁 株式25 ···························· 548
東京地判平18・3・24/2006WLJPCA03240011 ····························· 81
大阪地判平18・3・24判時1925号128頁、セレクト27巻303頁 ················ 584
東京地判平18・3・27「証券取引等監視委員会の活動状況」登載 ················ 82
大阪地判平18・3・27セレクト27巻18頁 株式5 ···························· 535
大阪高判平18・3・30セレクト27巻147頁 投信14 ··························· 527
大阪地判平18・4・6先物判例43号356頁 運用6 ···························· 661
東京地判平18・4・24判時1955号43頁 運用4 ·························· 651, 659
大阪地判平18・4・26判時1947号122頁、セレクト27巻184頁 投信6 ·········· 522
東京地判平18・5・23判時1937号102頁 ····································· 281
東京地判平18・6・7セレクト29巻1頁 ································· 542, 584
最判平18・7・13民集60巻6号2336頁、判時1966号154頁、セレクト28巻36頁 債券9
　·· 200, 514

判例索引　677

東京地判平18・ 8 ・ 9 「証券取引等監視委員会の活動状況」登載 ················· 81
東京高判平18・ 9 ・21金判1254号35頁 ······················· 412
大阪高判平18・10・ 6 判時1959号167頁 ······················· 222
東京高判平18・10・25判時1962号72頁 運用 4 ················· 652, 659
岡山地判平18・11・30セレクト29巻325頁 ··············· 272, 416, 417, 418
最判平18・12・14民集60巻10号3914頁、判時1957号53頁 投信18 ········· 530
大阪高判平19・ 3 ・ 9 セレクト29巻104頁 株式 5 ················ 535
東京地判平19・ 3 ・16判時2002号31頁 ······················ 83, 227
東京地判平19・ 3 ・22／2007WLJPCA03220008 ···················· 83
東京地判平19・ 3 ・23／2007WLJPCA03230005 ················· 81, 83
福井地判平19・ 3 ・23セレクト33巻305頁 ······················ 584
岡山地判平19・ 3 ・27判タ1280号249頁 運用 5 ················ 660, 661
大阪地判平19・ 4 ・27セレクト29巻163頁 株式 4 ················ 535
札幌高判平19・ 5 ・18裁判所ウェブサイト ······················ 200
東京高判平19・ 5 ・30セレクト29巻54頁 株式15 ··········· 327, 542, 584
大阪高判平19・ 6 ・ 6 判時1974号 3 頁 監督 2 ················· 663
東京地判平19・ 7 ・ 2 ／2007WLJPCA07028005 ·················· 649
最決平19・ 7 ・12刑集61巻 5 号456頁、判時1981号161頁 ············· 222
東京地判平19・ 7 ・19刑集65巻 4 号452頁 ······················ 216
最判平19・ 7 ・19民集61巻 5 号2019頁、判時1983号77頁 先物 4 ········ 639
大阪地判平19・ 7 ・26セレクト30巻217頁 仕組債 A2 ·············· 586
大阪地判平19・ 7 ・30セレクト30巻57頁 株式16 ················ 327, 542
東京地判平19・ 8 ・28判タ1278号221頁 ························ 92
仙台地判平19・ 9 ・ 5 判タ1273号240頁 ······················· 412
名古屋高金沢支判平19・ 9 ・26セレクト33巻324頁 ················ 584
東京地判平19・ 9 ・26判時2001号119頁 ························ 93
東京地判平19・ 9 ・28判タ1288号298頁 ······················· 659
東京地判平19・10・ 1 判タ1263号331頁 ························ 93
大阪地判平19・11・ 8 セレクト30巻323頁 仕組債 A3 ·············· 587
大阪地判平19・11・16セレクト30巻351頁 株オプ 8 ··············· 565
大阪地判平19・11・16セレクト31巻317頁 ······················ 584
札幌高判平20・ 1 ・25判時2017号85頁 ························ 272
最判平20・ 2 ・15民集62巻 2 号377頁、判時2042号120頁 ············· 87
東京地判平20・ 2 ・21判時2008号128頁 ························ 93
名古屋地判平20・ 3 ・26セレクト31巻32頁 株式 7 ················ 536
大分地判平20・ 3 ・ 3 金判1290号53頁 ························ 91
大阪高判平20・ 3 ・28セレクト31巻343頁 ······················ 588
東京地判平20・ 4 ・24判時2003号10頁 ························ 93
東京地判平20・ 4 ・24判時2003号147頁 ························ 93
東京地判平20・ 6 ・13民集66巻 5 号2064頁 ······················ 95
最判平20・ 6 ・24判時2014号68頁 債券10 ·················· 281, 514
大阪高判平20・ 6 ・ 3 セレクト31巻291頁 仕組債 A2 ············ 586, 627
東京高判平20・ 7 ・25判時2030号127頁 ························ 83

大阪高判平20・8・27判時2051号61頁、セレクト32巻64号 株式8 ……………… 536
大阪高判平20・8・28金判1372号34頁 出資1 ……………………………………… 646, 647
大阪高判平20・9・26判タ1312号81頁 監督2 ……………………………………… 663
東京高判平20・10・30先物判例53号377頁 ……………………………………………… 412
福岡地判平20・10・31判時2063号30頁 ………………………………………………… 409
大阪高判平20・11・20判時2041号50頁 債券4 …………………………………… 509
名古屋地判平20・12・19金判1317号54頁 投信19 ……………………………… 531
東京地判平21・1・30金判1316号34頁 ……………………………………………………… 94
東京地判平21・1・30判時2035号145頁 ………………………………………………… 94
東京高判平21・2・3判タ1299号99頁 ………………………………………………… 216
東京高判平21・2・26判時2046号40頁 …………………………………………… 92, 93
大阪地判平21・3・4判時2048号61頁 株式23 …………………………………… 546
横浜地判平21・3・25セレクト35巻1頁 ………………………………………………… 139
津地判平21・3・27セレクト33巻83頁 投信13 ……………………………………… 527
東京地判平21・3・31金判1316号3頁 …………………………………………………… 93
東京地判平21・3・31判時2042号127頁 ………………………………………………… 94
東京地判平21・3・31判時2060号102頁 金利スワ1 …………………………… 580
東京高判平21・4・16判時2078号25頁 債券4 …………………………………… 509
大津地判平21・5・14セレクト35巻104頁 ………………………………… 461, 584
東京地判平21・5・21判時2047号36頁 …………………………………………………… 96
福岡高判平21・5・21判時2063号29頁 …………………………………………………… 409
名古屋高判平21・5・28判時2073号42頁 債券4 ………………………………… 509
東京地判平21・6・18判時2049号77頁 …………………………………………………… 96
最判平21・7・9判時2055号147頁 ……………………………………………………… 91
東京地判平21・7・9判タ1338号156頁 ………………………………………………… 96
最判平21・7・16民集63巻6号1280頁、判時2066号121頁 先物1 … 396, 636, 638
さいたま地判平21・8・5裁判所ウェブサイト ……………………………………… 82
大阪高判平21・8・25判時2073号36頁 …………………………………………………… 411
名古屋高判平21・10・2金法1883号39頁 投信19 ……………………………… 531
横浜地判平21・11・24日経新聞2009年11月15日 ………………………………… 228
東京地判平21・12・4判時2072号54頁 市場1 …………………………………… 655
仙台高判平21・12・10先物判例58号141頁 …………………………………………… 272
東京高判平21・12・16金判1332号7頁 …………………………………………………… 96
最判平21・12・18判時2072号14頁 先物2 ………………………………………… 637
京都地判平22・1・20セレクト36巻1頁 助言1 ………………………………… 653
名古屋地判平22・2・5セレクト36巻28頁 株式9 ……………………………… 537
東京地判平22・2・17判時2079号52頁 広告1 ………………………………… 645, 654
東京地判平22・2・18判タ1330号275頁 ………………………………………………… 227
東京高判平22・3・24判時2087号134頁 ………………………………………………… 94
奈良地判平22・3・26セレクト37巻173頁 助言2 ……………………………… 272, 653
大阪地判平22・3・26セレクト37巻73頁 仕組債C9 ……………………………… 606
大阪地判平22・3・30セレクト37巻96頁 仕組債D1 …………………… 272, 415, 616
最判平22・3・30判時2075号32頁 先物3 ………………………………………… 272, 638

東京高判平22・4・22判時2105号124頁 ··· 94
大阪地判平22・5・12セレクト37巻37頁 株式17 ································· 543
東京地判平22・5・25判例集未登載 匿名組合1 ······························· 645
東京地判平22・6・25判タ1349号225頁 ·· 91
大阪高判平22・7・13判時2098号63頁 株式23 ································· 546
名古屋高判平22・8・20セレクト38巻1頁 株式9 ··························· 537
大阪地判平22・8・26判時2106号69頁、セレクト38巻173頁 仕組投信1
　　　　　　　　　　　　　　　 ································· 367, 475, 480, 491, 620
名古屋地判平22・9・8セレクト38巻13頁 投信7 ························· 523
東京地判平22・9・30セレクト40巻49頁 仕組債B9
　　　　　　　　　 ··················· 471, 472, 473, 477, 480, 482, 491, 596
大阪高判平22・10・12セレクト38巻155頁 仕組債D1 ········ 252, 260, 415, 615, 616
東京高判平22・10・27先物判例61巻78頁 ··· 637
大阪高判平22・10・28セレクト39巻21頁頁 不動産2 ················· 252, 641
大阪高判平22・10・29セレクト38巻85頁 株式17 ··························· 543
東京高判平22・11・24判時2103号24頁 ·· 98
東京地判平22・11・30判時2104号62頁 証券化1 ····················· 261, 650
東京高判平22・12・24判例集未登載 ·· 98
最判平23・1・21先物判例61巻40頁 ··· 637
東京地判平23・1・28金法1925号105頁 ······················ 471, 472, 477, 480, 492
東京地判平23・1・28金法1925号117頁 ······················ 477, 479, 481, 492
和歌山地判平23・2・9セレクト39巻1頁 株式24 ······················· 547
東京高判平23・2・23新聞報道 ··· 94
東京地判平23・2・28判時2116号84頁、セレクト39巻57頁 仕組投信2 ········· 374, 620, 621
東京地判平23・3・31セレクト41巻27頁 仕組債C5 ······················· 602
東京高判平23・4・13金判1374号30頁 ·· 91
最判平23・4・22金法1928号119頁 出資2 ······················· 646, 648
最判平23・4・22民集65巻3号1405頁、判時2116号53頁 出資1
　　　　　　　　　　　 ················· 269, 274, 279, 280, 420, 647
最決平23・4・25LEX/DB25471531 ·· 83
福岡高判平23・4・27①セレクト40巻100頁 ································· 580
福岡高判平23・4・27②セレクト40巻164頁 ································· 581
大阪地判平23・4・28判タ1367号192頁 ·· 282
最決平23・6・6刑集65巻4号385頁、判時2121号34頁 ····················· 216
東京地判平23・7・20金法1967号134頁 ······················ 471, 478, 480, 493, 494
大阪地判平23・7・25判時2184号74頁 運用3 ····················· 651, 658
東京地判平23・8・2セレクト41巻1頁仕組 仕組投信3 ········· 461, 480, 494, 620, 623
東京地判平23・8・10金法1950号115頁 ·· 635
大阪高判平23・9・8金法1937号124頁 株式24 ······················· 547
最判平23・9・13資料商事332号121頁 ·· 94
最判平23・9・13資料商事332号127頁 ·· 94
最判平23・9・13民集65巻6号2511頁、判時2134号35頁 ············· 92, 93, 94
横浜地判平23・9・15「証券取引等監視委員会の活動状況」登載 ················· 83

横浜地判平23・9・20「証券取引等監視委員会の活動状況」登載 ……………………… 83
東京地判平23・9・27判例集未登載 運用3 ……………………………………………… 658
大阪地判平23・10・12判時2134号75頁、セレクト41巻197頁 為デリ1 …………… 571
東京高判平23・10・19セレクト41巻50頁 仕組債C5 ……………… 251, 265, 362, 369, 598, 602
大阪高判平23・11・2セレクト41巻315頁 不動産2 ……………………………… 253, 641
福岡地判平23・11・8金法1951号137頁 …………………… 471, 473, 477, 480, 494
東京高判平23・11・9判時2136号38頁 仕組債B9 ……… 471, 472, 477, 480, 482, 483, 492, 596
東京高判平23・11・30判時2152号1161頁 ………………………………………………… 96
東京高判平23・12・14先物判例64巻237頁 ……………………………………………… 637
大阪地判平23・12・19判時2147号73頁、セレクト41巻80頁 仕組債B1 ……………… 591
東京高判平23・12・22金法1967号126頁 …………………… 471, 478, 479, 480, 494
横浜地判平24・1・25セレクト42巻129頁 投信9 ……………………………… 462, 524
最判平24・1・31新聞報道 …………………………………………………………………… 94
神戸地姫路支判平24・2・16セレクト42巻161頁 投信2 ……………………………… 519
大阪地判平24・2・24判時2169号44頁 為デリ2 ……………………………………… 572
さいたま地判平24・2・29「証券取引等監視委員会の活動状況」登載 ………………… 82
最判平24・3・13民集66巻5号1957頁 …………………………………………………… 96
大阪高判平24・3・14セレクト42巻383頁 ……………………………………… 87, 282
前橋地判平24・3・22セレクト43巻153頁 投信17 …………………………………… 530
東京高判平24・3・29セレクト42巻101頁 ……………………………………………… 98
京都地宮津支判平24・4・13未登載 ……………………………………………… 449, 523
大阪高判平24・4・25セレクト42巻273頁 為デリ3 …………………………………… 573
京都地判平24・4・25先物判例66号357頁 匿名組合2 ……………………………… 646
大阪高判平24・5・22セレクト42巻177頁 仕組債C6 ………………………… 598, 604
東京高判平24・5・30 ………………………………………………………………………… 658
東京高判平24・8・30セレクト43巻172頁 投信17 …………………………………… 530
東京地判平24・8・3金法1993号93頁 仕組債B3 ………………… 457, 591, 593
東京地判平24・9・11判時2170号62頁 為デリ4 ……………………………………… 573
大阪高判平24・9・12金法1991号122頁 投信2 ………………………… 408, 519
東京地判平24・11・12判時2188号75頁 仕組債C13 …………………… 302, 610
東京地判平24・11・27判時2175号31頁 仕組債C17 ………………………………… 613
大阪地判平24・12・3判時2186号55頁、セレクト43巻179頁 仕組債B7 …………… 595
最判平24・12・21判時2177号51頁 ……………………………………………………… 98
大阪地判平25・1・11セレクト44巻1頁 株式18 ………………… 327, 335, 544
大阪地判平25・1・15セレクト44巻197頁 仕組債C16 ……………………………… 612
最決平25・1・29棄却・不受理確定 仕組債C6 ……………………………………… 604
宇都宮地大田原支判平25・1・30セレクト44巻56頁 株式19 ……… 327, 335, 544
大阪地判平25・2・15セレクト44巻244頁 仕組債B2・D2 …………… 332, 456, 591, 592, 616
大阪地判平25・2・20判時2195号78頁、セレクト44巻87頁 仕組投信4
 ……………………………………………………… 333, 446, 463, 480, 495, 620, 623
大阪高判平25・2・22判時2197号29頁、セレクト44巻128頁 投信8 ………… 332, 448, 523
東京地判平25・2・25／2013WLJPCA02258012 仕組債C8 ……………………… 605
最判平25・3・7判時2185号64頁 金利スワ2 ……………… 360, 361, 363, 574, 580

最判平25・3・26判時2185号67頁 金利スワ3 ·· 360, 581

京都地判平25・3・28判時2201号103頁、セレクト45巻1頁 仕組債C12 ················· 609

東京地判平25・4・16判時2186号46頁 為デリ5 ·· 575

名古屋地判平25・4・19／2013WLJPCA04196001 仕組債C10 ····················· 599, 606

大阪地判平25・4・22セレクト45巻99頁 株オプ4 ································· 335, 562

最決平25・4・25上告不受理決定 投信7 ··· 523

東京地判平25・4・26消費者法ニュース98号311頁 ·· 410

静岡地判平25・5・10セレクト45巻48頁 仕組債C11 ······················ 599, 606, 608

東京地判平25・7・3セレクト46巻47頁 仕組債C14 ····································· 611

東京地判平25・7・19セレクト46巻76頁 仕組債C4 ······························· 326, 600

東京高判平25・7・24判時2198号27頁 市場1 ························· 197, 316, 655

神戸地明石支判平25・8・16セレクト46巻156頁 仕組債B8 ······················· 596

京都地判平25・9・13セレクト46巻1頁 投信16 ······································ 529

大阪高判平25・9・20／2013WLJPCA09206001 仕組債C16 ···················· 611, 612

東京地判平25・10・16判時2224号55頁 市場2 ··· 644

大阪地判平25・10・21セレクト46巻12頁 投信10 ················· 332, 460, 495, 525

大阪地判平25・11・21セレクト47巻111頁 仕組債B4 ·················· 334, 591, 593

東京高判平25・12・10金法2012号94頁 仕組債C8 ····························· 598, 605

東京高判平25・12・12金法2012号116頁 仕組債C4 ··························· 598, 600

東京地判平25・12・18／2013WLJPCA12186001 ······································· 660

大阪高判平25・12・26判時2240号88頁 組成3・仕組債C12 ···· 326, 505, 606, 609, 616

東京地判平26・2・14判時2244号6頁 ··· 206

大阪地判平26・2・18セレクト47巻63頁 株式20 ················· 327, 336, 464, 545

最判平26・2・25民集68巻2号173頁、判時2222号53頁 投信20 ···················· 531

東京地判平26・3・11判時2220号51頁 投信15 ····· 473, 474, 475, 476, 480, 484, 495, 528

横浜地判平26・3・19セレクト47巻227頁 仕組債C1 ················ 334, 446, 598, 599

東京高判平26・3・20金判1448号24頁 為デリ4 ············· 257, 358, 373, 573

東京地判平26・3・25／2014WLJPCA03258004 仕組債C3 ···················· 598, 600

横浜地川崎支判平26・3・25セレクト47巻251頁 仕組債D3 ···················· 615, 617

東京高判平26・4・17金法1999号166頁 仕組債C13 ··························· 606, 610

東京地判平26・5・15セレクト48巻205頁 株オプ5 ····························· 335, 563

東京地判平26・5・16判時2240号94頁 仕組債B5 ····························· 591, 594

最判平26・6・5民集68巻5号462頁、判時2233号109頁 投信21 ···················· 531

東京地判平26・7・18先物判例71号369頁 ·· 413

横浜地判平26・8・26セレクト48巻99頁 仕組債C2 ················ 334, 455, 598, 599

京都地判平26・9・25セレクト48巻1頁 仕組投信5 ··········· 333, 481, 497, 620, 624

名古屋高判平26・10・9第一法規DB 仕組債C10 ··························· 606, 615

大阪地判平26・10・31セレクト48巻144頁 仕組債C7 ························· 598, 605

東京地判平26・11・27セレクト49巻1頁 ·· 92

東京地判平26・12・4先物判例72号132頁 ·· 412

東京高判平27・1・26判時2251号47頁 投信15 ······ 473, 474, 475, 476, 480, 484, 485, 496, 528

岡山地倉敷支判平27・1・27セレクト49巻283頁 株式21 ··········· 336, 350, 464, 545

東京地判平27・1・30資料商事373号70頁 為デリ6 ································· 576

大阪地判平27・3・10セレクト49巻451頁 債券6 ································ 512
福岡地判平27・3・20セレクト49巻475頁 債券7・仕組債C18 ········ 333, 336, 338, 513, 614
神戸地姫路支判平27・4・15セレクト49巻247頁 株式22 ··············· 327, 336, 546
大阪地判平27・4・23判時2300号110頁、セレクト50巻1頁 ····························· 260
東京高判平27・4・30報道 為デリ5 ·· 575
東京地判平27・5・19／2015WLJPCA05198005 為デリ8 ························· 577
東京地判平27・5・21／2015WLJPCA05218002 為デリ7 ························· 577
広島高判岡山支判平27・7・16セレクト49巻416頁 株式21 ······ 327, 336, 350, 464, 545
大阪高判平27・12・10判時2300号103頁、セレクト50巻35頁 仕組債B6
 ··· 260, 264, 279, 591, 594
名古屋地判岡崎支判平27・12・25セレクト50巻57頁 仕組債D4 ············· 615, 618
東京地判平28・3・14金判1493号50頁 ·· 457
最判平28・3・15判時2302号43頁 組成1・仕組取引1 ·············· 361, 363, 504, 625
東京地判平28・6・17セレクト51巻53頁 仕組債C15
 ····················· 332, 446, 447, 478, 479, 481, 497, 611
東京地判平28・6・28セレクト51巻1頁 不動産3 ····················· 334, 455, 641
東京高判平28・11・30セレクト52巻249頁 不動産3 ··················· 334, 455, 641
さいたま地判平28・12・20セレクト52巻1頁 ····························· 88, 502
東京高判平29・2・23／2017WLJPCA02236011 ····························· 92
東京地判平29・3・28セレクト53巻1頁 ·································· 92
静岡地浜松支判平29・4・24セレクト53巻101頁 株式10 ··················· 537
東京地判平29・5・26金判1534号42頁 株オプ6 ····················· 335, 563
岡山地判平29・6・1セレクト53巻51頁 株式26 ····························· 550
名古屋地判平29・9・15セレクト54巻79頁 仕組債D5 ··················· 615, 619
東京高判平29・10・25セレクト54巻20頁 株式10 ························· 537
東京地判平29・11・17セレクト54巻31頁 株式11 ························· 538

■著者紹介──

桜井 健夫（さくらい・たけお）弁護士・東京経済大学教授

　1954年生まれ。1978年一橋大学法学部卒。1980年第二東京弁護士会登録。現在、日弁連消費者問題対策委員会幹事、国民生活センター紛争解決委員会特別委員等。共著書に『金融商品取引被害救済の手引［6訂版］』（民事法研究会、2015年）、『消費者法講義［第5版]』（日本評論社、2018年）等。

上柳 敏郎（うえやなぎ・としろう）弁護士

　1957年生まれ。1981年東京大学法学部卒。1983年第一東京弁護士会登録。1990年ワシントン大学（シアトル）ロースクール卒業（LLM）、同年ニューヨーク州司法試験合格（1992年登録）。現在、金融審議会専門委員、日弁連消費者問題対策委員会幹事等。共著書に『実務解説特定商取引法［第2版］』（商事法務、2018年）、単著に『実例で理解するアクチュアル会社法』（日本評論社、2011年）等。

石戸谷 豊（いしとや・ゆたか）弁護士

　1950年生まれ。1974年東北大学法学部卒。1976年横浜弁護士会登録。現在、日弁連消費者問題対策委員会委員、国民生活センター判例情報評価委員会委員等。共著書に『特定商取引法ハンドブック［第6版］』（日本評論社、2018年）、『金融商品取引被害救済の手引［6訂版］』（民事法研究会、2015年）等。

<ruby>新<rt>しん</rt></ruby>・<ruby>金融商品取引法<rt>きんゆうしょうひんとりひきほう</rt></ruby>ハンドブック［第4版］

2006年11月10日	第1版第1刷発行	
2008年2月10日	第2版第1刷発行	
2011年7月10日	第3版第1刷発行	
2018年9月15日	第4版第1刷発行	

著　者＝桜井健夫・上柳敏郎・石戸谷　豊
発行者＝串崎　浩
発行所＝株式会社　日本評論社
　　　　〒170-8474　東京都豊島区南大塚3-12-4
　　　　電話 03-3987-8621（販売）-8590（同FAX）-8631（編集）
　　　　振替 00100-3-16
印刷所＝港北出版印刷株式会社
製本所＝井上製本所
装　幀＝末吉 亮（図工ファイブ）
© Sakurai T., Ueyanagi T., Ishitoya Y.　2018

ISBN 978-4-535-52267-1　　　　　　　　Printed in Japan

JCOPY 〈㈳出版者著作権管理機構　委託出版物〉
本書の無断複写は著作権法上での例外を除き禁じられています。複写される場合は、そのつど事前に、㈳出版者著作権管理機構（電話 03-3513-6969、FAX 03-3513-6979、e-mail: info@jcopy.or.jp）の許諾を得てください。また、本書を代行業者等の第三者に依頼してスキャニング等の行為によりデジタル化することは、個人の家庭内の利用であっても、一切認められておりません。